예수영성의 다양성

유은호 지음

예수영성

예수영성의 다양성

발행일 : 초 판 1쇄 발행 2010. 3. 1.
             4쇄 발행 2013. 1. 31
         개정판 1쇄 발행 2024. 1. 1
저 자 : 유은호
발 행 : 예수영성
펴낸이 : 강보경
펴낸곳 : 예수영성
편 집 : 유현우
디자인 : 유현우
이 메 일 : windowchurch@naver.com
출판등록일 2019년 9월 2일 제2019-000110호
주 소 : 05712 서울시 송파구 중대로 9길 42-16, 3층
전 화 : 02-408-7947

ISBN : 979-11-984136-0-4 03230
값 : 25,000원

이 책을 사랑하는 아내 강보경에게 바칩니다.

초판 머리말

1995년 온누리교회 부목사시절 구역 여름수련회에서 '한국교회 영계의 계보'라는 제목으로 특강을 하면서부터 영성에 대한 글을 조금씩 쓰기 시작하였다. 그동안 여러 교회와 신학교에서 강의를 했지만 감히 책으로 내놓을 용기는 없었다. 부족함을 필자가 제일 잘 알고 있기 때문이다. 그러나 영성을 공부하는 입장에서 배우는 마음으로 용기를 내었고 또 주위의 요구와 관심도 있어서 창피함을 무릅쓰고 출판하게 되었다. 미완성이라 앞으로 많은 연구와 성찰과 평가가 필요하며 수정과 개정의 가능성을 많이 갖고 있는 책이다. 기회가 닿는 대로 여러 사람에게 도움이 될 수 있도록 이 출판이 계기가 되어 앞으로 더욱 발전된 글이 나오기를 희망해 본다. 이 책은 일차적으로 성도들과 목회자들과 신학생들을 대상으로 썼다. 특히, 영성에 관심이 있는 성도들이 쉽게 이해할 수 있도록 가능한 한 평이하게 표현하려고 노력했다.

이 책은 무엇보다도 예수님의 영성의 다양성을 말하려는 것이 주요 목적이다. 다양한 예수님의 영성은 신약성경의 사복음서기자들이나 혹은 각 복음서 기자들이 속해 있었던 복음서 교회를 통하여 계승되어 내려갔다는 전제를 가지고 썼다. 왜냐하면 신앙은 계승되는 특징을 가지고 있기 때문이다. 사복음서 기자나 혹은 그들이 속해 있었던 복음서 교회는 각각 예수님의 다양한 영성을 자신들이 선호하는 영성에 따라 계승받아서 강화시켰다고 볼 수 있다. 이것은 각 사복음서의 예수님의 마지막 말씀이 서로 다르게 강조하고 있는 것을 보면 어느 정도 짐작할 수 있다. 마태복음은 예수님의 말씀영성을 계승시켰다. 마가복음은 예수님의 이적영성을, 누가복음은 예수님의 기도영성을, 그리고 요한복음은 예수님의 목양영성을 계승시켰다고 본다. 이러한 예수님의 다양한 영성은 또다시 개인이나 영성전통을 통해 계승되었다고 볼 수 있다. 2000년의 영성사에 나타난 다양한 영성은 그런 차원에서 모두가 예수님으로부터 출원했다고 할 수 있다. 물론 사복음서가 네 가지로 대별된 영성만을 포함하고 있는 것은 아니다. 그리고 사복음서 각각이 선호하는 영성만을 인정하고 다른 복음서의 영성을 담고 있지 않는 것도 아니다. 다만 각 복음서가 선호하고 강조하고자 하는 영성이 있다는 것을 말하려는 것이다.

이 책은 총 6장으로 구성되어 있다. 먼저 제1장은 영성사에 나타난 영성전통을 사복음서의 영성을 계승한 차원에서 해석했다. 2장은 왜 신약의 복음서가 네 개뿐인지를 영성적인 관점에서 해석해 보았다. 다시 말해 복음서는 예수님의 영성을 강조하기 위한 영성책의 기능을 하며, 예수님의 네 가지 영성을 가장 온전히 계승한 것이 정경화 되는데 큰 역할을 했다고 보았다. 3장에서는 마태복음에 나타난 예수님의 말씀영성이 세계영성사와 한국개신교 영성사 속에 어떤 개인과 영성전통 속에 계승되었는지를 살펴보았다. 4장에서는 마가복음에 나타난 예수님의 이적영성이 세계영성사와 한국개신교 영성사에 계승된 것을 살펴보았고, 5장에서는 누가복음에 나타난 예수님의 기도영성이 세계영성사와 한국개신교 영성사에 계승된 것을 살펴보았다. 그리고 마지막으로 6장에서는 요한복음에 나타난 예수님의 목양영성이 세계영성사와 한국개신교 영성사에 계승된 것을 살펴보았다. 이러한 예수님의 다양한 영성은 영성사를 통해 동방정교회, 서방 로마 가톨릭교회, 그리고 개신교회의 개인이나 영성전통 속으로 계승되어 내려왔다. 따라서 예수님의 다양한 영성은 에큐메니칼적인 영성이며, 통전적인 영성이라고 할 수 있다. 각각 자신들이 선호하는 영성을 계승시켰다고 해서 그 개인이나 영성전통 속에 예수님의 다른 영성이 없었다는 뜻은 아니다. 다른 영성보다 자신이 선호하는 영성이 더 강화되어 나타난 것뿐이다. 오히려 자신이 선호하는 영성을 온전히 계승시킨 개인이나 영성전통은 예수님의 다른 영성을 균형 있게 받아들였던 사람들이다.

한편, 성경의 표현대로 복음서를 통해 알려진 예수의 영성을 충실히 계승한 개인이나 영성전통을 정파라고 표현했다. 또한 정파에서 다소 벗어난 경우는 우파로, 지나치게 벗어난 경우는 좌파로 구분했다. 여호수아 1장 7절에 '우로나 좌로나 치우치지 말라'는 교훈을 따라 구분한 것이다. 물론 구분한 인물이나 영성전통에 대한 해석은 전적으로 필자의 신학적인 입장에 기초한다. 필자는 복음서에 나타난 예수의 영성의 관점에서 인물들을 구분하였다. 이 책에 소개된 개인이나 영성전통에 대한 구분은 각 인물이나 각각의 영성전통들을 전체적으로 포괄하지 못했을 수도 있다. 그리고 정파, 우파, 좌파로 구분한 사람들에 대해서도 달리 해석될 가능성도 있고, 언급된 인물에 대해 미래에 재평가가 이루어진다든지, 영성방향을 선회할 경우 지금과는 달리 해석될 수 있다는 점도 밝혀둔다.

또한, 앞서도 언급했듯이 이 글은 예수님의 영성의 다양성의 일면이지 전체가 아니다. 개인에 대한 해석도 특징적인 것을 강조한 것뿐이지 그 사람의 전체를 해석한 것이 아님을 염두에 두기 바란다. 여기에 인용된 성경본문은 한글 개역개정 4판(NKR73X, 2007)을 사용하였다.

아무쪼록 기독교 영성의 발전을 위한 작은 해석학적 시도인 이 책을 통해 예수님의 다양한 영성전통을 서로 인정하고 서로의 다른 영성전통을 상호 배움으로써 기독교의 모든 교회가 교단과 교파를 초월하여 풍성한 예수님의 다양한 영성으로 하나가 되는 계기가 마련되기를 감히 희망해 본다.

2010년 2월 18일 역삼동 창문교회 서재에서

유 은 호

개정판 머리말

먼저 개정판이 나올 수 있도록 인도해 주신 하나님께 모든 영광을 돌립니다. 비록 졸저이지만 하나님께서 내 인생에 맡겨주신 작은 사명을 하나 감당한 것 같아 너무 감사하고, 기쁘고, 마음이 가볍다. 이 책의 시작은 1980년대 필자가 신학대학교를 다니던 시절부터 시작한다. 당시 필자는 한국교회 영성가에 관심을 가지고 있었다. 그 후 소망교회 대학부 교육전도사를 하면서 대학생들에게 한국교회 영성가를 가르치기 시작했다. 나아가 1994년 온누리교회 부목사로 있으면서 '한국교회의 영계의 계보'라는 제목으로 첫 번째 공개 강의를 하게 되었다. 마침내 2010년에 그동안의 강의 자료를 모아 『예수영성의 다양성』이라는 제목으로 초판을 출판하게 되었다. 초판으로 여러 교회와 신학교 그리고 여러 곳에서 강의를 하였고, 초판을 수정, 보완하여 오늘 개정판을 내게 되었다. 특히, 이 과정에서 필자가 그동안 창문교회에서 10년 이상 진행하고 있는 영성고전, 인문학고전, 신학고전 그리고 한국교회 이단 강의의 핵심 내용도 함께 담았다. 아울러 초판을 낼 때는 필자가 영성신학 박사과정에 막 들어간 때였기 때문에 학문적으로 너무 부족한 상태였다. 그 후 영성신학 박사학위를 마치고 책의 내용을 대폭 수정, 보완하여 개정판을 내게 되었다. 그런 차원에서 이 책은 필자가 처음 강의를 시작하면서부터 30년 동안 연구한 최종 결과물이라고 할 수 있다. 이 개정판은 부분적으로 개정한 것이 아니라 상당히 많은 부분을 전면 개정하고 새로운 내용도 대폭 추가한 완전개정판이다.

한편, 개정판은 초판에는 제시하지 못했던 해석학적 관점의 변화도 생겼다. 초판에서는 그리스 철학 전통에서 유래한 '관상'과 '활동'으로 영성가를 해석하는 해석학적 도구(tools)에 대해 비판적 해석을 하지 못했는데 개정판에서는 '관상'과 '활동'의 도식은 동방정교회와 로마 가톨릭교회에서 주로 영성가를 규정하는 도구로 사용되어 온 것이기 때문에 이러한 도구에 대비되는 성서에 근거를 둔 개신교 신학에 맞는 새로운 해석학적 도구를 제시할 필요성을 느끼게 되었다. 따라서 이 책은 신약 사복음서에 나타난 예수의 네 가지 영성1)으로 영성가2)를 새롭게 규정하였다. 나아가 개정판에서는 초판에서 사용한 정파, 우파, 그리고 좌파라는 용어가 정치적인 용어나 학파(예를 들어, 헤겔 우파(노(老) 헤겔파), 중앙파(혹은 자유주의적 헤겔파), 좌파(혹은 청년 헤겔파)의 용어로 오해의 소지가 있을 수 있어서 다른 용어로 바꾸었다. 즉, 개정판에서는 초판의 '정파'는 정통을 계승했다는 의미에서 '정통'(正統, Orthodoxy)이라고 했고, 초판의 '우파'는 정통과 '절반 정도' 비슷한 경우라고 해석하여 반(半) 정통(半正統, Semi-Orthodoxy)이라고 했으며, 초판의 '좌파'는 정통과는 상관없는 이단적인 요소를 가지고 있다고 보아서 '이단'(異端, Heterodoxy)3)이라고 했다. 더 나아가 이 책은 기독교 영성사에 나타난 모든 영성 운동이나 영성가를 다룬 것이 아니라 예수 영성의 관점에 가장 적합한 68명의 영성가로 그 범위를 한정했다. 또한, 사복음서의 예수 영성을 계승한 정통 라인의 영성가의 인물 배열 순서는 성경 인물, 동방정교회 영성가, 로마 가톨릭교회 영성가, 개신교회 영성가 그리고 한국교회 영성가 순으로 배열했다. 아울러 이 책에서 동방정교회나 로마 가톨릭교회의 영성가에게 '성'(saint)이라는 칭호를 붙인 경우가 있는데, 이 경우 필자가 동방정교회나 로마 가톨릭교회의

---

1) 지금까지 '영성'(靈性, Spirituality)이라는 용어는 동방정교회나 로마 가톨릭교회의 전문용어로 알려져 왔지만 '영성'이라는 용어는 그들의 독점 용어가 아니라 기독교인이라면 모두 쓸 수 있는 보편적인 용어이다. 마치 스위스의 종교개혁자 불링거가 '가톨릭'(Catholic)은 로마 가톨릭교회가 독점해서 쓰는 용어가 아니라 기독교의 보편적인 용어라고 주장한 것과 같다. 하인리히 불링거/ 박상봉, 강승완 옮김, 『하인리히 불링거의 교회론』(수원: 합동신학대학원출판부, 2019), 56, 128.

2) 이 책에서 필자가 사용하는 '영성가'는 동방정교회와 로마 가톨릭교회의 영성가 그리고 개신교의 목회자, 부흥사, 설교가 모두를 포함하는 포괄적인 개념으로 사용하였다.

3) 필자는 이단의 정의에 있어서 중세 라틴 교부 아우구스티누스(Aurelius Augustinus, 354-430)의 입장을 따른다. 아우구스티누스는 이단에 대해 다음과 같이 정의했다. "이단자란 그리스도교적 언사를 써가며 그리스도교 교리에 저항하는 사람들이다." 아우구스티누스/ 성염 역주, 『신국론 제11-18권』(왜관: 분도출판사, 2004), 2091.

'성자' 사상을 받아들이기 때문이 아니라 다른 사람과 구별할 목적으로 이름 앞에 '성'을 붙였다는 점도 밝혀 둔다.[4)]

이 책이 나오기까지 서현교회 이상구 목사님을 비롯하여 여러분들의 재정적인 후원이 없었다면 이 책은 나오지 못했을 것이다. 이 자리를 빌려 그분들에게 진심으로 감사의 말씀을 드린다. 아울러 창문교회 성도들의 사랑과 기도에도 감사를 드린다. 끝으로 이 책을 처음 시작할 때부터 마칠 때까지 30년 동안 함께하며 조언과 기도를 아끼지 않은 사랑하는 아내 강보경에게 바친다.

2024년 1월 1일 가락동 창문교회 교역자실에서

유 은 호

---

4) 아우구스티누스 주의자인 블레즈 파스칼(Blaise Pascal, 1623-1662)은 『팡세』에서 인간에게 '성자'라는 칭호를 붙이는 것을 반대한다. "사람들은 성 아타나스와 성 테레사, 그리고 그 밖의 다른 성자들을 마치 영광에 둘러싸여 있는 사람들처럼, 그래서 마치 우리들 이전에 존재했던 신들인 것처럼 평가된 사람들로 간주하고 있다는 점이다. 시간이 흘러서 그런 일들이 알려지게 된 지금은 그것이 사실인 것처럼 보인다. 그러나, 사람들이 그 위대한 성자를 박해하던 당시에는 아타나스라는 이름을 가진 한 인간이었다. 그리고 성녀 테레사는 미친 여자였다." 블레즈 파스칼/ 김형길 옮김, 『팡세』(서울: 서울대학교출판부, 2010(전정판), 335. 필자도 파스칼의 주장에 동의한다.

목 차

제 5 장 예수의 기도 영성 / 246

서 론

20세기 후반부터 동방정교회와 로마 가톨릭교회는 물론 개신교회도 '영성'(Spirituality)에 대한 관심을 갖게 되었다.5) 오늘날 영성에 대한 관심은 기독교를 넘어 타 종교, 심지어 일반 기업에서도 흔히 사용하는 용어가 되었다.6) 이렇게 기독교를 넘어 널리 사용되는 영성이라는 용어 때문에 상대적으로 무엇이 성경이 말하는 기독교 영성인지 다시 한번 규명해야 하는 필요성이 생기게 되었다. 나아가 기독교내에서도 다양한 영성전통이 있기 때문에 예수로부터 출원한 예수의 영성이 무엇인지도 함께 규명할 필요가 있다. 그래야 그동안의 기독교 영성전통의 정통성을 계승한 영성가를 제대로 평가할 수 있기 때문이다. 필자가 이 책에서 정의(定義, definition)하는 예수 영성(靈性, Spirituality) 은 그동안 동방정교회나 로마 가톨릭교회가 말하는 신비주의7) 혹은 인

5) 유해룡, "영성학의 연구방법론 소고,"「장신논단」15(1999), 428-429. 동방정교회의 '영성' 정의는 다음을 참조하라. 정교회 익명의 수도사/ 최대형 옮김, 『정교회 영성』(서울: 은성출판사, 2004), 15-70. 로마 가톨릭교회의 '영성' 정의는 다음을 참조하라. 조던 오먼/ 이홍근 옮김, 『영성신학』(왜관: 분도출판사, 1987), 18-25. 개혁주의 '영성' 정의에 대해서는 다음을 참조하라. 하워드 L. 라이스/ 황성철 역, 『개혁주의 영성』(서울: 기독교문서선교회, 1995), 57-88. 이 외에 '영성'에 대한 다양한 '정의'는 다음을 참조하라. 필립 쉘드레이크/ 정병준 옮김, 『미래로 열린 영성의 역사』(서울: 한국장로교출판사, 2020), 15-46; 유해룡, 『영성의 발자취』(서울: 장로회신학대학교출판부, 2011), 22-72; 유해룡, 『하나님 체험과 영성수련』(서울: 장로회신학대학교출판부, 2007), 15-38.
6) '기독교 영성'을 포함하여 '타 종교의 영성'에 대해서는 다음을 참조하라. Waler A. Elwell ed., *Evangelical Dictionary of Theology* (Grand Rapid, Michigan: Baker Book House, 1984), 1046-1050.
7) 기독교 '신비주의'에 대해서는 다음을 참조하라. Bernard McGinn, *The Foundations of Mysticism: Origins to the Fifth Century* (The Presence of God: A History of Western Christian Mysticism, Vol. 1) (New York: A Herder & Herder Book The Crossroad Publishing Company, 1991). 버나드 맥긴의 Vol. 1에 대한 한글 번역본은 버나드 맥긴/ 엄성옥 번역, 『서방 기독교 신비주의의 역사 신비주의의 토대: 그 기원부터 5세기까지』(서울: 은성출판사, 2015)을 참조하라. Bernard McGinn, *The Growth of Mysticism: Gregory the Great Through the 12 Century* (The Presence of God: A History of Western

간의 금욕을 통해 완전을 추구하는 금욕주의 영성이 아니라 사복음서에 나타난 "성령이 예수에게 임하여 형성된 '경건한 삶 혹은 신앙적 삶의 유형'을 영성이라고 정의한다.8) 나아가 이 책은 기독교 영성사에 나

Christian Mysticism, Vol. 2) (New York: A Herder & Herder Book The Crossroad Publishing Company, 1994); Bernard McGinn, *The Flowering of Mysticism: Men and Women in the New Mysticism: 1200-1350* (The Presence of God: A History of Western Christian Mysticism, Vol. 3) (New York: A Herder & Herder Book The Crossroad Publishing Company, 1998); Bernard McGinn, *The Harvest of Mysticism in Medieval Germany* (The Presence of God: A History of Western Christian Mysticism, Vol. 4) (New York: A Herder & Herder Book The Crossroad Publishing Company, 2005); Bernard McGinn, *The Varieties of Vernacular Mysticism: 1350 - 1550* (The Presence of God: A History of Western Christian Mysticism, Vol. 5) (New York: A Herder & Herder Book The Crossroad Publishing Company, 2012); Bernard McGinn, *Mysticism in the Reformation (1500-1650)* Part 1 (The Presence of God: A History of Western Christian Mysticism, Vol. 6) (New York: A Herder & Herder Book The Crossroad Publishing Company, 2016); Bernard McGinn, *Mysticism in the Golden Age of Spain (1500-1650)* Part 2 (The Presence of God: A History of Western Christian Mysticism, Vol. 6) (New York: A Herder & Herder Book The Crossroad Publishing Company, 2017); Bernard McGinn, *The Persistence of Mysticism in Catholic Europe: France, Italy, and Germany 1500-1675* Part 3 (The Presence of God: A History of Western Christian Mysticism, Vol. 6) (New York: A Herder & Herder Book The Crossroad Publishing Company, 2020); Bernard McGinn, *The Crisis of Mysticism: Quietism in Seventeenth-Century Spain, Italy, and France* (The Presence of God: A History of Western Christian Mysticism, Vol. 7) (New York: A Herder & Herder Book The Crossroad Publishing Company, 2021); Andrew Louth, *The Origins of the Christian Mystical Tradition: from plato to Denys* (New York: Oxford University Press, 2007); 앤드루 라우스의 한글 번역본은 앤드루 라우스/ 배성옥 옮김, 『서양 신비사상의 기원: 플라톤에서 디오니시우스까지』 (왜관: 분도출판사, 2001)을 참조하라. Evelyn Underhill, *Mysticism* (New York: E. P. Dutton & Co., Inc. 1961); 애블린 언더힐의 한글 번역본은 애블린 언더힐/ 최대형 옮김, 『실천적 신비주의』 (서울: 은성출판사, 2003)을 참조하라. Harvey D. Egan, *What Are They Saying About Mysticism?* (New York/Ramsey: Paulist Press, 1982); 기독교 신비주의에 관한 논문은 다음을 참조하라. 유재경, "기독교 신비주의와 거룩," 「신학과 목회」 37(2012), 29-57.

8) 필자가 정의하는 '영성'이라는 용어는 동방정교회 특히, 로마 가톨릭교회가 정의하는 '영성' 즉, 아우구스티누스 신학에 기초한 내면성을 강조하는 영성개념과는

타난 영성가가 예수의 영성을 정통(Orthodoxy)으로 계승했는지, 혹은 반(半) 정통(Semi-Orthodoxy)으로 계승했는지, 아니면 이단(Heterodoxy)으로 계승했는지를 분별(식별)하려는 목적을 가진다.9) 이러한 세 가지 구분을 각 복음서에 적용시켜 12개의 영역(scope)으로 세분하여 영성가를 분류하였다. 왜냐하면 정통 아니면 이단이라는 일률적인 양자택일의 도식으로는 영성가를 제대로 평가할 수 없기 때문이다. 따라서 정통이라고 규명하기도 모호하고, 그렇다고 이단으로 규정하기에는 적절하지 않은 영성가를 반정통으로 분류하였다. 필자가 이 책에서 사용한 '반정통'이라는 용어는 조나단 에드워즈(Jonathan Edwards, 1703-1758)가 『신앙감정론』에서 사용한 '소극적 표지'("신앙감정이 진정으로 은혜로운 것인지 아닌지에 대한 판단 근거가 될 수 없는 표지들")10)라는

다른 의미로 사용하였다. 그런 차원에서 필자는 위르겐 몰트만(Jürgen Moltmann, 1926-)이 규정한 영성 개념에 부분적으로 동의한다. 몰트만은 그리스도교적인 의미에서 영성은 "성령 안에 있는 새로운 삶"이라고 정의한다. 아우구스티누스로부터 시작한 내면화된 영성이 아니라 세상에서 육체와 자연과 함께하는 활동하는 영성을 말한다. 따라서 몰트만은 금욕주의를 지향하는 영지주의적 영성을 비판한다. "영성은 육체를 억압하고 육체로부터 영혼을 분리시키는 일을 지향할 수 없다. 오히려 몸의 변용을 지향할 수밖에 없다." 위르겐 몰트만/김균진 옮김, 『생명의 영: 총체적 성령론』(서울: 대한기독교서회, 2017), 136, 149-150, 152. 덧붙여서 동일한 '용어'라도 정의(定義, definition)가 다른 예는 프로이트(Sigmund Freud, 1856-1939)와 칼 융(Carl Gustav Jung, 1875-1961)에게서도 찾아볼 수 있다. 프로이트와 융은 '무의식'이라는 동일한 용어를 사용하지만 그 정의가 다르다. 프로이트에게 '무의식'은 잊히고 억압된 내용의 저장처라면 융에게 '무의식'은 두 가지로 나눈다. 즉, 개인적 무의식은 한때 의식에 있었던 정감이 강조된 콤플렉스이며, 집단적 무의식은 유전되고, 상속된 원형들(die Archetypen)이다. C. G. 융/ 한국융연구원 C.G. 융 저작번역위원 옮김, 『원형과 무의식』(서울: 솔출판사, 2002), 105-106, 156-157.

9) 물론 여기서 예수의 영성을 계승했다고 해서 복음서에 나타난 예수의 영성을 완벽하게 본받았다는 의미는 아니다. 반정통과 이단에 비해서 상대적으로 복음서의 예수의 영성을 가장 가깝게 계승했다는 의미이다. 이종성은 교리의 역사를 다루면서 정통 혹은 바른 견해(orthodoxy)와 이단 혹은 다른 견해(heterodoxy)로 구분하였다. 다만, 반(半) 정통(Semi-Orthodoxy)으로는 구분하지 않았다. 이종성, 『삼위일체론』(서울: 대한기독교출판사, 1991), 303. 여기에 반정통은 필자가 구분한 것이다.

10) "Shewing What Are No Certain Signs that Religious Affections Are Truly

용어와 의미가 유사하다. 한편, 이 책에서 기독교 영성가를 예수 영성의 관점에서 분별11)하는 방법은 예수 영성의 정통에서 반정통이나 이단으로 벗어난 정도를 비교하는 방법을 사용하였다. 또한, 이 책은 신약 사복음서에 나타난 예수의 네 가지 영성 유형12)에 따라 동방정교회나 로마 가톨릭교회 그리고 개신교회의 영성가를 분류하였다. 특히, 예수의 영성과 다른 영성가와의 관계는 전통적으로 개신교 개혁주의 신학에서 말하는 '원형의 신학'(theologia archetypa)과 '모사의 신학'(theologia ectypa)의 관점에서 기술하였다.13) 즉, 예수의 영성을 '원형의 영성'으로 규정하고, 그 외에 다른 기독교 영성사에 나타난 영성가의 영성은 '모사의 영성'으로 규정하였다. 따라서 복음서에 나타난 예수

Gracious, or that They Are Not" Jonathan Edwards, *Religious Affections* ed. John E. Smith (New Haven and London: Yale University Press, 2009), 125. 에드워즈의 한글 번역본은 다음을 참조하라. 조나단 에드워즈/ 정성욱 옮김, 『신앙감정론』(서울: 부흥과개혁사, 2005).

11) 4세기 이집트 사막의 성 안토니우스(St. Antonius, 251-356)는 분별의 중요성을 다음과 같이 말했다. "분별력은 양쪽의 지나침을 피하여 항상 왕도(王道)를 걸어갈 것을 수도사에게 가르쳐 줍니다. 그렇게 되면 그는 지나친 열심과 미련한 자만으로 올바른 절도의 한계를 넘어가는 일 곧, 덕행의 편이라고 할 수 있는 우측에 치우치는 일도 없으며 해이해져서 악습의 편이라고 할 수 있는 좌측 즉 육신을 돌볼 핑계로 정신의 태만에 빠지는 편에 치우치는 일도 없을 것입니다." J. Cassianus/ 진문도 토마스 옮김, "담화집 제2담화(모세 아빠스의 대화): 분별에 관하여," 「코이노니아선집」 6(2004), 202-203.

12) 예수에게 '영성'이라는 표현을 쓸 수 있는 지의 문제는 장 칼뱅(Jean Calvin, 1509-1564)이 하나님에 대해서 '영성'이라는 표현을 썼기 때문에 가능하다고 본다. 칼뱅은 『기독교 강요』 1권 13장 1절에서 삼위일체 하나님을 설명하면서 "하나님의 무한하고 영적인 본질에 관해서"(de immensa et spirituali Dei essentia.) 라는 표현을 썼다. 여기서 칼뱅은 하나님의 영성(spirituali Dei)이라는 표현을 사용한다. 따라서 예수도 삼위일체 하나님 중에 한 분이시기 때문에 예수에게도 "예수의 영성"이라는 표현을 쓸 수 있다고 생각한다. 존 칼빈/ 문병호 옮김, 『기독교 강요 1』(서울: 생명의말씀사, 2020), 316, 특히 각주 243을 참조하라. 나아가 필자는 본 책에서 예수의 영성은 예수의 신앙유형으로 나타난다고 보기 때문에 인간도 예수의 영성, 곧 예수의 신앙유형을 부분적으로 공유할 수 있다고 생각한다.

13) 개혁주의 신학자 헤르만 바빙크(Herman Bavinck, 1854-1921)의 원형의 신학과 모사의 신학에 대해서는 다음을 참조하라. 헤르만 바빙크/ 박태현 옮김, 『개혁교의학 1』(서울: 부흥과개혁사, 2011), 301-304, 특히 302.

의 영성 개념을 상위개념으로, 동방정교회와 로마 가톨릭교회, 그리고 개신교회의 영성가의 영성은 하위개념으로 설정하였다. 아우구스티누스는 "참종교를 찾으려면, 그리스도인이라 부르는 정도(正導)를 따르는 사람들에게서 찾아야만 한다."14)라고 했다. 그런 차원에서 "참영성을 찾으려면, 예수의 영성을 정통으로 따르는 사람에게서 찾아야만 한다." 라고 말할 수 있다.

또 한편, 기독교 영성사를 살펴보면 동방정교회와 로마 가톨릭교회는 주로 '관상'(Θεωρία)과 '활동'(πρᾶξις)이라는 두 가지 해석학적 도구로 영성가를 구분하였다. 이러한 구분은 고대 그리스 철학에 기원을 두고 있는 해석 방법이다.15) 이 두 가지 방법으로 영성가를 구분하는 방식은 그리스 철학에 대해 비교적 포용적인 입장을 가진 동방정교회나 로마 가톨릭교회 신학에는 맞을 수 있다. 그렇다면 이러한 도구와 대비되는 성서에 근거를 둔 개신교 신학에 맞는 새로운 해석학적 도구도 필요하다. 그래야만 기독교 영성사에 나타난 다양한 영성가를 개신교적 관점에서 폭넓게 해석할 수 있기 때문이다. 어떤 도구로 영성가를 해석하느냐에 따라 어떤 경우에는 영성가가 될 수도 있고, 안 될 수도 있기 때문이다. 나아가 복음서에서 예수의 영성을 추출하려면 각 복음서 공동체가 선호한 예수의 다양한 영성을 성서신학적으로 연구해야 한다. 물론, 복음서에 나타난 예수의 영성을 연구하는 데는 사료의 한계가 있다. 즉, 예수의 영성을 담고 있는 사복음서는 예수가 직접 쓴 1차 자료가 아니기 때문이다. 그럼에도 각 복음서라는 필터를 통해 각 복음서 교회가 합의한 예수의 영성을 추출해야 한다. 왜냐하면 각 복음서 기자혹은 각 복음서 교회공동체가 선호하고, 합의하며, 검증한 영성을 모두합친 것이 온전한 예수의 영성이기 때문이다.16) 따라서 각 복음서 교

---

14) 아우구스티누스/ 성염 역주, 『참된 종교』(왜관: 분도출판사, 2011(개정판), 49.

15) Bernard McGinn, *The Foundations of Mysticism: Origins to the Fifth Century*, 23-61.

16) 예를 들어, 국내의 한국연구재단 등재·등재후보학술지(KCI) 또는 국제적 수준의 학술지(SCI(E), A&HCI·SSCI, SCOPUS 등재지) 등에 논문이 게재가 되어야 학문적으로 공인을 하듯이 정경으로 인정된 신약의 사복음서는 예수의 영성을

회공동체가 합의한 영성이 아닌 지엽적인 주제는 예수의 영성이라고 말할 수 없다.17)

또 한편, 신약의 복음서 공동체가 선호하고, 합의하고, 검증한 예수의 영성은 마태복음에는 예수가 말씀을 가르치고 행하는 말씀 영성으로 나타나고, 마가복음에는 예수가 귀신을 쫓고, 병을 고치는 이적 영성으로, 누가복음에는 예수의 기도 영성으로, 요한복음에는 목자가 양떼를 돌보는 것 같이 성도들을 돌보는 목양 영성으로 나타난다. 물론, 마태복음에는 예수의 말씀 영성만 나오는 것은 아니다. 마태복음에는 말씀 영성, 이적 영성, 기도 영성 그리고 목양 영성이 모두 나타난다. 그럼에도 마태복음에는 예수의 말씀 영성이 전체에 걸쳐 연속성을 가지고 강조되어 있다. 이것은 마태 혹은 마태 교회공동체가 예수의 말씀 영성을 선호했기 때문이다. 다른 복음서도 마찬가지이다. 각 복음서에는 네 가지 영성이 모두 나타나지만 각 복음서에는 각 복음서 교회공동체가 선호하는 예수의 영성이 강조되어 나타난다. 따라서 이 네 가지 영성을 종합하면 그것이 바로 복음서 기자들이 공인한 예수의 영성이라고 말할 수 있다. 또한, 이 책은 사복음서에 나타난 예수 영성을 유형론적으로 기술하였다. 기독교 영성신학에서 유형론적으로 영성을 기술한 경우가 몇몇 있다. 대표적으로 개신교 영성신학자 리처드 포스터 (Richard J. Foster)는 여섯 가지 영성 전통으로 영성가를 유형론적으로 기술하였다. 포스터는 그 전통의 원천은 예수라고 말한다. 그러나 포스터는 그가 구분한 여섯 가지 영성전통의 근거를 성서신학적 방법으로 예수의 영성을 추출하지 않고, 영성사 속에 나타난 영성가의 현상을 근거로 예수 영성을 구분하였다. 성경 구절도 편의에 의해 섞어서 사용하였다.18) 필립 쉘드 레이크(Philip Sheldrake)도 기독교 영성은 근

공식적으로 인정하는 역할을 했다고 할 수 있다.

17) 예를 들어, 성 프란치스코(Sanctus Franciscus Assisiensis, 1182-1226)가 '가난'이 예수의 영성이라고 말한 경우이다. 다음을 참조하라. 작은 형제회 한국관구 옮겨 엮음, 『성 프란치스꼬와 성녀 글라라의 글』(왜관: 분도출판사, 2004), 182-184.

18) 리처드 J. 포스터/ 박조앤 옮김, 『생수의 강』(서울: 두란노, 2000), 21-46. 포스

본적으로 예수 그리스도의 길을 따르는 것이라고 했다. 그러면서 그는 네 가지 유형으로 기독교 영성을 분류했다. 즉, 수덕적-수도원적 유형, 신비적 유형, 능동적-실천적 유형 그리고 예언적 비판적 유형으로 분류하였다.[19] 그러나 예수의 영성과 네 가지 영성 유형은 잘 연결이 안된다. 더욱이 네 가지 유형도 성서적 근거가 빈약해 보인다. 영성사에 나타난 영성 현상을 분류한 느낌이다. 이런 점을 보면 리처드 포스터나 쉘드 레이크 모두 성서에서 예수의 영성을 추출하는 방법이 빈약해 보인다. 성서에서 예수의 영성을 추출하기 위해서는 각 복음서의 삶의 정황을 고려하고, 각 복음서 공동체가 선호한 예수의 영성을 먼저 규명한 후에 그다음에 그 영성에 따라 기독교 영성사에 나타난 영성가의 영성을 분류해야 한다. 이들 외에도 기독교 영성사에 나타난 영성을 유형론

터는 예수의 영성을 복음서에서 추출할 때 각 복음서의 신학을 구분하지 않고 자신의 필요에 따라 복음서의 성경 구절을 섞어서 사용하였다. 예를 들어, 1. 묵상의 전통(기도로 충만한 생활)을 설명할 때 사용한 성경 구절은 요 5:19, 30상; 요 14:10; 눅 6:12; 막 1:35; 막 9:18-20; 눅 9:28-29; 막 9:29; 마 21:13; 눅 11:1; 막 14:36; 마 6:6; 마 5:44; 막 11:25; 마 9:38; 마 4:1; 마 14:13; 막 6:31; 눅 5:16; 요 17:20; 눅 22:42. 2. 성결의 전통(덕이 있는 생활)을 설명할 때 사용한 성경 구절은 마 4:4; 마 12:6; 마 4:8-10; 마 5:20. 3. 카리스마의 전통(성령으로 능력 받은 생활)을 설명할 때 사용한 성경 구절은 눅 3:22; 눅 4:1, 14; 막 1:22; 요 2:25; 막 2:8상; 마 8:16; 마 12:15; 눅 10:1-21; 요 13-17장; 요 16:7-8; 요 7:37-39. 4. 사회 정의의 전통(자비로운 생활)을 설명할 때 사용한 성경 구절은 눅 4:18-19; 마 3:2; 눅 5:37-38; 눅 6:27-28; 눅 5:12-26; 눅 7:1-17; 눅 7:22-23; 눅 19:1-10; 눅 21:1-4; 요 17:21; 계 21:4. 5. 복음전도의 전통(말씀 중심의 생활)을 설명할 때 사용한 성경 구절은 요 14:6; 6:35; 8:12; 8:58; 10:11; 10:7; 11:25; 15:1; 마 4:23; 눅 9:1-6; 눅 10:9; 마 11:12; 눅 19:1-9; 요 20:16; 요 7:42-52; 눅 13:12; 눅 13:14; 눅 14:15-24; 마 28:18-20. 6. 성육신의 전통(성례의 생활)을 설명할 때 사용한 성경 구절은 빌 2:6-8; 눅 2:40; 눅 2:52; 눅 2:51; 마 5:42; 마 6:24; 마 7:7; 마 7:12; 눅 4:16; 신 6:4절 등이다.

19) 필립 쉘드레이크/ 정병준 옮김『미래로 열린 영성의 역사』, 9, 25, 36-37, 111. '수덕적-수도원적 유형'은 때때로 광야 또는 수도원과 같은 특별한 장소를 권한다. 수도회의 중심 가치는 관상이다. '신비적 유형'은 관상적 실행을 통해 하나님의 현존의 직접적 대면을 갈망하는 것과 관련된다. '능동적-실천적 유형'은 영적 진로와 진실 탐구를 위해 기본 환경이 되는 일상생활을 다양한 방식으로 촉진시킨다. '예언적-비평적 유형'은 사회 변혁과 사회 정의를 영적 임무로 여기고 공개적으로 헌신하는 방향을 택함으로 단순한 실천적 봉사를 뛰어넘는다.

적으로 연구한 것이 몇몇 있지만,[20] 이 역시 각 복음서에 나타난 예수의 영성을 성서신학적으로 규명하지 않은 채 영성사에 나타난 영성가의 현상을 중심으로 유형론적으로 구분하였다.

나아가 이 책의 연구의 범위는 신약 사복음서와 동방정교회 영성가, 로마 가톨릭교회 영성가, 개신교회 영성가 그리고 한국교회 영성가를 중심으로 연구하였다. 이 책은 복음서에 나타난 예수 영성의 관점에서 영성가를 분별하였기 때문에 기독교 영성사에 나타난 모든 영성 운동이나 영성가를 다룬 것이 아니라 예수 영성의 관점에 가장 적합한 68명의 영성가로 그 범위를 한정했다. 더 나아가 이 책의 연구 절차는 서론, 1장 기독교 영성, 2장 복음서에 나타난 예수 영성, 3장 마태복음에 나타난 말씀 영성, 4장 마가복음에 나타난 이적 영성, 5장 누가복음에 나타난 기도 영성, 6장 요한복음에 나타난 목양 영성 그리고 결론으로 진행하였다. 다음 장에서 기독교 영성에 관하여 살펴보겠다.

---

20) 예를 들어, 싱가포르 트리니티 신학대학(Trinity Theological College)에서 조직신학과 영성을 가르치고 있는 사이몬 찬(Simon Chan)은 영성의 다양한 유형에 대하여 말하기를 "기독교 내에서는 다른 신학적 강조점을 중심으로 이루어진 다양한 영성이 있다. 가령 예수회, 갈멜수도원, 개신교 오순절 영성은 각각 그 자체의 독특한 구조내에서 가장 중요한 관심사라고 인식하는 것에 기초하여 그리스도인의 삶을 살아가는 다양한 방법을 보여준다. 예수회의 영성은 일반적으로 더 '활동적'이고 갈멜수도원의 영성은 더 '관상적'이며, 개신교의 영성은 매우 '역동적'이며 '개인적'이다. 서로 다른 영성들이 서로를 보완해 준다면, 영성의 모습이 다양하게 나타나는 것이 꼭 나쁘지만은 않다. 다양한 영성은 각기 다른 기질을 가진 그리스도인들이나 심지어 다양한 경우에 처하는 동일한 사람에게도 흥미를 유발할 수 있다."라고 했다. 사이몬 찬/ 김병오 역, 『영성신학』(서울: IVP, 2008), 24-25. 또한, 영성신학자 게리 토마스(Gary Thomas)도 사람들의 두드러진 영적 기질에 따라 9가지의 다양한 영성의 색깔로 나타난다고 주장했다. 1. 자연주의 영성 2. 감각주의 영성 3. 전통주의 영성 4. 금욕주의 영성 5. 행동주의 영성 6. 박애주의 영성 7. 열정주의 영성 8. 묵상주의 영성 9. 지성주의 영성 등이다. 게리 토마스/ 윤종석 엮음, 『영성에도 색깔이 있다』(서울: CUP, 2009), 29-30, 47-277.

제 1 장 기독교 영성

1. 기독교 영성이란?

기독교 '영성'(靈性, Spirituality)이라는 단어의 어원은 라틴어 형용사 '스피리투알리스'(spiritualis), 영적인)와 아울러 명사 '스피리투알리타스'(spiritualitas)이다. 이 단어들은 궁극적으로 신약의 바울 서신에 나타난 그리스어 형용사 프뉴마티코스($\pi\nu\epsilon\upsilon\mu\alpha\tau\iota\kappa\circ\varsigma$)와 명사 프뉴마($\pi\nu\epsilon\upsilon\mu\alpha$)에서 파생됐다. 이러한 맥락에서 '영' 그리고 '영적'이라는 말은 '몸' 혹은 '물질'(그리스어 soma, 라틴어 corpus)의 반대말이 아니라, 하나님의 영을 거스리는 모든 것을 뜻하는 '육'(그리스어 sarx, 라틴어 caro)의 반대말이라는 점에 유의해야 한다. 따라서 몸과 영혼 사이에 의도적인 대조를 피하고 삶에 대한 두 가지 태도를 대조해야 한다. 그래서 '영적인 사람'($\pi\nu\epsilon\upsilon\mu\alpha\tau\iota\kappa\circ\varsigma$ $\check{\alpha}\nu\Theta\rho\omega\pi\circ\varsigma$, 고전 1:14-15)이란 하나님의 영이 그 안에 거하고, 하나님의 영의 영향력 아래 사는 사람을 의미한다. 이처럼 바울 서신에서 '영적'이라는 말은 '성령 안에 있는 삶'을 의미한다.[21] 따라서 기독교 영성은 하나님의 영인 성령 안에서 나타난 신앙적 삶의 유형이라고 할 수 있다.

---

21) 필립 쉘드레이크/ 정병준 옮김, 『미래로 열린 영성의 역사』, 17. '영성' 혹은 '기독교 영성'에 대해서는 다음을 참조하라. Gerald L. Sittser, "Survey of the History of Christian Spirituality," in *Dictionary of Christian Spirituality,* Glen G. Scorgie ed. (Michigan: Zondervan Press, 2011), 95-101; J. M. Houston, "Spirituality," in *Evangelical Dictionary of Theology,* Walter A. Elwell ed. (Michigan: Baker Book House, 1984), 1046-1051; 유해룡,『영성의 발자취』, 14-72; 필립 쉘드레이크/ 정병준 옮김,『미래로 열린 영성의 역사』, 16-42.

2. 기독교 영성은 성령 안에서 나타난 신앙적 삶의 유형이다.

유해룡에 따르면 "기독교 영성이란 성령의 지배를 받고 있는 사람들의 삶의 양태와 전 경험을 포함하는 포괄적인 언어이다."라고 말했다.[22] 따라서 이 말은 기독교 영성이란 세상에 존재하는 마귀나 귀신 같은 악한 영, 혹은 훌륭한 인간의 정신으로 지배받는 삶의 양태가 아니라 삼위일체 하나님이신 성령의 지배를 받고 나타나는 신앙적 삶의 유형이라고 말할 수 있다. 바로 이 신앙적 삶의 유형을 가장 완전하게 보여주신 분이 바로 예수이다.

3. 성령 안에 나타난 가장 완전한 신앙적 삶의 유형은 예수에게 나타난다.

신약성경 복음서에 나타난 예수의 삶은 성령의 지배를 받아 나타난 가장 완전한 신앙적 삶의 유형을 보여준다. 따라서 우리는 예수의 다양한 신앙적 삶의 유형을 직접적으로 소개하고 있는 신약의 사복음서를 통하여 우리가 본받아야 하는 기독교 영성이 어떤 것인지를 구체적으로 알 수 있다. 즉, 사복음서에 나타난 예수의 영성을 간단히 요약하면 다음과 같다. 곧, 마태복음은 예수의 말씀 영성을, 마가복음은 예수의 이적 영성을, 누가복음은 예수의 기도 영성을, 그리고 요한복음은 예수의 목양 영성을 보여준다. 각 복음서는 초대교회 당시 자신들의 교회의 상황에 맞게 자신들이 선호하는 예수의 영성을 선택적으로 강조한 것이다. 따라서 사복음서 전체를 통하여 제시된 예수의 영성을 종합하면 그것이 바로 예수의 온전한 영성이 된다. 따라서 사복음서에 나타난 예수의 다양한 영성이 곧, 기독교 영성의 내용이라고 말할 수 있다.

---

22) 유해룡, 『하나님 체험과 영성수련』, 21. 나아가 홀트(Bradley P. Holt)는 "기독교 영성이란 성령 안에서 행하는 것이다."라고 말한다. 브리들리 P. 홀트/ 엄성옥 번역, 『기독교 영성사』(서울: 은성출판사, 1994), 18. 또한, 리에츠의 감독 파우스투스(Faustus of Riez)도 바울처럼 성령을 따라서 사는 사람을 영성의 사람이라고 정의한다. 정용석, 『기독교 영성의 역사』(서울: 은성출판사, 1997), 23.

제 2 장 복음서에 나타난 예수의 영성

신약성경에 나오는 복음서를 연구하는 방법론은 다양하게 변천되어 왔다. 이 책은 그 가운데 사회학적인 성서해석의 관점에서 각 복음서 공동체가 바라본 예수의 영성을 영성신학적으로 연구하려고 한다.23) 먼저 복음서에 나타난 예수의 영성과 성령과의 관계를 살펴보도록 하겠다.

---

23) 19세기 이래로 디벨리우스(M. Dibelius)와 불트만(R. Bultmann)에 의해서 양식 비평연구(Form Criticism)가 발전된 이후로, 복음서 기자들은 구전(口傳) 혹은 문서전승을 수집하여 전달해 준 사람(Collector 혹은 Transmitter)들로만 인식되어 왔다. 그래서 대부분의 학자들은 바울과 요한의 신학에만 관심을 기울이고 그 분야의 연구에만 집중했다. 그러나 제2차 세계 대전 이후 편집 비평 연구(Redaction Criticism)가 대두되었다. 콘첼만(H. Conzelmann)의 '누가의 신학'(Die Mitte der Zeit, 1953)이 출판된 이후로 복음서 기자들은 이제 더 이상 단순한 복음 전승의 수집자나 전달자가 아니라 독자적인 신학적인 관심을 갖고 복음서를 기록한 저자와 신학자로 알려지게 되었다. 김득중,『복음서신학』(서울: 컨콜디아사, 1986), 3-5. 그런데 최근에 와서는 사회학적 신약해석이 활발히 이루어지고 있다. 사회학적 신약해석이란 신약성서 본문에 나타나는 사상들이나 행위들을 그 본문 배후를 이루고 있는 팔레스타인이나 로마 제국 사회라는 폭넓은 사회적 준거틀 속에 위치시키거나, 원시그리스도교 공동체들이라는 보다 구체적인 작은 단위의 사회적 준거틀 속에 위치시킨 채 해석하려는 하나의 전망 혹은 상상력의 한 형태이다. 따라서 사회학적 신약해석의 관심은 성서 본문의 신학적·윤리적 자체에 있지 않고, 그 진술들과 그것들의 사회적 상황들과의 관계에 있다. 서중석,『복음서해석』(서울: 대한기독교서회, 1991), 397-398. 이 같은 사회학적 전망에서는 복음서 저자들의 위치가 각 공동체의 대변인으로 이동된다. 각 복음서들은 복음서 저자들의 개인적인 신학사상의 결과라기보다는 그들이 속한 교회공동체의 사회적, 신앙적 산물로 이해한다. 서중석,『복음서해석』, 9. 최근 사회학적 전망으로 신약을 연구하는 대표적인 학자로는 타이센(하이델베르크 大), 키이(보스톤 大), 믹스(예일 大), 게이저(프린스톤 大), 스크로그스(뉴욕, 유니온 大), 서중석(연세 大)등이 있다.

1. 복음서에 나타난 예수의 영성과 성령

1) 예수의 영성식별(識別[24])의 근거로서의 성령

신약성경에서 가장 탁월하게 영성 식별적인 삶을 보여주신 분은 예수이다. 예수의 영성식별은 오류가 없는 완전한 것이다. 예수의 영성 식별이 오류가 없고 완전한 것이라고 말할 수 있는 것은 그의 신성의 덕분이 아니고, 예수의 인간성이 하나님의 영 곧, 성령에 의해서 완전한 인도를 받았기 때문이다.[25] 따라서 예수가 성령에 의하여 얻은 예수의 영성식별은 오늘날 우리들이 따라야 하는 기독교 영성식별이라고 할 수 있다.

2) 성령의 임재를 통해 형성된 예수의 영성

마태복음 1장 18절은 "예수 그리스도의 나심은 이러하니라. 그 모친 마리아가 요셉과 정혼하고 동거하기 전에 성령으로 잉태된 것이 나타났더니."라고 했다. 예수는 탄생부터 성령으로 잉태한다. 마가복음 1장 10절에는 "곧 물에서 올라오실쌔 하늘이 갈라짐과 성령이 비둘기 같이 자기에게 내려 오심을 보시더니."(참조, 마 3:16, 눅 3:22, 눅 4:1 요 1:32)라고 했다. 예수께서 공생애를 시작하면서 세례 받을 때도 성령이 임재한다. 나아가 예수는 공생애 사역에서도 성령을 통해 네 가지 유형의 영성 사역을 한다. 곧, 말씀의 영성, 이적의 영성, 기도의 영성 그리고 목양의 영성 사역을 한다.

---

24) 식별(분별/ διακρίσις, Discernment)은 영성 신학적 용어이다. 영성식별은 하나님의 뜻이 무엇인지를 '분별하여 알아봄'을 뜻한다.
25) 유해룡, "신약에서의 영성식별," 「성서마당」 40/4(1998), 21.

(1) 말씀의 영성

요한복음 3장 34절에 "하나님의 보내신 이는 하나님의 말씀을 하나니 이는 하나님이 성령을 한량없이 주심이니라."라고 했다. 예수께서는 성령을 한량없이 받으시고 하나님의 말씀을 전하는 말씀의 영성사역을 했다.

(2) 이적의 영성

마태복음 12장 28절에 "그러나 내가 하나님의 성령을 힘입어 귀신을 쫓아내는 것이면 하나님의 나라가 이미 너희에게 임하였느니라."라고 했다. 예수께서 성령을 힘입어 축귀 하는 이적을 행하는 영성 사역을 했다.

(3) 기도의 영성

누가복음 4장 1절에 "예수께서 성령의 충만함을 입어 요단 강에서 돌아오사 광야에서 사십일 동안 성령에게 이끌리시며."라고 했다. 예수께서 공생애를 시작할 때 세례를 받은 후에 성령 충만함을 받아 요단에서 돌아와 광야에서 사십일 동안 성령에게 이끌리신다. 광야에서의 예수의 기도생활은 성령에 이끌리는 기도생활이었다.

(4) 목양의 영성

누가복음 4장 18절에 "주의 성령이 내게 임하셨으니 이는 가난한 자에게 복음을 전하게 하시려고 내게 기름을 부으시고 나를 보내사 포로 된 자에게 자유를, 눈먼 자에게 다시 보게 함을 전파하며 눌린 자를 자유케 하고 주의 은혜의 해를 전파하게 하려 하심이라."라고 했다. 예수께서 공생애 사역을 시작하실 때 성령을 통해 가난한 자에게 복음을, 포로된 자에게 자유를, 눈먼 자에게 다시 보게 함을, 눌린 자에게 자유케함을 주는 목양의 영성을 실천하였다.

이처럼 성령이 예수에게 임하면서 예수에게 나타난 영성 유형은 말씀의 영성, 이적의 영성, 기도의 영성 그리고 목양의 영성이 나타났다.

2. 복음서의 집필 목적과 예수의 영성

1) 복음서의 집필 목적[26] 중에 하나는 예수의 영성을 계승하기 위해서이다.

(1) 왜 신약의 사복음서 외에도 다른 복음서가 많은 것인가? 그런데 정경 복음서는 왜 네 개만 채택하고 나머지 복음서는 제외되었나? 그것은 신약의 사복음서가 예수의 영성을 올바로 계승했기 때문이다.

오늘날 정경으로 공인된 신약성경의 사복음서 외에도 예수의 생애와 말씀에 대해 기록한 외경이나 위경 복음서들이 있다. 외경 혹은 위경 복음서로는 유다복음서, 도마복음서, 베드로복음서, 애굽인복음서, 마가의 비밀복음서, 야고보 원복음서, 도마의 유아복음서, 니고데모복음서, 유대그리스도인 복음서들(히브리인의 복음서, 나사렛인들의 복음서, 에비온 복음서), 미지의 복음서들의 파피루스 단편들(옥시린쿠스 Oxy, 840 파피루스), 이거튼(Egerton) 파피루스, 파윰(Fayyum) 단편 등이 있다. 그러나 이러한 복음서들은 역사적 신빙성을 인정받지 못할 뿐만 아니라 이단적인 요소들을 다분히 내포하고 있다.[27] 기독교 공교회가 신

---

26) 신약의 사복음서는 고대 문학사에 유래가 없는 신약성서 고유의 문학 장르이다. 신화도 아니고 단순한 인물전기도 아닌 복음서의 형태는 역사적 예수가 신앙의 그리스도로 선포되는 신앙사건이다. 성종현, 『신약총론』(서울: 장로회신학대학출판부, 1991), 89.

27) 유다복음서는 180년 기독교변증가인 이레니우스(Irenaeus, 130-202)가 이 문서를 초대 기독교의 가인파(Cainites, 이단인 영지주의의 한 분파)라 불리는 자들이 쓴 작품으로 여겼다. 유다복음서는 26쪽 분량으로 되어 있는데, 유다뿐만 아

약의 사복음서를 정경으로 받아들인 것은 복음서들이 가지고 있는 사도성28)과 영감성 그리고 역사적 진정성과 신임성 때문이었다. 그래서 교부들과 정통교회는 이들 사복음서를 영감 받은 복음서로 생각하고 정경 복음서로 받아들였던 것이다. 그러나 복음서의 정경 형성에 있어서 이 어떤 것보다도 중요한 것은 성령의 역사였다. 성령은 복음서 기자들이 예수 전승들을 수집하여 정확하게 기록하게 하였을 뿐 아니라

니라 하나님과 세상, 구세주, 인간에 대해 신약의 사복음서와는 전혀 다른 이해를 하고 있다. 정통파 기독교인들은 예수만이 하나님과 인간의 모습을 동시에 간직하고 있다고 믿었지만 영지주의자들은 보통 인간도 하나님과 연결될 수 있다고 확신하였다. 말하자면 예수를 통한 구원이 아니라 예수가 자신들에게 전달하는 비밀지식을 통해 구원에 이른다고 믿었던 것이다. 나아가 도마복음서는 영지주의 서적으로 주로 예수의 말씀만을 모아 놓았다. 베드로복음서는 예수의 재판의 끝에서부터 시작하여 십자가 처형, 장사 그리고 부활의 내용을 담고 있다. 애굽인 복음서는 정통파 교회에서 사용하던 정경 복음서가 나올 때까지 애굽의 이방인 그리스도인들이 주로 사용한 복음서로 추정된다. 이 복음서에서 구원은 성의 차이가 없는 인간 원형의 상태로 회복되는 것이라고 주장하고 있으며, 극도의 금욕주의적인 견해를 반영하고 있다. 마가의 비밀복음서는 알렉산드리아의 클레멘스에 의해 쓰인 서신으로 알려져 있다. 야고보 원복음서, 도마의 유아복음서는 예수의 가족 배경과 어린 시절을 쓰고 있다. 니고데모 복음서는 빌라도 행전과 지옥에 내려간 것을 하나로 붙인 것이다. 빌라도행전은 예수의 재판과 십자가 처형에 대해 설명해 주고 있으며, 예수가 지옥에 내려간 것은 그리스도의 죽으심과 부활 사이의 중간 시기에 죽은 자들의 활동에 대해 전해진 내용을 담고 있다. 유대그리스도인 복음서들(히브리인의 복음서, 나사렛인들의 복음서, 에비온 복음서)은 교부들의 인용과 중세기에 나온 약간의 믿지 못할 증거만 잔존하고 있다. 고영민, "사복음서 이외에 다른 복음서들이 있었는가?,"「월간목회」358/6(2006), 214-217. 위에 소개한 외경 혹은 위경 복음서들의 일부 원문을 영어로 번역한 것을 보기 위해서는 James M. Robinson, ed., *The Nag Hammadi Library in English* (Leiden E.J. Bril, 1977)을 참조하라. '나그함마디' 문헌에는 진리의 복음서, 도마복음서, 빌립복음서, 이집트복음서, 마리아의 복음서의 원문을 영어로 번역된 것이 있다. 나그함마디 문서에 관한 개괄적 연구를 위해서는 소기천,『예수말씀의 전승궤도』(서울: 대한기독교서회, 2000), 125-145를 참조하라.

28) 영지주의자 마르키온은 누가복음과 사도행전의 일부와 바울서신만을 예수의 가르침으로 수용하였다. 그러나 그나마 그 내용도 자기 주관대로 가감하거나 수정하였기 때문에 정통교회는 이에 대응하기 위해 사도전승을 충실히 따른 사복음서를 정경화 시킨 것이다. 허호익, "영지주의의 기독교 왜곡과 사도신경의 형성,"「신학과 문화」14/1(2005), 216.

기록한 복음서들을 정경이 되도록 하였다.[29] 예를 들어, 디모데후서 3
장 16절은 모든 성경은 하나님의 감동으로 쓰였다고 했다. 하나님의 감
동은 하나님의 성령으로 성경이 쓰였다는 뜻이다.[30] 다시 말하면, 성령
께서는 각 복음서기자들을 감동하여 예수의 영성에 대하여 쓰게 하셨
다고 할 수 있다.[31] 따라서 성령에 온전하게 감동된 사복음서 기자가
사복음서를 썼기 때문에 사복음서가 정경이 된 것이라고 할 수 있다.
이에 비해, 나머지 외경 혹은 위경 복음서들은 성령의 감동으로 쓰이지
않았기 때문에 정경으로 채택되지 않았다고 할 수 있다.

(2) 왜 사복음서를 하나로 통합하지 않았나? 그것은 각 복음 서 공동체가 선호하여 계승한 예수의 영성을 각자의 공 동체의 영성에 맞게 강조하려고 했기 때문이다.

주후 2세기 중엽에 타티안(Tatian, 120-172)은 복음서를 하나로
통합하려고 시도했다. 그 결과로 나온 것이 '디아테사론'(Dia Tessaron)
이라는 책인데, 그는 네 개의 복음서가 상이한 목소리를 내는 것을 한
권의 책으로 '조화'[32]시키려고 했다.[33] 그러나 이레네우스(Irenaeus,
140-203)는 『이단 반박』에서 자기들이 선호하는 복음서만을 유일하게
생각하는 것을 거부했다.[34] 성령은 사도들과 그들의 복음을 듣는 교인

---

29) 최갑종, "네 복음서의 기원, 수집, 적용 그리고 올바른 사용,"「목회와 신학」
    146(2001), 104.
30) 원문에 나오는 '감동'(Θεοπνευστος/데오퓨네우시토스)은 하나님(Θεος)과 숨(πνε
    ω/breathe)의 합성어이다. Max Zerwick, Mary Grosvenor, *A Grammatical
    Analysis of the Greek New Testament-Unabridged 3rd Revised Edition*
    (Editrice Pontificio Istituto Biblico Roma, 1988), 644. 여기서 하나님의 '숨'은 '성령'
    을 말한다.
31) 고영민, "사복음서 이외에 다른 복음서들이 있었는가?," 211.
32) '디아테사론'은 그리스어로 '디아'와 '테사론'이 결합된 것으로 '조화롭게'라는 뜻
    이다.
33) 소기천, "왜 복음서는 여러 개인가?,"「교육교회」 2(2001), 23.
34) 김선영 옮김, 『초기 기독교 교부들』(서울: 두란노아카데미, 2011), 491-492. "오
    직 마태에 의한 복음서만을 사용하는 에비온파는 바로 그 문서에 의해 주님에

들을 염두에 두면서 획일적인 복음전승이 아니라 다양성을 가진 복음전승을 형성하도록 하셨다는 것이다.[35] 전도의 차원에서도 다양한 예수의 영성을 계승하기 위해서 하나의 통합된 복음서가 아니라 사복음서 같은 다양한 형태의 복음서가 필요했던 것이다. 전도 대상자는 이네 개의 유형의 영성 중에 어느 하나의 유형을 선호할 가능성이 있기 때문이다.

(3) 왜 사복음서 간에 차이점이 있는가? 그것은 각 복음서 기자 혹은 각 복음서 교회 공동체가 예수의 다양한 영성 중에 자기들이 선호하는 영성을 강조하여 영성생활을 하기 위해서이다.

신약의 사복음서들의 차이점을 비교 연구하는 목적은 각 복음서가 강조하는 독특한 메시지를 찾기 위해서이다.[36] 복음서를 읽다 보면 복음서 간에 유사성(similarities)과 차이점(differences)이 있다는 것을 발견한다. 서로 일치하는 것들은 문제가 되지 않지만 서로 상이한 것들에 대해서는 여러 가지 의문을 가지게 된다. 만일 같은 사건을 기록한 것이라면 왜 조금씩 다르게 기록되어 있는 것일까? 이것은 각 복음서의 기록 목적이 다르기 때문이고, 각 복음서가 강조하고 있는 강조점이 다르기 때문이다.[37] 이러한 차이점을 영성신학적 관점에서 본다면 각 복

대하여 올바른 견해들을 가지고 있지 않다는 것이 드러납니다. 마르키온은 누가에 의한 복음서를 난도질했는데, 그가 여전히 간직한 절들에 의해 존재하시는 한 분 하나님에 대한 모독자라는 것이 분명하게 드러납니다. 예수를 그리스도로부터 분리하고, 예수는 고난을 받은 반면 그리스도는 아픔을 느끼지 않은 채로 있었다고 말하며, 마가에 의한 복음서를 제출하려 하는 자들은, 만약 그들이 진리에 대한 사랑으로 그것을 읽는다면, 그것에 근거하여 바로잡아질 수 있습니다. 발렌티누스의 추종자들은 요한에 의한 복음서를 그들 간의 관련을 증명해 보이기 위해 상당히 많이 이용하고 있는데, 제가 첫 번째 책에서 논증한 것 같이, 이자들이 완전히 착각하고 있다는 것이 이 복음서에 의해 증명될 수 있습니다."

35) 최갑종, "네 복음서의 기원, 수집, 적용 그리고 올바른 사용," 100.
36) 최갑종, "네 복음서의 기원, 수집, 적용 그리고 올바른 사용," 107.

음서 기자들은 예수의 다양한 영성 가운데 자신들의 교회가 선호하는 영성을 강조하기 위해서 차이점을 보이고 있다고 할 수 있다. 물론, 복음서간에 차이가 있다고 해서 어떤 것은 맞고 어떤 것은 틀린 양자택일의 문제는 아니다. 각 복음서 기자가 예수의 영성을 각각 강조하는 과정에서 나타난 차이점일 뿐이다. 따라서 복음서 안에는 예수의 다양한 영성이 섞여 있다. 각 복음서 기자는 그 섞인 영성 가운데 하나를 더 강조했기 때문에 차이점이 생긴 것이며, 이러한 차이점을 통하여 각 복음서 교회가 선호한 예수영성을 통하여 자신들의 교회가 지향하는 영성의 정체성을 강화했다고 볼 수 있다. 결국 이러한 각 복음서에 나타난 예수의 영성을 종합하면 그것이 온전한 예수의 영성이라고 말할 수 있다.

3. 복음서에 나타난 예수의 영성모델

1) 복음서에 나타난 예수의 사역 내용이 예수의 영성이다.

복음서에 나타난 예수의 사역은 크게 넷으로 구분할 수 있다. 첫째, 말씀 사역 둘째, 이적 사역 셋째, 기도 사역 그리고 목양 사역으로 구분할 수 있다. 이 사역들의 내용이 곧, 예수의 영성이라고 말할 수 있다. 복음서의 장을 모두 합치면 마태 28장, 마가 16장, 누가 24장 그리고 요한 21장으로 총 89장이다. 절수는 마태 1071절, 마가 678절, 누가 1151절 그리고 요한 879절로 총 3779절이다. 단락은 마태 129개, 마가 88개, 누가 129개, 그리고 요한 72개로 총 418개의 단락으로 이루어져 있다. 그런데 복음서에는 주로 예수께서 말씀을 가르치시는 것과 이적을 행한 것, 기도를 한 것 그리고 사랑으로 양을 목양한 것 등이 주요 내용이다.[38] 이것은 예수의 영성이 말씀 영성, 이적 영성, 기도 영성

---

37) 변종길, "복음서 상호간의 차이점을 어떻게 이해할 것인가?," 「목회와 신학」 146(2001), 82-84, 89.
38) 마태복음에는 예수께서 말씀을 가르치신 경우가 43.2%, 이적은 13.2%, 기도는

그리고 목양 영성임을 보여주는 증거들이라고 할 수 있다.

2) 복음서는 통전적 예수의 영성모델을 보여준다.

복음서를 기록한 목적 중에 하나는 예수의 승천 이후에 예수의 영성을 부분적으로만 이해했던 초대교회의 영성 갈등을 해결하기 위해 예수의 통전적 영성을 소개할 목적이 있었기 때문으로 보인다. 초대교회들이 예수의 영성에 영향을 받고 갈등을 일으킨 흔적이 고린도교회에 나타난 듯하다. 고린도교회에 나타난 네 파가 바로 그런 현상을 보여주고 있고 할 수 있다. 그 네 파는 영성의 갈등으로 빚어진 파로 볼수도 있다. 교회 정치적인 갈등이었다면 두 파로 나눠졌을 것이다.39) 예를 들어, 아볼로파40)는 예수의 말씀 영성을 계승한 파, 게바파41)는

3.1%, 목양은 4.9%로 나타난다. 마가복음에는 이적이 26.6%, 가르침은 22.8%, 기도는 1.6%, 목양은 2.8%로 나타난다. 누가복음에는 기도가 7.2%, 가르침은 32.6%, 이적은 13.3%, 목양은 2%로 나타난다. 요한복음에는 목양이 30.1%, 가르침은 24.1%, 이적은 14.61%, 기도는 2.9%로 나타난다.

39) 고린도전서 1장 10절 이하는 고린도교회에 분쟁이 있음을 보도한다. 분쟁은 크게 네 파로 나뉘어 있었다. 바울은 고전 1장 13절 이하에서 그리스보와 가이오 스데바나집 외에는 세례를 준 적이 없음을 강조한다. 자신은 세례를 주려 함이 아니요 복음을 전하기 위해 왔다는 것이다. 이 점을 미루어 추측하면 여러 파로 나뉜 것은 교회 정치적인 문제가 아니라 영성적인 문제로 분파가 나뉘어졌을 가능성을 추측케 한다. 예를 들어, 고전 3:21-22절에서 바울은 바울이나 아볼로나 게바에 대하여 사람을 자랑하지 말라고 한다. 이 점은 분쟁의 원인이 사람으로부터 원인이 왔음을 보여준다. 곧, 영적 지도자의 영성에 따른 분파의 가능성을 보여 주는 것이다. 고전 3장 5-9절에서 바울은 아볼로와 자신은 사역자인데 만약 자신이 심은 자면 아볼로는 물을 주는 자라고 말하면서 바울의 역할과 아볼로의 역할을 대립의 관점에서가 아니라 협력의 관점에서 모두 동역자라고 말한다. 이런 점은 다른 영적 지도자들의 영성이 서로 대립되는 것이 아니라 서로 보완해야 한다는 점을 강조한 것이라고 할 수 있다.

40) 사도행전 18장 24절에는 아볼로가 유대인으로 알렉산드리아에서 난 사람으로 학문이 많고 성경에 능한 자라고 기록한다. 아볼로는 성경에 능한 사람이었기 때문에 고린도교회에 와서 집회를 하면서 성경을 강조했을 것이다. 따라서 아볼로를 따르는 사람들은 말씀 영성을 선호했을 가능성이 크다. 아마도 아볼로의 말씀 영성에 영향을 받은 사람들이 아볼로파를 형성했을 가능성이 있다.

41) 여기의 게바는 베드로를 가리킨다. 베드로는 사도행전 3장 1절에서 앉은뱅이를

예수의 이적 영성을 계승한 파, 바울파[42]는 예수의 기도 영성을 계승한 파, 그리스도 파[43]는 예수의 목양 영성을 계승한 파로 보인다. 신약의 다른 서신서들도 이러한 네 가지 영성과 관계가 깊다. 곧, 말씀 영성 계열의 야고보서, 이적 영성 계열의 베드로전후서, 기도영성 계열의 사도행전, 목양 영성 계열의 목회서신과 요한서신 등으로 구분할 수 있다. 이러한 예수의 영성은 시간이 지나면서 각자의 교회의 영성이 진정한 예수의 영성이라고 주장함으로 서로의 영성 간에 갈등을 일으켰을 가능성이 있으며, 예수의 승천 이후 40년이 지난 후에 사복음서를 통하여 서로의 영성 전통을 계승하면서도 다른 영성을 무시하지 않고 존중하는 차원에서 각자의 복음서를 통하여 예수의 다양한 영성을 제시했을 것이다.

한편, 김명용(전 장신대 조신학 교수)에 따르면 "통전적 영성신학은 하나님의 영이 인간의 이성과 감성과 의지를 포괄하고 있기 때문에 그 모든 곳 속에서 하나님은 경험된다고 생각하는 영성신학이고, 그 모든 것의 조화가 중요하다고 믿는 영성신학이다."라고 했다.[44] 그런 차원에서 사복음서에 나타난 예수의 영성은 통전적 영성이라고 말할 수 있다. 곧, 하나님의 성령이 예수에게 임하면서 이성을 통해 말씀의 영성이 나

고치고, 죽은 다비다를 살리는 이적(행 9:40)을 행한 사람이다. 아마도 이 베드로가 고린도교회에 가서 집회를 했다면 이적을 행하는 능력집회를 했을 것이다. 그래서 베드로의 영성을 따르는 사람들이 이적 영성을 선호하는 게바파를 형성했을 가능성이 있다.

42) 바울은 학식이 많은 유대청년이었지만 다메섹에서 부활하신 예수를 만나면서 변화된다. 바울은 성령 안에서 기도하며 사역을 했다(엡 6:18). 바울의 제자 누가가 복음서를 통하여 가장 많이 예수의 기도를 수집하고 강조한 것을 볼 때, 누가가 바울의 기도 영성을 본받았을 가능성이 있다. 아마도 바울은 고린도에 갔을 때 성령과 기도를 강조하는 사역을 했을 것이다. 따라서 고린도교회에 바울을 추종하는 기도 영성을 따랐던 파가 바울파를 형성했을 가능성이 있다.

43) 여기서는 분명하게 그리스도파가 누구인지는 알려지지 않았지만 당대에 베드로와 같은 위치에서 사역했던 사도 요한일 가능성이 있다. 만약 그렇다면 여기의 그리스도 파는 사랑으로 목양을 강조한 목양 영성을 따랐던 요한파일 가능성이 있다.

44) 이종성·김명용·윤철호·현요한 공저, 『통전적 신학』(서울: 장로회신학대학출판부, 2004), 155.

타났고, 감성을 통해서는 이적과 기도의 영성이 나타났으며, 의지를 통해서는 사랑으로 돌보는 목양의 영성이 나타났다고 볼 수 있다. 따라서 내가 어느 한 영성을 선호한다 해도 다른 영성을 균형 있게 받아들이면서 통전적으로 볼 수 있는 시각이 필요하다. 그것이 곧, 통전적 예수의 영성을 따르는 것이라고 할 수 있을 것이다.

제 3 장 예수의 말씀 영성

　유해룡(전 장신대 영성신학 교수)에 따르면 건전한 기독교 영성을 형성시키기 위해서는 "첫째, 성서이고, 둘째, 교회적인 전통에 대한 이해이며, 세 번째, 이미 교회에서 검증된 과거의 성인들이나 신비가들의 경험이다."라고 했다.[45] 그럼에도 필자는 종교개혁 전통 특히, 개혁주의 전통을 이어받은 목사로서 이 가운데서 성경의 권위를 가장 우선시한다. 따라서 우리는 예수의 영성을 가장 직접적으로 보여주는 사복음서를 영성신학적 관점에서 먼저 연구해야 한다고 본다. 그리고 그 후에 교회전통에 나타난 영성가라고 해서 맹목적으로 따를 것이 아니라 그들이 얼마나 사복음서에 나타난 예수의 영성을 충실하게 따랐는지를 예수 영성의 관점에서 분별하고, 검증해야 한다.[46]

　한편, 신약 성경 사복음서에 나오는 첫 번째 책은 마태복음이다. 마태복음에는 마태 혹은 마태 교회공동체가 강조한 예수의 영성이 나타나 있다. 마태복음에 나타난 예수의 영성을 규명하기 위해서는 마태복음에 나타난 한 한 두 절을 가지고 예수의 영성이라고 규정하는 것은 충분하지 않다. 왜냐하면 마태복음에서 예수의 영성으로 볼 수 있는 주제가 마태복음 전체에 연속성 있게 나타나야 하기 때문이다.[47] 또한,

---

45) 유해룡, "기독교 영성과 영성신학,"「성서마당」 10/1(1995), 8.
46) 참고로 월터 프린 사이프는 기독교 영성의 다양한 전통이나 형태의 진정성을 판단하는 몇 가지 기준을 제시했다. 첫째, 그것이 예수그리스도의 복음에 충실하고 있는가? 둘째, 그 영성이 복음의 주요 가르침들을 다 포함하고 있는가 아니면 복음의 특정 부분만 집중적으로 부각하면서 다른 부분들은 무시하고 있는가를 묻는 것이다. 프린 사이프에게 있어서 기독교 영성의 기준은 그 영성이 복음에 충실한가 하는 것이 중요하다. 그리고 그 영성이 복음의 가르침들과 우리의 다양한 문화들이나 다른 사람들과의 관계 속에서 얼마나 균형을 가지고 있는가를 묻고 있다. 또한 그리스도 안에서 성숙을 향한 여정으로서 인간 성장을 강조하고 있다. 오방식, "기독교영성이란 무엇인가?,"「신앙세계」 417/4(2003), 41.
47) 유은호는 마태복음에 나타난 예수의 영성을 가르침과 행함이라고 주장한다. 유은호, "마태복음에 나타난 예수의 가르침과 행함의 영성,"「신학논단」 109

각 복음서에 나타난 예수의 영성을 찾기 위한 영성신학적인 연구는 연구의 기준 자체가 공평해야 한다. 예를 들어, 각 복음서의 예수의 마지막 말씀을 동일한 기준으로 각 복음서의 영성을 찾는 기준점으로 삼는 것이다. 그리고 각 복음서의 예수의 마지막 말씀과 그 해당 복음서 안에서 가장 강조하는 영성의 내용이 연속성을 가지면 그 복음서가 가장 선호하는 예수의 영성일 가능성이 높다고 할 수 있다.

1. 마태복음에 나타난 예수의 말씀 영성

1) 마태복음의 예수의 마지막 말씀은 예수의 말씀 영성을 증거해 주는 결정적인 본문이다.

마태복음은 예수를 말씀을 가르치는 분으로 묘사한다. 특히, 마태복음에만 기록되어 있는 예수의 마지막 말씀인 마태복음 28장 16-20절은 예수의 말씀영성을 보여주는 결정적인 본문이다.[48] 이 본문은 마태의

(2022), 43-81.

48) 이 단락은 "마태복음 책 전체를 이해하는 열쇠"라고 일컬어져 왔다. 이 말은 W. Trilling, *Das Wahre Israel* (Koster-Verlag, Munchen, 1964), 21에서 전체 복음서를 이해시킬 관건적인 구절로 보았다. 전경연, "마태의 역사이해," 「신학논단」 15(1982), 64. 보른캄도 마태복음의 종결 단락인 마 28:16-20절을 마태복음 전체를 적절하게 이해하는 신학적·해석학적 열쇠라는 관점을 밝힌 바 있다 Gunther Bornkamm, "Der Auferstandene und der Irdisch. Mt 28:16-20," in *Zeit und Geschichte* hg.v.E. Dinker, Tübingen: Mohr, 1964), 171-191. 장흥길 역시 마 28:16-20절은 단순하게 부활 기사의 끝을 마감할 뿐 아니라 복음서 기자의 의도에 따라 '예수 이야기'를 '뒤에서부터' 이해하게 하는 신학적·해석학적 관점을 제공해 준다고 했다. 장흥길, "모든 족속을 제자 삼으라(신학적, 해석학적 열쇠로서 마28:1 6-20에 대한 소고)," 「교회와신학」 38/가을호(1999), 89-91. 특히, 본문에서 '제자들'이라는 말은 무엇보다 먼저 '학습자' 혹은 '학생'의 의미를 갖고 있기 때문에 예수께서 주신 사명의 강조점은 복음의 선포뿐만 아니라 제자로서 가르치는 일에 있다는 것을 보여준다. 따라서 마태복음에서 제자가 된다고 하는 것은, 예수의 가르침 속에 분명하게 표현된 의를 따르는 것을 의미한다. 도날드 해그너/ 채천석 역, 『마태복음(하) 14-28장』 (서울: 솔로몬출판사, 2000), 1318-1320.

특수자료[49])이며, 마태가 예수의 말씀 영성을 강조하기 위해 이 본문을 예수가 지상에서 하신 맨 마지막 말씀으로 기록하고 있다. 이것은 마태가 예수의 말씀 영성 곧, 말씀을 가르치고 행하라는 영성을 강조할 의도가 있었기 때문에 예수의 마지막 말씀으로 배치한 것이다.

2) 마태복음에서 예수는 말씀을 설교를 통해 가르친다.

마태복음에서 말씀을 가르치는 예수의 방법은 다섯 개의 설교문에 나타난다. 곧, 마태는 예수께서 다섯 개의 설교를 통해 제자들을 가르치신 분으로 그리고 있다(5-7장, 10장, 13장, 18장 그리고 24-25장).[50] 특히, 마태는 산상수훈에 있는 10개의 특수자료를 통해 예수를 가르치시는 분으로 강조하고 있다.[51] 첫 번째 설교문인 마태복음 5-7장은 예수께서 산상에서 설교하신 것을 기록하고 있다. 두 번째 설교문인 마태복음 10장은 사도직에 관하여 설교한다.[52] 세 번째 설교는 마태복음

---

49) '마태의 특수자료'라는 말은 다른 복음서에는 없고 마태복음에만 있는 내용을 말한다.

50) 마태복음은 다른 복음서나 서신들에 비해 비교적 분명하고도 독특한 구조를 가지고 있는데, 그중에 하나가 오경적구조이다. 마태는 다섯 개의 설교 곧, 첫째. 제자직에 관한 설교(5-7장) 둘째, 사도직에 관한 설교(10장) 셋째, 천국비유설교(10장) 넷째, 교회에 관한 설교(18장) 다섯째, 종말에 관한 설교(24-25장)로 오경적 구조를 보인다. 마태가 의도적으로 이 다섯 개의 설교로 마태복음의 기본 구조를 삼은 것은 이 다섯 개의 설교가 노래의 후렴처럼 모두 똑같은 공식적인 문구로 끝나고 있다는 사실로도 알 수 있다. 곧, 다섯 개의 설교가 모두 '예수께서 이 말씀을 마치시매'(7:28; 11:1; 13:53; 19:1; 26:1)로 끝나고 있다. 마지막 다섯 번째의 설교가 끝날 때는 '예수께서 이 말씀을 다(pantas) 마치시고'라고 말하며 대단원의 막을 내리고 있다. 이러한 구조는 마태는 설교를 통해 교인들을 가르치는 일에 더 많은 관심을 가지고 있다는 것을 보여주는 증거이다. 김득중, 『마태복음주석』 (서울: 성서교재간행사, 1990), 22-23.

51) 산상수훈에 나오는 마태의 10개의 특수자료는 첫째, 마 5:17-20(율법에 대하여) 둘째, 마 5:21-26(살인에 대하여) 셋째, 마 5:33-37(맹세에 대하여) 넷째, 마 5:38-42(보복에 대하여) 다섯째, 마 6:1-4(구제에 대하여) 여섯째, 마 6:16-18(금식에 대하여) 일곱째, 마 6:19-34(재물, 의식주문제) 여덟째, 마 7:7-11(기도) 아홉째, 마 7:13-14(좁은문) 열 번째, 마 7:28-29(예수의 권위) 등이다.

52) 마 10:16-42(박해예고-종말) 특히, 마 10:42절에는 "누구든지 제자의 이름으로

13장의 천국비유 설교이다. 여기서도 마태는 마태복음에만 있는 특수자료를 통해 가르치는 예수의 모습을 부각한다.53) 네 번째는 마태복음 18장의 교회에 관한 설교이며,54) 마지막으로 마태복음 24-25장은 종말에 관한 설교를 한다.55) 이처럼 마태복음은 다섯 개의 설교문안에서 마태복음에만 있는 특수자료를 통해 예수를 말씀을 가르치는 분으로 묘사한다. 나아가 마태는 이 다섯 개의 설교문외에 마태복음에만 있는 마태의 특수자료 17개 중에 11개를 가르침과 연관시키고 있다.56) 또한, 마태복음에만 있는 내용 총 40개 중에 다섯 개의 설교문에 23개가 들어가 있는데 그 내용을 보면 모두 교훈적인 내용이며, 비유를 통해 말씀을 가르치고 있다. 이처럼 마태는 마태복음 전반에 걸쳐 예수께서 말씀을 설교형식으로 가르치고 있다.

이 소자 중 하나에게 냉수 한 그릇이라도 주는 자는 내가 진실로 너희에게 이르노니 그 사람이 결단코 상을 잃지 아니하리라"라고 하면서 소자를 대접하고 돌보는 것이 값진 삶임을 보여준다.

53) 마 13:24-30, 36-43(가라지 비유-천국), 마 13:44(감추인 보화-천국), 마 13:45-46(진주-천국), 마 13:47-50(그물-천국), 마 13:51-52(새것과 낡은 것-천국의 제자 된 서기관) 등이 마태의 특수자료이다.

54) 마 18:15-22(용서하라), 마 18:23-35(용서할 줄 모르는 종 비유-천국비유(23절) 등도 마태의 특수자료이다.

55) 마 24:32-41(종말설교), 마 24:41-42(깨어 있으라), 마 24:45-51(신실한 종, 불충한 종), 마 25:1-13(열처녀 비유), 마 25:31-46(최후 심판비유) 등도 마태의 특수자료이다.

56) 첫째, 마 9:35-38(목자 없는 양), 둘째, 마 11:20-24(화 선언), 셋째, 마 11:25-30(수고하고 짐진자 들아), 넷째, 마 16:17-19(베드로, 반석, 천국열쇠), 다섯째, 마 17:24-27(성전세), 여섯째, 마 20:1-16(포도원 농부비유), 일곱째, 마 21:28-32(두 아들의 비유), 여덟째, 마 23:8-12(바리새인들의 위선), 아홉째, 마 23:13-39(일곱 번 화 선포), 열 번째, 마 27:3-10(유다의 죽음), 열한 번째, 마 28:16-20(선교명령)이다. 단, 17개의 특수자료 중에 나머지 여섯 개는 가르침과 관계가 없다. 예를 들어, 마 1:18-25(예수의 탄생 이야기), 마 2:1-12(동방박사), 마 2:13-23(애굽 피신), 마 9:27-34(두 맹인과 벙어리), 마 27:62-66(경비병이 무덤을 지키다), 마 28:11-15(치유경비병 매수) 등이다.

3) 마태복음에서 예수는 성경공부식 가르침의 방법을 사용한다.

마태복음에서 예수는 무리나 제자들에게 대중적인 전달방법인 설교 형식의 가르치심과 함께 소그룹으로 모여 말씀을 더 자세하게 풀어주는 성경공부식[57]으로 가르침의 방법을 사용한다.

4) 마태복음 자체의 구절 비교에서도 말씀을 강조한다.

마태복음에는 말씀이 43.2%, 이적이 13.2%, 기도가 3.1%, 목양이 4.9%, 그리고 기타[58]가 35.6% 나타난다. 이러한 통계는 마태복음 자체 구절 비교에서도 말씀 영성을 강조하고 있다는 것을 알 수 있다. 그러나 동시에 다른 영성도 함께 공존하고 있음을 보여준다. 이것은 마태교회 공동체가 말씀 영성을 선호하면서도 다른 영성을 무시하지 않고 있다는 증거이다. 따라서 말씀 영성에서 반정통이나 이단으로 빠지지 않기 위해서는 말씀 영성 외에 다른 영성도 골고루 가지고 있어야 한다는 것을 보여주는 증거라고 할 수 있다.

5) 마태복음은 다른 복음서와 말씀을 가르치는 구절을 비교해도 훨씬 많다.

마태복음은 전체 43.2%(전체 1071절 중에 463절)가 말씀을 강조하는데 비해, 마가복음은 22.8%(전체 678절 중에 155절), 누가복음은 32.6%(전체 1151절 중에 376절) 그리고 요한복음은 26%(전체 879절 중에 229절)로 말씀을 강조하고 있다. 따라서 이러한 통계는 마태복음이

---

57) 예를 들어, 마 16:5-12(바리새인과 사두개인들의 누룩), 마 16:24-28(예수추종의 조건), 마 17:24-27(성전세에 대한 답), 마 19:23-30(천국에 들어갈 자의 조건), 마 20:1-16(천국의 기준), 마 21:33-46(포도원 농부의 비밀), 마 22:1-14(혼인 잔치의 비유), 마 23:1-39(서기관과 바리새인에 대하여), 마 26:17-30(마지막 만찬), 마 28:16-20(선교명령을 하다) 등이다.
58) 기타는 마태의 해설 부분에 해당한다.

예수의 말씀 영성을 가장 많이 강조하고 있다는 것을 보여주는 간접적인 증거가 될 수 있다.

6) 마태복음은 다른 복음서와 같은 내용을 대조비교[59]할 때도 말씀을 강조한다.

(1) 신명기 8장 3절 인용

신명기 8:3 "사람이 떡으로만 사는 것이 아니요 여호와의 입에서 나오는 모든 말씀(ῥήματι)[60]으로 사는 줄을 네가 알게 하려하심이니라."

마태복음 4:4 "사람이 떡으로만 살 것이 아니요 하나님의 입으로부터 나오는 모든 말씀(ῥήματι)으로 살 것이라."

누가복음 4:4 "사람이 떡으로만 살 것이 아니라 하였느니라."

마가복음 : 평행본문 없음.

요한복음 : 평행본문 없음.

예수께서 사탄에게 시험을 받을 때 말씀으로 사탄의 시험을 이겼다. 이것은 마태복음과 누가복음이 모두 동일하다. 그러나 마태복음은 신명기 8장 3절을 인용하면서 신명기에 있는 '말씀'(ῥήματι) 부분을 빠뜨리지 않고 인용하고 있다. 반면에 누가복음 4장 4절은 '말씀'이라는 단어를 언급하지 않는다. 이것은 누가복음이 제대로 기록하지 않은 것이 아니라 마태복음이 예수의 말씀 영성을 강조하기 위해 신명기의 '말씀' 부분을 충실하게 인용하고 있는 것이다. 마가복음과 요한복음은 평행본문이 없다.

---

59) 여기의 대조 비교는 성종현, 『공관복음서 대조연구』 (서울: 장로회신학대학교출판부, 1992), 78-79를 참조했다.

60) 마태복음 기자가 구약을 인용할 때 사용했던 70인역 신명기 8장 3절은 히브리어 '모든 말씀'(דָבָר)을 헬라어 '레마티'(ῥήματι/말씀)로 번역했다. Alfred Rahlfs ed., *Septuaginta* (Germany: Deutsche Bibelgesellschaft Stuttgart, 1979), 301.

(2) 예수의 회당사역

마가복음 1:39 "이에 온 갈릴리에 다니시며 그들의 회당에서 전도하
　　　　　　시고 또 귀신들을 내쫓으시더라."
마태복음 4:23 "예수께서 온 갈릴리에 두루 다니사 그들의 회당에서
　　　　　　<u>가르치시며(διδάσκων)</u> 천국 복음을 전파하시며 백
　　　　　　성중의 모든 병과 모든 약한 것을 고치시니"
누가복음 4:44 "갈릴리 여러 회당에서 전도하시더라."
요한복음 : 평행본문 없음.

　　마가복음 1장 39절에서는 전도를 제일 앞에 둔다. 이에 비해, 마태
복음은 예수께서 회당에서 말씀을 가르치시는 것을 제일 앞에 강조한
다. 누가복음은 회당에서 전도하는 것만 언급한다. 요한복음은 평행본
문이 없다.

(3) 산상수훈

마태복음 5:1-3 "예수께서 무리를 보시고 산에 올라가 앉으시니 제자
　　　　　　들이 나아온지라 입을 열어 <u>가르쳐(ἐδίδασκεν)</u> 이르
　　　　　　시되 심령이 가난한 자는 복이 있나니"
누가복음 6:20 "예수께서 눈을 들어 제자들을 보시고 이르시되 너희
　　　　　　가난한 자는 복이 있나니"
마가복음 : 평행본문 없음.
요한복음 : 평행본문 없음.
　　마태복음은 예수가 '가르쳐 가라사대'라고 언급하지만 누가복음은
'가르치다'는 단어를 언급하지 않는다. 마태복음은 말씀을 가르치시는
예수를 더 적극적으로 강조하고 있다. 마가복음과 요한복음은 평행본문
이 없다.

(4) 천국에서 큰 자(마태의 특수자료)

마태복음 5:19 "그러므로 누구든지 이 계명 중의 지극히 작은 것 하나라도 버리고 또 그같이 사람을 가르치는 자는(διδα ξῃ) 천국에서 지극히 작다 일컬음을 받을 것이요 누구든지 이를 행하며 가르치는 자는(διδαξῃ) 천국에서 크다 일컬음을 받으리라."

마태복음은 예수께서 말씀하시기를 계명 중에 지극히 작은 것 하나라도 버리고 가르치는 자는 작은 자이며, 말씀을 행하며 가르치는 자는 천국에서 크다고 일컬으리라고 한다. 마태복음은 예수의 말씀 영성을 강조하기 위해 말씀을 가르치는 자가 천국에서 크다는 점을 강조한다.

(5) 예수의 가르치심(마태의 특수자료)

마태복음 7:28-29 "예수께서 이 말씀을(λόγους) 마치시매 무리들이 그의 가르치심(διδαχῄ)에 놀라니 이는 그 가르치는 것이(διδάσκων) 권위(ἐξουσιαν) 있는 자와 같고 그들의 서기관들과 같지 아니함일러라."

마태복음은 예수의 가르침은 서기관의 가르침보다 권세 있는 가르침으로 규정하며 예수의 말씀 가르침의 탁월성을 강조한다.

(6) 예수께서 말씀으로 귀신을 쫓아내시다.

마가복음 1:32-34 "저물어 해질 때에 모든 병자와 귀신 들린 자를 예수께 데려오니 온 동네가 문 앞에 모였더라 예수께서 각종 병이 든 많은 사람을 고치시며 많은 귀신을 내쫓으시되 귀신이 자기를 알므로 그 말하는 것을 허락하지 아니하시니라."

마태복음 8:16-17 "저물매 사람들이 귀신 들린 자를 많이 데리고 예수
께 오거늘 예수께서 말씀(λόγῳ)으로 귀신들을 쫓
아 내시고 병든 자들을 다 고치시니 이는 선지자
이사야를 통하여 하신 말씀에 우리의 연약한 것을
친히 담당하시고 병을 짊어지셨도다."

누가복음 4:40-41 "해 질 무렵에 사람들이 온갖 병자들을 데리고 나아
오매 예수께서 일일이 그 위에 손을 얹으사 고치시
니 여러 사람에게서 귀신들이 나가며 소리 질러 이
르되 당신은 하나님의 아들이니이다 예수께서 꾸짖
으사 그들의 말함을 허락하지 아니하시니 이는 자
기를 그리스도인 줄 앎이러라."

요한복음 : 평행본문 없음.

마가복음은 예수께서 병자를 고치고, 귀신을 내쫓았다는 내용 자체
를 강조한다. 이에 비해, 마태복음은 예수는 '말씀'으로 귀신을 쫓아내
신다. 마가복음이나 누가복음에는 말씀으로 귀신을 내쫓았다는 말이 없
다. 마태복음은 예수께서 말씀으로 귀신을 내어쫓은 것은 이사야서 말
씀의 성취로 본다. 마태는 마태복음에만 있는 '말씀'이라는 문구를 통해
예수의 말씀 영성의 권위를 강조하고 있다.[61] 요한복음은 평행본문이
없다.

(7) 폭풍진압 이야기

마가복음 4:35-41 "예수께서 깨어 <u>바람을 꾸짖으시며 바다더러 이
르시되 잠잠하라 고요하라</u> 하시니 바람이 그치
고 아주 잔잔하여지더라 이에 제자들에게 이르

---

61) 도날드 헤그너/ 채천석 옮김, 『마태복음 1-13』 (서울: 솔로몬출판사, 1999), 379.

시되 어찌하여 이렇게 무서워하느냐 너희가 어
찌 믿음이 없느냐 하시니"(39-40절)

마태복음 8:23-27 "예수께서 이르시되 <u>어찌하여 무서워하느냐 믿
음이 작은 자들아</u> 하시고 곧 일어나사 바람과
바다를 꾸짖으시니 아주 잔잔하게 되거늘"

누가복음 8:22-25 "제자들이 나아와 깨워 이르되 주여 주여 우리
가 죽겠나이다 한대 예수께서 잠을 깨사 <u>바람
과 물결을 꾸짖으시니</u> 이에 그쳐 잔잔하여지
더라 제자들에게 이르시되 <u>너희 믿음이 어디
있느냐</u> 하시니 그들이 두려워하고 놀랍게 여
겨 서로 말하되 그가 누구이기에 바람과 물을
명하매 순종하는가 하더라."(24-25절)

요한복음 : 평행본문 없음.

　　마가복음에는 기적이 먼저 일어나고 그다음에 제자의 믿음을 꾸짖
는다. 이에 반해, 마태복음에는 이 순서가 뒤바뀌어 나온다. 마가가 폭
풍진압을 먼저 소개하는 것이 예수의 기적 행위를 부각하기 위한 것이
라면, 마태복음은 예수 이미지를 기적 수행가로부터 제자들을 교육시키
는 교사로 강조점을 이전시킨다.[62] 누가복음은 마가복음을 그대로 따
른다. 이런 것을 보면 마태복음이 예수의 이미지를 가르치는 교사로 변
경했음을 알 수 있다. 요한복음은 평행 본문이 없다.

(8) 예수의 사역순서(마태의 특수자료)

마태복음 9:35 "예수께서 모든 도시와 마을에 두루 다니사 그들의 회
당에서 <u>가르치시며</u>(διδασκων) 천국 복음을 전파하시며
(κηρύσσων) 모든 병과 모든 약한 것을 고치시니라(Θε
ραπεύων)."

---

62) 서중석, 『복음서 해석』, 128.

마태복음이 요약한 예수의 사역은 가르침과 천국전파, 그리고 병자를 고치는 순서이다. 그중에서 마태복음은 예수께서 말씀을 가르치셨다는 것을 맨 앞에 두면서 다른 사역과 비교해서 상대적으로 예수의 가르침을 강조한다.

(9) 예수님의 사역 요약(마태의 특수자료)

마태복음 11:1 "예수께서 열두 제자에게 명하기를 마치시고 이에 그들의 여러 동네에서 가르치시며(διδασκειν) 전도하시려고(κηρύσσειν) 거기를 떠나가시니라."

마태복음은 예수의 사역을 요약하면서 예수가 가르치시며 전도하시려고 떠나가셨다고 한다. 마태복음이 본 예수의 사역은 전도보다 가르침이 우선한다. 따라서 마태복음은 예수의 말씀 영성을 강조하고 있다고 볼 수 있다.

(10) 예수께서 내게 배우라고 말씀하신다(마태의 특수자료)

마태복음 11:29 "나는 마음이 온유하고 겸손하니 나의 멍에를 메고 내게 배우라 그리하면 너희 마음이 쉼을 얻으리니."

마태복음은 예수의 가르침이 쉽고 가볍기 때문에 예수께 와서 배우라고 한다. 마태복음은 예수를 가르치는 교사로 묘사한다.

(11) 회당에서 가르치심

마가복음 6:2-3 "안식일이 되어 회당에서 가르치시니(ἐδιδασκέν) 많은 사람이 듣고 놀라 이르되 이 사람이 어디서 이런 것을 얻었느냐 이 사람이 받은 지혜(σοφία)와 그 손

으로 이루어지는 이런 권능(δυνάμεις)이 어찌됨이냐
이 사람이 마리아의 아들 목수가 아니냐"

마태복음 13:54 "고향으로 돌아가사 그들의 회당에서 <u>가르치시니(ἐδιδ
ασκἐν)</u> 그들이 놀라 이르되 이 사람의 이 지혜(σοφἰ
α)와 이런 능력(δυνάμεις)이 어디서 났느냐"

누가복음 4:22 "저희가 다 그를 증언하고 그 입으로 나오는바 은혜로
운 말을 놀랍게 여겨 이르되 이 사람이 요셉의 아들
이 아니냐"

요한복음 : 평행본문 없음.

마가복음은 예수가 회당에서 가르치셨다고 한다. 마태복음은 마가복
음의 내용을 충실하게 따르고 있다. 가르침에 대한 중요성을 강조하는
마태로서는 놓칠 수 없는 부분이기 때문이다. 누가복음은 마가복음을
참고하지만 가르치신 예수를 언급하지 않고 자기 나름대로 풀어쓰고
있다. 요한복음은 평행본문이 없다.

(12) 성전에서 가르치심

마가복음 11:27-28 "그들이 다시 예루살렘에 들어가니라 예수께서 성
전에서 거니실 때에 대제사장들과 서기관들과 장
로들이 나아와 이르되 무슨 권위로 이런 일을 하
느냐"

마태복음 21:23 "예수께서 성전에 들어가 <u>가르치실새(διδασκοντι)</u> 대
제사장들과 백성의 장로들이 나아와 이르되 네가 무
슨 권위(ἐξουσια)로 이런 일을 하느냐 또 누가 이
권위(ἐξουσιαν)를 주었느냐"

누가복음 20:1 "하루는 예수께서 성전에서 백성을 <u>가르치시며(διδασκ
οντος)</u> 복음을 전하실새 대제사장들과 서기관들이 장
로들과 함께 가까이 와서 말하여 이르되 당신이 무슨

권위로 이런 일을 하는지 이 권위($\dot{\epsilon}\xi o\upsilon\sigma\iota\alpha$)를 준 이가
누구인지 우리에게 말하라"
요한복음 : 평행본문 없음.

마가복음에는 예수께서 성전에 들어가 걸어 다니시는 것으로 기록
한다. 이에 비해, 마태복음은 마가복음에는 없는 예수께서 성전에서 가
르치신다는 것을 강조한다. 누가복음은 예수의 가르치심만을 독점적으
로 강조하지 않고 복음 전하는 것과 동시에 강조한다. 요한복음은 평행
본문 이 없다.

(13) 부활논쟁 종결 부분

마가복음 12:27 "하나님은 죽은 자의 하나님이 아니요 산 자의 하나
님이시라 너희가 크게 오해하였도다 하시니라."
마태복음 22:33 "무리가 듣고 그의 가르치심($\delta\iota\delta\alpha\chi\acute{\eta}$)에 놀라더라."
누가복음 20:40 "그들은 아무 것도 감히 더 물을 수 없음이더라."
요한복음 : 평행본문 없음.

마가복음에는 예수가 가르치심을 강조하지 않는다. 이에 비해, 마태
복음은 예수의 가르치심에 사람들이 놀란다. 누가복음에는 예수가 가르
치신 부분이 생략되어 있다. 요한복음은 평행본문이 없다.

(14) 예수께서 잡히던 날 밤 사건

마가복음 14:49 "내가 날마다 너희와 함께 성전에 있으면서 가르쳤으
되($\delta\iota\delta\acute{\alpha}\sigma\kappa\omega\nu$) 너희가 나를 잡지 아니하였도다 그러
나 이는 성경을 이루려 함이니라 하시더라."
마태복음 26:55 "그 때에 예수께서 무리에게 말씀하시되 너희가 강도
를 잡는 것 같이 칼과 몽치를 가지고 나를 잡으러 나

왔느냐 내가 날마다 성전에 앉아 <u>가르쳤으되(διδασκω</u>
<u>ν)</u> 너희가 나를 잡지 아니하였도다."
누가복음 22:53 "내가 날마다 너희와 함께 성전에 있을 때에 내게 손
을 대지 아니하였도다 그러나 이제는 너희 때요 어둠
의 권세로다 하시더라."
요한복음 18:4 "예수께서 그 당할 일을 다 아시고 나아가 이르시되
너희가 누구를 찾느냐."

마가복음은 예수가 성전에서 가르치셨다고 한다. 마태복음은 마가복
음의 '가르치다'라는 부분을 충실히 따르고 있다. 누가복음과 요한복음
은 예수가 가르쳤다는 부분을 언급하지 않는다.

(15) 예수의 마지막 지상명령(마태의 특수자료)

마태복음 28:20 "내가 너희에게 분부한 모든 것을 <u>가르쳐(διδασκοντε</u>
<u>ς)</u> 지키게 하라(τηρειν) 볼지어다 내가 세상 끝날까
지 너희와 항상 함께 있으리라 하시니라."

마태복음의 맨 마지막에 나타난 예수의 지상명령은 말씀을 가르쳐
지키게 하라는 것으로 끝난다.63) 마태는 예수께서 말씀을 가르치고 행

---

63) 마 28:16-20절에서 예수의 마지막 지상명령은 '제자를 삼으라'는 것이다. '제자
삼으라'라는 말은 본문에 사용된 유일한 명령형 동사이다. '제자 삼다'는 신약성
경에서 총 네 번 사용되는데 복음서 중에서는 유일하게 마태복음에서만 세 번
사용하는(13:52; 27:57; 28:19; 그 외에는 행 14:21에서)데 이 용어는 마태가 애
용하는 용어이다. 이 명령형 동사에 '너희는 가서, 세례를 베풀고, 가르치면서'라
는 세 개의 분사가 연결됨으로써 '제자 삼다'에 예수의 당부가 집중되어 있다.
장흥길, "모든 족속을 제자 삼으라(신학적, 해석학적 열쇠로서 마 28:16-20에 대
한 소고)," 95. 이 분사형 세 가지는 마태에게 있어서 제자가 되는 필수 자격조
건이다. 첫째 세례는 막 16:16절에도 공통이다. 누가나 요한은 마태의 제자 자
격 조건인 세례에 대한 언급이 없다. 이로써 우리는 마태의 제자 자격 필수 조
건이 가서, 가르치라는데에 있다는 것을 알 수 있다. 여기서 세례는 시작이고
그 후에는 교육이 있어야 한다. 여기서 말하는 교육은 교육을 위한 교육이 아

하라는 영성을 모든 민족에게 전파하라고 명령한다.

이처럼 마태복음과 다른 복음서와의 비교를 통해서도 알 수 있듯 마태복음은 예수를 말씀을 가르치며 행하는 분으로 묘사하고 있다. 특히, 다른 복음서와 비교할 때 말씀의 가르침을 강조한 14개의 본문 중에 6개가 마태복음에만 있는 마태의 특수자료라는 사실은 마태복음이 예수의 말씀 영성을 강조하고 있다는 것을 보여주는 증거라고 말할 수 있다.64) 따라서 다른 복음서보다도 마태복음이 예수의 말씀 영성을 강조한 것은 말씀 영성이 예수의 영성일 뿐만 아니라 마태 혹은 마태 공동체가 선호했던 영성이었기 때문으로 보인다. 또한, 마태복음에는 예수의 말씀 영성이 설교와 성경공부 방식으로 강조되어 있다. 이러한 예수의 말씀 영성은 영성사 속에서 계승되었다. 다음 장에서는 마태복음에 나타난 예수의 말씀 영성의 정통을 계승한 세계 영성사의 영성가와

니라 '지키게'하는 교육 곧, 예수께서 가르치신 대로 살도록 하는 교육이다. 예수는 공생애 내내 하나님이 기뻐하시는 삶을 살도록 가르쳤다. 예를 들어, 산상수훈(5-7장), 선교훈화(10장), 공동체훈화(18장) 그리고 종말훈화(24-25장)등 예수는 자신이 가르친 모든 것을 그대로 다 가르쳐서 지키라고 명령하고 있다. 이 명령은 단순히 교회로 데리고 오는 것만이 아니라 유대 랍비들이 제자들을 철저하게 가르친 것처럼 철저하게 가르치라는 뜻이다. 권성수, "예수님의 부활과 대위명령,"「그말씀」153/3(2002), 41.

64) 가르침의 구체적인 내용은 하나님 나라(6:33; 12:28; 19:24; 21:31,43), 구제(6:3-4; 10:42; 25:35), 천국((1) 예수의 설교 주제(3:2; 4:17) (2) 8복 설교로 가르치실 때(5:3,10) (3) 바리새인 보다 더 나은 의를 행하라고 가르치실 때(5:19(2회), 20) (4) 열매로 그 나무를 안다 비유로 가르치실 때(7:21) (5) 백부장의 믿음을 칭찬하면서(8:11) (6) 전도대를 파송하면서 전도의 내용으로 천국 언급(10:7) (7) 세례 요한의 제자들에게 대답하시다(11:11,12) (8) 씨 뿌리는 자의 비유를 설명하실 때(13:11) (9) 가라지 비유(13:24) (10) 겨자씨 비유(13:31) (11) 누룩 비유(13:33) (12) 감추인 보화(13:44) (13) 좋은 진주(13:45) (14) 그물 비유(13:47) (15) 새것과 옛 것(13:52) (16) 천국열쇠(16:19) (17) 천국 에서 큰 사람(18:1, 3, 4) (18) 용서할 줄 모르는 종의 비유(18:23) (19) 이혼에 대하여 가르치시다(19:12) (20) 어린이 위에 안수하시다(19:24) (21) 재물이 많은 청년 교훈(19:23) (22) 포도원 품꾼 비유(20:1) (23) 혼인 잔치의 비유(22:2) (24) 서기관들과 바리새인들을 꾸짖으시다(23:13) (25) 열처녀비유(25:1) 등의 주제들이다. 특히, 천국 주제는 마태 56회, 마가 21회, 누가 46회, 요한은 5회로, 마태가 가장 많다. 마태는 이 천국 주제 총 25회의 내용 중에 16회를 비유를 통하여 가르친다.

반정통, 그리고 이단을 살펴보겠다.

2. 예수의 말씀 영성을 정통으로 계승한 세계 영성사의 영성가

마태복음에 나타난 예수의 말씀 영성의 정통으로 계승한 세계 영성
사의 영성가들로는 Q 공동체, 아볼로, 베뢰아 사람들, 파코미우스, 피터
발도, 마틴 루터, 루이스 베일리, 필립 야콥 스패너, 그리고 찰스 스펄
전이 있다. 둘째, 예수의 말씀 영성의 반정통에 속하는 영성가로는 귀
고 2세가 있다. 셋째, 예수의 말씀 영성의 이단으로는 마르키온, 도마복
음서, 유다복음서 그리고 스베덴보리가 있다. 먼저 마태복음에 나타난
예수의 말씀 영성을 정통으로 계승한 Q 공동체를 살펴보겠다.

1) Q[65] 공동체(1세기)

Q 공동체는 유대 그리스도교 공동체로서 갈릴리를 중심으로 발전되
어 나가기 시작한 최초의 그리스도교 공동체이다.[66] Q 공동체는 예수
께서 공생애를 개시 하면서 처음으로 모이기 시작한 최초의 그리스도

---

65) Q란 독일어 Logien-Quelle(말씀자료)의 약자로서 마태복음과 누가복음에서 마
   가복음을 제외하고 서로 공통된 부분에 붙인 이름이다. 이 본문들은 주로 예수
   말씀(Logion)들로 이루어졌기 때문에 '예수 어록'이라 불린다. 성종현, "예수어록
   (Q-자료) 연구동향,"「교회와 신학」24(1992), 150. 최근에는 Q 자료를 독립된
   복음서로 보려는 경향이 있다. Q복음서로 복원한 헬라어 원문은 James M.
   Robinson, Paul Hoffmann, and John S. Kloppenborg, *The Critical Edition
   of Q* (Minneapolis: Fortress Press, 2000)와 소기천,『예수말씀의 전승궤도』,
   221-252를 참조하라. Q의 헬라어 원문의 한글 번역은 소기천, "예수말씀 복음서
   Q,"「성경원문연구」5/8(1999), 130-167를 참조하라.
66) 슐츠는 Q 자료 뒤에는 시대와 장소를 달리한 두 개의 Q교회 공동체가 있었다
   고 보았다. Q가 완성된 후기 Q교회는 기독론적이고, 신학적인 관심을 가진 유
   대헬레니즘적 기독교 공동체였다고 주장한다. Siegfried Schulz, *Q: Die Spruch
   quelle Der Evangelisten* (Zürich: Theologischer Verlag, 1972).

교 공동체였다는 역사적 사실 때문에, 처음부터 예수의 가르침에 충실하였다. 후에 Q 공동체는 마태 공동체에 병합되는 단계에 이른다.[67] 이처럼 Q 공동체는 초기의 예수의 말씀을 강조하면서 말씀 영성의 정통을 계승한 공동체로 보인다. 다음은 마태복음에 나타난 예수의 말씀영성을 정통으로 계승한 아볼로를 살펴보겠다.

2) 아볼로(1세기)

사도행전 18장 24-28절을 보면 알렉산드리아 출신의 아볼로는 유대인이면서 언변이 좋고 성경에 능통한 사람이라고 기록한다. 아볼로는 일찍 주의 도를 배워 에베소에서 예수에 관한 것을 자세히 말하며 가르쳤다. 이런 점들을 고려하면 아볼로는 아마도 유대인 출신으로 알렉산드리아에서 활동했던 기독교 학자였을 가능성이 있다. 아볼로가 성경에 능통했던 것을 볼 때 아볼로는 예수의 말씀 영성을 선호했던 사람이었던 것 같다. 아마도 아볼로 같은 사람을 통하여 예수의 말씀 영성이 계승되었을 것이다. 다음은 마태복음에 나타난 예수의 말씀 영성을 정통으로 계승한 베뢰아 사람들을 살펴보겠다.

3) 베뢰아 사람들(1세기)

사도행전 17장 11절에는 베뢰아에 있는 사람들은 간절한 마음으로 말씀을 받고 이것이 그러한가 하여 날마다 성경을 상고했다고 기록한다. 이들이 베뢰아 교회를 형성했다면 베뢰아 교회는 마태교회같이 말씀 영성을 자신들이 선호하는 영성으로 선택했을 가능성이 있다. 다음은 마태복음에 나타난 예수의 말씀 영성을 정통으로 계승한 동방의 이집트 사막 수도사 파코미우스를 살펴보겠다.

---

67) 소기천,『예수말씀의 전승궤도』, 119-120.

4) 파코미우스(Pachomius, 290-346)

파코미우스68)는 4세기 이집트 동방 콥틱교회의 사막의 수도사이다.69) 파코미우스는 기독교 최초의 공주(公主) 수도원70)을 만든 인물이다.71) 파코미우스와 그가 만든 수도원은 예수의 말씀 영성을 계승한 듯하다. 기원후 4세기 초반 상(上)이집트의 테바이드(Thebaide)에서 태동한 파코미우스 수도주의는 사제가 아닌 성도 중심의 영적운동이었다. 텐튀라 교구의 감독인 사라피온(Bishop Sarapion, 4세기)은 파코미우스를 사제로 안수해 자신의 교구에 있는 수도자들의 아버지로 세우려고 하였으나 파코미우스는 이를 회피한다.72) 파코미우스는 자신은 물론

---

68) 파코미우스는 나그함마디 지역 체노보스키온에서 태어났다. 그는 콘스탄티누스의 북아프리카 로마군대의 병정으로 징집당해 끌려나가, 나일강변에 있는 이스나(isna)에 주둔하던 중 동료 장병 가운데 콥틱 그리스도인들이 있는 것을 발견하게 된다. 그리고 그들의 삶의 진지함과 신분 계급을 완전히 해탈해 버린 개방적인 이웃사랑 정신에 감명을 받고, 제대 후 체노보스키온에 귀향하자마자 세례를 받고 기독교인이 된다(314년). 그후 그는 파라몬(Palamon)이라는 은둔자를 만나 그의 영적 지도아래 수도승이 된다. 김용옥,『도올의 도마복음이야기 1』(서울: 통나무, 2008), 55.

69) 파코미우스는 290년경 상(上) 이집트의 에스네(Esneh) 주(州)에서 태어났다. 남성현,『기독교 초기 수도원 운동사: 파코미우스와 바실리우스』(서울: 엠-애드, 2006), 27.

70) 수도원의 역사를 위해서는 다음을 참조하라. Jesus Alvarez Gómez / 강운자 편역,『수도생활 역사 I』(서울: 성바오로, 2001); Jesus Alvarez Gómez/ 강운자 옮김,『수도생활 역사 II』(서울: 성바오로, 2001); 헤수스 알바레스 고메스/ 강운자 편역,『수도생활 역사 3』(서울: 성바오로, 2001); 칼 수소 프랑크/ 최형걸 옮김,『기독교 수도원의 역사』(서울: 은성출판사, 1997).

71) 남성현,『기독교 초기 수도원 운동사: 파코미우스와 바실리우스』, 8. 파코미우스의 한글 전기는 다음을 참조하라. 레포트/ 엄성옥 역,『파코미우스의 생애』(서울: 은성출판사, 2010). 그리스어 전기는 J. P. Migne ed., *Patrologiae curses completus...* Series latina, 73 (Parigi, 1849), 227-282와 *Acta Sanctorum* (Parislls Et Rome Apud Bibliopolam Palme, Victorem, 1866), 287-362를 참조하라.

72) 남성현,『기독교 초기 수도원 운동사: 파코미우스와 바실리우스』, 53. 파코미우스 수도원이 성도 중심의 수도원이었다면 이탈리아의 베르첼리에서는 주교 유세비우스가 성직자들을 모아 공동생활을 하면서 금욕적 삶을 실천했다. 이것이 역사적으로 처음 나타난 성직자 수도원이다. 최형걸,『수도원의 역사』(서울: 살

제자들이 성직자가 되는 것을 허락하지 않았다.73) 수도사의 아버지라 불리는 안토니우스의 수도가 개별적인 독수도운동이었다면, 파코미우스의 수도운동은 집단적인 회수도운동이었다. 파코미우스는 개인적인 수도의 한계를 절감하고, 단체적인 규칙생활로써 보다 효율적인 수도인의 삶을 살아야 한다는 신념에 이르게 되었다.74) 그는 덴데라(Dendera) 가까운 곳 나일강 동편의 버려진 동네에 수도원을 짓고 담을 높게 둘러쌓았다. 그는 그곳을 타벤니스(Tabennis)라고 불렀는데(318년) 이것이 인류 최초의 기독교 수도원이다.75) 고독하게 방황하던 수도승들이

림출판사, 2005), 28.

73) 남성현, "5-7세기의 알렉산드리아(Alexandria)의 감독들과 파코미우스(Pachomius) 코이노니아(Koinonia),"「한국교회사학회지」 19(2006), 93.

74) 원래 은둔수도자 출신이었던 파코미우스는 처음에는 은둔 금욕자들을 조직화하는 재능을 보였다. 원래 그가 사람들을 모아서 조직체로 만든 이유는 봉사하기 위해서였다. 광야 금욕자들이나 은둔 수도자들에게 방문객이 많이 찾아와 상담을 요청하는 경우가 많았으므로, 성숙한 인격과 상담에 응할 만한 식견을 가진 수도자를 필요로 했던 것이다. 최형걸,『수도원의 역사』, 20-21.

75) 파코미우스는 집단수도 생활에 관한 상세한 규칙을 콥틱어 문서로 남겼고, 성서 번역자 제롬(Jerome, 347-420)에 의하여 라틴어로 번역됨으로써 서양의 수도원 제도에 영향을 끼쳤다. 파코미우스는 이 규칙들은 자기의 임의적 창작이 아니라 천사가 지속적으로 나타나 말해주었고, 그 천사의 말을 옮긴 것이라고 주장했다. 따라서 이 규칙서는 성서와 동일한 권위를 갖게 되었고, 수도자들은 누구든지 복종하지 않으면 안 되었다. 앵코라이트(앵코라이티즘, anchoriticism/개별적 은둔생활)는 토굴승처럼 혼자 자유롭게 스스로의 규율에 따라 생활하는 반면, 세노나이트(세노비티즘, cenobitism/집단적 규율생활)는 선방(禪房), 안거승(安居僧)처럼 완벽하게 규정된 공동규율 속에서 평생을 보냈다. 일어나는 시간, 낮에 사는 생활 스케줄, 자는 시간이 모두 결정되어 있으며, 공동기도, 공동식사, 공동경작, 공동복장, 공동다이어트 규칙, 공동사용이 결정되어 있다. 그리고 이 모두에 엄격한 공동매너가 결정되어 있다. 그리고 이 수도원에는 수도승들의 영적 지도자가 있었는데 그를 헤구멘(hegumen)이라고 불렀다. 헤구멘은 영적 스승일 뿐 아니라, 수도승들이 아무 생각 없이 수도생활에만 전념할 수 있도록 모든 재정적 지원을 감당했다. 그러니까 사판 주지(事判住持)와 이판조실(理判祖室)의 양면을 다 구비해야 했다. 이런 면에서 파코미우스는 매우 유능한 헤구멘이었다. 파코미우스는 타벤니스의 수도원에 사람들이 몰려 넘쳐나게 되자, 주변지역에 수도원을 개척했다. 남자를 위해 9개를 지었고, 여자를 위해 2개를 지었다. 그는 이 11개의 수도원을 관할하기 위해 근거지를 타벤니스에서 파바우(Pabau)로 옮겼다. 그래서 파바우에 파코미우스의 수도원 본부가 자리 잡았다. 파바우는 현재 파우 키블리(Faw Qibli)라는 이름으로 불리고 있다. 기원후 346

이 수도원으로 모여들어 파코미우스의 지도를 받았다.[76] 파코미우스는 346년 5월 9일 전염병으로 사망할 때까지 약 30여 년 동안 남자 수도원 9개와 여자 수도원 2개, 총 11개의 수도원을 세웠다.[77] 그 후 10세기 말에서 11세기초 수도원의 파괴자로 악명 높았던 아랍의 알하킴 (al-hakim, 996-1021년)에 의해 파코미우스 모수도원이 파괴되었을 것이며, 대략 이 시기가 약 700년 동안 내려오던 파코미우스 전통이 단절된 때일 것이다.[78]

4세기의 파코미우스 수도원은 일 년에 두 차례 프보우(파우) 수도원에 모여 하나님의 말씀 안에서 유월절을 지켰다. 또한, 수확기인 메소레 월 20일(8월 13일)에 사무장에게 보고하기 위해 모였다.[79] 이러한 총회 모임은 행정적인 모임뿐만 아니라 말씀 중심의 모임이 우선했다는 것을 보여준다. 이것은 파코미우스 수도원이 말씀 중심의 수도원이라는 것을 보여주는 증거이다. 나아가 파코미우스 수도사들은 문학의 힘을 알고 있던 고대의 작가들로 보인다. 그들은 문학이 파피루스나 양피지에 써 내려간 글자의 단순한 조합 이상이라는 것을 알고 있었다.[80]

년에 열병이 휩쓸어 약 100여 명의 수도자들이 희생되었는데 파코미우스도 바로 이곳에서 346년 5월 9일 열병으로 죽었다. 그가 죽었을 때 그의 관할하에 약 7000명의 남녀 수도자가 있었다고 한다. 파코미우스의 수도원운동을 더 엄격하고 조직적인 운동으로 발전시킨 사람은 세누테(Shenoute, Shenute, or Schenoudi, 360-450)이다. 세누테는 사소한 규칙이라도 어기는 수도승에게는 채찍을 가할 정도로 엄격한 세노비티즘을 강조했다. 김용옥, 『도올의 도마복음이야기 1』, 56-60, 64, 320.

76) 김용옥, 『도올의 도마복음이야기 1』, 56.
77) 남성현, 『기독교 초기 수도원 운동사: 파코미우스와 바실리우스』, 31. 파코미우스의 후계자들은 나일강 유역에 계속적으로 수도회 분원을 세운다. 기원후 352-368년까지 파코미우스의 후계자 중 하나인 테오도루스(theodorus)에 의해 4개의 수도원이 창립된다. 4세기 말경에는 파코미우스가 아끼던 제자중 하나였던 호르시에시우스(Horsiessius)에 의해 알렉산드리아 부근 카노페(Canope)에 수도원이 만들어진다. 6세기초까지 파코미우스 수도원은 최소한 24개로 구성된 수도원 연합체가 된다. 남성현, "5-7세기의 알렉산드리아(Alexandria)의 감독들과 파코미우스(Pachomius) 코이노니아(Koinonia)," 93-94.
78) 남성현, 『기독교 초기 수도원 운동사: 파코미우스와 바실리우스』, 115.
79) 리포드/ 엄성옥 옮김, 『파코미우스의 생애』, 104.
80) 남성현, 『기독교 초기 수도원 운동사: 파코미우스와 바실리우스』, 27.

당시의 역사가 팔라디우스(Palladius, 363-431)의 증언에 의하면 파코미우스 수도원에는 일찍이 전문적으로 필사하는(scriptorium) 사람들도 있었다고 한다.[81] 이처럼 파코미우스 수도사들은 지적 활동을 할 수 있는 사람들이었다. 더 나아가 이들의 일상을 보면 아침 기도는 성서 낭독으로 이루어졌으며, 정해진 일터로 이동을 할 때는 장소를 불문하고 항상 성서를 암송해야 했다. 저녁이 되면 식사 후에 함께 모여 먼저 수도원 아버지의 말씀을 듣거나 시편으로 여섯 번의 기도를 했다. 저녁 기도 후 성경 구절을 암송하면서 집으로 돌아갔다. 그런 다음 집에 모여 말씀의 빛 속에서 생각을 나눔으로 도전을 받기도 하고 자각하기도 했다.[82] 루마니아 출신의 서방교회 수도사 요한 카시아누스(Johannes Cassianus, 360-435)는 파코미우스 수도원을 염두에 두면서 이집트와 테베 지역에서 저녁예배와 밤예배 때 열두 개의 시편을 찬송하고, 그것을 마친 후에 두 번의 성경독서(구약성경과 신약성경)가 이어졌다고 했다.[83] 이처럼 파코미우스 수도원은 말씀을 강조하는 수도원이었다.

특히, 파코미우스의 말씀 영성은 그가 만든 '수도규칙서'에 잘 나타나 있다.[84] 파코미우스 '수도규칙서'는 총 193 조항으로 되어 있다. 공동체의 분위기를 해치는 언행을 규제하는 조항(20개, 10%), 공평성과 절제 및 형제애(17개, 9%), 장상과 순명에 대한 내용(24개, 12%), 공동체의 재산관리(20개, 10%), 각자에게 지급된 물품관리(8개, 4%), 그리고 기타(104개, 48%) 등이다. 수덕적 공동체를 추구한 모습으로 예배에 대한

81) Palladius, Bishop of Aspuna, D. *The Lausiac History of Palladius* (USA: Andesite Press, 2015), 116. 아마도 성서에 대한 필사와 교부들의 책에 대한 필사를 겸했을 것이다.
82) 남성현, 『기독교 초기 수도원 운동사: 파코미우스와 바실리우스』, 34-35.
83) 요한카시아누스/ 엄성옥 번역, 『제도집』(서울: 은성출판사, 2018), 40.
84) 파코미우스 '수도규칙서'는 콥틱어(콥틱어는 단편만 남아 있다)나 헬라어로 기록되었는데 그 후 히에로니무스(Hieronymus, 347-420)가 헬라어에서 라틴어로 번역했다. 히에로니무스의 라틴어 번역은 다음을 참조하라. S. Eusebii Hieronymi, *Regule Sancti Pachomii* Patrologia Latina 23 (1883), 61-86. 히에로니무스의 파코미우스 '수도규칙서'의 라틴어 번역을 한글 번역은 다음을 참조하라. Pachomius/ 이형우 시몬 베드로 옮김, "성 빠꼬미오와 그의 수도 규칙서," 「코이노니아 선집」 6(2004), 385-418.

규칙(11개, 6%), 큰 모임 때나 이동할 때의 유의사항(6개, 3%), 정결에 관한 내용으로 보이는 유의사항(8개, 4%), 공동체 생활안에서 독거 은 수생활의 가치를 실현하는 내용(8개, 4%), 입회자들의 교육(9개, 5%) 등이다.[85] 이 가운데 말씀을 강조한 부분이 여러 곳 나타난다. 예를 들어, '수도규칙서' 머리말 3장에는 "수도원(monasterium)에 제일 먼저 입원한 사람은 앞자리에 앉고, 앞서 걸어가며, 먼저 시편을 외우고, 음식에 먼저 손을 대며, 성당에서도 먼저 영성체(성찬식)한다. 그래서 그들 사이에는 나이를 따지지 않고 서원의 (서열을) 따른다."[86]고 했다. 수도원에 입회한 사람들이 먼저 입회한 사람이 우선적으로 앉고, 걷고, 음식을 먹고, 영성체 하는 일상적인 행동에서도 시편 외우기는 빠지지 않는다. 이것은 시편 외우기가 파코미우스 수도원의 일상임을 보여준다. 나아가 '계명집' 3장에는 "집회를 알리는 나팔 소리를 들으면 즉시 자기 방에서 나와 집회소의 문에 이르기까지 성서의 한 구절을 묵상할 것이다."[87]라고 했다. 파코미우스 수도사들은 자기 방에서 집회소로 모일 때도 성서 한 구절을 묵상하면서 갈 정도로 말씀 묵상을 중요하게 생각했다. 더 나아가 '계명집' 6장에는 "기도를 마칠 때에는 서열에 있어 선임자가 성경의 어떤 구절을 반복하여 암송하면서 손으로 두드려 신호하면 아무도 더디 일어나지 말고 모든 이가 동시에 일어설 것이다."[88]라고 했다. 기도를 마치고 선임자가 모두 일어나라고 할 때도 선임자는 성경을 반복적으로 암송하면서 신호를 준다. 또한, '계명집' 20장에는 "강론은 매주 세 번에 걸쳐 집들의 으뜸들이 하며 강론 동안 형제들은 자기 자리를 바꾸지 말고 집들의 순서와 각 개인의 서열에 따라 앉아 있거나 서 있을 것이다."[89]고 했다. 파코미우스 수도사들은 성직자가 아니라 일반 성도들이다. 이들 가운데 집들의 으뜸들이 매주

---

85) 김희중, "공동수도생활의 아버지 빠꼬미오 성인의 수도규칙,"「신학전망」 126(1999), 113-114.
86) Pachomius/ 이형우 시몬 베드로 옮김, "성 빠꼬미오와 그의 수도 규칙서," 389.
87) Pachomius/ 이형우 시몬 베드로 옮김, "성 빠꼬미오와 그의 수도 규칙서," 391.
88) Pachomius/ 이형우 시몬 베드로 옮김, "성 빠꼬미오와 그의 수도 규칙서," 391.
89) Pachomius/ 이형우 시몬 베드로 옮김, "성 빠꼬미오와 그의 수도 규칙서," 393.

세 번씩 성경을 강론했다는 것은 집들의 으뜸들이 성경을 강론할 만큼 성경에 정통했다는 것을 보여주는 것이다. 아울러 '계명집' 36-37장에는 "종을 쳐서 형제들을 식당에 모이게 하는 이는 종을 치는 동안 [성서를] 묵상할 것이다(36장). 식당문 앞에서 나가는 형제들에게 과자를 나누어주는 이는 나누어 주는 동안 성서의 어떤 구절을 묵상할 것이다 (37장)."[90]라고 했다. 이처럼 파코미우스 수도사 가운데 종을 치는 자와 과자를 나누어 주는 자는 자신들에게 맡겨진 일을 하는 동안에도 성서를 묵상하면서 일을 해야 했다. 이런 모습을 보면 파코미우스 수도사들이 성서를 얼마나 중요하게 생각했는지를 보여주는 일면이라고 할 수 있다. 한편, '계명집' 122장에는 "(형제들이) 집에 앉아 있을 때에 세속적인 것에 대해 잡담하는 것이 허용되지 않으며, 만약 집의 으뜸이 성서에 관해 강의하였으면, 들은 것이나 암기하고 있는 것을 서로 돌아가며 반추하고 이야기할 것이다."[91]라고 했다. 이처럼 수도사가 집에 있을 때도 잡담하지 않고 성경에 관하여 들은 것이나 암기한 것을 반추하고 이야기하는 것을 보면 파코미우스 수도원식 렉시오 디비나를 엿볼 수 있다. 그중에 특징적인 것은 렉시오 디비나를 하는 방식인데, 이들은 주로 개인이 말씀을 묵상한 것을 반추하고 함께 나누었다는 것이다. 이것은 오늘날의 큐티(QT) 나눔과 비슷한 형식을 하고 있다. 또 한편, '계명집' 139장에는 "수도원에 처음으로 입회하려는 사람에게, 먼저 그가 지켜야 할 사항들을 미리 알려줄 것이며, 들은 다음 이 모든 것에 동의하면, 시편 스무 개나 (바울) 사도의 서간 두 개나 나머지 성서의 한 부분을 그에게 주어 (외우게 할 것이다). 만일 글을 모르는 사람이면, 그는 제1시와 제3시와 제6시에 자기를 가르치도록 배정해 준 이에게 가서 그이 앞에 서서 극진한 감사의 마음으로 열성을 다해 배울 것이다. 그다음 (가르치는 이는) 알파벳 글자와 단어와 이름들을 그에게 써주고 그가 원하지 않더라도 억지로 읽어 (배우게) 할 것이다."[92]라고 했다. 파코미우스 수도원에 입회를 하려는 사람은 시편이나

---

90) Pachomius/ 이형우 시몬 베드로 옮김, "성 빠꼬미오와 그의 수도 규칙서," 395.
91) Pachomius/ 이형우 시몬 베드로 옮김, "성 빠꼬미오와 그의 수도 규칙서," 406.

바울 서신을 혹은 성서의 한 부분을 외워야 입회할 수 있다. 심지어 글자를 모른다고 하면 그 사람에게 글자를 가르쳐줘서라도 성서를 외우도록 했다. 그만큼 파코미우스 수도원은 말씀을 중요하게 생각하는 수도원이라는 것을 알 수 있다. 나아가 '계명집' 142장에는 "배를 타고 있거나, 수도원 안이나 수도원 밭에나 여행 중에 있거나 또는 어떤 직책을 맡고 있든지 간에 기도시간과 시편을 외울 때를 그냥 지나쳐 버리지 말 것이다."[93]라고 했다. 수도사들은 어디에 있는 기도와 시편 외우기를 잊지 말아야 했다. 이처럼 파코미우스 수도원은 기도도 했지만 성서 외우기를 빠뜨리지 않는다. 히에로니무스가 유스토키움(Eustochium)에게 보낸 편지에 보면 파코미우스의 수도사들은 매일 성서를 암송한다고 전하고 있다.[94] 그만큼 파코미우스 수도원은 말씀을 중요하게 생각했던 공동체였음을 알 수 있다. 요약하면, 파코미우스 수도규칙은 성경을 통해 부분 부분 세밀하게 짜인 모자이크와 같은 것으로 어떤 것도 성경의 조명을 통하지 않고 규정될 수 없다. 수도자의 삶 전체, 공동생활의 삶 전체는 하나님의 말씀에 근거를 두었다.[95] 이처럼 최초의 기독교 공주수도원이었던 파코미우스 수도원은 기도만 하는 기도 중심의 수도원이 아니었다. 오히려 성경 말씀을 중요하게 생각하여, 매주 3회의 강론을 들었으며, 늘 성경을 외우고 반추하고 나누는 말씀 중심의 수도원 공동체였다. 또한, 파코미우스 수도원은 문학에도 관심이 많았다.[96]

---

92) Pachomius/ 이형우 시몬 베드로 옮김, "성 빠꼬미오와 그의 수도 규칙서," 407.
93) Pachomius/ 이형우 시몬 베드로 옮김, "성 빠꼬미오와 그의 수도 규칙서," 408.
94) 남성현, 『기독교 초기 수도원 운동사: 파코미우스와 바실리우스』, 67.
95) 남성현, 『기독교 초기 수도원 운동사: 파코미우스와 바실리우스』, 49.
96) 파코미우스 수도원의 문학에 대한 관심은 다음을 참조하라 남성현, "알렉산드리아(Alexandria) 대주교들과 파코미우스(Pachomius) 수도사들과의 관계에 대한 소고(小考)1,"「한국교회사학회지」16(2005), 7-52; 남성현, "5-7세기의 알렉산드리아(Alexandria)의 감독들과 파코미우스(Pachomius) 코이노니아(Koinonia)," 93-120. 파코미우스 수도사들의 문학에 특징적인 것은 반(反) 칼케돈주의가 나타난 것이다. 당시에 동방교회는 인성을 강조하는 단성론에 빠져 있었기 때문에 동방교회에 속한 파코미우스 수도사들도 예수의 인성을 강조했던 것으로 보인다. 심지어 파코미우스 수도사들은 외경뿐만 아니라 영지주의 문헌들에도 관심을 보였다.

따라서 파코미우스와 파코미우스 수도원은 마태복음에 나타난 예수의 말씀 영성을 정통으로 계승했다고 볼 수 있다. 특히, 그들은 말씀자체를 암송하는 방식으로 예수의 말씀 영성을 계승하였다. 다음은 마태복음에 나타난 예수의 말씀 영성을 정통으로 계승한 중세 로마 가톨릭교회에서 이단으로 내몰린 피터 발도를 살펴보겠다.

5) 피터 발도(Peter Waldo, 1140-1206)

피터 발도는 발도파[97]의 창설자로서 현재 프랑스 도시인 리용의 부유한 상인이었다. 1173년 번창하던 이 상인은 부자 청년에게 하신 예수님의 말씀 곧, 마태복음 19장 21절에 "네가 온전하고자 할진대 가서 네

367년 3월 말 알렉산드리아의 대주교 아타나시우스(Athanasius of Alexandria, 296-373)가 파코미우스 수도원에 보낸 부활절 서한에서 신약 27권 외에 외경을 없애버리라고 하자 파코미우스 수도사들은 외경과 도마복음을 포함한 영지주의 문헌들을 파코미우스 수도원에서 북동쪽으로 9km 떨어진 the-jabel al-Tarif 절벽 밑에 묻어버렸다. 이때는 파코미우스가 죽고 그의 계승자 데오도르(Theodore)가 지도자였다. 유태엽, "『나그함마디 문헌』을 통해 본 "기독교 영성"의 정체성에 대한 소고,"「신학논단」 75(2013), 103-104. 이러한 영지주의 문헌이 파코미우스의 도서관에서 나왔다고 해서 파코미우스나 파코미우스 수도원이 영지주의에 영향을 받았다고 보기에는 분명한 증거가 없다. 오히려 문학에 관심이 많았던 파코미우스 수도사들이 다양한 종류의 신학 책과 문학 책을 모으는 과정에서 외경이나 영지주의 문헌도 함께 포함되었을 가능성이 있다. 그러나 라은성은 파코미우스 수도원이 영지주의에 영향을 받았을 것으로 본다. 라은성, "파코미안 수도원운동에 끼친 영지주의,"「성경과신학」38(2005), 76-115, 특히, 101-104에서 파코미우스 수도원이 영지주의에 영향을 받았을 가능성이 있는 자료들을 제시했다. 나그함마디 문헌의 삶의 자리와 파코미우스 생애에 나타난 영지적 성향에 대해서는 다음을 참조하라. Charles W. Hedrick, "Gnostic proclivities in the Greek Life of Pachomius and the Sitz im Leben of the Nag Hammadi library," *Novum Testamentum* 22/1(1980), 78-94. 1945년 파코미우스 수도원 근처인 '나그함마디' 지역에서 발견한 52개의 파피루스로 된 영지주의 문헌의 영어 번역은 다음을 참조하라. James M. Robinson, ed., *The Nag Hammadi Library in English in English* (Leiden: E.J. Brill, 1977).

97) 라은성은 발도파는 이미 4세기부터 알프스 산맥 깊은 곳에서부터 시작했다고 주장한다. 다음을 참조하라. 라은성, "발도파 고대성 발도와 발도파의 관계,"「역사신학논총」7(2004), 163-188. 발도파의 다양한 기원설에 관해서는 다음을 참조하라. 김영종, "발도파와 16세기 종교개혁,"「대학과 선교」39(2019), 65-94.

소유를 팔아 가난한 사람들에게 주라 그리고 와서 나를 따르라"는 말씀을 들은 후에 영혼의 운명에 관심을 갖게 되었다. 그는 그리스도의 가르침에 대해서 가능한 한 많은 것을 배우고 싶었지만 라틴어 성경을 혼자 힘으로 이해할 능력이 없었다. 그래서 그는 두 명의 사제에게 성경책과 몇몇 교부 저작의 요약본을 번역해 달라고 부탁했다. 발도는 이 번역한 책들의 많은 부분을 거의 외우다시피 할 정도로 열심히 공부한 후에 사도들처럼 복음에 헌신하기로 결심했다. 발도는 자신의 재산을 몽땅 가난한 이들에게 나눠 준 후 복음을 전하고 다녔다. 발도는 급속하게 리용과 그 주변 지방에서 수많은 추종자를 얻는다. 이들은 대부분 평신도였는데 자신을 단순히 '가난한 자'라고 부르며, 금이나 은을 소유하지 말 것이며, 내일을 걱정하지 말라는 복음서의 말씀을 따르기로 결정했다. 그들은 정해진 거처를 갖지 않았고, 구걸로 연명하였다. 목격자의 증언에 따르면, 그들은 둘씩 맨발로 양털을 걸치고 거의 헐벗은 채로 다녔지만 모두 공유했다고 한다.[98]

한편, 발도파는 성경의 발췌본에 대한 그들만의 고유한 번역을 만들어 배포하였다. 발도파는 교회에게 설교할 수 있는 권한을 요청했지만 당시 교황 알렉산더 3세와 라테란 공의회(1179)는 청원을 거부했다. 발도파는 지역 성직자가 허용하는 한도 안에서만 설교할 수 있다고 천명함으로써 교회법적 규율을 재확인했다. 이 결정으로 교회는 활력에 넘치는 평신도들의 활동을 교회 안에 흡수하지 못하고, 발도파는 이단으로 내몰리게 되었다. 발도와 그의 추종자들에게 설교 문제는 어떤 타협의 여지도 없었다. 왜냐하면 주님께서 사도들에게 온 세상에 복음을 선포하라(마 28:20)고 명령했기 때문이다. 발도파는 계속해서 복음을 전하고 다녔기 때문에 1182년경에 출교 당하고 리용에서 추방되었다. 1184년 교황 루키우스 3세에 의해서 이단으로 선언되었다. 하지만 이 이단 정죄는 그들의 확산을 막지 못했다. 오히려 반대로 발도가 사망한 1205년경, 발도파는 더 강력하게 서유럽의 여러 지역에 뿌리를 내렸다.

---

98) 손은실, "중세시대의 복음주의 발도파와 설교자 수도회의 "그리스도 따르기"를 중심으로," 「한국교회사학회지」 25(2009), 69.

이처럼 발도파 운동이 장수할 수 있었던 것은 그들의 성경에 대한 헌신에 의해서만 설명될 수 있다.[99]

또 한편, 발도파는 세 가지 원리를 주장했다. 첫째 사람들보다 하나님을 순종하는 것이고, 둘째는 성경 말씀이 지식의 근원이며, 세 번째는 복음 전파의 중요성을 믿었다. 특히, 성경의 권위 인정과 성경을 공개적으로 사용한 점이 특이하다. 이런 면에서 발도파에게서 프로테스탄트 종교 개혁의 원형을 찾아볼 수 있다. 성경을 읽는 것이 필수적 요건이었기 때문에 발도는 자국어로 번역된 성경을 열정적으로 가르쳤다. 성경은 그들에게 신앙과 실천의 유일한 규율이었다. 이런 이유 때문에 그들은 로마 가톨릭교회의 비성경적인 교리들 곧, 연옥 교리, 죽은 자를 위한 미사, 면죄부, 성자에게 기도, 성상 사용 등을 완강히 거절했다. 발도파들은 처음부터 성경에만 절대적 권위를 두었다. 믿음, 윤리, 예배, 그리고 교리에 대한 문제에서 오로지 성경만을 따랐다.[100] 따라서 발도파가 1120년에 작성한 신앙 고백서안에는 말씀에 입각한 신앙 고백을 하고 있다. 예를 들어, 9항에는 "이생이 끝난 후, 두 장소가 있는데 하나는 구원받는 자들을 위한 곳이고, 다른 한 곳은 멸망받는 자들을 위한 장소가 있음을 믿는다. 전자를 낙원이라 부르고, 후자를 지옥이라 부른다. 적그리스도가 가공해 내고 진리와 반대되는 연옥을 부인한다." 나아가 13항에는 "세례와 성찬 외에는 [하나님께서 제정하신] 성례가 아니다." 또한, 5항에는 참회는 하나님께서 명하신 것이 아니므로 성경 말씀에 따라 정할 수 있으며 기독교인의 참된 고백은 영광의 하나님께만 할 수 있다." 15항에는 "평생 순결을 강요하는 것은 극악무도한 교리이다."[101] 이처럼 발도파는 오직 성경에 따라 신앙을 고백하며 교리를 만들었다. 또한, 발도파는 성경과 신앙서적으로 사람들을 회심시키는 일에 헌신했다. 그들의 전도방식이 초창기 한국 교회가 사용했던 방법과 매우 흡사하다. 초기 한국 교회의 권서인들이 성경을 판매

---

99) 손은실, "중세시대의 복음주의 발도파와 설교자 수도회의 "그리스도 따르기"를 중심으로," 69-70, 72.
100) 라은성, "발도파 고대성 발도와 발도파의 관계," 181-182.
101) 라은성, "발도파 고대성 발도와 발도파의 관계," 185-186.

하면서 복음을 전했던 것처럼 발도파 역시 다양한 물품을 판매하는 행상처럼 보였지만, 그들에게 기회가 주어졌을 때 그들은 가장 귀중한 보물로 성경을 소개하면서 복음을 전했다. 나아가 성경에 대한 발도파의 사랑은 성경 암송에서도 나타난다. 그들은 기쁜 마음으로 성경을 암송했는데, 특히 사역자들이 신약성경 전체와 구약 성경의 일부를 암송하는 것은 일반적인 일이었다.[102] 더 나아가 발도파에게 있어서 가장 중요한 것은 성경을 읽는 것이었고, 그 내용을 충실히 받아들이는 것이었다. 그래서 이들에게는 모국어로 복음서를 읽고, 가르치며 전달하는 훈련과 교육이 무척 발달되어 있었다.[103]

요약하면, 피터 발도와 발도파는 순수하게 하나님의 말씀을 전했는데 로마 가톨릭 교회는 자신들의 교리에 어긋난다고 발도파를 이단 정죄 했다. 그러나 발도파는 16세기 종교개혁에 중요한 역할을 했거나 많은 영향을 끼쳤다고 볼 수는 없지만 발도파 교회는 16세기의 개혁자들과 함께 개혁의 정신을 이어나갔다.[104] 이처럼 발도와 발도파는 마태복음에 나타난 예수의 말씀 영성을 충실히 계승한 사람들이다. 특히, 피터 발도와 발도파는 말씀을 설교하는 방식으로 예수의 말씀 영성의 정통을 계승했다고 할 수 있다. 다음은 마태복음에 나타난 예수의 말씀 영성을 정통으로 계승한 마틴 루터를 살펴보겠다.

6) 마틴 루터(Martin Luter, 1483-1546)

종교개혁가들은 신비경험의 극단적인 일면을 위험스럽게 생각한 나머지 중세 신비주의에 대해서 일반적으로 부정적인 평가를 내렸다. 특

---

102) 김영종, "발도파와 16세기 종교개혁," 77.
103) 정미현, ""제1의 종교개혁"운동 이탈리아 왈도파의 발전과정과 그 의의,"「유럽사회문화」17(2016), 243.
104) 김영종, "발도파와 16세기 종교개혁," 90. 한편, 정미현은 발도파의 운동을 더욱더 긍정적으로 보면서 16세기 종교개혁보다 먼저 일어난 제1의 종교개혁이라고 주장한다. 다음의 정미현의 논문을 참조하라. 정미현, ""제1의 종교개혁"운동 이탈리아 왈도파의 발전과정과 그 의의," 235-265.

히, 객관적인 계시의 말씀을 중요시하는 종교개혁가들은 '영성'이라는 '내적 경험'을 강조하는 것은 결과적으로 성경을 무시할 수 있다는 우려를 나타냈다. 다시 말해, 종교개혁 자체가 뚜렷하게 개인적이기보다는 공동체적이며, 감성적인 체험보다는 객관적인 계시의 말씀인 성경의 권위를 세우는 것이었기 때문에 개인적이고 주관적인 체험이 들어갈 여지가 없었던 것이다.105) 따라서 종교개혁가들의 영성은 지성과 감성이 조화를 이룬 경건의 영성으로서 기록된 계시 말씀의 객관적인 경험을 강조하면서 동시에 내면화된 주관적인 경험을 간과하지 않은 통합적인 영성이라고 할 수 있다.106) 사이몬 찬은 말하기를 "개신교도들은 '말씀의 사람'으로 불린다. 성경이 그들의 영성의 중심이고, '오직 성경'(Sola Scriptura)은 그들의 표어이다."라고 말했다.107) 따라서 종교개혁자들에게 있어서 성경은 그들의 신앙과 삶을 위한 유일한 원천이었다. 그들의 신앙과 삶의 유일한 권위는 교회나 종교적 체험 그 자체가 아니라 오직 살아계신 하나님의 말씀이었다.108) 그런 차원에서 종교개혁자 마틴 루터는 바로 이 말씀 중심의 종교개혁 정신을 발견하고 계승시킨 대표적인 사람이다. 마틴 루터는 아우구스티누스 수도회의 모범적인 수도사였다. 아우구스티누스 수도회는 성직자 수도회였기 때문에 신부 서품을 받은 루터는 학자이자 비텐베르그 대학의 성경 교수로서 성공적인 수도사로 평가받았다. 하지만 그가 받은 스콜라식 신학 교육과 성경 해석 방법은 그가 가진 내적인 고민에 답을 주지 못했다. 그는 죽음이 두려웠고, 죽은 후에 천국에 갈 수 있다는 확신을 줄 수 있는 확실한 근거를 원했다. 성경학자였던 그는 성경 연구를 통해서 구원은 그리스도를 믿는 믿음으로만 이루어지며, 교회나 성례는 이것을 알려주고 가르치기 위한 수단이라는 확신을 얻었다. 그에게 신앙의 절대적 원칙과 기준은 단지 성경뿐이며, 인간의 행위나 노력은 구원에 아무런 역할을 할 수 없다고 확신했다. 이런 주장은 당시 죽은 자의 구원을 위해

---

105) 유해룡, "개혁교회 영성의 현재와 미래,"「신학과 실천」2(1998), 60, 63-64.
106) 유해룡, "경건주의 영성,"「교육교회」213/4(1994), 54.
107) 사이몬 찬,『영성신학』, 226.
108) 백상열, "개혁교회의 영성,"「신학과 실천」가을(1997), 85.

면죄부를 판매하던 교회의 가르침과 배치되는 것이었고 마침내 이런 성경중심의 사상은 종교개혁이라는 역사적 사건으로 이어지게 되었다.109) 이처럼 마틴 루터의 모든 신학적 사고는 성경을 전제로 하고 있다. 그의 신학은 성경을 해석하는 하나의 시도에 불과하다. 당시 비텐베르크 대학의 성서 주석 담당교수였던 루터는 주석가로서 그리고 설교가로서 성경과의 부단한 대화를 통해 사고했다. 그의 신학의 각 단계들은 대부분 성경에서 그 기초와 방향성을 얻었다.110) 루터는『독일 크리스찬 귀족에게 보내는 글』에서 성경의 중요성을 다음과 같이 강조했다. "모든 거룩한 교부들의 작품들은 우리가 성경으로 인도를 받기 위하여 잠시 동안만 읽지 않으면 안된다. 그러나 사실 우리는 거기에 열중하기만 하고 성경에는 결코 이르지 않는다. 우리는 도표(道標) 만을 주사하고 여행은 전혀 하지 않는 사람들과 같다. 경애하는 교부들은 자기들의 글로 우리를 성경으로 인도하려고 하였으나 우리는 그것들을 이용하여 성경에서 떠나려고 한다. 우리가 일하고 수고해야 할 포도원은 성경뿐이다."111) 이처럼 루터에게 신학 공부의 중심은 성경 연구이다. 루터는 사람들이 성경 외에 신중한 선택 없이 많은 신학 서적들을 읽는 것 때문에 성경 연구가 소홀히 되고, 성경 자체가 잊힐 위험성을 보았다. 그래서 루터는 자신의『독일어 전집』이 출판되는 것을 반대했다. 그러나 자신의 의지에 반대해 출판되었을 때, 독자들에게 자신의 책을 성경을 연구하는 데 방해가 되지 않는 범위 내에서 사용해 줄 것

---

109) 최형걸,『수도원의 역사』, 67-68. 믿음과 성경만이 구원의 유일한 방편이라고 생각하는 루터가 보기에 수도사의 삶은 인간의 활동이며, 수도사가 될 때 서약하는 수도원 규범 역시 믿음을 통해 구원을 받는다는 복음에 위배되는 것이었다. 결국 루터는 1522년 수도서원에 대해 논박하는 글을 발표한다. 이 글의 요지는 하나님 앞에 선 인간의 양심보다 수도회 규범을 더 높은 데 두는 수도원 조직은 성경적, 신앙적 타당성을 가질 수 없다는 것이었다. 종교개혁자들은 수도사라는 신분 자체를 없애버리고 싶어 했다. 그래서 수많은 수도사들이 수도원을 떠났고, 그중에 많은 수가 루터를 따르는 추종자들이 되었다.

110) 파울 알트하우스/ 이형기 역,『루터의 신학』(경기도: 크리스챤다이제스트, 1994), 19-20.

111) 말틴 루터/ 지원용 옮김,『종교개혁 3大 논문』(서울: 컨콜디아사, 1993), 135-136.

을 당부했다. 이렇듯 루터에게 있어서 무엇보다 중요한 것은 성경이요 바로 성경 연구가 신학의 출발이었다.[112]

한편, 루터의 신학 구조와 렉시오 디비나(Lectio Divina) 구조는 1539년에 출판된 그의『독일어 전집』제1권 서문에 나오는 '기도'(Oratio), '묵상'(Meditatio), '시련'(Tentatio)이라는 세 개념에 초점을 맞춘다.[113] 루터는 죄로 타락한 희미한 이성을 가진 인간은 성경에 나타난 하나님의 계시와 구원에 이르는 진리를 온전히 깨닫는 데는 한계를 가지고 있다고 보았다. 그래서 성령에 의해 밝아진 계몽된 이성이 있어야 하는데 그러기 위해서는 먼저 성령을 구하는 기도(Oratio)를 해야 한다는 것이다. 두 번째 묵상(Meditatio)은 오늘날 일반적으로 사용되고 있는 '묵상'이 아니라 읽기(Lecti)와 '성경연구'(Studio)를 포함하는 묵상이다. 곧, 묵상이란 성령에 의해 조명되고, 계몽된 이성의 도움을 받아 성경의 본문을 읽을 뿐만 아니라 바르게 파악하기 위해, 성경을 문법적이며, 내용적으로 비교하여 연구하는 주석적 작업을 말한다. 세 번째 시련(Tentatio)은 자신의 하루하루의 삶에서 성경 주석을 통하여 깨닫게 된 하나님의 말씀이 살아 있는 말씀으로 현장화되는 신앙의 경험을 말한다.[114] 루터는 자신의 구체적인 삶의 자리에서 만나는 '포악한 제후들과 전제 군주들', '열광주의적 신비가들', '가톨릭 신학자들'의 핍박과 비판이 그로 하여금 더욱더 하나님의 말씀을 연구하게 하였으며 이를 통해 자신이 '훌륭한 신학자'가 되었다고 고백한다.[115] 루터는 이 세 가지 개념을 다음과 같이 말한다. "시편 119편에서 당신은 모든 시편에서 풍부하게 거론하는 세 가지 법칙을 발견할 것입니다. 바로 기도, 묵상, 시련입니다."[116] 첫 번째는 기도(Oratio)이다. 루터는 기도에 대하여 다

---

112) 강치원, "루터의 신학이해,"「역사신학논총」4(2002), 210.

113) Martin Luther. *Über das Studium der Theologie*, Vorrede zum ersten Band der Wittenberger Ausgabe der deutschen Schriften, 1539.

114) 강치원, "Oratio, Meditatio, Tentatio: 루터에서 18세기 중엽 루터교 계몽주의에 이르기까지 이 세 개념의 해석사,"「역사신학논총」2(2000), 48-51.

115) 강치원, "루터의 신학이해," 210-211.

116) 빌럼 판 엇 스페이커르/ 황대우 옮김,『기도 묵상 시련』(경기도: 그책의사람

음과 같이 말한다. "당신의 골방에서 무릎을 꿇고 참으로 겸손하고 진지하게 하나님께 기도하되, 그분께서 자신의 사랑하는 아들을 통해 자신의 성령을 주시도록 기도하십시오."117) 루터는 기도를 하되 성령을 구하는 기도를 하라고 한다. 원죄로 희미해진 이성으로는 기도할 수 없기 때문이다. 성령을 통하여 희미한 이성을 계몽된 이성으로 바꾸어야 하나님의 말씀을 묵상할 수 있다는 것이다. 둘째는 묵상(Meditatio)이다. 루터는 묵상에 대하여 다음과 같이 말한다. "두번째로 당신이 해야하는 것은 묵상입니다. 다시 말하면 가슴뿐만 아니라 입으로 소리 내어 성경 말씀을 문자적으로 계속 반복적으로 주도면밀하게 읽고 또 읽어야 하며 성령께서 그 말씀으로 무엇을 의도하시는지를 깊이 상고해야 합니다."118) 묵상에는 두 가지 요소가 있어야 한다. 첫째 요소는 성경 말씀을 문자적으로 반복적으로 읽는 읽기(Lectio)가 있어야 한다. 둘째 요소는 그 말씀이 무슨 의도인지 깊이 상고하는 연구(Studio)의 부분이 포함되어야 한다. 셋째는 시련(Tentatio)이다. 루터는 시련에 대하여 다음과 같이 말한다. "세 번째로는 시련입니다. 시련은 당신을 알고 이해하도록 가르칠 뿐만 아니라 하나님의 말씀이 얼마나 바르고 진실하며 달콤하고 사랑스럽고 또한 얼마나 강력하며 위로가 가득한 것인지 경험하도록 가르치는 시금석입니다. 즉 시련은 모든 지혜 위에 뛰어난 지혜입니다. (...) 또한 시험을 통해 말씀을 찾고 사랑하도록 가르칠 것입니다."119) 루터는 마지막으로 시련을 통하여 말씀을 삶에서 증명해야 한다고 말한다. 다시말해 말씀을 묵상한 다음에 말씀을 삶에 적용하고 실천하는 단계이다.

이러한 루터의 세 가지 렉시오 디비나 개념에서 이미 중세의 렉시오 디비나를 종합한 까루투시오 수도사 귀고 2세가 제시한 렉시오 디비나에서 흔적을 볼 수 있다. 아마도 루터가 수도승의 생활을 거쳐서 신학자가 되었기 때문일 것이다.120) 그럼에도 중세에 렉시오 디비나를 주장

들, 2012), 23.
117) 빌럼 판 엇 스페이커르/ 황대우 옮김, 『기도 묵상 시련』, 24.
118) 빌럼 판 엇 스페이커르/ 황대우 옮김, 『기도 묵상 시련』, 25.
119) 빌럼 판 엇 스페이커르/ 황대우 옮김, 『기도 묵상 시련』, 27-28.

했던 빅토르 휴고[121]나 귀고 2세[122]와 루터와의 차이점은 휴고와 귀고 2세는 순서의 단계에서 행위(operatio)를 제외하고는 서로 일치하지만 루터에게는 기도가 맨 앞에 나오며 관상 대신에 영적 시련(Tentatio)으로 바꾼다. 루터에게 있어서 기도란 성령의 조명을 구하는 것이다. 이는 아담의 타락으로 어두워진 순수 이성만으로는 성경에 나타난 하나님의 계시를 온전히 깨달을 수 없다는 인식을 했기 때문이다.[123] 빅토르 휴고나 귀고 2세의 렉시오 디비나의 구조는 인간의 자유의지로 읽기, 묵상, 기도까지는 가능하지만 관상은 하나님이 주시는 주입은총이 있어야 하기 때문에 구조적으로 반펠라기우스적(semi-Pelagianism) 요소가 있어 보인다. 따라서 루터는 이러한 것을 염두에 두고 하나님의 전적인 은총에 입각한 렉시오 디비나 구조를 새롭게 만들었다고 할 수 있다. 또한, 루터가 관상을 생략한 것도 실천을 강조하려는 의도로 보인다. 이처럼 루터는 중세 수도원의 렉시오 디비나 전통을 계승하면서도 개신교 신학의 틀 안에서 개신교적 렉시오 디비나를 재정립했다고 볼 수 있다. 이처럼 루터는 마태복음에 나타난 예수의 말씀 영성을 렉시오 디비나 형태로 계승했다고 할 수 있다. 다음은 마태복음에 나타난 예수의 말씀 영성을 정통으로 계승한 루이스 베일리를 살펴보겠다.

7) 루이스 베일리(Lewis Bayly, 1575-1631)

루이스 베일리는 영국의 옥스퍼드 엑시터 대학에서 신학박사 학위

---

120) 강치원, "귀고 2세(Guigo II)의 수도승들의 사다리에 나타난 Lectio Divina," 「한국교회사학회지」 15(2004), 36.

121) 빅토르 휴고의 렉시오 디비나는 다음을 참조하라. 강치원, "성 빅토르의 휴고 (Hugo von St. Viktor)에게 있어서 거룩한 독서," 「한국교회사학회지」 20 (2007), 7-37.

122) 귀고 2세의 렉시오 디비나는 다음을 참조하라. 강치원, "귀고 2세(Guigo 2)의 수도승들의 사다리에 나타난 Lectio Divina," 「한국교회사학회지」 15(2004), 7-42; 오방식, "렉시오 디비나의 발전에 미친 귀고 2세의 공헌," 「교회와신학」 77(2013), 161-186.

123) 강치원, "성 빅토르 휴고(Hugo von St. Viktor)에게 있어서 거룩한 독서 (Lectio Divina)-Didascalicon de studio legendi," 26, 29-31.

를 받은 영국 성공회 사제였다. 그러나 그는 청교도적 신념 때문에 자신의 교구로부터 자주 수난을 당했고, 황실의 미움을 사 투옥되고 수난을 겪기도 하였다. 그는 청교도에 속한 사람들로부터도 핍박을 받았는데 청교도적 경건에 관해 쓴 그의 『청교도에게 배우는 경건』(*Practice of Piety*)이라는 책의 명성이 워낙 컸기 때문이다. 이 책은 베일리가 1611년 경에 경건에 관해 설교한 것을 모아 소책자로 만든 것이다. 이 책은 영국에서 가장 인기 있는 책으로 부상하여 집집마다 한 권씩 가지고 있던 책이었는데, 글을 읽을 줄 아는 사람이면 누구나 다 손에 들고 있던 책이었다. 프랑스에서는 사람들이 이 책을 성경의 권위와 거의 동일시하는 것에 대해 우려의 목소리가 나올 정도로 개신교도들에게 큰 호평을 받았다. 영국에서는 거의 모든 사람들이 이 책을 읽게 되자 읽지 못하게 금할 뿐만 아니라 출판을 하지 못하도록 하기 위해 의회에서 논의하고, 모든 사람들에게 주머니에 성경을 넣고 다니라는 명령을 내릴 정도였다.124)

한편, 베일리는 하루의 일과를 경건하게 시작하기 위하여 먼저 하나님의 말씀 읽기를 제시한다. 하나님의 말씀을 읽고 묵상하는 것이 기도의 근원이 되기에 아침에 기도하기 전에 먼저 하나님의 말씀부터 한 장 읽어야 한다는 것이다. 따라서 베일리에게 있어서 성경 읽기와 묵상 그리고 기도는 하나의 흐름을 이루는 체계적인 구성으로 기능했다. 특히, 베일리는 성경을 읽되 일 년에 성경을 한 번 읽을 수 있도록 체계적으로 제시하였다.125) "아침에 한 장, 점심에 한 장, 밤에 한 장, 이렇게 매일 세 장씩 읽어나가면(시편을 읽을 때는 아침에 한 편, 점심에 한 편, 저녁에 한 편씩 읽으십시오) 성경 전체(마지막 여섯 장을 제외하고)를 1년의 마지막 날에 합산해서 읽으면 됩니다. 창세기부터 순서대로 읽어나가면 성경 전체의 역사적 흐름을 이해하는 데 더욱 도움이 될 것입니다."126) 이런 점들을 보면 베일리의 성경 읽기와 츠빙글리가

---

124) 김진홍, "경건훈련으로서의 QT의 기원에 대한 역사적 연구," 「개혁주의 교회성장」 4(2009), 20-21.
125) 김진홍, "경건훈련으로서의 QT의 기원에 대한 역사적 연구," 23.
126) 루이스 베일리/ 조계광, 안보헌 옮김, 『청교도에게 배우는 경건』 (서울: 생명의

권장한 연속적 읽기(Lectio Continua)가 유사하게 보인다.

또 한편, 베일리는 말씀을 읽고 묵상을 할 때 다음과 같은 사실들을 염두에 두고 말씀을 묵상하라고 했다. "첫째, 선행과 거룩한 삶에 대한 충고나 훈계의 말씀이 무엇인지 묵상하십시오. 둘째, 여러 죄에 대해 어떤 심판이 있으리라고 말씀하는지, 여러 모양의 죄인들에게 하나님이 내리신 벌과 보복 중에 우리가 두려워해야 할 것들이 무엇인지 묵상하십시오. 셋째, 인내, 정결, 자비, 긍휼, 하나님을 열심히 섬기는 것, 하나님에 대한 믿음과 신앙, 그와 같은 덕행들에 대해 하나님이 어떤 축복을 약속하고 계신지 묵상하십시오. 넷째, 하나님이 그분의 참되고 열심 있는 종들을 어떻게 은혜롭게 구원해 주셨으며, 또 어떤 특별한 축복을 허락하셨는지 묵상하십시오. 다섯째, 읽은 내용을 마음속에 적용하십시오. 즉 말씀을 읽을 때 단순한 역사적 기록만으로만 읽지 말고 하나님이 천국에서 지금 우리에게 보내신 편지로 생각하고 읽으십시오. 성경에 쓰인 것은 무엇이든 우리의 교훈을 위한 것입니다(롬 15:4). 여섯째, 성경을 읽을 때는 하나님이 우리 곁에 서시어 "그곳에 기록된 덕행들을 사모하고, 악행들을 행하지 말라"고 직접 말씀하시는 것이라고 생각하며 경외심을 갖고 읽으십시오. 만일 우리가 그런 죄들을 짓고 회개하지 않는다면 그곳에 기록된 재앙들이 우리에게 임할 것이요, 그곳에 기록된 경건과 덕행들을 실천하면 그와 같은 축복이 우리와 우리에게 속한 모든 것 위에 임할 것입니다. 따라서 이러한 사실을 확신시켜 주시고자 그 말씀을 하시는 것이라고 생각하십시오. 간단히 말해, 성경에서 읽는 모든 것을 다음의 두 가지 중 하나로 보십시오. 즉 우리의 믿음을 확증시키기 위한 것, 또는 우리의 회개를 증진시키기 위한 것으로 보십시오. 참고 견디는 것이 훌륭한 철학자의 삶의 전형이라면, 믿고 회개하는 것이야말로 참된 그리스도인의 고백의 총체라 할 수 있습니다. 이처럼 한 장을 읽더라도 그 말씀을 깨닫고 삶에 적용하는 것이 그 말씀이 무슨 뜻인지 깊이 생각하지도 않을뿐더러 삶에 적용하지도 않은 채 맹목적으로 다섯 장을 읽는 것보다 우리의 영혼에 훨씬 더 좋은

말씀사, 2012), 211.

양식과 위로가 됩니다."[127] 베일리의 묵상 방법이 오늘날의 QT와 유사하기 때문에 김진홍은 QT의 역사적 기원을 종교개혁 이후 청교도 경건주의적 흐름 속에 있었던 루이스 베일리에게 돌린다.[128] 중세 로마 가톨릭교회의 귀고 2세가 로마 가톨릭적 렉시오 디비나 성경 묵상 방법을 주장했다면[129], 개신교의 루이스 베일리는 인간의 이성을 동원한 해석보다는 성령에 의한 성경 자체를 강조한 개신교적 렉시오 디비나 성경 묵상 방법을 제시했다고 할 수 있다. 이처럼 루이스 베일리는 마태복음에 나타난 예수의 말씀 영성을 정통으로 계승한 개신교 영성가라고 할 수 있다. 다음은 마태복음에 나타난 예수의 말씀 영성을 정통으로 계승한 루터교 경건주의자 필립 야콥 스패너를 살펴보겠다.

8) 필립 야콥 스패너(Philipp Jacob Spener, 1635-1705)

종교개혁 이후 루터란이나 칼빈주의자들에 의해 스콜라주의적 신학 방법론이 다시 고개를 들게 되었다. 신학은 경건 생활의 유익을 주기보다는 오히려 사변적인 논쟁의 주제로 전락되는 양상을 띠었다. 이 시대의 신학적 흐름을 '개신교 정통주의'(Protestant Orthodoxy)라고 칭한다. 이러한 흐름에 대해 경건생활을 추구하는 무리들은 정통주의 신학은 메마르고 논쟁적이며, 편협되어서 실제적인 경건 생활에는 유익을 주지 못한다고 비난의 화살을 쏘았다. 그래서 나타난 영성운동이 경건주의 운동이다.[130] 이 경건주의 운동은 무엇보다도 신앙의 실천을 지향

---

127) 루이스 베일리/ 조계광, 안보헌 옮김, 『청교도에게 배우는 경건』, 209-211.
128) 김진홍, "경건훈련으로서의 QT의 기원에 대한 역사적 연구," 29. QT의 기원에 관해서는 김진홍의 박사학위 논문을 참조하라. 김진홍, "韓國敎會 敬虔訓練으로서의 QT 硏究와 適用 方案 lectio divina의 批評的 觀點에서," 總神大學校 牧會神學專門大學院 牧會神學科 敎會成長學專攻 박사학위논문(Th.D, 2008). QT에 관한 추천할 만한 책으로는 다음을 참조하라. 오대원/ 양혜정 옮김, 『묵상하는 그리스도인』 (고양: 예수전도단, 2005).
129) 귀고 2세/ 엄성옥 번역, 최대형 해설, 『성독: 귀고 2세의 수도자의 사다리』 (서울: 은성출판사, 2018), 60-68.
130) 유해룡, "경건주의 영성," 54.

한 운동이었다. 따라서 경건주의 신학의 중심 문제는 '성화론'이다.131)

경건주의(Pietism)란 말은 프랑케(A. H. Francke, 1663-1727)를 중심으로 일어났던 라이프찌히(Leipzig) 대학에서의 소요 사건을 통해 교회사에 공식적인 자리를 잡게 되었다. 이 소요 사건의 와중에서 프랑케의 강의를 듣던 한 신학생의 영정에 바치는 조사가 알려지게 되었다. 이 조사는 프랑케의 활동에 호의를 가지고 있던 라이프찌히 대학 수사학 교수 요아힘 펠러(J. Feller)에 의해 쓰여졌다. 바로 이 조사 중에 '경건주의'라는 말이 등장한다. "경건주의자란 누구인가? 그는 성경을 연구하며 성경의 가르침대로 거룩하게 살려고 하는 자다" 교리보다 말씀 자체를 중요시했던 경건주의자들의 자세는 대학의 젊은 신학도들에게 매우 큰 반향을 일으켜, 단 몇 주일만에 라이프찌히에 있는 모든 헬라어 원어 성경이 매진되는 결과를 가져왔으며, 대학의 담을 넘어 전 라이프찌히시에 말씀의 운동을 일으켰다. 이러한 의미에서 어떤 이는 경건주의의 가장 중요한 특징을 '성경에 대한 경건'(Bibelfrommigkeit)이라고 부른다.132) 이 경건주의 운동의 대변인이라고 할 수 있는 사람은 독일의 루터파 목사인 요한 아른트(Johann Arndt, 1555-1621)였다. 그는 개인적인 중생, 성화 및 종교체험에 대해서 깊은 관심을 표했다. 이 경건주의에 불을 붙인 사람이 바로 필립 야콥 스페너이다. 그는 그의 책 『경건한 소원』(Pia Desideria)에서 신학교육의 개혁을 주장했다. 곧, 철학적이고 스콜라주의적인 논증방법보다는 신자들의 경건 생활과 도덕생활을 지도할 수 있는 목회적인 신학을 강조했다. 스페너는 우리의 혀와 두뇌는 신학적인 논쟁에 사용되기보다는 성경 말씀을 묵상하고 기도하는 데 사용되어야 한다고 주장했다.133) 이처럼 경건주의 운동은 성경을 삶을 변화시키는 살아있는 하나님의 말씀으로 보았다. 그런

---

131) 지형은, "경건주의와 스페너의 『경건한 요청』(II)," 「기독교사상」 40/2(1996), 107. '경건주의'에 대해서는 다음을 참조하라. 지형은, "경건주의와 스페너의 『경건한 요청』(I)," 「기독교사상」 40/1(1996), 111-126; 지형은, 『경건주의 연구: 갱신·시대의 요청』(서울: 한들출판사, 2003).
132) 강치원, "17-18세기 독일 루터교 교회 경건주의의 자리매김에 대한 소고," 7.
133) 유해룡, "경건주의 영성," 55.

차원에서 경건주의운동은 단순히 '삶의 갱신운동'이 아니라 '성서 안에서, 성서를 통한 경건 운동(Frommigkeit in und durch die Schrift)이라고 말할 수 있다.[134] 필립 야콥 스페너는 1670년 8월부터 자신의 목회지였던 프랑크푸르트에서 '경건의 모임'(Collegium pietatis)을 갖기 시작하였다. 주일과 수요일 예배 시에 들었던 설교에 대하여 이야기를 하거나 경건 서적을 읽었고 이에 대하여 의견을 교환하고 기도로 마쳤다.[135] 이 모임의 결과물이 1675년에 출판된 『경건한 소원』이다. 스페너는 이 책에서 성경 말씀의 중요성과 그 말씀대로 실천하며 살 것을 주장했다. "우리 모두가 필요로 하는 유익을 얻으려면 교회의 회중은 모든 성경을 알아야 한다. 우리가 한 곳에 있는 회중에게 여러 해 동안 읽어준 성경 구절들을 모두 합해도 성경의 일부분에 지나지 않을 것이다. 회중은 그 나머지 성경 구절들을 선혀 듣지 않았거나 혹시 들을 기회가 있다고 해도 설교 도중에 인용되는 한 두 구절을 듣게 된다. [따라서] 우선 성경, 특히 신약성경을 부지런히 읽음으로써 행해질 수 있을 것이다. 가정에서 가장이 비록 그 자신은 매일 읽지 못하더라도 누군가가 읽을 수 있도록 신약성경을 비치해 두는 것은 그리 어려운 일이 아닐 것이다."[136] 나아가 스페너는 회중들이 설교를 들을 뿐만 아니라 들은 설교를 논의하고, 토의하는 성경공부를 하라고 권한다. "몇 명의 회중들로 목회자의 지도하에 모여서 성경의 어느 부분을 택하여 소리 내어 읽고, 각 절의 단순한 의미를 찾아내기 위해 논의하며 모든 사람들의 교육에 유익한 것이 무엇인지를 토의하게 하는 것도 좋은 방법일 수 있다. (...) 이러한 훈련이 없이 계속 설교만 한다면, 그 설교를 충분히 제대로 이해할 수 없다. 왜냐하면 그 중간에 있는 것들을 되새겨볼 시간이 없고 비록 되새겨보려 해도 그 뒤에 이어지는 것들이 많이 빠져 있기 때문이다. (...) [따라서] 다음과 같은 사실이 분명해진다.

---

134) 강치원, "17-18세기 독일 루터교 교회 경건주의의 자리매김에 대한 소고," 8.
135) 김문기, "필립 야콥 슈페너에게 있어서 신앙과 경건의 실천,"「한국기독교교회사학회지」11(2003), 120.
136) 필립 야콥 스페너/ 엄성옥 옮김, 『경건한 소원』(서울: 은성출판사(3판), 2011), 136-137.

어떤 일을 개혁하는 데 있어서 설교를 들을 뿐만 아니라 성경을 읽고 묵상하고 논의하는(시 1:2) 등 하나님의 말씀을 부지런히 사용하는 것이 가장 중요한 방법이다. (...) 만일 우리가 신자들로 하여금 기쁨으로 생명의 책을 부지런히 찾게 하는 데 성공한다면, 그들의 영적 생명은 놀랍도록 튼튼해질 것이며 완전히 다른 사람으로 변화될 것이다."[137] 또한, "기독교인들은 자기 자신 및 자신이 소유하고 있는 것, 기도, 가사, 선행, 구호금 등을 바쳐야 할 뿐 아니라 하나님의 말씀을 부지런히 공부하여 하나님이 주신 은혜에 따라 한 지붕 밑에 사는 사람들을 가르치고 징계하고, 권면하고, 개심시키며, 그들의 생활을 살펴보고 위해서 기도하며 그들의 구원에 관심을 기울여야 한다."[138]

더 나아가 스페너는 구원받은 사람들이 믿음의 실천이 있어야 한다고 권면한다. "스스로 복음주의자라고 주장하는 대다수의 사람들이 비기독교적인 생활을 하므로 율법이 철저히 파괴되었음을 부인하지 못하며, 장차 자신의 생활 태도를 고칠 생각을 하지 않으며, 그럼에도 불구하고 자신이 구원을 얻을 것이라고 믿는 체하는 사람들이 너무나 많다. (...) 그들은 인간이 자신의 생활 때문에 구원받는 것이 아님을 확신한다고 고백하며, 자기들은 그리스도를 믿고 완전히 신뢰하는 바 이것은 반드시 이루어질 것이며 또한 그러한 믿음으로 말미암아 분명히 구원될 것이라고 주장한다. 따라서 그들은 구원을 이루는 믿음을 소유한 것이 아니라 믿음에 대한 육적인 환상을 갖고 있다. 사람들로 하여금 구원을 그런 식으로 안일하게 상상하게 하는 것은 마귀가 사용하는 기만수법으로서 가장 무서운 것이다." 또한, "초대교회의 예를 들어보자. 그 시대에 가능했던 일이 오늘날 절대적으로 불가능할 수는 없다. 교회사를 살펴보면 초대교회는 매우 거룩한 상태에 있었으므로 기독교인들은 경건하게 생활했고, 이것을 기준으로 하여 기독교인과 기독교인이 아닌 사람들을 구분하였다."[139]

---

137) 필립 야콥 스페너/ 엄성옥 옮김, 『경건한 소원』, 138-141.
138) 필립 야콥 스페너/ 엄성옥 옮김, 『경건한 소원』, 145.
139) 필립 야콥 스페너/ 엄성옥 옮김, 『경건한 소원』, 127.

이처럼 종교개혁 이후 다시 스콜라주의로 빠져가는 개신교회를 향해 스패너는 성경 자체를 읽고, 공부하며, 그 말씀대로 실천하며 살 것을 주장했다. 이러한 점들은 마태복음에 나타난 예수의 말씀 영성의 핵심 내용들이다. 따라서 스패너는 예수의 말씀 영성을 정통으로 계승한 개신교 영성가라고 할 수 있다. 다음은 마태복음에 나타난 예수의 말씀 영성을 정통으로 계승한 영국의 청교도 설교가 찰스 스펄전을 살펴보겠다.

9) 찰스 스펄전(Charles Haddon Spurgeon, 1834-1892)

영국의 청교도140) 신학의 뿌리는 16세기 종교개혁이다. 이 운동의

---

140) 청교도는 영국교회의 개혁운동에서 나타났다. 당시 국왕이었던 헨리 8세는 자신의 대를 이을 아들이 없자 부인인 캐더린(Catherine of Aragon, 1485-1536)과 이혼하고 당시 자신의 아이를 임신하고 있던 궁녀 앤 볼레인(Anne Boleyne, 1501-1536)과의 재혼을 교황청에 요청하였으나 거절되었다. 이렇게 되자 그는 1534년 수장령(首長令 : Act of Supremacy)을 발표하여 교황청과의 관계를 단절하고 자신이 영국교회의 수장이라고 공포하고 영국 단독의 교회, 즉 성공회(Church of England or Anglican Church)라고 불리는 영국교회를 출범시켰다. 헨리 8세에 이어 그의 아들 에드워드 6세, 그리고 그의 딸 메리(Mary, 1516-1558)의 치세를 지나, 엘리자베드 1세(Elizabeth I, 1533-1603)에 이르러서 영국교회는 그 틀을 확립하면서 통일령(Act of Uniformity)에 의해 모든 영국 국민들로 하여금 영국 국교회만을 신봉하도록 하는 강압적 정책을 수행하였다. 이는 자연히 종교의 자유를, 특히 개신교 정신으로 교회가 갱신되기를 희망하는 사람들에게 좌절을 안겨주었다. 특히, 1564년 교회 안에서 의식과 예복 사용을 통일하려는 교회의 움직임에 강하게 반발하면서 교회가 로마 가톨릭의 잔재를 버리고 더욱 철저히 개혁하고 정화되어야 한다고 주장하는 사람들이 나타나게 되었다. 이런 주장을 하는 이들을 가리켜 '정화하려는 자들'이라는 뜻에서 '청교도'(淸敎徒) 즉, 퓨리턴(Puritans)이라는 이름이 붙여진 것이다. 따라서 청교도란 철저히 성경 중심의 교회와 생활을 표방한 사람들이라 정의할 수 있다. 김인수, "한국교회와 청교도 운동,"「장신논단 13/1(1997), 116-117. 구체적으로 '청교도'라는 말이 역사에 등장한 것은 1564년경으로 알려지고 있다. 그러나 영국 역사가들은 일반적으로 청교도들이 주도권을 잡았던 청교도 시대를 1558년(메리 여왕의 죽음과 엘리자베스 1세 여왕의 통치 시작)으로부터 약 2천여 명의 청교도 목사들이 국교회로부터 추방된 1662년까지로 잡고 있다. 백금산, "청교도 영성가들의 계보와 그 저서들,"「소금과 빛」184/7(2000), 52. 더 자세한 청교도 영성

지도자들은 종교 개혁에 공감했고, 성경의 권위를 받아들였으며, 영적인 마음을 가지고 설교를 하는 각 교구의 성직자들을 신뢰했다.[141] 청교도들은 칼뱅이 주장한 하나님의 절대주권과 성경중심의 사상을 삶에 깊이 적용시킴으로써 종교개혁을 완성시켰다고 할 수 있다. 종교개혁 당시에 성경의 중요성이 재발견되었기 때문이다.[142] 이러한 청교도 신학은 16세기에서 17세기에 걸쳐 영국국교회 개혁을 위하여 투쟁한 소수 청교도들의 신앙적 결실이다.[143] 그러나 국가교회(성공회)를 개혁하려는 청교도들의 꿈은 물거품 되기 시작했다. 그러나 신자들의 도덕적인 탁월함과 경건 생활에 대한 그들의 정열은 사라지지 않았다. 제임스 1세(James I, 1566-1625) 치하에서 청교도들은 당시의 상황에 대처하는 유일한 방법으로써 말씀 선포에 힘을 기울였다.[144] 영국 국교회가 성경에 금하지 아니하는 것은 무엇이나 할 수 있다고 하는 말에 청교도들은 성경이 허락하는 것만 해야 한다고 주장했다. 청교도들은 성경에 근거하지 않은 신앙생활은 어떠한 것이라도 거부했다.[145] 이러한 청교도 운동(Puritanism)은 하나의 교파 운동이 아니라 성공회교도, 장로교도, 회중교도, 그리고 침례교도와 같은 다양한 부류에 속하는 개혁자들에 의하여 세워진 개혁주의 신학에 근거하여 성경을 해석하고, 그것을 삶의 현장에 적용하여 기독교적인 가정, 교회, 그리고 국가를 세우고자 하였다. 800명의 영국의 청교도 개혁자들은 특히, 칼뱅의 제네바 교회를 모델로 하여 교회와 사회 전반을 하나님의 말씀으로 개혁하려고 했다. 즉, 로마 가톨릭 교회에 의하여 영국 교회에 뿌려진 무지와 미신적인 잔재를 제거하고, 성경적인 교리, 예배, 교회 정치 제도를 영국 안에 정착시키며, 경건을 회복하여 성경이 다스리는 가정과 교회, 그리고 국가를 건설하고자 했다. 교회 당국은 이와 같은 성경중심적인 개혁 운동

가들의 계보와 그들의 저서는 위의 백금산의 52-57를 참조하라.
141) 리처드 포스터/ 박조앤 옮김, 『생수의 강』, 520.
142) 김귀춘, "청교도 영성의 특징과 형성과정," 「영성의 샘」 72/11(2004), 163.
143) 원종천, "영국 청교도 영성 발전 과정의 역사적 조명," 106.
144) 원종천, 『칼빈과 청교도 영성』(서울: 하나출판사, 2002), 307.
145) 김귀춘, "청교도 영성의 특징과 형성과정," 164.

을 전개하던 이들을 '까다로운 사람들'(Precisians), 또는 '청교도'(Puritans)라고 칭했다.146) 17, 18세기는 청교도들의 절정기라고 할 수 있다. 조나단 에드워즈(Jona than Edwards, 1703-1758)나 조지 휫필드 (George White field, 1714-1770)는 이성과 합리주의가 판을 치던 17, 18세기의 미국과 유럽의 분위기에 말씀을 통하여 회개의 도가니로 몰아넣어 영적 각성운동을 일으킨 주역들이었다. 그들의 영성은 맥케인, 찰스 스펄전, 로이드 존스, 제임스 패커로 이어졌다.147) 이 가운데 찰스 스펄전은 설교를 통하여 하나님의 말씀의 영성을 전파한 대표적인 사람이다.

찰스 스펄전은 철저한 청교도 목사였던 할아버지와 아버지의 삶을 보고 자라났다. 그러나 막상 그는 신학을 공부하지 않은 사람이며, 대학 문턱에도 가보지 못한 사람이다. 그는 163센티도 안 되는 작은 키를 가졌으며, 정식으로 목사안수를 받은 적도 없는 사람이다. 그러나 침례 이후 주일학교에서 설교를 시작하면서 그의 설교사역이 시작되었다. 스펄전은 22세의 어린 나이에 매주 만 명 이상에게 설교했다. 6천여 좌석이 마련된 메트로폴리탄 교회가 그가 설교하기 위해 세워졌다. 스펄전의 설교가 6천 명을 수용할 수 있는 메트로폴리탄 교회와 만이천 명이 입장 가능한 서레이 가든 음악당에서 숱한 세월 성도들의 가슴을 적실 수 있었던 것은 언제나 생의 중심에 예수 그리스도를 모시고 있었기 때문이다. 그래서 스펄전을 이천 년 교회사에서 가장 탁월한 설교자로서 '설교의 왕'이라고 부른다. 지금까지 전해오는 설교만 해도 무려 삼천 오백 편 이상이다.148) 특히, 스펄전의 십자가에 대한 설교149)와 기도와 영적전쟁에 대한 설교150)는 유명하다. 마태복음에 나타난 예수의

---

146) 오덕교, 『청교도 이야기』(서울: 이레서원, 2002), 11-18.
147) 김귀춘, "청교도 영성의 특징과 형성과정," 157.
148) 김귀춘, "청교도적 영성으로 전 세계를 열광의 도가니로 몰아넣은 에드워즈와 스펄전의 삶 그리고 영성," 「영성의 샘」 75(2005), 169-172. 현재 국내에서 스펄전 설교 전집이 크리스챤다이제스트 출판사에서 35권이 출판되었다.
149) 찰스 스펄전/ 송용자 옮김, 『십자가, 승리의 복음』(서울: 지평서원, 2002).
150) C. H. Spurgeon, *Spurgeon on Prayer and Spiritual Warfare* (New Kensington: Whitaker House, 1998).

말씀 영성은 설교라는 형식을 통하여 계승되었다. 따라서 찰스 스펄전은 예수의 말씀 영성을 정통으로 계승한 영성가라고 할 수 있다.

요약하면, 마태복음에 나타난 예수의 말씀 영성의 정통에 속하는 영성가들은 대체적으로 성경 말씀 자체를 강조하고, 설교, 그리고 성경연구 방식을 전한 사람들이다. 이러한 방식의 말씀 강조는 마태복음에 나타난 예수의 말씀 영성과 연속성을 보인다. 다음은 마태복음에 나타난 예수의 말씀 영성의 반정통에 속하는 중세 로마 가톨릭교회의 까루투시오 수도사 귀고 2세를 살펴보겠다.

3. 예수의 말씀 영성의 반정통

1) 귀고 2세(Guigues II, ?-1188)

서방 로마 가톨릭교회의 렉시오 디비나(Lectio Divina[151]) 전통은 누르시아의 베네딕도(Sanctus Benedictus de Nursia, 480-547)[152]로부터 시작하여 12세기 독일 작센의 수도승 성 빅토르의 휴고(Hugo von St. Viktor, 1096-1141)[153]를 거쳐 귀고 2세[154]에서 체계화된다.[155] 특

---

151) 렉시오 디비나는 '거룩한 독서'라고 번역할 수 있다. lectio는 legere란 동사의 명사형이다. legere란 '모으다', '필요한 것을 선택하다', '눈으로 모아들이다'란 뜻인데 , 특히 기록된 말씀을 눈으로 훑어본다는 뜻이 있다. divina는 '하나님의'란 뜻이다. 이렇듯 렉시오 디비나는 세속적인 독서나 학문적 탐구 또는 교리적인 독서와는 전혀 다른, 그 이상의 의미를 내포하고 있다. 허성준, 『렉시오 디비나』(왜관: 분도출판사, 2006), 19-20.

152) 베네딕도의 렉시오 디비나는 다음을 참조하라. 강치원, "『베네딕트 규칙서』에 나타난 렉시오 디비나,"「선교와 신학」19(2007), 187-330; 허성준, "베네딕도 규칙서에 나타난 렉시오 디비나,"「신학전망」(2006), 70-89.

153) 강치원, "성 빅토르의 휴고(Hugo von St. Viktor)에게 있어서 거룩한 독서,"「한국교회사학회지」20(2007), 7-37. 성 빅토르 휴고는 성 빅토르 아우구스티누스 수도회의 수사신부(regular canon, 수사신부란 개인적인 가난을 중요시 여기며 금욕, 공동기도, 관상, 폐쇄적인 생활등의 수도적인 공동생활을 하는 사제들과 부제들을 말한다)가 되었다. 보나벤투라는 휴고를 평가하기를 "안셀름은 아우구스티누스의 뒤를, 베른하르트는 그레고리 대제의 뒤를, 리하르트는 디오니

히, 중세의 렉시오 디비나 전통에서는 귀고 2세가 중요한 인물이다. 귀고 2세는 1173년 프랑스의 알프스에 있는 그란드 샤르트르의 카르투시오 수도원의 원장이 되었으며, 1188년에 죽는다. 1193년에는 성인으로 봉직된다. 이것이 귀고 2세에 대한 정보의 전부이다. 그럼에도 그가 영성의 역사에서 중요하게 다루어지고 있는 것은 그의 서신『수도승들의 사다리』156)를 통해 그때까지 내려오던 렉시오 디비나 전통을 체계화시켜 후대에 물려주었기 때문이다.157)

한편, 귀고 2세는『수도승들의 사다리』제2장의 초두에 자신이 발견한 렉시오 디비나 구조를 다음과 같이 소개하고 있다. "어느 날 바삐 일하다가 우리의 영적인 일에 대해 생각하기 시작했는데, 갑자기 영성

시우스의 뒤를 잇는 대표적인 신학자들이다. 왜냐하면 안셀름은 예리한 통찰력이 뛰어나고, 베른하르트는 설교에서 뛰어나며, 리하르트는 관상의 영역에서 뛰어나기 때문이다. 그런데 휴고는 이 모든 분야에서 뛰어난 자이다."라고 언급했다. 휴고는 이처럼 신학과 설교와 영성이라는 신학 전반에 걸쳐 폭이 넓으면서도 깊이를 가진 신학자로 평가되고 있다.

154) 오방식, "렉시오 디비나의 발전에 미친 귀고 2세의 공헌,"「교회와신학」 77(2013), 161-186; 강치원, "귀고 2세(Guigo II)의 수도승들의 사다리에 나타난 Lectio Divina,"「한국교회사학회지」15(2004), 7-42.

155) 물론 이들 외에 렉시오 디비나 구조를 나름대로 주장한 사람들도 있다. 예를 들어, 스마락두스『수도승들의 왕관』(812)에서는 Oratio-Lectio-Meditatio-Contemplatio, 귀고 1세(1083-1136)는 Contemplatio-Oratio-Meditatio-Lectio, 아담『골방에서의 네 가지 훈련』(1184)에서는 Lectio-Meditatio-Oratio-Actio, 보나벤투라(1221-1274)는『세 가지 방식에 대해서』에서 Meditatio(Lectio)-Oratio-Contemplatio, 세스네로의 가르시아 이메네즈(15세기말) Meditatio-Oratio-Contemplatio 등이 있다. 강치원, "중세의 영성과 루터-렉시오 디비나(Lectio Divina)를 중심으로,"「장신논단」33(2008), 129-130.

156) 귀고 2세의『수도승들의 사다리』라틴어 원문은 다음을 참조하라. Guigues II Le Chartreux, *Lettre Sur La Vie Contemplative* (L'échelle Des Moines) Douze Méditations (Paris: Les Editions du Cerf, 1980), 82-123. 한국어 번역으로는 다음을 참조하라. 귀고 2세/ 엄성옥 번역, 최대형 해석,『성독: 귀고 2세의 수도자의 사다리』, 19-39; 허성준, 『수도 전통에 따른 렉시오 디비나』(왜관: 분도출판사, 2003), 195-218; 엔조 비앙키/ 이연학 옮김. "귀고 2세: 관상생활에 대해 쓴 편지,"『말씀에서 샘솟는 기도』(왜관: 분도출판사, 2001), 139-160.

157) 강치원, "귀고 2세(Guigo II)의 수도승들의 사다리에 나타난 Lectio Divina," 11-12.

훈련의 네 단계가 떠 올랐습니다. 읽기, 묵상, 기도, 그리고 관상 이것들이 수도사를 세상에서 하늘로 올려주는 사다리를 이룹니다."158) 귀고 2세는 이를 구체적으로 설명하기 위해 음식을 먹는 것에 비유했다. 곧, "독서는 행복한 삶의 감미로움에 대해 살펴보는 것이고, 묵상은 그 감미로움을 발견하는 것이며, 기도는 그것을 청하는 것이고, 관상은 그것을 맛보는 것입니다. 말하자면 독서는 단단한 음식을 입으로 가져가는 것이고, 묵상은 그것을 잘게 씹어서 가루로 만드는 것이며, 기도는 그 맛을 보는 것이고, 관상은 기쁨과 새 힘을 주는 감미로움 그 자체라 하겠습니다. 독서가 껍질에 머무는 것이라면 묵상은 그 속 깊은 데까지 뚫고 들어가는 것이요. 기도가 갈망하게 된 바를 청하는 것이라면 관상은 얻게 된 감미로움을 누리는 것입니다."159) 나아가 귀고 2세는 이 네 단계가 밀접한 관계가 있다고 했다. "묵상 없는 독서는 건조하며, 독서 없는 묵상은 오류에 빠지기 쉽고, 나아가 묵상 없는 기도는 미지근하며 기도 없는 묵상은 결실이 없는 것이라고 결론지을 수 있겠습니다. 정성 들인 기도는 관상을 얻게 해 주며, 기도 없는 관상의 선물은 드물고 기적에 가까운 것이라 하겠습니다."160) 이처럼 귀고 2세가 발견한 렉시오 디비나 구조는 읽기(lectio), 묵상하기(meditatio), 기도하기(oratio), 관상하기(contemplatio)의 네 단계이다.

또 한편, 귀고 2세의 렉시오 디비나의 구조는 루터의 렉시오 디비나의 구조와는 다르다. 귀고 2세의 렉시오 디비나의 구조는 읽기, 묵상, 기도까지는 자기의 이성을 가지고 자유의지로 도달할 수 있는 부분이

---

158) 귀고 2세/ 엄성옥 번역, 최대형 해석, 『성독: 귀고 2세의 수도자의 사다리』, 20. "Un jour, pendant le travail manuel, je comme nçai a penser à l'exercice spirituel de L'homme, et tout a coups'offrirent à la réflexion de mon esprit quatre degrés letio scilicet, meditatio, oratio, contemplatio. Haec est scala claustralium qua de terra in coelum sublevan tur," Guigues II Le Chartreux, *Lettre Sur La Vie Contemplative*, 83-84.

159) 엔조 비앙키/ 이연학 옮김, "귀고 2세: 관상생활에 대해 쓴 편지," 『말씀에서 샘솟는 기도』, 141.

160) 엔조 비앙키/ 이연학 옮김, "귀고 2세: 관상생활에 대해 쓴 편지," 『말씀에서 샘솟는 기도』, 154-155.

라면 그다음 단계인 관상의 단계는 하나님이 은총을 주셔야 들어가는 단계이다. 귀고 2세는 다음과 같이 말한다. "이리하여 영혼은 자기 힘만으로는 원하던 바, 곧 인식과 체험의 감미로움에 도달할 수 없음을 알게 되었습니다."161) 또한, 10장의 제목이 '잠시 감추어져 있음으로써 우리의 선익에 협력하시는 은총에 대하여'162)이다. 이 제목을 보면 인간의 자유의지로 선익을 이루었을 때 여기에 하나님이 은총으로 협력하는 듯이 말하고 있다. 곧, 귀고 2세는 읽기, 묵상, 기도까지는 자기의 순수 이성을 가지고 자유의지로 도달할 수 있지만 관상의 단계에 들어가기 위해서는 하나님이 은총을 주어야 한다고 주장한다. 이에 비해, 루터의 신학은 희미해진 이성을 가지고는 하나님의 말씀에 접근할 수 없다는 입장을 가진다. 따라서 루터는 귀고 2세가 주장한 구조를 바꾼다. 곧, 루터는 기도를 맨 앞에 두면서 먼저 성령을 구하는 기도를 하여 자기의 이성으로 말씀을 이해할 수 있다는 생각을 부인한다. 오직 성령의 은총으로만 성경을 읽고, 묵상할 수 있다고 생각한 것이다. 루터는 맨 먼저 성령을 구하는 기도를 한 다음에 성령을 통해 계몽된 이성을 통해 말씀을 묵상할 수 있다. 루터가 말하는 말씀 묵상에는 읽기(Lectio)와 연구(Studio)가 포함된다. 그리고 루터는 마지막 단계로 귀고 2세의 관상 대신 시련(Tentatio)으로 교체한다. 루터가 '구체적인 삶의 자리에서 경험하게 되는 영적시련'을 마지막 단계로 설정한 것은 사변적이고 심리적인 관상을 성경 읽기에서 뿌리 채 뽑고자 했기 때문이다. 루터는 종교개혁의 사상에 비추어 중세의 렉시오 디비나 전통을 새롭게 수정했던 것이다.163)

요약하면, 루터의 렉시오 디비나와 귀고 2세의 렉시오 디비나를 비

---

161) 엔조 비앙키/ 이연학 옮김, "귀고 2세: 관상생활에 대해 쓴 편지,"『말씀에서 샘솟는 기도』, 145. "Videns ergo anima quod ad desid eratam cognitionis et experientiae dulcedinem per se non possit attingere." Guigues II Le Chartreux, *Lettre Sur La Vie Contemplative*, 94.

162) 'Quomodo gratiae occultatio ad tempus nobis cooperetur in bonum' Guigues II Le Chartreux, *Lettre Sur La Vie Contemplative*, 102.

163) 강치원, "중세의 영성과 루터-렉시오 디비나(Lectio Divina)를 중심으로," 134, 144-145.

교해 보면 루터는 아우구스티누스의 신학을 계승하여 처음부터 하나님의 은총을 통하여 성경 말씀을 읽고 묵상하고 연구할 수 있다고 본다. 이에 비해, 귀고 2세의 렉시오 디비나 구조는 읽기, 묵상, 기도까지는 순수 이성으로 가능하고 그다음 단계인 관상은 하나님의 은총으로 가능하다고 보는 반(半) 펠라기우스주의(Semipelagianism)처럼 보인다. 따라서 귀고 2세의 렉시오 디비나 구조는 루터의 렉시오 디비나를 정통이라고 할 때 개신교적 관점에서는 반정통이라고 할 수 있다. 다음은 마태복음에 나타난 예수의 말씀 영성의 이단인 마르키온을 살펴보겠다.

4. 예수의 말씀 영성의 이단

1) 마르키온(Marcion, 85-160년경)

마르키온은 소아시아 흑해 폰투스에서 출생하였으며, 부유한 선주로서 로마교회에 들어오면서 20만 세스터스를 헌금하고 로마교회 장로가 되었다.164) 그의 사상은 희랍철학에 근거하고 있으며, 스토아주의 출신으로서165) 영지주의의 대표적인 인물이다.166) 마르키온은 물질을 가지

---

164) 마르키온은 140년경에 로마에 도착하여 로마교회에 큰돈을 헌납하자 환대를 받고 장로가 되어 많은 영향력을 발휘했다. 장로라는 지위를 이용하여 기독교의 이름으로 영지주의를 전개하였기 때문에 교회에 미친 위험과 해독은 상상을 초월하는 것이었다. 로마 주교는 144년 7월에 로마 교회에 사제단을 소집하여 마르키온을 소환하여 왜곡된 성서해석을 시정할 것을 촉구하였지만, 이에 불응하였다. 교회는 그가 교회에 들어올 때 바친 헌금을 되돌려주고 그를 파문하였다. 허호익, "영지주의의 기독교 왜곡과 사도신경의 형성," 201-202.
165) 공성철, "마르키온(Marcion). 사상적 배경에서 본 새로운 해석,"「신학과 문화」12(2003), 179, 194-195.
166) 초대교부 가운데 이레니우스는『이단반박』에서 영지주의 이단을 반박했다. 이레니우스의『이단반박』의 헬라어 원문은 다음을 참조하라. Migne ed., *Patrologiae curses completus...Series graeca et orientalis*, 7. J. P. (Parigi, 1857), 433-1224. 영지주의 문헌으로 알려진 문서는 다음을 참조하라. 윌리스 반 스토운/ 이동진 옮김,『숨겨진 성서 1』(서울: 문학수첩, 1994), '세상의 기원에 관하여'(pp, 227-262), '114가지의 비유'(토마스 복음)(pp, 309-333), '진주의 찬미

고 세상을 만든 구약의 하나님을 창조의 신이라고 하였다. 그런데 그 창조의 신은 선한 하나님이 아니라고 주장했다. 왜냐하면 창조자의 피조물인 인간이 죄를 지은 것을 보면 그는 악한 신이기 때문이라는 것이다.167) 또한, 마르키온은 하나님은 전혀 알려지지 않았고, 그래서 낯선 하나님이며, 이 하나님은 선지자들과 율법을 통해서 알려지지 않고 예수를 통해서 디베리우스 15년에 비로소 처음으로 알려진 하나님이라고 주장했다.168) 이처럼 마르키온은 영지주의의 기본 원리인 영육이원론을 유대교와 기독교의 신론에 적용하여 물질과 육체를 창조한 구약성서의 여호와 하나님(Demiurgus)은 열등한 신이며, 신약성경에서 예수가 가르친 영혼의 아버지 하나님과는 다른 하나님이라는 두 하나님 교리를 주장하였다.169) 결국 마르키온은 열등한 신이 창조한 구약을 버렸고, 예수 복음을 전하는 신약의 11권으로 성경을 정했다.170) 마르키온은 누가복음과 사도행전의 일부와 바울 서신만을 예수의 가르침으로 수용했지만, 그나마 그 내용을 자기 주관대로 가감하거나 수정하였다.171) 이레니우스는 마르키온이 성경을 가감하거나 수정한 점들을 비

가'(pp. 335-345); 윌리스 반스토운/ 이동진 옮김, 『숨겨진 성서 2』(서울: 문학수첩, 1994), '비밀의 책'(야고버 비밀 복음)(pp. 169-182), '인도로 간 성인'(토마스 행전)(pp. 269-308); 윌리스 반스토운/ 이동진 옮김, 『숨겨진 성서 3』(서울: 문학수첩, 1994), '아담과 이브의 아들'(위대한 세트 제2서)(pp. 93-107), '진리 복음'(pp. 135-154), '마니파의 창조 설화'(pp. 287-304).

167) 마르키온을 반대했던 기독교 변증가 떼르뚤리아누스(Quintus Septimius Florens Tertullianus, 155-240)는 오히려 인간이 죄를 짓는다는 사실이 하나님의 선하심을 나타내는 것이라고 했다. 왜냐하면 하나님이 인간을 자유롭게 하셨고, 자기 뜻을 주관하게 했고, 힘을 주셨다는 것은 하나님이 선하시기 때문이라는 것이다. 그는 자유의지를 최고의 선이라고 말한다. 이로써 하나님을 죄의 원인으로 보지 않으려는 시도를 했다. 공성철, "마르키온(Marcion). 사상적 배경에서 본 새로운 해석," 200-201.

168) 공성철, "마르키온(Marcion). 사상적 배경에서 본 새로운 해석," 187-193.

169) 허호익, "영지주의의 기독교 왜곡과 사도신경의 형성," 202-203.

170) 공성철, "마르키온(Marcion). 사상적 배경에서 본 새로운 해석," 181. 마르키온은 '복음서와 사도서'만을 정경으로 대치했다. '복음서'는 현재의 누가복음의 형태였고, '사도서'는 열 개의 바울서신들로 구성된 전집이었다. 그의 신학에 적합하도록 하기 위해서, 복음서와 사도서 모두에서 구약성경에 관한 언급들을 삭제했다. 김선영 옮김, 『초기 기독교 교부들』, 28.

판하면서 다음과 같이 말했다. "마르키온은 주님의 탄생에 관한 모든 것, 그리고 주님이 분명하게 이 우주의 창조자를 그분의 아버지로 고백하고 있는 것으로 기록되어 있는 주님의 말씀들에 대한 가르침의 많은 것을 제거해 버림으로써, 누가에 의한 복음서를 불완전하게 만들었습니다. 마르키온은 자신의 제자들에게 복음서가 아닌 복음서의 조각에 지나지 않은 것을 주면서, 자신이 복음서를 전수했던 사도들보다 더 진실을 말하는 자라는 것을 그의 제자들로 하여금 믿게 했습니다. 마찬가지로 바울 사도가 세상을 만드셨던 하나님에 대해서 분명하게 말했던 모든 것들, 그분이 우리 주 예수 그리스도의 아버지라는 것, 그리고 주님의 오심을 예언하고 있는 예언서의 글들을 언급하면서 바울 사도가 가르치는 모든 것들을 제거해 버림으로써, 마르키온은 바울의 서신들 또한 난도질했습니다."172)

한편, 떼르뚤리아누스도 마르키온이 조작한 복음서에 대해 논박했다. "[마르키온은] 이렇게 지껄여 댄다. 언제나 지겹기만 한 체살의 인구 조사, 협소한 여관방 들, 더러운 기저귀, 딱딱한 구유는 모두 집어치워라. 밤에 자기 하나님을 찬송하는 천사들의 무리가 보였단 말인가. 목자들은 차라리 양 떼를 지켰더라면 좋았을 것을. 동방 박사들은 멀리서 오느라고 고생하지 않아도 되었을 텐데. 어린애가 고통받지 않도록 할례를 받지 않았어야 했을 것을. 부모가 그 아기를 성전에 데리고 가지 말고. 봉헌에 드는 비용을 부담하지 않아도 되었을 것을. 곧 죽을 노인 시므온을 슬프게 하지 않기 위해 아기를 그의 손에 넘겨주지 않았더라면 좋았을 것을. 노파가 입을 다물고 아기의 운명을 점치지 않았더라면 좋았을 것을. 마르치온아, 너는 이런 권유들을 함으로써 그분에 관한 사료(史料)들을 말살하려 하였는데, 그 의도는 그리스도의 육신을 입증하지 못하게 하려는 뜻이 있다고 나는 생각한다."173)

---

171) 허호익, "영지주의의 기독교 왜곡과 사도신경의 형성," 210, 216. 그리스도의 탄생과 육신을 부인하는 마르키온은 예수의 동정녀 탄생 부분을 삭제했다. 또한, 예수의 수난과 부활에 관한 대목들도 모두 자기 복음서에서 삭제했다.
172) 김선영 옮김,『초기 기독교 교부들』, 474-475.
173) 떼르뚤리아누스/ 이형우 역주,『그리스도의 육신론』(왜관: 분도출판사, 1994),

이처럼 이레니우스와 떼르뚤리아누스가 비판한 것처럼 마르키온은 성경을 가감하고, 수정하여 성경의 권위를 훼손시켰다. 따라서 마르키온은 마태복음에 나타난 예수의 말씀 영성과는 상관이 없는 이단이라고 할 수 있다. 다음은 마태복음에 나타난 예수의 말씀 영성의 이단인 도마복음서를 살펴보겠다.

2) 도마복음서(2세기경)

도마복음서는 예수의 114가지 '비밀 말씀'의 모음집이다. 1945년 이집트 나그함마디에서 발견된 52가지 문서들 가운데 하나인 콥트어 도마복음서는 그리스어(또는 시리아어) 원문에서 번역된 것으로 오늘날 현존하는 도마복음서 본문 가운데 유일하게 온전한 형태로 전해진다.174) 이 도마복음서는 영지주의 문헌175)으로 알려져 있다.176) 도마복음서는 지금으로부터 약 100년 전 이집트의 옥시링쿠스(Oxyrhynchus)에서 그리스어 본 파피루스가 발견되었고, 1945년에 이집트의 나그함마디(Nag Hanmmadi)177)에서 옥시링쿠스 파피루스와 동일한 내용을 담

91-93.

174) 송혜경, "콥트어 토마 복음의 인간 구원에 관한 소고,"「Catholic Theology and Thought」62(2008), 29. 콥트어 본문은 다음을 참조하라. B. Layton, *Nag Hammadi Codex 11,2~7,1: Gospel according to Thomas, Gospel according to Philip, Hypostasis of the Archons, and Indexed* (Leiden, 1989).

175) 영지주의에 관한 1차 문헌은 다음을 참조하라. 마들렌 스코펠로/ 이수민 편역, 『영지주의자들』 (왜관: 분도출판사, 2005).

176) 도마복음서에 나타난 영지주의를 보려면 다음을 참조하라 배철현, "도마복음서에 나타난 영지주의: '몸'을 통해 본 이원론을 중심으로,"「인문논총」54(2005), 159-189. 콥틱어 도마복음서의 영어 번역은 다음을 참조하라. James M. Robinson, ed., *The Nag Hammadi Library*. 117-130. 도마복음서의 한글 번역은 다음을 참조하라. 오강남, 『또 다른 예수』 (서울: 위스덤하우스, 2009); 윌리스 반스토운/ 이동진 옮김, 『숨겨진 성서 1』, 309-333.

177) 나그 함마디 문서는 4세기경 콥트어로 쓰인 영지주의자들의 문헌이다. 1945년 이집트 카이로 남쪽 약 595Km, 럭썰(Luxor)에서 약 127Km 떨어진 나일강 기슭에 있는 절벽 자발 알 타리프(Jabal-al-Tarif)에서 발굴되었다. 그 절벽 근처에 있는 마을 이름인 나그 함마디를 따서 이 문서를 나그 함마디 문서라고 부

은 콥틱어로 된 파피루스가 다시 발견되었다. 최초에 도마복음서는 대략 기원후 2세기 경에 희랍어로 기록되어 보존되다가 이집트에서 발견된 것이다. 나그함마디 파피루스의 영지주의 문헌들 가운데서 가장 주목을 끄는 책인 도마복음서는 예수의 가르침, 예언, 격언, 그리고 우화를 모은 것이다. "누구든지 이 비밀의 말씀을 깨닫게 되는 자는 죽음을 경험하지 않으리라."(1절)로 시작되는 도마복음서는 모두 114절로 구성되어 있는데 그중 40% 정도가 내용상 성경의 사복음서, 주로 요한복음서와 일치한다. 나머지 60%는 도마복음서에만 있는 독특한 구절로서 예수의 가르침을 영지주의적으로 변형 왜곡시킨 것들이다.178)

영지주의에 따르면 인간은 원래 천상의 영적 존재였다. 일부 영지주의자들은 천상의 영적 존재였던 인간 안에는 마치 신적 로고스의 씨앗(logos spermaikos)처럼 '신적 불꽃'(divine spark)이 내재해 있다고 주장한다. 그러나 어쩌다가 천상의 인간은 이러한 '신적 불꽃'인 영혼을 상실하고 지상의 물질세계로 추방되어 고통과 죽음의 운명을 지닌 육신의 감옥에 유폐되었다고 주장한다. 곧, 육신(soma)을 감옥(sema)으로 보았다. '육신은 무덤'(soma-sema)이라는 그리스어의 압운(押韻)이 널리 통용되었다. 도마복음서 역시 이 영육이원론에 근거하고 있다. 도마복음 25절에는 예수께서 "네 이웃을 네 몸과 같이 사랑하라"하신 말씀을 "네 형제를 여러분의 영혼같이 사랑하라"는 말로 변형 왜곡시켰다. 곧, "네 몸같이"라는 말씀을 "네 영혼같이"로 바꾸었다. 왜냐하면 영지주의자들에게 육체는 영혼의 감옥이므로 육체적인 몸을 사랑해서는 안

르게 되었다. 이 문서는 13권으로 이루어져 있으며, 파피루스 위에 쓰인 44개의 작품이 포함되어 있다. 이 가운데 일부가 번역, 출판되어 영지주의 연구에 중요한 자료가 되고 있다. 목창균, "영지주의와 초기 기독교,"「목회와 신학」 44/2(1993), 227. 나그 함마디 문서의 전체 내용을 개괄적으로 소개한 글은 다음을 참조하라. 소기천,『예수말씀의 전승궤도』(서울: 대한기독교서회, 2000), 125-145. 또한, '나그함마디' 문서의 영어 번역은 다음을 참조하라. James M. Robinson, ed., *The Nag Hammadi Library in English* (Leiden: E.J. Brill, 1977).

178) 허호익, "[도마복음서]의 영지주의적 기독교 왜곡에 대한 반박,"「현대종교」 396/11(2007), 139-140.

되기 때문이다. 그들은 영적 각성을 통해 이 육체 감옥을 벗어나는 것을 구원이라 여겼다.179) 도마복음서에는 신약성경의 복음서와는 달리 예수를 하나님의 아들로 보기보다는 깨달음에 이르는 영적 스승으로 묘사한다. 구원도 믿음으로 받는 것이 아니라 깨달음으로 구원을 얻는다고 한다.180) 심지어는 십자가와 부활 사건도 없다. 오직 구원은 말씀을 깨달음에서 온다고 한다.181) 이러한 도마복음서의 구원론은 불교의 구원론과 비슷하다.

나아가 도마복음서의 구원론은 우선 자기 자신과 세상 그리고 하나님에 관한 '지식'(gnosis)과 연결시킨다. 이 세상과 육신은 한갓 시체에 지나지 않으며, 종국에는 벗어버리고 버려야 할 대상이다. 그리고 자신이 하나님의 아들이며 그분에게서 나와서 그분께로 돌아간다는 것을 알아야 한다. 알아야 하늘나라에 들어갈 뿐 아니라 하나님을 아는 것이 곧 구원으로 이해된다. 더 나아가 도마복음서의 구원론은 지식뿐 아니라 성 구분의 해소와도 매우 긴밀히 연결되어 있다. 금욕생활을 통해 남자와 여자의 성 구별을 극복하고 태초의 상태로 되돌아가야 한다는 것이다. 결국 구원이란 자기와 세상과 하나님을 알며 금욕을 통해 남녀 구별이 사라지고 태초의 단일성으로 돌아가는 것이다. 이때에야 비로소 죽음은 그 힘을 잃게 된다. 이처럼 도마복음서의 구원론은 태초의 인간 원형의 회복을 추구하는 유다교 신비주의 전통과 금욕주의의 만남 그리고 지식을 통해 구원에 이르고자 하는 헤르메스주의 요소가 한데 어우러져 일궈낸 것이다. 지식과 성 구분의 해소로 이루어지는 구원 개념은 도마복음서의 그리스도론에도 영향을 미친다. 곧, 구원자는 더 이상 대속을 통해 인간이 저지른 죄를 용서하시는 분이 아니다 대신 인간에게 자신의 기원과 숙명을 알려 주고 성 구분의 해소를 설파하는 사람이다. 구원자는 곧, 지식을 전달해 주는 자, 계시자인 것이다.182) 이처럼 도마복음서는 '깨닫는 지식'을 강조하는 정경 복음서와는 다른 영지

179) 허호익, "[도마복음서]의 영지주의적 기독교 왜곡에 대한 반박," 140-141.
180) 오 쇼,『도마복음 강의』(경기도: 청아출판사, 2008), 856-858.
181) 오강남, "함석의 씨알사상과 도마복음,"「씨알」 6/8(2008), 8-11.
182) 송혜경, "콥트어 토마 복음의 인간 구원에 관한 소고," 52.

주의적 구원론을 전하고 있다.

또한, 도마복음서는 예수의 대화록을 모아 놓은 것으로 Q와 비교할 때 50개 정도의 직접적인 평행구절들이 발견된다.183) 그러나 도마복음서』는 Q의 예수를 왜곡하여 영지주의적 관점에서 해석하였다. 곧, 마태복음에 나타난 예수가 Q의 예수를 바르게 계승했다면, 도마복음서에 나타난 예수는 Q에 나타난 예수를 영지주의적 관점에서 왜곡시켜 계승했다고 볼 수 있다. 따라서 도마복음서는 마태복음에 나타난 예수의 말씀 영성과는 상관이 없는 이단이락 말할 수 있다. 다음은 마태복음에 나타난 예수의 말씀 영성의 이단인 유다복음서를 살펴보겠다.

3) 유다복음서(3-4세기경)

유다복음서184)가 들어 있는 코덱스의 존재는 1983년 5월 15일 학계에 처음으로 주목을 받았다. 유다복음서는 1980년경 이집트 중앙 엘 미냐(ElMinya) 근처에서 발견된 콥트어 영지주의 파피루스 코덱스에 들

---

183) 소기천, 『예수말씀의 전승궤도』, 10.
184) 유다복음서는 3백만 달러에 고미술 시장에서 거래되면서 그 존재가 세상에 알려졌는데, 절반이 뜯겨 있는 등 심한 손상을 입은 상태였다. 그 뒤 여러 명의 주인을 거쳐 유럽으로 건너갔다가 미국으로 왔으며 현재 소유주는 스위스에 본부를 둔 메세나 고미술 재단으로 되어있다. 재단 대표인 마리오 장 로버티 변호사는 사본 가운데 여섯 장을 사진으로 찍어 미주리 주립대에 보내 번역과 복원을 의뢰했으나 워낙 구멍이 많아 사실상 실패했다. 이후 2004년 이집트 콥트어 전문가인 루돌프 카세르를 통해 번역과 복원에 성공했으며, 미국 내셔널 지오그래픽이 TV와 인터넷을 통해 최근 공개하기에 이르렀다. 유다복음서 사본은 방사선 동위원소를 이용해 연대 측정을 한 결과 AD 220-340년쯤 만들어진 것으로 밝혀졌으며 잉크의 성분 및 문장, 서체분석 결과도 대략 이 시기와 일치하고 있다. 고영민, "사복음서 이외에 다른 복음서들이 있었는가?," 211. 보다 자세한 유다복음서의 발견과 공개 과정은 다음을 참조하라. James M. Robinson/ 양형주 역, "기독교적 관점에서 본 유다복음서,"「개혁주의 이론과 실천」1(2011), 166-183. 유다복음서의 콥틱어 원문을 영어로 번역한 것은 다음을 참조하라. R. Kasser et al., *The Gospel of Judas from Codex Tchacos* (Washington DC: National Geographic, 2006). 영어로 번역한 것을 다시 한글로 번역한 것을 보기 위해서는 다음을 참조하라. 로돌프 카세르, 마빈 마이어, 그레고르 부르스트 공역, 『예수와 유다의 밀약: 유다복음』(서울: YBMsisa, 2006).

어 있는 세 번째 문서이다. 이 문헌은 약 3-4세기경에 기록된 것으로 추정된다.185) 이 유다복음서는 영지주의 문헌으로 알려져 있다. 초대 교부 이레니우스는 그의 『이단반박』에서 카인 파(Cainites)라는 영지주의자들이 유다복음서를 사용하고 있다고 했다.186) 물론 유다복음서는 정경복음서들과 마찬가지로 그리스도 역시 "인류를 구원하기 위하여"(33.9) 이 땅에 왔으며, 또한 "기적과 놀라운 일을 행했다"(33.6 - 8)라고 기록한다. 그러나 다른 한편으로 그리스도는 정경복음서들이 보도하는 그리스도와 확연히 구별된다. 그리스도는 환영의 형태로 나타나기도 하고, 때로는 어린아이의 모습으로 나타나기도 한다. 유다복음서에서 인간 예수는 참 그리스도가 아니며, 그리스도를 옷처럼 뒤집어쓰고 있을 뿐이다(56.20). 또한, 그리스도는 구원에 필요한 신비한 지식인 영지를 전해주는 것으로 전제된다(54.7-10). 전형적인 가현설과 영지주의 구원관을 드러낸다. 또한 영지주의의 전형적인 극단적 이원론을 보인다.187) 나아가 마르키온이 구분한 것처럼 하나님을 두 신으로 구분한다. 그리고 영과 육의 이원론, 물질적 신(샤클라스 혹은 야훼)이 아닌

---

185) James M. Robinson/ 양형주 역, "기독교적 관점에서 본 유다복음서," 165-166. 콥트어 영지주의 파피루스 코텍스는 나그함마디 문서에 들어 있는 두 개의 문서 필사본을 포함하고 있는데, 베드로가 빌립에게 보낸 편지(VII, 2) 그리고 야고보 묵시록 전서(V,3)가 바로 그것이다. 코텍스에는 모두 네 개의 문서가 포함되어 있다. 즉, 베드로가 빌립에게 보낸 편지(pp. 1-9), 야고보서(pp. 10-32), 유다복음서(pp. 33-58) 그리고 제목 없이 이방인(pp. 59-66)의 일부를 담은 문서 하나 등이다. 이것들은 모두 원래 헬라어에서 번역한 것들이다.

186) Irenaeus, *Against Heresie* I, 31, 1. "[어떤 이들은] 가인이 위에 있는 권능(power)으로부터 그의 존재가 기원했다고 선포한다. 그리고 에서, 고라, 소돔 사람들, 그리고 그러한 모든 사람들이 서로 연관되어 있다고 인정한다. … 그들은 배신자 유다가 이러한 것들을 충분히 잘 알고 있었고, 그 홀로 다른 그 어떤 사람도 알지 못했던 진리를 알고서 배반의 신비를 완성했다고 선포한다. 그에 의해 하늘과 땅에 있는 모든 것들이 이렇게 혼란으로 빠져들었다. 그들은 이러한 효과를 위해 날조된 작품을 만들었는데, 이를 유다복음서라고 이름을 붙였다." 위의 이레니우스의 *Against Heresie* I, 31, 1. 번역은 James M. Robinson/ 양형주 역, "기독교적 관점에서 본 유다복음서," 170에서 재인용.

187) 민경식, "《유다복음》의 예수와 유다공동체의 자기이해: 예수의 웃음을 중심으로," 「한국기독교신학논총」 103(2017), 109.

보이지 않는 영원한 하나님, 영적 그리스도와 육적 예수를 분리하는 가현설을 철학적이며, 신학적으로 강조한 영지주의 문서이다. 특히, 유다복음서에는 가현설(Doceticism)이 뚜렷하게 나타난다. 유다복음서의 '예수가 세례 받은 자들과 유다의 배반에 대해 말하다.' 항목에 보면 "그러나 너는 [유다] 그들 모두를 능가할 것이다. 왜냐하면 너는 나를 옷처럼 둘러싸고 있는 그 남자를 희생시킬 것이기 때문이다."188)라고 쓰고 있다. 여기서 '옷처럼 둘러싸고 있는 그 남자를 희생시킬 것이다.'라는 것은 십자가에 예수를 넘겨주었다는 뜻이다. 그렇다면 육을 입은 예수보다 영적 그리스도를 믿는 가룟 유다가 더 훌륭한 제자가 된다. 그래서 가룟 유다가 하나님의 아들을 육적인 예수로부터 해방시키기 위해 예수를 팔았다는 것이다. 이처럼 유다복음서는 가현설 영지주의(Docetic Gnosticism)를 주장한다.189) 이처럼 유다복음서는 마태복음에 나타난 예수의 말씀 영성을 영지주의적 관점에서 해석함으로 예수의 신성과 인성을 왜곡시키고 있다. 따라서 유다복음서는 마태복음에 나타난 예수의 말씀 영성과는 상관이 없는 이단이라고 할 수 있다. 다음은 마태복음에 나타난 예수의 말씀 영성의 이단인 스베덴보리를 살펴보겠다.

4) 스베덴보리(Emanuel Swedenborg, 1688-1772)

17세기말 스웨덴에서 태어난 스베덴보리는 당대 유명한 과학자였다. 그는 『천국과 지옥』이라는 저서를 통해 천국과 지옥을 경험한 내용을 전하였다. 특히, 천국과 지옥 중간에 중간영계가 있다고 주장한다.190)

---

188) 로돌프 카세르, 마빈 마이어, 그레고르 부르스트 공역, 『예수와 유다의 밀약: 유다복음』, 40.
189) 최병수, "유다복음서에 나타난 영지주의 공동체와 초대 정통사도 교회와의 갈등," 「세계와 선교」192(2007), 59, 63, 65. 유다복음서에 나오는 유다의 정체성에 대한 최근 학자들의 논의는 다음 논문을 참조하라. 정기문, "유다는 『유다 복음서』의 영웅인가?," 「서양고전학연구」59(2020), 119-140.
190) 권오문, "실체 드러내는 영계의 비밀," 「통일세」9(2004), 132.

스베덴보리는 자신이 하나님으로부터 성서의 참뜻을 들었다고 주장한다. 그는 정통적 삼위일체를 부인하며, 예수 그리스도가 십자가에 못박힌 것은 인류의 죄를 대속한 것은 아니라고 주장한다. 또한, 지옥에는 사탄이 없고, 천국은 현세와 크게 다를 바가 없다고 한다.[191] 이러한 스베덴 보리의 사상은 성경에서 크게 벗어난 사상이라고 할 수 있다.

한편, 스베덴보리가 직접 쓴 『천국과 지옥』을 보면 성경을 알레고리적 혹은 영적해석을 한다. 예를 들어, 스베덴 보리는 최후의 심판 때에 예수가 문자적으로 구름을 타고 오시는 것을 부인하고, 마지막 이루어질 새 하늘과 새 땅도 문자적으로 해석할 것이 아니라 영적으로 해석을 해야 한다고 주장한다. "(...) 해와 달이 빛을 잃고 별들이 하늘에서 떨어질 것이며, 주의 징조가 하늘에 나타나고 주께서 나필 든 천사들과 함께 구름을 타고 오신다고 믿게 된다. 뿐만 아니라 또 다른 구절에서 예언되었듯이, 눈에 보이는 이 세상은 파괴되고 새 하늘과 새 땅이 생긴다고 믿게 된다. 이것이 오늘날 교인들 대부분의 생각이다. 그러나 그렇게 믿는 사람들은 말씀의 각 세부에 숨겨진 속뜻이 있음을 모르는 것이다. 말씀의 모든 부분에는 속뜻이 있다. 글자 그대로의 뜻으로 보면 자연적 차원, 세상의 일을 다루고 있지만 그 속뜻은 영적 차원, 천국의 일을 다루고 있다."[192] 특히, 스베덴보리는 예수가 구름을 타고 재림하는 것은 말씀 안에 임하는 것이며, 계시를 의미한다고 주장한다. "주께서 하늘 구름을 타고 권능과 영광으로 오심은 주께서 말씀 안에 임하시는 것과 계시를 의미한다. 여기서 '구름'은 말씀의 글자의 뜻, '영광'은 말씀의 속뜻을 뜻한다."[193] 나아가 스베덴보리는 천국은 사람의 내면에서 이루어지는 것이지 밖에 있는 것은 아니라고 한다. "이상으로 사람의 내면 상태가 천국을 이룬다는 것과 천국은 사람 안

---

191) 권오문, "실체 드러내는 영계의 비밀," 132-133.
192) 에마누엘 스베덴보리/ 김은경 옮김, 『천국과 지옥』 (광주: 다지리, 2015(전면 개정판), 20-21.
193) 에마누엘 스베덴보리/ 김은경 옮김, 『천국과 지옥』, 22.

에 있는 것이지 밖에 있는 것이 아니라는 것을 확실히 알 수 있을 것이다."194) 마태복음 20장 30절에서 사람이 죽으면 '하늘에 있는 천사들과 같으니라'고 했다. 이것은 성도들의 몸의 상태가 천사들의 외적 상태와 같게 된다는 의미가 아니다. 그것은 죽지 않는 천사들처럼 죽지 않는 존재가 된다는 뜻이다.195) 반면에 스베덴보리는 인간이 죽어서 존재론적으로 천사 자체가 된다고 주장한다. "천국은 결코 닫히지 않으며 한없이 채워지고 그럴수록 더 완벽해지는 것이다. 그래서 천사들이 가장 바라는 것은 새로운 사람이 천국에 들어와 천사가 되는 것이다."196) 나아가 스베덴보리는 성경에도 없는 천국에서 주님이 해와 달로 보인다고 주장한다. "천국에서 주님이 실제로 해로 나타나시는 것을 나는 단지 천사들에게 듣기만 한 것이 아니라 여러 번 직접 보도록 허락받았다. 이제 해로서의 주님에 대해서 듣고 본 것을 몇 가지 얘기하겠다. 주님은 천국 안에가 아니라 천국 위에 해로 나타나시는데 그 위치는 머리 위 수직선상이 아니라 천사들 앞쪽 중간 높이다. 주님은 서로 상당히 떨어진 두 다른 지점에서 볼 수 있다. 한 곳은 오른눈 앞이고 또 한 곳은 왼눈 앞이다. 오른 눈앞에서 주님은 해와 똑같은 모습으로 보이시며 그 크기와 밝기가 이 세상 해와 같지만, 왼눈 앞에서는 달로 보이신다."197)

또 한편, 스베덴보리는 비기독교인들도 천국에 간다는 종교다원주의적 사상을 주장한다. "비기독교인들도 기독교인과 다름없이 구원받는다는 것은 사람 안에 천국을 이루는 것이 무엇인지를 아는 사람이면 누구나 이해할 수 있다. 천국은 사람 안에 있다. 그리고 자기 안에 천국이 있는 사람이 천국에 가는 것이다. 사람 안에 있는 천국이란 신을 인식하고 신의 인도에 따르는 것을 말한다. 모든 종교의 시작이자 근본은 신의 존재를 인식하는 것이다."198) 이처럼 천국에 가는 것도 예수의 십

---

194) 에마누엘 스베덴보리/ 김은경 옮김, 『천국과 지옥』, 46.
195) 제자원 편집, 『옥스퍼드 원어성경대전: 마태복음 제21-28장』(서울: 제자원, 2006), 177.
196) 에마누엘 스베덴보리/ 김은경 옮김, 『천국과 지옥』, 68.
197) 에마누엘 스베덴보리/ 김은경 옮김, 『천국과 지옥』, 97.

자가 공로로 가는 것이 아니라 신을 인식하면 갈 수 있다고 한다. 스베덴보리는 성경에는 없는 구원사상을 말한다. 나아가 선을 행하면 구원을 얻는다고 주장한다. "가난한 사람은 그들이 가난해서가 아니라 생활에 따라서 천국에 간다. 모든 사람의 생활은 부자이건 가난하건 상관없이 그 사람을 따른다. 어느 한쪽을 선호하는 특별한 자비는 없다. 선하게 산 사람은 들어가고, 선하게 살지 않은 사람은 들어가지 못하는 것이다."199) 더 나아가 죽어서 중간영계에 가서 세상에서 어떻게 살았는지에 따라 천국과 지옥으로 가는 것이 결정된다고 한다. "중간영계는 천국도 아니고 지옥도 아닌 그 사이의 지역, 즉 상태다. 사람이 죽으면 가장 먼저 도착하는 곳이 이곳이다. 여기서 필요한 만큼 머물고 난 후 그 사람이 이 세상에서 어떻게 살았는가에 따라서 천국으로 올라가거나 지옥에 던져진다."200) 이처럼 스베덴보리는 행위 구원을 말한다. 또한, 스베덴보리는 다른 행성에도 사람이 살며 예수가 이 행성에서 온 우주인으로 묘사한다. "이 우주에는 수많은 행성이 있고 모든 행성에 사람이 가득한데, 그들 중에 주께서 우리 지구 사람으로 오셨음을 아는 사람은 거의 없다."201)

요약하면, 스베덴보리는 성경을 알레고리적이고, 영적해석을 통해 성경에서 말씀하는 구름 타고 오시는 예수나 새 하늘과 새 땅을 부인한다. 또한, 성경에도 없는 천국과 지옥 외에 중간영계를 말하기도 하며. 인간이 죽어 천국에서 천사가 된다고 하고, 종교다원주의적 구원론과 행위 구원론을 말한다. 심지어는 예수가 우주인이라고까지 주장한다. 따라서 스베덴보리는 마태복음에 나타난 예수의 말씀 영성과는 상관이 없는 이단이리고 할 수 있다. 다음장에서는 마태복음에 나타난 예수의 말씀영성의 정통을 계승한 한국개신교 영성가와 반정통, 그리고 이단을 살펴보겠다.

---

198) 에마누엘 스베덴보리/ 김은경 옮김, 『천국과 지옥』, 244.
199) 에마누엘 스베덴보리/ 김은경 옮김, 『천국과 지옥』, 283.
200) 에마누엘 스베덴보리/ 김은경 옮김, 『천국과 지옥』, 332.
201) 에마누엘 스베덴보리/ 김은경 옮김, 『천국과 지옥』, 246.

5. 예수의 말씀 영성을 정통으로 계승한 한국개신교 영성가

마태복음에 나타난 예수의 말씀 영성을 정통으로 계승한 한국 영성
가로는 길선주, 김치선, 곽선희, 옥한흠, 그리고 하용조를 들 수 있다.
둘째, 예수의 말씀 영성의 반정통에 속하는 영성가로는 다석 유영모가
있으며, 셋째, 예수의 말씀 영성의 이단으로는 문선명이 있다. 먼저 마
태복음에 나타난 예수의 말씀 영성을 정통으로 계승한 길선주를 살펴
보겠다.

1) 길선주(吉善宙, 1869-1935)

길선주는 최초의 일곱 명의 장로교 목사중에 한 사람이다. 길선주는
가장 위대한 한국 개신교 인물 중에 한 사람이며, 조선 기독교의 아버
지라고 할 수 있다.[202] 특히, 길선주는 1907년 평양의 대부흥 운동을
주도한 인물로 유명하다. 길선주는 한국교회사에서 1907년 형성된 대부
흥의 신앙이 삼일운동 참여군의 신앙에로 연결되고 있는 것을 보여주

---

202) 김인수, "길선주 목사의 생애와 설교-해타론과 근면에 대한 설교를 중심으로,"
「교회와 신학」 26(1994), 56. 길선주 목사는 7세부터 16세까지 한학을 배웠다.
그가 열한 살 되었을 때 당시의 풍습에 따라 결혼을 하여 슬하에 3남 1녀를 두
었다. 15세 때에 초인(招引)이라는 군속(郡屬)으로 잠시 있다가, 다시 학업을 계
속했으며, 17, 18세 어간에 평양에서 장사를 하기도 했으나 적성에 맞지 않아
정리하고 친구 몇 명과 더불어 평양 근처의 용악산에 입산하여 수련을 하다가
병에 걸려 하산하고 말았다. 그는 병도 고치고 도(道)도 닦을 겸 조용한 곳에
가서 수양을 해야겠다고 생각하고 다시 용악산에 들어가 무교(巫敎)의 일종인
관성교에 심취하여 지냈고, 도인을 만나 심신이 상쾌해지고 무아의 경지에 이르
는 경험까지 했다고 한다. 그러나 그는 관성교에서 더 이상의 어떤 영적 만족을
얻을 수 없었다. 결국 관성교를 포기하고 21세부터 선도(仙道) 수련에 몰두하였
다. 이때 얻은 건강은 그의 일생을 통하여 많은 일을 할 수 있게 한 원동력이
되었다. 길선주의 종교 편력은 다양했지만 아무것도 그의 영적 만족을 주지 못
했다. 그러던 중 마포삼열과 가까웠던 친구 김종섭이 준 기독교 교리서를 보면
서 그리스도를 영접하게 되었다. 김인수, "지도자의 회개, 교회 미래를 바꿨다,"
한국기독공보 제2583호 2006년 11월 11일 21면.

는 한 전형적인 인물이기도 하다.203) 길선주는 1869년 3월 15일 평안남도 안주에서 길봉순의 아들로 태어났다.204) 길선주는 젊은 날 도교(선도)에 심취하다가 친구 김종섭의 권유로 기독교로 개종하게 된다.205) 당시 길선주는 자기가 섬기는 선도의 신에게 기도생활을 열심히 하고 있었다. 산에 들어가 30일 60일 100일 기도를 자주 했다. 그러던 어느 날 예수님을 먼저 믿었던 김종섭이라는 친구가 찾아왔다. 김종섭은 길선주에게 너의 신에게만 기도하지 말고 기독교의 하나님에게도 기도해 보라고 권유를 했다. 만약 하나님이 살아계시다면 당신에게 무슨 응답을 해주실 것이라는 말을 하고 돌아갔다. 길선주는 의심하는 마음이 있었지만 하나님께 기도를 하기 시작했다. 그런데 얼마 후에 갑자기 하늘에서 총소리 같은 소리가 나면서 "길선주야, 길선주야, 길선주야"하며 길선주의 이름을 세 번이나 불렀다. 놀란 길선주는 머리를 들지 못하고 엎드린 채 "나를 사랑하시는 아버지시여, 제 죄를 사하여주시고 저를 살려 주옵소서."라고 했다. 길선주가 하나님을 인격적으로 만나고 회심한 사건이 일어난 것이다.206) 그 후 길선주는 그의 친구 김종섭이 준 존 번연의『천로역정』을 읽었고, 무엇보다 성경을 열심히 읽고 묵상하고 연구하여, 성경을 통해 기독교 진리에 접하게 되었다.207) 그 후 길선주는 목사가 되어 당시 장로교의 대표적인 교회인 평양 장대현교회에서 목회를 시작했다. 길선주의 목회사역의 특징은 1907년 평양대부흥사경회208)를 통하여 나타났다. 특히, 말씀 중심의 이 사

---

203) 류금주, "三一運動을 前後한 韓國敎會 復興運動 吉善宙와 金益斗의 復興運動을 中心으로,"「신학논단」30(2002), 300.

204) 민경배, "한국교회의 초석이 된 길선주 목사,"『길선주』(서울: 홍성사, 2008), 10.

205) 길선주가 도교(선도)에서 기독교로 개종한 과정은 다음 논문을 참조하라. 옥성득, "평양 대부흥운동과 길선주 영성의 도교적 영향,"「한국기독교와 역사」25(2006), 57-95.

206) 길진경,『영계 길선주』(서울: 종로서적, 1980), 72.

207) 김인수, "길선주, 김익두, 이용도 목사의 부흥운동,"「월간목회」353/1(2006), 53.

208) 한국초대교회 사경회는 성경만 집중해서 공부했다. 그 방식은 서당에서 경전 배우는 것과 같았다. 훈장 앞에서 학동들이 천자문, 동몽선습, 소학과 중용을 배

경회를 통하여 한국기독교 역사에서 말씀을 통해 교회의 성도들이 변화되는 역사가 일어나기 시작했다.209)

우듯 성도들은 인도자 앞에서 성경을 펴놓고 한절 한절 읽으며 배워 나갔다. 이것 또한 동양 특유의 '경전문화' 흔적이다. 이덕주,『한국교회 처음 이야기』(서울: 홍성사, 2006), 196.

209) 길선주 목사의 아들 길진경 목사가 당시 부흥회를 통해 변화된 사람을 소개했다. 여기에서는 셋째 날 이야기를 하나 소개하겠다. "셋째 날 저녁이었다. 시내 영문 앞에 사는 방은덕이라는 사람이 있었는데, 그는 당시 순포(경찰)였다. 사람이 많이 모이고, 온갖 죄를 다 자복한다는 말을 들은 그는 거기에서 범죄자를 많이 잡을 수 있겠고, 따라서 자기의 실적을 올릴 수 있겠다는 음흉한 생각을 하였다. 그는 그날 저녁 집회에 참석하였다. 예배당 안에서 수천 명이 모였고, 수백 명이 밖에서 창가에 촉각을 모으고 있었다. 그는 많은 사람들의 틈을 뚫고 안으로 들어갔다. 찬송 소리는 우렁차고 기도는 성스러웠다. 장내에는 무언가 알 수 없는 신비스러운 힘이 가득했고, 기쁨과 평화스러운 분위기에 그만 압도되고 말았다. 그는 자신의 고개를 들 수 없었고, 사람들의 얼굴을 바로 볼 수가 없었다. 선생의 설교가 시작되었다. 장내는 고요하고 강단에는 이상한 빛이 조용하게 내려 비치었다. '지옥을 취하라, 천당을 택하라?' 하는 제목으로 물질을 도둑 한 사람은 잡을 수 있지만, 마음에 도사리고 있는 죄는 다스릴 수 없다고 말하였다. 죄 있는 마음은 지옥이요, 죄를 회개한 마음은 천당이다. 선생의 설교 내용에 그의 마음은 찔렸고, 마음의 고통은 도저히 견디기 어려워 그대로 감싸둘 수가 없었다. 갑자기 그는 "아이고" 하는 소리를 지르며 거꾸러졌다. 주위의 사람들이 그를 위해 기도하면서 안정시키려고 했지만, 그는 벌떡 일어나면서 "선생님! 나를 살려 주십시오."하고 고함을 질렀다. 그의 이마에는 땀이 흐르고, 눈에서는 구슬 같은 눈물이 흘러내렸다. 선생은 설교를 중단하고 그를 위해 기도하였다. 그는 진정되었다. 선생은 다시 설교를 계속하였다. 예수께서 십자가에 달렸을 때 그 좌우에 살인강도 한 사람씩이 달려 있었다. 그 하나는 주님을 비방함으로써 지옥에 붙들렸고, 다른 한 강도는 죄를 회개함으로써 주님과 함께 낙원에 들어갈 허락을 받았다. 하나님은 우리가 죄를 지었다고 해서 무자비한 죽음의 선고를 그 당장에 내리시는 것이 아니라, 지옥과 천당 둘 가운데 우리 스스로가 양자택일 하기까지 기다리고 계신 것이다. 이제 어느 것을 택하겠는가? 선생이 설교를 끝내려 하는데, 갑자기 그가 일어나면서 "선생님, 이 죄인이 용서받을 수 있습니까? 저는 천당에 와서 죄인을 잡으려 했던 방순포 죄인입니다. 어찌하리이까?"하고 대성통곡을 했다. 모든 청중은 크게 감동을 받고 제각기 기도를 하기 시작했다. 성령의 역사는 불길에 기름을 붓는 것처럼 맹렬한 기세로 일어났고, 회개와 울음으로 화했다. 누가 이를 진정시킬 수 없이 통성 기도는 강렬하게 계속되었다. 기절해서 넘어지는 사람도 있었다. 선생은 찬송을 부르자고 하였다. 찬송 소리는 우렁찼고, 회중은 기쁨에 넘쳐 거의 춤을 추는 듯했다. 그 순간의 광경이야 말로 주님을 모신 변화산이지 속세는 정녕 아니었다. 선생은 회중을 진정시키고 죄를 회개하는 자에게 하나님의 자비하심이 풍성

교회사가 민경배(전 연세대학교 한국교회사 교수)에 의하면 "길선주 목사는 성경주석에서 진지한 문자적 석의에 아날로기 곧, 유비적 방법을 엇섞는 묘한 방법으로, 성경을 우리 삶의 골수에 닿게 하는 강력한 호소력을 가지고 있다. 그는 우리 주변의 사소한 일, 일상의 일을 성경의 가르침과 꼭 맞는 고리를 찾아 맞추는, 비범한 관찰력을 지니고 있다. 성경이 실제 나의 문제와 직접 관련되어 있다는 것을 그처럼 잘 보여준 설교가는 거의 없었다."210)라고 말했다. 길선주가 이처럼 탁월한 설교를 할 수 있었던 것은 그가 성경을 많이 읽고 깊이 연구했기 때문이다.211) 길선주는 일생을 두고 성경을 읽은 것에 대해 김인서는 다음과 같이 기록했다. "선생의 독경은 실로 놀랄만치 부지런하셨다. 구약전서 통독이 30회요 그중 창세기와 에스더까지는 540회 이상을 통독하셨고, 신약전서는 100회 이상 통독하였고, 그중 요한 1서를 500독 하였고, 묵시록은 1만 200독에 달하였다.212) 선생보다 성경을 더 읽은 이는 적을 것이고 묵시록 만 독자는 성경이 기록된 뒤에 선생이 유일일 것이다."213) 길선주의 아들 길진경에 의하면 길선주는 요한계시록을 만 번 이상 암송했다고 한다.214) 요한계시록을 너무 많이 암송하다 보니까 나중에는 성경을 보지도 않고 외우면서 읽었다고 한다. 그러나 길선주

하실 것임을 설명해 주고 위로하면서, 할 수 있는 대로 죄를 하나님께 직고하기를 바란다고 거듭 부탁한 뒤에 폐회하였다." 길진경, 『영계 길선주』, 186-188. 이러한 변화는 조나단 에드워즈의 '진노하시는 하나님의 손 안에 있는 죄인'이라는 설교를 듣고 통곡하며 변화된 것과 유사하다. 조나단 에드워즈/ 백금산 옮김, 『진노하시는 하나님의 손 안에 있는 죄인』(서울: 부흥과개혁사, 2004), 17-55.

210) 민경배, "한국교회의 초석이 된 길선주 목사,"『길선주』, 16.
211) 길선주 목사가 설교한 1차 자료는 다음을 참조하라. 길선주/ KIATS 엮음, 『길선주』(서울: 홍성사, 2008), 21-201.
212) 민경배, "한국교회의 초석이 된 길선주 목사,"『길선주』, 10.
213) 김인수, "한국교회와 청교도 운동," 119; 김인수, "길선주 목사의 "나라 사랑" 정신에 대한 소고: 그의 신학사상에 대한 재 해석의 한 시도,"「교회와 신학」 24(1992), 214. 길선주는 3.1 운동의 가담자로 서대문 형무소에서 1920년 10월부터 2년간의 옥고를 치르면서 요한 계시록을 1만 번 읽었다. 이덕주, 『초기한국기독교사 연구』(서울: 한국기독교사연구소, 1995), 511.
214) 길진경, 『영계 길선주』, 279.

는 불행하게도 옥중에서 심한 고문으로 인하여 앞을 못 보게 되었는데 강단에 서서 다른 이가 성경을 읽을 때에 글자가 틀리면 큰 소리로 하나님 말씀 바르게 낭독지 못한다고 책망하며 지적하기도 했다.[215] 그만큼 길선주는 말씀을 잘 알고 있었던 것이다. 나아가 길선주는 1904년에 해타론[216], 1916년에는 한국판 천로역정이라고 할 수 있는 만사성취[217]를 집필하였다.

특히, 길선주의 설교에서 성경 말씀을 강조한 부분이 여러 곳 나타난다. 예를 들어, 마태복음 17장 1-8절의 '성산의 영계'라는 설교에서 세상의 과학이나 학식이 아니라 성경의 권위를 존중해야 한다고 설교했다. "현대 교회가 금송아지를 섬기는 시대에 떨어지지 아니하였습니까? 또한 성경을 과학만치도 대우하지 아니합니다. 여러분! 여기에 학·박사와 신령한 목사가 한자리에 있다면 여러분은 누구에게 머리를 숙입니까? 오늘날 교회에서 상당한 자격 있는 교역자를 요구한다는 소리를 들어 보면, 소위 자격자란 그 내용이 영적 역량을 의미하는 것이 아니라 인물이나 학식이나 간판이나 수완 등을 의미하는 것입니다. 오호! 예수가 교인에게 푸대접을 받고, 성경이 교회에서 괄시를 당하고, 진실한 사람이 버려지는 시대는 화 있을진저! 형제자매들은 예수를 마땅히 하나님으로 높이고, 성경을 마땅히 하나님의 말씀으로 믿어야 합니다."[218] 나아가 고린도후서 2장 12-13절의 '그리스도의 향기'의 설교를 보면 성경공부를 강조한다. "성경으로 운동해야 합니다. 우리 교우들을 보면 다른 무엇을 한다면 출석을 잘하여도, 성경공부를 한다면 안 옵니

---

215) 박용규, 『한국교회 인물사』(서울: 복음문서선교회, 1975), 79. 참고로 필자가 1980년대 후반 망원제일교회 교육전도사로 있을 때 당시 부흥강사로 오신 오관석 목사가 낮 성경공부를 요한계시록을 하면서 교인들에게 요한 계시록 14장 1절을 읽으라고 시켜놓고 본인은 눈을 감고 있었다. 그러다가 교인 중에 한 사람이 요한계시록 15장 1절을 잘못 읽어 오관석 목사가 바로 "그것은 15장 1절입니다"하며 정정해 준 적이 있다. 길선주의 영향을 받은 2세대 부흥사들은 낮 성경공부를 주로 요한계시록을 했다.
216) 길선주, 『해타론』(서울: 대한성교서회, 1904), 1-18.
217) 길선주, 『만사성취』(서울: KIATS, 2008), 73-116.
218) 길선주/ KIATS 엮음, 『길선주』, 79.

다. 세상 모든 지식은 그리 인간에게 덕을 주지 못하여도, 성경은 만인의 글이며, 생명의 글입니다. 이것을 등한시하는 신자가 어찌 그리스도의 향기를 나타내겠습니까? 성경 지식의 향기는 아름답습니다. 우리가 기도하고 성경 보고 사람에게 권고하면 그들이 감동을 받습니다."[219] 이처럼 길선주는 성경과 성경공부를 강조하였다.

한편, 길선주의 아버지[220]가 전도를 받고 일흔 살에 예수를 믿고 세례를 받았는데, 길선주의 영향으로 성경을 탐독하였다. 말년에 노환으로 병석에 누워 있으면서도 벽에 성경을 붙여 놓고 읽으며, 세상을 떠날 때까지 줄곧 성경을 읽었다고 한다.[221] 길선주가 말씀을 중요하게 생각한 것에 영향을 받은 것이라고 볼 수 있다. 또한, 길선주는 목회를 하면서 교회학교뿐만 아니라 매주일 11시 대 예배 전에 10시부터 남녀별로 장년반, 청년반, 소녀반으로 나누어 성경공부를 실시하였다.[222] 이처럼 길선주는 성경공부에도 깊은 관심을 가졌다. 길선주의 재미난 일화가 하나 있다. 어느 날 길선주의 일행이 전도 여행을 위해 압록강 얼음 위로 소가 이끄는 썰매를 타고 가게 되었다. 그런데 얼음이 튼튼하지 못한 것을 알지 못하고 그냥 가다가 썰매가 물에 빠졌다. 다행히 선생은 구조되었으나, 성경과 성경을 연구한 원고 책자들이 물에 빠졌다. 모시고 가던 교회 직원들이 걱정이 대단했으나 선생은 웃으면서 "성경

---

219) 길선주/ KIATS 엮음,『길선주』, 117-118.
220) 길선주의 부친은 길봉순 씨이고, 모친은 노 씨이다. 박용규,『한국교회 인물사』, 60.
221) 길진경,『영계 길선주』, 77. 필자의 외할머니 홍경산 권사도 돌아가시기 전에 병원에 심방을 갔는데 나에게 요한복음 3장을 읽을 차례라고 하시면서 읽으라고 하셨다. 그리고 내 아내에게는 4장을 읽고 그냥 나가라고 하셨다. 성경 말씀의 위로만으로도 충분하시다는 것이다. 아마도 외할머니를 목회하셨던 교회 목사는 분명히 성경 말씀을 귀하게 생각했던 목사였을 것이다. 그 영향을 우리 외할머니가 받으신 것 같다.
222) 권태경, "길선주(1869-1935),"「생명의 삶」3(1994), 14. 필자가 1981년 여름 친구들(임장원, 김남준)과 함께 무전 전도여행을 하던 중에 영월장로교회에서 주일 대 예배를 참석하게 되었는데 대 예배 전에 전 교인들을 상대로 성경공부를 하고 예배를 드리는 것을 본 적이 있다. 이것은 길선주의 영향으로 보인다. 길선주가 그만큼 한국교회에 성경공부를 강조했다는 증거라고 볼 수 있다.

이 압록강에 빠졌으나 그 물을 마시는 사람이 예수를 믿을 것이고 압록강 연안에 있는 교회가 부흥될 것이요."라고 해서 모두가 웃었다. 아닌 게 아니라 압록강 연안 일대의 교회는 왕성했고, 특히, 산간벽지에 있는 교회들이 산골에서 복음운동에 많은 공적을 남겼다고 한다.[223] 길선주가 성경에 대해 어떻게 생각했는지를 보여주는 좋은 일화라고 하겠다.

또 한편, 길선주는 그의 목회 말년에 자신의 죽음을 위해서 다음과 같이 기도했다. "나를 편히 놓아주옵소서. 그러나 병석에서 죽지 아니하고 강단에서 주님의 부르심을 받게 하소서. 주님께 영광이 되게 하옵소서." 죽으면서까지도 하나님의 말씀을 전하다가 죽고 싶다는 것이다. 실제로 길선주는 1935년 당시 67세로 앞을 마음대로 보지 못하는 불구의 몸으로 1935년 11월 14일에 병으로 자리에 눕게 되고, 11월 14일에 복행리 예배당에서 "너는 나의 평서행을 막지 말라 내 비록 병이 중하나 성회의 사경을 어찌 폐하겠느냐? 내 강단에서 주의 복음을 외치다가 가는 것이 마땅하지 않겠느냐."라고 말하고[224] 1935년 11월 25일 평안남도 강서군의 고창교회에서 열린 평서노회 사경회 다섯째 날 새벽 기도회 후에 쓰러져 다시 깨어나지 못하고 다음날인 11월 26일 오전 9시 30분에 하나님의 부름을 받았다.[225] 뇌일혈을 일으킨 지 23시간 만에 세상을 떠났다.[226] 길선주는 병으로 몸이 아픔에도 불구하고 평소 자기의 소원대로 말씀을 전하다가 강단에서 쓰러져 소천했다. 이 일로 인해 한국교회 목회자들 가운데 말씀 영성을 선호하는 목회자들은 강단에서 말씀을 전하다가 죽고 싶다는 유행어가 생겨나기도 했다.

교회사가 김인서는 그가 집필한 '신앙생활'을 통해 길선주의 교역 40년을 다음과 같이 기록했다. "선생의 전도를 통해 목사 장로 교사 8백 명을 배출했고, 설교 2만 번 이상, 청강자 5백만 명 이상, 선생의 손

---

223) 길진경,『영계 길선주』, 230.
224) 박용규, "한국교회 영계의 지도자 길선주 목사,"『한국교회 인물사』, 85.
225) 민경배, "한국교회의 초석이 된 길선주 목사,"『길선주』, 13.
226) 길진경,『영계 길선주』, 319-321, 385.

에 세례 받은 자 3천 명 이상, 연보 시킨 전액이 삼십만 원 이상, 설립한 교회 60여 곳, 구도자 7만 인"이라고 기록했다. 특히, 길선주는 40년의 목회에서 2만 번 이상 설교를 했다.[227] 또한, 교회사가 박용규도 "길선주 목사는 30여 년 간에 2만여 번의 설교를 하였고 5백만여 명이 그의 설교를 들었으니 그때 2천만의 한국인에 사분의 일이 설교를 들었다. 이것은 길선주 목사가 하루에 평균 2회에 걸쳐 설교를 한 것이다."라고 말했다.[228] 이처럼 길선주가 평생을 2만 번 이상을 설교할 수 있었던 것은 그만큼 성경 말씀을 소중히 여기고 사랑했기 때문이다. 나아가 교회사가 김인수(전 장로회신학대학교 한국교회사 교수)도 길선주 목사의 일생을 다음과 같이 평가했다. "길선주의 부흥 사역의 출발은 성경이요, 그 끝도 성경이었다. 성경의 한계를 넘는 것은 그에게 있어서 이미 기독교가 아니었다. 그의 일생은 말씀에 근거했고 말씀에 충성했고, 말씀선포에 진력한 데서 빛나고 있다. 그의 생이 아름답게 끝맺음할 수 있었던 것은 진리의 말씀에 터 잡고 있었기 때문이다."[229] 이처럼 길선주는 처음부터 마지막까지 성경 말씀의 토대 위에서 말씀 중심의 사경회를 이끌면서 전도와 신앙지도를 견지했다.[230] 특히, 길선주는 예수의 말씀 영성을 설교와 부흥사경회와 성경통독[231]과 암송 그리

---

227) 김수진, "길선주 목사의 목회 리더십," 한국기독공보 2008년 9월 20일 제2674호, 25. 민경배 교수는 설교의 횟수를 조금 적게 잡아 1만 7000회 이상 설교한 것으로 보고 있고, 그의 설교를 들은 자도 380만 명 이상이었다고 한다. 민경배, "한국교회의 초석이 된 길선주 목사,"『길선주』, 9.
228) 박용규, "한국교회 영계의 지도자 길선주 목사,"『한국교회 인물사』, 80.
229) 김인수, "길선주, 김익두, 이용도 목사의 부흥운동," 55.
230) 김인수, "길선주, 김익두, 이용도 목사의 부흥운동," 59.
231) 현재 한국교회에서 대표적인 통독사역을 하는 '통독원'의 조병호 목사(통독원 대표, 하이기쁨교회 담임목사(통합))의『성경통독 이렇게 하라』(서울: 땅에쓰신글씨, 2006)는 성경통독을 위한 좋은 길잡이다. 조병호 박사는 2017년 '종교개혁 500주년 기념 독일 비텐베르크대회에서 열린 세미나'에서 40년 동안 1000독을 했다고 밝혔다(https://www.youtube.com/watch?v=diQUb8hjTlQ). 한편, 청독운동을 하는 사람도 있다. 청독은 성경을 녹음한 테이프를 빨리 돌려서 10-15시간 만에 성경을 1독 할 수 있을 만큼의 빠르기로 성경을 듣는 것이다. 이 청독을 하는 대표적인 사람은 이상구 목사(서현교회 담임목사(통합))를 들 수 있다. 이상구 목사는 2023년 6월 22일 현재 청독으로 신구약 전권을 18년 동안

고 성경공부의 형태로 계승했다. 따라서 길선주는 마태복음에 나타난 예수의 말씀 영성의 정통을 계승한 영성가라고 할 수 있다. 다음은 마태복음에 나타난 예수의 말씀 영성을 정통으로 계승한 김치선을 살펴보겠다.

2) 김치선(金致善, 1899-1968)

김치선은 대신교단을 설립하고 청파중앙교회를 개척한 목사이다. 김치선은 1899년 함경남도 함흥에서 태어났다. 김치선을 가리켜 '한국의 예레미야'라고 한다. 예레미야같이 나라를 사랑하는 애국정신을 가지고 있었기 때문이다. 그는 목회자로서, 전도자로서, 그리고 애국자로서 한국교회에서 존경을 받는 인물이다.[232] 특히, 김치선은 한국교회와 민족의 죄를 뜨겁게 회개하며 민족의 부흥을 위해 일생을 바쳤던 인물이다.[233] 또한, 초기 한국교회는 김치선을 가리켜 유일하게 김치선 박사라고 부른다. 왜냐하면 그가 한국인 최초로 구약학으로 신학박사를 받았기 때문이다.[234] 김치선은 1935년 미국 텍사스의 달라스 신학교에서 구약학으로 신학박사(Th.D.) 학위를 취득한다.[235] 지금까지 한국교회에

390독을 했고, 복음서를 5년 6개월 동안 하루에 5시간씩 해서 2000독을 했다. 한편, 초대교회 수도사 다메섹의 피터는 "실제로 거룩한 교부들은 종종 성경 말씀을 몽땅 베꼈습니다."라고 했다. 기독교 역사에 성경을 필사한 사람들도 있었다. 다음을 참조하라. 성산의 성 니코디모스·고린도의 성 마카리오스 편찬/ 엄성옥 옮김, 『필로칼리아 3권』(서울: 은성출판사, 2007), 149

232) 강경림, "김치선 목사의 반우상숭배론," 「신학지평」 13(2000), 77.
233) 이은선, "김치선 목사의 회개론과 부흥론," 「신학지평」 19(2006), 101. 이종진은 한국의 민족복음화 운동의 효시라고 할 수 있는 삼백만 부흥운동은 김치선이 계획하고 전개했다고 한다. 김치선과 삼백만 부흥운동에 관해서는 다음을 참조하라. 이종진, "김치선과 삼백만부흥운동의 의의," 「개혁논총」 39(2016), 161-197.
234) 전민수, 『이만팔천여 동네에 가서 우물을 파라』(서울: 영창서원, 2003), 21, 25, 28.
235) 김치선은 달라스 신학교에서 '모세오경의 영감론'을 연구하여 신학박사 학위를 취득한다. 김명혁, 『한국 기독교성령 백년인물사 Ⅱ』(서울: 쿰란출판사, 2009), 457. 전통적으로 달라스 신학교는 성경신학이 강했다. 전민수, 『이만팔천여 동네

서는 김치선의 신학을 근본주의 신학이라고 말하고 있지만 이은선은 김치선의 신학은 근본주의 신학이 아니라 개혁파 신학이라고 주장한다. 왜냐하면 김치선의 글에서 'Fundamentalism'이란 용어를 '보수적'이란 의미로 해석하고 있을 뿐 '근본주의'라는 용어를 사용한 경우는 없으며, 오히려 개혁파 신학이란 용어를 사용하고 있기 때문이라고 했다.[236]

한편, 김치선은 미국 유학을 마치고 한국에 돌아와 1944년 남대문교회 제6대 담임목사로 취임하여[237] 한국에서 제일 큰 교회로 부흥시켰다. 1946년 당시 남대문교회 성도는 4500명이었다. 1965년에 영락교회가 출석성도 2000명이고, 순복음교회가 600명 정도였으니까 명실상부 남대문교회는 한국과 동양에서 제일 큰 교회였다. 당시에 신의주에서 김일성을 피해 피난 나온 신의주제일교회 담임목사였던 한경직도 남대문교회에 6개월간 출석하기도 했다.[238] 해방 후 귀국한 백범 김구 선생도 김치선 박사의 나라 사랑하는 것을 알게 되었다. 그래서 백범은 귀국해서 교회를 정할 때에 하나님을 사랑하는 민족주의자 김치선이 시무하는 남대문 교회에 등록했다.[239]

또 한편, 김치선은 1948년 2월에 남대문교회에서 한국인의 손으로 만들어낸 최초의 보수주의 교단인 대한신학교를 만들었다.[240] 김치선

에 가서 우물을 파라』, 57. 김치선은 평양신학교를 중퇴하고 캐나다 선교사인 영재영(Lither Lisger Young) 선교사를 따라 일본으로 건너가 신호중앙신학교 (현 개혁파 신학교)에 입학하게 된다. 그 후 영재영 선교사는 김치선을 미국으로 유학을 보내 1933년 웨스트민스터신학교에서 석사과정을 마치게 하고, 1935년 달라스 신학교에서 신학박사 학위를 받게 한다. 이은선, "민족의 살길, 눈물의 기도로 열어라," 한국기독공보 제2585호 2006년 11월 25일 21. 보다 자세한 김치선의 생애에 관해서는 다음을 참조하라. 최정인, "김치선 목사의 생애,"「신학지평」13(2000), 19-42.

236) 이은선, "김치선 목사의 개혁파 부흥운동,"「신학지평」23/1(2010), 158. 보다 자세한 김치선의 신학은 다음을 참조하라. 한성기, "김치선 박사의 생애와 신학,"「신학지평」29(2016), 41-70.

237) 김동화,『나에게 있어 영원한 것』(서울: 기독교연합신문사, 1998), 117.

238) 전민수,『이만팔천여 동네에 가서 우물을 파라』, 20, 77.

239) 전민수,『이만팔천여 동네에 가서 우물을 파라』, 64, 91-92.

240) 전민수,『이만팔천여 동네에 가서 우물을 파라』, 24. 1948년에 대한신학교 창설, 1961년 대신교단창설, 1962.8.5 창파중앙교회를 설립했다.

이 대한신학교를 세운 목적은 성경에 하나님의 말씀은 더해도 안 되고 감해도 안된다고 쓰여 있는 것처럼 시대에 따라 성경을 해석하는 소위 자유주의자들, 신신학자들이 판치는 기독교계를 참 복음, 즉 성경 그대로 신앙에 들어가기 위해서 참 보수주의의 신학교의 필요성을 느끼고, 대한신학교를 설립한다.[241] 나아가 김치선은 1961년 6월에 ICCC의 칼 맥킨타이어 박사와 손을 잡고 '성경장로회'를 창립한다.[242] 교단의 명칭도 성경장로회로 한 것은 성경의 중요성을 강조하기 위한 것이었다. 김치선은 그 어떤 신학도 성경의 기록을 넘을 수 없다는 것이 그의 신앙의 근거였다. 김치선은 전국을 돌아다니며 부흥회를 인도했는데 추운 겨울에 사람들이 하도 많이 모여서 창문을 뜯어놓고 밖에서 성도들이 설교를 듣고 은혜를 받았다. 장로교 통합교단 증경총회장인 박종순 목사(충신교회 원로목사)도 소년시절에 창밖에 서서 김치선 박사의 설교를 듣고 큰 은혜를 받았으며, 그 경험이 훗날 목사가 되는 동기가 되었다고 한다.[243]

특히, 김치선의 설교에는 성경이 하나님의 말씀이라는 절대권위가 기본적으로 깔려 있다. 따라서 그는 성경에서 벗어난 교리나 신학은 과감하게 배척하였다. 본문의 어느 한 구절이라도 부인하거나 오류가 없음을 인식하였고, 성경해석에 있어서도 단순하게 문법적, 문자적, 역사적 성경해석을 기준으로 삼았다.[244] 나아가 김치선의 설교 중에 '우리를 교양하시되'에서도 말씀을 강조한다. "성경에 가르쳐 말씀하신 대로 절대 순종하여 실행하여야 합니다. 하나님의 말씀은 일점일획이라도 변할 수 없습니다. 주님 말씀하시기를 '천지는 없어질지언정 내 말은 없

---

241) 김동화, 『나에게 있어 영원한 것』, 427.
242) 김명혁, 『한국 기독교성령 백년인물사 II』, 459.
243) 전민수, 『이만팔천여 동네에 가서 우물을 파라』, 22.
244) 신현광, "고봉 김치선(高峰 金致善) 박사 신학의 현대 목회적 적용,"「신학지평」26(2013), 41. 이러한 김치선의 성경해석은 안디옥 학파를 따른 것 같다. 안디옥 학파와 알렉산드리아 학파의 성경해석의 차이점은 다음을 참조하라. 박승찬, "성경의 통합적 해석을 시도한 안티오키아 학파,"「성서와 함께」473(2015), 75-79; 노성기, "알렉산드리아 학파와 안티오키아 학파,"「신학전망」147(2004), 163-190.

어지지 아니하리라' 그런즉 우리는 이 하나님의 말씀인 성경대로 적극적으로 실행할 것뿐입니다. (...) 우리는 항상 기도하고 성경 보고 기도하되 결코 환상이나 꿈으로 지시를 기다리지 말고 성신의 지시와 가르침을 성경 보고 듣는 가운데 깨닫게 되어야 한다. 증거 할 때 결코 나를 증거치 말고 주의 말씀만 증거 하라."라고 설교했다.[245] 또한, 김치선 은 성경적 믿음에 대해 다음과 같이 말했다. "성경적 신앙이 아니면 하나님을 경외할 수 없다고 생각합니다. 성경을 하나님의 말씀으로 받지 않고 어떻게 우리가 완전히 하나님을 알며 하나님의 그 크신 경륜을 알 수 있겠습니까. 성경은 하나님의 말씀으로 정확 무오한 유일의 경전인 것을 알 때 우리는 모든 의심을 내어 버리고 그 말씀대로 살아갈 것입니다. 그뿐만 아니라 이런 사람에게 하나님의 말씀은 영의 양식이 됩니다. 그래서 이 말씀으로 살면서 우리는 하나님을 경외하는 것입니다."[246] 특히, 김치선은 그의 설교에서 성경의 원문을 중요하게 다루었다. 예를 들어, '한국이 요구하는 인물'이라는 민수기 12장 1-16절의 설교에서 '겸손'과 '충성'의 원어를 다루고 있다. "'겸손'이란 '아나바'인데 '이드바쉬'로부터 온 말로 '실행하다', '겸허하다', '압박당하다', '비판을 당하다'란 뜻으로 특별히 모욕을 당할 때 참는 것을 말한다. 또한, '충성'이란 '아만'인데, 즉 모세가 최고 권위자의 직분으로 충성스러워야 하는 것을 말합니다. 그런즉 맡은 바 직분에 충성하는 것으로, 진실 무망하며 속임이 없고 정직하게 맡은 바 직무에 죽도록 충성을 다하는 것을 말합니다."[247] 나아가 '복음적 생활의 종국적 목적'이라는 설교에서는 '열 줄 비파'에 대한 히브리어 원어에 대해 설교를 한다. "열 줄 비파는 히브리어 원어 '아솔 네벨'의 번역인데 '아솔'은 열이라는 뜻이요. '네벨'은 관, 수병, 잔이란 뜻입니다. (...) 성경에는 같은 원어가 기록된 데는 두 곳, 즉 시편 33편 2절과 144편 9절뿐입니다. 당시 히브리 사람들이 일반적으로 사용한 악기인지 알 수 없으나 성경에는 하나님

---

245) 김동화, 『나에게 있어 영원한 것』, 491, 497.
246) 김치선/ KIATS 엮음, 『김치선』(서울: 홍성사, 2011), 131.
247) 김치선/ KIATS 엮음, 『김치선』, 46-47.

을 찬양하는 때에만 사용하였다고 합니다."248) 더 나아가 이사야 28장 16절, 고린도전서 3장 10-13절의 '기독인의 초석'이라는 설교에서는 '초석'에 관한 히브리어 단어를 설명한다. "무엇보다도 본제에서 먼저 물을 것은 '초석'입니다. 이것을 밝히 알려면 본문에 하나의 '견고한 기초돌'이란 말씀을 연구하여야 되리라고 생각합니다. 히브리어로 '무새드'라 하였습니다. (...) '무새드'란 '기초 돌'을 의미함인데, 확고함과 변할수 없는 상태를 표시함으로 우리말로는 '견고한 기초 돌'이라 한 것이라 생각합니다. 여기서 밝히 알 것 하나는 이 기초 돌은 변하려 하여도 변할 수 없는 고정된 초석이라는 것과, 동시에 이것만이 참 우리의 초석이 된다는 것을 주장하려는 것이라 믿습니다."249) 이처럼 김치선 박사는 싱경적 신앙을 가지고, 구약성서 신학자답게 성경의 본문에 나오는 단어를 히브리어 원문을 풀어가면서 설교를 했다. 성경 해석에서 알레고리나 영적 해석을 피하고 성경이 말하는 단어를 정확하게 이해하도록 하기 위해 원어를 풀어서 설교하는 형식을 취했다. 이런 영향으로 한국교회 목회자들이 설교 시간에 김치선의 설교법을 따라 원어를 설명하는 식의 설교를 하곤 했다.250) 이처럼 김치선 박사는 마태복음에 나타난 예수의 말씀 영성 가운데 성서신학을 통한 성경공부를 강조하는 말씀사역을 한 것으로 보인다. 따라서 김치선은 예수의 말씀 영성을 정통으로 계승한 영성가라고 할 수 있다. 다음은 마태복음에 나타난 예수의 말씀 영성을 정통으로 계승한 곽선희를 살펴보겠다.

3) 곽선희(郭善熙, 1933-)

곽선희는 대한예수교 장로회(통합) 소망교회를 개척한 목사이다. 관

---

248) 김치선/ KIATS 엮음,『김치선』, 242.
249) 김치선/ KIATS 엮음,『김치선』, 114.
250) 대표적으로 김치선 목사를 존경했던 충신교회 박종순 원로 목사의 설교법이 이와 비슷하다. 필자가 중고등부와 청년 시절 충신교회를 다닐 때 박종순 목사의 설교 시간에 성경의 원문의 단어를 설명해 주셨던 것을 열심히 필기하며 들었던 기억이 있다.

선희는 1933년 황해도 용연면 석교리 354번지에서 태어나 6.25 때 월남하여 목사가 되었다. 곽선희는 대한예수교 장로회 통합 측 소망교회 원로목사로서 20세기 후반부에 한국을 대표한 설교가이다.251) 은퇴 후에도 예수소망교회 동사목사로 매주일 설교하고 있으며, 지방 작은 교회에서 설교하기 위해 직접 자동차를 몰고 다니며 설교를 하고 있다.252) 곽선희가 은퇴를 하고 1년 정도 지났을 때 서울 신학대학교 설교학 교수인 정인교 교수와의 대담에서 곽선희는 이런 말을 했다. "나는 학교에 갈 기회도 있었지만 아예 목회하기로 작정했어요. 내 목회 40년을 돌아보면 나는 설교 이외에 한 것이 없어요. 그리고 목회라는 게 설교 하나만으로 가능해요."253) 또한, 2007년 10월 13일 자 기독공보 제2629호 9면에 보면 김성진 기자가 창립 30주년을 맞은 소망교회를 평가하기를 "소망교회는 말씀 중심의 설교를 통해 대형교회로 성장한 모델이다. 교회성장을 위한 프로그램보다는 하나님 말씀 중심의 설교를 통해 부흥 성장한 교회로 자리매김한 것, 이것은 목회자가 예배 중심으로 예배에서 선포하는 설교 중심으로 목회했다고 할 수 있다. (...) 또한 강단 앞부분에 나무로 만든 십자가 한가운데 금십자가를 함께 만들어 말씀을 금으로 상징하고 육신을 나무로 상징한 성육신을 뜻하고 있다."254)

한편, 문성모가 쓴 『곽선희 목사에게 배우는 설교』의 감사의 글에서 곽선희는 다음과 같이 썼다. "나는 다른 프로그램이나 운동에 기대어 목회를 하기보다는 설교로 승부를 걸었고, 이것이 적중하여 오늘의 소망교회를 이룰 수 있었다. 그 결과 설교가 복음적이면 교회는 틀림없이 부흥된다는 확신을 가지게 되었다. 설교는 복음적으로 해야 한다. 복음적인 설교만 있으면 교회는 반드시 부흥한다. (...) 설교자들이 말씀

251) 2002년 말에 소망교회는 5만 6천 명의 재적교인 중 곽선희 목사의 설교로 믿음이 성장하여 소망교회에서 세례를 받은 초신자가 60% 이상이 된다(2002년 말 소망교회 당회 보고서). 문성모, "곽선희 목사의 설교 서론에 대한 분석과 방법론 연구,"「신학과 실천」9(2005), 87.
252) 이근미, 『12 큰 교회의 성장 비결』(서울: 노바출판사, 2009), 18-19.
253) 정인교, "지성인을 위한 복음-곽선희 목사의 설교 세계,"「설교뱅크」2/2(2007), 17.
254) 2007년 10월 13일 '기독공보' 제2629호 9면.

으로 교회를 부흥시키고 목회에 성공하여 민족복음화가 앞당겨 지기를 간절히 소망한다."[255] 나아가 문성모는 소망교회의 부흥의 이유를 다음과 같이 평가했다. "소망교회는 오직 말씀(설교) 하나로 성장한 유일하고 특이하고 주목할만한 대형교회이다. 곽선희 목사는 오직 설교라는 무기 하나만으로 목회의 알파와 오메가를 장식하였고, 그런 의미에서 그는 120년 한국교회사에 하나밖에 없는 독보적인 존재이다. 그의 목회에서는 소위 특별한 제목의 예배도 없고, 특별 프로그램도 없고, 특별 전도운동도 없었다. 심지어는 새로 나온 사람들을 위한 새 신자 특별프로그램이나 심방도 없었다. 이는 주일 대예배뿐만 아니라 저녁예배나 수요예배나 새벽기도회를 망라하여 동일한 현상이었으며, 장년 예배뿐만 아니라 청년예배와 주일학교에도 동일하게 적용되었다. 그럼에도 불구하고 부흥에 가속도가 붙어 초대형 교회를 이루었다는 것은 다른 교회에 유례없는 놀라운 독특성이다. 그 흔한 부흥회 한번 없이 소망교회는 오로지 곽선희 목사 한 사람의 설교를 통하여 26년간 성장에 성장을 거듭하였다."[256] 더 나아가 문성모는 곽선희의 설교의 서론이 그의 설교의 핵심이라고 말한다. "사실 그의 설교의 본론과 결론은 다 똑같은 이야기의 반복이다. 즉, 예수는 그리스도이고 예수 믿으면 구원받고 행복해진다는 것이다. 이는 다른 사람의 설교와 비교해도 특별한 것이 없으며 또 있을 수도 없다. 왜냐하면 복음은 하나이기 때문이다. 그러나 그의 설교의 서론은 다르다. 그는 설교의 서론 전개에 있어서 타의 추종을 불허하는 번뜩이는 재치와 해박한 지식과 은근한 유머와 허를 찌르는 논리전개의 천부적 재질과 노하우를 가지고 있다. 그리고 이는 같은 복음을 다양하게 감동적으로 전하는 그의 최대의 무기이다. 그의 서론은 길며 매우 다양한 들을 거리를 제공하면서 청중의 닫힌 마음을 열어젖혀 복음을 받아들이게 한다. 청중은 '다 아는 본문'을 위한 '아무도 알 수 없는 서론'의 매력에 처음부터 마음을 다 빼앗긴 채 이끌려

---

255) 문성모, 『곽선희 목사에게 배우는 설교』(서울: 두란노, 2008), 12-13.
256) 문성모, 『곽선희 목사에게 배우는 설교』, 14-16. 곽선희 목사는 1977년 8월 24일 11명의 성도로 소망교회를 시작하여 2003년 10월 5일 26년간의 소망교회를 은퇴할 때까지 약 6만여 명에 가깝게 부흥시켰다.

가다가 항복한 심정으로 복음의 도전 앞에 굴복한다."257)

또 한편, 소망교회 강단을 보면 말씀 두루마리를 상징하는 큰 강대상이 있는 것을 볼 수 있다. 이것은 말씀을 강조하는 신학이 반영되어 있는 것이다. 소망교회 개인 기도실에 가면 조그마한 상에 성경을 올려놓고 볼 수 있도록 되어 있다. 기도도 말씀을 묵상하면서 기도하라는 메시지가 담겨 있다. 곽선희가 소망교회에서 목회를 할 때 1년 행사 중에 12월 둘째 주일의 성서주일에 대한성서공회의 관계자를 초대하여 광고하고 헌금을 하는 시간을 가진다. 교회절기를 제외한 기념 주일 행사를 하지 않은 것에 비하면 이러한 성서주일은 특별한 것이다. 이것은 말씀을 중요하게 생각하는 신학이 반영된 행사이다. 또한, 곽선희는 2009년 3월 23일부터 24일까지 국민일보와 좋은 설교연구소(박영재 목사)가 주최한 행사에서 주강사로 나와 설교를 잘하는 세 가지 비결을 다음과 같이 제시했다. "설교의 핵심은 목사가 먼저 하나님의 음성을 들어야 한다. 설교를 잘하려고 몸부림치는 것은 불신앙이다. 목사는 설교를 하기 전 먼저 하나님의 말씀에 사로잡혀 감사와 감격으로 충만해져야 한다. 그런 감사와 감격에 빠지려면 성경 읽는 방법부터 바꿔야 한다. 설교를 위해 성경 본문을 택했으면 50번을 읽으라. 파자마 바람에 운동복 입고 읽지 말고 무릎 꿇고 정장을 입고 경건한 자세로 소리내어 읽어보라. 마음으로 감동이 있을 것이다. 이러한 감동과 감격을 갖고 하나님의 음성을 먼저 들어야 한다. 머리에서 합리적으로 이해하고, 그다음에 가슴에서 불꽃이 튀길 때 그때 설교해야 감동 있는 설교가 된다."258)

곽선희는 은퇴할 때까지 총 37권의 설교집과 20권의 강해설교집(중

---

257) 문성모, "곽선희 목사의 설교 서론에 대한 분석과 방법론 연구," 86-98. 문성모는 곽선희 목사의 설교의 서론을 8가지 접근법으로 구분한다. 1. 심리학적 접근, 2. 철학적 접근, 3. 격언적 접근, 4. 통계적 접근, 5. 예화적 접근, 6. 시사적 접근, 7. 문화 예술적 접근, 8. 신학적 접근 등이다. 한편, 서동원은 곽선희 목사의 설교를 수사학적으로 분석한 논문을 발표했다. 서동원, "곽선희 목사의 설교에 대한 수사학적 조명과 분석,"「설교한국」3(2011). 156-173.
258) 인터넷 '교회와 신앙' 2009년 3월 26일 자 정윤석 기자의 글 중에서.

복발행 제외)을 출판했으며, 3권의 영어번역 설교집과 각 1권씩의 중국어, 일어, 러시아어 번역 설교집을 남겼는데 이는 모두 베스트셀러로 기독교인들 뿐만 아니라 로마 가톨릭교인 들에게도 사랑을 받고 있다.[259] 심지어 로마 가톨릭교회 신부들도 곽선희의 설교를 듣는다고 한다.[260] 현재 곽선희의 설교를 연구한 석사논문이 100편이 넘고, 박사논문 4편이 나왔다.[261] 이처럼 곽선희는 마태복음에 나타난 예수의 말씀 영성 가운데 설교를 통하여 말씀 영성을 정통으로 계승한 영성가라고 할 수 있다. 다음은 마태복음에 나타난 예수의 말씀 영성을 정통으로 계승한 옥한흠을 살펴보겠다.

4) 옥한흠(玉漢欽, 1938-2010)

옥한흠은 대한예수교 장로회(합동) 사랑의 교회를 개척한 목사이다.[262] 옥한흠은 총회 신학교 3학년 재학 중에 김희보 목사가 목회하던 성도교회의 어린이 주일학교에서 6개월간 교육전도사로 활동하다가 졸지에 대학부를 맡게 되었다. 그때 대학부는 달랑 회장 한 사람뿐이었다. 그가 맡은 뒤로 그 대학부는 3,4년 만에 재적 350명, 출석 200명으로 부흥했다. 유명무실했던 대학부가 일약 전국에서 가장 큰 대학부가 되었다. 그 후 1975년부터 3년간 유학을 다녀온 옥한흠은 1978년 7월

---

259) 문성모, "곽선희 목사의 설교 서론에 대한 분석과 방법론 연구," 85.
260) 곽선희 목사의 설교집 인세 수입만 30억 원 이상을 기록했다고 한다. 독자층도 일반 목회자와 성도뿐 아니라 로마 가톨릭 신부들 혹은 감옥에 있는 수감자 등 매우 폭넓고 다양한 분포를 이룬다는 것은 그의 설교가 갖는 대중적 흡입력이 어떠한가를 단적으로 웅변한다. 정인교, "지성인을 위한 복음: 곽선희 목사의 설교 세계," 15.
261) 이근미, 『12 큰 교회의 성장 비결』, 27.
262) 옥한흠 목사는 사랑의 교회를 개척하고 소천하기 전까지 등록교인 8만 명이라는 초대형교회를 이루었다. 2010년 9월 2일 소천하고, 장례식이 치러졌을 때 사랑의 교회 교인뿐만 아니라 교파를 초월해 각계각층의 기독지도자까지 12,000명이 운집했고, CBS TV는 한국교회 목회자로는 처음으로 장례식 실황을 전 세계에 생중계하기도 했다. 권혁률, "옥한흠 목사, 그의 정신,"「새가정」57(2010), 102.

23일 강남은평교회(사랑의 교회 전신)를 개척했다. 창립멤버는 열두 명이었다. 중학생 한 명과 옥한흠 목사 내외 그리고 장년 성도는 일곱 명이었다. 6년 만에 새 예배당을 건축하고 출석 교인은 1,250명으로 불어났다. 2007년에는 재적교인 5만 수천 명, 출석교인 4만 5천여 명의 초대형교회가 되었다.263) 특히, 옥한흠이 목회했던 사랑의 교회는 양육 곧, 제자훈련으로 세계적인 교회가 되었다. 옥한흠이 쓴 『평신도264)를 깨운다』265)는 한국교회에 큰 회오리바람을 일으켰다.266) 옥한흠은 늘 성경적인 제자훈련을 강조했다. 그가 강조하는 제자훈련은 위탁자, 증

---

263) 정용섭, "제자훈련은 가능한가: 사랑의 교회 옥한흠 원로목사,"「기독교사상」 51/8(2007), 178.

264) 옥한흠 목사가 '평신도'라는 용어를 쓴 것은 초대교회를 다룬 사도행전에는 '평신도'라는 용어는 나오지 않는다. 사도행전에는 '성도'라는 단어가 4회 나온다 (9:13(성도/τοῖς ἁγίοις), 32(성도들/τοὺς ἁγίους), 41(성도들/τοὺς ἁγίους), 26:10(성도/τῶν ἁγίων). 옥한흠 목사가 속한 장로교(합동)의 신학적 멘토인 장 칼뱅(Jean Calvin, 1509-1564)의 신학에도 맞지 않는다. '평신도'라는 용어는 로마 가톨릭에서 일반 성도들을 성직자와 구별할 때 사용하는 용어이기 때문이다. 장 칼뱅도 '평신도' 대신 '신도', '성도', '그리스도인'을 사용하였다. 존 칼빈/ 문병호 옮김, 『기독교 강요 4』(서울: 생명의말씀사, 2020), '신도'(pp, 404, 564, 677, 678, 690, 800), '성도'(p, 418), '그리스도인'(pp, 816, 846, 847, 848, 850). 19세기 화란(네덜란드)의 개혁주의 신학자 헤르만 바빙크(Herman Bavinck, 1854-1921)도 '평신도' 대신 '그리스도인' 혹은 '신도'로 쓴다. 바빙크는 『개혁교의학』 전 4권 중에 1권만 보더라도 '평신도'라는 단어를 두 번(pp, 792, 796) 쓰지만 이 경우도 로마 가톨릭의 학자의 말을 인용할 때 쓴다. 헤르만 바빙크/ 박태현 옮김, 『개혁교의학 1』, '그리스도인'(pp, 770, 786, 789, 792, 799, 800, 801), '신도'(pp, 628, 630, 658, 659, 674, 687, 717, 744, 749, 756, 757, 764, 765, 767, 768, 769, 770, 771, 772, 773, 775, 776, 777, 778, 779, 782, 789, 790, 791, 792, 796, 798, 800, 804, 805) 등이다. 위르겐 몰트만도 "'평신도'라 잘못 불리는 '그리스도인들'"이라고 말하면서 오늘날 로마 가톨릭교회에서 아직도 일어나고 있는 성직자 계급과 평신도의 구분은 평신도를 미성숙한 사람들로 만들었고 그들의 고유한 카리스마를 빼앗아 버렸다고 말하면서 이러한 구분을 비판했다. 위르겐 몰트만/ 김균진 옮김,『생명의 영: 총체적 성령론』, 358.

265) 옥한흠,『평신도를 깨운다』(서울: 두란노, 1984). 옥한흠 목사의 다른 저서들은 다음 논문을 참조하라. 황진기, "저서로 본 옥한흠 목사의 영성과 신앙,"「빛과 소금」163/10(1998), 58-61.

266) 명성훈, "제자훈련을 통한 교회성장 다섯가지 전략,"「월간목회」252/8(1997), 130.

인, 그리고 종으로서의 요소들을 성도의 인격과 삶에서 온전히 갖추도록 하는 것이다. 이로써 교회의 이미지를 갱신하고 성도의 자아상을 올바로 정립할 수 있다고 보았다.267)

한편, 옥한흠은 은퇴를 앞두고 한 설교(2003년 6월 29)를 보면 그의 말씀 영성이 잘 드러나 있다. 설교 제목은 '내 마음의 현주소는 어디인가?'이다. 이 설교에 옥한흠은 그동안 얼마나 말씀 중심으로 설교하고, 말씀을 가르쳐 제자 양육을 했는지가 잘 나타나 있다. "이제 한 달만 지나면 제가 이 교회에서 사역한 지 만 25년이 됩니다. 지금까지 25년 동안 저는 한 가지 일념 하에 목회해 왔다고 감히 말을 할 수 있을 것 같습니다. 어떻게 목회를 할 것인지에 대해 저의 첫 번째 생각은 '예수님의 명령대로 하자.'는 것이었습니다. 예수님께서는 세상을 떠나시면서 "너희는 가서 모든 족속으로 제자를 삼아 아버지와 아들과 성령의 이름으로 세례를 주고, 내가 너희에게 분부한 모든 것을 가르쳐 지키게 하라."라고 말씀하셨습니다. 이 말씀을 간단히 요약하면 하나님의 말씀을 가르치고 지키도록 하여 예수님이 원하는 제자를 만들라는 것입니다. (...) 설교를 준비할 때마다 말씀을 있는 그대로 충실하게 가르치려고 노력했고, 목회의 여러 가지 일 가운데 가르치고 훈련하는 일을 가장 우선하면서 지금까지 달려왔습니다. 알다시피 20년이 넘도록 다락방 교재를 제가 손수 만들어 좀 더 풍성하게 말씀을 가르치려고 애써왔고 제자훈련, 사역훈련 등 모든 교재를 직접 만들어 평신도 지도자들을 양성하는 데 힘을 기울여 왔습니다. 이렇게 25년 동안 말씀을 가르쳐 제자 삼는 이 일에 우선순위를 두고 목회해 왔는데, 한 번도 이것이 뒤바뀐 적이 없었습니다. 좌우로 두리번거리면서 방황한 일도 없었습니다. 따라서 지금 당장 제가 예수님 앞에 선다고 할지라도 감히 이런 말씀은 드릴 수 있을 것 같습니다. "주님, 제가 부족한 종이지만 가르쳐 지키게 하라는, 제자 만들라는 주님의 명령에 최선을 다해 순종해보려고 애썼습니다."268)

---

267) 권영삼, "설교학의 교과서 사랑의 교회 옥한흠 원로목사Ⅲ 영혼을 살리는 설교자-국내1," 인터넷 교회와신앙 2009년 11월 4일.

나아가 옥한흠은 30-40분 지속되는 설교가 회중을 일깨우는데 중요
한 역할을 하는 것은 사실이지만 설교만으로는 평신도를 제자로 만들
수 없고, 거기에 교육이 곁들여져야 한다는 생각을 갖고 있었다. 이런
점에서 옥한흠 목사에게 있어 설교란 제자훈련이라는 큰 틀 안에서 이
루어지는 일종의 '전제 교육'과 같은 의미를 지니고 있다고 할 수 있
다.269) 옥한흠은 제자훈련이라는 분명한 목회철학에 설교를 귀결시킴으
로 목회적 열매를 거둔 시범 케이스라고 할 수 있다.270) 마태복음에 나
타난 예수는 대중에게 설교를 하셨을 뿐만 아니라 제자들에게 말씀을
풀어서 가르쳐 주시는 성경공부를 포함한 제자훈련을 겸하여하였다. 그
런 차원에서 옥한흠은 마태복음에 나타난 예수의 말씀 영성 가운데 성
경공부 방식을 충실히 따랐다고 할 수 있다. 따라서 옥한흠은 마태복음

---

268) 그러면서 계속해서 이어지는 설교에서 능인선원의 지광 스님도 사랑의 교회
　　제자양육 방법을 배워서 불교에 적용했다고도 설교한다. "며칠 전 유력한 모 일
　　간지에 소개된 '능인선원'에 관한 기사를 읽으셨을 것입니다. 능인선원은 1984
　　년 지광(智光) 스님을 통해서 개척되었습니다. 그것도 우리 교회에서 직선거리
　　로 100m도 안 되는 삼익상가에 자리 잡았었는데, 그 후 굉장히 부흥하여 밖으
　　로 크게 건물을 짓고 나갔습니다. 능인선원은 불교대학으로도 유명합니다. 지광
　　스님에 의해 시작된 불교대학은 기초반에서 대학원 코스까지 있는데, 평신도들
　　이 전부 그 코스를 밟도록 되어있습니다. 지난 17년 동안 10만 명 이상의 사람
　　들이 그 코스를 거쳐갔는데, 지금 불교계에 지각변동을 일으킬 정도입니다. 그
　　분은 "불교 신자들이 불교에 대해서 너무 모른다. 그래서 복 달라고만 매달리는
　　데 이것은 큰 문제다."라고 지적하면서, "교육이 없이는 한국 불교의 미래가 없
　　다."는 표어 아래 가르침을 통해 큰 영향을 미치고 있습니다. 그런데 어떤 분이
　　제게 이런 말을 전해 주었습니다. 언젠가 지광 스님이 다음과 같은 말을 했다
　　는 것입니다. "내가 삼익상가에서 능인선원을 시작했는데, 바로 그 옆에 사랑의
　　교회가 있었습니다. 그런데 그 교회를 보니까 옥목사라는 사람이 제자훈련을
　　열심히 시키더군요. 그것도 성경을 막연히 가르치는 정도가 아니라, 아예 훈련
　　을 시키는 것입니다. 바로 거기에서 제가 힌트를 얻어 우리 불교에서도 가르치
　　고 훈련하면 잘될 것이라는 생각이 들었습니다. 그래서 불교대학을 시작하게
　　되었습니다." 좀 이상한 이야기 같지만 은연중에 불교 진흥에까지 기여할 정도
　　로 사랑의 교회가 끼친 영향은 실로 지대합니다.(2003년 6월 29일 사랑의 교회
　　옥한흠목사 주일설교 중에서).
269) 정인교, "더도 말고 덜도 말고...설교의 모범 답안 옥한흠 목사의 설교,"「교회
　　성장」133/7(2004), 48.
270) 정인교, "더도 말고 덜도 말고...설교의 모범 답안 옥한흠 목사의 설교," 52.

에 나타난 예수의 말씀 영성을 정통으로 계승한 영성가라고 할 수 있다. 다음은 마태복음에 나타난 예수의 말씀 영성을 정통으로 계승한 하용조를 살펴보겠다.

5) 하용조(河用祚, 1946-2011)

하용조는 대한예수교 장로회(통합) 온누리교회를 개척한 목사이다. 하용조는 1946년 평안북도 진남포에서 부친 하대학과 모친 김선일의 아들로 태어났다. 한국전쟁 때 경기도 이천을 거쳐 전라남도 목포로 피난을 온 실향민이다. 하용조는 23살의 젊은 나이에 폐병에 걸려 죽음의 문턱에서 하나님의 은혜로 다시 살아난다. 그가 요양 중에 쓴 일기(1968.8.1.-1969.5.2)에는 폐병 중에 하나님의 말씀을 의지하고 병을 이겨낸 고백들이 곳곳에 나타난다. "1966년 8월 4일 경기도 입석에서 그리스도를 인격적 구주로 영접하고 그분의 십자가와 피 묻은 손을 실제로 경험한 사건 때문에 내 인생은 달라졌다. 그 뒤 예수님을 정신없이 좋아했다. 목이 쉬도록 찬송하고 울면서 기도했고 밤을 새워 성경을 읽었다. (...) 성경을 읽는 것만큼 유익하고 귀한 시간이 있을까? 지성의 편견과 자아의 오만으로 틈타는 마귀의 역사가 이 귀하고 귀한 말씀을 읽지 못하게 한다. (...) 순수히 주님의 말씀 속에 내가 있을 때 진정 나는 나를 알게 된다. (...) 어제 요한복음 다 읽다. (...) 나의 지금 최대의 초점은 이것이다. 나는 주님의 모든 것을 철저히 믿는다. 성경의 모든 말씀도 믿는다. (...) 이 일년을 성경 읽고 기도하고 내 영이 주를 찾는 해로 보내리라. (...) 기도로 살고 성경으로 살며 침상에서나 꿈결에서나 주님만 사모하게 해 주시옵소서 (...) 내일부터 4시-4시 30분 이곳에서 성경과 기도의 시간을 가져야겠다. (...) 23일 저녁은 귀중한 시간이었다. 입석 이후 어쩌면 가장 깊은 해후였으리라. 그날 밤 10시 시편을 몇 장 읽었다. (...) 성경을 읽고 조용히 기도를 한다. 나는 거기서 깊은 주님과의 대화를 발견하게 되었다. 그것은 먼저 '나'에의 자각이다. 입석(立石)에서 보다 말할 수 없을 정도로 울었다. 입석 이후에 찾은 나의 새로운 발견이고 시발점이다. 주님을 보니 나는 울지 않을 수 없었고 그 사랑하는 주님의 눈동자를 보니 못나고 교만한 나를 숨길 수 없었다. (...) 대학교 3학년 여름 수양회 캠프에서 폐병이 발견돼 휴학을 했다. 그 무렵 나는 제대로 먹지 못하고 자지 못하고 밤 12시까지 전도를 하고 돌아다녔는데, '이렇게 급한 때에 하나님은 왜 아프게 하실까?' 해석이 되지 않았다. 약을 먹고 병원에 입원해 있는 것이 너무나 고통스러웠다. 전도하지 못해서 고통스러웠다. 그래서 입원한 환자들을 위로하고 전도하기 시작했다. 환자들끼리 성경 공부를 하기도 했지만 대부분의 시간은 하나님께 깊이 기도하고 성경을 읽고 묵상했다. 하나님은 나를 병원에 집어넣고 아무도 못 만나도록 고독하게 만들고 절망하게 한 뒤, 성경만 보게 하셨다. (...) 주님 말씀대로 살자 (...) 방법, 하나의 방법, 성서로. 돌아가야 한다. (...) 나를 몹시 조롱하던 이 씨와 함께 억지로 10분을 뺏어 성경공부와 기도하기를 했다. 윤 씨와 성경공부. (...) 성서 보는 시간 3시간 오전에는 구약, 오후에는 신약."271) 이처럼 23살의 젊은 청년 하용조는 폐병으로 죽음의 문턱에서 성경을 의지하며 고난을 이겨냈다. 하용조의 일기는 데이비드 브레이너드의 일기272)와 헨리 마틴의 일기273)에 못지않은 훌륭한 일기이다.

한편, 하용조는 병의 치유를 받은 후에 김준곤 목사가 지도하는 대학생 선교회 CCC에서 7년 동안(1965-1972) 간사 생활을 한다. 그 후 신학을 공부하고 목사가 되었다. 그 후 연예인 교회를 개척하여 목회를 했지만 병을 얻어 교회를 사임한다. 그리고 영국으로 유학을 떠나 3년간 공부를 한 뒤 한국에 돌아와 1985년 열두 가정과 함께 대한예수교장로회(통합) 소속의 온누리교회를 개척하였다. 그는 여러 가지 사역을 하였지만 특히, 온누리 교회와 함께 두란노 서원을 만들어 출판문화를

271) 하용조, 『나의 하루』(서울: 두란노, 2014), 11, 31, 32, 36, 66, 75, 87, 92, 98, 99, 111, 137, 142, 147, 197.
272) 조나단 에드워즈 편집/ 송용자 옮김, 『데이비드 브레이너드 생애와 일기』(서울: 복있는 사람, 2008).
273) 존 사전트/ 원광현 옮김, 『헨리 마틴의 생애와 일기』(경기도: 클리스챤다이제스트, 2001).

통해 복음주의운동의 저변을 확대시켰다. 그가 간행한 정기 간행물 <생명의 삶>, <빛과 소금>, 그리고 <목회와 신학>, <그 말씀>은 한국 복음주의 기독교출판문화의 새장을 열며 복음주의운동의 창구역할을 했다. 1980년대에 어느 출판사도 감히 엄두를 낼 수 없었던 그 시절에 두란노서원은 QT 책자 <생명의 삶>을 출간해 경건 훈련의 중요성을 일깨워주었고, <빛과 소금>을 출간해 한국교회 평신도들에게 어떻게 살아야 할 것인가를, <목회와 신학>을 통해서는 목회 현장과 신학을 연결해 신학과 동떨어진 목회현장, 목회현장과 무관한 신학이 존재하지 않도록, 그리고 <그 말씀>이라는 책자를 통해서는 일선 목회자들에게 복음주의 설교가 무엇인가를 일깨워주어, 한국교회 그리스도인들과 목회자들이 가정과 직장과 교회와 사회 속에서 어떻게 신앙생활을 해야 할 것인가를 가르쳐주었다. 특히, <빛과 소금>은 성도들에게, <목회와 신학>은 목회자들과 신학자들에게 복음주의운동의 창구가 되었다. 나아가 하용조가 한국교회사에 남긴 또 하나의 족적은 강해설교였다. 그는 제목설교에 익숙했던 한국교회에 현대 복음주의 설교가로 널리 알려진 데니스 레인 목사를 초청해 강해 설교세미나를 열어 한국교회 목회자들에게 본문에 기초한 강해설교를 소개하고 널리 보급시키는 일에 앞장섰다. 본인도 강단에서 본문에 충실한 강해설교를 선포했다. [274]

또 한편, 하용조는 말씀 사역과 성령사역을 연관시켰다. 조용석은 하용조 목사의 말씀사역과 성령사역을 결합하여 교회를 부흥시켰다고 평가했다.[275] 하용조는 성령의 체험과 은사를 강조했지만 열광주의나 신비주의에 빠지지는 않았다. 오히려 그는 신비주의적인 운동을 비판하면서 그들에게 하나님의 말씀 안에 서라고 경고했다. 하용조가 극단적인 오순절 운동과 구별되는 점은 그리스도인의 삶, 윤리적 실천, 거룩한 영성, 경건을 강조했다는 것이다.[276] 그러나 안타깝게도 하용조는

---

274) 인터넷 위키백과 하용조 항목.
275) 조용석, "개혁주의생명신학 신학회복운동에 대한 소고,"「생명과 말씀」24/2 (2019), 140-142.
276) 이성곤, "디아코니아 관점에서 본 한국의 오순절은사주의 운동 순복음, 온누

2011년 8월 2일 향년 66세의 나이로 뇌출혈로 소천하였다. 하용조는 일생을 말씀을 사랑하며, 말씀대로 사는 경건한 삶을 강조하였다. 특히, 하용조는 문서선교를 통해 성경 말씀을 성도들과 신학자들이 가깝게 접할 수 있도록 도와주었다. 또한, 하용조는 선교에 목숨을 건 목회자이다.[277) 따라서 하용조는 마태복음에 나타난 예수의 말씀 영성을 정통으로 계승한 영성가라고 할 수 있다. 다음은 마태복음에 나타난 예수의 말씀 영성을 반정통으로 계승한 다석 유영모를 살펴보겠다.

6. 예수의 말씀 영성의 반정통

1) 유영모(多夕 柳永模, 1890-1981)

다석 유영모는 한국의 철학자이다. 유영모는 1890년 부친 김명근과 모친 김완전의 장남으로 태어났다. 5살 때부터 부친으로부터 천자문을 배우기 시작했고, 7-8세에는 서당에서 한학을 공부했다. 16세에 YMCA를 다니면서 기독교에 입문하여 연동교회에 나가기 시작했다. 21세 때는 오산학교에서 교사 생활을 하면서 기독교를 전파했다. 그러나 자신은 정작 오산학교를 떠날 때 정통신앙에서 이단으로 돌아선다. 23세 때는 동경에서 10개월 정도 수학을 하였으나, 대학 진학을 포기하고 귀국해 버린다. 32세 때는 정주 오산학교의 고당 조만식의 후임으로 교장으로 취임하여 1년간 재직한다. 39세 때부터 YMCA 연경반 모임을 지도하기 시작하여 35년간 계속한다. 52세 때는 해혼을 선언하고 금욕생활을 시작한다. 1981년 2월 3일 92세로 별세한다.[278) 다석은 92세를 살면

리, 광림교회를 중심으로,"「선교와 신학」 54(2021), 439-440.

277) 여기서는 복음서의 영성의 관점에서만 하용조를 다뤘기 때문에 하용조의 선교의 영성은 다루지 않았다. 하용조의 선교에 대해서는 다음을 참조하라. 하용조, 『나는 선교에 목숨을 걸었다』(서울: 두란노서원, 2008); 하용조, 『사도행전적 교회를 꿈꾼다』(서울: 두란노, 2022(개정 2판).

278) 박규홍, "多夕 柳永模의 時調 硏究,"「시조학논총」22(2005), 7-9. 다석의 생애

서 2,254수의 시조와 1,300수가 넘는 한시, 250여 수의 시를 남겼다.[279] 그의 시조와 시는『다석일지』에 기록되어 있다.[280] 국문학자 박규홍은 다석의 2,200수가 넘는 시조에는 전례 없는 종교사상을 담고 있는데 한국국문학 사상 최다이며, 이렇게 시조에 종교사상을 담고 있는 것은 찾아볼 수 없는 경우라고 했다.[281] 또한, 김정두는 다석은 한국 문화와 종교의 관점으로부터 서양 기독교 사상을 해석해냄으로써 가장 창조적으로 한국적 토착 신학을 전개한 사상가라고 평가했다.[282] 나아가 다석은 동아시아와 한국의 정신과 문화 속에 내재되어 있는 유교, 불교, 도교의 '무' 사상을 바탕으로 그가 가지고 있는 기독교 신앙 속의 하나님과 구원에 대한 새로운 한국적 토착신학을 발전시켰다고 주장한다.[283] 이런 면모를 보면 다석은 세계에 내놓을 만큼 자랑스러운 한국의 시인이며, 철학자이고, 종교적 지성인임은 분명하다.

한편, 다석은 YMCA에서 성경과 유교 경전과 불교 경전과 도교 경전 그리고 기타 경전 등을 비교하면서 수십 년간 연경반강의(研經班講義)를 했다. 이 강의는 교회에서 기독교인들만을 대상으로 하는 성경공부가 아니라 주로 일반인들을 대상으로 하는 강의였다. 특히, 당시 66세인 유영모가 1956년과 1957년 사이에 YMCA에서 행한 강의가『다석강의』라는 이름으로 출판이 되었다.[284] 유영모는『다석강의』를 통해 한자와 한글로 유교, 불교, 도교 그리고 기독교의 종교사상을 그림과

를 위해서는 다음을 참조하라. 신상형, "류영모를 통한 기독교 철학의 모색: 한국인의 주체적 사색을 제안하며,"「철학논총」75(2014), 127-129; 김인국, "진리의 버드나무, 다석 류영모,"「신학전망」167(2009, 245-246; 강돈구, "多夕 柳永模의 宗教思想(1),"「한국학」19/4(1996), 188-191.

279) 박규홍, "多夕 柳永模의 時調 研究," 6.
280) 다석은 1955년부터 1974년까지 20년간 일기를 썼는데 그곳에 2,200수가 넘는 시조를 남겼다.『다석일지』를 보기 위해서는 다음을 참조하라. 유영모,『다석일지 1-4권』(서울: 홍익재, 1996).
281) 박규홍, "多夕 柳永模 時調의 特質,"「시조학논총」24(2006), 200, 특히, 다석 시조의 특질은 위의 논문 201-217를 참조하라.
282) 김정두, "다석 유영모의 신, 무 그리고 구원 이해,"「신학논단」87(2017), 10.
283) 김정두, "다석 유영모의 신, 무 그리고 구원 이해," 31.
284) 유영모,『다석강의』(서울: 현암사, 2006).

도표를 통해 설명하였다.285) 이것은 마치 퇴계 이황이 유교의 사상을 성학십도의 도표로 그린 것과 유사하다.286) 또한, 김진에 의하면 유영모는 한글의 창조적인 구사를 통하여 최치원의 풍류사상으로부터 이어지는 한국고유사상, 즉 '한 사상'을 기독교적으로 해석하고 있다고 했다.287) 이처럼 다석은 한글이라는 도구를 사용해서 자신의 종교사상을 주장하였다.

또 한편, 유영모의 종교사상은 종교다원주의적인 사상을 취한다고 할 수 있다.288) 강돈구는 유영모의 종교사상은 종교다원주의의 대표적인 주창자인 존 힉(J. H. Hick)의 종교사상과 그 맥을 같이 한다고 했다.289) 유영모는 『다석강의』에서 다음과 같이 말한다. "공자와 석가와

---

285) 유영모, 『다석강의』, 33, 106, 241-242, 266, 382, 424, 4 40-441, 472, 600, 605, 904.

286) 퇴계 이황의 『성학십도』는 17세의 선조 임금에게 유교에서 지향하는 이상적 인격과 이상적 통치자가 되기 위해 학문을 공부해야 하는 내용을 10폭의 그림으로 그려서 보낸 것이다. 퇴계는 성리학의 목표와 과정을 10개의 지도로 그렸다. 퇴계는 이 십도 안에 유학의 근본원리와 수양방법을 총망라했다. 우주의 존재론과 세계관 및 마음과 철학적인 어려운 문제들을 이해하기 쉽도록 그림과 해설로 요약해 놓았다. 『성학십도』는 심학을 전제로 하여 유학의 체계를 새롭게 구성해 놓았으며, 주자 이후의 신유학을 경(敬) 중심으로 하여 유교철학의 체계를 재구성해 놓은 것이다. 이황/ 고산고정일 역해, 『자성록/언행록/성학십도』(서울: 동서문화사, 2008(2판), 375, 379, 385, 389, 393, 395, 399, 403, 407, 411.

287) 김 진, "다석(多夕)의 종교다원주의와 파니카의 우주신인론,"「철학논총」52(2008), 106-107.

288) 다석 유영모의 종교다원주의적 사상은 다음 논문을 참조하라. 김진, "다석(多夕)의 종교다원주의와 파니카의 우주신인론," 105-132. 유영모의 신론에 대해서는 여러 의견이 있다. 김찬홍은 다석 유영모의 신론이 '범재신론'이라고 주장한다. 김찬홍, "범재신론으로서의 유영모의 하나님 이해: Charles Hartshorne의 범재신론과 비교하여,"「한국조직신학논총」44(2016), 147-176. 이에 비해, 김희헌은 유영모의 신론을 '자연주의적 유신론'이라고 주장한다. 김희헌, "다석 유영모의 자연주의적 유신론에 대한 소고(小考),"「신학논단」87(2017), 93-117.

289) 강돈구, "多夕 柳永模의 宗敎思想(2),"「한국학」20/1(1997), 256. 현대에 종교다원주의를 주장하는 대표적인 학자는 존 힉과 폴 니터를 들 수 있다. 다음을 참조하라. John Hick, An Interpretation of Religion (New Haven and London: Yale University Press, 1989); Paul F. Knitter, No Other Name? (New York, Maryknoll: Orbis Books, 1985).

예수는 대장부(大丈夫)로서 여사부(如斯夫)로 꾸준히 가신 분들이 아니겠습니까? 이런 점에서 인생을 따지면 유교가 따로 있고 불교나 그리스도교가 따로 있는 것이 아닙니다. 오직 정신을 하나로 고동(鼓動)시키는 것뿐입니다. 이렇게 말하면 이 사람은 신앙이 없는 사람이 되고, 이단으로 보일 것입니다."290) 나아가 유영모는 예수를 구주로 고백하기보다는 스승 혹은 선지자로 인식하고 있다. "예수가 이 사람의 스승입니다. 예수를 선생으로 아는 것과 믿는 것은 다릅니다. 이 사람은 선생이라고는 예수 한 분밖에 모시지 않습니다. 선지자를 내가 알아 모셔야 합니다."291) 유영모는 예수를 스승으로 흠모하였지만 믿음의 대상으로 구주로 믿지는 않았다. 그리스도인들이 예수를 너무도 존경하고 사랑한 나머지 그를 신으로 추대했겠지만, 지나친 공경은 예의에 어긋난다는 게 유영모의 견해이다.292) 더 나아가 유영모의 그리스도 이해에서 가장 기본적인 전제란 사람이 신이 되어 경배의 대상이 되어서는 안 된다는 것이다. 그러므로 유영모는 이 원리에 따라서 석가, 노자, 공자, 그리고 예수 등의 인물이 각개 종교에서 신격화되어 있는 것을 강력하게 비판한다. 즉, 예수는 한아님이 아닌, 인간이란 주장이다. 이 같은 유영모의 주장은 '에비오니즘'(Ebionism)의 주장이다.293) 이런 종교다원주의적 입장 때문인지 유영모는 예수의 십자가 사건도 '진리 파지(眞理把持)를 위한 살신성인(殺身成仁)의 피'로 해석한다. 그런데 이러한 십자가의 의미를 강조한 나머지 유영모는 바울이 "예수가 흘린 의로운 피로 아담과 하와가 에덴동산에서 저지른 원죄(原罪)를 구속(救贖)한다는 괴이한 속죄교리를 도출하였다."라고 혹평하였다.294) 물론 유영모가 신학자가 아니고 철학자이기 때문에 종교철학의 관점에서는 얼마든지 그렇게 말

---

290) 유영모, 『다석강의』, 804.
291) 유영모, 『다석강의』, 781.
292) 김인국, "진리의 버드나무, 다석 류영모," 256.
293) 최인식, "多夕 柳永模의 그리스도 이해: 그리스도 유일성과 다원성의 만남," 「종교연구」 11(1995), 240.
294) 배요한, "다석 유영모의 예수 그리스도 이해에 대한 신학적 비판," 「신학논단」 73(2013), 84.

할 수는 있다. 그러나 오히려 유영모가 신학자가 아니기 때문에 신학적 무지에서 기인한 해석을 한 것이라고 볼 수 있다.

또한, 유영모는 일본의 우찌무라 간조의 영향을 받아 성서로 돌아가야 한다고 주장했다.[295] 그러나 유영모는 성서에만 머물면서 기존교회로 돌아가지는 않았다. 그래서 우찌무라 간조같이 무교회주의를 주장하며 평생 성경을 연구했지만 교회를 다니지는 않는다. 이런 유영모의 교회관은 전통적인 교회관과 다른 입장을 보인다. 유영모가 평소에 톨스토이를 존경한 것도 한몫을 했을지도 모른다.[296] 특히, 성경 해석에서도 문제를 드러낸다. 유영모는 한글 안에 하나님의 계시가 완전하게 나타났다고 주장한다. 따라서 한글을 잘 연구하면 그 안에 진리가 있다고 주장했다.[297] 고진호는 유영모는 우리말(글)을 '씨알(백성 혹은 민중)'을

---

295) 실제로 다석은 1912년 23세 때 일본 동경대 물리학과에 입학하여 동경에서 무교회주의의 창시자인 우찌무라 간조의 강의를 들었다. 유영모, 『다석강의』, 960. 유영모가 우찌무라 간조같이 무교회주의를 선택한 것은 당시 조선의 교회가 교회의 본질을 잃어버렸다고 생각해서 선택했을 가능성이 있다. 우찌무라 간조의 생애와 신학은 다음을 참조하라. 우찌무라 간조/ 양혜원 옮김, 『우찌무라 간조 회심기』(서울: 홍성사, 2005).

296) 톨스토이는 처음에 러시아 정교회에 속해 있었지만 정교회에서 나와 자신만의 독특한 톨스토이 교를 만들었다.

297) 다석 유명모가 『다석강의』에서 한글을 강조한 것과 문선명이 『원리강론』에서 한글을 강조한 것이 유사하다. 문선명의 『원리강론』의 맨 마지막은 이렇게 끝난다. "인류의 부모 되신 예수님이 한국으로 재림하시는 것이 사실이라면, 그분은 틀림없이 한국말을 쓰실 것이므로 한국어는 바로 조국어가 될 것이다. 따라서 모든 민족은 이 조국 어를 사용하지 않을 수 없게 될 것이다. 이리하여 온 인류는 한나라 말을 사용하는 한민족이 되어 한나라를 이루게 될 것이다." 문선명, 『원리강론』(서울: 세계기독교통일신령협회, 1967), 513. 특히, 두 사람이 선악과를 해석하는 내용도 유사하다. 『다석강의』에 보면 "'동산 한가운데 있는 나무의 열매'는 분명히 우리의 생식기를 말하는 것이 아니겠습니까? 뱀이라고 말은 하나, 뱀의 형태가 흡사 남자의 생식기와 무엇이 다릅니까? (...) 아담의 생식기가 하와를 유혹했다고 하는 것이 옳은 것입니다." 유영모, 『다석강의』, 842. 문선명의 『원리강론』도 사탄은 천사이며 선악을 알게 하는 나무는 하와를 상징하는 비유로 보고 있다. 따라서 하와가 천사와 성적인 음란한 행위를 한 것이 죄를 지은 실체로 보고 있다. 그리고 아담과 하와가 선악과를 따먹고 하체를 가렸다는 것은 두 사람의 성적인 범죄를 의미한다는 것이다. 문선명, 『원리강론』, 75-87. 유영모의 『다석강의』가 1956-1957년에 YMCA에서 강의된 것이고, 문

교육(訓民)하는 '바른 소리글'이라고 주장한 바 있다고 한다. 이때의 우리말은 '한글'인 '훈민정음(訓民正音)'을 의미한다. 다석은 우리말의 우수성을 영적 차원에서 조명하고 있다는 점에서 특별하다고 한다. 곧, 다석은 우리말이 사람을 '얼 나'의 차원으로서 이끄는 힘을 지닌 언어라는 점을 강조한다는 것이다. 다석은 우리말이 사람을 영적 본성인 '얼 바탈'과 '영생(永生)'에 이를 수 있게 하는 '말의 힘'을 내재하고 있다는 것이다. 심지어 다석은 우리말을 하나님과의 영적 교섭이 가능한 '언어'로 보고 있다.298) 이처럼 다석은 한글의 우수성을 강조하는 있는 이해할 수 있지만 그 한글이 신의 언어같이 한글을 너무 지나치게 우

신명의 『원리강론』은 1967년 5월 1일에 발행했지만 선문대 김진춘에 의하면, 문선명이 1935년 소명을 받은 이래 10여 년에 걸쳐 규명한 원리를 기록한 것으로 1948년 제자 김원필에 의해 확인된 '회계책'(『원리원본』의 전신)으로 보아야 하고, 1952년 5일 10일 완필된 『원리원본』에 뿌리를 두고 있다고 한다. 김진춘, "원리강론의 총서에 관한 고찰," 『통일신학연구』 5(2000), 283. 그렇다면 유영모가 문선명의 해석을 참고했을 가능성도 있다. 그러나 지금의 형태가 나온 『원리강론』이 1967년에 발행되었기 때문에 문선명이 다석의 영향을 받았을 가능성도 배제할 수는 없다. 『다석강의』를 보면 유영모가 통일교의 교리를 어느 정도는 알고 있었던 것은 분명하다. 『다석강의』에 보면 "세상에는 이 사상밖에 없다는 신학이 무슨 신학입니까? 오늘날 통일교는 전 인류가 발견치 못한 신조를 정하였다고 주장합니다."라고 말하고 있다(『다석강의』, 226). 물론, 교회사에서 에덴동산의 뱀과 하와의 관계를 성적인 관계로 해석한 경우도 있다. 예를 들어, 알렉산드리아의 필로(Philo, BC 30-AD 45)는 다음과 같이 말했다. "뱀이 쾌락(ἡδονή)을 상징한다고 말할 것이다." 필론/ 문우일 옮김, 『알렉산드리아의 필론 작품집 I』(파주: 아카넷, 2022), 130. 나아가 카르타고의 서방 라틴교부 테르툴리아누스(Quintus Septimius Florens Tertullianus, 155-240)가 이미 이런 주장을 했다. "테르툴리아누스는 인간의 죄의 깊이를 강조했다. 그는 『영혼론』에서 근원의 죄, 다시 말해서 일종의 원죄에 대해서 말했다. 그러나 이것을 성적인 것과 동일시했다. 파울 틸리히/ 송기득 옮김, 『그리스도교 사상사』(서울: 대한기독교서회, 2005), 177 재인용. 나아가 철학자 쇼펜하우어(Arthur Scho penhauer, 1788-1860)도 이와 비슷한 주장을 했다. "우리가 모두 아담의 타락(이것은 확실히 성욕의 만족에 지나지 않는다)에 관련되어 있고, 그로 말미암아 고뇌와 죽음의 죄를 짊어지고 있다는 것이다." 아르투르 쇼펜하우어/ 권기철 옮김, 『의지와 표상으로서의 세계』(서울: 동서문화사, 2008(4판)), 393.

298) 고진호, "다석 류영모의 영성관과 우리말 사상에 내포된 사람됨의 의미 고찰," 「교육사상연구」 31/4(2017), 3, 6, 특히, 다석의 한글에 대한 강조는 6-15를 참조하라.

상화 하는 듯한 인상을 준다.

　이처럼 다석 유영모는 신관에 있어서 전통적인 기독교 신관에서 벗어난 종교다원주의적 신관을 보이고, 우리말(한글)에 지나치게 영적의미를 부여하여 신적 언어같이 생각했으며, 성경은 중요하게 생각했지만 전통적인 교회론보다는 무교회주의적 교회론을 주장한 듯하다. 따라서 다석 유영모는 훌륭한 한글학자이며, 시인이고, 종교철학자이기는 하지만 마태복음에 나타난 예수의 말씀 영성의 관점에서는 반정통에 속한다고 볼 수 있다. 다음은 마태복음에 나타난 예수의 말씀 영성의 이단인 문선명을 살펴보겠다.

7. 예수의 말씀 영성의 이단

1) 문선명(文鮮明, 1920-2012)

　문선명은 통일교를 창립한 교주이다. 문선명의 본명은 문용명(文龍明)이며, 1920년 1월 6일(음력) 평안북도 정주 군에서 문유경과 김경계 슬하에서 차남으로 출생했다. 문선명의 친부인 문유경은 김경계의 세 번째 남편이었다. 문선명은 1934년 15세 때 정주 오산보통학교 3학년에 편입하여 1년 동안 출석하다가 1935년 4월 정주공립심상소학교 4학년에 전입하여 1938년에 졸업했다.[299] 특히, 문선명은 16살이 되던 1936년 4월 17일 부활절에 인류의 구원 사업을 하라는 하늘의 계시와 하나님의 음성을 들었다고 한다.[300] 그후 문선명은 일본의 와세다 대학 부설 고등공업학교를 2년만에 중퇴했다고 한다. 22살이 되던 1942년 평양에 광해교회를 개척하여 신유집회를 했다고 한다. 1945년에서

299) 안수강, "문선명(文鮮明)의 종교적 배경과 『原理講論』에 나타난 그의 사상 분석," 「신학과 복음」 3(2017), 147. 보다 자세한 문선명의 생애는 같은 논문 147-148을 참조하라.
300) 이상규, "한국 교회사에 나타난 거짓 계시운동," 「현대종교」 224/12(1992), 131.

1946년에는 김백문을 통해 성주교회의 신비적 신앙을 접한다.[301] 그 후 문선명은 1954년 5월 1일에 통일교회를 공식 창립한다.[302] 문선명은 통일교의 교리를 담은『원리강론』(Divine Principle)이라는 책을 썼다고 한다.[303] 이 책은 통일교에서 기독교의 성경을 대치하는 최고 최종(最高最終)의 경전이자 교리서이다. 전편과 후편 두 편으로 편성되었고 창조섭리, 타락론, 인류역사 종말론, 메시아의 강림과 그 재림의 목적, 부활론, 예정론, 복귀섭리, 재림론 등을 포괄함으로써 조직신학 구조의 양태로 구성되었다. 문선명은 성경을 자의적으로 해석하여 자신의 교리를『원리강론』과 인위적으로 부합시켰다.[304] 특히, 문선명은

---

301) 김홍수, "이단 또는 한국적 기독교 통일교, 전도관, 용문산기도원의 종교운동," 「종교와 문화」 23(2012), 20. 문선명은 김백문이 저술한『기독교 근본원리: 3대 원리』에 교리적 영향을 받아『원리강론』을 집필한 것으로 알려져 있다. 김백문이 저술한 책은 다음을 참조하라. 김백문, 『기독교 근본원리: 3대 원리』(서울: 일성당, 1956); 김백문, 『성신신학』(서울: 평문사, 1954); 김백문, 『신앙인격론』(서울: 대지출판사, 1970).

302) 통일교는 1930년대 전후로 형성된 한국교회 안의 신령파의 종교체험, 특히, 김성도의 계시체험에 뿌리를 내리고 있으며, 그 체험이 김백문과 문선명을 통해 이론화되고, 제도화되었다. 김홍수, "이단 또는 한국적 기독교 통일교, 전도관, 용문산기도원의 종교운동," 30. 문선명의 입장에서 쓴 통일교회의 역사는 다음을 참조하라. 김현광, "통일교회 기원에 관한 한 고찰: 통일교회 창립이전 문선명 목사와 신비주의자들과의 관계성 연구,"「成和論叢」 1(1993), 1-22. 통일교에서 대외적으로는 문선명을 종교를 초월하여 세계평화를 위해 살아온 평화를 사랑하는 세계인이라고 소개하고 있다. 문선명, 『평화를 사랑하는 세계인으로』(경기도: 김영사, 2009).

303) 문선명의『원리강론』을 옹호하는 통일교 측의 논문은 다음을 참조하라. 김항제, "통일교『원리강론』의 형성과정과 구조적 이해 그리고 그 이후,"「신종교연구」 16(2007), 126-160; 김진춘, "『원리강론』의 창조원리적 주제에 관한 고찰 II 하나님의 창조를 중심으로,"「말씀과 신학」 7(2002), 28-62; 김진춘, "『원리강론』의 총서에 관한 고찰,"「통일신학연구」 5(2000), 252-302; 조응태, "『원리강론』의 성서인용 특징과 해석학적 특징에 관한 고찰,"「통일신학연구」 2(1997), 274-346. 문선명의『원리강론』을 반대하는 논문은 다음을 참조하라. 안수강, "문선명(文鮮明)의 종교적 배경과『原理講論』에 나타난 그의 사상 분석," 142-177; 이종성, "통일교의『원리강론』과 삼위일체론,"『삼위일체론』, 451-471.

304) 안수강, "문선명(文鮮明)의 종교적 배경과『原理講論』에 나타난 그의 사상 분석," 153.

이『원리강론』에서 본인이 다시 오실 재림주라는 점을 부각했다. 따라서 문선명이 만든 통일교에서는『원리강론』을 성경보다 우선시 되고, 절대시 하고 있다.[305]

한편, 이종성은 문선명의『원리강론』에 나타난 창조론은 성경이 말씀하는 창조론과는 근본적으로 다르다고 말한다. 곧, "『원리강론』의 창조원리는 절대신이신 하나님을 상대적·물리적 존재로 격하시키는 동시에 무에서 유를 창조하는 성서적 교훈을 버리고 유에서 무를 조성한다는 희랍적 우주관을 가르치고 있다. 이 점에서『원리강론』의 창조원리는 성서적·그리스도교적 창조론과는 근본적으로 다르다고 할 수밖에 없다."[306] 또한,『원리강론』은 아담과 하와의 타락을 다음과 같이 말한다. "창세기 2장 25절을 보면, 범죄 하기 전 아담 해와는 몸을 가리지 않은 채로도 부끄러워하지 않았다. 그러나 그들이 타락한 후에는 벗은 것을 부끄럽게 생각하여 무화과나무 잎으로 하체를 가리었다(창 3:7). 만일 선악과라고 하는 어떠한 과실이 있어서 그들이 그것을 따먹고 범죄를 하였다면 그들은 필시 손이나 입을 가리었을 것이다. 왜냐하면 인간은 허물을 가리는 것이 그 본성이기 때문이다. 그런데 그들은 손으로 입을 가리지 않고 하체를 가리었다. 따라서 이 사실은 그들의 하체가 허물이 되었기 때문에 그것을 부끄럽게 생각하였다는 것을 드러내고 있는 것이다. 이로써 우리는 그들이 하체로 범죄 하였다는 사실을 짐작할 수 있는 것이다. (...) 여기서 우리는 인간이 음

---

305)『원리강론』(原理講論, Divine Principle)은 유효원(劉孝元)이 초안하여 1962년 『원리해설』이란 이름으로 출간되었는데, 그로부터 4년 후인 1966년에 개정되었다. 통일교는 성경을 구약, 신약, 그리고 성약(成約)으로 구분하는데,『원리강론』을 바로 성약이라고 한다. 특히,『원리강론』을 하나님이 문선명에게 준 계시의 말씀으로 믿으며, 신앙과 생활의 규범으로 받아들이고 있어 성경과 더불어『원리강론』을 정경화하고 있다. 그들이 성경과 함께『원리강론』을 하나님의 계시로 받아들이지만 사실『원리강론』은 신구약 성경을 자의적으로 인용하여 나름대로의 체계를 세운 책으로서 서론, 창조론, 타락론, 말세론, 메시아 강림과 재림. 부활론, 예정론, 기독론, 복귀론(구원론), 재림론으로 구성되어 있어 신구약 성경보다 발전된 새 계시로 보기 때문에 성경보다 우선시하고 절대시 하고 있다. 이상규, "한국 교회사에 나타난 거짓 계시운동," 131.
306) 이종성, "통일교의『원리강론』과 삼위일체론,"『삼위일체론』, 457.

란으로 말미암아 타락되었다는 사실을 알 수 있는 것이다. (...) 인간이
나 천사는 모두 음행으로 말미암아 타락되었다는 사실과, 그 위에 창
조세계에 있어서 영적인 존재로서 서로 어떠한 정적(情的)인 관계를
맺을 수 있는 존재는 인간과 천사 외에 아무것도 없다는 사실 등을 결
부(結付)하여 볼 때, 인간과 천사와의 사이에 음행관계가 성립되었으리
라는 것은 쉽게 배정(背定)할 수 있는 것이다. (...) 우리는 천사와 인간
사이에 음행관계가 있어서 그것이 타락의 원인이 되었다는 사실을 알
수 있는 것이다. (...) 따라서 하와가 선악과를 따먹었다는 것은 그가
사탄(天使)을 중심 한 사랑에 의하여 서로 음행관계를 맺었다는 것을
뜻하는 것이다."307) 이처럼『원리강론』에는 하와의 타락이 성적인 타
락이며 그 대상은 사탄이라고 말한다. 이러한 사상은 문선명의 독창적
인 사상이라기보다는 김성도308), 김백문309) 그리고 정득은310)으로부터

---

307) 문선명, 『원리강론』, 83-85.
308) 김성도(金聖道, 1882-1944)는 1882년 음력 7월 1일에 평안북도 철산군에서 태
    어났다. 김성도의 손자가 부친 정석천으로부터 들어서 기억하고 증언한 바에 따
    르면, "김성도는 1923년 음력 4월 2일 입신하여 천군 천사들을 만났고 그때 예
    수와 나눈 대화 속에는 '죄의 뿌리가 음란이라'는 이야기가 있었고, 지상인들의
    불신 때문에 예수 자신이 억울하게 죽었으니 교회당에서 십자가를 떼어내는 운
    동을 전개하라는 당부도 받았다고 한다. 그리고 열흘 뒤인 음력 4월 12일에는
    예수와의 두 번째 면담이 있었는데 이때 예수로부터 재림 주님이 육신을 쓴 인
    간으로 한반도에 온다"라는 말을 들었다고 한다. 출처: 한국기독교이단사이비
    정보센터.
309) 김백문(金百文, 1917-1990)은 그가 쓴『기독교 근본원리: 3대 원리』에서 말하
    기를 "결국은 인간타락에 악령이 개입한 것으로 되는 그 사실을 에덴의 배암으
    로 현현(現顯)을 말했으니 그것이 곧 배암의 육체를 이용(利用)하여 악령은 선
    악과의 대상(對象)이 되었던 것이오. 일편(一便) 아담 해와에게는 그 결과권(結
    果權)의 번식작용(繁殖作用)을 이용당한 사실로 귀착(歸着)되는 것이다. (...) 그
    래서 이제 여인 해와로서 유인(誘引)된바 선악과적 범행이란 사신(蛇身)으로 나
    타난 악령과의 육체적 음행을 말하게 되는 일이니 즉(卽) 사신으로 직접적(直接
    的) 육체성교를 범한 데서 해와로서 여자의 처녀정조(處女貞操)를 박탈당(剝
    奪當) 한 것도 컸으나 혈통(血統)에 미친 그 죄악성은 곧 육체의 성욕감(性慾感)
    을 거기에서 받아가진 그것으로 창조본성의 사랑의 반대 성리인 정욕의 육성(肉
    性)으로 악화(惡化)케 되었던 것이다. (...) 인간만이 선악과 범행에 그 육체상 성
    욕감(性慾感)인 이성(異性)의 죄악성으로 최초동정을 깨뜨린 바 된 까닭에 그들
    은 입으로 행했다면 마스크를 할것이어늘 나무닢으로 그 음부를 가리우게 되던

내려오던 사상을 문선명이 체계화시킨 것으로 보인다.311) 이 같은『원리강론』의 타락론은 천사의 타락과 인간의 타락으로 대별되는데, 천사와 인간의 죄성이 상호 음란한 행위에서 기원한 것으로 본다. 인류 시조 아담과 하와가 죄를 범한 후에 이들이 손이나 입이 아닌 하체(下體)를 가렸던 것도 이 사실을 입증한다는 것이다. 그리고 이 음행이 천사와 인간 사이에서 일어난 사건이었고 그 결과 사탄의 혈통을 받은 인간들은 모두 타락한 존재로 전락할 수밖에 없었다는 논조를 펼친다. 통일교가 주최하는 대규모 합동결혼식에서의 정결의식과 관련된 성주식(聖酒式)이나 소위 불결한 하체를 정결하게 한다는 탕감식(蕩減式)도 복귀의식, 즉 이 음행의 죄를 청산하고 구원에 이르도록 조치하기 위한 의도로 제정되었다.312)

또 한편, 문선명은『원리강론』에서 예수의 십자가의 구원을 우리

그때부터 인간의 생식기구(生殖器具)는 성욕의 향락기구(享樂器具)로 악용된 것이다." 김백문, 『기독교 근본원리; 3대 원리』, 482, 485. 또한, 김벡문은『성신신학』에서 말하기를 "아담의 타락내용이란 즉 해와와의 부부간의 성교문제를 두고서 해와와 뱀과의 간통문제로서 발원한 문제였는데 서..." 김백문, 『성신신학』, 128.

310) 정득은(丁得恩, 1897-1980)의 구술을 받아 적었다는 『생의원리』에는 다음과 같은 내용이 있다 "천사장 마귀(루스베리)라 함이 있었으니 (...) 아담이 하나님의 은혜로서 창성하여 많은 복을 누릴 때 이를 시기하여 넘어트리고저 엿보기 시작하였던 것이다. 전능자에 많은 사랑을 받으면서 희락(喜樂)의 날을 보내는 것을 볼 때 탐을 내어 기회를 탈 괴휼을 꾸미였 든 것이니 이는 곳 해와를 미혹하여 불의의 씨가 백기게 하였던 것이다. 이것이 인류를 모함에 쓸어 넣은 원인이다. (...) 하나님께서는 아담과 이부로 당신의 백성을 번식(繁殖)하시려고 예정하셨던 섭리(攝理)다. 이러한 뜻을 루수벨 당시 천사장이 알게 되어 이부를 유혹(誘惑)하여 마귀에게 자식을 낳아 주셨으니 이는 곧 가인이라. 아담에게 얻은 자식이다." 정득은, 『생의원리』(서울: 세종문화사, 1958), 13, 22.

311) 김백문, 정득은, 문선명의 선악과에 대한 성적 타락론은 다음 논문을 참조하라. 김항제, "인간타락의 성적 이해 현대신학과 한국신령집단에서의 타락설화 해석,"「신종교연구」1(1999), 249-270.

312) 안수강, "문선명(文鮮明)의 종교적 배경과『原理講論』에 나타난 그의 사상 분석," 157, 169. 탕감봉 행사는 인류의 시조가 사탄과 더불어 음행 하여 타락했으므로 죄의 근원이 하체에 있다고 단정하고 신랑과 신부의 둔부(臀部)를 구타하는 의식이다. 탕감봉 행사를 치른 이후에는 부부가 40일 동안 별거하여 성별(聖別) 기간을 가져야 한다.

를 영적으로만 구원한 사건이라고 주장한다. 『원리강론』은 이렇게 말한다. "예수님의 십자가로 인한 구원은 영적 구원뿐이어서 아직도 우리의 육신을 통하여 유전되어 온 원죄는 그대로 남아 있기 때문에, 예수님은 이것을 속죄하시어 인간의 육적 구원까지 완성하시기 위하여 재림하셔야 하는 것이다. 따라서 예수님이 영체로 재림하셔서는 이 목적을 달성하실 수 없기 때문에 초림 때와 같이 육신을 쓰고 오시지 않으면 아니 되는 것이다. (...) [따라서] 예수님은 해 돋는 곳 곧, 동방나라에 탄생하시어 그곳에서 먼저 택함을 받은 14만 4천 무리의 이마에 어린양과 아버지의 인을 치신다는 것을(계 14:1) 알 수 있다. (...) 예수님이 재림하실 동방의 그 나라는 바로 한국인 것이다."313) 나아가 『원리강론』의 마지막 결론은 다음과 같이 끝맺는다. "인류의 부모 되신 예수님이 한국으로 재림하시는 것이 사실이라면, 그분은 틀림없이 한국말을 쓰실 것이므로 한국어는 바로 조국어가 될 것이다. 따라서 모든 민족은 이 조국 어를 사용하지 않을 수 없게 될 것이다. 이리하여 온 인류는 한 나라 말을 사용하는 한 민족이 되어 한 나라를 이루게 될 것이다."314) 이것은 곧 육신으로 재림하는 예수는 바로 문선명 자신이라는 것을 암시하는 말이다. 영지주의자 마르키온은 하나님이 예수를 보낸 것은 몸을 구원하지 않고 영혼을 구원하기 위하여 보냈다고 주장했다.315) 이런 점을 보면 예수께서 초림 때 영혼만 구원했다는 『원리강론』의 주장과 마르키온의 주장과 유사하다. 더 나아가 『원리강론』의 구원론은 타락한 인간의 복귀원리를 강조한다. 『원리강론』은 이렇게 말한다. "기독교가 다른 종교와 다른 것은 전인류의 참부모를 찾아 세워가지고 그로 말미암아 모든 인간이 중생하여 선(善)의 자녀가 됨으로써, 하나님의 창조 본연의 대가족의 세계를 복귀하려는 데 그 목적이 있다는 점이다. 이것은 곧 기독교가 복귀섭리의 목적을 완성할 중심종교라는 것을 의미하는 것이다."316) 이런 주장을 영지주의

---

313) 문선명, 『원리강론』, 490-491, 498-499.
314) 문선명, 『원리강론』, 513.
315) 공성철, "마르키온(Marcion) 사상적 배경에서 본 새로운 해석," 193, 199; 허호익, "영지주의의 기독교 왜곡과 사도신경의 형성," 212.

와 비교해 보면 영지주의 구원론도 영적 각성을 통해 인간의 영혼이 육신에서부터 해방되어 영적 본향으로 복귀한다는 것을 가르쳤다.317) 따라서 복귀와 귀향의『원리강론』의 구원론은 영지주의 사상과 유사하다. 나아가 영지주의 '예식'의 일부는 외부인들에게는 철저하게 감추어져 있는 밀교의 성격이 강하다. 통일교 역시 일부 '예식'은 이중적이어서 외부인들에게 공개되어 있지 않은 밀교의 형태로 이루어져 있다.318) 이종성은 문선명의『원리강론』대하여 다음과 같이 평가했다. "『원리강론』의 신관은, 자연법이나 이원론을 조성하시고, 그것을 주관하시어 우주의 억조창생을 섭리로 주관하시는 절대자로서의 하나님이 아니라, 오히려 그러한 법칙에 의해서 지배를 받는 상대적 존재로 이해되고 있다. 예수 그리스도에 대한 이해도 마찬가지이다.『원리강론』은 예수님을 그리스도로 고백하는 것은 전무하다. 나사렛 예수는 하나님의 복귀섭리에 따라 창조본연의 목적을 복귀하시려는 한 중심인물이 될 수 있으나, 예수님을 통해서만 구원을 얻을 수 있다든가, 그의 대속적 죽음이었다든가, 그는 참 하나님이요 참 사람이었다든가, 그의 십자가의 사건은 단번에 충족하게 드린 만민을 위한 속죄제물이었다는 등의 내용은 전연 없다. (...) 이러한 그리스도론을 가지지 않는 운동은 그것이 어떤 운동이라도 그리스도교의 운동이 아니다.『원리강론』을 근거로 한 통일교는 그리스도교의 한 지류도 아니요 한 교파도 아니다. 그것은 그리스도교의 성서를 악용한, 그리스도교와는 전연 관계가 없는 사이비 종교운동이다."319)

이처럼 문선명은『원리강론』을 성경보다 우위에 있는 경전으로 주장했으며, 성경과는 관계가 없는 해석을 하였다. 나아가 자신을 재림주로 말하며, 예수 그리스도의 구원을 미완의 구원이라고 말했다. 더 나

---

316) 문선명,『원리강론』, 132.
317) 허호익, "영지주의의 기독교 왜곡과 사도신경의 형성," 196; 목창균, "영지주의와 초기 기독교," 231; 허호익, "[도마복음서]의 영지주의적 기독교 왜곡에 대한 반박," 142.
318) 허호익, "영지주의의 기독교 왜곡과 사도신경의 형성," 200.
319) 이종성, "통일교의『원리강론』과 삼위일체론,"『삼위일체론』, 468-471.

아가 예수가 구름을 타고 재림한다는 것도 부인하는 등 여러 가지 교리에서 정통 기독교 교리와는 완전히 다른 주장을 하였다. 이러한 문선명의 주장은 마태복음에 나타난 말씀과는 상관이 없다. 따라서 문선명은 마태복음에 나타난 예수의 말씀 영성과는 상관이 없는 이단이라고 할 수 있다. 다음 장에서는 마가복음에 나타난 예수의 이적 영성과 이를 정통으로 계승한 영성가와 반정통 그리고 이단을 살펴보겠다.

제 4 장 예수의 이적 영성

마가복음의 주제는 다양하다. 곧, 수난, 부활, 제자도, 재림, 그리고 권면320)의 빛 하에서 해석할 수 있다. 그러나 이 같은 주제는 주로 성서신학적 주제이고, 영성신학적 관점에서 본다면 '이적'도 중요한 주제가 될 수 있다.321) 왜냐하면 마가복음의 예수의 마지막 말씀에서 마가

---

320) 박수암,『마가복음 13장과 마가복음』(서울: 장로회신학대학교출판부, 1993), 17-26, 41-139. 유일하게 마가복음의 주제를 권면이라고 보는 대표적인 학자는 전 장로회 신학대학교 신약학 교수인 박수암이다. 박수암은 마가복음 13장의 빛 하에서 마가복음 전체를 읽어야 한다고 주장한다. 마가 13장에는 수난, 부활, 제자도, 재림의 수제가 모두 포함되며 특히, 경고적 설교문으로 권면의 성격이 들어있다는 것이다. 박수암은 이 권면의 주제가 마가복음을 해석하는 열쇠라고 한다.

321) 마가복음의 이적설화들을 주목해서 읽으면 이적이 마가복음의 주제일 가능성이 있다. 마가가 이적설화들을 이용해서, 그리고 희랍의 신적 인간에 대한 개념을 이용하여 예수를 하나님의 능력 많으신 아들로 제시하려고 했던 아레탈로지(Aretalogy) 곧, 이 말의 뜻은 본래 희랍어 arete(덕, 힘, 능력)와 logos에서 유래된 것으로 능력 있는 활동을 통해 어떤 종파나 학파의 지도자를 신격화시키는 신적인 이론을 뜻한다. M. 스미스(M. Smith)가 설명해 놓은 아레탈로지에 대한 정의는 다음과 같다 "고대의 전기(傳記) 기록 형태의 일종인 아레탈로지는 훌륭한 선생의 뛰어난 생애에 대한 설명으로 도덕적 교훈을 위한 토대로 이용되었다. 그 선생의 초자연적인 재능 가운데는 흔히 이적을 행사할 수 있는 능력이 포함되어 있다. 흔히 그의 교훈은 폭군의 적개심을 유발하게 되며, 결국 그의 손에 순교를 당하게 된다." M. Hadas and M. Smith, *Heroes and Gods: Spiritual Biogra phies in Antiquity* (New York: Harper and Row, 1965), 3. 따라서 마가복음은 "수난 설화가 첨가된 이적 설화"로 이해 될수가 있다. 선전적인 목적을 위해서 이와 같은 문학 양식을 이용하려는 종교적 동기와 확신은 유대교나 이교도나 기독교를 막론하고 고대 희랍 세계 안에서는 어디서나 마찬가지였다. 만일 우리가 마가복음을 이런 아레탈로지의 빛으로 보면 마가복음을 올바로 이해할 수 도 있다. 김득중,『복음서신학』, 100-103. 그러나 한 가지 질문이 남는다. 마가가 단순히 예수의 '신적인간'만을 증명하기 위해 마가복음을 집필했는가이다. 만약 복음서가 마가복음 하나만 있었다면 이러한 추정이 가능하다. 그러나 신약의 다른 복음서에 나타난 예수상을 다른 방식으로 묘사하고 있기 때문에 우리는 비록 마가가 희랍의 아레탈로지의 방법을 사용했다고 하더라도 그것의 목적은 단순히 신적인간만을 증명하려는 목적 이상이 있다고 보아야 한다. 왜냐하면 예

는 예수가 강조한 이적을 언급하고 있기 때문이다. 이것은 이적이 영성 신학적 관점에서 마가복음의 핵심 주제일 뿐만 아니라 예수의 영성일 가능성을 추정하게 한다. 이것은 다른 복음서의 예수의 마지막 말씀과 도 비교된다.

1. 마가복음에 나타난 예수의 이적 영성

1) 마가복음의 예수의 마지막 말씀은 예수의 이적영 성을 보여 주는 결정적인 본문이다.

마가복음은 예수를 이적을 행하는 분으로 묘사한다. 특히, 마가복음 에만 기록되어 있는 예수의 마지막 말씀인 마가복음 16장 17-18절은 예수가 이적을 강조했다는 점을 보여주는 결정적인 증거 본문이다.[322]

수를 신적인간으로 증명하려는 당시의 그레코-로만 문학방식으로 예수를 설명하 려는 목적만 있었다고 주장하는 것은 부분적으로는 맞을 수 있지만 마가복음에 이적을 충분히 설명하지는 못한다. 오히려 마가복음이 단순한 마가 개인의 신학 적 작품이 아니라 마가공동체의 산물이라고 볼 때 오히려 영성신학적 관점에서 보면 마가공동체가 선호하는 이적 영성이 예수로터 전승되어 온 예수 영성이라 는 것을 증명할 목적을 가지고 마가복음을 썼다고 보는 것이 더 합리적이다. 이 것은 다른 복음서에 나타난 예수 영성과 비교하면 더 분명해진다.

322) 마가복음 16장 17-18절이 예수의 마지막 말씀이 되기 위해서는 막 16:9-20절 이 원마가의 것이라는 것이 증명되어야 한다. 왜냐하면 일반적으로 학자들이 이 부분을 후대의 삽입으로 보기 때문이다. 이 부분을 후대의 삽입으로 보는 이유는 첫째, 이 부분이 비마가적이며(그래믹스는 이 부분의 헬라어 단어의 3분의 1이 비마가적이며, 주후 2세기경의 색채를 띠고 있다는 것이다. 존 그래믹스/ 김도훈 옮김, 『마가복음(BKC)』(서울: 두란노, 1983), 266. 그러나 문체의 문제는 박수암 교수도 그의 마가복음 주석(『마가복음 주석』(서울: 대한기독교서회, 1993), 364) 에서 막 8:1-10의 7병 2어로 4천 명을 먹이신 사건을 기술하면서 dunesetai, eremia prosmenein 등 비마가적인 문체의 특징들과 어휘들이 있다고 말한다. 따 라서 막 16:9-20절이 비마가적인 문체와 어휘가 있다고 해서 이것이 원마가의 것이 아니라고 단정적으로 말하기는 어렵다. 이 부분을 후대의 삽입으로 보는 두 번째 이유는 이 부분이 4세기의 바티칸 사본과 시나이 사본과 12세기의 소문자 사본 304에 빠져 있다는 것이다. 그래서 원래 마가복음 원본에는 없었다고 보는 주장이다. 그러나 현재 우리가 가지고 있는 형태(막 16:1-8절+9-20절)가 처음 나 타난 것은 4/5세기의 프레에리아누스(Freerianus) W 사본에만 나온다. J. 그닐카

/ 번역실 옮김, 『마르코복음 II』 (서울: 한국신학연구소), 1986), 464-465. 이것은
바티칸이나 시나이 사본 필사자들이 2세기 무명의 첨가자를 창작 첨가자로 보았
기 때문에 그 내용을 사본에서 마가의 것으로 다루지 않고 있다. 정양모도 이 부
분이 시나이 사본이나 바티칸 사본에 없을뿐더러 클레멘스, 오리게네스, 에우세
비오스, 예레니무스 같은 교부들도 이 부분을 배척했음을 지적했다. 그런데 2세
기에 어느 독자가 마가복음서에 발현사화와 승천사화가 전연 수록되지 않은 것
을 보고 애석하게 여긴 나머지 그것들을 만들어 붙였다고 보았다. 나아가 마가복
음 첨가자는 긴 결말을 만들 때 누가복음, 사도행전, 그리고 요한복음서를 참고
했다고 본다. 정양모, 『마르코 복음서』 (왜관: 분도출판사, 1981), 176. 그러나 프
레에리아누스(Freerianus) W 사본 필사자는 2세기 무명의 사람을 창작자로 인정
하면서도 그 내용이 마가복음과 신학적으로 맞는다고 보아 소개하는 의미에서
부록처럼 넣은 것 같다. 이 필사자는 이 부분이 원본은 아니지만 가치가 있다고
느꼈던 것 같다. 그러나 W 사본 필사자 역시 2세기 무명의 사람을 창작 첨가자
로 보는 입장은 바티칸, 시나이 필사자와 같다. 그러나 문제는 2세기 무명의 사
람이 추가했기 때문에 문제가 아니라 창작해서 추가했기 때문에 문제가 된다. 따
라서 우리는 지금 2세기의 무명의 사람이 '창작 추가'를 했느냐 아니면 '원본복원
추가'를 했느냐를 질문해야 한다. 필자는 2세기의 무명의 추가자는 '창작 추가자'
가 아니라 원본을 복원한 '원본복원 추가자'로 본다. 곧, 2세기의 무명의 사람에
의해 창작 추가되었다고 보는 마가복음 16:9-20은 원래 마가 원본에 있었던 부
분이었으며(꼭 지금의 마가복음 16:9-20절의 내용과 같지 않더라도) 이것을 2세
기의 무명의 추가자가 유실된 원본의 내용에 해당하는 마가복음 16:9-20절을 구
전전승을 통해 '원본복원 추가'했다고 본다. 이 부분에 대한 이론은 크게 네 가지
이다. 첫째 마가가 이 부분까지 썼으나 결론 부분이 복사되기 이전에 유실되었
다. 둘째, 알 수 없는 이유로 삭제 혹은 제거되었다. 셋째, 마가의 갑작스러운 죽
음으로 막 16:8절까지만 쓰게 되었다. 넷째, 의도적으로 마가복음 16:8절까지만
썼다고 보는 주장이다. 대개는 셋째나 넷째를 많이 선택한다. 그러면서도 그래믹
스는 현재까지 알려진 자료를 가지고는 그 문제에 대해 최종적 결론을 내릴 수
가 없다고 한다. 존 그래믹스/ 김도훈 옮김, 『마가복음(BKC)』, 266-267. 원본의
유실의 가능성도 있다는 것이다. 만약 2세기의 무명의 가필자가 다른 복음서와
구전을 이용했을 가능성이 있다면, 그래서 창작했다면, 동시에 원본에도 있었을
가능성이 있는 부분을 복원할 가능성도 열어놓아야 한다. 현대에 '예수말씀 복음
서 Q'도 2000년이 지나서야 최근에 겨우 복원되지 않았는가! IQP에서 복원한 Q
를 보기 위해서는 소기천, 『예수말씀의 전승궤도』를 참조하라. 따라서 2세기에
어느 무명의 가필자가 유실된 원본 마가복음 16:9-20절에 해당하는 부분을 창작
한 것이 아니라 원마가의 원본 내용을 구전전승을 통해 복원했다고 해도 문제가
없다. 오히려 이것이 더 설득력이 있다고 본다. 필자가 마가복음 16:9-20절을 원
본복원으로 보는 몇 가지 이유가 있다. 첫째, 다른 복음서와 비교해 볼 때 특히,
마태나 누가는 여러 양식에 있어서 복음서 집필의 방법론을 마가의 것을 많이
빌려서 자신들의 복음서를 쓴 사람들로서 마가의 마지막 결미를 참고했으리라

이 본문은 마가복음 안에만 있으며, 마가가 예수의 이적 영성을 강조하기 위해 이 본문을 예수께서 지상에서 하신 맨 마지막 말씀으로 기록했다고 할 수 있다. 따라서 마가가 예수의 이적 영성을 강조할 의도가 있었기 때문에 예수의 마지막 말씀으로 배치한 것이다.

2) 마가복음은 예수가 귀신을 쫓아내는 이적을 중심으로 구성되었다.

마가복음의 예수의 마지막 말씀은 마가복음 16장 17절에 '믿는 자들에게 이런 표적이 따르리니'이다. 예수는 믿는 자들이 예수의 이름으로 귀신을 쫓아낼 것이라고 말한다. 실제로 예수께서 공생애를 처음 시작

본다. 그런데 현재의 마가복음 16:8절까지는 마태나 누가의 결미와 비교해 볼 때 어색하다. 오히려 마가복음 16:9-20절과 거의 비슷한 내용이 원본에 있었다고 보는 것이(다른 사본에 짧은 다른 결미도 있기 때문) 더 자연스럽다. 둘째는 복음서 기자들은 자신들이 전승받은 것들을 부분적으로 가필, 수정, 삭제, 첨가하지 전체적으로 창작하지는 않는다는 점이다. 예를 들어, 마태가 Q나 마가로부터 전승을 이어받아도 부분적으로 가필, 수정, 삭제, 첨가 정도만을 한다. 마태가 특수 자료를 사용할 때도 전승을 해석하여 배열하는 경우는 있지만 전적으로 전승을 창작하지는 않는다. 이러한 정황을 미루어 볼 때 2세기의 무명의 가필자가 혹시 현재의 마가복음 16:9-20절을 첨가했더라도 자신이 독창적으로 창작하여 첨가한 창작자가 아니라 오히려 그동안 원본에서 유실된 마가복음 16:9-20절에 해당하는 내용들을 원본복원을 한 사람이라고 보아야 합리적이다. 적어도 수년동안 혹은 그 이상 이 무명의 사람(마가공동체의 후대의 지도자였을 가능성이 있다.) 이 유실된 원본에 대해 구전이나 파편전승을 통해 원본복원을 했다고 보는 것이 보다 더 정황에 맞다. 따라서 2세기의 무명의 가필자는 창작 첨가자가 아니라 원본을 복원한 '원본 복원자' 혹은 '복원자 그룹'(IQP와 비교해서(James M. Robinson을 중심으로 한 국제 큐 프로젝트의 약자이다. 장로회 신학대학교 신약학 소기천 교수는 Robinson의 직제자로서 이 프로젝트의 복원에 참여한 바 있다. 다음을 참조하라. M. Robinson, Paul Hoffmann, and John S. Kloppenborg, *The Critical Edition of Q* (Minneapolis: Fortress Press, 2000)으로 볼 수 있다. 분명히 가칭 최초의 마가 원본복원팀인 OIM KP팀이 원본복원을 했다고 보는 것이 복음서 전체의 맥락에 볼 때 설득력이 있다. 참고로 마가복음의 마지막 12절에 대한 외적인 증거와 내적인 증거에 대해서는 다음을 참조하라. William R. Farmer, *The Last Twelve Verses of Mark* (London: Cambridge University Press, 1974).

하면서 행한 첫 번째 이적이 마가복음 1장에 가버나움 회당에서의 귀신추방(1:23-28)이다. 마가복음 5장에서는 거라사에서의 귀신추방(5:1-20), 6장에서 제자들의 축귀(6:13), 7장에서 수로보니게 여자의 딸 귀신추방(7:24-30), 9장에서 귀신 들린 아이에게서 귀신추방(9:14-29), 그리고 16장에서는 부활하신 예수께서 제일 먼저 만난 여자는 전에 일곱 귀신을 쫓아주신 막달라 마리아(16:9)였다고 기록한다. 이처럼 마가복음의 전체 구조는 예수께서 귀신을 쫓는 1장, 5장, 6장, 7장, 9장, 그리고 16장을 중심으로 구성되었다.[323]

3) 마가복음에서 예수의 이적 영성은 병고침과 자연이적으로 나타난다.

마가복음에는 병자치유 기사가 9개[324], 자연이적 기사가 5개[325] 나타난다. 이 9개의 병자치유 기사 중에 예수가 직접 손을 대서 치유하신

---

323) 마가는 예수의 설교에 대한 요약(1:14-15) 다음인 1:16-20에서 네 제자를 부른다. 그리고 예수의 치유 사역에 대한 확장된 요약기사(3:7-12) 다음의 3:12-19에서 열두 제자를 부른다. 또다시 예수의 가르치는 사역에 대한 간략한 요약(6:6b) 다음에 6:7-13절에서 열두 제자를 부르고 선교 파송을 한다. 제자들의 부름은 예수의 사역에서 각각 새로운 정책을 시작하게 한다(1:16-3:12; 3:13-6:6; 6:7-8:26). 이 요약 진술들은 예수 사역에 대한 종결 진술을 제공한다. 로버트 귤리히/ 김 철 옮김, 『마가복음주석 (WBC)』(서울: 솔로몬, 2001), 508. 한 가지 주목할 것은 각 단락에서 제자를 부르신 이후 축귀기사를 공통으로 보도하고 있다는 것이다. 곧, 첫 제자부름(1:16-20) 후 가버나움 축귀(1:21-28), 두 번째 제자부름(3:13-19) 후 바알세불논쟁(3:20-30), 세 번째 제자파송(6:7-13) 후 제자 파송 시 축귀사역(6:13), 네 번째 제자 전도교육(7-12) 후 제자들의 축귀(6:13), 다섯째 기도교육(9:2-13) 후 귀신 들린 아이축귀(막 9:14-29) 등이다. 이처럼 마가는 의도적으로 제자도와 축귀를 연결하고 있다. 이것은 마가가 예수의 이적 중에 축귀를 강조하고 있다는 것을 보여주는 증거이다.
324) 1. 베드로 장모열병(1:29-31), 2. 한센병자(1:40-45), 3. 중풍병자 치유(2:1-12), 4. 손 마른 자 치유(3:1-6), 5. 혈루증 걸린 여자(5:25-34), 6. 야이로의 딸 치유(5:35-43), 7. 귀먹고 어눌한 사람 치유(7:31-37), 8. 벳새다 맹인치유(8:22-26), 9. 소경 바디메오 치유(10:46-52) 등이다.
325) 1. 풍랑을 잔잔케 하신 기사(4:35-41), 2. 오병이어(6:30-44), 3. 물 위를 걸으심(6:45-52), 4. 7병 이어(8:1-10), 5. 무화과나무 저주(11:20-25) 등이다.

경우는 5회(1:29-31; 1:40-45; 5:35-43; 7:31-37; 8:22-26)이며, 말씀을 선포해서 치유한 경우가 3회(2:1-12; 3:1-5; 10:46-52)이고, 여인이 스스로 손을 댄 경우가 1회(5:25-34) 나타난다. 이 같은 경우는 마가가 예수의 마지막 말씀인 마가복음 16장 18절의 '병든 자에게 손을 얹은즉 나으리라'는 치유 방법과 일치한다.

또한, 마가복음 16장 17-18절의 축귀, 자연이적, 병자치유의 구조가 마가복음 전체에도 일관성 있게 나타난다. 특히, 마가복음 전반부인 마가복음 1-8(10) 장까지의 문단의 구성을 보면 이러한 특징이 두드러지게 나타난다. 이것을 축귀를 기준으로 문단을 나눠보면 다음과 같다. 첫째 문단은 가버나움 축귀(1:21-28)/ 베드로장모 열병(1:29-31)/ 한센 병환자 고침(1:40-45)/ 중풍병자 고침(2:1-12)/ 손마른사 고침(3:1-6), 둘째 문단은 바알세불 축귀논쟁(3:20-30)/ 풍랑을 잔잔케하신 기사(4:35-41), 셋째 문단은 거라사 축귀(5:1-20)/ 야이로 딸과 혈루증 걸린 여자 치유(5:21-42)/ 죽은자 살림(5:35-43), 넷째 문단은 제자 파송시 축귀사역(6:13)/ 오병이어(6:30-44)/ 물 위를 걸으심(6:45-52), 다섯째 문단은 수로보니게 여인의 딸 축귀(7:24-30)/ 귀먹고 어눌한 사람 치유(7:31-37)/ 사천 명 먹이심(8:1-10)/ 벳새다 맹인 치유(8:22-26), 여섯째 문단은 귀신 들린 아이 치유(9:14-29)/ 소경 바디메오 치유(10:46-52), 일곱째 문단은 예수의 마지막 말씀(16:17 - 18)으로 나눌 수 있다.326) 이처럼 마가복음이 축귀, 자연이적, 그리고 병자치유의 이적을 구조적으로 강조하고 있다는 것은 이적이 마가공동체가 선호한 영성일 뿐만 아니라 이 이적의 영성은 예수의 영성으로부터 기원했다는 것을 보여주는 증거이다.

한편, 좀 더 오래된 복음 전승들은 주로 예수의 말씀들로 구성되어 있다. 거기서는 이적이 거의 아무런 역할도 하지 못한다. 예를 들어, 복음전승 중 가장 오래된 것으로 알려지고 있는 수난 이야기에서도 이적이 거의 포함되어 있지 않다. 그리고 최초로 출현한 기독교의 초기 문서 자료인 바울 서신과 Q(예수 어록) 같은 마가 이전의 자료에는 이적

---

326) 자연 이적과 병자 치유 기사가 바뀌어 나오는 경우도 있다.

을 거의 소개하지 않는다. 따라서 마가가 최초로 다량의 이적 전승을 소개했다는 것은 마가가 이적을 예수의 영성 중에 하나였다는 것을 증명하려는 목적을 가지고 있었기 때문이라고 볼 수 있다.327)

4) 마가복음의 자체 구절 비교에서도 예수의 이적 영성을 강조한 다.

마가복음에는 이적이 26.6%, 가르침이 22.8%, 기도가 1.6%, 그리고 목양이 2.8% 나타난다. 이러한 통계는 마가복음의 자체 구절 비교에서도 마가복음에 이적이 가장 많이 나타난다는 것을 보여준다. 그러나 동시에 다른 영성도 함께 공존하고 있음도 알 수 있다. 이것은 이적영성을 선호하는 사람이 이적영성의 반정통이나 이단으로 빠지지 않기 위

---

327) 마가 이전에는 이적에 대한 관심이나 수집이 거의 없었다고 할 수 있다. 이런 점을 고려할 때 마가복음을 '이적의 복음'이라고 할 수 있다. 특히, 이적에 대한 마가의 관심은 소위 '마가의 요약'(the Markan Summaries)으로 알려진 부분들 (1:32-39; 3:7-12; 6:55-56)에서 나타난다. 왜냐하면, 이 요약은 전승의 일부가 아니라 마가 자신으로부터 나온 것이기 때문이다. 마가의 요약에서 예수의 이적 활동이 중요한 요소로 강조되고 있다. 김득중, 『복음서신학』, 106-107. 한편, 예수께서 이적을 베푼 자라는 전승을 전해준 성경 밖의 인물은 유대역사가 요세푸스이다. 그는 소위 요세푸스의 예수 보도로 알려져 있는 '요세푸스의 증언'(Testimonium Flavianum, ant.18,63)에서 예수를 기적을 행하는 자라고 보도한다. "이 즈음에 예수라고 하는 한 현자가 있었다. 만일 그를 한 인간이라고 부를 수 있다면 말이다. 그는 놀라운 일들(기적)을 행하는 자였으며, 진리를 기쁨으로 받아들이는 이들의 선생이었다. 다수의 유대인들 뿐만 아니라 헬라인들 중 많은 이들이 [그에게] 모여들었다. 이는 그리스도였다." Josephus, *Jewish Antiquities Books* XVIII-XIX IX (Harvard University Press, 1981), 48-51. 요세푸스의 증언에 대한 진위 문제가 있더라도 예수께서 기적을 일으켰다는 부분은 진위 문제의 대상이 되지 않는다. 그러므로 이 부분은 당시 예수에 대한 역사적이며, 객관적인 평가라고 볼 수 있다. 요세푸스의 증언에 대한 기록과 진위의 문제를 위해서는 다음을 참조하라. 박찬웅, "요세푸스의 예수 보도의 진위 (眞僞) 문제,"「현대와 신학」 24(1999), 96-114. 특히, 유대고대사 18,63에 나오는 '놀라운'(παράδοξς)이 기적을 의미하는 단어로 사용했다는 것을 보기 위해서는 박찬웅, "예수의 기적수행: 누가-행전과 요세푸스의 요약전승비교,"「현대와 신학」 26(2001), 238-253, 특히, 239-243을 참조하라.

해서는 자신이 이적영성을 선호한다 해도 예수의 다른 영성을 동시에 인정해야 한다는 것을 보여주는 예라고 할 수 있다.

5) 마가복음과 다른 복음서의 구절 비교에서도 마가복음은 예수의 이적 영성을 강조한다.

마가복음은 이적을 26.6%(전체 678절 중에 181절) 소개하는데 비해 마태복음은 13.2%(전체 1071절 중에 142절), 누가복음은 13.3%(전체 1151절 중에 154절), 그리고 요한복음은 13.1%(전체 879절 중에 116절)을 소개한다. 사복음서 가운데 마가복음이 절수가 가장 적은데도 이적에 대한 구절이 가장 많다는 것은 그만큼 마가가 예수의 이적 영성을 강조하고 있다는 보여주는 증거라고 할 수 있다.

6) 마가복음은 다른 복음서와의 내용 비교에서도 예수의 이적 영성을 강조한다.

(1) 축귀

a) 가버나움 회당의 귀신 들린 자 축출

마가복음 1:21-28 "뭇 사람이 그의 교훈에 놀라니 이는 그가 가르치는 것이 권위 있는 자와 같고 <u>서기관들</u>과 같지 아니함일러라."(22절)

"다 놀라 서로 물어 이르되 이는 어찜이뇨 권위 있는 새 교훈이로다 <u>더러운 귀신들</u>에게 명한즉 순종하는 도다 하더라."(27절)

"예수께서 <u>꾸짖어</u> 이르시되 <u>잠잠하고 그 사람에게서 나오라</u> 하시니 더러운 귀신이 그 사람에게 경련을 일으키고 큰 소리를 지르며 나오는지라."

(25-26절)

누가복음 4:31-37 "그들이 그 가르치심에 놀라니 이는 그 말씀이 권위
가 있음이러라."(32절)

"다 놀라 서로 말하되 이르되 이 어떠한 말씀인고
권위와 능력으로 <u>더러운 귀신을 명하매 나가는도다</u>
하더라."(36절)

"예수께서 <u>꾸짖어</u> 이르시되 <u>잠잠하고 그 사람에게</u>
<u>서 나오라</u> 하시니 귀신이 그 사람을 무리 중에
넘어 뜨리고 나오되 그 사람은 상하지 아니한지
라."(35절)

마태복음 : 평행본문 없음.
요한복음 : 평행본문 없음.

마가복음은 예수의 가버나움 회당의 축귀기사에 대해 여덟 절로
기록하는데 비해 누가복음은 마가복음을 인용하지만 절수가 한 절 적
다. 마태복음과 요한복음은 평행본문이 없다. 마태복음과 요한복음에
가버나움 축귀 기사가 없는 것은 마태와 요한이 예수의 다른 영성에
관심을 가지고 있기 때문이다. 한편, 마가복음은 예수의 최초의 사역을
축귀로 시작한다. 또한, 마가복음은 가르침의 권위를 축귀와 연결시킨
다. 특히, 마가복음 1장 22절은 예수의 가르침이 서기관과 같지 않음을
언급하면서 축귀로 예수의 권위를 강조한다. 마태복음 같은 경우에는
서기관들과 예수의 말씀의 권세의 차이가 행함에 있었다면, 마가복음은
예수의 가르침의 권위를 축귀와 연결시킨다(막 1:27 참조). 누가복음도
마가의 본문을 인용하지만 서기관과 비교 부분을 삭제한다. 나아가 축
귀의 방법에 있어서도 누가복음은 마가복음을 충실하게 따르고 있다.
마가복음은 귀신을 꾸짖으며 "잠잠하고 그 사람에게서 나오라"는 예수
의 축귀 방식을 소개하고 있다. 특히, 예수는 귀신을 꾸짖으며 축귀 한
다. 그런데 마가복음은 누가복음보다 귀신이 나갈 때의 현상을 보다 더
구체적으로 소개한다. 마가복음은 귀신이 나갈 때 경련을 일으키고 큰

소리를 지르고 나갔다고 언급하는 데 비해 누가복음은 단순히 넘어 뜨리고 나갔다는 정도만 말한다.

b) 예수 사역 요약문

마가복음 1:32-39 "예수께서 각종 병이 든 많은 사람을 고치시며 <u>많은 귀신</u>을 내쫓으시되 귀신이 자기를 알므로 그 말하는 것을 허락하지 아니하시니라."(34절)
"이에 온 갈릴리에 다니시며 그들의 여러 회당에서 전도하시고 또 <u>귀신</u>들을 내쫓으시더라."(39절)

마태복음 8:16-17 "저물매 사람들이 귀신 들린 자를 많이 데리고 예수께 오거늘 예수께서 <u>말씀으로 귀신들을 쫓아내시고</u> 이는 선지자 <u>이사야를 통하여 하신 말씀에</u> '우리의 연약한 것을 친히 담당하시고 병을 짊어지셨도다 함을 이루려 하심이더라."(16-17절)

누가복음 4:40-44 "<u>여러 사람에게서 귀신들이 나가며</u> 소리 질러 이르되 당신은 하나님의 아들이니이다."(41절)
"갈릴리 여러 회당에서 전도하시더라."(44절)

요한복음 : 평행본문 없음.

마가복음은 예수가 많은 귀신을 내쫓았다고 하는데 비해, 마태복음은 귀신을 쫓되 말씀으로 귀신을 쫓았다고 말씀을 강조한다. 마태복음 8장 17절은 예수의 귀신축귀에 대한 마태의 해석으로 이사야 말씀의 성취로 해석한다. 마가복음은 예수의 사역에서 전도뿐만 아니라 귀신축사 사역을 강조한다. 누가복음은 여러 사람에게서 귀신이 나갔다고 말하지만 회당에서 전도한 것만 언급하고 귀신을 쫓았다는 언급은 하지 않는다. 요한복음은 평행본문이 없다.

c) 거라사 무덤사이의 귀신 들린 자

마가복음 5:1-20 "이는 예수께서 이미 그에게 이르시기를 <u>더러운 귀신</u>
<u>아 그 사람에게서 나오라</u> 하셨음이라."(8절)
마태복음 8:28-34 "그들에게 <u>가라</u> 하시니 귀신들이 나와서 돼지에게로
들어가는지라."(32절)
누가복음 8:26-39 "이는 예수께서 이미 더러운 귀신을 명하사 그 사람
에게서 나오라 하셨음이라."(29절)
요한복음 : 평행본문 없음

마가복음은 거라사 무덤 사이의 귀신 들린 자 축귀기사를 이십 절
로 기록하는데 비해 마태복음은 일곱 절로 축소한다. 마가복음에 비해
무려 열세 절을 적게 기록한다. 누가복음도 열 세 절로 축소한다. 누가
복음은 마가복음에 비해 일곱 절을 적게 기록한다. 요한복음은 거라사
귀신축귀를 기록하지 않는다. 마가복음은 예수가 구체적으로 귀신을 쫓
는 전형적인 문구를 소개한다. 곧, '더러운 귀신아 그 사람에게서 나오
라'고 한다. 마태복음은 전형적인 예수의 귀신축사 문구를 생략한다. 단
지 '가라'하시니 귀신이 나와서 돼지떼에게 들어간 것으로 기록한다. 누
가복음은 마치 예수가 귀신 들린 사람을 향해 '그 사람에게서 나오라'
만 한 것 같이 표현한다. '더러운'이라는 단어도 귀신의 속성을 설명하
는 식으로 표현하고 있다. 이에 비해, 마가복음은 예수가 거라사 귀신
축귀를 통해 기독교적인 귀신축사의 전형적인 방식을 소개하고 있다.
바울도 귀신축사를 할 때 귀신에게 그 사람에게서 즉시 나오라고 했다
(행 16:18).

d) 수로보니게 여인의 딸 귀신 축출

마가복음 7:24-30 "예수께서 이르시되 이 말을 하였으니 돌아가라 <u>귀</u>
<u>신</u>이 네 딸에게서 나갔느니라 하시매 여자가 집에

돌아가 본즉 아이가 침상에 누웠고 <u>귀신</u>이 나갔더라."(29-30절)

마태복음 15:21-28 "이에 예수께서 대답하여 이르시되 여자여 네 <u>믿음이 크도다</u> 네 소원 대로 되리라 하시니 그때로 부터 그의 딸이 나으니라."(28절)

누가복음 : 평행본문 없음.

요한복음 : 평행본문 없음.

　마가복음은 수로보니게 여자의 딸의 축귀기사를 열여섯 절로 기록하는데 비해 마태복음은 여덟 절로 축소한다. 누가복음과 요한복음은 평행본문이 없다. 마가복음은 여자의 간구로 귀신이 나갔다고 하면서 귀신을 강조한다. 마태복음은 귀신이 나간 구체적인 사건보다는 여자의 믿음으로 초점을 이동한다.

　e)　벙어리 귀신 들린 아이 귀신 축출

마가복음 9:14-29 "예수께서 무리가 달려와 모이는 것을 보시고 그 <u>더러운 귀신</u>을 꾸짖어 이르시되 <u>말 못하고 못 듣는 귀신아 내가 네게 명하노니 그 아이에게서 나오고 다시는 들어가지 말라</u> 하시매"(25절)

마태복음 17:14-20 "이에 예수께서 꾸짖으시니 <u>귀신</u>이 나가고 아이가 그때부터 나으니라."(18절)

누가복음 9:37-43 "올 때에 귀신이 그를 거꾸러뜨리고 심한 경련을 일으키게 하는지라 예수께서 <u>더러운 귀신을 꾸짖으시고 아이를 낫게 하사</u> 그 아버지에게 도로 주시니"(42절)

요한복음 : 평행본문 없음.

　마가복음은 벙어리 귀신 들린 아이 축귀기사를 스물다섯 절로 기록하는데 비해 마태복음은 일곱 절로, 누가도 일곱 절로 축소한다. 요한복음은 평행본문이 없다. 마가복음은 귀신축사의 상황을 '말 못 하고 못 듣는 귀신아 내가 네게 명하노니 그 아이에게서 나오고 다시는 들어가지 말라'고 구체적으로 기록한다. 이에 비해, 마태복음은 간단하게 예수께서 꾸짖으시니 귀신이 나갔다고만 기록한다. 누가복음 역시 예수께서 더러운 귀신을 꾸짖으시니 아이가 낫게 되었다고만 한다.

f) 일곱 귀신을 쫓아내 주신 막달라 마리아

마가복음 16:9-11 "예수께서 안식 후 첫날 이른 아침에 살아나신 후 전에 일곱 귀신을 쫓아 내어 주신 막달라 마리아에게 먼저 보이시니"(9절)

마태복음 28:9-10 "예수께서 그들을 만나 이르시되 평안하냐 하시거늘 여자들이 나아가 그 발을 붙잡고 경배하니"(9절)

누가복음 24:5-6 "여자들이 두려워 얼굴을 땅에 대니 두 사람이 이르되 어찌하여 살아 있는 자를 죽은 자 가운데서 찾느냐"(5절)

요한복음 20:16-18 "막달라 마리아가 가서 제자들에게 내가 주를 보았다 하고 또 주께서 자기에게 이렇게 말씀하셨다 이르니라."(18절)

마가복음에는 예수가 부활하여 제일 먼저 일곱 귀신을 쫓아내어 주신 막달라 마리아에게 나타났다고 한다. 이에 비해, 마태복음은 구체적인 이름이나 귀신에 대한 언급이 없다. 누가복음 역시 여자들의 이름을 구체적으로 언급하지 않는다. 요한복음은 막달라 마리아의 이름을 언급하지만 그녀가 과거에 일곱 귀신이 들렸었다는 언급은 하지 않는다.

요약하면, 복음서의 축귀기사는 마가복음을 기준으로 마태복음과 누가복음이 인용하고 있고, 요한복음은 인용하지 않는다. 축귀장면에 대한 자세한 언급도 마가복음이 4회, 마태복음이 3회, 누가복음이 3회, 요한복음은 한 번도 기록하지 않는다. 이것을 보아도 마가복음이 제일 많이 축귀를 기술하고 있는 것을 볼 수 있다. 마태복음과 누가복음은 마가의 기사를 인용하면서도 주로 축소를 하는 것이 보통이다. 이것은 그들이 마가복음보다 축귀 사건을 덜 중요하게 처리하고 있다는 증거이다. 따라서 마가는 마가복음서를 통해 예수의 이적 영성, 특히, 축귀를 강조하려는 의도를 가지고 있었다고 볼 수 있다.

(2) 병자치유

a) 베드로 장모 열병 치유

마가복음 1:29-31 "나아가사 그 손을 잡아 일으키시니 열병이 떠나고 여자가 그들에게 수종 드니라."(31절)

마태복음 8:14-15 "그의 손을 만지니 열병이 떠나가고 여인이 일어나서 예수께 수종 들더라."(15절)

누가복음 4:38-39 "예수께서 가까이 서서 열병을 꾸짖으신대 병이 떠나고 여자가 곧 일어나 그들에게 수종 드니라."(39절)

요한복음 : 평행본문 없음.

마가복음은 베드로 장모 열병 치유 기사를 세 절로 기록하는데 비해, 마태복음과 누가복음은 두 절로 축소한다. 요한복음은 평행본문이 없다. 마가복음은 치유할 때 예수께서 적극적으로 손을 사용하여 손을 잡아 일으켜 치유한다. 이에 비해, 마태복음은 단순히 손을 만지면서 치유한다. 누가복음의 예수는 열병을 꾸짖으시며 병을 고친다.

b) 한센병 환자 치유

마가복음 1:40-45 "그러나 그 사람이 이 일을 많이 전파하여 널리 펴

지게 하니 그러므로 예수께서 다시는 드러나게 동
네에 들어가지 못하시고 오직 바깥 한적한 곳에 계
셨으나 <u>사방에서 사람들이 그에게로 나아오더라.</u>"
(45절)
마태복음 8:1-4 "예수께서 이르시되 삼가 아무에게도 이르지 말고 다
만 가서 <u>제사장</u>에게 네 몸을 보이고 모세가 명한 예
물을 드려 그들에게 입증하라 하시니라."(4절).
누가복음 5:12-16 "예수는 물러가사 한적한 곳에서 <u>기도</u>하시니라."(16
절)
요한복음 : 평행본문 없음.

  마가복음은 한센병환자 치유기사를 여섯 절로 기록한다. 이에 비해,
마태복음은 네 절로, 누가복음은 다섯 절로 각각 두 절 혹은 한 절씩
적게 축소한다. 요한복음은 평행본문이 없다. 한편, 마가복음은 예수가
치유 후에 한적한 곳에 가셨지만 사방에서 사람들이 치유를 받으려고
나아오고 있다고 한다. 마태복음은 예수의 병고침을 받은 후에 제사장
에게 가서 율법말씀을 통해 치유를 확인하라고 하고 한센병치유 기사
를 마무리한다. 누가복음은 치유 후에 예수께서 한적한 곳에서 기도하
시는 것을 추가로 기록한다. 또한, 마가복음이 예수가 한센병 치유 이
후 계속되는 치유와 연관시키고 있다면, 마태복음은 치유와 율법 말씀
을 연관시키고 , 누가복음은 치유 이후에 기도와 연관시키고 있다. 마
태복음이 치유를 말씀과 연결시키고, 누가복음은 치유를 기도와 연관시
켰다면, 마가복음은 치유를 이적과 연관시키고 있다. 이처럼 각 복음서
마다 자신들이 선호하는 영성의 주제와 한센병 치유를 연결시키고 있
는 것을 볼 수 있다.

c) 중풍병자 치유

마가복음 2:1-12 "그가 곧 일어나 상을 가지고 모든 사람 앞에서 나가

거늘 그들이 다 놀라 하나님께 영광을 돌리며 이르
되 우리가 이런 일을 도무지 보지 못하였다 하더
라."(12절)

마태복음 9:1-8 "무리가 보고 두려워하며 이런 권능을 사람에게 주신
하나님께 영광을 돌리니라."(8절)

누가복음 5:17-26 "모든 사람이 놀라 하나님께 영광을 돌리며 심히 두
려워하여 이르되 오늘 우리가 놀라운 일을 보았다
하니라."(26절)

요한복음 : 평행본문 없음.

마가복음은 중풍병자 치유기사를 열 두절로 기록하고 있는 데 비해
마태복음은 여덟 절로, 누가복음은 열 절로 축소한다. 요한복음은 평행
본문이 없다. 마가복음은 이런 병치유를 도무지 보지 못했다고 기록하
면서 예수의 치유능력을 극대화시키고 있다. 이에 비해, 마태복음은 치
유에 대한 평가가 없다. 누가복음은 예수의 치유에 대해 놀라운 일 정
도로 평범하게 처리하고 있다. 나아가 마태복음과 누가복음은 주로 병
치유에 대한 자세한 언급보다는 죄 사함에 치중한다. 이에 비해, 마가
복음은 병치유와 죄 사함을 동시에 강조한다.

d) 손 마른 자 치유

마가복음 3:1-6(7-12) "이는 많은 사람을 고치셨으므로 병으로 고생하
는 자들이 예수를 만지고자 하여 몰려왔음이더
라."(10절)

마태복음 12:9-14(15-21) "이는 선지자 이사야를 통하여 말씀하신 바
보라 내가 택한 종 곧 내 마음에 기뻐하는 바
내가 사랑하는 자로다."(17-18절)

누가복음 6:6-11(12-19) "이 때에 예수께서 기도하시러 산으로 가사 밤
이 새도록 하나님께 기도하시고"(12절)

요한복음 : 평행본문 없음.

마가복음은 예수가 많은 사람을 고쳤다고 기록한다. 마가복음의 예수는 손 마른 자 치유 기사 이후에 제자들과 함께 바다로 물러가서 많은 사람들을 고친다(10절). 이에 비해, 마태복음은 치유하신 예수에 대해 이사야의 말씀으로 치유사역을 해석해 준다. 말씀에 관심이 있는 마태복음은 치유를 말씀과 연관시킨다. 누가복음의 예수는 치유사역 후에 산으로 기도하시러 가신다. 누가복음은 예수의 치유 이후에 기도를 강조한다. 요한복음은 평행본문이 없다.

e) 회당장 야이로의 딸 살림

마가복음 5:21-24, 35-43 "소녀가 곧 일어나서 걸으니 나이가 열두 살이라 사람들이 곧 크게 놀라고 놀라거늘"(42절)
마태복음 9:18-19, 23-26 "그 소문이 그 온 땅에 퍼지니라."(26절)
누가복음 8:40-42, 49-56 "그 부모가 놀라는지라 예수께서 경고하사 이 일을 아무에게도 말하지 말라 하시니라."(56절)
요한복음 : 평행본문 없음.

마가복음은 회당장 야이로 딸 치유기사를 열세 절로 기록하는데 비해 마태복음은 여섯 절로, 누가복음은 열 한절로 축소한다. 요한복음은 평행본문이 없다. 마가복음은 죽은 자가 살아난 것에 대해 사람들이 크게 놀란다. 이에 비해, 마태복음은 사람들의 구체적인 반응이 없다. 누가복음은 주위 사람들의 반응을 전하지 않고 그 소문이 온 땅에 퍼졌다고만 한다.

f) 혈루증 걸린 여자 치유

마가복음 5:25-34 "예수께서 이르시되 딸아 네 믿음이 너를 구원하였

으니 평안히 가라 네 병에서 놓여 건강할찌어다.”(3
4절)
마태복음 9:19-22 “예수께서 돌이켜 그를 보시며 이르시되 딸아 안심
하라 네 믿음이 너를 구원하였다 하시니 여자가 그
즉시 구원을 받으니라.”(22절)
누가복음 8:43-48 “예수께서 이르시되 딸아 네 믿음이 너를 구원하였
으니 평안히 가라 하시더라.”(48절)
요한복음 : 평행본문 없음.

마가복음은 혈루증 걸린 여자 치유기사를 열 절로 기록하는데 비해
마태복음은 네 절로, 누가복음은 여섯절로 축소한다. 요한복음은 평행
본문이 없다. 마가복음은 여자의 병치유 과정을 상세하게 설명하면서
마지막에 평안을 빌면서 다시한번 병에서 놓여 건강하기를 강조한다.
이에 비해, 마태복음은 간단하게 치유기사를 기록한다. 누가복음도 평
안을 비는 것으로 끝난다.

g) 귀먹고 어눌한 자 치유

마가복음 7:31-37 “사람들이 심히 놀라 이르되 그가 모든 것을 잘하였
도다 못 듣는 사람도 듣게 하고 말 못하는 사람도
말하게 한다 하니라.”(37절)
마태복음 : 평행본문 없음.
누가복음 : 평행본문 없음.
요한복음 : 평행본문 없음.

마가복음은 귀먹고 어눌한 자 치유를 보고 사람들이 심히 놀랐다고
기록한다. 마가복음은 예수의 이적을 사람들의 반응을 통하여 강조하고
있다. 그 외 복음서에는 평행본문이 없다. 예수의 이적 영성을 강조하
는 마가로서는 이 기사를 빠뜨릴 수 없었다.

h) 벳새다 맹인 치유

마가복음 8:22-26 "이에 그 눈에 다시 <u>안수</u>하시매 그가 주목하여 보더니 나아서 모든 것을 밝히 보는지라."(25절)
마태복음 : 평행본문 없음.
누가복음 : 평행본문 없음.
요한복음 : 평행본문 없음.

마가복음은 예수가 소경에게 두 번의 안수를 통하여 치유했다고 한다. 벳새다 맹인 치유기사는 다른 복음서에는 평행본문이 없다. 마가복음은 예수의 이적을 강조하는 차원에서 이 치유기사를 빠뜨릴 수 없었다.

i) 맹인 바디메오 치유

마가복음 10:46-52 "그들이 여리고에 이르렀더니 예수께서 제자들과 허다한 무리와 함께 여리고에서 나가실 때에 <u>디매오의 아들인 맹인 거지 바디메오가</u> 길가 에 앉았다가"(46절)
마태복음 20:29-34 "<u>맹인 두 사람이</u> 길 가에 앉았다가 예수께서 지나가신다 함을 듣고 소리 질러 이르되 주여 우리를 불쌍히 여기소서 다윗의 자손이여 하니"(30절)
누가복음 18:35-43 "여리고에 가까이 가셨을 때에 <u>한 맹인이</u> 길가에 앉아 구걸하다가"(35절)
요한복음 : 평행본문 없음.

마가복음은 맹인을 구체적으로 디메오의 아들 맹인 거지 바디메오라는 가문과 개인 이름을 소개함으로 치유 사건의 진정성을 강조한다. 마태복음은 무명의 맹인 두 사람(30절), 누가복음은 무명의 한 맹인을 언급한다(35절). 요한복음은 평행 본문이 없다.

(3) 자연이적

a) 풍랑을 잔잔케 하신 이적

마가복음 4:35-41 "예수께서 깨어 바람을 꾸짖으시며 바다더러 이르시
되 잠잠하라 고요하라 하시니 바람이 그치고 아주
잔잔하여지더라 이에 제자들에게 이르시되 어찌하
여 이렇게 무서워하느냐 너희가 어찌 믿음이 없느
냐 하시니"(39-40절)

마태복음 8:23-27 "예수께서 이르시되 어찌하여 무서워하느냐 믿음이
작은 자들아 하시고 곧 일어나사 바람과 바다를 꾸
짖으시니 아주 잔잔하게 되거늘"(26절)

누가복음 8:22-25 "제자들이 나아와 깨워 이르되 주여 주여 우리가 죽
겠나이다 한대 예수께서 잠을 깨사 바람과 물결을
꾸짖으시니 이에 그쳐 잔잔하여지더라 제자들에게
이르되 너희 믿음이 어디 있느냐 하시니"(24-25절)

요한복음 : 평행본문 없음.

마가복음은 풍랑을 잔잔케 하신 이적 기사를 일곱 절로 기록하는데
비해, 마태복음은 다섯 절로, 누가복음은 네 절로 축소한다. 요한복음
은 평행본문이 없다. 마가복음의 예수는 먼저 풍랑을 잔잔케 꾸짖은 후
에 제자들의 믿음을 책망한다. 마태복음은 먼저 제자들을 꾸짖고 난 후
에 풍랑을 잔잔케 한다. 마가복음의 예수는 먼저 풍랑을 잔잔케하는 이
적을 강조하고 그 다음에 믿음을 책망한다.

b) 오병이어의 이적

마가복음 6:30-44 "이르시되 너희에게 떡 몇 개나 있는지 <u>가서 보라</u> 하시니 알아보고 이르되 떡 다섯 개와 물고기 두 마리가 있더이다 하거늘"(38절)

마태복음 14:13-21 "제자들이 이르되 <u>여기 우리에게 있는 것은</u> 떡 다섯 개와 물고기 두 마리 뿐이니이다"(17절)

누가복음 9:10-17 "예수께서 이르시되 너희가 먹을 것을 주라 하시니 여짜오되 <u>우리에게 떡 다섯 개와 물고기 두 마리밖에 없으니</u> 이 모든 사람을 위하여 떡을 사지 아니하고서는 할 수 없사옵나이다 하니"(13절)

요한복음 6:1-14 "예수께서 눈을 들어 큰 무리가 자기에게로 오는 것을 보시고 빌립에게 <u>이르시되 우리가 어디서 떡을 사서 이 사람들을 먹이겠느냐</u> 하시니"(5절)

마가복음은 오병이어 이적을 열다섯 절로 기록하는데 비해 마태복음은 아홉 절로, 누가복음은 여덟 절로, 요한은 열네 절로 축소한다. 마가복음이 제일 길다. 오병이어 사건은 너무나 엄청난 이적이라 이적에 큰 관심 없는 요한복음마저도 기록한다. 마가복음의 예수는 보다 적극적으로 기적을 베풀기 위해 떡 몇 개가 있는지 찾아보라고 한다. 마태복음과 누가복음은 마치 예수가 말씀하기도 전에 제자들이 자발적으로 이미 떡과 고기를 준비한 듯하다. 요한복음의 예수는 먼저 목양적인 관점에서 빌립에게 어디서 떡을 사서 이 사람들을 먹일 수 있느냐고 묻는다.

c) 물 위를 걸으신 이적

마가복음 6:45-52 "배에 올라 그들에게 가시니 바람이 그치는지라 제자들이 <u>마음에 심히 놀라니</u>"(51절)

마태복음 14:22-33 "배에 함께 오르매 바람이 그치는지라 배에 있는
　　　　　　　　　사람들이 예수께 절하며 이르되 진실로 <u>하나님의</u>
　　　　　　　　　<u>아들</u>이로소이다 하더라."(32-33절)
요한복음 6:16-21 "이에 <u>기뻐서 배로 영접하니</u> 배는 곧 그들이 가려던
　　　　　　　　　땅에 이르렀더라."(21절)
누가복음 : 평행본문 없음.

　　마가복음은 물 위를 걸으신 이적기사를 여덟 절로 기록하는데 비해
마태복음은 열 절로, 요한은 여섯 절로 축소한다. 누가복음은 평행본문
이 없다. 마가복음에는 예수의 이적 자체를 보고 심히 놀란다. 이에 비
해, 마태복음은 이적을 넘어 예수가 하나님의 아들이라는 신앙고백을
강조한다. 요한복음은 놀라지도 않고 단순히 기쁜 정도로 해석하며 예
수를 배로 영접한다. 마치 자신들의 배에 심방 오시는 예수를 기쁨으로
영접하는 느낌이다. 요한복음에는 예수의 목양이 강조되어 있다.

d) 사천 명을 먹이신 이적

마가복음 8:1-10 "배불리 먹고 남은 조각 일곱 광주리를 거두었으며
　　　　　　　　　사람은 <u>약 사천 명</u>이었더라 예수께서 그들을 흩어
　　　　　　　　　보내시고"(8-9절)
마태복음 15:32-39 "다 배불리 먹고 남은 조각을 일곱 광주리에 차게
　　　　　　　　　거두었으며 먹은 자는 여자와 어린이 외에 사천
　　　　　　　　　명이었더라."(37-38)
누가복음 : 평행본문 없음.
요한복음 : 평행본문 없음.

　　마가복음은 사천 명을 먹이신 이적기사를 열 절로 기록하는데 비해
마태복음은 여덟 절로 축소한다. 누가복음과 요한복음은 평행본문이 없
다. 마가복음은 이적에 관심하는 신학적 입장 때문에 이 기사가 오병이

어와 비슷한 사건이라도 예수의 이적을 강조하는 입장에서 사천 명을 먹이신 사건도 빠뜨리지 않는다.

e) 무화과나무가 마르는 이적

마가복음 11: 12-14, 20-25 "예수께서 나무에게 말씀하여 이르시되 이제부터 영원토록 사람이 네게서 열매를 따먹지 못하리라 하시니 제자들이 이를 듣더라(14절) (...) 그들이 아침에 지나갈 때에 <u>무화과나무가 뿌리째 마른 것을 보고</u>(20절)

마태복음 21:18-22 "길 가에서 한 무화과나무를 보시고 그대로 가사 잎사귀 밖에 아무 것도 찾지 못하시고 나무에게 이르시되 이제부터 영원토록 네가 열매를 맺지 못하리라 하시니 <u>무화과나무가 곧(παραχρῆμα) 마른지라.</u>"(19절)

누가복음 : 평행본문 없음.

요한복음 : 평행본문 없음.

마가복음은 무화과나무가 마르는 이적 기사를 여섯 절로 기록하는데 비해 마태복음은 다섯 절로 축소한다. 누가복음과 요한복음은 평행본문이 없다. 마가복음은 예수가 무화과나무를 저주하고 하루가 지난 다음날 아침에 지나갈 때에 무화과나무가 뿌리째 마른 것을 발견한다. 이에 비해 마태복음은 예수께서 무화과나무에게 마르라고 하자 곧 말라버린다. 마가복음은 무화과나무가 뿌리째 말랐다는 이적 자체를 강조하는데 비해, 마태복음은 예수의 말씀이 곧바로 효력을 발휘했다는 것을 강조함으로 말씀의 능력을 강조한다.

요약하면, 신약 성경 사복음서에 나타난 이적 자료는 치유 이적이 21개[328], 자연이적이 8개(급식, 구조이적 포함)[329], 축귀 이적이 6개[330],

---

328) 1. 왕의 신하 아들 치유(S/Jon, 요 4:46-54), 2. 베데스다 병자치유(S/Jon 요

소생 이적이 2개331), 징벌이적이 1개332)등 총 38개가 있다. 사복음서 이적자료 총 38개 중에 마가에 18개가 나타난다.333) 이적 자료의 출처에 있어서도 마가복음이 16개로 단연 많다.334) 이것은 마가복음이 이적을 중요하게 다루고 있다는 증거이다. 구체적인 내용을 보더라도 마가복음에는 이적 기사가 18개 있다.335) 이에 비해, 마태복음에서는 10개

5:1-9), 3. 베드로의 장모 열병(Mk, 막 8:14-15; 막 1:29-31; 눅 4:38-39), 4. 한 센병자 치유(Mk, 마 8:2-4; 막1:40-45; 눅5:12-16), 5. 중풍병자 치유(Mk, 마 9:2-8; 막 2:1-12; 눅 5:18-26), 6. 손 마른자 치유(Mk, 마 12:9-13; 막 3:1-5; 눅 6:6-10), 7. 백부장의 종 치유(Q, 마 8:5-13; 눅 7:1-10), 8. 혈루증 걸린 여자 치유(Mk, 마 9:20-22; 막 5:25-34; 눅 8:43-48), 9. 야이로의 딸 치유(Mk, 마 9:18-26; 막 5:22-24, 35-43; 눅 8:41-42, 49-56), 10. 두 소경 치유(S/Mt, 마 9:27-31), 11. 수로보니게 여인 딸 치유(Mk, 마 15:21-28; 막 7:24-30), 12. 귀먹고 어눌한 자 치유(마 7:31-37), 13. 베데스다 소경 치유(S/Mk, 막 8:22-26), 14. 나면서 소경 된 자 치유(S/Jon, 요 9:1-7), 15. 수종병자 치유(S/Lk, 눅14:1-6), 16. 열 한센병자 치유(S/Lk, 눅 17:11-19), 17. 소경 바디메오 치유(Mk, 마 20:29-34; 막 10:46-52; 눅 18:35-43), 18. 말고의 귀 고침(Lk, 눅 22:49-51; 요 18:10) 19. 벙어리 치유 1) 막 9:14-29(변화산에서 내려와 어떤 사람의 아들), (벙어리/간질=마 17:14-20(눅 9:37-43상), 2) 마 9:32-34(익명의 귀신들려 벙어린 된자), 3) 눈멀고 벙어리 치유(마 12:22; 눅 11:14) 20. 절뚝발이(마 15:29-31), 21. 간질병 치유(마 17:14-20; 눅 9:37-43상) 등이다.

329) 1. 물로 포도주 만드심(S/Joh, 요2:1-11), 2. 고기 잡는 이적(S/Lk, 눅5:1-11), 3. 바다를 잔잔케 함(마 8:23-27; 막 4:35-41; 눅 8:22-25), 4. 오병이어(마 14:14-21; 막 6:34-44; 눅 9:12-17), 5. 물 위를 걸으심(마 14: 24-33; 막 6:45-52; 요 6:16-21), 6. 칠병이어(마 15:32-39; 막 8:1-9), 7. 물고기 입에서 동전 나옴(S/Mt, 마 17:24-27), 8). 고기 잡는 이적(S/Jon, 요 21:1-11) 등이다.

330) 1. 회당에서 귀신추방(S/MK, 막 1:23-28, 4:31-36), 2. 거라사 귀신 들린 자 치유(마 8:28-34; 막 5:1-20; 눅 8:26-39), 3). 벙어리 귀신 추방(S/Mt, 마 9:32-33), 4. 귀신 들린 아이 치유(마 17:14-18; 막 9:14-29; 눅 9:38-42), 5. 귀신 들린 여인 치유(S/Lk, 눅13:10-17), 6. 눈먼 벙어리 귀신 들린 자 치유(Q, 마12:22; 눅11:4) 등이다.

331) 1. 나인성과부 아들 소생(S/Lk, 눅7:11-15), 2. 나사로 소생(S/Joh, 요 11:17-44).

332) 무화과나무 저주(마 21:18-19; 막 11:12-14).

333) 마태는 5개, 누가는 8개, 요한은 6개 나타난다.

334) Q(예수어록)에서 온 자료 1-2개, Mk(마가복음에서 온 자료) 16개, S/Mk(마가의 특수자료) 2개, S/Mt(마태의 특수자료) 3개, S/Lk(누가의 특수자료) 5개, Lk(누가복음)에서 온 자료 1개, S/Joh(요한의 특수자료) 6개 나타난다. 성종현, 『신약총론』, 123.

로 축소한다.336) 그러나 이적의 전체 숫자만 축소하고 있는 것이 아니라 각 이적 기사 구절의 숫자도 축소한다.337) 누가복음은 마태복음보다는 더 많은 이적을 소개하고 있지만 숫자적으로는 마가복음과 비슷하다. 그러나 마가복음이 누가복음보다 양적으로 짧은 것을 감안한다면 마가복음이 마태복음이나 누가복음보다 더 많은 예수의 이적 전승을 소개하고 있다는 것을 알 수 있다.

나아가 내용적으로 보면 마가복음에서 예수의 이적은 귀신을 쫓고, 병자를 고치고, 자연이적을 행하는 방식으로 나타난다. 귀신 축귀는 주로 명령으로 쫓았으며, 귀신이 나갈 때 뒤로 넘어지는 현상이 나타났다.338) 병고침의 경우에는 주로 예수께서 손을 얹고 기도함으로 고치는

---

335) 1. 가버나움의 귀신 들린 자 치유(막 1:21-28), 2. 시몬의 장모 치유(막 1:29-31), 3. 한센병자 치유(막 1:40-45), 4). 중풍병자 치유(2:1-12), 5. 손마른자 치유(막 3:1-6), 6. 폭풍진압(막 4:35-41), 7. 거라사의 귀신들린 자 고침(막 5:1-20), 8. 혈루증 걸린 여인 치유(막 5:25-34), 9. 야이로의 딸 소생(막 5:22-24, 35-43), 10. 5000명을 먹이심(막 6:30-44), 11. 4000명을 먹이심(막 8:1-10), 12. 물위를 걸으심(막 6:45-52), 13. 수로보니게 여인 치유(막 7:24-30), 14). 귀먹은 벙어리 치유(막 7:32-37), 15. 벳세다의 맹인 치유(막 8:22-26), 16. 간질병 소년치유(막 9:14-29), 17. 소경 바디메오 치유(막 10:46-51), 18. 무화과나무 저주(막 11:12-14, 20-25). 이상을 내용적으로 분류해 보면 세 가지 부류로 구분된다. 첫째는 귀신 축출 이적(막 1:21-28, 5:1-20, 7:24-30, 9:14-29), 둘째는 자연이적(4:35-41, 6:45-51, 6:35-44, 8:1-10, 11:12-14), 셋째는 치유이적(막 1:29-31, 1:40-45, 2:1-12, 3:1-6, 5:22-43, 7:32-37, 8:22-26, 10:46-51)이다. 이 세 가지 이적들은 정신질환자 및 장애인을 고쳐주고, 자연 재해로부터 고통당하는 사람들을 구원하며, 신체 장애인의 질병을 치료해 주고 있다. 김득중, 『복음서 신학』, 125-126.

336) 1. 한센병자 치유(마 8:1-4), 2. 백부장 하인 치유(마 8:5-13), 3. 시몬의 장모치유(마 8:14이하), 4. 폭풍 진압(마 8:23-27), 5. 가다라(거라사)의 귀신 들린자 치유(마 8:28-34), 6. 중풍병자 치유(마 9:1-8), 7. 회당장 야이로의 딸 치유(마 9:18-19, 23-26) 8. 혈루증 걸린 여저 치유(마 9:20-22), 9. 두 명의 소경 치유(마 9:27-31), 10. 벙어리 귀신 들린 자 치유(마 9:32-34) 등이다.

337) 예를 들어, 거라사의 귀신 들린 자를 고치신 기사는 마가복음에서 이십 절로 기록한데 비해, 마태복음에서는 일곱 절로 축소한다. 간질병 소년의 기사도 십육절에서 여덟 절로 축소한다.

338) 100여 년 전에 조선인들은 성경의 축귀와 다른 축귀를 행했다. 조선인들이 축귀를 지켜본 의료선교사 셔우드 홀(Sherwood Hall, 1893-1991)의 증언에 의하면, "서낭당으로 가는 사람들은 우리 집 뒤에 있는 가파른 언덕을 통과해야 했

경우가 많았다. 자연이적의 경우는 명령을 통하여 이적을 행한다. 그러나 마가복음에는 이적(26.6%)뿐 아니라 말씀(22.8%), 기도(1.6%), 목양(2.8%)도 함께 나타난다. 이것은 마가복음이 예수의 이적을 강조하면서도 다른 영성을 무시하지 않고 인정하고 있음을 보여주는 증거이다. 이러한 예수의 이적 영성은 세계기독교 영성사 속에서도 계승되었다. 이 과정에서 이적 영성의 정통에서 벗어난 반정통이 나타났으며, 완전히 벗어난 이단도 나타났다. 다음장에서는 마가복음에 나타난 예수의 이적 영성의 정통을 계승한 세계영성사의 영성가와 반정통, 그리고 이단을 살펴보겠다.

2. 예수의 이적 영성을 정통으로 계승한 세계 영성사의 영성가

마가복음에 나타난 예수의 이적 영성의 정통을 계승한 세계 영성사의 영성가는 베드로, 성 안토니우스, 파도바의 성 안토니오, 찰스 팔함, 윌리엄 시무어, 그리고 스미스 위글스워즈가 있다. 둘째, 예수의 이적 영성의 반정통에 속하는 영성가는 그레고리우스 타우마투루쿠스, 존 알렉산더 도위, 캐트린 쿨만, 윌리엄 브랜험, 그리고 존 윔버가 있다. 셋째, 예수의 이적 영성의 이단으로는 마술사 시몬이 있다. 먼저 마가복음에 나타난 예수의 이적 영성을 정통으로 계승한 베드로를 살펴보겠다.

다. 환자의 가족과 악귀를 몸에서 내쫓는 다면서 환자들 몸에 바늘을 찔러 상처를 내기도 하고 신체의 특수한 부분을 달군 쇠붙이로 지진 다음 등에 업거나 나귀 등에 태워서 무당집으로 데리고 간다. 소독하지 않은 바늘로 놓은 침 때문에 병균이 감염되어 고통스러운 염증이 생기기도 한다. 이 불쌍하고 어처구니없는 방법으로 희생된 환자들은 무당이 병마를 내쫓기만을 바라고 매달리는 것이다. 무당집에서 병이 낫지 않은 경우 이들 중 어떤 이들은 마지막 시도로 병원을 찾아온다. 셔우드 홀/ 김동열 옮김, 『닥터 홀의 조선 회상』(서울: 좋은씨앗, 2003), 365-366.

1) 베드로(1세기)

사도행전 2장의 마가의 다락방에서 성령 임재가 일어나면서 방언(행 2:4; 10:46; 19:6)과 신유(행 3:7-8; 5:16; 9:18; 9:34; 14:10; 19:12; 28:8-9), 귀신 축사(행 5:16; 16:18; 19:12) 그리고 죽은 자를 살리는(행 9:40; 20:12) 등 여러 이적이 나타났다. 특히, 베드로는 사도행전에서 이적을 행한 사람으로 묘사된다. 예를 들어, 베드로는 성전 미문 앞에 앉은뱅이를 일으킨다(행 3:1-10). 나아가 베드로는 아나니아와 삽비라가 거짓말을 했을 때 그들을 영적으로 분별하여 심판한다(행 5:1-11). 더 나아가 중풍병자 애니아를 고친다(행 9:32-34). 심지어 베드로는 죽은 도르가도 살린다(행 9:36-43). 고넬료의 집에서는 성령 임재로 방언의 이적이 나타난다(행 10:44-48). 아울러 사도행전 5장 15-16절339)에는 병치유를 받기 위해 사람들이 베드로의 그림자라도 덮이기를 바라기도 하며, 귀신을 내쫓기도 한다.340) 이처럼 베드로는 예수의 이적 영성을 계승시킨 사람이다. 이러한 이적 영성은 동방정교회341)와 서방 로마 가

---

339) "심지어 병든 사람을 메고 거리에 나가 침대와 요 위에 누이고 베드로가 지날 때에 혹 그의 그림자라도 누구에게 덮일까 바라고 예루살렘 부근의 수많은 사람들도 모여 병든 사람과 더러운 귀신에게 괴로움을 받는 사람을 데리고 와서 다 나음을 얻으니라."

340) 서중석은 마가공동체와 베드로 공동체의 입장의 일치는 두 공동체가 각기 귀신을 내쫓았기 때문(막 6:13; 9:38)이라고 한다. 서중석,『복음서해석』, 99.

341) 4세기 이집트 동방의 대표적인 공주수도사 성 파코미우스(St. Pachomius, 282-348)는 그가 전혀 배운 적인 없는 라틴어와 희랍어를 놀랍도록 능숙하게 구사했다고 한다. 파코미우스는 세 시간 동안 간절히 기도하고 나서 서방교회 수도승과 함께 라틴어로 말하기도 했다고 한다. 럿셀 P. 스피틀러/ 이재범 옮김,『오순절 신학의 전망』(서울: 나단출판사, 1992), 23, 26. 19세기 러시아의 사로브의 성 세라핌(St. Seraphim of Sarov, 1759-1833)은 '이적을 행했던 자'로 유명하다. 럿셀 P. 스피틀러/ 이재범 옮김,『오순절 신학의 전망』, 37. 4세기 동방 이집트 사막의 테온 사부는 은혜로 세 가지 언어, 곧, 그리스어와 라틴어 그리고 콥틱어를 읽을 수 있었다. 노만 러셀 편역/ 이후정, 엄성옥 공역,『사막교부들의 삶』(서울: 은성출판사, 2007), 138. 참고로 현재 한국에는 한국정교회가 일곱개가 있으며, 신부는 7명, 신도는 약 2000여 명 정도 된다. 정교회 신부는 가톨릭과는 다르게 결혼을 한다. 가장 대표적인 성당은 서울 니콜라스 주교좌 대성당이다. 나머지 대도시에 하나씩 있는 곳을 성당이라고 한다. 서울 대성당은

톨릭교회342)로 계승되었다. 이적 영성을 계승한 대표적인 동방정교회의

서울 마포구 아현1동 424-1 전화 (02) 362-7005, 주임신부는 암브로시우스 대주
교이다. 국내에는 신학교가 없으며, 신부들은 미국이나 그리스에서 공부하고 신
부가 되어 돌아온다. 한국에 있는 유일한 수도원으로는 가평 구세주 변모 수도
원이 있다. 경기도 가평군 상면 덕현 1리 610-3 (031-584-2082)이다. 책임 수녀
는 실루아니 수녀이다. 개혁교회와 에큐메니컬 시각에서 본 동방 정교회에 대해
서는 다음을 참조하라. 남정우,『동방정교회』(서울: 쿰란출판사, 1997).

342) 18세기 영국의 역사가 에드워드 기번(Edward Gibbon, 1737-1794)은 그의 유
명한 책『로마제국 쇠망사 1』에서 로마시대 초대교회가 급성장 이유 중에 하
나로 초기 교회가 갖추고 있었다는 기적을 행사하는 능력을 들었다. 기번은 그
책에서 초대교회에 대해 이런 말을 했다. "고통받고 있는 불행한 사람의 육체에
서 마귀를 쫓아내는 것은 흔한 일이었는데 (...) 마귀를 쫓는 기도자의 능력과
기술로 환자가 치유되고 나면, 자기는 예로부터 내려오는 거짓 신들 가운데 하
나로 불경스럽게도 인간의 숭배를 받아 왔다는 마귀의 고백이 들려왔다. (...) 2
세기 말경인 이레니우스의 시대를 생각해 보면 그 당시에는 죽은 자의 부활도
별로 진기한 사건으로 여겨지지 않았고 또한 각 지방교회의 대규모 금식이나
합동 기도회 등에서 필요에 따라 자주 기적이 일어났으며, 더구나 이처럼 그들
의 기도에 따라 소생한 사람들은 그 후에도 오랫동안 그들과 함께 살았다." 에
드워드 기번/ 윤수인·김희용 옮김,『로마제국 쇠망사 1』, 543, 571. 또한, 유세
비우스의『교회사』에 보면 이레니우스가 쓴『거짓 교리의 타도와 논박』제2권
에는 당시 교회 안에 예언의 은사와 방언이 나타났다고 기술한다. "우리는 교회
안의 많은 형제들이 예언의 은사를 가지고 있거나, 성령으로 말미암아 방언을
하거나, 사람들의 유익을 위해 은밀한 일들을 밝혀 내거나, 하나님의 비밀을 설
명한다는 소문을 들었다." 유세비우스 팜필루스/ 엄성옥 옮김,『유세비우스의 교
회사』(서울: 은성출판사, 2008(제3판), 268. 나아가 371년 마틴 감독의 명성을
전하는 술피키우스 세베루스(Sulpicius Severus, 363-425)는 마틴을 기적을 행하
는 고행자요, 능력 있는 감독이라고 극찬했다. 버나드 맥긴,『서방 기독교 신비
주의의 역사』, 302. 또한, 성 빈센트 페러(St. Vincent Ferrer, 1350-1419)는 그
의 전도 사역 중에 방언과 많은 신유의 기적과 예언의 은사로 이름이 났다. 네
덜란드에서 그의 이름이 아주 널리 알려졌으므로 하루 한 시간은 환자를 치유
하는 일에 할당했다. 한편, 성 콜레트(St. Colette, 1381-1447)는 죽은 자를 살리
며 한센병 환자를 치유하고 영분별 및 지식의 은사가 나타났다. 성 루이스 버트
란드(St. Louis Bertrand, 1526-1581)가 병원에서 환자의 머리에 손을 얹으면 그
들이 기운을 차리며 죽은 자가 소생되었다고 한다. 성 도미니크(St. Dominic,
1170-1221)는 기도하고 나자마자 바로 독일어를 말해서 몹시 놀라워했다고 전
해진다. 성 글라라(St. Clare, 1193-1254)는 알지도 못하는 프랑스어를, 안젤루스
크라레누스(Angelus clarenus, 1247-1337)는 희랍어를, 성 콜레트(St. Colette,
1381-1447)는 라틴어와 독일어를, 성 스테판(St. Stephen, ?)은 희랍어, 터키어,
아르메니아어를, 성 프랜시스 자비에르(St. Francis Xavier, 1506-1552)는 타밀

영성가로는 성 안토니우스를 들 수 있다. 다음은 마가복음에 나타난 예수의 이적 영성을 정통으로 계승한 동방교회의 성 안토니우스를 살펴보겠다.

2) 성 안토니우스(St. Antonius, 251-356)

4세기 이집트 사막의 수도사 성 안토니우스는 기독교 수도사들의 아버지로 불려진다.[343] 알렉산드리아의 주교 아타나시우스는 안토니우스의 생애를 담은 전기를 썼다.[344] 특히, 아타나시우스는 안토니우스의

(Tamil)어와 몰로카(Molucca) 군도의 언어를, 성 루이스 버트란드(St, Louis Bertrand, 1526-1581)는 성령의 영감을 받아 무어인의 언어를, 십자가의 성 요한(St. John of the Cross, 1542-1591)은 회교도와 더불어 아랍어를 말했다고 한다. 럿셀 P. 스피틀러/ 이재범 옮김, 『오순절 신학의 전망』, 23, 25-28.

343) 버나드 맥긴/ 방석규 · 엄성옥 역, 『서방 기독교 신비주의의 역사-신비주의 토대: 그 기원으로부터 5세기까지』, 215. 교회사 혹은 영성사에서 안토니우스라는 이름이 많기 때문에 4세기 이집트 수도사의 아버지라고 불리는 사람을 성 안토니우스라고 한다.

344) 아타나시우스가 쓴 『안토니우스의 생애』는 356-362년 사이에 쓴 것으로 추정된다. 집필 연대에 대해서는 다음을 참조하라. L. W. Barnard, "The Date of S. Athanasius' Vita Antonii," *Vigiliae Christianae* 27(1974), 169-175; B. R. Brennan, "Dating Athanasius' Vita Antonii," *Vigiliae Christianae* 30(1976), 52-54. 또한, 『안토니우스의 생애』를 정치적으로 다룬 논문은 Sophie Cart Wright, "Athanasius' Vita Antonii as Political Theology: The Call of Heavenly Citizenship," *Journal of Ecclesiastical History* 67/2(2016), 241-264; 권진구, "『안토니의 생애』와 『파코미우스의 생애』속 정치적 요소에 대한 해석," 「신학과 실천」 41(2019), 131-167을 참조하라. 사회학적 관점에서 다룬 논문은 Brian Brennan, "Athanasius' Vita Antonii: A Sociological Interpretation," *Vigillae Christianae* 39(1985), 209-227를 참조하라. 위의 내용은 최승기, "『안토니우스의 생애』에 나타난 안토니우스의 영들의 분별 영적 성숙의 동선을 따라," 「신학과 실천」 71(2020), 257에서 재인용. 철학적 관점에서 다룬 논문은 LEE Kyoung Hee, "Athanasius as Mystagogue of Mimetic Desire of René Girard," *Korea Presbyterian Journal of Theology* 51/4(2019), 161-180을 참조하라. 문학적인 것과 신학적인 것의 관계를 위한 논문은 Martin Tetz, "Athanasius und die Vita Antonii: Literarische und Theologische Relationen," *Zeitschrift für die Neutes Tamentliche Wissenschaft und die Kunde der älteren Kirche* 73/1-2(1982), 1-30을 참조하라. 이 외에 『안토니우스의 생애』에

전기에서 영성 생활을 집중적으로 다루었다.345) 안토니우스는 이집트 콥트인으로서, 유복한 가정에서 태어났다. 그는 어려서부터 부모에게 순종하고 하나님께 충실한 기독교인으로 자라났다.346) 그가 열여덟 살쯤 되었을 때 부모님이 세상을 떠나면서 여동생과 단 둘만 남게 되었다. 어느 날 교회에서 마태복음 19장 21절의 말씀 "예수께서 이르시되 네가 온전하고자 할진대 가서 네 소유를 팔아 가난한 자들에게 주라 그리하면 하늘에서 보화가 네게 있으리라. 그리고 와서 나를 따르라 하시니"라는 말씀을 듣고 감동을 받는다. 안토니우스는 즉시 교회에서 나와 부모에게 물려받은 비옥하고 아름다운 경작지 207 에이커347)를 마을 사람들에게 나누어 주고 마을 근처에 있는 수도사를 찾아가 배우면서, 끊임없이 기도 생활을 한다. 이때 안토니우스는 마귀가 여러 가지로 시험348)을 하지만 쉴 새 없이 기도하며 이겨낸다.349) 안토니우스는

대한 논문은 다음을 참조하라. 강치원, "기독교 영성 고전 읽기 아타나시우스 『성 안토니의 생애』," 「교육교회」 428(2013), 49-56; Andrew Mellas, "The Eremitic Citizen as An-chora-ite in St Athanasius' Life of St Antony," *Phronema* 28/1(2013), 53-72; Paul van Geest, "Athanasius as Mystagogue in His Vita Antonii," *Church History and Religious Culture* 90/2-3(2010), 199-221; Arthur Urbano, ""Read It Also to the Gentiles": The Dis placement and Recasting of the Philosopher in the Vita Antonii," *Church History: Santa Rosa* 77/4(2008), 877-914; Mary Ann Dono van, "Transformation into Christ," *Religion East and West* 6(2006), 73-84; Michael Wallace. O'Laughlin, "Closing the Gap between Antony and Evagrius," in Origeniana Septima Origenes in den Auseinandersetzungen des 4. Jahrhund erts (peeters, 1999), 345-354; Neal Kelsey, "The Body as Desert in the Life of St. Anthony," *Semeia* 57(1992) 131-151.

345) 유재경은 성 안토니우스가 영성훈련을 네 가지로 했다고 보았다. 첫째, 세상으로 확장된 은둔적 독거, 둘째, 금욕을 통한 육체와 정신의 규칙적 훈련, 셋째, 구체화된 의식성찰, 넷째, 일상으로 확장된 식별 훈련이다. 유재경, "『성 안토니의 생애』에 나타난 영성 훈련에 대한 소고," 「신학과 실천」 73(2021), 213-226.

346) 김영한, "성 안토니의 영성," 「역사신학논총」 (1999), 191.

347) 1 에이커를 평수로 계산하면 약 1224평이기 때문에 207 에이커는 253,368평이다.

348) 어느 날 사악한 악마는 안토니우스에게 여자의 모습으로 나타나 온갖 방법으로 여자의 행동을 흉내 낸다. 그러나 안토니우스는 그리스도를 생각하고 그리스도 덕분에 인간이 가지게 된 고귀함과 영혼의 영적 자질에 관해 묵상하면서 그

고향 마을에서 멀지 않은 한 동굴에서 10년 동안 기도생활을 한 후, 현재의 엘-마이문(El-Maimun)에서 수 킬로미터 떨어진 요새(동굴)350)에

유혹의 불을 이겨낸다. 알렉산드리아의 아타나시우스·안토니우스/ 허성석 옮김, 『사막의 안토니우스』(왜관: 분도출판사, 2015), 64. 안토니우스의 이런 퇴치법은 한국 민속에서 귀신을 퇴치하는 법 가운데 의타법(依他法) 중에 차력법(借力法, 또는 합력법(合力法)과 유사하다. 차력법이란 어느 타력을 빌어서 병귀를 퇴치하는 방법으로 자기 이외의 힘을 이용하여 그 목적을 달성하는 것을 말한다. 특히, 신력(神力)을 빌리는 것을 '신차'(神借)라고 하는데, 신력을 얻고자 하는 자는 인적이 드문 심산유곡에 들어가 외계의 생활권과 단절하고 보통 백일간 몸과 맘을 재계하고 근신하는 태도를 가지고 천신(天神), 산신(山神)께 기도한다. 그러면 오륙십일쯤 되면 각종 시험이 오는데, 예를 들어, 천지가 진동한다든가, 심한 비바람과 천둥번개가 몰아친다든가, 무서운 호랑이가 나타나 위협을 한다든가, 때로는 예쁜 미녀가 나타나 유혹한다든가, 미주기효를 앞에 차려 놓고 굶주린 심경을 더욱더 참기 어렵게 만든다든가, 겨울이면 따뜻한 옷으로, 여름이면 시원한 바람으로 꾀었다 달랬다 위협하는 등 별 시험을 다한다. 이 무서운 유혹과 시험을 이기기만 하면 그때부터는 신통력(神通力)이 오는데 큰 나무를 뿌리째 뽑을 수 있는 힘이 온다든가, 원하는대로 변신(새, 개)할 수 있는 변신의 능력이라든가, 앉아 천리를 보는 능력(坐見千里), 서서 만리를 볼 수(立見萬里) 있는 투시력 또는 장래 일을 예측할 수 있는 신통력이라든가, 보행을 하되 축지(逐地)를 하여 하루에 수백리를 왕래할 수 있는 초능력 등을 원하는대로 얻을 수 있다고 한다. 신태웅, "한국의 양귀(穰鬼)와 성서의 축귀(逐鬼)," 「풀빛목회」 58/1-2(1986), 82-83. 그러나 안토니우스가 기도할 때 마귀가 예쁜 여자로 유혹하는 현상과 신차력을 하는 과정의 시험이 비슷하기는 하지만 안토니우스가 기도한 근본 목적은 신통력을 얻기 위해 기도한 것은 아니다.

349) 아타나시우스·안토니우스/ 허성석 옮김, 『사막의 안토니우스』, 63-66.
350) 홍해 옆 게벨 엘 갈라라(Gebel-el-Galala) 지역에는 안토니우스의 수행동굴이 있다. 카이로에서 수에즈운하 쪽으로 135Km를 달리고 다시 홍해를 끼고 아라비아 사막을 160Km 남하하면 안토니우스 수도원에 도착한다. 안토니우스는 안토니우스 수도원에서 한참 떨어진 돌산 절벽꼭대기 자연동굴 속에서 수도를 했다. 인도에서 싯달타가 우루벨라의 아리따운 처녀 수자타에게 유미죽을 얻어먹고 기운을 회복하고 난 후 깨달음을 얻기 위해 수도생활을 했다는 전정각산(前正覺山, Prag Badhigiri)의 유영굴(留影窟)의 모습과 매우 흡사하다. 유영굴보다 훨씬 더 가파르고 깊고 캄캄하다. 이 캄캄한 암흑 속에서 20년을 기도생활을 했다. 샘물이 솟아나는 오아시스와 안토니우스가 기도한 동굴사이의 거리는 해발고도 301미터의 차이가 난다. 그는 샘과 동굴 사이를 다니며 물과 먹을 것을 스스로 조달했다. 기도를 마치고 하산했을 때 그는 성자로 추앙을 받았다. 안토니우스는 105세에 죽었는데(356년 1월 17일), 이 사막에는 자그마치 3000여 명의 그의 지도를 받는 토굴수행승들이 있었다고 한다. 김용옥, 『도올의 도마복음이야기 1』, 46-52.

서 기도한다. 거기서 안토니우스는 하나님의 계시를 받고 사막 깊숙한 곳으로 들어간다. 즉, 아랍유목인-베두인족-대열에 끼어 약 150킬로미터를 걸어간 끝에 드디어 샘과 야자수가 있는 산에 도착한다. 훗날 그곳에 안토니우스의 이름을 딴 수도원이 세워졌다.[351] 안토니우스는 그 성채에서 20년 동안 기도를 한다.[352] 안토니우스는 기도를 하면서 동시에 성경을 중요하게 생각했다. 『사막교부들의 금언』을 보면 다음과 같은 내용이 나온다. 어느 날 형제들이 안토니우스를 찾아와서 이렇게 말했다. "어떻게 해야 우리가 구원을 얻을 수 있습니까?라고 물었다. 안토니우스는 그대들은 이미 성경 말씀을 알고 있지요. 그것이 여러분에게 구원받는 방법에 대해 가르쳐 줄 것입니다."라고 대답했다.[353] 한편, 안토니우스가 20년간 한 기도는 그리스 철학 전통에서 기원하고 기독교 영성과 결합한 관상기도가 아니라 성경 말씀에 나오는 기도를 했다. 엔드루 라우스는 아타나시우스의 『안토니우스의 생애』에서 아타나시우스는 그의 성육신 신학 때문에 관상을 통하여 하나님께 올라가는 것은 없다고 한다. 라우스는 다음과 같이 말한다. "플라톤 철학에서의 영혼

---

351) 뤼시앵 레뇨, 『사막교부 이렇게 살았다』, 27. 안토니우스 수도원에 대해서는 다음을 참조하라. 박경수, "안토니우스 수도원, 그리스도교 최초의 수도원," 「기독교사상」 743(2020), 190-204.

352) 아타나시우는 『안토니우스의 생애』에서 20년 동안(35세-55세) 버려진 성채에서 기도하고 난 그의 모습을 이렇게 기술하고 있다. "그때 그의 모습은 성소에서 신비들을 전수받은 사람처럼 그리고 신적 입김으로 영감 받은 사람 같았습니다. 그는 처음으로 작은 요새 밖에서 자기를 찾아왔던 사람들에게 모습을 드러냈습니다. 안토니우스의 몸은 보통 때처럼 건강해 보였습니다. 운동 부족으로 인해 비만하지도 않았고, 단식이나 악령들과의 싸움으로 인해 마르지도 않았습니다. 그는 고독 속으로 물러나기 전 그들이 보았던 그대로였습니다. 그의 영혼은 순수했습니다. 그는 슬픔으로 수척하지도 않았고, 쾌락으로 고삐가 풀리지도 않았으며 웃음이나 고뇌에 사로잡히지도 않았습니다. 그는 군중을 보는 것에 불안을 느끼지 않았고, 많은 사람이 자기에게 인사했다고 즐거워하지 않았습니다. 오히려 마치 이성을 지배하는 누군가처럼 그리고 자기 원래 상태에 있는 사람처럼 온전히 한결같은 모습으로 남아 있었습니다." 아타나시우스 · 안토니우스/허성석 옮김, 『사막의 안토니우스』, 77-78.

353) 베네딕타 와드 편역/ 이후정 · 엄성옥 공역, 『사막교부들의 금언』(서울: 은성출판사, 2005), 39.

과 신 사이에 본래부터 있는 동족관계라는 전제조건에 기초를 두었던 초기의 신비신학에 반(反)하여 아타나시우스는 하나님과 온갖 만상(영혼을 포함한 모든 피조물) 사이에 존재론적 커다란 틈을 설정하였다. 이 틈은 하나님만이 넘을 수 있기에 인간은 오직 하나님께서 그에게로 오셔야만, 즉 인간이 살고 있는 타락과 죽음의 세계로 내려와 주셔야만 비로소 하나님을 알 수 있다. 이는 바로 '성육신'을 통하여 이루어지는 것이다. (...) 그러므로『안토니우스의 생애』에는 관상을 통하여 하나님께 올라가는 영혼의 상승(上昇)에 관한 언급은 전혀 없고 오히려 죄악에 물든 세상으로 내려가 악마의 처소에서 싸우기 위해 하강에 대한 내용만 읽게 된다."354) 따라서 앤드루 라우스는 아타나시우스가『안토니우스의 생애』에서 관상을 거의 드물게 언급한다고 한다.355) 실제로 『안토니우스의 생애』에서 '관상'(Θεωρία/theoria, contemplation)이라는 단어는 단 두 번 나타난다. 예를 들어,『안토니우스의 생애』35장 5절(Θεωρεῖν)356)에서 내적 빛을 받은 영혼은 자기에게 나타나는 것들을 관상한다고 하고, 84장 2절(Θεωρία)357)에서는 신적 환시들을 관상한다고 한다. 아타나시우스는 안토니우스가 플라톤 철학의 전통에 있는 관상을 통한 상승이 아니라 성경에서 말하는 간구기도와 서원기도를 한다고 했다.358) 나아가 안토니우스는 성채에서 20년 기도를 마친 후에는 복음을 선포하며 사회의 지배계급과 하류계급의 사이를 자유롭게 누비고 다녔다. 그는 그들을 가르치고, 상담하고, 치료하며, 마귀를 쫓는 등 많은 사역을 했다. 탄광에서 일하는 가난한 자들과 감옥에 갇혀있는 자

---

354) 앤드루 라우스/ 배성옥 옮김,『서양 신비사상의 기원: 플라톤에서 디오니시우스까지』, 152-153.
355) *The Origins of the Christian Mystical Tradition: from plato to Denys*, 76.
356) Jacques Paul Migne, ed., *Patrologiae Cursus Completus Series Graeca et Orientalis* 26 (Parigi, 1857), 896. 앞으로는 *PG*로 표기하겠다.
357) *PG* 26, 961.
358) 아타나시우스는 안토니우스가 성경에서 주로 사용하는 기도 용어 곧, 간구(πρ οσευχής)와 서원(ευχή)을 사용한다. 예를 들어,『안토니우스의 생애』에는 간구기도(προσευχής)는 3회(2장, 4장, 54장), 서원기도(ευχή)는 4회(22장, 36장, 38장, 84장) 나타난다.

들 사이에서 지칠 줄 모르고 사역했으며, 불공정한 법관들에게 맞섰으고, 서로 적대하는 무리들을 화해시키기도 했다. 안토니우스는 생애의 마지막 시기에 그의 사역에 대한 집착으로부터 벗어나 다시 이집트 사막으로 돌아가 기도했다.359)

특히, 아타나시우스가 쓴『안토니우스의 생애』를 보면 마태복음, 마가복음, 누가복음 그리고 요한복음에 나타난 예수의 네 가지 영성이 균형 있게 나타난다.360) 그럼에도 마가의 이적 영성이 가장 많이 나타난다. 예를 들어, 마가복음에서 예수의 축귀 이적이 두드러지게 나타난 것처럼『안토니우스의 생애』에서도 악령과의 투쟁이 핵심을 이룬다.361) 안토니우스가 악령과의 투쟁에서 얻은 영들의 분별은 그의 영성의 핵심이며, 추후 비잔틴 동방정교회나 중세 서방 로마가톨릭 교회의 마귀론을 형성하는 주요 원천이 되었고, 이후 영성가들의 영적 분별을 이해하는 열쇠가 된다.362) 귀신축출 유형도 마가복음과 유사하다. 예를

359) 리처드 포스터/ 박조앤 옮김,『생수의 강』, 55-58.
360) 아타나시우스·안토니우스/ 허성석 옮김,『사막의 안토니우스』를 중심으로 분석해 보면 마태의 말씀의 영성은 58-59, 61, 78, 80에 나오고, 마가의 이적 영성은 110, 86-115, 120, 125-126, 127, 130, 131, 132-133, 135-136, 138, 138-139, 148, 154, 159, 165에 나온다. 누가의 기도의 영성은 77-78, 130, 140, 165에 나오며, 요한의 목양의 영성은 61, 118, 119, 166, 167, 169, 177에 나온다. 전체 분량으로 보면 마가의 이적 영성이 가장 많이 나온다.
361) 안토니우스와 악령과의 투쟁은 다음 논문을 참조하라. David Brakke, "The Making of Monastic Demonology: Three Ascetic Teachers on Withdrawal and Resistance," *Church History* 70/1(2001), 19-48; Gregory A. Smith, "How Thin Is a Demon?," *Journal of Early Christian Studies: Baltimore* 16/4 (2008), 479-512; Dmitrij F. Bumazhnov, "The Evil Angels in the Vita and the Letters of St Anthony the Great: Some Observations Concerning the Problem of the Authenticity of the Letters," *Zeitschrift für antikes Christentum* 11/3(2007), 500-516.
362) 최승기, "『안토니우스의 생애』에 나타난 안토니우스의 영들의 분별 영적 성숙의 동선을 따라," 257. 특히, 안토니우스의 구체적인 영들의 분별 원리는 268-274를 참조하라. 안토니우스의 영들의 식별에 대해서는 다음을 참조하라. Pamela Bright, "Antony of Egypt and The Disce rnment of Spirits," in Origeniana Nona G. Heidl-R.Somos ed., (Uttgeveru Peeters Leuven-Paris-Walpole, MA 2009), 549-556.『안토니우스의 생애』와『영신수련』의 악한 영에 대한 분별은 다음을 참조하라. 김영수, "악한 영에 대한 분별 아타나시

들어, 『안토니우스의 생애』63장 1-3절에 다음과 같이 기록하고 있다. "1절. 한 번은 안토니우스가 다시 산 아래 은수자들의 거처로 내려갔습니다. 그들은 안토니우스에게 배에 올라와 수도승들과 함께 기도해 달라고 청했습니다. 그러나 안토니우스 는 역겨운 냄새가 스며들어 있음을 느꼈습니다. 2절. 배 위에 있던 사람들은 자기들이 물고기와 소금에 절인 육고기를 운송했고, 악취는 거기서 왔다고 말했습니다. 3절. 안토니우스 그렇게 말하고 있을 때 그보다 먼저 배에 올라 배 안에 숨어 있었던 악령 들린 한 젊은이가 갑자기 부르짖었습니다. 우리 주 예수 그리스도의 이름으로 질책받은 악령은 나갔고 그 사람은 치유되었습니다. 그러자 모든 사람이 그 심한 악취가 악령에게서 났다는 것을 알게 되었습니다."363) 여기의 귀신축출 유형은 예수께서 마가복음 1장 21-28절에서 가버나움 회당에서 귀신을 축출한 사건과 형태가 유사하다. 나아가 『안토니우스의 생애』64장 1-5절을 보면 "1절. 악령에 사로잡힌 명문가의 사람이 안토니우스에게 왔습니다. 그 악령은 그가 안토니우스에게 가고 있다는 것도 모르게 하고, 심지어 자기 배설물을 게걸스럽게 먹어 치우게 할 정도로 무시무시했습니다. 2절. 그를 데려왔던 사람들은 안토니우스에게 그를 위해 기도해 달라고 간청했습니다. 안토니우스는 그 젊은이를 측은히 여겨 기도했고 그와 밤을 꼬박 새웠습니다. 3절. 동이 틀 무렵 갑자기 그는 안토니우스를 공격했고 그에게 몸을 던졌습니다. 그를 동행했던 사람들은 화가 치밀었지만 안토니우스는 말했습니다. 이 젊은이에게 화내지 마시오. 이 짓을 한 것은 그가 아니라 그 안에 있는 악령입니다. 4절. 주님께서 악령을 꾸짖어 물 없는 장소(눅 11:24 참조)로 물러가라고 명령했기 때문에 성을 내며 그렇게 했던 것이지요. 그러므로 주님께 영광을 드리십시오(고전 6:20 참조) 그 젊은이가 나를 들이받았던 것은 악령이 그에게서 나갔다는 표시지요. 5절. 안토니우스가 그렇게 말하자 그 청년은 즉시 치유되었습니다(요

우스의 『성 안토니의 생애』 와 이냐시오의 『영신수련』 비교," 「신학과 실천」 59(2018), 269-291.

363) 아타나시우스·안토니우스/ 허성석 옮김, 『사막의 안토니우스』, 138.

5:9 참조). 그는 제정신으로 돌아와 자신이 어떤 상태였는지 알았고 하나님께 감사드리면서 안토니우스를 포옹했습니다."364) 이 귀신축출 기사도 마가복음 5장 1-20절에 나오는 거라사 귀신 들린 자에게서 귀신을 쫓아준 기사와 유형이 비슷하다. 더 나아가 『안토니우스의 생애』 71장 1-2절을 보면 "1절. 우리는 도시를 떠나는 안토니우스를 배웅했습니다. 우리가 항구에 도착하자 한 여인이 안토니우스 뒤에서 부르짖었습니다. 하나님의 사람이시여, 기다려 주십시오! 제 딸아이가 악령에게 몹시 괴롭힘을 당하고 있습니다(마 15:22 참조). 기다려 주십시오. 간청하옵건대 저 역시 당신께 달려오면서 위험에 처하지 않게 해 주십시오. 2절. 원로는 여인의 말을 듣고, 또 우리의 요청을 받고 기꺼이 기다리자고 했습니다. 그 여인이 안토니우스에게 다가왔을 때, 그 여식은 땅에 내동댕이쳐졌습니다. 그러자 안토니우스는 기도하기 시작했고 그리스도의 이름을 불렀습니다. 그러자 그 딸은 치유되어 일어섰습니다. 불순한 악령이 그녀에게서 나갔습니다."365) 이 귀신 축출 기사 역시 마가복음 9장 14-29절에 있는 귀신 들린 아이에게서 귀신을 축출하는 기사와 형태가 유사하다. 마치 아타나시우스가 마가복음의 예수의 축귀기사와 안토니우스의 축귀기사를 상응시켜서 기록한 듯한 느낌을 가지게 한다. 또한, 안토니우스가 귀신을 축출할 때 그리스도의 이름으로 내쫓는 것도 마가복음 16장 17절에 "그들이 내 이름(예수)으로 귀신을 쫓아내며"라는 내용과 동일하다.366)

이처럼 안토니우스는 마가복음에 나타난 예수의 이적 영성을 정통으로 계승하고 있다. 특히, 안토니우스는 마가복음에 나타난 것 같이 마귀와 투쟁을 하고 귀신을 내쫓는 방식을 중심으로 예수의 이적 영성을 계승하였다. 다음은 마가복음에 나타난 예수의 이적 영성을 정통으로 계승한 서방 로마 가톨릭교회의 파도바의 성 안토니오를 살펴보겠다.

---

364) 아타나시우스·안토니우스/ 허성석 옮김, 『사막의 안토니우스』, 138-139.
365) 아타나시우스 · 안토니우스/ 허성석 옮김, 『사막의 안토니우스』, 148-149.
366) 4세기 이집트 사막의 교부들이 이적을 행한 것은 다음을 참조하라. 노만 러셀 편역/ 이후정, 엄성옥 공역, 『사막교부들의 삶』(서울: 은성출판사, 2007).

3) 파도바의 성 안토니오(St. Anthony of Padua, 1195-1231)

서방 로마 가톨릭교회에서 파도바의 성 안토니오(페르난도)는 '기적의 성인'으로 유명하다.[367] 안토니오의 초기 성화는 박사와 지혜로운 신학자의 옷차림의 모습도 있지만 가장 흔히 볼 수 있는 성화는 치유자이며, 기적을 일으키는 수호자로 묘사한다.[368] 안토니오는 1195년 8월 15일에 귀족 가문에서 태어나 어려서부터 그리스도교의 미덕을 배우며 자랐다. 1210년 열다섯 살이 된 안토니오는 부모와 재산과 친구들을 뒤로하고 포라의 성빈첸시오 수도원에 들어가 성 아우구스티노회의 정규 수도복을 입는다. 그러나 친척들의 잦은 방문으로 2년 뒤 리스본에서 북쪽으로 약 200킬로미터 떨어진 조용하고 작은 도시 코이브라의 성십자가 수도원에 몸을 숨긴다. 1220년에는 다시 프란치스코 수도원에 들어가 프란치스코가 추구한 복음적 삶을 따라 가난하게 산다.[369] 그후 안토니오는 프란치스코 수도사로서 여러 곳에 다니며 설교를 하며 많은 기적을 베푼다.

예를 들어, 안토니오는 사도행전 2장 1-14절에 나오는 사도들이 성령을 받고 다른 언어(방언)들로 설교하는 이적을 행한다. 1228년 봄 안토니오는 로마의 총원장에게 불려갔다. 그 당시 안토니오는 잘 알려진 설교자로서 칭송이 자자했다. 그의 소문은 교황 그레고리오 9세의 귀에까지 들어가 교황청과 주교단 앞에서 강론을 하도록 부름을 받았다. 성령의 불을 받은 안토니오는 확신에 차서 하나님의 말씀을 지혜롭고 능

---

367) 빅또리노·파끼네띠/ 안철구 역,『파도와의 성 안또니오: 기적의 성인』(서울: 성바오로출판사. 1966), 87.
368) 스테파노 델오르토/ 강선남 옮김,『파도바의 성 안토니오』(서울: 바오로딸, 2003), 72.
369) 스테파노 델오르토/ 강선남 옮김,『파도바의 성 안토니오』, 8-14. 보다 자세한 안토니오의 전기를 보기 위해서는 다음을 참조하라. 베르질리오 감보소/ 김익자·강은성 옮김,『기적의 일꾼 파도바의 성 안토니오』(서울: 성바오로, 2015); Isidore O'brien, *Enter Saint Anthony: Life of the Wonder-Worker of Padua* (New Jersey, Paterson: ST. Anthony's Guild Pres s, 1932); Catherine Mary Anthony Woodcock, *Saint Anthony of Padua, The Miracle-Worker (1195-1231)* (Hard Press, 1911).

숙하게 풀이했다. 그런데 그의 강론을 듣기 위해 여러 나라에서 온 사람들은 마치 자기 나라 말처럼 안토니오의 강론을 정확하게 알아들을 수 있었다. 초대교회 때 사도들이 성령의 불을 받아 모든 이가 알아듣는 언어로 말하는 기적이 일어났던 것처럼 그 사건이 재현된 것에 모두들 놀라 입을 다물지 못했다. 주교들은 감탄하며 서로 말했다. "저 사람은 포르투갈 사람이 아닙니까? 그런데 어떻게 우리 모두 각자의 언어로 그의 강론을 알아들을 수 있었을까요?"라고 말했다.370) 이처럼 안토니오는 마가복음 16장 17절에서 믿는 자들이 새 방언을 말할 것이라는 것을 성취하였다.

나아가 안토니오는 요한복음 2장 1-12절에 예수가 가나의 혼인 잔치에서 물로 포도주를 만드신 것 같이 포도주를 만드는 이적을 행했다. 어느 날 안토니오와 형제수사는 프랑스에서 이탈리아로 돌아오는 여행길에 어느 마을에 들어가 잠시 쉬어가기로 했다. 그들은 한 가난한 부인의 집에 묵게 되었는데 부인은 정성을 다해 손님을 대접하기 위해 포도주 광으로 갔다. 그러나 부인은 서두르는 바람에 포도주 통의 마개를 닫는 것을 잊고 나왔다. 통에 남아 있던 포도주가 쓰러져 아깝게 흘러내렸다. 포도주가 떨어져 광으로 가서 포도주를 다시 가져오려고 했지만 포도주가 없는 것을 보고 울음을 터뜨리고 말았다. 이를 본 안토니오는 측은한 마음이 들어 간절히 기도하니, 포도주 통이 꽉 차 있었을 뿐만 아니라 새 포도주처럼 끓어올랐다.371)

더 나아가 안토니오는 살해당한 젊은이를 살리기도 했으며372), 죽은 어린아이를 살리기도 했다. 한 부인이 안토니오의 강론을 듣기 위해 아기를 집에 혼자 두고 성당에 갔다. 그런데 돌아와 보니 아기가 담요에 깔려 질식해 죽어 있었다. 슬픔과 괴로움에 넋이 빠진 아기 어머니는 이 사실을 알렸다. 이야기를 들은 안토니오는 부인을 위로하며 하나님의 사랑을 굳게 믿고 집으로 돌아가라고 했다. 안토니오의 말대로 집으

370) 스테파노 델오르토/ 강선남 옮김,『파도바의 성 안토니오』, 49-50.
371) 스테파노 델오르토/ 강선남 옮김,『파도바의 성 안토니오』, 53-54.
372) 빅또리노 · 파끼네띠/ 안철구 역, 『파도와의 성 안또니오: 기적의 성인』, 94.

로 돌아온 부인은 살아난 아들을 볼 수 있었다.373) 이처럼 안토니오가 죽은 아이를 살린 것은 마가복음 5장 35-43절에서 예수가 어린 소녀를 살린 것과 유사하다. 또한, 안토니오는 팔과 다리를 쓰지 못하는 사람을 고쳐 주었다. 어느 날 안토니오가 파도바의 거리에 있을 때 피에드로라는 사람이 안토니오에게 와서 자기 딸의 병을 고쳐 달라고 애원했다. "안토니오 신부님, 이 어린것은 간질병을 앓다가 잘못되어 팔과 다리를 쓰지 못하는 병신이 되어 버렸습니다. 이 죄 없는 것을 불쌍히 여기시고 병을 고쳐 주십시오."하면서 애원했다. 안토니오는 아버지의 믿음과 어린 딸을 불쌍히 여겨 기도를 해 주었다. 피에드로는 딸을 안고 집으로 가는데 가는 도중에 차츰 사지에 피가 돌아 몸을 움직이기 시작했다. 며칠 후에는 완전한 건강을 찾게 되었다.374) 이 이야기는 마가복음 2장 1-13절의 중풍병자가 고침을 받는 이야기와 비슷하다. 여기서도 예수가 중풍병자를 데려온 사람들의 믿음을 보시고 중풍병자를 고쳐주신다. 안토니오도 아버지의 믿음을 보고 딸이 걸을 수 있도록 고쳐준다. 아울러 안토니오는 캄포삼피에로의 티소 백작 집에 머물면서 눈먼 사람들을 보게 하고, 귀 먼 사람들을 듣게 하며, 말 못 하는 사람을 고쳐주었다.375) 예수도 마가복음 8장 22-26절에서 벳새다의 맹인을 고쳐주고, 마가복음 10장 46-52절에서는 맹인 바디메오를 고친다. 마가복음 7장 37절에서는 사람들이 예수가 못 듣는 사람도 듣게 하고 말 못 하는 사람도 말하게 한다고 하면서 놀라는 장면이 나온다. 마가복음 9장 25절에는 예수가 말 못 하고 못 듣는 귀신을 내어 쫓는다.

이처럼 안토니오는 예수가 마가복음에서 행한 이적, 곧, 새 방언, 죽은자 살림, 맹인 치유, 말 못 하는 자 치유, 못 듣는 자들을 고치는 이적 영성을 계승하였다. 다음은 마가복음에 나타난 예수의 이적 영성을 정통으로 계승한 개신교 영성가 찰스 팔함을 살펴보겠다.

---

373) 스테파노 델오르토/ 강선남 옮김,『파도바의 성 안토니오』, 58-59.
374) 빅또리노·파끼네띠/ 안철구 역,『파도와의 성 안또니오: 기적의 성인』, 105.
375) 스테파노 델오르토/ 강선남 옮김,『파도바의 성 안토니오』, 60.

4) 찰스 팔함(Charles F. Parham, 1873-1929)

현대 오순절 운동376)의 창시자는 전직 감리교 목사였던 찰스 팔함
(Charles F. Parham),377)이며, 오순절 운동을 확장시킨 사람은 아주사
의 부흥을 일으켰던 윌리엄 시무어(William Seymour)이다.378) 특히,
찰스 팔함은 방언을 성령세례의 일차적인 증거라고 가르쳤다.379) 물론,
방언의 역사는 그 이전에도 많이 있었다. 그러나 방언을 성령 세례의
일차적 증거라고 가르친 것은 팔함이었다.380) 팔함은 사도행전 2장에

---

376) 류장현은 전통적인 영성의 한계를 지적하며 새로운 대안 영성으로 오순절 영
   성을 부각했다. 그는 오순절 영성의 필요성을 다음과 같이 말했다. "전통적인
   영성운동은 인간적인 영성훈련을 통해서 하나님과의 연합 혹은 하나님의 형상
   을 회복하려고 했다. 이런 영성훈련을 통해 인간중심적 공로주의에 빠졌으며,
   영적 체험을 신플라톤주의로 해석하려는 시도는 영과 육을 구별하는 영지주의
   적 영성, 개인의 내면적 경건성을 추구하는 개인주의적 영성, 삶의 현실과 분리
   된 탈세상적 영성으로 일탈하는 오류를 범했다. 이런 영적 공황 상태에서 새로
   운 형태의 영성운동이 필요하게 되었다. 그것은 20세기 초에 폭발한 오순절 운
   동을 통해서 나타났다."라고 주장하면서 오순절 영성을 새로운 대안영성으로 제
   시하였다. 특히, 오순절 영성의 특징 중에 하나는 치유의 영성이다. 류장현, "성
   령운동과 오순절 영성,"「교회성장」119/5(2003), 22, 25. 이처럼 오순절 영성은
   병을 짊어지신 예수를 믿으며 신유의 복음과 육체적 축복을 믿는 치유의 영성
   이라고 할 수 있다. 오순절 운동의 목표가 초대교회의 영성 회복에 있었기 때문
   에, 초대교회에 보편적으로 나타난 성령세례와 방언, 신유, 그리고 임박한 재림
   을 준비하기 위한 땅 끝까지 선교 등은 오순절 운동의 핵심적인 내용이다. 이영
   훈, "한국 오순절운동과 신유,"「성결교회와 신학」11/3(2004), 171.
377) 찰스 팔함이 직접 쓴 책을 보기 위해서는 다음의 두 권의 책을 참조하라.
   Charles F. Parham, *A Voice Crying in the Wilderness* (Baxter Springs, ks
   Apostolic Faith Bible College, 1910); Charles F. Parham, *The Everlasting
   Gospel* (Baxter Springs, ks Apostolic Faith Bible College, 1942).
378) 로버츠 리어든/ 김광석 옮김,『아주사 부흥』(서울: 서로사랑, 2008), 79-82.
   96-107, 118, 226.
379) 팔함이 방언이 성경적 증거 교리라고 주장한 내용을 보기 위해서는 다음 논문
   을 참조하라. Gary B McGee, "The Calcutta revival of 1907 and the refo
   rmulation of Charles F. Parham's 'Bible evidence' doctrine," *Asian Journal of
   Pentecostal Studies* 6/1(2003), 123-143.
380) 박명수 · 임열수, "근대 오순절 운동의 기원,"「오순절 신학논단」1(1998),
   19-20.

나오는 외국어 방언(xenolalia: 알려진 외국어)을 통한 성령세례와 세계 선교의 비전을 강조했다.[381] 이것은 그의 영적 경험에서 유래한다. 팔함이 27세 때인 1900년 10월 15일 캔자스주의 토페카의 중심지에서 2마일 떨어진 곳에 스톤즈 폴리(Stone's Folly)라는 베델 바이블 컬리지를 개교하여 35명의 학생을 받았다. 팔함은 성경 한 구절 한 구절을 즉흥적으로 가르쳤으며 학생들은 팔함이 가르치는 모든 것을 노트하면서 배웠다. 그들이 사도행전에 도달했을 때 팔함은 학생들에게 숙제를 하나 내주었다. 곧, 사도행전에 나오는 성령세례의 증거를 찾아오라고 했다. 아마도 팔함은 이미 방언의 은사가 성령을 선물로 받은 자의 증거라는 결론에 도달한 것이 분명했다. 그는 학생들도 그러한 결론에 도달하길 원했다. 그는 학생들의 보고를 귀 기울여 들었다. 그들의 결론은 성령 세례를 받은 자마다 방언을 했다는 것이었다. 1901년 1월 1일 철야예배를 위해 75명의 사람들이 함께 모였다. 그 학생 중 한 명은 30세의 아그네스 N. 오즈만이라는 여자였다. 그녀가 이 모임에 오기 전에 다른 방언을 한 두 마디 했지만 여전히 온전한 성령체험을 원했다. 그날 저녁 오즈만은 팔함에게 성령 세례를 받을 수 있도록 자기에게 안수해 줄 수 있냐고 물었다. 팔함 자신도 방언을 하지 않았지만 오즈만의 고집 때문에 오즈만에게 안수기도를 해 주었다. 팔함은 그 후에 일어난 일에 대해 다음과 같이 기록했다. "내가 삼십 개 정도의 문장을 말하자 영광이 그녀에게 임했고 후광이 그녀의 머리와 얼굴에 뚜렷했다. 그녀는 중국어로 말하기 시작했고, 삼일동안 영어를 말 할 수 없었다."[382] 오즈만의 강권에 따라 이틀 낮 그리고 사흘 밤 동안 학생들은 기숙사를 기도실로 바꾸고 성령의 능력을 구했다. 1월 3일 저녁, 팔함이 토페카에 있는 한 자유감리교회에서 스톤즈 폴리에서 일어난 놀라운 사건을 전하고 있는 동안에 성령께서 베델학교 학생들에게 임하셨

---

381) 박명수 · 임열수, "근대 오순절 운동의 기원," 20-22.

382) 당시 방언을 받은 사람은 오즈만과 또 다른 두 여학생도 있었다. 오즈만은 그의 방언을 이 기도회에 참석한 보헤미안이 이해했다고 한다. 이것은 오즈만이 받은 방언은 외국어 방언이라는 것을 의미한다. 박명수 · 임열수, "근대 오순절 운동의 기원," 22.

다. 팔함이 다시 학교로 돌아왔을 때 한 학생이 문에서 그를 만나 기도실로 데리고 갔다. 방 안에는 12명의 학생들이 앉아서 혹은 서서, 혹은 무릎을 꿇고 방언을 하고 있었다. 눈앞에 벌어진 광경에 압도된 팔함은 무릎을 꿇고 하나님께 기도하며 찬양하기 시작했다. 기도하는 동안 그는 자신이 이 성령 세례와 강력한 부으심을 전파하게 될 것이라는 음성을 똑똑하게 들었다. 이에 대한 대가를 치르게 될 것이라는 것을 예감하면서도 팔함은 순종하겠다고 말했다. 바로 그 순간 그도 성령의 충만함을 받고 다른 방언으로 말하기 시작했다. 팔함이 그 당시의 상황을 다음과 같이 말했다. "바로 그때, 그 자리에서 내 목이 약간 뒤틀리더니 영광이 임했다. 나는 스웨덴어로 하나님을 경배하기 시작했다. 나중에 그 언어는 다른 언어로 계속해서 바뀌었다." 토페카에서의 이 사건은 오순절 운동의 분기점이 되었다.[383] 팔함은 그후에 자주 중앙 유럽에 사는 모든 유대인들이 이해할 수 있는 이디쉬어(the Yiddish language)로 말하곤 했다.[384]

그후 팔함이 인도한 여러 신유집회에서 놀라운 기사와 이적이 일어나면서 성령세례의 일차적인 증거가 방언이라는 그의 교리가 쉽게 받아들여졌다.[385] 팔함이 강조한 방언은 다른 사람들이 알아들을 수 있는 외국어로서의 방언(xenolalia)이었다.[386] 그러나 비언어 방언(glossolalia)을 안 한 것은 아니다. 팔함은 개인적으로 기도할 때 비언어 방언을 했다. 팔함은 이런 말을 했다. "저는 저녁에 주님과 함께 걷고 이야기를 나누며(talking with the Lord) 좋은 시간을 보냅니다. 저는 방언으로 이야기합니다(talk in tongues)."[387] 이처럼 팔함은 공적(외국언어)

383) 로버츠 리어든/ 김광석 옮김, 『아주사 부흥』. 79-82.
384) 이창승, "사적으로, 공적으로 방언 말하기 오순절운동의 아버지 찰스 F. 파함의 방언론,"「오순절 신학논단」13(2015), 92.
385) 이영훈, "한국 오순절운동과 신유," 180-181.
386) 박명수 · 임열수, "근대 오순절 운동의 기원," 23.
387) 이창승, "사적으로, 공적으로 방언 말하기 오순절운동의 아버지 찰스 F. 파함의 방언론," 83-84. 팔함은 비언어 방언(glossolalia)에서 외국어 방언(xenolalia)으로 발전할 수 있다고 말했다. "오순절에 대한 증거로서 방언을 말하는 것(the speaking in tongues as the witness to Pentecost)은 최초의 방언의 은사(the

방언과 사적(비언어) 방언으로 구분하였고, 언어 방언은 하나님으로부터 사람에게로 향하는 선포의 수단으로, 비언어 방언은 하나님께 드리는 기도, 찬양과 하나님과의 교제의 길로 규정했다. 팔함은 초기에는 모든 방언을 선교적 언어로 생각했으나 후에는 비언어적 방언도 인정하게 되었다.388) 훗날 오순절 운동에서 나타난 방언은 주로 사람들이 알아듣지 못하는 낯선 비언어 방언(glossolalia)이 나타나지만 외국어의 방언도 동시에 나타난다. 따라서 팔함은 사도행전 2장의 방언을 주로 강조했다면, 아주사의 윌리엄 시무어는 마가복음 16장 17절의 새 방언과 사도행전 10장과 19장 그리고 고린도전서 12장의 은사389)로서의 비언어적 방언을 강조했다고 볼 수 있다. 팔함이 죽기 전에 그의 사역을 통해 2백만 명이 넘는 사람들이 회심했으며, 그의 집회에 모이는 군중은 7천 명을 넘어섰다.390)

이처럼 팔함은 마가복음에 나타난 방언을 강조하는 예수의 이적 영성을 계승하였다. 다음은 마가복음에 나타난 예수의 이적 영성을 정통으로 계승한 개신교 영성가 윌리엄 시무어를 살펴보겠다.

5) 윌리엄 조셉 시무어(William Joseph Seymour, 1870-1922)

찰스 팔함이 오순절 운동의 이론적인 근거를 세운 사람이라면 이것을 실질적으로 확산시킨 사람은 팔함의 제자였던 성결교 흑인 설교자

---

initial gift of tongues)이며, 이 은사는 진정한 언어의 은사(a real gift of language)로 발전할 수 있습니다. 이것은 회심에 생기는 신앙은 최초의 신앙으로서 진정한 신앙의 은사로 발전하는 것과 같습니다. 진정한 신앙의 은사는 의심 없이 하나님을 믿게 하는 것입니다. 그런데 방언의 은사(the gift of tongues)는 하나님의 영광에 유익하게 하기 위해 모든 사람에게 주어집니다." Charles F. Parham, *The Everlasting Gospe*, 68.

388) 이창승, "사적으로, 공적으로 방언 말하기 오순절운동의 아버지 찰스 F. 파함의 방언론," 99-100.

389) 고린도전서 12장 10절과 14장 26절에 '각기 방언 말함'과 '방언의 통역'의 은사가 있는 것을 보면 고린도전서 12장 10절과 14장 26절의 방언은 비언어 방언임을 알 수 있다.

390) 로버츠 리어든/ 김광석 옮김, 『아주사 부흥』, 92.

윌리엄 시무어였다.391) 시무어를 중심으로 아주사 거리에서 시작한 현대 오순절 운동은 십 수명의 사람들로부터 시작하여 한 세기 동안 5억 명에 이르도록 성장하였다.392) 삼 년 동안 낮과 밤을 가리지 않고 모였던 아주사 거리는 피부색에 의한 경계를 초월한 모든 이들의 교제가 있었다.393) 1906년 4월 9일 캘리포니아 노스 보니브래 애비뉴(North Bonnie Brac Avenue) 214번지 목조 단층집에서 작은 무리를 지어 기도하고 있던 비천한 직업의 흑인들에게 하늘로부터 성령이 임하였다. 그들의 인도자는 정규 교육을 받지도 못하고 스스로 독학을 한 순회 설교가 시무어였다. 사도행전에 나타난 기적 같은 사건처럼, 시무어 위에 제2의 성령 강림 사건이 혀 모양의 불길, 방언, 신유, 그리고 그 밖의 놀라운 표적들과 함께 재현되었다.394) 그해 9월까지 이미 13,000명의 사람들이 아주사 집회에서 메시지를 접하는 등 폭발적인 호응을 받았다.395) 아주사 집회의 예배는 매우 역동적이었다. 모든 순서가 자발적으로 이루어졌으며, 끼니마저 잊고, 장시간 기도하였다. 방언 기도와 방언 찬송, 간증, 성경 읽기. 그리고 설교 등의 순서로 예배가 진행되었다. 오전 10시부터 밤 12시경까지 세 번 집회가 진행되었다.396) 시무어와 그의 동료들은 1906년 9월에 4면으로 된 월간 팸플릿인 <사도적 신앙>(*The Apostolic Faith*)397)을 발간 했다. 사도행전의 오순절이 마침내 현시대에 다시 왔다는 헤드라인을 적으며 그곳에서 일어난 많은 은사체험과 치유, 모임의 부흥, 선교활동에 대해 보고하였다. 첫해에 발행

---

391) 박명수 · 임열수, "근대 오순절 운동의 기원," 24.
392) 김동주, "윌리엄 시모어의 아주사 거리 운동에 관한 종교적 사회적 양상," 「한국교회사학회지」 14(2004), 9.
393) 리처드 포스터/ 박조앤 옮김, 『생수의 강』, 168.
394) 하비콕스/ 유지황 옮김, 『영성 · 음악 · 여성-21세기 종교와 성령운동』(서울: 동연출판사, 1996), 81-82.
395) 김동주, "윌리엄 시모어의 아주사 거리 운동에 관한 종교적 사회적 양상," 13.
396) 김동주, "윌리엄 시모어의 아주사 거리 운동에 관한 종교적 사회적 양상," 17.
397) 시무어가 3년 동안 발간한 <사도적 신앙> 신문을 보려면 다음을 참조하라. William Joseph Seymour ed., "The Apostolic Faith," in *The Azusa Street Papers* (Willam Seymour And The Apostolic Faith Mission, 1906-1908).

부수가 5천 부에 불과했던 이 팸플랫이 이듬해 2만 부로 증가, 세계 각지로 보내졌다.[398] 특히, 아주사 운동이 시작된 지 불과 6개월이 지나지 않아 48명의 선교사들이 배출되었다. 해를 더 해가며 많은 선교사들이 중동, 아시아, 아프리카 세계 각국으로 파송되었다.[399] 이처럼 아주사 부흥운동은 미국 전역과 전 세계로 급격히 확장되었다. 그 역사의 한복판에 바로 시무어가 있었다.[400] 시무어는 1870년 5월 2일 루이지애나주 센터빌에서 태어났다. 그의 부모들은 전직 노예들이었다. 그는 이미 노예제도가 폐지된 상태에서 태어났지만, 그의 아버지가 일찍 세상을 떠나면서, 지독한 가난 속에 청소년기를 보내야만 했다. 그러나 그는 어릴 적부터 환상을 경험하면서 예수의 재림을 목말라 사모하였다. 25세가 되던 1895년, 시무어는 인디애나주 인디애나폴리스로 이주했다. 그곳에서 한 호텔의 웨이터로 일하며, 심슨채플감리교회에 출석하게 되었다. 그 교회는 인종차별에 반대하던 교회였다. 그러나 불행히도 시무어는 천연두에 걸려 한쪽 눈의 시력을 잃는 아픔을 겪었다.[401] 시무어는 정식 교육도 받지 못했기 때문에 성경도 혼자 독학했다. 그러다가 1906년 1월 시무어는 휴스턴의 찰스 팔함의 학교에서 공부하게 된다. 당시 짐크로우 법안은 흑인과 백인이 함께 있는 것을 금지했기 때문에 학교 안에는 흑인이 없었다. 그러나 시무어는 팔함의 학교에 나

---

398) 김동주, "윌리엄 시무어의 아주사 거리 운동에 관한 종교적 사회적 양상," 22-23.

399) 김동주, "윌리엄 시무어의 아주사 거리 운동에 관한 종교적 사회적 양상," 26.

400) 배덕만, "윌리엄 조셉 시무어의 종말론 연구,"「오순절신학논단」6(2008), 42. 아주사 부흥이 3년간의 짧은 기간으로 끝나게 된 것은 내부 갈등 때문이었다. 첫째는 스승 찰스 팔함과 1906년 인종문제와 아주사 부흥회의 주도권을 놓고 결별했으며, 1908년에는 시무어와 함께 <사도적 신앙>을 발행하던 클라라 럼(Clara Lum)이 구독자 명단을 갖고 오리건의 플로렌스 크로포드에게로 떠나버렸다. 1910년에는 시무어가 아끼고 축복했던 윌리엄 덜함과 교리문제 때문에 갈라서고 말았다. 결국, 이런 와중에 아주사 부흥 운동의 불길은 1909년을 기점으로 서서히 꺼져가기 시작했다. 그 후에는 창립자들만이 외롭게 남아 빈자리를 지키게 되었다. 점점 건강이 악화된 시무어는 1922년 9월 28일에 심장마비로 세상을 떠났다. 그의 육신은 로스앤젤레스의 에버그린 공동묘지에 안장되었다. 그의 묘비에는 '우리의 목사'(Our Pastor)라고 새겼다.

401) 배덕만, "윌리엄 조셉 시무어의 종말론 연구," 40-41.

타나 입학을 청했다. 인종 분리 정책 때문에 백인인 찰스 팔함은 망설였지만 시무어의 영적 갈망이 큰 것을 보고 입학을 허락했다. 짐 크로우 법안에 민감했던 팔함은 시무어를 성경학교에 입학시키긴 했지만 백인 학생들과 교실에서 함께 앉아 공부하는 것을 허락하지 않았다. 그래서 시무어는 방밖에 앉아 열린 방문을 통해 성령세례에 관한 강의를 들었다.402) 좀 더 정확하게 말한다면 강의실 창문 밖에서 듣다가 다만 비 오는 날에는 강의실 문을 약간 열어 놓고서 복도에서 강의를 듣도록 했다.403) 학교를 졸업한 시무어는 로스엔젤레스로부터 청빙을 받았다. 그러나 팔함은 시무어에게 성령을 받을 때까지 기다리라고 했다. 그러나 시무어는 1906년 1월 로스엔젤레스로 떠났다. 당시 여러 민족의 혼합체였던 로스엔젤레스는 1880-1910년 무렵에 미국에서 가장 빨리 성장하는 도시였다.404) 1906년 2월 시무어는 리처드 애즈베리 부부의 집 노스보니 브래가 214번지에서 집회를 열기 시작했다. 그곳에서 에드워드 리를 위해 기도했을 때 리가 방언을 했다. 리가 손을 들고 방언을 말하기 시작하자 6-7명의 사람들이 소리를 높이며 다른 방언으로 기도하기 시작했다. 3일 동안 집회가 계속되었다. 애즈베리의 현관은 강단이 되었고 거리는 신도석이 되었으며 시무어는 이 집에서 사람들에게 설교했다. 3일째 되던 날인 1906년 4월 12일 늦은 저녁 시무어도 브레가의 애즈베리 집에서 성령을 받는 체험을 했다. 많은 사람들이 이미 집회 장소를 떠난 후에 오랫동안 기다렸던 은사가 마침내 시무어에게 임했다.405)

---

402) 로버츠 리어든/ 김광석 옮김, 『아주사 부흥』, 96-100.

403) 하비콕스/ 유지황 옮김, 『영성·음악·여성-21세기 종교와 성령운동』, 87. 참고로 이런 장면을 보니 과거에 김치선 박사의 부흥회에서 사람이 많아서 창문을 열고 밖에서 설교를 들었다는 충신교회 원로목사인 박종순 목사의 어린 시절 이야기가 생각난다.

404) 로버츠 리어든/ 김광석 옮김, 『아주사 부흥』, 102.

405) 로버츠 리어든/ 김광석 옮김, 『아주사 부흥』, 104-105. 혹은 1906년 4월 9일에 시무어가 오웬 에드워드 리와 함께 기도한 후에 성령 세례를 받고 방언을 말하게 되었다고도 한다. 하비콕스/ 유지황 옮김, 『영성·음악·여성: 21세기 종교와 성령운동』, 95.

한편, 아주사 부흥운동은 곧바로 사람들의 관심을 끌었다. 300-350 명 사이의 사람들이 가로 40피트, 세로 60피트의 흰색 목조 건물에 들어올 수 있었다. 때로는 많은 사람들이 밖에 서 있어야만 했다. 예배는 일층에서 드려졌고, 장의자는 직사각형 형태로 놓여 있었다. 어떤 장의자는 빈 못 통 위에 판자를 덧댄 것이었다. 턱이 올라 간 강단도 없었다. 부흥의 초기에는 강대상도 없었다.406) 부흥의 초창기부터 그곳에 있었던 바틀맨은 당시의 초기 상황을 그의 저서 『아주사 거리』에서 다음과 같이 묘사했다. "시무어는 보통 서로 포개어 놓은 두 개의 빈 상자 뒤에 앉았다. 그는 집회 때에 그리고 기도할 때에 그의 머리를 위의 상자 속에 넣었다. 거기에는 아무런 교만도 없었다. 예배는 거의 계속 이어졌다. 밤 낮 어느 때고 진리를 찾는 영혼들이 권능 아래 있는 것을 볼 수 있었다. 그곳의 문이 닫히거나 비어 있었던 적은 한 번도 없었다. 사람들은 하나님을 만나러 왔다. 수님은 언제나 그곳에 계셨다. 그래서 집회가 계속되었다. 그 모임은 인간 지도자를 의지하지 않았다. 하나님의 임재는 갈수록 더욱더 놀라웠다. 낮은 천장, 벗겨진 바닥으로 된 낡은 건물 안에서 하나님은 강한 남자들과 여자들을 부수셨고 그분의 영광을 위해 그들을 다시 빚으셨다. 그것은 엄청난 해체 과정이었다. 교만이나 자신감, 자존감 등은 그곳에서 살아남을 수 없었다. 종교적 자아는 곧바로 자신의 장례 설교를 해야만 했다. 어떤 주제나 설교 제목도 미리 광고하지 않았으며 어떤 특별 연사도 없었다. 어느 누구도 어떤 일이 일어날지, 하나님이 무슨 일을 하실지 알지 못했다. 모든 것이 자발적이었고 성령이 질서를 잡으셨다. 우리는 하나님으로부터 음성을 듣기를 원했고, 누구를 통해서든지 그분이 말씀하시기를 원했다. 우리는 사람에 대해 존경심을 갖지 않았다. 모든 사람이 동등했다. 어떤 육체도 그분의 임재 앞에서 자랑할 수가 없었다. 그분은 자부심이 강한 자를 사용하지 않으셨다. 그것은 성령의 집회였고 주님이 인도하셨다. 그것은 이기적이고 인간적인 요소들을 제거하기 위해 열악한 환경에서 시작되어야 했다. 그들 모두는 동등하게 보였으며, 모든 것을 공동으로

---

406) 로버츠 리어든/ 김광석 옮김, 『아주사 부흥』, 118.

가지고 있었다. 천장이 낮아서 키가 큰 사람은 고개를 숙여야만 했다. 아주사에 도착하면 사람들은 겸손해졌고 축복받을 준비를 했다. 양을 위한 꼴은 있어도 기린을 위한 꼴은 없었다. 모든 자가 그 꼴을 먹을 수 있었다. 그곳에서 우리는 교회의 계급주의와 남용에서 해방되었다. 우리는 하나님을 원했다. 우리가 처음 이 모임에 왔을 때 우리는 가급적 인간적인 접촉이나 인사를 피했다. 우리는 하나님을 먼저 만나고 싶었다. 우리는 기도할 때 구석에 있는 의자에 머리를 대었으며 오직 성령 안에서만 사람들을 만났고 더 이상 '육체를 따라' 알지 않았다. 그 모임은 저절로 시작되었으며 간증, 찬양, 경배는 자발적이었다. 간증은 결코 급하게 진행되지 않았다. 우리는 미리 시간에 따라 프로그램을 짜지 않았다. 우리의 시간은 주님의 것이었다. 우리는 가슴으로부터 경험된 신선하고 진정한 간증을 했다. 한번에 12명 정도가 일어섰으며 하나님의 전능하신 능력에 떨었다. 우리는 지도자의 지시에 따라 줄을 설 필요가 없었다. 그럼에도 불구하고 무법천지가 아니었다. 우리는 모일 때마다 기도 가운데 하나님에게만 집중했고 우리의 마음을 그분께만 드렸다. 모든 이들은 겸손과 온유함으로 하나님께 순복 했다. 우리는 '서로를 존중하고 좋아했다' 주님은 어느 누구를 통해서도 폭발하실 것 같았다. 우리는 이를 위해 계속해서 기도했다. 어떤 이는 마침내 일어나 메시지를 위한 기름부음을 받았다. 모든 이들은 이를 인정하고 양보하는 듯 보였다. 그는 어린이, 여자, 남자이기도 했으며 뒷좌석에서 나오거나 앞 좌석에서 나오기도 했다. 어느 누구도 자신을 드러내 보이고 싶어 하지 않았다. 우리는 오직 하나님에 대한 순종만을 생각했다. 실제로 그곳에서는 하나님의 임재로 인해 바보가 아니고서는 진정한 기름부음 없이 자신을 내세우려는 자가 한 명도 없었다. 그리고 그렇게 하더라도 오래가지 못했다. 그 모임은 성령이 보좌에서 직접 통제하셨다. 정말 놀라운 나날이었다. 당시에 종종 나는 일상에서 50년을 사느니 차라리 6개월을 그곳에서 살겠다고 말하곤 했다. 그러나 하나님은 오늘날에도 동일하시다 단지 우리가 변했을 뿐이다. 누군가가 말하는데 갑자기 성령께서 회중 위에 임하셨다. 하나님께서 친히 강단초청을 하셨다. 사람들은 마치 전투에서 칼에 맞은 것처럼 집안 여기저기에 쓰러지거나 아니면 하나님을 구하기 위해 무더기로 강단을 향해 돌진했다. 그 장면은 종종 숲 속의 쓰러진 나무들을 닮았다. 그런 장면은 흉내를 내려해도 낼 수가 없었다. 나는 그렇게 일찍이 강단초청을 하는 것을 결코 본 적이 없었다. 하나님이 친히 그들을 부르셨다. 그리고 설교자는 언제나 언제 그만둬야 할지를 알았다. 주님이 말씀하시면 우리 모두는 순종했다. 성령을 방해하거나 슬프게 하는 것은 두려운 일처럼 보였다. 그곳 전체는 기도에 젖어 있었다. 하나님은 그분의 거룩한 성전에 계셨다. 인간은 단지 침묵을 지켜야 했다. 세키나의 영광이 그곳에 머물렀다. 실제로 어떤 이들은 밤에 그 건물 위에서 영광을 보았다고 주장한다. 나는 이에 대해 의심하지 않는다. 나는 한번 이상 그곳에서 두 블록 떨어진 곳에서 멈춰야만 했으며 계속 걸어가기 위해 먼저 힘을 달라고 기도해야만 했다. 그때 주님의 임재는 너무나 생생했다."407)

또 한편, 아주사 부흥운동에서 이적이 나타났다고 해서 헌금 접시나 바구니를 돌리는 일은 없었다. 다만 출입구 옆에 교회 임대 비용을 위해 사람들의 기부를 기다리는 작은 바구니가 놓여 있었다.408) 또한, 아주사 부흥운동에서는 성령의 권능 아래 사람들은 방언과 방언통역, 예언, 축사 등을 행했는데, 성령의 각종 은사들 가운데 특별히 신유의 역

---

407) 로버츠 리어든/ 김광석 옮김, 『아주사 부흥』, 107-110.
408) 하비콕스/ 유지황 옮김, 『영성 · 음악 · 여성: 21세기 종교와 성령운동』, 97. 이 점에서 시무어는 집회와 돈을 연관시키지 않았다. 이 점은 시무어를 참 예언자로 인정할 수 있는 중요한 근거가 된다. 초대교회 문헌 중에 참 예언자와 거짓 예언자를 구별하는 기준은 메시지를 전하고 돈을 받느냐 안 받느냐에 달려 있었다. 『열두 사도들의 가르침-디다케』 11장 4-6절은 이렇게 기록하고 있다. "여러분에게 오는 모든 사도는 마치 주님처럼 영접받을 일입니다. 그러나 그는 하루만 머물러야 합니다. 그렇지만 필요하다면 이틀을 머물러도 됩니다. 만일 사흘을 머물면 그는 거짓 예언자입니다. 그리고 사도가 떠날 때에는 (다른 곳에) 유숙할 때까지 (필요한) 빵 외에 (다른 것은) 받지 말아야 합니다. 만일 그가 돈을 요구한다면 그는 거짓 예언자입니다. 정양모 역주, 『열두 사도들의 가르침-디다케』 (왜관: 분도출판사, 1993), 81. 지금도 이적과 신유를 베푸는 사람 중에 누가 참 예언자인지는 능력만으로는 확인할 수 없다. 결국은 그의 열매로 알 수 있는데(참조, 마태 7:20-23) 그가 이적을 베풀고 돈을 요구한다면 그는 거짓 예언자일 수 있다(참조, 왕하 5:20-27).

사가 놀랍게 나타났다.409) <사도적 신앙>에는 아주사 거리에서 발생한 신유뿐만 아니라, 미국 전역과 전 세계의 부흥 현장에서 날아온 신유의 간증들로 가득 찼다. 시무어에게 신유는 방언만큼 중요한 성령의 증거였다. 따라서 시무어는 사도적 신앙운동의 신학적 핵심을 진술할 때마다, 칭의. 성화, 성령세례와 함께 신유를 반드시 언급했다.410) 그런데 시무어의 선생이었던 찰스 팔함이 아주사의 집회에 참석한 후에 그들을 광신적인 '홀리 로울러'(Holy Rollers)들이라고 혹평하는 일이 일어났다. 그리고 그들과 자기 제자들과의 차이점을 설명했다. "우리는 홀리 로울러들이 운동선수처럼 몸을 뒤트는 것에 동조하거나 찬성하지 않습니다. 그들은 발작을 일으키고 공중제비를 돌며 모임장소의 바닥을 뒹굴면서 발로 찹니다." 팔함은 자신의 신문을 통해 열광주의는 언제나 영적 교만으로 이어진다고 경고했다.411) 팔함은 아주사 부흥집회에 참석한 후에 그곳에는 오직 급작스런 발작이나 최면술과 같은 종류의 사이비 상신술뿐이었다고 적었다. 모든 유도된 형태의 몸과 마음과 소리는 성령 역사의 결과가 아니라고 주장했다. 이 같은 팔함의 말은 아주사 부흥집회에서 지나치게 흥분된 예배 분위기에 마음이 상했음을 보여준다.412) 특히, 팔함은 아주사 집회에서 바닥에 쓰러지는 것을 비난했다. 그럼에도 불구하고 아주사 집회에서 바닥에 쓰러지는 경우는 사람이 의도하지 않았기 때문에 성령의 역사로 볼 수도 있다.413) 이 쓰러

---

409) 이영훈, "한국 오순절운동과 신유," 181.

410) 배덕만, "윌리엄 조셉 시무어의 종말론 연구," 45-46.

411) 로버츠 리어든/ 김광석 옮김, 『아주사 부흥』, 89. 팔함이 시무어의 아주사 운동을 반대한 근본적인 이유는 인종차별적인 입장 때문으로 보인다. 팔함은 시무어의 방언은 인정할 수 있었지만 시무어가 방언으로부터 흘러나와야 한다고 강조하던 혁명적인 인종 간의 교제는 용납할 수 없었다. 리처드 포스터/ 박조앤 옮김, 『생수의 강』, 180-181.

412) 하비콕스/ 유지황 옮김, 『영성 · 음악 · 여성: 21세기 종교와 성령운동』, 101.

413) 아주사 집회 이전에 감리교의 창설자 존 웨슬리(John Wesley, 1703-1791)는 1739년 7월 7일 자 일기에 조지 휫필드(George Whitefield, 1714-1770)가 설교했을 때 일어난 일을 다음과 같이 적고 있다. "(설교를 하면서) 그가(휫필드) 모든 죄인들은 예수를 믿어야 한다고 권면을 하자마자 거의 같은 순간에 네 사람이 그의 곁에서 쓰러졌다. 한 사람은 정신없이 꼼짝 않고 누워 있었고, 한 사람

은 몹시 떨었고, 또 한 사람은 온몸에 심한 진통을 일으키면서 신음 소리만 내었다. 네 번째 사람은 그도 역시 진동을 일으키기는 하였으나, 눈물을 흘리며 큰 소리로 하나님께 부르짖었다. 이때부터 내가(웨슬리) 분명히 믿기는 하나님께서는 그분 자신이 기뻐하시는 대로 역사하신다는 것을 우리가 받아들여야 한다는 사실이다." 존 웨슬리/ 김영운 옮김, 『존 웨슬리의 일기』(서울: 크리스챤 다이제스트, 2010), 89. 조나단 에드워즈(Jonathan Edwards, 1703-1758)의 집회에서도 수많은 사람들이 영혼의 번민으로 크게 소리 지르며, 여러 건장한 사람들도 마치 대포가 발사된 것처럼 쓰러지기도 했다. 김귀춘, "청교도적 영성으로 전 세계를 열광의 도가니로 몰아넣은 에드워즈와 스펄전의 삶 그리고 영성," 「영성의샘」75/2(2005), 166. 또한, 오순절 사역자 스미스 위글스워즈(Smith Wigglesworth, 1859-1947)가 이사야 61장을 설교하고 성령충만을 받을 것을 말하자 선교회의 총무가 일어나 "나도 성령충만 받고 싶습니다."라고 외치자마자 그냥 주저앉아 마루 바닥에 넘어져 버렸다. 이에 열네 명이나 바닥에 넘어졌다. 위글스워즈는 어떻게 할지 몰랐지만 하나님이 모든 것을 인도하셨다. 스미스 위글스워즈/ 김진호 옮김, 『승리하는 믿음』(경기도: 믿음의 말씀사, 2006), 59-60. 이 같은 쓰러짐은 인도자가 의도한 쓰러짐이 아니라 성령의 강권적인 역사로 인한 쓰러짐이었기 때문에 쓰러짐이 일어났다고 해도 성경적일 수 있다. 또한, 이들은 계속되는 그들의 집회에서 쓰러짐을 계속해서 의도적으로 행하지 않았다는 점이 중요하다. 이런 점은 조나단 에드워즈도 부분적으로 인정한다. "나는 솔로몬의 영광을 보고 감동된 사람들뿐만 아니라 하나님의 영광을 보고 감동된 사람들이 왜 의식을 잃고 쓰러지지 않아야 하는지 그 이유를 알지 못한다." 조나단 에드워즈/ 정성욱 옮김, 『신앙감정론』, 200. 한편, 사도행전 9장 4절에 사울이 예수의 빛을 보고 땅에 엎드러진 경우도 의도한 것이 아니라 성령의 강권적인 역사였다. 그러나 바울은 이 쓰러짐이 자기에게 있었다고 해서 다른 사람에게 의도적으로 쓰러지도록 의도하지는 않았다. 예수께서도 귀신이 귀신 들린 자를 쓰러뜨린다든지(예: 막 9:18절에서 벙어리 귀신 들린 아들에게 평소에 귀신이 거꾸러뜨린다고 했다.) 혹은 귀신이 귀신 들린 사람에게서 나가면서 쓰러뜨리는 경우(예: 눅 4:35절에 회당에 귀신 들린 자를 예수께서 꾸짖었더니 귀신이 그 사람을 무리 중에 넘어뜨리고 나갔다.)는 있지만 집회에서 의도적으로 쓰러지게 하지는 않았다. 따라서 문제는 인도자가 집회에서 쓰러지는 상황을 계속하여 의도하거나, 유도하면서 집회를 인도한다면 그것은 더 이상 성령의 역사가 아니라 최면으로 흘러갈 수도 있다. 1900년대 중반 미국 기독교계에서 가장 유명한 여성 신유사역자 캐트린 쿨만(Cathryn Kuhlman, 1907-1976)은 병을 '지식의 말씀'으로 치유한 사람으로 유명하다. 이영훈, "한국 오순절운동과 신유," 183. 캐트린 쿨만의 자서전에는 쓰러짐의 예를 다음과 같이 설명하고 있다. "캐트린 쿨만이 해병대 군인 3명을 강단에 불러 올렸습니다. 그녀는 그 세 사람에게 걸어가서 머리에 손을 얹고 그들을 위하여 기도를 하였습니다. 곧, 그녀의 두 수행원이 무대 옆 좌석에서 뛰어나와 그들이 서 있는 곳으로 갔습니다. 그들은 과거의 경험으로 보아 이와 같은 경우에 사람들을 위하여 기도할 때는 기도

짐의 체험은 시무어 자신도 경험했다. 1906년 4월 12일 시무어가 혼자 기도하고 있을 때 돌연히, 하얗고 뜨거운 광채의 공이 나타나 가까이 왔고, 시무어 위에 떨어졌다. 신성한 사랑이 그의 마음을 녹였고 그는 마치 의식을 잃은 듯이 바닥에 쓰러졌다.414) 이런 장면을 보면 팔함의 입장에서는 시무어가 열광적인 성령운동을 한 것으로 보일 수 있었을 것이다. 아마도 백인이었던 팔함은 18세기 미국의 대각성운동때 조나단 에드워즈가 열광주의자들을 경계했던 입장에서 시무어를 열광주의자로 규정했던 것 같다.415) 그러나 시무어의 아주사 집회에서도 쓰러지는 일

를 받는 사람들이 마루에 쓰러진다는 것을 알고 있습니다. 그녀가 그 젊은이들을 위해서 기도를 하자 정말로 그 세 사람은 뒤로 자빠졌습니다. 재빠른 안내원들에 의해서 그들은 마루 위에 잘 뉘어졌습니다." 캐트린 쿨만/ 권명달 옮김, 『하나님, 이 생명에 기적을 주옵소서』(서울: 보이스사, 1989), 22-23. 이처럼 쿨만이 집회를 할 때 두 손을 들면 사람들이 뒤로 쓰러졌다. 그 집회에 참석해서 은혜를 받은 베니 힌(Toufik Benedictus Hinn, 1952-)도 집회 때마다 사람들에게 "준비됐습니까"하며 손으로 사람들을 미는 것 같이 하면 사람들이 마치 물결을 치듯이 넘어진다. 신유집회를 하는 찰스 프란시스 헌터(Charles and Francis Hunter) 부부 역시 캐트린 쿨만에게 안수를 받고 쓰러졌다가 일어나면서 쓰러짐을 포함한 신유사역을 한다. 찰스 프란시스 헌터/ 전용복 옮김,『신유핸드북』(서울: 나단출판사, 1991), 30-31. 20세기 후반에 들어서면서 신유운동은 매우 다양해지고 복잡해졌다. 그중 주목할 두 가지 운동은 신앙운동(Faith Movement)과 제3의 물결(The Third Wave)이라고 불리는 독립교회운동이다. 신앙운동은 케네쓰 해긴(Kenneth E. Hagin)에 의해서 시작되었으며, 제3의 물결운동의 중심인물은 존 윔버(John Wimber, 1934-1997)이다. 그는 빈야드 운동의 지도자가 되었다. 이영훈, "한국 오순절운동과 신유," 184-185. 이들의 신유운동에서 나타나는 쓰러지는 현상(인위적으로 입으로 바람을 분다든지, 손으로 이마를 살짝 민다든지, 손을 들게 하고 눈을 감게 하고 넘어짐을 유도한다든지, 다리에 힘을 빼고 자연스럽게 넘어지도록 유도한다든지 등등)은 다분히 의도성이 많아 보인다. 문제는 집회 때마다 마치 쓰러져야 성령의 임재가 임한 것처럼 의도하거나, 유도한다면 그때부터는 성령의 역사가 인간의 주술로 흘러갈 수도 있다.

414) 리처드 포스터/ 박조앤 옮김,『생수의 강』, 172.

415) 조나단 에드워즈는 미국의 대각성운동이 일어났을 때 지성주의자들과 열광주의자들을 경계하기 위해『신앙감정론』을 썼다. 특히, 팔함이 쓰러지는 것에 대한 불편함을 느낀 것을 보면 에드워즈가 쓴『신앙감정론』에서 열광주의자들을 경계한 부분을 참고한 듯하다. 조나단 에드워즈는『신앙감정론』에서 쓰러지는 것을 성령의 소극적 표지 중에 하나로 보았다. 조나단 에드워즈가 소극적 표지로 구분한 쓰러지는 부분을 보려면 다음을 참조하라. 조나단 에드워즈/ 정성욱

이 있었지만 시무어가 쓰러지는 것을 의도하지 않았다는 점에서 팔함이 아주사 집회를 지나친 주술로 해석한 것은 다소 무리가 있어 보인다.

또한, 팔함은 아주사의 비언어 방언은 성경에서 말하는 방언이 아니라고 판단했다. 팔함은 자신의 뜻대로 아주사의 집회를 통제하려고 했지만 아주사 집회의 지도자들은 이것을 허락하지 않았다.[416] 물론 시무어의 집회에서 비언어 방언이 많이 나타난 것은 사실이지만 모두가 비언어방언만 나타난 것은 아니다. 아주사 부흥운동에서는 외국어 방언과 비언어적 방언 두 가지가 동시에 일어났다. 시무어가 자신의 신문에서 인용한 수많은 방언의 사례들은 초자연적으로 외국어를 습득한 경우들이 대부분이었고, 동시에 알아듣지 못하는 비언어 방언에 대해 여러 차례 설명하면서, 예언과 설교는 대중들에게 유익이 있으나, 방언은 개인적으로 유익이 있고, 하나님께서 통역의 은사를 베푸실 것이라고 위로했다.[417] 실제로 아주사의 집회에서 성령을 받은 사람들은 외국 언어를 배우지 않았는데도 헬라어, 라틴어, 히브리어, 프랑스어, 독일어, 이탈리아어, 중국어, 일본어, 줄루어와 아프리카 언어들, 힌두어, 벵갈어, 그리고 인도의 지방 방언들, 치피와 어와 인디언의 여러 언어들, 스키모어와 수화를 받았다. 당시 아주사에서 발간한 <사도적 신앙> 신문 2호에는 다음과같은 기사가 나온다. "1906년 9월 13일 세 명의 선교사들이 로스앤젤레스를 떠났다. 그들은 지금 서아프리카 해변을 향해 가고 있는 중이다. 허친스자매는 지금까지 성령의 능력가운데서 복음을 전하고 있다. 그녀는 성령 세례와 우간다어의 은사를 받았는데, 우간다어는 그녀가 보내심을 받은 사람들의 언어이다." 나아가 아주사 신문에 실린 또 다른 간증에 의하면 존슨형제는 일곱 가지의 서로 다른 언어를 받았고, 그중 하나가 아랍어였으며 레더맨 자매는 터키어를 말할 수 있었다. 그 결과 남자와 여자들이 스칸디나비아, 중국, 인도, 이집트, 아일랜

옮김, 『신앙감정론』, 199-203; Jonathan Edwards, *Religious Affections*, 131-135.
416) 박명수·임열수, "근대 오순절 운동의 기원," 28.
417) 배덕만, "윌리엄 조셉 시무어의 종말론 연구," 45.

드, 그리고 여러 다른 나라로 선교사로 떠났다.[418) 이런 점들을 보면 아주사 집회에서 나타난 방언이 모두 비언어 방언이었다고 말할 수는 없다. 여기에 더해 시무어는 팔함이 방언에 관한 성경 구절 연구와 구원론 논의에 머무른 반면, 시무어의 아주사 부흥 운동은 니그로 음악과 문화가 도입되어 방언운동 이상의 생동력을 지닌 예전이 형성되었다.[419)

이처럼 윌리엄 시무어는 마가복음에 나타난 신유와 방언의 유형이 나타났다고 할 수 있다. 따라서 시무어는 마가복음에 나타난 예수의 이적 영성을 정통으로 계승했다고 할 수 있다. 다음은 마가복음에 나타난 예수의 이적 영성을 정통으로 계승한 개신교 영성가 스미스 위글스워즈를 살펴보겠다.

6) 스미스 위글스워즈(Smith Wigglesworth, 1859-1947)

스미스 위글스워즈는 오순절 운동에서 빼놓을 수 없는 인물이다. 위글스워즈는 1859년 영국의 요크셔의 한 작은 마을인 멘스턴에서 아버지 잔과 어머니 마리아 사이에서 태어났다. 위글스워즈의 가정은 매우 가난해서 6살 때부터 이웃 농부의 무밭에 나가서 무를 뽑고 다듬는 일을 했다.[420) 그는 가족의 생계를 돕기 위해 하루 12시간의 일을 해야 했으므로 교육은 제대로 받을 수 없었다.[421) 그는 생계유지를 위해 배관공으로 일을 하기도 했다.[422) 그러나 위글스워즈는 소년기에 예수님을 믿고 회심한다. 회심 이후 즉시, 그는 다른 사람들의 구원에 대해 관심을 가졌으며, 그의 어머니를 포함하여 여러 사람들을 그리스도께

---

418) 로버츠 리어든/ 김광석 옮김, 『아주사 부흥』 (서울: 생명의말씀사, 2008), 95, 105, 114, 149, 172-173, 195.
419) 김동주, "윌리엄 시모어의 아주사 거리 운동에 관한 종교적 사회적 양상," 15.
420) 조지 스토몬트/ 김진호 옮김, 『위글스워즈: 하나님과 함께 동행했던 사람』 (경기도: 믿음의 말씀사, 2006), 9.
421) Smith Wigglesworth/ 편집부 역, 『믿음의 사도: 스미스 위글스워즈』 (서울: 은혜출판사, 2002), 11.
422) 스미스 위글스워즈/ 이헌근 옮김, 『성령의 세례』 (서울: 은혜출판사, 2015), 7.

인도하였다. 23살이 되던 1882년에는 하나님을 사랑하고 설교와 전도의 은사를 가진 쾌활한 젊은 여인인 폴리 피더스톤과 결혼하였다. 1907년인 마흔여덟 살에 성령세례를 받았다. 성령세를 받은 후 설교할 수 있는 능력을 받았다. 그의 아내조차도 그의 변화에 대해 놀랐다.423) 특히, 위글스워즈는 성령세례를 받고 방언을 체험한다. 위글스워즈는 그때를 회상하면서 이렇게 말했다. "내가 처음 성령의 세례를 받았을 때에 처음에는 버려야 할 몇 가지 육적인 발현이 있었다. 나는 손뼉을 치며 무릎으로 온 식당 바닥을 기어 다녔다. 이런 일이 있고 맨 나중에 방언이 나왔다. 나는 여기서 발걸음을 멈추었다. 입으로부터 방언이 나오고 있을 때 영의 육적 발현이 내 발을 통해 나갈 수는 없었다."424) 그때 이후로 방언을 받는 것과 몸에 나타나는 이상 현상을 분리했다. 방언은 인정하지만 몸에 나타나는 발현 현상에 대해서는 부정적인 입장을 취한 것이다. 위글스워즈는 다음과 같이 말했다. "성령의 권능 안에 있지만 그 발현이 유익하지 않은 사람들을 많이 보았다. 손을 난폭하게 흔들며 마치 자기 몸을 제어할 수 없는 듯이 복도에 마구 나다니는 사람들을 보았다. 이런 상황은 영적인 능력보다 본능적인 힘이 더 강함으로 인해 나타나는 현상이다. (...) 이것은 성령의 교화(敎化)라고 할 수 없다. (...) 방언을 제외하고 육신에 나타나는 발현은 주님을 영화롭게 하지 못한다. 입을 통한 성령의 역사 가운데서 자유함을 구한다면 성령의 잠재적인 제어를 받는 방언은 주님의 영광을 가져오며 교화, 위로와 평안을 가져온다."425) 이처럼 위글스워즈는 비언어 방언은 성령의 능력으로 인정하지만 몸의 발현은 부정하는 입장을 취한다. 그런 차원에서 위글스워즈는 주로 외국어 언어 방언만을 인정하고 몸의 발현을 부인하는 찰스 팔함과 외국어 방언과 비언어방언 둘을 모두 인정하고 몸의 발현도 일부 인정하는 윌리엄 시무어의 중간 정도의 신학적 입장을 가

---

423) 스미스 위글스워즈/ 전두승 옮김, 『병고침』(서울: 순전한 나드, 2006), 10-11. 스미스 위글스워즈의 믿음의 능력에 대한 설교는 다음을 참조하라. Smith Wigglesworth, *The Power of Faith* (New Kensington: Whitaker House, 2000).
424) 스미스 위글스워즈/ 이헌근 옮김, 『성령의 세례』, 114.
425) 스미스 위글스워즈/ 이헌근 옮김, 『성령의 세례』, 111-112.

진 듯하다. 그러나 비언어 방언과 몸의 발현을 적극적으로 인정하는 신사도주의 운동과는 거리가 있어 보인다.

나아가 위글스워즈는 방언통역에 대한 은사를 직접적으로 그의 책에 써서 방언통역의 내용이 어떤 것인지를 보여주었다. 다음의 방언통역 부분은 위글스워즈가 설교를 하다가 갑자기 방언으로 말하고 자기가 방언한 부분을 자신이 다시 통역하는 내용이다. "성령님께서는 교회를 권면하고 세워주시기 위해 교회에 빛과 진리를 부어주십니다. 이를 통해 우리의 거룩한 믿음이 증가하게 되고 그 결과 우리는 하나님의 일을 잘 할 수 있게 됩니다. 성령님이 우리에게 임하시게 되면, 우리는 하나님께서 우리에게 명령하셨고, 기름 부으셨던 일을 수행하게 됩니다. 그 결과 우리는 우리의 삶과 사역을 통하여 귀한 열매들을 맺게 되고 즐겁게 찬양하게 되고 다 같이 추수를 하게 됩니다."426) 다른 방언통역을 보면 "주님께서 모든 상황을 바꾸실 때가 오면, 여러분들은 묶여있고 숨어있는 지금의 상태에서 나와 하나님의 영광스러운 상태로 들어갑니다. 하나님께서는 자신의 영광된 모습으로 여러분이 변화되도록, 자신의 방법대로 여러분을 빚어나가시고 세워나가시고 계십니다."427) 또 다른 방언통역에는 "만군의 하나님께서 이곳에 계십니다. 그분께서는 우리들을 변화시키셔서 하늘나라에 적합한 삶을 살도록 해주십니다."428) 이처럼 위글스워즈의 방언통역 내용을 보면 삼위일체 하나님을 언급하면서 삼위일체 하나님이 직접 말씀하시는 예언적 성격을 띤다. 그러나 사적인 내용은 없다. 보통은 방언통역 내용을 공개한 경우가 드문데 위글스워즈는 방언통역 내용을 공개하는 특이한 경우라고 할 수 있다.429)

---

426) 스미스 위글스워즈/ 박미가 옮김, 『성령의 은사』(서울: 순전한 나드, 2006), 44.

427) 스미스 위글스워즈/ 박미가 옮김, 『성령의 은사』, 46.

428) 스미스 위글스워즈/ 박미가 옮김, 『성령의 은사』, 92.

429) 위글스워즈는 책을 쓰면서 자신의 방언통역 내용을 공개한다. 다음은 위글스워즈가 방언통역을 한 내용이다. 다음을 참조하라. 스미스 위글스워즈/ 박미가 옮김, 『성령의 은사』, 44, 46, 49-50, 55, 58, 62, 65-66, 68, 92, 127, 128, 129, 156, 164, 169, 192, 196-197, 208, 210, 212, 230, 243, 251-252, 255; 스미스 위글

더 나아가 1900년대 초반 그의 집회에서 소경이 눈을 뜨고, 벙어리가 말을 하고, 앉은뱅이가 휠체어에서 일어나 걸었으며, 죽음에서 살아난 사람도 20명이나 된다고 한다.430) 예를 들어, 어느 날 위글스워즈가 다섯 살 된 아이가 죽어서 슬퍼하는 집을 방문하게 되었다. 그는 모든 사람을 방 밖으로 내보낸 후에 관 안에 죽어서 딱딱하게 변해버린 아이의 시체를 두 손으로 번쩍 들어 올렸다. 그리고 나서는 아이를 벽에 기대어 세우고 예수의 이름으로 아이의 몸에서 사망아 떠나라고 사망을 꾸짖자 그 순간 죽었던 아이가 살아나는 역사가 일어났다.431) 또한, 위글스워즈는 귀신들인 여자에게서 귀신을 내쫓았다. 위글스워즈는 그때의 상황을 다음과 같이 말한다. "한 번은 내가 집으로부터 이백 마일 떨어진 곳으로부터 방문해 달라고 요청하는 한 전보를 받았다. 내가 그 장소에 가서 부모를 만났는데 그들은 비탄에 빠져 있었다. 그들은 나를 방으로 올라가는 계단으로 인도했고, 나는 바닥에 있는 한 젊은 여자를 보았다. 다섯 명의 남자가 그녀를 붙잡고 있었다. 그녀는 연약한 젊은 여자였으나 그녀 안에 있는 힘은 그곳에 있는 모든 청년들의 힘보다 더 강했다. 내가 방으로 들어서자 그 악한 귀신들이 그녀의 눈으로 경계하였고, 그들이 그녀의 입술을 사용하여 말하기를 "우리는 많다. 당신은 우리를 내쫓지 못할 거야"라고 했다. 나는 "예수께서 하실 수 있다"라고 말했다. (...) 예수의 이름 안에 있는 믿음을 통하여 이 가련한 묶인 영혼에게 해방이 찾아왔고 서른일곱의 귀신들이 나올 때마다 그들은 그들의 이름을 말하면서 그녀에게서 나왔다. 그 귀여운 여인이 완전히 해방되었고 그 가족이 그녀의 아기를 그녀에게 돌려주었다."432)

또한, 위글스워즈의 집회에 참석한 앉은뱅이 여자가 고침을 받았다. "한 남자가 그의 부인을 위하여 여러 해 동안 여러 번의 수술로 4,500

스워즈/ 이헌근 옮김,『성령의 세례』, 28, 30-31, 33, 46, 88, 95, 96, 127, 128, 131, 137, 140, 142, 161, 162, 173, 218, 220, 238, 247, 252.

430) 스미스 위글스워즈/ 전두승 옮김,『병고침』, 13.
431) 알버트 허버트/ 김유진 옮김,『그 능력의 비밀』(서울: 은혜출판사, 1996), 60-61.
432) 스미스 위글스워즈/전두승 옮김,『병고침』, 38-39.

불을 허비하고 난 후에 어떻게 할 수 없는 그녀를 집회로 데리고 왔다. 내가 그녀에게 가서 말하기를, "여기를 보세요. 이것은 당신의 삶에 큰 기회입니다. 내가 오늘 저녁에 강단으로 사람들을 초청할 것입니다. 50명이 올라오게 될 것인데 당신은 그 사람들이 놓임을 받는 것을 볼 때 믿으세요. 그러면 당신도 그들과 같이 놓임을 받을 것입니다. 그다음에 우리가 당신의 간증을 들을 것입니다."라고 하였다. 그들이 왔고 내가 주님의 이름으로 그들에게 손을 얹었다. 내가 그들에게 간증할 기회를 주었고 그들이 간증을 하였다. 이 여자가 그들의 얼굴을 보았고 이 모든 사람들이 끝났을 때, 내가 그녀에게 "당신은 믿을 수 있나요?"라고 물었다. 그녀가 말하기를, "내가 믿어요"라고 하였다. 내가 예수의 이름으로 그녀에게 손을 얹었을 때, 하나님의 능력이 바로 그녀를 통과하여 나갔다. 내가 "예수의 이름으로 일어나 걸으라."라고 말하였다. (...) 그러자 마치 폭격이 그녀를 공중으로 날려 보낸 것처럼 그녀가 일어났다."[433] 이처럼 위글스워즈는 마치 마가복음 2장에서 예수가 중풍병걸린자를 일으키듯이 앉은뱅이 여자를 예수의 이름으로 고쳤다. 더 나아가 위글스워즈는 집회에서 예수의 능력으로 절름발이 남자와 그의 아들을 고친 이야기를 소개한다. "내가 한 장소에 있을 때 2년 동안 침대에 있었으며 나을 가망이 없는 한 절름발이 남자가 인도되어 왔다. 그는 집회 장소로 30마일을 운반되었으며 목발에 의지하여 기도받으러 단상에 올라왔다. 그의 아들도 역시 무릎에 고통이 있었고 그들 두 사람은 4개의 목발을 가지고 있었다. 그 사람의 얼굴에는 심한 고통이 가득했다. 그러나 주님께는 병고침의 능력이 있으며 그는 우리가 믿을 때 결코 병 고침을 실패하지 않으신다. 예수의 이름으로-매우 충만한 능력의 이름-병든 그의 다리에 손을 내려놓았다. 그 사람이 목발을 던졌고 그가 도움 없이 올라가고 내려가고 걷는 것을 보자 모든 사람들이 깜짝 놀랐다. 어린 소년이 그의 아버지에게 "아빠, 저도요. 아빠, 저도요, 저도요, 저도요!"라고 소리쳤다. 그 시든 두 무릎을 가졌던 어린 소년이 기도를 원했다. 그리고 거기에 동일하신 예수께서 계셨으며 포로

---

433) 스미스 위글스워즈/ 전두승 옮김, 『병고침』, 135-136.

된 어린 그에게 참된 자유를 가져다주셨다."434) 이처럼 위글스워즈의 사역에 귀신을 내쫓고, 병을 고치는 신유의 역사가 많이 나타났다. 심지어 위글스워즈는 자신의 병도 기도로 고쳤다. 위글스워즈는 3년 동안 담석증의 끔찍한 고통을 당했는데 여기서 빠져나오는 길은 수술밖에 없다고 의사가 말했지만 위글스워즈는 "하나님이 수술하실 것입니다." 라고 말하면서 수술을 하지 않았다. 집회중에 출혈을 하기도 했다. 그러던 어느 날 순식간에 스무 개가 넘는 모든 담석들이 쏟아져 나왔다. 그는 그 돌들을 작은 깡통에 넣어 두었다. 어떤 것들은 꽤 컸고 다른 것들은 뾰쪽뾰쪽한 것이 마치 바늘 끝같이 날카로웠다.435)

한편, 스미스 위글스워즈가 스웨덴에서 집회를 할 때의 일이다. 수만 명의 사람들이 설교도 듣고 병도 고치기 위해 모여들었다. 그런데 정부 당국에서는 위글스워즈가 집회를 여는 것은 순수하지 않은 동기에서 집회를 여는 것이라고 간주하고 위글스워즈가 병자에게 손을 얹고 기도하는 안수 기도를 못하게 했다. 위글스워즈는 손을 얹고 기도하는 것이 금지된 상황에서 병든 자를 위하여 어떻게 기도해야 할지 하나님께 기도를 했다. 그때 하나님이 지혜를 주셨다. 아픈 사람이 각자 자기 손을 자기의 아픈 곳에 얹어 놓고 기도하면 된다는 깨달음이었다. 위글스워즈는 병든 사람들에게 자신의 손을 아픈 곳에 얹도록 했다. 그러자 아픈 사람들이 자신의 손을 자신의 아픈 곳에 얹고 기도하는 순간 수백 명의 사람들이 병에서 고침을 받았다.436)

이처럼 위글스워즈는 마가복음에 나타난 축귀, 병고침 심지어 죽은 자를 살리는 이적과 유형에 있어 동일하다. 따라서 위글스워즈는 마가복음에 나타난 예수의 이적 영성을 정통으로 계승한 영성가라고 할 수 있다. 다음은 마가복음에 나타난 예수의 이적 영성의 반정통에 속하는 3세기 동방의 그레고리우스 타우마투루쿠스를 살펴보겠다.

---

434) 스미스 위글스워즈/ 전두승 옮김, 『병고침』, 272 -273.
435) 윌리엄 하킹/ 김진호 옮김, 『스미스 위글스워즈』(경기도: 믿음의 말씀사, 2006), 36-37.
436) 알버트 히버트/ 김유진 옮김, 『그 능력의 비밀』, 115-116.

3. 예수의 이적 영성의 반정통

1) 그레고리우스 타우마투루쿠스(Gregorius, Thaumaturgus, 213-270?)

소아시아 폰투스(Pontus) 주 네오체사리아의 주교였던 그레고리우스 타우마투루쿠스는 부유한 이교 가정에서 태어나 법률학과 수사학을 공부하였다. 그리고 5년간(233-238) 오리게네스(Origenes, 185-254)에게 학업을 마치고 사제가 되었다. 그 후 그가 목회하는 동안 많은 기적을 행하였다고 하여 그의 이름을 부를 때 '기적자'를 의미하는 타우마투루 쿠스(Thaumaturgus)란 별명이 붙게 되었다.[437] 특히, 그 기적 중에 유명한 것은, 그가 교회를 신축할 때, 교회 복판에 큰 암석이 있어 공사에 장애가 되었는데 그가 철야 기도를 하면서 "주님! 당신 말씀에 너희에게 겨자씨 한 알 만한 믿음이라도 있다면 이 산더러 '여기서 저기로 옮겨져라' 해도 그대로 될 것이라고 하지 않았습니까? 그러니 당신 말씀을 굳게 믿는 우리를 어여삐 보시어 우리를 위해 저 암석을 치워 주소서."하며 기도하자 그 이튿날 아침에 와서 보니 과연 암석은 다른 장소로 옮겨져 있었다고 한다. 그 외에도 리쿠스 강이 가끔 범람했고 그때마다 도시는 큰 해를 입었는데 그레고리우스의 기도로 다시는 범람하지 않았다고 한다. 또한, 유산을 분배받은 형제가 전답 사이에 있는 연못 하나로 투쟁하고 있을 때 그것을 보고 기도하자 하룻밤 사이에 연못의 물이 말끔히 말라 버리는 기적이 일어났다고 한다.[438]

한편, 카파도키아 3대 교부 중 한 사람인 니사의 그레고리우스 (Gregorius Nyssenus, 335-395년)는 기적자 그레고리우스의 전기를 썼다. 그의 친할머니가 기적자 그레고리우스에게 가르침을 받은 것이 계기가 되었다.[439] 니사의 그레고리우스는 기적자 그레고리우스의 전기에

---

437) 한국가톨릭대사전 편찬,『한국가톨릭 대사전 2』(서울: 한국교회사연구소, 1995), 957.
438) 김정진 편역,『가톨릭 성인전 상(上)』(서울: 가톨릭출판사, 1999), 94.

서 기적자 그레고리우스가 귀신을 내쫓는 장면을 다음과 같이 기술했다. "[기적자 그레고리우스는] 집회를 마치고 그 젊은이를 앞으로 데리고 왔을 때, 위대한 성인(기적자 그레고리우스)는 그곳에 있던 사람들에게 젊은이는 귀신들440)로부터 깨끗하지 않다고 말하였다. 그리고 갑자기 그의 어깨에 걸치고 있던 아마포 옷을 취하고, 거기에 그의 숨을 불어넣더니 그것을 젊은이에게 던졌다. 그러자 그 젊은이는 부들부들 떨고, 소리 지르더니 넘어져 나뒹굴었다. 젊은이는 귀신들로부터 오는 모든 고통을 겪었다. 그때 성인이 그에게 손을 대자 진동하던 것이 잠잠해지면서, 그에게서 귀신이 나갔다."441) 이처럼 기적자 그레고리우스는 여러 기적을 행했다. 그러나 그가 행한 기적 가운데 기도로 암석을 옮겼다든지, 강의 범람을 막고, 연못의 물을 말린 사건은 있을 수도 있다. 그러나 이런 이적도 구체성이 떨어지는 약점을 지닌다. 구전에 의존하고 있기 때문에 신빙성이 떨어지는 약점을 지니고 있다. 원래 동방이나 서방의 성인전에는 기적에 대해 비약이나 과장이 많은 것이 통상

---

439) Andrew Dinan, "Manual Labor in the Life and Thought of St Basil the Great," *Logos* 12/4(2009), 136. 기적자 그레고리우스가 직접 쓴 작품들을 보려면 다음을 참조하라 Gregory of Nyssa, "On the Life and Wonders of our Father among the Saints, Gregory," in *The Fathers of the Church: ST. Gregory Thaumaturgus life and Works* trans., Michael Slusser (Washington, D.C: The Catholic University of America Press, 1998), 91-178.

440) 기적자 그리고리우스의 전기(*De Vita B. Gregorii Thaumaturgi*) 헬라어 원문 (*PG* 46, 917)에는 위의 인용문 두 곳 모두 '귀신들' 곧, 'δαιμόνων'을 사용했다. 기적자 그리고리우스의 전기 전체를 보기 위해서는 다음을 참조하라. *PG* 46, 893-958.

441) Gregory of Nyssa, "On the Life and Wonders of our Father among the Saints, Gregory," in *The Fathers of the Church: ST. Gregory Thaumaturgus life and Works*, 75. "When the child was brought forward after gathering had broken up, it is said that the Great one said to present that the lad was not clean from a demon, and suddenly taking off linen cloth that was on his shoulders and endowing it with the breath of his mouth thus he threw it over the lad. When this happened the boy shook and cried out and fell down and was thrown about and suffered all the passions which come from demons. Then when the saint placed his hand on him and calmed the shaking, his demon flew away."

적이다.442) 또한, 귀신을 내쫓는 이야기에서도 마가복음에 나오는 예수의 귀신 축사와는 차이점이 있다. 마가복음에서 예수는 귀신을 내쫓을 때 옷에 숨을 불어넣어 던진다든지, 손을 대서 진동이 일어나자 귀신이 나갔다는 기사는 없다. 예수는 귀신에게 말로 나가라고 꾸짖었다. 바울도 귀신을 내쫓을 때 예수 이름으로 귀신을 내쫓았으며, 안토니우스도 귀신을 내쫓을 때 예수 이름으로 귀신을 내쫓았다. 이에 비해 기적자 그레고리우스가 귀신을 내쫓을 때 아마포 옷을 취하고, 거기에 그의 숨을 불어넣더니 그것을 젊은이에게 던진다. 예수 이름이 나오지 않는다. 이런 점을 보면 기적자 그레고리우스의 귀신 축사는 마가복음의 귀신 축사를 계승했다기보다는 그레코-로만 세계의 민간 의술과 연결된 듯하다. 특히, 아마포 옷에 숨을 불어넣어 던졌더니 젊은이가 부들부들 떨고, 소리 지르더니 넘어져 나뒹굴어졌다는 표현은 마치 20세기 후반에 미국에서 유행했던 신사도주의 운동을 하는 사람들의 집회에서 나타난 현상과 유사하다. 기적자 그레고리우스는 초기에는 오리게네스의 제자였지만 나중에는 정통주의에 충성을 다한 사람으로서 삼위일체론에서 공헌을 남겼다.443) 그러나 그의 축귀에는 문제가 있어 보인다.

이처럼 기적자 그레고리우스의 이적은 마가복음에 나타난 예수의 이적 영성과 유사하면서도 차이점을 보인다. 따라서 기적자 그레고리우스는 마가복음에 나타난 예수의 이적 영성의 반정통에 해당한다고 할 수 있다. 다음은 마가복음에 나타난 예수의 이적 영성의 반정통에 해당하는 19세기 미국의 개신교 치유사역자 존 알렉산더 도위를 살펴보겠다.

---

442) 예를 들어, 로마 가톨릭교회의 그레고리오 대종(Gregorius Magnus, 540-604)은 베네딕도의 전기를 쓸 때 베네딕도가 행한 46개의 기적들을 토대로 전기를 썼다. 다음을 참조하라. 그레고리오 대종/ 이형우 역주, 『베네딕도 전기』(왜관: 분도출판사, 1999), 80-241. 그러나 베네딕도가 행한 이적은 사실에 근거했다기보다는 베네딕도의 위대성을 극대화하기 위해 의도적으로 편집한 느낌이다.
443) 이종성, 『삼위일체론』, 287.

2) 알렉산더 도위(John Alexander Dowie, 1847-1907)

존 알렉산더 도위는 1847년 5월 25일 스코틀랜드 에딘버그에서 태어났다. 도위는 이미 여섯 살 때에 성경을 일독하였으며, 21살 때는 성경에 나오는 이야기들을 마치 그림책 보듯이 낱낱이 다 기억하였다고 한다. 1875년에 호주에 있는 교회로 담임 목사로 청빙을 받아 갔지만 당시 전염병으로 교인 40명가량이 죽는 것을 보고 이 병은 사탄이 가져다주는 것을 확신하고 교인 중에 소녀 메라를 기도로 치유하는 경험을 가지면서 치유에 대한 확신을 가지고 치유사역을 본격적으로 시작했다.444) 그러나 도위는 1878년 자신이 속한 회중교단의 종교적이며, 차갑고 무감각한 분위기를 이기지 못하여 교단을 탈퇴한다. 그리고 교회 대신 왕립 극장을 빌려 집회를 계속한다. 그러면서 당시에 만연하고 있었던 교회의 악들을 기회가 있는 데로 맹 비난하기 시작하였다. 그러던 중에 도위에게 국회의원으로 출마하라는 권유가 들어왔다. 도위는 국회의원이 되면 호주를 더 좋은 나라로 만들 수 있을 것으로 생각하고 출마를 했지만 낙마하고 말았다. 이로 인해 치유사역과 목회에 큰 타격을 받게 되었다.445) 1880년 도위는 국회의원 출마에 대한 잘못을 뉘우치고 치유사역을 재개하였다. 수천 명이나 되는 병자들이 그의 집회에서 고침을 받았다. 1888년에는 다시 사역지를 호주에서 미국과 영국으로 옮겼다.446) 특히, 도위는 시카고에서 집회를 하면서 섬유종으로 죽어가는 여자를 치유한다. 이것을 계기로 도위는 시카고에 있는 세계 박람회 앞에 통나무 집을 짓고 '시온 성전'(Zion Ta-bernacle)이라는 간판을 달고 집회를 시작한다. 시온 장막에 수많은 병자들이 몰려들었다. 다시 도위는 '치유의 집'(Healing Homes)이라는 간판을 달고 병자들을 받아들이며 치유사역을 확장시켜 나갔다. 이 과정에서 도위를 반대하는 자들에 의해 백여차례나 고소를 당해 경찰에 체포되었지만 시간이 흐

---

444) 로버츠 리어든/ 박미가 옮김, 『치유사역의 거장들』(서울: 은혜출판사, 2004), 8, 30, 33-36.
445) 로버츠 리어든/ 박미가 옮김, 『치유사역의 거장들』, 40-42.
446) 로버츠 리어든/ 박미가 옮김, 『치유사역의 거장들』, 44-45.

르면서 오히려 경찰이 도위를 보호해 주었다.447) 도위는 시카고에서 가장 큰 실내 집회 장소가 딸린 빌딩 전체를 얻어 그의 사역본부인 시온 장막을 그곳으로 옮겼다. 그 장소는 최소 육천 명이 동시에 예배를 드릴 수가 있는 큰 장소였다. 그동안 교인이 수만 명이 되었다.448)

그 후에 도위는 오직 그리스도인들만 사는 도시, 즉 어떤 죄악도 허용되지 않는 그런 도시의 건설을 꿈꾸기 시작했다. 그는 이 도시를 '시온'이라 불렀으며, 자신의 꿈을 현실화시키기 위해 방랑자 복장을 하고 시골을 돌아다니며 땅을 사고 부지를 매입했다. 1900년에 마침내 도위는 자신의 사업 계획을 회중에게 발표하고 도시를 건설했다. 마침내 1901년에 도위는 시카고 북쪽 40마일 지점 미시간호 해변에 5천 명의 추종자들과 함께 시온 도성(the City of Zion)을 세웠다. 이 도시에서는 핍박이 거의 없었으며, 새로운 성전벽에는 보철기와 휠체어 그리고 다리를 저는 사람들의 각종 기구로 덮여 있었다. 그것들은 하나님께 고침을 받은 사람들의 물건이었다.449) 또한, 도위는 시온 도성에서 담배를 피우거나, 술을 마시거나, 돼지고기를 팔거나 먹지 못하게 했다. 시온 도시가 한창 건설될 즈음 몇몇 목회자들이 도위를 찾아와서 그가 바로 성경에 예언된 말세에 나타날 엘리야라고 추켜세웠다. 도위는 불행하게도 하나님께서 원래 부르셨던 사역은 잊어버리고 본인을 엘리야라고 생각하고 옷을 엘리야 복장으로 갈아입었다. 도위는 미국 전역에 시온 도시를 세우고, 나아가서 예루살렘에 시온 도시를 세우고, 예루살렘 주위의 이슬람 국가들의 땅을 매입하여 천년왕국 시대를 준비한다는 계획도 세웠다.450) 그러나 문제가 생기기 시작했다. 시온 도시를 건설하기 위해 막대한 재정이 필요했는데 재정에 문제기 생기기 시작한 것이다. 성도들은 시온 도시를 건설하기 위해 자신들이 안 먹고 안 입어가며 시온 건설을 위해 희생하는 동안 도위는 값비싼 파티를 열고 세계 일주를 다니며 호화 사치 생활을 한 것을 성도들이 알게 되었던 것이

---

447) 로버츠 리어든/ 박미가 옮김, 『치유사역의 거장들』, 48-51, 55.
448) 로버츠 리어든/ 박미가 옮김, 『치유사역의 거장들』, 56-57.
449) 로버츠 리어든/ 김광석 옮김, 『아주사 부흥』, 52.
450) 로버츠 리어든/ 박미가 옮김, 『치유사역의 거장들』, 60-62.

다. 나아가 도위는 자신이 마지막 교회 시대의 첫 번째 사도라는 것을 사람들에게 알리고 싶어 했다. 그래서 자기를 소개할 때 '첫 사도 존 알렉산더 도위'라고 소개했다. 그가 그렇게 교만하게 행동한 지 얼마 되지 않아 설교 도중 심장발작을 일으켜 쓰러졌다. 그 후 그는 두 번 다시 설교하지 못했다. 시온 시의 지도자들이 모여 회의를 한 결과 그를 시온 시 건설의 총감독 자리에서 축출해 버렸다.[451] 그래도 사람들은 마지막 여생을 그가 오랫동안 집으로 사용했던 실로 하우스에서 살도록 허락했다. 그러나 도위는 1907년 3월 9일 쓸쓸히 죽음을 맞이하였다.[452] 리어든은 도위의 실패는 사도적 권위를 남용하며, 자신의 영적인 능력을 과대평가했기 때문이라고 했다.[453] 알렉산더 도위는 처음에는 성령으로 시작했지만 교만해지면서 육체로 마친 경우라고 할 수 있다. 또한, 도위는 오늘날 신사도운동을 하는 사람들의 효시라고도 할 수 있다.

이처럼 존 알렉산더 도위에게 이적이 나타났지만 그 열매가 좋지 않았다. 도위는 돈을 탐했으며[454], 하나님이 주신 능력을 자신의 능력 양 생각했고, 자칭 엘리야라고 교만한 태도를 보였다. 따라서 도위는 마가복음에 나오는 예수의 이적 영성의 정통에서 벗어난 반정통에 해당한다고 할 수 있다. 다음은 마가복음에 나타난 예수의 이적 영성의 반정통에 해당하는 20세기 미국의 개신교 신유사역자 케더린 쿨만을 살펴보겠다.

3) 캐트린 쿨만(C. Cullman, 1908-1976)

캐트린 쿨만은 14세 때 회심을 경험한다. 그 후 그녀는 은혜를 받고

---

451) 로버츠 리어든/ 박미가 옮김, 『치유사역의 거장들』, 66-70.
452) 로버츠 리어든/ 김광석 옮김, 『아주사 부흥』, 54.
453) 로비츠 라이든/ 박미가 옮김, 『치유사역의 거장들』, 57-58.
454) 초대문헌에 이미 예언자가 말씀을 전하고 돈을 대가로 받으려는 자는 거짓 예언자라는 식별의 기준이 있었다. 정양모 역주, 『열두 사도들의 가르침-디다케』, 81.

미국과 해외에서 경기장을 가득 메운 사람들에게 복음을 전한다. 특히, 그녀는 대중 매체, 곧, 라디오, 텔레비전, 서적들을 이용해 하나님을 믿는 믿음과 치유의 메시지를 전했다.455) 쿨만의 집회에서는 수많은 이적이 나타났다. 목발을 짚었던 환자가 걷기도 하고, 천식과 당뇨병을 고치고, 심한 축농증과 심장 그리고 전립선을 고치며, 등뼈를 고치기도 했다.456) 이런 이적들은 보통의 정통적인 신학을 이어받은 집회에서도 얼마든지 일어날 수 있는 이적이다. 그러나 쿨만에게 다른 집회에서는 흔히 일어나지 않는 뒤로 쓰러지는 현상이 나타났다. 예를 들어, 당시 집회를 취재한 재미 버킹함 기자는 쓰러지는 장면을 다음과 같이 기록했다. "그녀(쿨만)는 그 세 사람에게로 걸어가서 머리에 손을 얹고 그들을 위해서 기도를 하였습니다. 곧 그녀의 두 수행원이 무대 옆 좌석에서 뛰어나와 그들이 서 있는 곳으로 갔습니다. 그들은 과거의 경험으로 보아 쿨만 목사님이 이와 같은 경우에 사람들을 위해서 기도를 할 때는 기도를 받는 사람들이 마루에 쓰러진다는 것을 알고 있습니다. 그녀가 그 젊은이들을 위해서 기도를 하니까 정말로 그 세 사람은 뒤로 자빠졌습니다. 재빠른 안내원들에 의해서 그들은 마루 위에 잘 뉘어졌습니다."457) 버킹함 기자는 또 다른 경우도 기록했다. "나는(버킹함) 방청객으로 강단 위에 와 있는 손님인 UCLA의 한 안과 의사의 얼굴 표정을 유심히 보았습니다. 그는 앞서 정말로 병고침의 은사를 보고 놀라서 다른 집회에서 간증도 하였다고 내게 말해 주었습니다. 그러나 기도의 능력 아래 사람들이 쓰러지는 것을 보고는 아직도 당황해하였습니다. 그는 강단을 넘어서 나를 힐끗 바라보았습니다. 그래서 눈이 마주쳤습니다. 그는 당황하여 고개를 저으며 어깨를 으쓱해 보였습니다(20분도 못되어 쿨만 목사가 그를 위해서 기도를 드렸을 때는 이 젊은 의사가 권능에 굴복하여 온 몸을 펴고 마루 바닥에 쭉 뻗었습니다)."458)

455) 리처드 포스터/ 박조앤 옮김, 『생수의 강』, 490-491.
456) 캐트린 쿨만/ 권명달 옮김, 『하나님, 이 생명에 기적을 주옵소서』, 27, 31-32, 36.
457) 캐트린 쿨만/ 권명달 옮김, 『하나님, 이 생명에 기적을 주옵소서』, 23.
458) 캐트린 쿨만/ 권명달 옮김, 『하나님, 이 생명에 기적을 주옵소서』, 24.

나아가 또 다른 경우도 기록했습니다. "이 사람은 감리교 목사입니다. 쿨만 목사는 근사하고 위엄 있게 서 있는 한 중년 남자를 가리켰습니다. 그 목사가 말하기를 '내 인생과 목회 일에 성령의 능력이 없었습니다. 내가 성령을 받을 수 있도록 기도해 주십시오'라고 하자 쿨만 목사는 기도를 하기 시작했습니다. 곧 그 목사는 마루에 쓰러졌습니다."459) 더 나아가 또 다른 경우도 기록했습니다. "한 젊은 대학교수 여자가 집회에 참석해서 구원을 받기를 원했습니다. 쿨만 목사가 그 젊은 여자에게로 가서 손을 머리 위에 가볍게 얹었을 때 그 여자가 뒤로 쓰러지자 안내원들이 마룻바닥에 잘 눕혔습니다. 그녀는 두 팔을 하늘을 향해 뻗치고 입술로는 묘하고 음악적인 말(방언)을 부드럽게 하고 있었습니다."460) 이처럼 캐트린 쿨만의 집회에서는 병의 치유뿐만 아니라 특별히 뒤로 쓰러지는 현상이 연회적으로 일어났다. 기독교 역사에서 집회 가운데 쓰러지는 현상이 몇몇 있었던 깃은 사실이지만 쿨만의 집회같이 연회적으로 일어난 것은 이때가 처음 시작이라고 할 수 있다. 그 후에 쿨만의 영향을 받은 찰스 프란시스 헌터 부부의 집회나 베니 힌의 집회에서는 아예 집단적으로 쓰러뜨리는 현상까지 나타났다. 이러한 현상은 마치 힌두교 구루들이 뒤로 쓰러뜨리는 현상과도 비슷하다.461)

---

459) 캐트린 쿨만/ 권명달 옮김, 『하나님, 이 생명에 기적을 주옵소서』, 38.
460) 캐트린 쿨만/ 권명달 옮김, 『하나님, 이 생명에 기적을 주옵소서』, 39.
461) 힌두교 구루들이 뒤로 쓰러뜨리는 것을 보기 위해서는 다음을 참조하라. Andrew Strom, *Kundalini Warning* (RevivalSchool, 2010). 힌두교의 구루 오쇼 라즈니쉬(1931-1990)가 1970년 독자적으로 창안해 낸 '역동적 명상법'(Daynamic Meditation)은 비명 지르기, 거칠게 추는 춤, 옷 벗기 등 아주 괴상하게 보이는 행동을 한다. 이 명상법은 몇 가지 단계로 진행한다. 첫째, 10분 정도 숨을 내쉬기에 집중하면서 코를 통해 점점 더 세게, 그리고 더 빨리 숨을 쉬는 것이다. 이때 강한 숨을 통해 더 많은 산소가 들어와 더 많은 에너지를 가져온다고 한다. 둘째, 완전히 미친 듯이 외치고 뛰고, 울고, 흔들고, 노래하고, 춤추고, 웃고 닥치는 대로 자신을 폭발하는 것이다. 모든 것이 텅 빌 때까지 던져질 때 변화가 일어나고 이때 병이 고쳐진다고 본다. 셋째, '후'(hoo)라는 주문을 깊이 외친다. 그러면 기가 거꾸로 흐르게 된다는 것이다. 넷째, 정지 단계로서 약 15분간 모든 행위를 하다가 얼어붙는 것이다. 라즈니쉬는 말하기를 "항상 신게 춤추며 나아가며 웃으며 나아가라... 신은 따분한 자가 아니다."라고 말한다. 그는 추종자들에게 "자신에게 와서 영적 술을 마시라"고 한다. 라즈니쉬의 영적 포도주는

한편, 조나단 에드워즈는『신앙감정론』에서 하나님의 강력한 은혜로 뒤로 쓰러질 수는 있지만 잘못된 감정에서도 쓰러질 수 있기 때문에 쓰러지는 것을 소극적인 표지로 구분했다.462) 그런 차원에서 쿨만의 집회에서 나타난 뒤로 쓰러지는 현상은 성령의 역사인지 아닌지 확신할 수 없다. 나아가 뒤로 쓰러지는 현상은 마가복음에 나타난 예수의 이적 영성에도 없는 쿨만만의 독특한 치유행위라고 할 수 있다.

이처럼 쿨만은 병자 치유에서는 마가복음의 치유를 행했지만 뒤로 쓰러지는 것은 마가복음에 없는 이적을 행했다. 따라서 쿨만이 행한 이적은 마가복음에 나타난 예수의 이적 영성의 정통에서 벗어난 반정통으로 보인다. 다음은 마가복음에 나타난 예수의 이적 영성의 반정통인 개신교 치유사역자 윌리엄 브랜험을 살펴보겠다.

4) 윌리엄 브랜험(William Branham, 1909-1965)

제2 차 세계대전 이후에 침례교 목사였던 윌리엄 브랜험은 오순절 운동에 가담했다. 그는 영적 대결로 오는 진동, 병을 분별하는 은사, 비밀의 은사 등의 특별한 신유행위를 동반한 많은 신유의 역사를 행하여 전후의 가장 유명한 신유 운동가로 부각되었다. 하지만 브랜험의 사역이 1950대 후반과 60년대의 초에 이르면서 점점 과격해졌고, 그의 추종자들에 의해서 신격화되는 현상이 나타나기도 했다.463) 이적 영성에서 나타난 위험성 가운데 하는 신격화이다. 이적가가 이적을 베풀면서 사람들에게 추앙을 받을 가능성이 높기 때문이다. 브랜험도 이 유혹에 빠졌다고 보인다. 따라서 브랜험은 마가복음에 나타난 예수의 이적 영성의 반정통에 해당한다고 볼 수 있다. 다음은 마가복음에 나타난 예수의

종종 머리에 손을 댐으로서 이 사람 저 사람에게 옮겨 간다. 이렇게 라즈니쉬의 손이 머리에 닿으면 그의 추종자들 중 많은 이들이 황홀경에 빠져 마루에 쓰러진다. 아레오바고사람들, "빈야드운동의 쓰러짐의 현상에 대한 연구,"「현대종교」5(2000), 64-66.
462) 조나단 에드워즈/ 정성욱 옮김,『신앙감정론』, 199-204.
463) 이영훈, "한국 오순절운동과 신유," 182-183.

이적 영성의 반정통인 개신교 치유사역자 존 윔버를 살펴보겠다.

5) 존 윔버(John Wimber, 1934-1997)

존 윔버는 빈야드 운동464)의 창시자이다. 존 윔버는 1970년 요르바
린다(켈리포니아) 형제교회를 맡아서 목회를 시작하였다. 1977년에는
그의 개인적 신학에 결정적인 영향을 준 일이 발생한다. 아내인 캐럴이
성령이 충만하여 꿈을 꾸고 깨어나서 방언을 말하기 시작한 것이다. 그
후 존 윔버는 1981년부터 이적과 치유를 동반한 파워 목회라는 이름으
로 목회를 시작한다. 이때 교인들이 울고 통곡하며 방언을 말하면서 나
뒹굴었다. 1985년에는 애너하임 기독교 포도원협회에 교인이 5000명으
로 성장한다.465) 이때 플러신학교의 피터 와그너(C. Peter Wagner,
1930-2016)466)교수는 1982년부터 목회학 박사과정에서 '표적과 기사와
교회성장'이라는 강의를 개설하여 존 윔버와 함께 빈야드 운동467)을 전
개했으나 1985년에 과목이 중단되었다. 이 빈야드 운동이 한국에 들어
왔지만 한국기독교의 대표 교단들이 이 빈야드 운동에 대해 경계의 목
소리를 냈다.468) 이 운동을 '토론토 축복'이라고도 하는데 그 축복을 통

---

464) 빈야드 운동은 존 윔버를 중심으로 국제 빈야드 교회(협의회)에 소속된 교회
    와 목사들이 주창하는 표적과 기사를 통한 사역을 행함으로써 기독교 세계에
    새로운 영향을 미치고 있는 운동이다.
465) 김웅철, "존 윔버의 제3의 물결 신학: 포도원 운동,"「신학연구」47(2005),
    127-128.
466) 피터 와그너 교수는 신사도운동을 전개한다. 그가 주장하는 신사도운동에 대
    해서는 다음을 참조하라. 근광현, "C. Peter Wagner의 신사도 개혁운동,"「복음
    과 실천」49/1(2012), 53-77. 피터 와그너 교수를 중심을 일어난 신사도운동에
    대한 비판적 논문은 다음을 참조하라. 최윤배, "개혁신학의 관점에서 본 신사도
    운동의 영성,"「한국조직신학논총」38(2014), 121-156.
467) 빈야드 운동에 대해서는 다음을 참조하라. 김길성, "빈야드운동에 대한 조직신
    학적 이해와 평가,"「신학지남」63/2(1996), 275-280; 이광희, "실천신학적 관점
    에서 본 빈야드 운동,"「복음과 신학」1/1(1996), 139-161.
468) 최윤배, "개혁신학의 관점에서 본 신사도운동의 영성," 122. 예를 들어, 한국교
    회는 빈야드 운동에 대해 다음과 같은 조치를 취하였다. 대한예수교장로회총회
    합동은 참여자 및 동조자 징계 결의(1997년 제82차 총회), 대한예수교장로회총

해 '성령의 능력이 임하면' 웃는 것, 소리 지르는 것, 몸을 떠는 것, 넘어지는 것, 비명을 지르는 것, 날카로운 소리로 외치는 것, 씨씩 거리는 것, 나귀 소리 내는 것, 사자처럼 부르짖는 것, 꼬꼬 꼬꼬 암탉 소리를 내는 것, 개처럼 짖는 것, 꿀꿀 꿀꿀 돼지 소리를 내는 것 등과 같은 행동을 했다.469) 그러나 토론토 축복의 현상 중에 동물의 소리가 나는 것은 귀신이 사람 속에 들어가서 발작하는 현상으로 보인다. 왜냐하면 마가복음 5장 13절에는 군대 귀신들이 돼지떼 2000마리 안에 들어간 경우도 있기 때문이다. 따라서 이러한 현상은 성령이 임한 축복이 아니라 귀신이 나가지 않고 발작하는 것으로 보아야 한다. 따라서 토론토의 축복은 성령의 임재 사건이 아니라 귀신이 발작하는 상황을 방치한 상황으로 보인다. 때로 시간이 지나 안정된 경우는 귀신이 숨은 경우라고 할 수 있다. 특히, 이 빈야드운동에 '양탄자 시간'이 있는데 그것은 푹신푹신한 양탄자 위로 넘어지는 시간을 말한다. 사람들이 뒤로 넘어져 때로는 수시간씩 웅크리고 누워있다. 그들은 양탄자 마루 바닥을 하나님의 작업대로 간주하고, 이것을 성령 안에서 휴식하는 것이라고 한다. 혹은 '성령 안에서 죽임을 당한다.'고 말하기도 한다. 하나님의 영광이라는 히브리어 '카보드'가 무게를 의미하기 때문에 하나님의 영광에 모두 엎드렸다는 것이다.470) 그러나 이런 시간도 성경에는 없는 행동이다. 전체적으로 보면 존 윔버의 집회에서 나타나는 이적은 캐더린 쿨만의 집회보다도 더 이상한 이적들이 많이 나타난다.

이처럼 존 윔버의 사역에 나타나는 이적은 마가복음에 나타나는 이적과는 상당히 다른 이적들이 나타난다. 따라서 존 윔버가 행한 이적은 마가복음에 나타난 예수의 이적 영성의 정통에서 벗어난 반정통으로 보인다. 다음은 마가복음에 나타난 예수의 이적 영성의 이단인 마술사 시몬을 살펴보겠다.

회 통합은 도입금지 결의(1995년 제81차 총회), 대한예수교장로회총회 고신은 참여금지 결의(1996년 제46차 총회).
469) 아레오바고사람들, "빈야드운동의 쓰러짐의 현상에 대한 연구," 45.
470) 아레오바고사람들, "빈야드운동의 쓰러짐의 현상에 대한 연구," 46, 57.

4. 예수의 이적 영성의 이단

1) 마술사 시몬(1세기경)

사도행전 8장 9-24절에 나오는 마술사 시몬은 사마리아에서 마술로 사람들에게 이적의 능력을 행했던 사람이다. 시몬은 빌립에게 세례를 받으며, 초기에는 빌립을 전심으로 따라다니며 표적과 능력을 보고 놀라기도 했다. 그러나 베드로에게 돈을 주면서 권능을 사려고 했다가 베드로에게 '네 은과 네가 함께 망하리라'는 심판을 받는다. 2세기 중반에 저스틴 마터(Justin Martyr, 100-165)는 '사마리아의 시몬'에 대해 언급하기를 그는 "권능의 마술행위를 행하고 따라서 신으로 간주되었으며 거의 모든 사마리아인들에 의해서 뿐만 아니라 심지어 그를 기념하여 동상을 세웠으며, 일부 로마 사람들에게도 숭배를 받았다."라고 했다. 이레니우스(Irenaeus, 130-202)는 시몬을 이단의 창시자이며, 영지주의자들에게 영향을 미쳤다고 했다.[471] 유세비우스(Eusebius, 265-339)도 시몬에 대해 다음과 같이 언급했다. "우리는 시몬을 모든 이단의 선도자라고 생각한다. (...) 시몬을 좇는 사람들은 우상과 미신을 섬기기 시작하여 시몬과 헬렌(시몬에게서 발현 최초의 이데아(Idea)의 초상화와 조각상 앞에서 경배했다."[472] 시몬은 성령이 주시는 은사로서의 이적이 아니라 자신의 욕심을 채우려고 하는 이적을 구했기 때문에 하나님과는 상관없는 주술적인 이적을 행하는 사탄의 노예가 되었다. 이처럼 마술사 시몬은 예수의 이적 영성을 돈을 가지고 사서 자기의 영광을 얻으려는 도구로 삼았다. 따라서 마술사 시몬은 마가복음에 나타난 예수의 이적 영성과는 상관이 없는 이단이라고 할 수 있다. 다음 장에서는 예수의 이적 영성을 정통으로 계승한 한국개신교 영성가와

---

471) 김선영 옮김, 『초기 기독교 교부들』, 476. "저는 그들이(발렌티누스 파) 모든 이단들의 창시자인 시몬으로부터 파생한다는 것을 주장하면서 그들의 가르침들의 계승을 제시하고, 그것들 모두에 응답할 것을 약속했습니다."

472) 유세비우스 팜빌루스/ 엄성옥 옮김, 『유세비우스의 교회사』, 107.

반정통으로 계승한 영성가 그리고 이단을 살펴보겠다.

5. 예수의 이적 영성을 정통으로 계승한 한국개신교 영성가

마가복음에 나타난 예수의 이적 영성을 정통으로 계승한 한국 영성 가로는 김익두, 이성봉, 이천석을 들 수 있다. 둘째, 예수의 이적 영성의 반정통에 속하는 영성가로는 뚜렷한 사람이 없는 것 같다. 셋째, 예수의 이적 영성의 이단으로는 박태선이 있다. 먼저 마가복음에 나타난 예수의 이적 영성을 정통으로 계승한 김익두를 살펴보겠다.

1) 김익두(金益斗, 1874-1950)

김익두는 한국교회사에 나타난 신유운동의 선구자이며, 한국에 오순 절 운동이 정식으로 소개되기 전[473])에 활동했던 가장 오순절적이었던

---

473) 한국에 공식적으로 오순절 운동이 소개된 것은, 감리교인이었던 럼시 선교사 (Miss Mary C. Rumsey)를 통해서였다. 그녀는 1906년 4월 아주사 부흥집회에 서 성령세례와 방언을 받고 "한국으로 가라"는 성령의 음성을 듣게 되었다. 그 후 그녀는 한국선교의 비전을 가지고 기도로 준비하다가 한 독지가의 후원을 받아 1928년 3월에 한국에 도착하였다. 럼시 선교사는 한국인 청년 허 홍에게 성경을 가르치면서 본격적인 선교사역을 시작하였다. 럼시 선교사는 두 가지의 오순절 신앙의 특성, 곧, '방언'과 '신적치유'라는 체험적인 신앙을 강조하였다. 그러나 럼시 선교사 이전에도 이미 한국교회는 오순절적인 요소를 가지고 있었 다. 게일 선교사는 "1907년 평양대부흥운동 중에 중국 신자들이 평양으로 길선 주를 방문하여 함께 기도회를 가졌는데 "한국인들은 이해할 수 없는 단음절로, 세계가 잊어버린 그들의 고대어로 기도했다."라고 기록했다. 박명수 교수는 이 것이 방언일 가능성을 말했는데, 만약 방언으로 인정될 경우 문서상 최초로 기 록된 한국교회 방언이라고 할 수 있을 것이다. 1991년에 Washington D.C에서 한국교회 초기 오순절 지도자 중 한 사람인 곽봉조 목사의 아들 곽윤식 장로와 이영훈목사와의 인터뷰에 의하면 "럼시 선교사 이전에도 방언하는 사람들이 많 았다."라고 말했다. 이것은 한국교회가 이미 럼시 선교사 이전부터 오순절적 신 앙을 가진 사람들이 존재했음을 보여준다. 이영훈, "한국 오순절운동과 신유,"

영적 지도자였다.[474] 김익두의 부흥운동은 1919년 이후 1920년대 중반까지 한국교회에 커다란 영향을 미쳤다.[475] 길선주의 부흥회가 말씀중심의 사경회 형식이었다면, 김익두의 부흥회는 치병 중심의 신유은사 집회였다.[476] 이 김익두의 부흥회는 삼일운동 이후의 사회적 격변에 던진 신앙의 내연의 정신적 윤리적 개혁이라는 조용한, 그러나 핵심을 꿰뚫은 반일 저항으로 결과되고 있었다.[477]

김익두는 1874년 11월 3일 황해도 안악군 대원면 평촌리에서 농부인 김응선 씨의 독자로 태어났다. 17세에 과거를 보았으나 낙방했다. 같은 해 상업을 시작했으나 실패한 뒤 술과 노름을 좋아하는 완력가가 되어서 안악군 일대에 그를 모르는 사람이 없을 정도였다. 그 후 27세 때인 1900년 소안련(蘇安蓮, William Swallen) 선교사가 인도하는 집회에 몰래 참석했다가 영생에 관한 설교를 듣고 마음에 크게 찔림을 받고 기독교 신자가 되었다. 그 후 기도 중에 가슴에 큰 불덩어리가 떨어지는 경험을 했다.[478] 그로부터 물세례를 받을 때까지 부인과 별거하

172-173. 한편, 1915년 5월 10일에 성령의 능력을 받은 정윤화가 강화도 장봉도의 옹암교회에서 집회를 인도하였는데, 14일 밤에 방언으로 추정되는 현상들과 여러 가지 기적들이 일어났다. 또한, 1915년 5월 22일에 정윤화와 유봉진 등의 부흥회가 열렸을 때, 유봉진은 방언의 은사를 받았던 것으로 보인다. 나아가 1970년대 조용기 목사가 설립한 여의도순복음교회가 비약적으로 성장하면서 그가 주장하는 방언은 많은 교회들에서 대중적인 현상으로 받아들여지게 되었다. 그리하여 이미 1969년에는 각 교회마다 방언기도를 하는 성도들을 찾아볼 수 있었다. 전 연세대학교 신학과 문상희 교수는 1969년 7월부터 1970년 1월까지 서울 인근의 100개 교회를 대상으로 방언 현상을 조사하였다. 그 결과 한 교회에 평균 10명 정도의 신자가 방언기도를 하고 있다고 했다. 윤은석, "이천석 목사의 포용적 성령운동: 칼빈주의, 웨슬리안 성결운동, 오순절운동,"「영산신학저널」48(2019), 352-353.

474) 이영훈, "한국 오순절운동과 신유," 185. 김익두 목사의 신유에 대해서는 다음을 참조하라. 박명수, "1920년대 초 김익두의 신유운동,"「교수논총」14(2003), 191-229.

475) 권 평, "1919-1920년대 초 김익두 부흥운동의 의미,"「敎會史學」13/1(2014), 72.

476) 김인수, "길선주, 김익두, 이용도 목사의 부흥운동," 59.

477) 류금주, "三一運動을 前後한 韓國敎會 復興運動 吉善宙와 金益斗의 復興運動을 中心으로," 316.

478) 김익두는 입교한 지 3개월 만에 친구들과 기생집에 간 일이 있는데, 갑자기 예수를 다시 믿어야 되겠다는 생각이 들었고, 산에 가서 기도하고 귀가했는데, 그날 밤 비몽사몽간에 큰 불덩이가 가슴에 떨어지는 체험을 했다. 김홍수, "김익두의 신유부흥운동과 해방 후 종교 활동,"「숲과나무」51/5(2004), 138. 김익두는 꿈속에서 "아이고, 벼락이야"를 외쳤는데 깨어보니 불세례를 받은 것이었다. 그때부터 김익두는 그 경험을 "가슴을 칼로 찢는 것과 같다."라고 말하면서 죄에 대한 자각과 사죄에 대한 확신을 갖게 되었다고 간증하였다. 이것은 그가 부흥사로 나서기 위한 전형적인 체험이었다. 박명수, "부흥운동과 김익두 목사,"「교회성장」122/8(2003), 75. 김익두 목사의 제자 이성봉 목사도 꿈속에서 김익두 목사에게 안수를 받을 때 불을 받았다고 말한다. 이성봉,『말로 못하면 죽음으로』(서울: 생명의말씀사, 1993), 62. 이성봉 목사에게 안수 기도를 받은 이천석 목사도 이성봉 목사의 삼각산 집회에 참석했을 때 불덩어리가 자기 머리 위에 덮치는 체험을 하였다. 강정훈,『천한자와 귀한자』(경기도: 대화출판사, 1979), 124-129. 한편, 조용기 목사와 함께 여의도 순복음 교회를 개척했던 최자실 목사도 이성봉 목사의 집회에서 은혜를 받고 불을 받는 역사가 있었다. 최자실 목사는 그때의 상황을 다음과 같이 기록했다. "새벽 3시쯤 되었을 때였다. 갑자기 무거운 쇳덩이 같은 것이 가슴을 꽝하고 내려치더니 온몸이 불덩이처럼 활활 타오르며 진동이 일어나고 입에서는 생전에 들어보지도 못하던 소리가 나오는데 혀가 꼬부라지며 영어도 아니고 일본 말도 아닌 이상한 말을 하고 있었다. 최자실,『나는 할렐루야 아줌마였다』(서울: 서울말씀사, 1996), 124. 한편, 전 온누리 교회(장로교, 통합) 하용조 목사의 어머니도 성령의 불을 체험하였다. 하용조 목사는 그가 쓴 책에서 자기 어머니가 불을 받은 것을 다음과 같이 썼다. "지금도 잊히지 않는 어머니의 모습이 있다. 목포에서 살 때였는데 부흥회를 다녀오신 어머니의 손바닥이 벌겋게 달아올라 있었다. 온몸이 불덩이였다. 어머니가 나를 안아 주시는데 가슴에 불도장이라도 찍은 것처럼 뜨끈뜨끈 했다. 어머니의 몸은 일주일 정도 그렇게 달아올라 있었던 것 같다. 그때부터 어머니는 귀신을 쫓고 안수도 하셨다. 어머니는 집 뒤에 있는 산동네나 달동네에 라면이나 사탕을 들고 다니며 전도하셨다." 하용조,『사도행전적 교회를 꿈꾼다』(서울: 두란노, 2009), 35. 필자의 장로회신학대학교 신학과 동기인 늘빛교회(장로교, 통합) 원종구 목사도 2007년 5월 24일 성령강림주간에 교회교인 15명과 함께 기도를 하다가 성령을 구하고 안수를 하는데 머리 위로 뜨겁게 불이 임했다고 한다. 그 불이 몸 안으로 들어오면서 온몸을 덮어 버렸다. 그 후로 안수한 사람들이 방언을 하기 시작하였다. 그 불이 임하기 전에는 안수를 해도 방언을 하는 사람이 없었는데 불이 임한 후에 안수를 하면 방언이 터졌다고 한다. 개인적으로 몸도 건강하게 회복되는 은혜를 받았다고 한다(2010년 1월 18일 3시경 장로회신학대학교 신학과 81학번 독서모임을 마치고 식사하면서 간증한 내용이다.). '새로운 교회'(독립교단)의 한 홍 목사도 자신의 책에서 불을 받은 경험을 말한다. "2년 전, 나는 왼쪽 얼굴에 마비가 와서 3개월을 교회 사역을 쉬었던 적이 있다. 그런데 희한하게도 그 일이 있은 후에 신년 새벽기도를 하면서 하나

고,[479] 10개월 동안 그는 언행을 삼가면서 성경을 일백독하면서 경건한 생활을 하였다.[480]

한편, 김익두의 인생에 이적이 처음 나타난 사건이 일어났다. 김익두가 황해도 신천 서부교회에서 목회할 때의 일이다. 황해도 신천읍에 척서리 개울가 다리 옆에 앉은뱅이 거지가 살고 있었다. 김익두는 그 개울가를 지날 때마다 저 앉은뱅이를 일으켜 보리라는 생각을 늘 하고 있었다. 그러던 어느 날 가랑비가 내리는 오후 그날도 김익두가 다리를 지나고 있었는데 인적이 드문 것을 보고 "오늘은 인적도 뜸하고 마침 보는 사람도 없으니 이럴 때 한번 저 앉은뱅이를 일으켜보면 어떨까" 하는 생각이 들었다. 그래서 앉은뱅이에게 다가가서 손뼉을 딱 치면서 "날 똑똑히 보시오!" 그러자 앉은뱅이가 "예? 나요?"하며 대답을 하였다. 앉은뱅이는 갑자기 상기된 김익두의 얼굴을 의아한 눈빛으로 올려다 보았다. 김익두는 앉은뱅이의 손을 쏙 움켜쥐고 그를 주목하면서 큰 소리로 "은과 금은 내게 없거니와 내게 있는 것으로 네게 주노니 나사렛 예수그리스도의 이름으로 일어나 걸으라."하며 소리쳤다. 원래 힘이 장사인 김익두인지라 그의 힘에 의해 번쩍 들렸다. 그리고 김익두는 그의 손을 놓았다. 그랬더니 잠시 들려졌던 그 몸체가 그만 땅바닥에 털썩 떨어지면서 엉덩이가 땅에 부딪치면서 비명이 터져 나왔다. "아이코 나 죽네 사람 살려요."라고 몸을 비틀며 비명을 질렀다. 김익두는 생각하기를 그렇다! 왜 내가 믿음으로 하지 않고 주위를 돌아보았는가? 얼굴이 화끈 달아오른 그는 그만 두 손으로 얼굴을 가리고 도망치듯 그

님이 기도하는 내 손에 불을 주셨다. 옛날에는 아픈 사람들을 위해서 기도할 때 형식적으로 하는 경우가 많았는데, 이제는 내 가슴에 그들의 아픔이 느껴져 오면서 눈물이 나고 그들의 머리에 손을 얹고 기도하면 하나님의 불이 뜨겁게 임하는 것이 느껴진다. 비단 몸뿐 아니라 영혼이 아픈 사람들, 하나님에 대해 영적 갈증이 심한 사람들의 경우도 머리에 손을 얹고 기도하면 마치 화덕에 불을 지피는 것처럼 뜨거움을 느끼게 되었다." 한 홍, 『기도, 하늘의 능력을 다운로드 하라』(서울: 생명의말씀사, 2010), 223.

479) 주승민, "소복(小僕) 이성봉의 부흥운동 고찰,"「신학과 선교」 25/1(2000), 494.

480) 정성구, "한국의 D. L. 무디 김익두 목사,"『김익두』(서울: 홍성사, 2008), 8-9. 김익두 목사의 생애를 더 자세히 살펴보기 위해서는 다음을 참조하라. 양현표, "김익두 목사의 생애와 신학,"「신학지남」(2014), 257-283.

210 예수영성의 다양성

자리를 벗어 나와 그 길로 예배당으로 뛰어갔다. 강단아래 무릎을 꿇고 깊이 탄식하며 7일을 금식하면서 기도하기 시작했다. 6일째 되는 날 척 서리 냇가로 다시 내려갔다. 다리 근처에 자리를 잡고 동냥을 하던 앉은뱅이가 멀리서 김익두가 자기를 향해 걸어오는 것을 발견하고 기겁을 하면서 소리를 질렀다. "오지 마시오 적선 안 해도 좋으니 제발 오지 마시오."라고 말했다. 그래서 김익두는 눈물을 흘리며 그의 손을 붙잡고 간절히 호소했다. "지난번 일은 용서하시오. 내가 그때부터 지금까지 금식하고 철야하며 당신을 위해 하나님께 기도를 드렸소이다. 오늘 밤이 기도 작정한 마지막 날인데 나와 함께 가서 하나님께 기도합시다." 눈물을 흘리며 진심으로 말하는 김익두의 태도에 앉은뱅이는 마음이 움직여 함께 가기로 동의했다. 김익두는 앉은뱅이를 등에 업고 교회에 도착하여 강단 밑에서 밤이 새도록 두 사람은 서로 붙들고 울면서 목이 쉬도록 하나님께 간구하였다. 새벽 미명이 되었을 때 갑자기 앉은뱅이가 다리에 힘을 얻더니 벌떡 일어섰다. 한 걸음 두 걸음 발을 옮기더니 급기야는 예배당 안을 껑충껑충 뛰어다니며 "만세 만세 할렐루야 할렐루야 감사합니다. 김익두의 하나님이시여 고맙고 감사합니다. 예수님의 이름으로 감사드립니다."하며 일천 명을 수용하는 신천 서부교회 예배당 안을 마구 뛰어다녔다. 이 소문은 삽시간에 입에서 입으로 전해져 황해도는 물론이고 평양과 서울까지 퍼지고 전국 방방곡곡에 전해졌다.[481]

김익두가 신유의 은사를 본격적으로 나타낸 것은 1919년 12월, 경북 달성(達成)의 현풍교회 사경회 때부터였다.[482] 집회 참석자 중에 박수진이라는 거지가 있었는데 이 사람은 아래턱이 빠져서 입을 다물지 못하고, 음식을 씹지 못하므로 물과 함께 음식을 부어 넘기고, 침이 흐르므로 턱받이를 하고 다녔고, 막대기를 집고 다니므로 사람들은 그를 막대거지라고 불렀다. 김익두는 이 거지를 위하여 간절히 기도했지만 처음에는 치유되지 않았다. 그다음 날에 금식하면서 다시 기도한 결과[483]

---

481) 한춘근, 『죽지않는 순교자 김익두』 (서울: 성서신학서원, 1993), 58-63.
482) 김인수, "길선주, 김익두, 이용도 목사의 부흥운동," 55.

역사가 일어났다. 사람들은 거지에게 건시를 주면서 먹어보라고 했다. 거지는 건시를 맛있게 먹었다. 10년 동안 병마에 시달리다가 치료를 받은 것이다. 이것을 계기로 김익두는 권능의 사자로 유명하게 되었다.484) 이제 김익두는 전국으로 돌아다니며 다니며 신유의 역사를 일으켰다. 이러한 김익두의 이적이 당시 동아일보 신문에 실리기도 했다. 동아일보 기사의 제목은 '김목사의 이적-벙어리가 말을 하고 안즌방이가 거러가'라고 했다. 기사는 다음과 같이 썼다. "황해도 신천군 읍내교회 목사 김익두 씨는 지난 오월십칠일에 부산에 도착하야 부산진 교회에서 부흥회를 일주일간 모혓는대 그동안 크게 자미잇고 성황으로 지닛중에 특별히 놀날만한 일이잇다. 김목사는 안수 긔도로써 안즌방이를 것게하얏는대 그 병곳침을 밧은자는 부산진 좌천동 사백사십육번지 김락은의 아들 두수인대 나은지 팔개월만에 우연히 안즌방이가 되야 팔년동안을 서지못하고 이 세상을 슯흐게 지나왓더니 맛참 김목사가 부산에온후 우연히 기어서 예배당을 차저 왓다가 김목사 겻해 안젓슴으로 김목사는 그 아해가 병으로 고성하는 것을 불쌍히 역여 안수 긔도를 한후 그 아해는 즉시 니러나서 것게 되얏슴으로 그 깃버함은 오이려 말로 다 할 수가 업고 오날도 여전히 거러 다니는 것을 본 사람마다 목사의게 칭송이자자하며 신도가 더욱 만어젓스며 김목사는 이번 남방으로 와서 이적과 긔사를 만히횡한 중 밀양군 교회에서는 십팔세된 여자 벙어리를 곳혓고 각디방에서 병곳친 수효가 이십이명은 전부 낫게 하얏고 십팔명은 반이나 낫게 하얏다는 풍설이 잇다떠라.(부산)."485)

이렇게 김익두의 부흥운동에서 이적기사가 나타나자 재령의 임택권 목사가 이적명증회를 조직해서 3년간이나 각처에서 나타난 이적들을 실제로 조사하여 1921년에 『조선예수교 이적명증』을 발행하였다.486)

---

483) 김인수 교수는 김익두 목사가 처음에 기도했을 때 역사가 일어나지 않자 다시 금식을 하면서 열심히 기도해서 역사를 일으켰다고 한다. 김인수, "길선주, 김익두, 이용도 목사의 부흥운동," 55.

484) 박명수, "부흥운동과 김익두 목사," 75.

485) 동아일보 1920년 5월 30일 58호 3면.

『조선예수교 이적명증』에 소개된 이적을 몇 가지 소개하면 다음과 같다. 김익두가 혈루증 걸린 여자를 고친다. "동군 고산면 사월리 교회 박달옥 씨는 본래 잘 믿는 부인인데, 17년 전부터 우연히 혈루증을 얻어 13년 동안 크게 고생하며 여러 모양으로 치료하여 보았으나 조금도 효험이 없을 뿐 아니라 4년 전부터는 병이 더욱 심하여 피가 항상 흐르는 고로 어디든지 가서 앉으면 그 앉아 있던 자리는 피가 괴이게 되는지라 부득이 예배당에도 잘 나가지 못하였더라. (...) 몇날 후에 어떤 믿는 부인이 선생의 기도하여 주심을 받고 병이 나았다 증거 하는 것을 보고 들은 후에 곧 믿는 마음이 나서 그 시(때)로 선생의 기도를 받았더니 그 사경회 마치기 전에 곧 그 병이 깨끗함을 받아 여러 사람들 앞에서 기쁨으로 증거 하였더라.487) 이렇게 혈루증 걸린 환자를 고친 것

---

486) 이 책은 조선예수교서회가 1921년에 펴낸 책이다. 1919년 12월부터 1921년 1월 사이에 김익두 목사가 일으킨 이적을 총회의 인준을 받은 이적명증위원들이 모아서 출판 한 책이다. 전국에서 일어난 일을 조사했고 총 10장, 107쪽으로 구성되어 있다. 정성구, "한국의 D.L 무디 김익두 목사,"『김익두』(서울: 홍성사, 2008), 11. 2008년도에 한국고등신학연구원(KIATS)에서『조선예수교회 이적명증』이라는 제목으로 이적명증원본과 영어, 그리고 현대 우리말로 고친 책을 다시 출판하였다.『조선예수교 이적명증』(서울: 한국고등신학연구원(KIATS), 2008. 이적명증회는 사람들을 선발하여 김익두 목사를 수행하면서 이적이 나타날 때마다 이적 전과 후의 사진을 찍고 당사자의 진술을 받아 책으로 출판했다. 이 책은 1권부터 3권까지 계속 책이 출판되었으나 지금은 그 책을 발견할 수가 없고 오직 김민숙 장로에게 단 한 권이 남아 있을 뿐이어서 귀중한 자료로 보관되고 있는데 그것조차 너무 오래되어 낡은 사진만 보존되어 있다. 한춘근,『죽지않는 순교자 김익두』, 106-107. 필자가 서울강동노회 잠실교회 원광기 목사가 2008년 4월 일산에 늘빛교회(원종구 목사 시무)에서 부흥회를 할 때 참석하여 직접 목격한 바에 의하면 안수기도를 받은 자를 사진으로 찍어 두었다가 병고침이 일어나면 간증을 하게 하고, 사진을 찍는 것을 직접 보았다. 원광기 목사가 시무하는 잠실교회에서 한동안 매달 1회씩 신유집회를 한 후에 고침을 받은 사람을 사진으로 찍어 간증문을 써서 신문에 기록하여 발행하기도 하였다. 필자가 가지고 있는 2008년 1월 27일 자 제44호 신문에는 최인숙 집사가 안수 후에 허리디스크로 이루지 못했던 잠을 자게 됐다고 사진과 함께 간증이 실려있다. 같은 신문에 조면하 집사는 안수기도 후 굳었던 몸이 서서히 부드러워지면서 허리를 펴고 걸었다는 기사가 사진과 함께 신문에 실려있다. 이런 것들은 김익두 목사의 치유를 받고 사진을 찍고 간증문을 기록한 방법과 유사하다.
487)『조선예수교 이적명증』, 148.

은 마가복음 5장 25-34절에서 예수께서 13년 동안 혈루증 걸린 여자를 고쳐 주신 것과 같다. 나아가 김익두가 앉은뱅이를 일으킨 역사도 기록하였다. "부산진교회에서 선생을 청빙 하여 부흥회를 열었는데 회집 한 자가 4-500명 이상이며 성경공부와 강설회에 큰 감동이 일어났다. (…) 부산진 좌천동 446번지 김낙언의 아들 두수, 당년(바로 그 해) 8세는 낳은 지 8개월 만에 우연히 앉은뱅이가 되어 8년 동안을 서서 다니지 못하고 이 세상을 슬프게 지내왔더니 마침 부흥회를 시작한 제3일 저녁 강설(신앙의 도리를 강론하여 설명함)할 때에 이 아이는 그 집이 곧 예배당 문 앞인 고로 간신히 기어서 예배당을 찾아가 선생의 곁에 앉았는데 선생은 그 아이가 병으로 고생하는 것을 불쌍히 여겨 안수 기도를 한 후에 그 아이는 즉시 일어나서 걷게 되었으므로 그 기쁨은 말로 다 할 수 없고, 오늘도 여전히 걸어 다니는 것을 본 사람마다 영광을 주께 돌리며 새로 믿는 자도 많이 생겼더라."[488] 또한, 18년 된 앉은뱅이도 고친다. "동군 석산면 수복리 김복성 22세는 5세 되던 해에 벼가리(벼를 베어서 가려 놓거나 볏단을 차곡차곡 쌓은 더미) 위에 올라가 놀다가 떨어져서 다리가 상하여 침상에 눕고 일어나지 못하고, 1년 동안 고생하여 무수한 의약과 침으로 치료를 받았으나 종시 낫지 못하고 필경 앉은뱅이가 되어서 18년 동안을 앉아서 고생하더니, 이때에 선생에게 기도를 받았는데 기도를 받을 때에 별안간 몸이 떨리며 다리가 심히 저려서 지접(몸을 붙이어 의지함) 하기 어렵더니, 곧 일어서고자 하는 마음이 나서 일어선즉 지팡이를 집고 걸을 힘이 생기었는지라. 곧 기쁨으로 수천 인 앞에서 간증하고 집으로 돌아간 후 지금 (1921년 3월 3일)까지 지팡이를 짚고 무난히 예배당에 출석하더라."[489] 이 치유장면을 보면 마가복음 2장 1-12절에 중풍병자가 고침을 받는 것이 생각난다.

나아가 『조선예수교 이적명증』에는 안 보이던 눈을 뜬 역사도 기록했다. "김해군 녹산면 구랑리 김종호 씨의 아들 경출 11세는 5년 전

488) 『조선예수교 이적명증』, 152-153.
489) 『조선예수교 이적명증』, 184.

부터 우연히 안질(눈병)이 나서 각처에서 의약을 많이 쓰던 중 금년에는 부산까지 가서 의사에게 진찰을 받고 약을 썼으나 종시(끝내) 낫지 아니하고 필경 좌편 눈에 백태(몸의 열이나 그 밖의 원인으로 눈에 희끄무레한 막이 덮이는 병)가 끼여서 조금도 보이지 않게 됨으로 인근 사람들은 다 영영히 폐목(시력이 몹시 나빠져 거의 보이지 않을 상태의 상태)이 된 줄로 인정하였더라. 이 아이는 그 눈을 위하여 심히 원통한 생각이 나서 하나님께서 고쳐 주시기를 바라는 마음으로 와서 고대하다가 수차 기도함을 받았더니, 기도를 받은 지 제5일 후 어느 아침 세수할 때에 그 눈에서 마치 잉어 비늘 같은 것이 벗어져 나오더니, 곧 환하게 보이는지라. 이 아이는 심히 기뻐하여 그 잉어 비늘 같은 것을 손톱으로 잡아당기어 본즉 심히 질기어 끊기 어렵더라. 그날 새벽기도회 할 때에 수천 인 가운데서 그 사실을 증거 하였느니라."[490] 마가복음 8장 22-26절과 10장 46-52절에서 예수께서 소경을 보게 하는 이적을 행한다. 김익두도 소경을 보게 하는 예수의 이적을 계승한다. 더 나아가 김익두가 귀신을 내쫓는 것도 기록하고 있다. "동래군 사상면 삼락리 김세권 씨의 아들 성준 25세는 작년 9월 7일부터 정신이 없어 허튼 말하기를 시작하더니, 한 10여 일 후에는 그 증세가 대발(크게 일어남)하여 허튼 말을 하며 각처로 돌아다니면서 사람을 만나면 욕설을 하고 벌판으로 항상 달아나더라. 여러 사람이 붙잡아 두 손목을 메고 억제하여 두었더니 그 매인 줄을 벗어나기 위하여 요동함으로 팔이 심히 상하여 죽게 되었더라. 금번에 그 모친이 데리고 와서 선생에게 기도받은 후에 정신이 완전하여 자기 입으로 '내가 지금은 나았노라' 증거 하니라."[491] 이 장면을 보면 마가복음 5장 1-20절에 나오는 거라사 귀신들인 사람이 귀신이 나가고 정신이 온전해진 것과 비슷하다. 이외에도 김익두는 그가 재령에서 처음 사역을 시작하였을 때에 귀신 들린 여인 박수은을 고쳐 주었고, 그다음에 신천에 처음 부임해서도 귀신 들린 여자를 치료해 주었다.[492] 심지어 김익두는 죽은 자를 살렸다. 김익

---

490) 『조선예수교 이적명증』, 155.
491) 『조선예수교 이적명증』, 156.

두가 함흥교회에서 부흥회를 인도하고 있었을 때의 일이다. 함흥초등학교 교장선생님의 아들이 그만 수영을 하다가 물에 빠져 죽고 말았다. 그 아버지는 교회에 안 다니는 사람이었지만 너무나 급한 나머지 아이를 등에 업고 김익두를 찾아왔다. 김익두는 죽은 아이를 예배당의 의자에 뉘었다. 그리고 "나사렛 예수의 이름으로 일어나라!"하며 손을 잡아 일으켰다. 그랬더니 죽었던 아이가 눈을 번쩍 뜨고 일어나 사방을 둘러보았다. 아버지와 모든 가족들은 감격의 눈물을 흘렸다. 그다음 주일부터 교장선생님 가족들이 모두 예수를 믿게 되었다.493) 또한, 김익두가 강원도 춘천에서 부흥회를 할 때의 일이다. 당시 일본 순사들이 긴 칼을 허리에 차고 부흥회를 하는 교회에 들어와 담임 목사가 신사참배를 안 했다고 잡으러 왔다고 했다. 그때 김익두는 "사탄아 물러가라."라고 호통을 쳤다. 얼마 지나지 않아 밖에서 소리가 나기를 김익두를 끌고 가던 두 순사들이 땅에 쓰러져 죽었다는 것이다. 경찰서에서 사람이 와서 김익두에게 죽은 두 순사를 살려달라고 했다. 김익두가 경찰서에 가서 보니까 흰 보자기로 두 순사의 시체를 덮어 두었다. 김익두가 "나사렛 예수님의 이름으로 구하노니 생명이 들어오고 일어나라."라고 외치자 두 순사가 눈을 트고, 주위를 돌아보며 웃었다.494) 이 장면을 보면 마가복음 5장 21-24, 35-43에서 예수께서 회당장 야이로의 딸이 죽은 것을 다시 살리는 장면과 유사하다.

특히, 김익두의 신유집회의 특징은 간절한 기도준비와 안수기도로 이루어졌다. 김익두는 금식기도와 산기도를 통해 기도로 무장한 다음에 환자에게 안수기도를 하였다. 김익두는 매 집회마다 병자를 위한 안수기도로 많은 시간을 보냈다. 환자들을 일일이 안수하는 일은 매우 힘든 일이었지만 그는 안수를 받겠다고 밀려오는 사람들을 거절할 수 없어서 일일이 안수를 해주었다. 어떤 경우는 안수 즉시 낫는 경우도 있지만 대부분은 여러 차례 안수를 통하여 점점 회복되었다.495) 예수께서도

---

492) 박명수, "김익두 목사와 대중적인 신유집회," 「교회성장」 124/10(2003), 80.
493) 이태선, 『초기 한국교회 불의 사자 김익두 목사』 (서울: 보이스사, 1993), 151.
494) 이태선, 『초기 한국교회 불의 사자 김익두 목사』, 152- 155.
495) 김익두 목사의 신유집회의 특징은 병자를 위한 안수기도였지만 꼭 안수를 받

마가복음 9장 29절에서 "기도 외에 다른 것으로는 이런 종류가 나갈 수 없느니라고"라고 했다. 예수의 능력도 기도에서 나온 것처럼 김익두의 치유의 능력도 기도를 통해 하나님이 주시는 능력을 받았기 때문이다.

한편, 『조선예수교 이적명증』은 김익두의 이적 행함을 다음과 같이 요약했다. "경상북도와 평안남북도와 황해도 등지에서 현대 의약으로 치료치 못할 자를 안수 기도함으로 전쾌(완쾌)한 자가 거의 수백 명에 달하였으니, 그중에 특이한 자를 말하면 곧 앉은뱅이가 걸으며, 벙어리가 말하며, 소경이 보며, 귀머거리가 들으며, 등곱쟁이가 펴지며, 반신불수가 완전하며, 17년 혈루증이 곧 낫는 등 일일이 믿기 어려운 이적

아야만 치료받는 것은 아니었다. 집회 도중에 자신이 기도하는 도중에도 치유를 받았으며, 집단적으로 병자를 위하여 기도하는 도중에도 치유가 일어났다. 1920년 8월 13일부터 열린 제9회 사리원집회 때에는 천여 명이 안수를 받기 위해 몰려와서 다른 방법을 고안해 냈는데 마지막 날, 마지막 시간에 병자들을 종류별로 앉게 하고(예를 들면, 두통, 눈, 귀, 목, 코, 폐등) 각 그룹에 가서 집단적으로 기도하였다. 그리고 그다음 날 새벽기도 때에 간밤에 나은 사람은 간증하라고 해서 병나음을 증거 하게 하였다. 그 후부터 김익두 목사의 집회는 직접 안수는 많이 하지 못하고, 저녁에 집단으로 병자를 위하여 기도하고, 그다음 날 병 나은 사람을 확인하여 간증하게 하였다. 또 다른 경우는 아들을 위하여 대신 기도를 받아서 치유받은 경우도 있다. 평안북도의 함석규 목사는 총회 참석차 서울에 왔다가 김익두 목사의 집회에 참석하였다. 그는 김익두 목사에게 자기 아들의 아픈 병세를 말하고 아들 대신 기도를 받았다. 그의 아들은 오산중학교 학생인데 여러 달 병상에 누워있었다. 그런데 함목사가 집에 도착하여 보니 자기가 김익두 목사에게 안수를 받은 그 시간에 아들이 치유된 것을 발견하였다. 임택권 목사는 김익두 목사의 신유집회의 발전과정을 이렇게 설명하고 있다. "처음에는 한 사람의 병자를 위하여 3일 금식한 다음에 비로소 성취하였고, 그 후부터는 각인의 몸에 손을 얹고 기도하며 안찰 하면 믿는 자는 나음을 얻었으며, 이때부터 여러 사람의 병을 위하여 함께 기도할지라도 믿는 자는 나음을 얻었으며, 그다음 경성 부흥회에서는 선생을 바라보기만 하여도 저희의 간절한 믿음으로 나음을 받았고, 심지어는 병자를 위하여 대신 기도를 받아도 곧 그 시로 나음을 얻었느니라."라고 하였다. 흥미 있는 것은 병이 나았다가 재발하는 경우도 있었다. 대구의 어느 기생은 회개하고 병에서 나았지만 다시 기생의 일을 하자 재발하였다. 황해도 송화 군의 전택신은 반신불수병에서 치유받았지만 그 은혜를 잊고, 농사일에 매여 여러 주일 지키지 않자 다시 병이 재발하여 반신불수 상태가 되었다. 박명수, "김익두 목사와 대중적인 신유집회," 76-80.

을 나타내신지라."496) 또 한편, 김익두의 이적으로 인해 1922년 황해노
회는 총회에 김익두의 이적을 건의해서 장로회 헌법 제3장 1조 곧, "금
일에는 이적 행하는 권능이 정지되었느니라."라는 조문의 수정을 건의
하였고, 총회는 다음 해인 1923년 이를 채용하여서 각 노회에 전달하였
다.497) 나아가 교회사가 김광수는 김익두의 활동 사항을 기록하기를
"김익두 목사는 주님의 사역을 시작한 지 반세기 동안 한국은 물론이
고 중국과 시베리아, 일본까지 그의 발길을 옮겨 776회의 부흥회를 인
도했고,498) 150개 처의 교회당을 건축하였으며, 2만 8천여 회의 설교에
그의 감화로 목사가 된 수가 200명,499) 그에게 치유받은 자의 수가 1만

---

496) 『조선예수교 이적명증』, 161-162.
497) 정성구, "한국의 D.L 무디 김익두 목사," 9-10.
498) 김익두 목사의 부흥회의 특성을 자세히 살펴보기 위해서는 다음 논문을 참조
하라. 양현표, "김익두 목사의 부흥회와 그 특성," 「신학지남」 (2015), 183-205;
신광철, "김익두와 신유부흥운동의 전통," 「한국기독교역사연구소소식」 52(2002),
7-13.
499) 김익두 목사에게 은혜를 받고 목사가 된 대표적인 사람이 주기철 목사이다.
김익두 목사는 1921년 1월 1일부터 마산 문창교회에서 일주일간 부흥회를 인도
하고, 창원군 웅천읍 교회에서 또 일주일간 부흥회를 가졌다. 당시 청년 집사였
던 주기철 집사는 앞에 나와 찬송을 인도하였고, 김익두 목사를 대접할 때 집에
서 수종도 들었다. 4일째 새벽시간이었다. 그날 새벽 주기철 집사는 맨 앞에 앉
아서 은혜받기 위하여 간절히 기도하고 있었다. 얼마 후 강단에 선 김익두 목사
는 사도행전 1:1-11절을 읽고 '성령을 받으라'는 제목으로 설교하기 시작하였다.
이 설교를 듣고 있던 청년 집사 주기철은 자기의 생각이 잘못되었음을 깨달았다.
오늘까지 내가 예수 믿은 것은 민족주의 운동의 근거지가 교회라고 생각했기 때
문은 아닌가? 나는 교회 봉사가 중심이 아니었나. 이 설교를 듣고 나서는 그때까
지의 잘못된 신앙을 깊이 뉘우치게 되었고 그리하여 남은 며칠을 눈물로 통회하
며 보냈으며 넘치는 은혜를 받았다. 그 후로 주기철 집사는 "나는 목사가 되어
강단에서 한국 교회를 지도하여야 한다. 이것이 나의 사명이다."라고 말하고, 마
침내 봄에 신학교에 가기로 결심했다. 남강 이승훈 선생이 반대를 하며 교육가가
되기를 원했지만 결국 주기철 집사는 목사가 되기로 하였다. 박용규, 『김익두 목
사 전기』 (서울: 생명의말씀사, 1993), 135-136. 김익두 목사에게 영향을 받은 또
한 사람은 한국교회의 진보주의의 태두라고 할 수 있는 김재준 목사이다. 김재준
목사는 1920년 10월 김익두 목사의 서울집회에 참석했다가 은혜를 받고 개종을
결심하였다. 김재준 목사는 그 순간을 이렇게 기록하였다. "그 순간은 정말로 이
상했다. 가슴이 뜨겁고 성령의 기쁨이 거룩한 정열을 불태우는 것이었다. 성경
말씀이 꿀송이 같고, 기도에 욕심쟁이가 되었다." 박명수, "김익두 목사와 대중적

여 명이나 되었다."500)라고 했다. 말년에 김익두는 북한에서 김일성에게 이용당하다가 순교하였다.501) 이처럼 김익두는 처음부터 마지막까지 성경말씀의 토대 위에서 이적중심의 사역을 했다. 특히, 김익두는 마가복음에 나타난 예수같이 병자치유, 귀신축사를 주로 행했다. 따라서 김익두는 마가복음에 나타난 예수의 이적영 성의 정통을 계승한 영성가라고 할 수 있다. 다음은 마가복음에 나타난 예수의 이적 영성을 정통으로 계승한 한국 개신교회의 이성봉을 살펴보겠다.

2) 이성봉(李聖鳳, 1900-1965)

김익두 목사로부터 시작한 한국교회의 신유운동은 성결교 목사인 이성봉 에게 계승된다. 이성봉의 부흥집회에서는 언제나 신유의 역사가 뒤따랐다. 병자가 고침을 받고 귀신에 눌린 자들이 놓임을 받는 등 수많은 이적과 기적이 일어나 구원받는 자가 폭발적으로 일어났다.502) 이성봉은 성결교의 부흥목사로서 김익두 목사의 가장 사랑하는 직제자 중에 한 사람이었다.503) 이성봉은 1900년 7월 4일 평안남도 강동군 간

인 신유집회," 74-75.
500) 김광수, 『한국기독교 인물사』(서울: 기독교문사, 1976), 201. 김익두 목사가 행한 이적 내용을 더 보기 위해서는 다음을 참조하라. 『조선예수교 이적명증』, 129-219; 한춘근, 『죽지않는 순교자 김익두』, 105-142; 박용규, 『김익두 목사 전기』, 83-140.
501) 이찬형, "김익두 목사에 대한 오해와 해명,"「한국기독교역사연구소소식」 68(2004), 12-16.
502) 이영훈, "한국 오순절운동과 신유," 186.
503) 이성봉 목사의 모친은 김익두 목사가 시무하는 교회에 5,000여 원의 헌금을 하여 교회당을 신축하는데 공헌을 했다. 또한, 모친은 1913년 신천교회가 운영하던 신천, 경신 소학교의 교원으로 청빙 되어 3년간 봉직했기 때문에 이성봉도 14세 때 그 학교를 졸업했다. 그 과정에서 이성봉은 김익두 목사의 영향으로 목사가 되었다. 이성봉 목사는 김익두 목사의 여덟 명의 믿음의 아들 중에 하나였다. 여덟 명의 믿음의 아들은 다음과 같다. 유원봉 목사(신천생), 유해천 목사(신천생), 유만섭 목사(신천생), 오윤호 목사(사리원생, 북한에 거주), 양성진 목사(재북한, 재령생), 이성봉 목사(성결교회 부흥사, 평양생), 김정묵 목사(신천생, 인천부흥사), 전재선 목사(대동출신, 부흥목사)이다. 주승민, "소복(小

리에서 부친 이인실과 모친 김진실의 장남으로 태어났다.504) 이성봉은 6세부터 어머니를 따라 예수를 믿었다. 어려서는 모범적인 학생이었다. 그러나 18세부터 21세까지 매우 방탕한 생활을 하였다. 그러면서도 그는 민족의 독립을 위해 비밀결사 단체인 '대동단'에 가입하기도 했다. 검속이 시작될 무렵 그는 술에 취해 하나님을 원망하다가 갑자기 디프테리아와 골막염에 걸려 3년 동안 바깥출입을 하지 못하고 누워 있게 된다. 그리고 죽음에 직면한다. 3년 동안의 병가생활은 이성봉에게 자신을 돌아볼 수 있는 기회를 주었고 마지막 죽음을 앞에 두고 처절한 결단을 하게 된다. 이성봉은 자신의 죄의 문제 때문에 영적 고투를 하다가 마침내 그리스도의 십자가의 능력으로 죄 용서함을 확신하고 병도 낫게 된다.505) 죄 용서의 체험과 병을 치유받은 이성봉은 목사가 되어 경기도 수원교회를 개척하여 목회를 할 때 기사와 이적이 많이 일어났다. 병자를 치유하고 귀신을 쫓는 이적을 행했디. 당시에 동네에 칠 개월째 전신 불수로 고생하는 무당이 있었다. 이성봉이 사람들을 모아놓고 전도하고 있을 때 방에서 몰래 말씀을 듣고 있었던 무당이 방에서 눈물을 흘리며 예수를 믿겠다고 했다. 무당을 위해 손을 얹고 기도하니 그 이튿날 말끔히 나았고 주일에 예배당에 나와 새사람이 되었다.506)

한편, 이성봉은 1937년에 서울신학교에서 열린 성결교회 총회에서 전국부흥사로 임명을 받고 25년 이상을 부흥운동에 매진하였으므로, 전문 부흥사로서의 활동에서 드러난 그의 신앙적 태도, 신학적 경향성, 설교의 기법, 기독교적 문화를 비롯한 측면들이 한국기독교의 유산의 일부가 되었다.507) 부흥사의 길을 떠난 이성봉은 1941에서 1945년까지

僕) 이성봉의 부흥운동 고찰," 496-497.
504) 정인교, 『이성봉 목사의 생애와 설교: 그의 부흥 설교에 대한 설교학적 분석』 (부천: 성결신학연구소, 1998), 37-38.
505) 이상직, "이성봉 목사의 삶과 영성,"「한국개혁신학」 14(2003), 341.
506) 이성봉, 『말로 못하면 죽음으로』, 42-45.
507) 박형신, "이성봉 목사의 부흥설교 연구: '명심도강화'를 중심으로,"「신학과 선교」 47(2015), 197.

는 심양에서 짧은 목회를 한 후 만주일대를 다니며 부흥집회를 하였다. 해방 후에는 북한 지역에서, 그리고 1946년에 월남한 후에는 남한에서 성결교회를 재건하기 위하여 노력하였다. 1954년부터 1955년까지는 '임마누엘 특공대'라는 이름하에 소규모 교회들을 돌아다니며 집회를 인도하였고, 1955년부터 1956년까지는 '희년준비성회'를 열었다. 1959년에는 미국으로 순회전도활동을 떠나, 한인뿐만 아니라 타민족과 타인종을 대상으로 집회를 하였다. 1961년 이후로는 '1일 1 교회운동'을 벌였고, 1965년 7월 23일에 거행된 성결교회 합동총회에서 마지막 설교를 하고 8월 2일에 소천하였으니, 그야말로 부흥사로서의 삶을 누구보다도 충실하게 살았던 신앙의 거인이었다.[508]

이성봉의 부흥회는 성령의 충만한 역사 속에서 이적과 기사가 많이 나타난 부흥회였다. 이성봉은 특별한 성령의 불세례 체험을 하기도 했다. 1937년 이성봉 목사가 38세 때 순회부흥 목사로 임명을 받기 전에 일어난 일이다. 비몽사몽간에 꿈속에서 김익두 목사에게 안수기도를 받는 체험을 한다. 이성봉은 당시 상황을 다음과 같이 고백했다. "1937년 총회가 서울 신학교에서 있었는데 그때 나는 단체 부흥사의 사명을 받게 되었다. 그 사명을 받기 전에 나는 이상한 꿈이라 할까 비몽사몽간에 [신비한] 일이 한번 있었다. 총회 도중에 나는 너무 지쳐서(철야기도와 회의 때문에) 신학교 서쪽 4층 어느 조그마한 방에 들어가 잠깐 누웠는데 김익두 목사(장로교 부흥목사)님이 오시더니 나를 위하여 안수기도를 한다고 나의 오른편 옆구리에 손을 대고 어루만지며 기도하셨다. 뜨끈뜨끈한 손이 닿자마자 불의 폭발이 일어나는데 너무 뜨겁고 놀라서 화다닥 침대에서 뛰어올랐다가 떨어지니 꿈이었다. 어찌나 혼이 났는지 온 전신에 땀이 흐르나 심령은 매우 상쾌하였다. 불세례를 체험

508) 박형신, "이성봉 목사의 부흥설교 연구: '명심도강화'를 중심으로," 198. 이성봉 목사의 부흥운동에 대해 더 보기 위해서는 다음 논문을 참조하라. 주승민, "소복(小僕) 이성복의 부흥운동 고찰," 「신학과 선교」 25(2000), 474-505. 특히, 이성봉의 설교 원문과 설교분석에 대해서는 다음을 참조하라. 이성봉/ KIATS 엮음, 『이성봉』 (서울: 홍성사, 2008); 정인교, 『이성봉 목사의 생애와 설교: 그의 부흥 설교에 대한 설교학적 분석』 (부천: 성결신학연구소, 1998).

한 것이었다."509) 나아가 이성봉은 기도로 자기의 병을 치유하는 체험도 한다. 해남에서 부흥회를 하다가 맹장염으로 아프기 시작했다. 그러나 그는 고통 중에도 집회를 결사적으로 계속했다. 너무나 고통을 당하니 송의사(공의)가 와 보고는 급성 맹장염인데 24시간 안에 수술을 해야 되겠다는 것이었다. 이성봉은 수술하지 않으면 어떻게 되는지 물었더니 죽든지 병신이 되든지 한다고 했다. 그래서 이성봉은 "나 죽으면 하나님 손해 나지 나 손해 나겠소? 그만 이대로 주님께 맡기렵니다."하고 거절하였다. 이성봉은 그날밤 결사적으로 기도했다. 너무 고통스러워 죽는 줄 알았다. 그러나 아침에 이상하게 씻은 듯 나았다.510) 또한, 1938년 평양 명촌 장로교회에서 집회할 때는 갑자기 집회 중에 귀신들린 여자가 나타나 난동을 했다. 그 여자는 오래전부터 대감귀신에게 붙들려서 늘 그렇게 못되게 군다고 했다. 그래서 이성봉과 교우들이 함께 기도하여 귀신을 쫓아냈다. 군산 구임교회에서는 십 년 동안 앉은뱅이였던 부인을 치유하였다.511)

또 한편, 이성봉은 대형천막을 쳐 놓고 부흥회를 했는데 무려 만여명의 회중에게 설교를 했다.512) 당시에 한강 백사장에서 천막부흥회를 하던 이성봉 목사를 방해하러 왔던 이천석이라는 청년이 집회에서 도전을 받고 천막을 부수지 못하고 돌아갔다. 훗날에 이천석은 이성봉에게 은혜를 받고 목사가 되었으며, 이천석은 이성봉이 죽기 직전에 마지

---

509) 이성봉, 『말로 못하면 죽음으로』, 62.
510) 이성봉, 『말로 못하면 죽음으로』, 101-102. 이성봉 목사는 급성 맹장염 중에도 다음과 같은 노래를 지었다. 제목은 '나는 너를 치료하는 여호와라'이다. 1절 소자야 소자야 안심하고 나를 보라 고요히 잠잠히 바라보라 나는 네 구주라. 2절 네 병에 고통이 심해도 나를 보라 십자가 쓴 잔의 한 모금 영원한 생명수. 3절 내 주여 뜻대로 합소서 믿습니다. 살든지 죽든지 주님께 영광을 돌리리 너는 나를 앙망하고 구원을 받으라 환난 날에 나를 불러라 내가 너를 건지리니 네가 나를 영화롭게 하리라. (후렴) 나는 너를 치료하는 여호와시니 믿음에 굳게 서 굳게 서 나를 앙망하라. 이처럼 죽음을 무릅쓰고 기도로 병을 고치는 경우는 스미스 위글스워즈가 3년 동안 앓고 있었던 담석증을 수술하지 않고 기도로 고친 것과 유사하다. 윌리엄 하킹/ 김진호 옮김, 『스미스 위글스워즈』, 36-37.
511) 이성봉, 『말로 못하면 죽음으로』, 69-70.
512) 이성봉, 『말로 못하면 죽음으로』, 99.

막 안수 기도를 받기도 했다. 이처럼 이성봉은 마가복음에 나타난 예수같이 병자치유, 귀신축사를 주로 행했다. 따라서 이성봉 목사는 마가복음에 나타난 예수의 이적 영성의 정통을 계승한 영성가라고 할 수 있다. 다음은 마가복음에 나타난 예수의 이적 영성을 정통으로 계승한 한국 개신교회의 이천석을 살펴보겠다.

3) 이천석(李天石, 1929-1989)

이천석은 1929년 6월 20일 함경남도 고원에서 태어났다. 그는 서울 소재 중학교 입학시험에 낙방하고, 원산 삼촌집에 방문하여 머물다가 황소를 몰래 끌고 나가 팔아 그 돈으로 일본으로 밀항하였다. 그는 일본 히로시마에서 민족적 차별을 이겨내며 후꾸상(福山) 중학교에 우등생으로 학교를 다녔다. 1945년 8월 5일에 교장의 심부름으로 히로시마를 떠나 동경으로 향했다. 6일 동경에서 일을 잘 마치고, 기차역으로 나갔는데, 히로시마에 원자탄이 떨어져 불바다가 되었다는 소식을 듣게 된다. 그때 소년 이천석은 충격과 함께 뭔지 몰라도 "나를 이끄는 힘이 있다"라고 느꼈다. 광복이 되자 귀국하여 강원도 홍천에서 일을 시작했다. 홍천에서 수천 평의 화전(火田)을 손에 물집이 생기고 몸이 으스러질 정도로 일구어서 곡식을 심어 풍작을 거두어 청년부자가 되었다. 그리고 결혼도 하였다.[513]
한편, 이천석은 6·25 전쟁이 발발하기 전에 국방경비대에 지원하였다. 6·25 전쟁이 한창이던 때에는 원산에서 헌병 대장으로 근무를 하기도 했다. 그는 군 복무 중에 27회나 영창에 다녀올 만큼 별난 성격을 가진 사람이었다. 그러나 별난 행동과는 별개로 그는 국가관이 투철한 용감한 군인이었다. 그는 국군이 인천상륙작전으로 서울을 수복하고 북진할 때 함께 참가하여 압록강까지 진격하였다. 이때 이천석은 통일을 기대하며 흥분하기도 하였다. 이후 중공군의 개입으로 남쪽으로 철수하

---

513) 이영식, "이천석 목사의 부흥운동에 관한 연구," 「ACTS 신학저널」 46(2020), 119.

던 1951년 4월 김일성 고지에 이르게 되었다. 중공군이 다음날 총공격을 한다는 첩보가 입수되었고, 상부에서는 사수 명령을 내렸다. 이천석은 부하들에게 모든 식량을 다 먹으라고 지시하며 조국을 위한 임전무퇴를 명령하였다. 예상대로 밤에 중공군이 대대적으로 공격하였다. 이 전투는 많은 사상자를 냈고, 이천석 본인도 불빛과 함께 쓰러지고 말았다. 그는 오른쪽 발목에 총탄을 맞고 쓰러져 5일 동안 방치되었다. 이후 국군에게 발견되어 군 병원으로 후송되었지만 오랜 시간 방치해 둔 상처는 결국 우측 다리 절단으로 이어졌다. 한순간에 장애인이 된 그는 절망 속에 무려 세 번의 자살(수면제, 투신, 할복)을 시도했으나 실패로 돌아갔다.514) 자살을 실패한 이천석은 상의군인으로 살 수밖에 없었다.515) 군병원을 퇴원한 후 이천석은 사회에 나왔지만 그를 받아주는 곳은 없었다. 그러면서 그는 점점 난폭해졌고, 자신을 바라보는 사람에게 행패를 부렸다. 당시 사회는 국가를 위해 헌신하다가 장애인이 된 상이군인들을 돌볼 수 없었고, 이에 다수의 상이군인들은 사회에 불만을 표출하였다. 이천석은 이 상이군인들의 두목이 되었다. 그의 별명은 명동에서 유명한 깡패두목 빼꿈이였다. 다른 깡패들과도 싸움이 붙기도 하였고, 이 과정에서 두목인 이천석이 잡히면 경찰서 앞에서 농성을 벌였고, 나중에는 차로에 100여 명의 상이군인이 드러누워서 결국 이천석을 석방시켰다. 당시 정치 깡패였던 이정재에게까지 30 만환을 받아 내기도 했다. 그러는 동안 교도소와 유치장 출입기록이 52회나 되었다.516) 그러던 중 이천석에게 특별한 사건이 일어났다. 그는 서울 경찰로부터 한강에서 열리는 개신교 부흥회를 해산시키라는 요청을 받은

---

514) 윤은석, "전쟁 영웅에서, 어둠의 영웅으로, 그리고 다시 국가의 영웅으로: 상이군인 이천석 목사를 중심으로,"「ACTS 신학저널」40(2019), 106-108.

515) 한순간에 장애인이 된 이천석은 절망 속에 수면제 50알을 먹으며, 4층에서 뛰어내리고, 면도칼로 할복을 시도하며 스스로 목숨을 끊고자 했지만, 그때마다 살아났다. 결국 그는 자살을 포기하고 상이군인으로서의 삶을 살기로 마음먹었다. 윤은석, "이천석 목사의 포용적 성령운동: 칼빈주의, 웨슬리안 성결운동, 오순절운동," 336.

516) 윤은석, "전쟁 영웅에서, 어둠의 영웅으로, 그리고 다시 국가의 영웅으로: 상이군인 이천석 목사를 중심으로," 108-110.

것이다. 그러나 부흥회에 참석한 이천석은 당시 부흥강사였던 이성봉 목사의 유창한 설교에 관심을 갖게 되었다. 그리고 이성봉과의 대화를 통해 교회에 나가기로 약속하였다. 이후 그가 본격적으로 개신교에 귀의하게 된 것은 그의 아내의 병환 때문이었다. 그의 아내는 두통을 호소하며 3개월간 자리에 누웠고, 병원에서는 병의 원인을 알지 못했다. 그러자 무속신앙에도 의지해보고, 불교에도 도움을 구했지만, 아내의 병은 낫지 않았다. 그때 그는 한 노파에게서 예수님께 기도해 보라는 말을 듣고 과거 이성봉 목사와의 약속을 기억했다. 그리고 그 노파에게 기도를 요청하자 개신교 신도 10여 명이 찾아와서 찬양과 기도를 해주었다. 그러자 아내의 질병에는 약간 차도가 생겼다. 그 후 아내가 신유(神癒)를 위해 기도원에 가서 기도하는 동안 그도 아이들을 데리고 교회에 가기 시작했다. 이렇게 교회에 출석하게 되었다.[517]

그러던 1959년 10월 24일 이천석 부부는 그동안 가지 못한 신혼여행을 가기로 하고 5일간 내내 삼각산 제일기도원 부흥회에 참석하였다가 저녁집회에서 잊지 못할 은혜를 경험하게 되었다.[518] 아내의 병을 위해 기도를 하던 중 갑자기 천정을 올려다보았는데 지붕이 뚫리며 새빨간 불덩어리가 그의 머리 위에 날아들었다. 이천석은 온몸이 타버릴 것처럼 뜨거워졌고 머리가 아찔했다. 풀썩 앞으로 쓰러지면서 "하나님 나도 죄인입니다."라고 외쳤다. 그러면서 가슴이 뜨거워서 견딜 수가 없었다. 예배당 마룻바닥을 데굴데굴 구르며 소리 질렀다. 삼일동안 밤낮을 계속해서 통회 자복했다. 조그마한 일까지도 계속 회개했다. 하나님께서는 회개할 것을 영화의 화면처럼 계속해서 보여주셨다. 갑자기 혀가 빨라짐을 느꼈다. 가만히 있으려고 해도 혀는 총알처럼 마구 움직였다. 방언의 은사를 받은 것이다.[519] 이 날 성령의 은혜를 체험한 이천석은 이제 사회에 대한 불만에서 기인한 그의 폭력이 더 이상 그의

517) 윤은석, "전쟁 영웅에서, 어둠의 영웅으로, 그리고 다시 국가의 영웅으로: 상이군인 이천석 목사를 중심으로," 110-111.
518) 이영식, "이천석 목사의 부흥운동에 관한 연구," 121.
519) 강정훈, 『천한자와 귀한자』, 124-129; 변지영, 『기다리는 女人』(경기도: 대화출판사, 1995), 146-148.

삶을 지배하지 않았다. 입을 열면 쌍욕부터 나왔는데 이젠 늘 찬송을 하였다. 버스를 타면 두들겨 패줄 생각이 나 하던 그가 이젠 차비를 내며 차장에게 예수를 믿으라는 말을 하고 내렸다. 그는 40일 금식기도를 마치고, 90일 철야기도를 계속 이어갔다.[520] 온 정성과 마음을 다해 기도하던 어느 날 목회자로 부르심에 대한 확신을 갖게 되어 중앙신학교에 입학하게 되었다.[521] 1968년 5월 30일에는 서울 광희동에 성복교회를 개척했으며, 동년 7월 17일에 목사 안수를 받았다. 교회는 부흥이 되어 동년 12월 20일에 신설동 55평의 집을 사서 이전하였고, 이후 교회를 건축하였다. 그리고 1971년에는 경기도 가평에 한얼산 기도원을 설립하였다. 특히, 한얼산 기도원에서는 나라와 민족을 위한 구국집회[522]를 많이 열었다. 이천석은 20년 동안 1000 교회가 넘는 곳에서 부흥회를 인도하였다.[523]

또 한편, 이천석의 사역에서 마가복음 16장 17절에서 예수께서 믿는 자들에게 따르는 표적을 언급하신 것 같이 신유와 귀신 축사와 방언의 역사가 많이 나타났다. 마가복음 9장 29절에서 예수께서 귀신을 내어 쫓고 기도 외에 다른 것으로는 이런 종류가 나갈 수 없다고 말씀하신 것처럼 이천석 목사에게 이러한 이적이 많이 나타난 것은 그가 능력을 받기 위해 기도를 많이 했기 때문이다.[524] 어느 날은 산에 올라가 소나무를 잡고 8시간이나 씨름하면서 능력을 달라고 기도했다. 그래서 한때

---

520) 이천석은 40일 금식기도를 하였고, 이후 90일 철야기도를 하던 중 목회자 사명을 확인하였다. 윤은석, "이천석 목사의 포용적 성령운동: 칼빈주의, 웨슬리안 성결운동, 오순절운동," 340.
521) 이영식, "이천석 목사의 부흥운동에 관한 연구," 122-123.
522) 한얼산 기도원의 구국집회는 보통 5,000명 정도, 많게는 2만여 명까지 모였다.
523) 윤은석, "전쟁 영웅에서, 어둠의 영웅으로, 그리고 다시 국가의 영웅으로: 상이군인 이천석 목사를 중심으로," 112-116, 124.
524) 이천석은 개척초기에 서울 광희동의 4층 건물에서 성복교회를 시작하였지만, 사람들은 모이지 않았다. 이에 그는 기도하고자 삼각산에 올라갔고, 다리 굵기의 소나무를 잡고 기도하였다. 능력을 달라고 구하는 그의 기도는 8시간 후 소나무가 뽑히면서 응답이 왔다. 이후 전국의 교회들의 요청에 의해 부흥사로 활동하기 시작했다. 윤은석, "이천석 목사의 포용적 성령운동: 칼빈주의, 웨슬리안 성결운동, 오순절운동," 340.

기도를 열심히 하라는 표현으로 "소나무 뿌리를 뽑으면서 기도하라는 말이 유행하기도 했다" 이천석이 산에서 기도하고 내려오자 신유의 역사가 나타나기 시작했다. 정신병자가 그의 안수를 받고 나았고, 병원에서 사망선고를 받은 사람이 그의 기도를 받고 고침을 받는 역사가 일어났다.[525] 어느 날은 전차를 타고 가는데 전차 속에서 소아마비 아이를 보고 있는데 마음속에 하나님이 가서 기도해 주라는 감동이 왔다. 그래서 창피함을 무릅쓰고 기도를 해주었는데 그 아이는 아무런 변화가 일어나지 않았다. 이천석은 창피해서 전차를 급하게 내려서 도망을 가다시피 했는데 그 후에 몇 개월이 지난 어느 날 불광동의 어느 부흥 집회에 참석했는데 그 소아마비 걸린 아이의 어머니가 앞으로 걸어 나와 간증을 하면서 전차안에서 일어났던 일을 말하는 것이었다. 그런데 전차 안에서 기도를 받은 그 아이가 그다음 날 일어났다는 것이다. 가만히 들어보니까 바로 그 전차 안에서 자기가 기도해 준 그 아이의 어머니의 간증이었다. 이천석은 이 간증을 통해 하나님이 자기를 통하여 역사하셨다는 것을 확신하게 되었다. 이것을 계기로 그에게 신유의 은사가 나타나기 시작하여 8개월 동안 귀신 들린 사람 72명을 쫓았고, 손을 얹어 기도하기만 해도 병이 낫는 이적의 역사가 일어났다.[526] 한 번은 이천석이 삼각산 기도원에서 기도를 하고 있을 때 한 맹인을 위해 기도했는데 눈을 뜨는 역사도 일어났다.[527] 그 후 1969년 10월에 삼각산에서 경기도 가평군 대성리 소돌말이라는 곳으로 옮겨 한얼산 기도원을 세웠다. 1970년 터를 닦은 지 40일이 되어 기도실 하나와 방 세 개를 만들어 놓고, 100여 명의 교인들과 함께 잣나무 숲에서 개원예배를 드렸다. 기도원을 건축하는 과정에서, 외국 병원에서도 치료가 불가능하다는 판정을 받은 어느 유방암 걸린 여성이 찾아왔다. 이천석 목사는 간절하게 기도했고, 하나님의 기적으로 병이 치료되었다.[528] 이 외

---

525) 강정훈, 『천한자와 귀한자』, 162-166.
526) 강정훈, 『천한자와 귀한자』, 139-145.
527) 이영식, "이천석 목사의 부흥운동에 관한 연구," 126.
528) 이영식, "이천석 목사의 부흥운동에 관한 연구," 126-127.

에도 걷지 못한 아이가 걷고, 목발에 의지하여 기도원에 왔던 사람들이 그것을 버려두고 하산했다. 당시 총무 박정식 장로가 성도들이 버리고 간 많은 목발들을 거두어서 창고에 가져다 두기도 했다.[529] 또한, 성복중앙교회 권수월 권사도 당시 안수를 받고 병고침을 받았다. 장은자 권사가 증언하기를 "한얼산 여름방학 때 집회로 기억됩니다. 방언은사는 쏟아졌고 걷지 못했다는 아이가 치유받아 단상에 올라 걷는 것을 보고 모든 성도들이 환호하며 기뻐했던 생각이 지금도 생생하네요"[530] 또한, 탁구선수 양영자의 팔꿈치 관절염을 고치기도 했다.[531]

특히, 이천석의 사역에서 방언이 많이 나타났다. 그는 성령의 임재를 방언과 연관시켜 이해하였다. 성령을 통해 "와장창"을 경험할 때 방언이 나온다고 했다.[532] 1970년대 최고의 축구 스타 차범근 선수는 1972년부터 무릎의 통증을 느끼기 시작했다. X레이 사진상에 문제가 없어서 진통제를 맞으며 계속 경기를 하다가 1977년 10월 쿠웨이트와의 경기 후에 통증이 악화되어 움직이기도 어렵게 되었다. 다시 검사해 보니 무릎뼈 인근에 염증과 이물질이 발견되었다. 이때 그는 이천석으로부터 안수를 받고 신유를 경험하였다. 이에 대한 차범근의 말은 다음과 같다. "갑자기 뜨거운 전류(電流)가 전신(全身)을 훑으며 흐르는 가운데 저는 할렐루야를 외쳤고 방언(方言)을 수없이 외고 있었다는군요." 그 후 정말 무릎의 통증이 없어졌다. 또한, 1970년대의 유명 연예인 고은아 씨도 한얼산기도원에서 이천석에게 안수기도를 받고 방언을 하게 되었다. 고은아 씨는 다음과 같이 고백했다. "당시 원장이던 고 이천석 목사에게 안수기도를 받았다. 목사님이 제 머리에 손을 올리는 순간 엄청난 지남철이 와서 딱 붙는 거 같은 그런 느낌을 받았어요. 그날 성령세례를 받고 방언기도를 하기 시작했지요."[533] 한편, 이천석의

---

529) 이영식, "이천석 목사의 부흥운동에 관한 연구," 128-129.

530) 이영식, "이천석 목사의 부흥운동에 관한 연구," 139-140.

531) 황규학, "한얼산 기도원을 아시나요?," 에클레시안 뉴스 중에서.

532) 윤은석, "이천석 목사의 포용적 성령운동: 칼빈주의, 웨슬리안 성결운동, 오순절운동," 345.

533) 윤은석, "이천석 목사의 포용적 성령운동: 칼빈주의, 웨슬리안 성결운동, 오순

방언기도와 관련된 흥미로운 에피소드가 있다. 이천석은 1972년 미국 시애틀의 세계기독실업인 대회에 참석하였다. 이때 주최 측의 요청에 따라 대표기도를 하게 되었다. 영어를 할 줄 몰랐던 그는 방언으로 기도하기로 마음먹고 우렁차게 외국인들 앞에서 방언 대표기도를 하였다. 아무도 알아듣지 못해서 대회장의 분위기는 조용했는데, 이때 한 외국 여자목사가 일어나서 그의 방언기도를 영어로 통변 하기 시작했다. 통변이 끝나자, 사람들은 일어나서 환호성을 지르며 감동을 표현하였다.[534] 필자가 1970년대 후반에 한얼산 기도원을 자주 찾았는데 그때 이천석 목사가 한얼산 기도원에는 개만 빼고는 모두 방언을 한다고 말한 것을 직접 들은 기억이 있다. 그 당시 한얼산 기도원에서 기도를 하면 모두 방언의 은사를 받는 은혜가 있었다.

그러나 애석하게도 이천석은 1989년 8월 17일 11시 14분에 60세의 젊은 나이로 이 땅의 영적 부흥을 위하여 헌신하다가 과로와 고혈압으로 소천했다.[535] 이천석은 김익두와 이성봉을 이어 한국교회에 예수의 이적 영성을 계승한 영성가라고 할 수 있다. 김익두와 이성봉은 주로 신유와 축귀를 행했다면, 이천석의 부흥회에서는 신유와 축귀뿐만 아니라 방언의 은사가 많이 나타났다. 이처럼 이천석은 마가복음 16장 17-18절 "믿는 자들에게는 이런 표적이 따르리니 곧 그들이 내 이름으로 귀신을 쫓아내며 새 방언을 말하며 뱀을 집어 올리며 무슨 독을 마실지라도 해를 받지 아니하며 병든 사람에게 손을 얹은즉 나으리라 하시니라."를 충실히 계승했다고 할 수 있다. 따라서 이천석은 마가복음에 나타난 예수의 이적 영성의 정통을 계승한 영성가라고 할 수 있다. 다음은 마가복음에 나타난 예수의 이적 영성을 정통으로 계승한 한국 개신교회의 조용기를 살펴보겠다.

절운동," 349-350.
534) 윤은석, "이천석 목사의 포용적 성령운동: 칼빈주의, 웨슬리안 성결운동, 오순절운동," 352.
535) 이영식, "이천석 목사의 부흥운동에 관한 연구," 141.

4) 조용기(趙鏞基, 1936-2021)

조용기는 한국교회뿐만 아니라 전 세계 교회에 영향을 끼친 목사이다.536) 특히, 한국의 오순절운동하면 여의도 순복음 교회 조용기 목사를 떠올리게 한다. 조용기는 초창기 오순절 선교사인 리챠드 선교사를 통하여 오순절 신앙의 특징인 방언과 신유를 경험했다. 나아가 조용기는 오순절운동의 영향을 넘어서서 카리스마 운동의 영향도 받았다. 특히, 카리스마 운동의 대표적인 신유운동가 오랄 로버츠에게 가장 큰 영향을 받았다. 이 외에도 조용기는 많은 세계적인 신유운동가들의 영향을 받았다.537) 조용기는 복음주의 전도자 빌리 그래함과도 친분관계를 유지했다. 하지만 조용기는 빌리 그래함과 자신의 차이점을 다음과 같이 밝혔다. "나는 빌리 그래함 목사님도 매우 존경합니다. 그러나 내가 그때 소원했던 것은 신유의 은사였습니다. 왜냐하면 내 자신이 결핵을 앓아 죽게 되었을 때 하나님의 기적으로 고침 받았기 때문입니다."538) 조용기는 그의 사역이 신유에 중점을 두었다고 말한다.

조용기가 목회했던 여의도 순복음교회가 세계 최대의 교회로 발전

---

536) 2021년 11월 말 현재 한국교육학술정보원(KERIS)에서 운영하는 학술연구정보 서비스(RISS)의 검색 자료에 의하면, 현재까지 진행된 조용기 목사에 관한 학술 연구는 총 186건, 학위논문은 총 131 건을 기록하고 있다. 조한상, "영산 조용기 목사의 영적 식별 사례 연구," 「영산신학저널」 58(2021), 225.

537) 조용기목사는 오랄 로버츠의 설교를 지켜보면서 이렇게 말했다. "하나님, 제가 오랄 로버츠 목사님처럼 설교하고 말하고 신유의 역사를 나타나게 하옵소서." 또한, 조용기 목사는 자신이 신유운동가 오스본의 영향을 많이 받았다고 말하고 있다. "오스본 목사의 책을 수집해서 그의 치료의 메시지를 전했습니다." 카리스마운동가 팻 로벗슨과도 깊은 교제를 나누었으며, 그의 방법을 받아들이고 있다. 박명수 교수는 조용기 목사가 케네쓰 해긴의 신앙운동에도 영향을 받았다고 주장한다. 박명수, "조용기 목사와 세계오순절운동," 「성결교회와 신학」 9/3(2003), 117, 120, 127, 134. 이영훈 목사도 조용기 목사가 케네쓰 해긴과 신유 사역자들이 주도하는 신앙운동과도 직간접적으로 관련을 맺고 있다고 본다. 이영훈, "한국 오순절운동과 신유," 190. 1961년 조용기 목사는 '치유의 소리' 선교회를 초청하여 24일간 천막 신유집회를 개최했는데 강사인 셈 토드(Sam Todd)에서도 영향을 받았다. 이영훈, "한국 오순절운동과 신유," 189.

538) 박명수, "조용기 목사와 세계오순절운동," 131-132.

하게 된 가장 중요한 요인 중 하나는 조용기 목사가 주도한 신유운동
이었다.539)

한편, 조용기는 1936년 경상남도 울주군에서 출생했다. 1958년 5월
18일, 당시 조용기 전도사는 최자실 전도사와 함께 서울시 서대문구 대
조동 공동묘지 깨밭, 대지 백 평에 천막을 치고 교회를 시작했다. 5명
으로 시작하여 2008년 50년 동안 78만명으로 단일 교회로는 세계에서
제일 큰 교회를 이루었다. 1958년 5월 18일 신학교를 졸업한 최자실 전
도사는 첫 예배를 조용기 전도사에게 부탁했다. 이때 조용기 전도사는
마가복음 16장 17절의 말씀을 준비해 갔다. 예배 인원은 5명이었다. 최
자실 전도사와 그의 자녀 성혜, 성수, 성광 그리고 할머니 한분이었다.
조용기는 마가복음 16장 17절을 큰 소리로 읽고 난 후 설교를 시작했
다. "예수님은 이 땅에 오셔서 마귀의 일을 멸하셨습니다. 12년 동안
혈루증 앓던 여인도 고쳐주셨고, 죽은 나사로도 살려주셨습니다. 예수
님은 가시는 곳 마다 귀신을 쫓아내시고 병을 고쳐주셨습니다."540) 첫
설교에서 조용기가 마가복음 16장 17절을 설교했다는 것은 그의 영성
이 이적에 있었다는 것을 보여주는 증거라고 할 수 있다.

최자실 전도사와 조용기 전도사가 목회하던 대조동에 7년 동안 중
풍병을 앓고 누워 있었던 무성이 어머니라는 분이 있었다. 최자실 전도
사와 조용기 전도사가 심방을 가서 "이 더러운 중풍귀신아 나사렛 예
수의 이름으로 명하노니 묶음을 놓지어다." 이렇게 기도를 한지 나흘
째 되던 날 무성이 어머니는 상반신을 일으켜 세우면서 안간힘을 쓰며
일어나려고 했다. 조용기 전도사는 무성이 어머니의 머리에 손을 얹고
방언으로 기도하기 시작했다. 그러자 무성이 어머니의 입에서 방언이

---

539) 이영훈, "한국 오순절운동과 신유," 187. 명성훈은 박사학위 논문을 통해 조용
기 목사가 여의도 순복음 교회를 성장시킨 과정을 영적 차원에서 분석했다.
James Sunghoon Myung, *Spiritual Dimension of Church Growth* (Seoul:
Youngsan Institute, 1990). 조용기 목사의 영성 신학을 보기 위해서는 다음을
참조하라. 조용기, 『4차원의 영적세계』 (서울: 서울말씀사, 1996).
540) 국제신학연구원, 『조용기 목사 일대기: 여의도의 목회자』 (서울: 서울말씀사,
2008), 259-266.

터져 나왔다. 무성이 어머니는 벽을 붙잡고 일어서서 걷기 시작했다.541) 또한, 1958년 겨울 어느 날, 철야기도 시간에 김 모 소아과 의사의 부인이 귀신 들려 천막교회에 찾아왔다. 의사가 그 부인을 데리고 교회에 가서 기도받으면 낫겠다고 데리고 온 것이다. 두 전도사는 그 부인에게 손을 얹고 기도했다. 그런데 손을 얹자마자 부인은 "안 나간다, 안나가!"하며 소리를 지르더니 입을 벌리고 죽은 사람처럼 굳어버렸다. 성도들과 조용기는 주님의 능력을 얻기 위해서는 회개 기도를 해야 한다고 하며 기도를 하기 시작했다. 회개하고 난 후 다시 소아과 의사의 부인에게 손을 얹고 기도하자 귀신은 쫓겨 나가고 깨끗함을 받게 되었다. 그 후에 중풍병, 위장병, 관절염, 폐병을 비롯한 여러 환자들이 치유를 받으면서 천막교회는 부흥하기 시작했다.542)

또 한편, 어느 날 저녁 조용기가 수십 명의 청년들과 함께 저녁 기도회를 가진 후 교회 바닥에 엎드려 기도하고 있었는데 어떤 앉은뱅이 소년이 찾아왔다. 소년이 말하기를 "저는 앉은뱅이라 일도 못하고 서울역에서 구걸이나 하면서 살고 있습니다. 오늘도 역 앞 길거리에 앉아서 구걸을 하고 있는데 어떤 사람이 동전을 하나 던져주면서 "대조동에 있는 조용기 전도사를 만나면 네 다리가 나을 것이다."라는 말을 하잖아요. 그 말을 듣는 순간 내 마음속에 반드시 조용기 전도사님을 만나야겠다는 생각이 들었습니다. 그래서 이렇게 물어물어 찾아온 것입니다. 저는 걸을 수 없기 때문에 나무 꼬챙이로 땅을 밀어가면서 여기까지 왔습니다. 아침 일찍 출발했는데 너무 힘들어서 지금 도착한 것입니다."라고 했다. 조용기는 "알았다. 그럼 지금부터 내가 하는 말을 잘 들어라. 은과 금은 내게 없거니와 내게 있는 것으로 네게 주노니 나사렛 예수 그리스도의 이름으로 일어나 걸으라."라고 했다. 그러나 소년은 전혀 일어날 기미를 보이지 않았다. 조용기는 5시간 이상 맨바닥에 무릎을 꿇고 엎드려 앉은뱅이 소년을 고쳐달라고 기도했다. 그러자 기도

---

541) 국제신학연구원,『조용기 목사 일대기: 여의도의 목회자』, 267-271.
542) 여운학,『주여 뜻대로 이루소서: 세계 선교와 조용기 목사』(서울: 규장문화사, 1989), 64.

중에 믿음이 생겼다. 그래서 소년의 다리를 앞으로 뻗게 해 놓고 그의 무릎 위로 올라가 다리에 온 힘을 주고 꽉 눌렀다. 그러자 관절에서 으드득하는 소리가 나더니 이내 소년은 악을 쓰면서 소리를 지르기 시작했다. "아악, 사람 살려, 다리를 낫게 해달라고 했더니 완전히 내 다리를 부러뜨리네, 아이고, 사람 살려 전도사가 사람 잡네." 이때 조용기는 소년의 뒤로 가서 그의 등을 밀며 나사렛 예수님의 이름으로 걸으라." 했더니 앉은뱅이 소년이 일어나 걸었다.543) 그 이후로 조용기 전도사의 목회에서 매 예배 때마다 신유를 위해 기도하고, 믿음의 치유의 선포를 하고 있다.544) 특히, 자기의 손을 아픈 곳에 얹게 하고 신유기도를 해 준다. 지금도 예배시간을 통하여 많은 사람들이 신유의 이적을 경험한다.545) 조용기는 신유를 삼위일체 하나님의 구원사와 활동하심에 기초를 두고 있다. 곧, 신유는 하나님의 주권적 역사이고, 사랑이며 계시의 사건이라는 것이다.546) 따라서 조용기에게 치유는 있어도 좋고 없어도 좋은 은사가 아니라, 예수 그리스도의 대속의 고난 중에 포함되어 있는 반드시 증거되어야 하는 하나님의 선물이다.547)

---

543) 국제신학연구원, 『조용기목사 일대기: 여의도의 목회자』, 287-293. 2008년도 새해에 조용기 목사가 50년 목회를 돌아보며 CBS 새롭게 하소서에 나와서 그 당시의 상황을 간증한 적이 있다. 그때 조용기 목사는 앉은뱅이 소년을 보면서 인간적으로는 도저히 걸을 수 없을 정도의 치명적인 앉은뱅이였지만 하나님께서 마음에 음성을 들려주시기를 눕혀놓고 위에서 깔고 앉아 누르라고 했다는 것이다. 위에서 누르면 뼈가 다 으스러질 것 같았지만 하나님이 주신 음성에 순종하여 당시 청년(필자의 기억이 맞는다면, 충신교회 박종순 원로목사)에게 다리를 잡으라고 하고 위에서 눌렀는데 뼈가 으드득하면서 펴지면서 기적같이 앉은뱅이가 걷는 역사가 일어났다고 말했다.

544) 이영훈, "한국 오순절운동과 신유," 192. 4세기 이집트의 사라피온 예식서에는 예배시간에 치유 기도를 함께 했다. 다음을 참조하라. 김 정, "사라피온 예식서: 4세기 이집트 기도집과 치유기도,"「장신논단」48/2(2016), 151-174.

545) 자신의 손을 자신의 아픈 곳에 얹고 기도하는 신유방법은 스미스 위글스워즈에게서 배운 듯하다. 다음을 참조하라. 알버트 히버트/ 김유진 옮김, 『그 능력의 비밀』, 115-116.

546) 이충웅, "조용기 목사의 능력대결,"「영산신학저널」38(2016), 257.

547) 이상복, "긍정심리학 관점에서 본 오순절 치유신학-영산 조용기 목사의 치유신학을 중심으로,"「오순절 신학논단」5(2007), 246.

이처럼 조용기의 사역에는 신유와 귀신축출이 주를 이루는 사역이었다. 이러한 영성은 마가복음에 나타난 예수의 이적 영성을 계승한 것이라고 할 수 있다. 따라서 조용기는 예수의 이적 영성을 정통으로 계승한 영성가라고 할 수 있다. 다음은 마가복음에 나타난 예수의 이적 영성의 이단인 박태선을 살펴보겠다.

6. 예수의 이적 영성의 이단

1) 박태선(朴泰善, 1917-1990)

박태선은 1917년 덕천군 덕천면 읍남리 148번지에서 태어났다. 어려서 부모님이 돌아가시고 할아버지와 계모의 슬하에서 자라났다. 아홉살의 어린 박태선은 정 붙일 곳이 없이 예배당을 찾아간다. 소학교를 마친뒤에 형편상 상급학교에 진학이 어렵게 되자 고학이라도 해 보기 위해 약간의 경비를 마련하여 일본 동경으로 건너간다. 일본에서 고등공업학교를 나와 정밀기계공장을 경영하고, 결혼도 한다. 그 후 서울로 돌아온 박태선은 동경에서 안면이 있었던 김치선 목사가 시무하는 남대문 교회를 다니며 집사 직분을 받는다. 이러 즈음에 남대문교회에서 열린 성결교의 부흥사였던 이성봉 목사의 부흥회에서 불의 역사를 체험한다. 그 후 박태선은 1948년 말과 1949년 초엽에 소위 여선지자로 불렸던 정득은을 만나 12명의 남녀가 일종의 영적 혈통의 계보를 뜻하는 성교행위를 한다.[548] 그 후 1950년 6.25가 터지자 박태선은 자기 집 구들장 밑에 숨어 있다가 하늘로부터 내려오는 생수를 마시는 경험을 했다고 한다. 또한, 1.4 후퇴 때 피난을 내려가다가 평택에서 소변을 보았는데 소변을 통해 피가 20회나 빠져나갔다고 한다. 그러면서 십자가에서 피를 흘리시는 주님의 환상을 보았는데 주님이 가시관을 쓰시고 손과 옆구리와 발에서 피를 흘리시는 주님이 주님의 피를 마시라고 해서 마셨다고 한다.[549] 그 후 박태선은 김치선 목사가 시무하고 있던 창

---

548) 최중현, "朴泰善略傳," 「말씀과 신학」 5(1998), 42-49.

동교회에서 당시에 신유의 이적이 많이 나타났던 변계단 권사550)가 집회를 하다가 사정으로 집회를 인도하지 못하자 박태선은 김치선 목사에게 자기가 한번 해 보겠다고 해서 허락하자 여기서 집회를 인도하다가 이적이 나타났다. 박태선에게 나타난 이적은 변계단 권사와는 비교가 안될 정도로 소경이 눈을 뜨고, 앉은뱅이가 일어나고 중풍병자가 낫는 역사가 일어났다. 그 후 박태선은 나운몽을 따라다니며 찬송을 인도를 하고 병자들을 위해 안수 기도를 하기 시작했다.551)

한편, 박태선은 1955년 3월 28일에서 4월 2일까지 열린 남산 공원(조선 신궁터 광장)에서 열린 부흥집회에서 많은 병자들을 고쳤고, 성령의 바람의 냄새를 맡은 사람들이 많았으며, 몸에 진동이 와서 떨면서 말할 수 없는 희열이 왔고, 십자가를 본 자들도 있었다고 한다. 이러한 이적을 체험한 신자들이 자기 몸에 있는 돈이나 귀금속을 다 빼서 바쳤다. 남산집회에서 신도들이 바친 돈과 귀금속은 무려 몇 가마니가 될 정도였다.552) 그렇게 은사가 충만했던 박태선은 신학의 바탕이 없었기

---

549) 최중현, "朴泰善略傳," 54-56.
550) 온누리교회 유재건 장로의 어머니와 유재건은 어려서 변계단 권사의 집회에서 소화가 잘 안 되는 것이 치유함을 받았다고 한다. 또한, 부흥회 때 몇 명의 앉은뱅이가 걷는 것을 직접 목격하기도 했다고 한다. 유재건, 『은혜인생』 (서울: 두란노, 2011), 81-82.
551) 최중현, "朴泰善略傳," 57-63.
552) 박태선이 일본에 있을 때 당시 김치선 박사의 동경교회에 일시적으로 출석한 적이 있다. 당시 박태선은 키가 컸고 항상 미소를 띠고 있는 호남형의 겸손한 사람이었다. 그래서 해방 후에 귀국한 박태선은 김치선 박사가 목회하는 남대문교회에 출석하면서 집사가 되었다. 박태선에게 신유의 역사가 일어나자 많은 사람들이 그를 추종하기 시작했다. 김치선 박사는 박태선에게 다음과 같은 신앙의 충고를 했다 "여보게 박군, 자네 말이야 대한신학을 공부해 체계적인 신앙을 가져야 하네." 그러자 박태선은 "예 목사님 명심하겠습니다. 목사님, 목사님께서 집회를 열게 해 주시면 거기에서 나오는 헌금으로 대한신학교를 건축하겠습니다." 이 말에 감동을 받은 김치선 박사는 한경직 목사와 협의해 남산공원(옛 신사터)에서 박태선을 강사로 하는 부흥집회를 열어 주었다. 후원자는 김치선, 한경직 목사 등이며 강사 박태선이 김치선 목사 교회 교인이라고 하니까 사람들이 공적인 검증을 믿고 참석하였다. 집회에 엄청난 사람이 운집했고, 헌금도 천문학적인 거액이 걷혔다. 실제로 기적이 일어났고 신유의 역사가 있었다. 그러나 박태선은 그 헌금을 가지고 피해버렸고, 그 일로 김치선 박사와 단절했다.

때문에 어마어마한 돈과 귀금속이 자기 손안에 들어왔을 때 돈의 유혹에 빠지고 말았다.553) 그 후 박태선은 5만 명을 수용할 수 있는 전도관을 우리 힘으로 세우자고 외쳤다. 그래서 신도들은 자기의 것을 아끼지 않고 다 바쳤다. 그러나 욕심의 마귀에게 사로잡힌 박태선은 자기를 중심으로 하는 왕국을 꿈꾸기 시작했다.554) 그러면서 박태선은 자신을 동방의 의인이요, 산감람나무요, 영모님이며, 새하나님이라고 말하기 시작했다. 예수는 하나님의 아들이 아니라고 하고 한국천부교(天父敎)를 만들어 자기가 하나님이라고 주장했다.555) 박태선은 엉터리 예언을 하기도 했다. 1957년 8월 10일 자신은 만능이므로 한강물에 손을 넣고 기도

박태선은 그 여세를 몰아 혼자 스스로 전국을 다니며 집회를 열어 전도관의 틀을 조성했다. 이에 대해 강용서 목사(전 행당동 신성교회 목사)는 남산 집회에 대해 다음과 같이 증언했다. "박태선씨는 남산 집회 때 '내가 하나님이다'라고 망언했습니다. 그때부터 그는 사탄의 도구가 되기 시작했습니다." 전민수, 『이만 팔천여 동네에 가서 우물을 파라』, 110-111.

553) 박태선은 자신의 신유집회를 통해 돈을 탐하다가 결국 타락하게 된다. 『디다케』에 나오는 거짓 예언자의 전형적인 모습이다. 정양모 역주, 『열두 사도들의 가르침-디다케』, 81).

554) 박태선은 부천과 덕소에 신앙촌을 만들어 놓고 신도들에게 재산을 바치고 들어와서 함께 공동생활을 하며 살도록 했다. 박태선의 '신앙촌'은 마치 알렉산더 도위의 '시온도성'을 연상케 한다. 다음을 참조하라. 로버츠 라이든/ 박미가 옮김. 『치유사역의 거장들』, 55-61.

555) 김동화, 『나에게 있어 영원한 것』, 287-292. 박태선은 성결교 부흥사 이성봉 목사의 집회와 당시 유명했던 신유사역자 변계단 권사나 유명한 목사님들의 부흥회에서 성령 체험을 했다고 하면서 자기도 안수하기 시작했다. 하루는 김치선 박사의 딸 김동화가 박태선의 집에 심부름을 간 적이 있었다. 여름날 신도들이 여러 명 앉아있고 박태선은 팬티하나만 입고 온몸에 아무것도 걸치지 않고 있었다. 옆으로 누워서 대중들과 이야기하고 있었다. 김동화는 이 사실을 집에 와서 김치선 박사에게 말했고 김치선 박사는 탈선함을 느끼고 그를 멀리했다. 그 후부터 박태선은 교회에 나타나지 않았고 자기 집을 중심으로 따로 모이기 시작했다. 이것이 전도관의 시작이다. 그가 이단이라는 것을 확인하고 창동교회에서 그를 제명 처분했다. 하루는 박태선이 김치선 박사에게 사람을 보내왔다. 한국의 목사님들이라도 자기에게 와서 안수를 받고 지시를 따르지 않으면 성령이 없는 사람이요, 구원받은 사람이 될 수 없기 때문에 목사 자격이 없다는 것이다. 김치선 박사도 자기를 순종하고 따라야 참 사람이 되고 자기를 따르지 않으면 악령에 속한 사람이니까 자기에게 와서 회개하고 생수를 마시라고 했다. 이것이 김치선 박사와 박태선의 이별의 결정적인 원인이 되었다.

하면 한강물이 변하여 휘발유가 될 것이라고 예언했다.556) 물론 예언은
이루어지지 않았다.

또 한편, 박태선이 행한 이적은 그의 세 권의 설교집에 기록되어 있
다. 그의 첫 번째 설교집에 해당하는 김성여가 편집한『박태선장로의
이적과 신비체험』에 보면 김성여는 박태선 장로의 입에서 진짜 불이
나오는 것을 보았다고 한다. "나는 '불의 사자'라는 말을 말로만 들었는
데 박태선 장로의 입에서 정말 불이 나오는 것을 눈으로 보았다. 인간
의 입에서 불이 나오는 놀라운 광경을 나는 눈으로 보았다."557) 심지어
박태선은 주님을 부르면 불이 내린다고 했다. "내가 주여 주여 부르짖
을 때에 불이 내리는 것이다. (...) 어떤 때에는 온 집회 장소가 불바다
가 되는 것을 볼 수도 있다."558) 특히, 박태선은 불을 받은 후에 여기
에 더해서 생수와 보혈을 받았다고 한다. "불의 변화를 받은 후 여러
가지 이상한 일이 내 몸에 나타나지만 나는 이 모든 것을 숨기고 묵묵
히 교회를 섬기다가 6.25 때에 다시 생수를 마시는 경험과 그리스도의
보혈을 받는 것을 경험하였다."559) 박태선은 6.25 때 집 구들장 밑에서
생수를 마시는 경험을 했다고 한다. "기도의 도수가 찰 때에 이상스럽
게 하늘로부터 오는 생수(生水)가 마시어지는 것이었다. 내 입으로 내
코로 시원한 무엇이 흘러 들어서 나를 시원케 하는 것이었다. (...) 그
구들장 밑에서부터 마시어지기 시작한 생수는 계속하여 마시어진다. 지
금도 생수는 끊임없이 하늘로부터 내려온다."560) 이 생수는 박태선만이
아니라 부흥회에 참석한 사람들도 마실 수 있다고 한다. "나의 집회는

556) 탁명환, "박태선 교주의 알파와 오메가," 「현대종교」 191/3(1990), 102.
557) 김성여 엮음,『박태선장로의 이적과 신비경험』(서울: 신천신지사, 1955), 5. 이
    와 비슷한 장면이 나운몽의 전기에도 나온다. "목에서 불이 확확 나왔다. 뜨거
    운 불을 힘차게 뿜는 듯했다. (...) 목은 쉬지 않았다. 성령의 불이 목에서 나오
    기 때문이다." 나운몽,『살기도 싫고 죽기도 싫었다』(서울: 한국복음화 문서선
    교단, 1986), 275, 277. 박태선이 초기에 나운몽의 집회에서 찬송을 인도한 것을
    생각하면 이런 영향은 나운몽에게 받은 듯하다.
558) 김성여 엮음,『박태선장로의 이적과 신비경험』, 16.
559) 김성여 엮음,『박태선장로의 이적과 신비경험』, 48.
560) 김성여 엮음,『박태선장로의 이적과 신비경험』, 63.

생수를 마시는 부흥회이다. 그런 고로 몇 날씩 하여도 배가 고프지 않다. (...) 이 집회에 참석하는 사람은 다 이 생수를 마시게 될 것이다."[561] 또한, 박태선은 피를 받는 경험을 했다고 한다. "나는 이 평택 피난생활 중에 피가 바뀌는 경험을 하였다. 배는 고프고 육체는 극히 쇠약하여졌는데 하루는 소변을 보다가 피가 흘러내린다. 나는 놀랐다. 너무 많은 피가 흘러 내림으로 더욱 놀랐었다. (...) 전신의 피의 이삼십 배나 되는 분량의 피를 쏟았는데도 힘은 더 왕성하여졌다. 그뿐 아니라 피가 나올수록 강한 생수가 마셔지는 것이었다. (...) 그런데 피가 빠져나간 후 때가 낮인데 주님께서 나타나시었다. 가시관을 쓰시고 손에 못 자국이 분명하여 거기서 피 흐르는 주님, 옆구리에서 막 피가 쏟아지는 주님, 발에서도 피가 흐르는 주님이 나타나시었다. 피흘리시는 주님이 나에게 말씀하시기를 '내 피를 마시라'하시며 그 피를 내 입에 넣어 주시어서 내 심장 속에 정하고 정한 주님의 보혈을 흘려 들여 주셨다. 이는 물론 환상이다."[562] 나아가 박태선은 안찰을 통해 폐병 걸린 청년에게 주의 보혈의 피를 먹여 치유했다고 한다. "다 죽어가는 그 청년에게 손을 안찰 하매 죽겠다고 야단치며 아프다고 소리를 지른다. 그러나 그냥 안찰을 계속하니 얼마 후에 그의 모든 고통이 사라졌다. 그리고 나의 손을 통하여 주의 보혈이 그에게 흘러 들어서 피가 통하기 시작하였다."[563] 이외에도 박태선은 자기의 부흥회에서 백합화 향기가 난다고 했다. 또한 성신이 눈같이 이슬같이 내리고, 성신의 불이 떨어진다고 했다. "이번 집회에서 여러분은 코로 백합화 향기와 같은 향기를 맡게 될 것이다. (...) 눈(雪)같이 이슬 같이 성신이 내리는 것을 눈으로 볼 것이다. 성신의 불이 떨어지는 것을 눈으로 볼 것이다."[564] 여기에 덧붙여서 김성여는 박태선의 집회에서 여러 병자가 나았다고 한다. "창신동교회 집회에서는 많은 이적이 행하여지는 가운데 특히 앉은뱅이 십여 명이 한꺼번에 뛰어 일어났다. 안동 집회에서는 소경이 눈을 떴다.

---

561) 김성여 엮음, 『박태선장로의 이적과 신비경험』, 67, 70.
562) 김성여 엮음, 『박태선장로의 이적과 신비경험』, 88-89.
563) 김성여 엮음, 『박태선장로의 이적과 신비경험』, 95.
564) 김성여 엮음, 『박태선장로의 이적과 신비경험』, 70.

(...) 부산 집회에서는 벙어리가 말을 하고, 메고 왔던 전신 불수가 뛰어 일어나고 천여 명 병자가 낫는 놀라운 역사가 일어났다."565)

더 나아가 박태선의 두 번째 설교집에도 많은 이적이 나타났다고 한다. 1955년 남산에서 2천 평의 대천막을 쳐 놓고 집회를 하던 중에 뼈 타는 냄새와 백합화 향기가 나는 이적이 일어났다고 한다. "놀라운 사실이 나타나기 시작했으니 난데없는 썩은 뼈 타는 내와도 같고 화장 장의 연기 와도 같은 냄새가 가득하며 운집한 신도들의 비위를 거스르고 눈살을 찌푸리게 하였다. 그 악취는 꽤 오래 계속하더니 아는 듯 모르는 듯 사라지며 고상한 향기로 일변하여 백합화 꽃동산에 파묻혀 앉은 것 같아 찌푸렸던 얼굴에는 기쁨이 가득하고 속죄함을 받은 자의 기쁨은 충천하였다."566) 박태선은 자신이 받은 이적을 다음과 같이 요약했다. "나는 불을 받고 4년 만에 생수를 받는 체험을 하였다. 그동안 험산 준령을 넘는 어려운 일들을 많이 당하였다. 넘어졌다 일어났다. 여러 번 하였다. 생수 받고 2년 후에 피를 받는 체험을 하였다."567) 특히, 박태선은 『설교집 2권』에서 이상한 피의 교리를 말한다. "(...) 부지 중에 까지 죄를 짓게 되는 것이니 이것은 우리 시조가 범죄 하므로 더 러워진 피가 후손에게 흐르게 되었던 까닭이다. (...) 사탄은 더욱 간교하고 슬기로운 계교로써 하나님의 아들과 딸들을 범죄케 하였으니 그들 속에 흐르는 더러운 죄의 피가 선한 일을 멀리하게 하는 까닭이라. (...) 십자가를 지시고 쏟으신 피는 더욱더욱 권세가 있고 능력이 있던 피였던 것이니 이 피를 마시는 자마다 아담으로 인하여 더러워졌던 피 즉 죄에서 깨끗함을 얻어 정결함을 얻데 되는 것이다. (...) 말세가 됨으로 넘쳐흐르는 피권세를 받은 사람이 나타나게 되는 것이 아니라 넘쳐흐르는 피 권세를 받은 자가 나타나 하나님께서 저에게 맡긴 정한 수를 채울 때에 말세가 되는 것이다."568) 여기에 박태선이 말하는 사탄으로 인해 아담의 피가 더러워졌다는 교리는 정득은의 성혈교리에서

---

565) 김성여 엮음, 『박태선장로의 이적과 신비경험』, 12-13.
566) 박태선, 『박태선 설교집 제2권』(서울: 한국예수교부흥협회, 1956), 9-10.
567) 박태선, 『박태선 설교집 제2권』, 143-144.
568) 박태선, 『박태선 설교집 제2권』, 39, 41, 52, 175

영향을 받은 듯하다. 박태선은 아담 이래로 사탄에 의해 더러워진 피를 깨끗하게 하는 방법은 예수의 피를 받아 깨끗해지는 것이라고 했다. 그런데 이 예수의 피를 자기가 받았다는 것이다. 그래서 더러워진 피를 받은 인류가 박태선의 피를 받아야 더러워진 피가 깨끗해진다는 것이다. 박태선의 피를 받는 방법은 성교를 통한 방법이다.[569]

또한, 박태선은 1989년 세 번째 설교집이라고 볼 수 있는 『예수는 개자식이다』이라는 설교집을 내놓았다. 이 설교집의 제목에서 보더라도 예수를 모독하고 있다. 그 책에서 박태선은 성경 66권 중에 98%는 마귀의 글이고, 2%만이 하나님의 글이라고 했다. 또한, 예수가 낙원에 간다고 말한 것은 허풍이라고 말한다. "예수가 죽으면서 낙원에 간다는 것은 허풍이다. 내가 [박태선] 삽입한 것을 예수가 인용한 것이다. (...) 이것으로 예수를 마귀로 단정 짓는 것이다."[570] 나아가 박태선은 설교에서 자신을 하나님이라고도 말한다. "내가 이제 하나님이라는 증거를 오늘 처음온 사람도 알 수 있게 말하려는 것이다. (...) 나는 하나님이 틀림없다. (...) 내가 진짜 어린양인 것이다. 세상 죄를 감당하는 어린양이 틀림없는 것이다. (...) 나를 따르는 수는 내가 하나님으로 믿어지면 내 말을 믿어야 하는 것이다. 내가 하라는 대로 해야 되는 것이다. 내가 기뻐하는 것을 하여야 되는 것이다. 내가 하지 말라는 것은 목숨이 끊어져도 하지 않아야 하는 것이다. 그러면 구원을 다 주게 돼있는 것이다. (...) 예수는 진짜 마귀 새끼인 것이다. 창세기를 쓴 예수아비가 왕 중에 왕마귀인 것이다."[571] 이처럼 박태선은 자신을 어린양이며, 하나님이고, 예수는 마귀 새끼이며, 예수아비는 왕중의 왕마귀라고 설교했다.

---

569) 최중현은 박태선으로부터 '거룩한 피'를 받은 여인들로는 서울 제5중앙 전도관의 중생원 처녀 40명, 소사 신앙촌 간부급 소비조합원 15명, 덕소 신앙촌 간부급 소비조합원 40명, 기장 신앙촌 간부급 소비조합원 20명, 서울 소재 전도관의 관장부인들 25명, 전국 부인회 간부 5명, 기장 신앙촌 여자 공장장 5명, 기장 신앙촌 제품창고 여직원 8명, 각 부서장 부인 20명, 신앙촌 전화교환양 5명 등 총 183명을 꼽고 있다. 최중현, "朴泰善略傳," 92.

570) 박태선, 『예수는 개 자식이다』 (서울: 도서출판 선경, 1989), 17-19.

571) 박태선, 『예수는 개 자식이다』, 19-24.

한편, 박태선은 남자고 여자고 웃옷을 벗고 안찰을 해 주었다. 안찰할 때는 전부 목욕을 하고 안찰을 받게 했다. 나아가 상대를 앞에 두고 냄새를 맡으면 죄의 냄새로써 죄를 판단하고, 전화로 대화하면 그 사람의 음성에서 죄를 가려낼 수 있다고도 했다. 또한, 먹는 것이 음란마귀의 구성체이며, 예수의 피는 썩는 대마귀의 피라고 했다. 나아가 박태선은 자기가 감람나무 구세주라고 주장했다. "구세주는 예수가 아니라 감람나무인 것이다. 그런 고로 이제는 '기쁘다 예수 오셨네'라고 하는 것이 아니라 '기쁘다 감람나무 오셨네'라고 해야 되는 것이다. (...) 예수는 죄를 없애기 위한 것이 아니다. 마귀 최고의 죄덩이 새끼인 것이다. 왕마귀가 빚어서 나온 적은마귀, 그 아들인 것이다." 아울러 예수는 음란 마귀의 최고 덩어리라고 했다. 심지어 "예수는 개자식이다.", "병명도 모르는 예수 새끼는 돌파리 의사만도 못한 것이다."[572] 박태선은 초창기와는 다르게 예수를 폄훼하고, 자신이 하나님이요, 구세주라고 했다.

또 한편, 박태선은 설교 준비는 1초도 하지 않고 주시는 것을 가지고 5시간이고 10시간이고 설교한다고 했다. 방언은 전부 마귀의 장난으로 통일교에서 나온 산물이라고 했다. 심지어 방언을 최고로 잘한다는 사람이 음란죄가 최고라고까지 말했다. 또한, 박태선은 기성교회에 구원이 없다고 가르쳤다. 특히, 음란죄는 몸 안에 있어 피가 직접 더러워지는 고로 사함 받을 길이 없다고 했다. 나아가 박태선은 아담과 해와의 원죄가 흘러내려오는 것은 혈통으로 흘러내려오는 것이라고 했다. 심지어 박태선은 예수를 향하여 "예수 개똥 같은 새끼는 마음이 어디 있는지 모르는 것이다. (...) 원죄가 어떻게 온 것도 모르고 유전죄도 모르고 자범죄가 어디 있는지 어떻게 씻어지는지도 모르고 구원 얻는 방법도 모른 지옥 갈 예수개새끼를 가지고 '적그리스도'가 됐다 해서 두려운가?"라고 모욕적인 말도 서슴지 않았다. 이렇게 박태선이 예수를 모욕하는 목적은 감람나무인 자신만이 구원을 주는 존재라는 것을 부각하기 위해서였다. 박태선은 이렇게 말한다. "이제 구원의 기대는 감

---

572) 박태선, 『예수는 개 자식이다』, 34, 36, 44, 54, 61-62, 66, 68, 77.

람나무 밖에 없다. (...) 그런 고로 이긴 자를 통하지 않고는 구원 얻을 길이 없는 것이다. 마지막 감람나무를 통하지 않고는 구원을 얻을 수가 없는 것이다."573)

또한, 박태선은 자기를 따르는 자에게는 죄를 쏙 뽑아 버릴 수 있게 해 준다고 주장했다. 특별 눈안찰을 받은 자에게만 원죄까지 빼는 것을 가르쳐 주겠다고 했다. 심지어 박태선은 자신이 5798년 전 사람이라고 도 했다. "내가 5798년 전 사람인 것이다. (...) 5700여 년 전 14살부터 공부를 한 것이다." 특히, 박태선은 원죄 자범죄 외에 유전죄를 강조했 다. "자손만대의 피가 똑같은가. 자꾸 더러워지는가? 유전되면서 자꾸 더러워지는 것이다. (...) 여러 가지 죄악이 섞여 있는 피에는, 음란 마 귀니 조상 만대의 않은 병마 전체가 섞여있는 것이다." 나아가 박태선 은 자기의 더러운 피를 토해야 의인으로 만들어 준다고 주장했다. "설 교하는 도중에 토할까 봐 지금도 비닐봉지 두 개를 가지고 나온 것이 다. (...) 한 사람을 구해 주려면 순수한 사람도 내가 20번 정도 토해야 의인으로 만들어 주게 되는 것이다." 더 나아가 섹스가 최고의 죄라고 주장한다. "한 번의 섹스는 끝없는 숫자의 배율의 지옥의 양이 늘어나 가는 것이다. (...) 한 사람 속에 마귀의 종류가 많아 섹스하면 그 마릿 수가 박테리아 같이 쪼개져서 힘이 하늘의 숫자로 늘어나는 것이다. (...) 그 정도의 마귀가 쏟아지는 것을 보면 섹스가 최고의 죄 중에 죄 인 것이다." 아울러 박태선은 자신이 주는 이슬이 없이는 살지 못한다 고 말한다. "아무리 화려한 것을 꾸며 주어도 내 입에서 나오는 이슬이 없으면 살지 못하는 것이다."574)

특히, 박태선은 기성교회에는 구원이 없으며, 무너뜨려야 한다고 주 장한다. "기성교회에는 구원이 없고, 구원의 글자도 모르는 것이다. 예 수는 구원이라는 글자도 모르는 것이다. (...) 큰 교회라도 주동 10명만 그 가족까지 딱 무너뜨리면 그건 자동으로 무너지게 돼있는 것이다." 나아가 박태선은 자신이 땅의 하나님 감람나무라고 한다. "내가 하늘의

---

573) 박태선, 『예수는 개 자식이다』, 85-86, 89-90, 93-94, 109, 116, 118-119.
574) 박태선, 『예수는 개 자식이다』, 121-122, 130, 134, 152, 161, 170-171.

하나님이라는 게 아니고 땅의 하나님인 것이다. 감람나무는 땅의 하나님인 것이다." 박태선은 자신이 하나님임을 드러낸 다음에 무섭다고 했다. 자신이 하나님이 아니기 때문에 두려웠을 것이다. "[내가] 하나님임을 드러낸 다음에는 무서운 것이다. 좀 뭐라면 어떻게 될는지도 모르는 것이다."575)라고 했다.

또한, 박태선은 14만 4천에 들어야 구원을 얻는다고 주장했다. "14만 4천 안에 포함될 자격이 되느냐, 못 되느냐 하는 것이 여러분들이 영원히 사느냐, 영원히 기막힌 지옥에 자기 죄의 양태로 가느냐 하는 두 갈림길에서 지금 길을 선택해 나가고 있는 것이다." 심지어 박태선은 부부관계를 하면 마귀가 나오기 때문에 부부 관계를 금했다. "부부관계를 해도 그 마귀가 나오는 것이다. 하나님의 원수가 나오는 것이다. (...) 섹스 한 회에 하늘의 숫자에 같은 모양의 마귀가 그대로 그 몸에 생겨나는 것이 발견된 것이다." 더 나아가 박태선은 복숭아에 마귀가 제일 많다고도 했다. "복숭아에 마귀가 제일 많은 것이다. 복숭아를 먹지 말라는 이유를 알겠는가? 말하기는 안 되었지만 복숭아의 어떤 모양은 무엇과 같이 생긴 것이다. 그렇게 만든 것이다. 사과에는 어떤 종류의 마귀가 몇 % 들어가 있고, 어떤 종류는 몇 %의 마귀가 들어 있는가를 다 아는 것이다. 또한, 박태선은 심판 때는 사람이 다 신으로 변한다고 했다. 심지어 지옥 가는 인간도 신으로 화한다고 주장했다. "심판 때는 창세 이후에 태어난 사람이 다 신으로 화하게 되는 것이다. 지옥 가는 인간도 신으로 화하게 되는 것이다." 아울러 박태선은 자기가 주는 생명물을 강조한다. "생명물 한 방울은 우주만 한 진주를 주고도 바꿀 수 없다. 이것이 생명의 물이다. 구원이란 진주를 억만 개 주고도 살 수가 없는 것이다. 이 한 방울이 모아지면 완전히 죄가 수그러지고 깨달은 사람은 영원히 사는, 즐거움의 세계에 끝도 한도 없이 사는 그 조건이 되는 생명물인 것이다." 박태선이 생명물을 강조한 이유 중에 하나는 눈을 통해 죄가 들어가는데 이 눈에 생명물을 넣어야 죄를 씻어 낼 수 있기 때문이다. "인간 속에 들어가는 죄가 마귀인데 마

---

575) 박태선, 『예수는 개 자식이다』, 184, 186, 190, 203.

귀가 눈으로 끝도 한도 없이 들어가는 것이다. 죄가 이와 같이 눈으로 들어가기 때문에 신령한 영적인 안약[생명물]을 넣어야 하는 것이다."[576] 혹시 박태선이 물을 강조한 것은 가톨릭의 '축성 물 뿌리기'에서 배운 것일 수도 있다.[577] 또한, 박태선의 말투를 보면 마지막에 "... 인 것이다"로 끝나는데 신천지의 이만희가 이것을 배운 듯하다. 그도 항상 말끝에 "... 인 것이다"라는 말투를 사용한다.

결국, 자칭 하나님이라고 주장한 박태선은 1990년 2월 7일에 73세의 나이로 죽고 만다. 그러나 지금도 천부교 전도관은 그의 아들이 교주가 되어 계속되고 있다. 전도관의 지붕에는 지금도 비둘기[578]가 있다. 박태선의 전도관의 주장에 의하면 한때 교세가 30만 명 가까이 확장하여 소사(부천), 기장 등지에 신앙촌[579]을 건립하면서 활발히 포교활동을

---

576) 박태선, 『예수는 개 자식이다』, 206, 213, 215, 236, 244, 269, 271.

577) 홀트라이히 츠빙글리/ 임걸 옮김, 『츠빙글리 저작전집 2』 (서울: 연세대학교 대학출판문화원, 2018), 110.

578) 과거에 몬타누스주의자들이 비둘기를 좋아했는데, 박태선의 전도관이 비둘기를 상징했다는 것이 흥미롭다.

579) 1957년 1월 10일 경기도 부천시 소사읍 범박리에 15만 평 규모의 소사 제1 신앙촌을 건립하고 전국 각지에서 영원히 죽음을 보지 않고, 살아서 주님을 맞이하려면 재산을 다 팔고 신앙촌으로 들어와야 한다고 감언이설로 유혹하여 수많은 사람들이 정든 고향을 등지고 남편이나 아내의 반대를 무릅쓰고 심지어 이혼까지 서슴지 않고 신앙촌으로 몰려들었다. 1962년 7월 20일에는 경기도 양주군 와부면 덕소리에 5만 평 규모의 제2 신앙촌을 건설했다. 1970년 4월부터는 경남 양산군 기장면 죽성리 770번지에 제3 신앙촌을 건설했다. 박태선이 축복한 생수를 먹으면 죽지 않고, 영생불사를 하며 어떤 병도 고칠 수 있다고 주장하자 이에 미혹된 사람들이 신앙촌으로 몰려들어 지상천국의 꿈에 부풀었다. 그러나 병에 걸리는 사람이 생겨났고 아무리 생수를 마시고 발라도 낫지 않고, 신앙촌 안에서 죽는 사람이 생겨나자 공동묘지에 매장하기도 했다. 급기야 1980년 박태선은 자신이 스스로 5,798세의 새하나님이라고 선포하고 나서자(1985년 이후에는 1조 5천억 세라고 주장함) 많은 추종자들이 신앙촌 안에 거주하면서도 박태선을 등졌다. 그렇게 되자 박태선은 '특전대'를 조직하여 이탈신도들 집에 몰려가 집단폭행, 구타 등을 일삼아 신앙촌은 공포촌으로 변하고 말았다. 박태선의 새하나님 선포 이후 전도관 내에서는 성경을 가진 사람이 없어져 버렸고 기독교적 색채를 배제한 전도관 교리는 완전히 박태선 우상화로 기울어졌다. 1990년 2월 7일 새벽 6시 1조 5천억 세 '새하나님'은 차디찬 땅 속에 묻히고 지금까지 아무런 말이 없다. 탁명환, "박태선 교주의 알파와 오메가," 103-106.

전개하였으나 그 후 변질되면서 추종자들은 뿔뿔이 흩어져 지금은 2,000명 정도 남았다고 한다.580) 이처럼 박태선에게 나타났던 이적들 특히, 불받기, 생수 마시기, 피를 받는 경험, 뼈 타는 냄새, 백합화 향기, 기이한 광채와 빛, 이슬, 등은 마가복음에 나타나지 않는 이상한 이적들이다. 심지어 박태선은 자신을 하나님이라고 칭하면서 예수를 개자식이라고 폄훼를 하기도 했다. 마가복음 13장 22절에서 예수께서 세상 끝에 나타날 징조로 "거짓 그리스도들과 거짓 선지자들이 일어나서 이적과 기사를 행하여 할 수만 있으면 택하신 자들을 미혹하려 하리라."라고 했다. 박태선이 여기에 해당한다고 할 수 있다. 따라서 박태선은 자기를 자칭 하나님이라고 하고, 마가복음에 없는 이상한 이적을 행한 것은 마가복음에 나타난 예수의 이적 영성과는 전혀 상관이 없는 이단이라고 할 수 있다. 다음 장에서는 누가복음에 나타난 예수의 기도 영성과 이를 정통으로 계승한 영성가와 반정통 그리고 이단을 살펴보겠다.

---

580) 이영훈, "한국 오순절운동과 신유," 187. 30년간 박태선을 추종하던 신도들이 속속 이탈하여 1986년 7월 말 신도는 약 4천 명이며, 박태선이 죽은 1990년에는 2천 명 정도이다. 탁명환, "박태선 교주의 알파와 오메가," 107.

제 5 장 예수의 기도 영성

1. 누가복음에 나타난 예수의 기도 영성

누가는 예수의 영성 가운데 기도 영성에 영향을 받고 계승시켰다. 누가복음은 예수의 기도하는 전승을 가장 많이 소개하고 있다.

1) 누가복음의 예수의 마지막 말씀은 예수의 기도 영성을 증거 해 주는 결정적인 본문이다.

누가복음은 예수를 기도를 행하는 분으로 묘사한다. 특히, 누가복음에만 기록되어 있는 예수의 마지막 말씀인 누가복음 24장 49절은 예수의 기도 영성을 보여주는 결정적인 증거 본문이다.581) 이 본문은 누가복음에만 있는 것이며, 누가가 예수의 기도 영성을 강조하기 위해 이 본문을 예수께서 지상에서 하신 맨 마지막 말씀이라고 기록하고 있다. 이것은 누가가 예수의 기도 영성을 강조할 의도가 있었기 때문에 예수의 마지막 말씀으로 배치한 것이다.

2) 누가복음은 예수의 기도를 중심으로 구성되었다.

누가복음은 예수가 직접 기도한 장면을 중심으로 기록하고 있다. 예를 들어, 누가복음 3장에 세례 받으신 후 기도(3:21), 4장에 광야에서의 금식기도(4:1-2), 5장에 한센병자를 고치신 후 기도(5:16), 6장에 제자를 부르실 때 기도(6:12), 9장에 기도하시고 베드로의 신앙 고백(9:18), 10장에 예수의 감사기도(10:21), 11장에 제자들에게 기도를 가르치시기 전

---

581) 누가복음 24장 49절에서 '머물라'는 뜻은 '기도하라'는 뜻으로 볼 수 있다. 사도행전 1장 4절은 '기다리라'로, 사도행전 1장 14절은 '기도에 힘쓰는 것'으로 표현했다. 따라서 '머물라', '기다리라'는 '기도하다'와 같은 뜻이라고 볼 수 있다.

에 기도하심(11:1), 22장에 베드로를 위한 중보기도(22:32), 겟세마네에서의 기도(22:39-41), 23장에 십자가위에서 기도(23:34)등이다. 이처럼 누가는 제자들이나 다른 사람들의 기도보다는 예수 자신의 기도에 가장 많은 관심을 보이고 있다.[582] 이처럼 누가는 누가복음 3장, 4장, 5장, 6장, 9장, 10장, 11장, 22장, 그리고 23장에서 기도하는 예수를 중심으로 복음서를 쓰고 있다. 따라서 누가는 예수를 '기도하는 자'의 본보기로 제시하고 있다.[583]

3) 누가복음 자체의 구절 비교에서도 예수의 기도 영성을 강조한다.

누가복음에는 기도가 9%(104절), 가르침이 32.8%(378절), 이적이 11.1%(128절), 목양이 2.8%(32절) 나타난다. 누가복음에는 통계상으로는 가르침이나 이적이 많이 나타난다. 그럼에도 동시에 누가는 기도를 상당히 강조한다. 나중에 기도로만 다른 복음서를 비교하면 더 확연히 누가가 기도를 강조하고 있다는 것을 알 수 있다. 이러한 기도 강조는 누가가 가르침과 이적을 받아들이면서도 기도 영성을 더욱더 강조하려는 의도가 있었기 때문이다. 이러한 의도는 누가복음과 다른 복음서의 기도 비교를 통해서 더 분명하게 드러난다.

4) 누가복음과 다른 복음서와의 기도 비교에서도 예수의 기도 영성이 강조된다.

누가복음이 기도를 9%(전체 1151절 중에 104절) 강조하는데 비해,

---

582) 예수 자신의 기도에 대한 언급이 복음서에서 모두 14번 나오는데, 공관복음서에 2회, 마태와 마가에 각각 1회, 마가에만 나오는 것이 2회, 요한에 2회 나오는데 누가복음에만 나오는 것이 7회이다. 김득중, 『누가의 신학』(서울: 컨콜디아사, 1991), 286. 김득중은 7회라고 했지만 필자가 직접 확인한 결과 10회 나타난다.

583) 김득중, 『누가의 신학』, 286.

마태복음은 3.1%(전체 1071절 중에 34절), 마가복음은 1.6%(전체 678절 중에 11절), 요한복음은 2.9%(전체 879절 중에 26절)로 기도를 강조한다. 이처럼 누가는 각 복음서 비율 평균 네 배 이상으로 예수의 기도를 소개하고 있다. 또한, 다른 복음서와 비교해서도 가장 많은 절수인 104절을 할애하여 예수의 기도 전승을 계승하고 있다. 따라서 누가복음을 다른 복음서와 비교해 보아도 누가복음의 절수가 가장 길다. 이것은 누가복음에 예수의 기도 영성이 가장 강조되고 있다는 것을 보여주는 증거라고 할 수 있다.

5) 누가복음은 다른 복음서에 비해서도 '기도' 용어를 가장 많이 사용하고 있다.

마가복음에도 기도에 대한 언급은 많으나(1:35; 6:41,46; 7:34; 8:6-7; 14:22-23, 32-39; 15:34) 마가의 관심은 예수의 교훈이나 설교보다 예수의 행동에 더 관심을 가진다. 마태의 경우도 기도에 대한 관심을 보이지만 Q자료나 마가에서 나온 자료 이외에 자신의 특수자료에서 기도에 대한 관심을 보이지 않는다. 요한복음에는 기도에 대한 언급이 별로 나타나지 않는다. 다만 요한복음 17장의 예수의 대제사장적 기도문만 있을 뿐이다.[584] 이에 비해, 누가는 공관복음서 기자들 가운데 기도에 관한 말씀과 이야기를 가장 많이 수록하고 있다. 예수 친히 기도했다고 하고(3:21; 5:16; 6:12; 9:18, 28-29; 10:21; 11:1; 22:32, 41-45; 23:34, 46), 또한, 예수께서 제자들에게 기도를 권장했다고 기록한다(6:28; 11:1-13; 18:1; 21:34-36; 22:40, 46).[585]

한편, 신약성경에는 '기도'에 대한 용어가 14개 나타난다.[586] 누가는

---

584) 김득중, 『누가의 신학』, 266.
585) 정양모, 『루가 복음서』(서울: 분도출판사, 1991), 23.
586) 기도로 사용되는 용어로는 proseuche/기도/37회, proseuchomai/기도하다/86회, deesis/간구, 18회, deomai/간청하다/22회, euche/서원/3회, euchomai/간청하다/7회 등이다. 이밖에도 신약성경에 '기도하다'와 유사하게 사용되는 동사들은 다음과 같은 것들이 있다. aiteo/간청하다/70회, boao/부르짖다/12회, erotao/묻다/63회,

신약에 기도를 가리키는 전체 14개 용어를 87회 사용하면서 가장 많이 사용한다.[587] '기도'의 의미로 가장 많이 사용된 경우는 '프로슈케'(προσ ευχή, 기도)와 '데에시스'(δέησις, 간구)이다. 기도를 의미하는 명사형 '프로슈케'(προσευχή)는 신약에 총 37회 나온다. 복음서에는 마태 3회, 마가 2회, 누가 3회, 요한은 사용하지 않는다.[588] 동사형 '프로슈오마 이'(προσεύομαι)는 신약에 총 86(7) 회로 가장 많이 나타난다.[589] 이 중 에 누가 19회, 마태 16회, 마가 11회, 요한은 없다. 누가복음에 제일 많 이 나타난다.[590] 두 번째 간구의 의미를 가진 명사형 '데에시스'(δέησι

---

krazo/외치다/56회, gonypeteo/무릎 꿇고 청하다/4회, eulogeo/칭송하다/42회, eucharisteo/감사기도하다/38회, proskyneo/경배하다/60회 등이 사용된다. 성종현, 『신약성서의 중심 주제들』(서울: 장로회신학대학출판부, 1998), 150-155.

587) 누가복음에는 다음과 같이 87회 사용된다. proseuche/3회, proseuchomai/19회, deesis/3회, deomai/8회, aiteo/11회, boao/4회, erotao/15회, krazo/4회, eulogeo/13 회, eucharisteo/4회, proskyneo/3회 등이다. 참고로 신약 성경 전체에는 마태 73 회, 마가 47회, 누가 87회, 요한 59회, 행 75회, 롬 16회, 고전 20회, 고후 8회, 갈 4회, 엡 10회, 빌 8회, 골 9회, 살전 9회, 살후 5회, 딤전 5회, 딤후 1회, 몬 3회, 히 11회, 약 15회, 벧전 5회, 요일 6회, 요이 1회, 요삼 1회, 계 24회 등이 나타난 다. 구체적인 용어의 쓰임을 보려면 성종현, 『신약성서의 중심 주제들』, 155의 도표를 참조하라.

588) 마태 3회(17:21; 21:13, 22), 마가 2회(9:29; 11:17), 누가 3회(6:12; 19:46; 22:45), 행 9회(1:14; 2:42; 3:1; 6:4; 10:4, 31; 12:5; 16:13, 16), 롬 3회(1:9; 12:12; 15:30), 고전 1회(7:5), 엡 2회(1:16; 6:18), 빌 1회(4:6), 골 2회(4:2, 12), 살전 1회(1:2), 딤 전 2회(2:1; 5:5), 몬 2회(1:4, 22), 약(5:17), 벧전 2회(3:7; 4:7), 계 3회(5:8; 8:3, 4) J. B. Smith, *Greek-English Concordance to the New Testament* (Scottdale, Pennsylvania: Herald Press, 1955), 307.

589) 복음서를 제외한 나머지는 행 16회(1:24; 6:6; 8:15; 9:11, 40; 10:9, 30; 11:5; 12:12; 13:3; 14:23; 16:25; 20:36; 21:5; 22:17; 28:8), [롬 1회(8:26)], 고전 8회(11:4, 5, 13; 14:13, 14, 14, 15, 15), 엡 1회(6:8), 빌 1회(1:9), 골 3회(1:3, 9; 4:3), 살전 2 회(5:17, 25), 살후 2회(1:11; 3:1), 딤전 1회(2:8), 히 1회(13:18), 약 4회(5:13, 14, 17, 18), 유다 1회(1:20) J. B. Smith, *Greek-English Concordance to the New Testament*, 307.

590) 마태 16회(5:44; 6:5, 5, 6, 6, 7, 9; 14:23; 19:13; 23:14; 24:20; 26:36, 39, 41, 44), 마가 11회(1:35; 6:46; 11:24, 25; 12:40; 13:18, 33; 14:32, 35, 38, 39), 누가 18회 (1:10; 3:21; 5:16; 6:12, 28; 9:18, 28, 29; 11:1, 1, 2; 18:1, 10, 11; 20:47; 22:40, 41, 44, 46) 나타난다. K. Aland, *Vollstandige Konkordanz Zum Griechischen Neuen Testament* (New York: Walter De Gruyter Berlin, 1975), 1177.

ς)는 신약성경 전체에 19회 나타난다. 복음서에서는 누가복음에만 3회
나타난다.591) 동사형 '데오마이'(δέομαι, 기도하다)는 신약 전체에 22회
나타난다. 이 중에 누가복음에 8회 나타난다. 다른 복음서에서는 유일
하게 마태복음에 1회 나타난다.592) 위의 이 네 용어가 복음서에서 사용
되는 경우를 보더라도 누가가 33회로 기도에 대한 용어를 제일 많이
사용하고 있다.593) 특히, 누가는 다른 복음서에는 없는 유대인들의 타
미드(Tamid) 제사에서 하는 기도를 소개한다. 누가는 예수께서 십자가
상에서 기도하는 모습을 타미드(Tamid) 제사의 기도의 형식에 따라 기
술한다. 누가는 유대인들의 타미드(Tamid) 제사에서의 기도도 예수 안
에서 완성되었다는 것을 보여주고 있다.594) 이것은 기도를 강조하는 누
가의 기도 영성을 반영하고 있는 증거라고 할 수 있다.

---

591) 눅 1:13; 2:37; 5:33. 신약의 다른 곳에는 행 1회(1:14), 롬 1회(10:1), 고후 2회
    (1:11; 9:14), 엡 2회(6:18, 18), 빌 4회(1:4a, 4b, 19; 4:6), 딤전 2회(2:1; 5:5), 딤후
    1회(1:3), 히 1회(5:7), 약 1회(5:16), 벧전 1회(3:12) 나타난다. J. B. Smith,
    Greek-English Concordance to the New Testament, 77.
592) 마태 1회(9:38), 누가 8회(5:12; 8:28, 38; 9:38, 38; 9:40; 10:2; 21:36; 22:32), 행
    7회(4:31; 8:22, 24, 34; 10:2; 21:39; 26:3), 롬 1회(1:10), 고후 3회(5:20; 8:4; 10:2),
    갈 1회(4:12), 살전 1회(3:10) 나타난다. K. Aland, *Vollstandige Konkordanz
    Zum Griechi schen Neuen Testamen*, 227.
593) 마태는 20회, 마가는 12회, 요한은 없다.
594) 데니스 함(Dennis Hamm)은 사가랴가 드리는 제사는 *Mishna*에 나오는
    Tamid 제사라고 주장한다. 그러면서 사가랴의 제사 시간을 제9시 기도하는 시
    간에 일어난 사건이라고 말한다. 제 구시 기도 시간에 기도한 경우는 행 3:1절
    과 행 10:3, 30절에도 나타난다. 10장의 고넬료의 경우도 개인 집에서 일어났지
    만 하나님께 기억하심바 되었다는 표현으로 보아 성소의 Tamid 제사에 나오는
    용어의 효능을 가지고 있다고 주장한다. 누가복음 18:9-14절의 바리새인과 세리
    의 기도 모습도 Tamid 제사 때의 기도의 모습이라고 주장한다. Dennis Hamm,
    "The Tamid Service in Luke-Acts; The Cultic Background Behind Luke's
    Theology of Worship (Luke 1:5-25; 18:9-14; 24:50-53; Acts 3:1; 10:3, 30),"
    CBQ 65/2 (2003), 220-227.

6) 누가복음은 다른 복음서와의 내용 비교에서도 예수의 기도영
성을 강조한다.

(1) 세례 받으신 후 모습

누가복음 3:21 "백성이 다 세례를 받을새 예수도 세례를 받으시고
<u>기도하실 때에(προσευχομενου)</u> 하늘이 열리며"
마태복음 3:16 "예수께서 세례를 받으시고 곧 물에서 올라오실새 하
늘이 열리고 하나님의 성령이 비둘기 같이 내려"
마가복음 1:10 "곧 물에서 올라오실새 하늘이 갈라짐과 성령이 비둘
기 같이 자기에게 내려오심을 보시더니"
요한복음 : 평행본문 없음.

누가복음은 예수께서 기도하실 때 하늘이 열렸다고 기록하고 있다.
이에 비해 마태복음과 마가복음은 물에서 올라오실 때 하늘이 열린다.
요한복음에는 평행 본문이 없다. 요한복음에 기도에 관한 기사가 없는
것은 요한은 상대적으로 예수의 다른 영성을 강조하고 있기 때문이다.
따라서 누가복음은 예수의 세례 사건에서 다른 복음서와 비교할 때 기
도를 강조하고 있다.

(2) 광야에서의 금식기도

누가복음 4:1-2 "예수께서 성령의 충만함을 입어 요단 강에서 돌아오
사 광야에서 <u>사십일 동안</u> <u>성령에게 이끌리시며</u> 마
귀에게 시험을 받으시더라 이 모든 날에 아무것도 잡
수시지 아니하시니 날 수가 다하매 주리신지라."
마태복음 4:1-2 "그때에 예수께서 성령에게 이끌리어 마귀에게 시험
을 받으러 광야로 가사 사십 일을 밤낮으로 금식하
신 후에 주리신지라."

마가복음 1:12-13 "성령이 곧 예수를 광야로 몰아내신지라 광야에서
사십 일을 계시면서 사탄에게 시험을 받으시며 들
짐승과 함께 계시니 천사들이 수종 들더라."
요한복음 : 평행본문 없음.

마가복음은 성령이 예수를 광야로 몰아내시고, 마귀에게 시험을 받
은 것으로 기록한다. 곧, 예수가 광야에 나간 것은 성령에 이끌려서 나
간 것이라고 말한다. 누가복음은 마가복음의 순서를 충실하게 따르고
있다. 곧, 예수께서 광야에 나간 것은 성령에 이끌려서 금식[기도]을 하
기 위해서다. 여기서 누가복음은 예수가 광야로 가신 것은 시험을 받으
러 광야에 가신 것이 아니라 성령에 이끌려서 금식[기도]하러 갔다는
점을 강조하고 있다. 이에 비해, 마태복음은 예수가 마귀에게 시험을
받으러 광야로 나간 것으로 기록한다. 마태복음은 예수가 말씀을 통해
마귀를 이긴 것을 강조하고 있다. 요한복음에는 평행본문이 없다. 따라
서 누가복음은 예수가 광야로 나간 목적이 금식 혹은 금식기도를 하러
가신 것 같이 기술한다.

(3) 한센병자를 고치신 후

누가복음 5:16 "예수는 물러가사 한적한 곳에서 기도하시니라(προσευ
χομενος)."
마태복음 8:4 "예수께서 이르시되 삼가 아무에게도 이르지 말고 다
만 가서 제사장에게 네 몸을 보이고 모세가 명한 예
물을 드려 그들에게 입증하라 하시니라."
마가복음 1:45 "그러나 그 사람이 나가서 이 일을 많이 전파하여 널
리 퍼지게 하니 그러므로 예수께서 다시는 드러나게
동네에 들어가지 못하시고 오직 바깥 한적한 곳에 계
셨으나 사방에서 사람들이 그에게로 나아오더라."
요한복음 : 평행본문 없음.

누가복음은 같은 상황에서 예수께서 한적한 곳에서 기도하셨다고 언급한다. 이에 비해 마태복음은 한적한 곳의 언급이 없다. 마가복음은 한적한 곳에 계실 때 사람들이 예수께로 몰려왔다고 기록한다. 요한복음에는 평행 본문이 없다. 따라서 누가복음만 기도를 강조하기 위해 예수가 한적한 곳에서 기도하셨다고 기록한다.

(4) 제자를 부르실 때

누가복음 6:12-13 "이때에 예수께서 기도하시러(προσεύξασθαι) 산으로 가사 밤이 새도록 하나님께 기도하시고(προσευχῇ) 밝으매 그 제자들을 부르사"

마태복음 10:2 "열 두 사도의 이름은 이러하니 베드로라 하는 시몬을 비롯하여 그의 형제 안드레와 세베대의 아들 야고보"

마가복음 3:13 "또 산에 오르사 자기가 원하는 자들을 부르시니 나아온지라."

요한복음 : 평행본문 없음.

누가복음은 예수께서 제자를 선택하기 위해 산으로 기도하러 가셨다고 묘사한다. 이에 비해 마태복음은 언급이 없고, 마가복음은 산에 대한 언급이 있지만 기도에 대한 언급은 없다. 요한복음에는 평행 본문이 없다. 따라서 누가복음은 예수께서 제자 선택을 위해 기도하신 것을 강조한다.

(5) 핍박자를 위해 기도하라

누가복음 6:28 "너희를 저주하는 자를 위하여 축복하며 너희를 모욕하는 자를 위하여 기도하라(προσεύχεσθε)."

마태복음 5:44 "나는 너희에게 이르노니 너희 원수를 사랑하며 너희를 박해하는 자를 위하여 기도하라(προσεύχεσθε)."

마가복음 : 평행본문 없음.

요한복음 : 평행본문 없음.

　마태복음 5:44c와 누가복음 6:28b는 예수 어록 Q 6:27-28로부터 왔
다.[595] 누가복음은 Q를 충실히 따르고 있다. 마태복음도 Q를 따른다.
이에 비해, 마가복음과 요한복음에는 평행 본문이 없다. 따라서 누가복
음은 기도를 강조하기 위해 Q를 충실하게 따르고 있다고 할 수 있다.

(6) 베드로의 신앙 고백

누가복음 9:18 "예수께서 따로 <u>기도하실 때에</u>(προσευχόμενον) 제자들
　　　　　　 이 주와 함께 있더니 물어 이르시되 무리가 나를 누구
　　　　　　 라고 하느냐."

마태복음 16:13 "예수께서 빌립보 가이사랴 지방에 이르러 제자들에
　　　　　　 게 물어 이르시되 사람들이 인자를 누구라 하느냐."

마가복음 8:27 "예수와 제자들이 빌립보 가이사랴 여러 마을로 나가
　　　　　　 실새 길에서 제자들에게 물어 이르시되 사람들이
　　　　　　 나를 누구라고 하느냐."

요한복음 : 평행본문 없음.

　누가복음은 예수께서 따로 기도하실 때에 제자들에게 신앙고백을
물어보신 것으로 기록한다. 이에 비해, 마태복음은 아예 언급이 없고,
마가복음은 노중에서 물어 보았다고 기록하고 있다. 요한복음에는 평행
본문이 없다. 따라서 누가복음은 다른 복음서와 비교할 때 기도를 강조
하고 있다.

---

595) M. Robinson, Paul Hoffmann, and John S. Kloppenborg, *The Critical
　　 Edition of Q*, 56-57; Siegfried. Schulz, *Q: Die Spruchquelle der evangelisten*
　　 (Zurich: Theologischer Verlag, 1972), 128.

(7) 변화산에서의 예수

누가복음 9:28-29 "이 말씀을 하신 후 팔일쯤 되어 예수께서 베드로
와 요한과 야고보를 데리고 기도하시러(προσεύξ
ασθαι) 산에 올라가사 기도하실 때에(προσεύχεσθ
αι) 용모가 변화되고 그 옷이 희어져 광채가 나더
라."
마태복음 17:1 "엿새 후에 예수께서 베드로와 야고보와 그 형제 요한
을 데리시고 따로 높은 산에 올라가셨더니"
마가복음 9:2 "엿새 후에 예수께서 베드로와 야고보와 요한을 데리
시고 따로 높은 산에 올라가셨더니 그들 앞에서 변
형되사"
요한복음 : 평행본문 없음.

누가복음은 마가복음을 따르지만 예수께서 산에 오르신 구체적인
목적이 기도하시러 오르셨다고 하며 기도를 강조한다. 마태복음은 마가
복음의 전승을 충실히 따르고 있다. 요한복음에는 평행본문이 없다.

(8) 예수의 감사기도

누가복음 10:21 "그때에 예수께서 성령으로 기뻐하시며 이르시되 천
지의 주재이신 아버지여 이것을 지혜롭고 슬기 있는
자들에게는 숨기시고 어린아이들에게는 나타내심을
감사하나이다 옳소이다 이렇게 된 것이 아버지의 뜻
이니이다."
마태복음 11:25 "그때에 예수께서 대답하여 이르시되 천지의 주재이
신 아버지여 이것을 지혜롭고 슬기 있는 자들에게는
숨기시고 어린아이들에게는 나타내심을 감사하나이다."
마가복음 : 평행본문 없음.

요한복음 : 평행본문 없음.

누가복음은 마가복음에는 없지만 예수께서 기도하신 내용을 빼놓지 않고 기록하고 있다. 마태복음은 기도를 인용하지만 단어의 수가 줄어들고 있다. 마가복음과 요한복음은 평행본문이 없다.

(9) 제자들에게 기도를 가르치시는 예수

누가복음 11:1-2 "예수께서 한 곳에서 기도하시고(προσευχόμενον) 마치시매 제자 중에 하나가 여짜오되 주여 요한이 자기 제자들에게 기도를(προσεύχεσθαι) 가르친 것과 같이 우리에게도 가르쳐 주옵소서 예수께서 이르시되 너희는 기도할 때에(προσεύχησθε)"
마태복음 6:9 "그러므로 너희는 이렇게 기도하라(προσεύχησθε) 하늘에 계신 우리 아버지여 이름이 거룩히 여김을 받으시오며"
마가복음 : 평행본문 없음.
요한복음 : 평행본문 없음.

누가복음 11:1a는 누가의 특수자료이다. 누가는 예수께서 제자들에게 기도를 가르쳐 주시기 전에도 본인이 직접 기도의 모델을 보여주고 있는 모습을 기술하고 있다. 이에 비해, 마태복음은 바로 기도의 내용으로 들어간다. 마가복음과 요한복음은 평행본문이 없다.

(10) 밤중에 찾아온 친구를 위한 중보기도

누가복음 11:5-8 "비록 벗 됨으로 인하여서는 일어나서 주지 아니할찌라도 그 간청함을 인하여 일어나 그 요구대로 주리라(8절)."

마태복음 : 평행본문 없음.
마가복음 : 평행본문 없음.
요한복음 : 평행본문 없음.

　이 구절은 누가의 특수자료로서 예수께서 기도를 가르치시는 문맥에서 친구를 위해 중보기도를 할 것을 비유로 하신 말씀이다.

(11) 성령을 구하라

누가복음 11:13 "너희가 악할지라도 좋은 것을 자식에게 줄 줄 알거든 하물며 너희 하늘 아버지께서 <u>구하는 자에게</u> 성령을 주시지 않겠느냐 하시니라."

마태복음 7:11 "너희가 악한 자라도 좋은 것으로 자식에게 줄 줄 알거든 하물며 하늘에 계신 너희 아버지께서 <u>구하는 자에게</u> 좋은 것으로 주시지 않겠느냐."

마가복음 : 평행본문 없음.
요한복음 : 평행본문 없음.

　누가복음은 마가복음에는 없는 구하는 자에게 성령을 주신다고 강조한다. 마태복음은 구하는 자에게 좋은 것으로 준다고 말하고, 누가복음은 구하는 자에게 성령을 주신다고 말한다. 성령에 관심이 많은 누가복음은 기도와 성령을 긴밀하게 연관시키고 있다. 마가복음과 요한복음에는 평행본문이 없다.

(12) 과부의 부르짖는 통성기도

누가복음 18:1-8 "항상 기도하고 낙망하지 말아야 할 것을 비유로 말씀하여(1절) (...) 하물며 하나님께서 그 <u>밤낮 부르짖는</u> 택하신 자들의 원한을 풀어주지 아니하겠느냐 그들에게 오래 참으시겠느냐(7절)"

마태복음 : 평행본문 없음.
마가복음 : 평행본문 없음.
요한복음 : 평행본문 없음.

　이 구절은 누가의 특수자료로서 예수께서 기도에 대한 비유를 하신 내용이다. 밤낮 부르짖는 자의 기도를 소개하고 있다. 밤낮 부르짖는 기도는 통성기도의 모델로 볼 수 있다. 마태, 마가, 요한복음에는 평행 본문이 없다.

(13) 바리새인과 세리의 기도

누가복음 18:9-14　"두 사람이 기도하러 성전에 올라가니 하나는 바리새인이요 하나는 세리라(10절) (…) 바리새인은 서서 따로 기도(11절) (…) 세리는 하나님이여 불쌍히 여기소서 나는 죄인이로소이다 하였느니라(13절)."
마태복음 : 평행본문 없음.
마가복음 : 평행본문 없음.
요한복음 : 평행본문 없음.

　이 구절은 누가의 특수자료로서 누가는 예수께서 원하시는 올바른 기도는 자신의 죄를 뉘우치는 기도임을 보여주고 있다. 마태, 마가, 요한복음에는 평행본문이 없다.

(14) 종말에 깨어 있으라는 기도 권면(누가의 특수자료)

누가복음 21:34-36 "이러므로 너희는 장차 올 이 모든 일을 능히 피하고 인자 앞에 서도록 항상 기도하며 깨어 있으라 하시니라(36절)."
마태복음 : 평행본문 없음.

마가복음 : 평행본문 없음.
요한복음 : 평행본문 없음.

이 구절은 누가의 특수자료로서 누가는 종말에 예수 앞에 서려면 항상 기도하고 깨어있어야 한다고 말한다. 마태, 마가, 요한복음에는 평행본문이 없다.

(15) 베드로의 부인예고: 베드로를 위한 중보기도

누가복음 22:32 "그러나 내가 너를 위하여 네 믿음이 떨어지지 않기를 <u>기도하였노니</u>(ἐδεήθην) 너는 돌이킨 후에 네 형제를 굳게 하라."
마태복음 : 평행본문 없음.
마가복음 : 평행본문 없음.
요한복음 : 평행본문 없음.

이 구절은 누가의 특수자료로서 누가는 예수께서 베드로를 위해 중보기도를 하시는 분으로 묘사한다. 마태, 마가, 요한복음에는 평행본문이 없다.

(16) 겟세마네에서의 기도

누가복음 22:39-41 "예수께서 나가사 습관을 따라 감람 산에 가시매 제자들도 따라갔더니 그곳에 이르러 그들에게 이르시되 유혹에 빠지지 않게 <u>기도하라</u>(προσεύχε σθε) 하시고 그들을 떠나 돌 던질 만큼 가서 무릎을 꿇고 <u>기도하여</u>(προσηύχετο)"
마태복음 26:36 "이에 예수께서 제자들과 함께 겟세마네라 하는 곳에 이르러 제자들에게 이르시되 내가 저기 가서

기도할 동안에(προσεύξωμαι) 너희는 여기 앉아 있
으라 하시고"

마가복음 14:32 "그들이 겟세마네라 하는 곳에 이르매 예수께서 제
자들에게 이르시되 내가 기도할 동안에(προσεύξωμα
ι) 너희는 여기 앉아 있으라 하시고"

요한복음 : 평행본문 없음.

누가복음은 예수의 기도가 일회적 행동이 아닌 습관을 따라 하시는
기도였음을 강조한다. 또한, 마태복음과 마가복음은 기도를 한번 언급
하는데 비해 누가복음은 두 번 언급한다. 요한복음에는 평행본문이 없
다.

(17) 십자가위에서 기도

누가복음 23:34 "이에 예수께서 이르시되 아버지 저들을 사하여 주
옵소서 자기들이 하는 것을 알지 못함이니이다 하시
더라 그들이 그의 옷을 나눠 제비 뽑을 쌔"

마태복음 : 평행본문 없음.
마가복음 : 평행본문 없음.
요한복음 : 평행본문 없음.

이 구절은 누가의 특수자료로서 누가는 예수가 십자가에서 운명하
실 때 기도하신 것으로 기록하고 있다. 마태, 마가, 요한복음에는 평행
본문이 없다.

(18) 예수의 마지막 지상명령

누가복음 24:49 "볼지어다 내가 내 아버지께서 약속하신 것을 너희에
게 보내리니 너희는 위로부터 능력으로 입혀질 때까

지 이 성에 <u>머물라</u>하시니라.”
마태복음 : 평행본문 없음.
마가복음 : 평행본문 없음.
요한복음 : 평행본문 없음.

　이 구절은 누가의 특수자료로서 누가는 예수의 마지막 지상명령을
위로부터 능력으로 입혀질 때까지 ‘머물라’ 곧, ‘기도하라’고 하신다. 마
태, 마가, 요한복음에는 평행본문이 없다.
　요약하면, 누가복음은 다른 복음서와의 내용 비교에서도 예수의 기
도모습을 강조한다. 이것은 누가가 예수의 영성 중에 기도의 영성을 강
조하고 있는 것이라고 할 수 있다. 누가복음에 나타난 예수의 기도를
유형별로 구분해 보면 다음과 같다. 곧, 개인기도(5:16; 9:18), 금식기도
(4:1-2), 산기도(6:12; 9:28-29; 22:42-44), 일상의 기도(21:36), 중보기도
(22:32), 통성기도(18:1-8), 그리고 십자가 위에서 기도(23:34)를 한다.
이러한 예수의 기도 영성을 이어받은 누가는 예수의 기도 영성을 계승
시켰다. 이러한 예수의 기도 영성은 기독교 영성사에서 계승되어 내려
갔다. 이 과정에서 기도 영성의 정통이 나타나기도 하고, 정통에서 반
쯤 벗어난 반전통적 성격도 나타나고, 정통에서 완전히 벗어난 이단의
형태도 나타나게 되었다. 다음 장에서는 누가복음에 나타난 예수의 기
도 영성의 정통을 계승한 세계 영성사의 영성가들과 반정통에 속하는
영성가들, 그리고 이단들을 살펴보겠다.

2. 예수의 기도 영성을 정통으로 계승한 세계 영성사의 영성가

　누가복음에 나타난 예수의 기도 영성의 정통을 계승한 세계영성사
의 영성가로는 바울, 예수의 형제 야고보, 위(僞)-마카리우스, 데이비드
브레이너드, 그리고 조지 뮬러가 있다. 둘째, 예수의 기도 영성의 반정

통에 속하는 영성가로는 에바그리우스, 아빌라의 데레사, 그리고 예수기도가 있다. 셋째, 예수의 기도 영성의 이단으로는 이세벨, 몬타누스, 그리고 메살리안 파가 있다. 먼저 누가복음에 나타난 예수의 기도 영성을 정통으로 계승한 바울을 살펴보겠다.

1) 바울(Paul, 5-67년경)

바울의 영성을 여러 가지로 말할 수 있지만 바울의 영성의 근원은 기도의 영성이라고 말할 수 있다. 왜냐하면 바울의 신앙은 기도로부터 시작하기 때문이다. 바울은 다메섹 도상에서 부활하신 예수를 만날 때 빛을 보는 신비체험을 하고, 눈을 멀게 된다. 그리고 바울은 사흘동안 식음을 전폐하며, 유다집에서 기도를 하다가 아나니아가 찾아와 기도를 해 주는 환상을 본다. 그리고 실제로 그 일이 그대로 일어나 눈을 치유 받게된다(행 9:3-12). 그 후에 바울은 사역을 시작하기 전에 아라비아로 간다. 갈라디아 1장 17절에 따르면, 바울은 아라비아로 가서 3년을 보낸다. 여기의 아라비아는 시리아 사막으로 추정된다.[596] 이 기간 동안 바울이 아라비아에서 무엇을 했는지는 알려져 있지 않다. 벳츠(Hans Dieter Betz, 1931-)는 바울이 그곳에서 선교를 했다고 추정하지만[597] 바울이 그 기간 동안 선교를 했다면 선교한 흔적이 알려져야 하는데 알려진 것이 없는 것을 보면 선교를 했는지가 불분명하다. 오히려 바울의 앞으로의 사역을 위해 준비하고, 기도로 준비했다고 보는 것이 더 설득력이 있어 보인다. 훗날 이 시리아 지역에서 동방교회 수도자들이 기도했던 것을 보면[598] 그 지역이 기도에 적당한 지역일 가능성이 있다. 또한, 바울은 사역을 시작하면서 안디옥에서 각 교회에서 장로들

---

596) *The Anchor Bible Dictionary* Vol. 1 (New York: Dell Publishing Group, 1992), 326.
597) Hans Dieter Betz, *Galatians* (Philadelphia: Fortress Press, 1984), 73-74.
598) 시리아 지역에서 기도를 하며 영성 활동을 했던 시리아 교부들에 관해서는 다음을 참조하라. 세바스티안 브로크 편역/ 이형호 번역, 『시리아 교부들의 영성』 (서울: 은성출판사, 2003).

을 택하여 금식 기도하며 저들을 주께 부탁한다(행 14:23). 나아가 바울의 일행이 빌립보에 갔을 때 그가 제일 먼저 한 일은 기도처를 찾는 것이었다(행 16:13). 이 과정에서 바울과 실라가 빌립보 감옥에 갇혔을 때도 제일 먼저 한 일은 기도하고 찬미하는 일이었다(행 16:25). 더 나아가 바울은 에베소에서 성령 받기 위해 안수기도를 해 주었으며(행 19:6), 에베소에서 마지막 설교 후에 무릎을 꿇고 모든 사람과 함께 기도하기도 했다(행 20:36). 아울러 바울은 멜리데 섬의 보블리오의 부친이 열병과 이질에 걸려 병들어 누웠을 때 기도하고 그에게 안수하여 낫게 했다(행 28:8). 특히, 바울의 제자가 누가인데 누가가 누가복음을 통해 예수의 기도 영성을 강조한 점을 보면 누가는 자신의 기도의 영성을 바울에게서 영향을 받았을 가능성이 있다. 이처럼 바울의 인생 여정을 보면 기도가 그의 핵심 영성이라고 해도 무리가 없어 보인다. 따라서 바울은 누가복음에 나타난 예수의 기도 영성을 정통으로 계승한 영성가라고 할 수 있다. 다음은 누가복음의 기도 영성을 정통으로 계승한 예수의 형제 야고보를 살펴보겠다.

2) 예수의 형제 야고보(James, ?-62년경)

유대교 역사가 유세비우스(Eusebius Pamphilus, 263-339)는 그의 『교회사』에서 헤게시푸스(Hegesippus)의 글을 인용하면서 예수의 형제 야고보에 대해서 다음과 같이 말했다. "그는 [야고보]는 홀로 성전에 들어가는 습관이 있었는데, 종종 무릎을 꿇고 백성들을 용서해 달라고 간구하는 모습을 볼 수 있었다. 이처럼 쉬지 않고 하나님 앞에 무릎을 꿇고 기도했기 때문에 그의 무릎은 마치 낙타의 발처럼 딱딱해졌다."[599]라고 했다. 심지어 야고보는 순교를 당하면서도 기도를 했다. "그들은(서기관들과 바리새인들은) 성전으로 올라가서 이 의인을 밀어 떨어뜨리고 '의인 야고보를 돌로 치자'고 말했다. 그들은 야고보가 땅에 떨어졌으나 죽지 않았으므로 그에게 돌을 던지기 시작했다. 그러나 야

---

599) 유세비우스 팜필루스/ 엄성옥 옮김, 『유세비우스의 교회사』, 124.

고보는 몸을 돌려 무릎을 꿇고 기도했다. "오, 주 하나님 아버지, 저들을 용서하여 주시옵소서 저들은 자기의 하는 행위를 알지 못하고 있나이다."600) 신약성경 야고보서의 저자는 예수의 형제 야고보이다.601) 야고보는 야고보서의 맨 마지막에서 고난당하는 자는 기도하고, 병든 자도 기도하고, 죄를 서로 고하고 병 낫기를 위하여 서로 기도하고, 의인의 간구는 역사하는 힘이 많다고 하며, 우리는 엘리야와 같이 성정이 같은 사람이기 때문에 기도하여 비를 멈추게도, 내리게도 할 수 있다고 말하면서 기도를 강조했다(약 5:13-18). 야고보는 엘리야처럼 기도했을 것이다. 이처럼 야고보는 기도의 영성을 강조했다. 따라서 예수의 형제 야고보는 누가복음에 나타난 예수의 기도 영성의 정통을 계승한 영성가라고 할 수 있다. 다음은 누가복음에 나타난 예수의 기도 영성을 정통으로 계승한 동방교회의 위(僞)-마카리우스를 살펴보겠다.

3) 위(僞)-마카리우스(?)

위(僞)-마카리우스602)는 그가 언제 태어나서 어떤 활동을 했는지 알 수 없는 인물이다. 아마도 4세기 이집트 사막교부들의 영향을 받은 수도사로 보인다. 처음에는 그가 쓴 50개의 설교문을 모은 『마카리우스의 신령한 설교』603)가 대 마카리우스(Makarius the Great, 300-390)604)의 작품으로 알려졌으나 후에 대 마카리우스의 작품이 아닌 것으

---

600) 유세비우스 팜필루스/ 엄성옥 옮김, 『유세비우스의 교회사』, 126.
601) 두안 리트핀 외 3인/ 김운성 외 옮김, 『디도서·빌레몬서·히브리서·야고보서』(서울: 두란노, 1987), 155.
602) 위-마카리우스에 대해서는 다음 논문을 참조하라. Stuart Burns, "Divine ecstasy in Gregory of Nyssa and Pseudo-Macarius Flight and intoxication," *Greek Orthodox Theological Review* 44/1-4(1999), 309-327.
603) 헬라어 원문은 *PG* 34, 449-822. 영어 번역은 George A. Maloney ed., Pseudo-Macarius (New York · Mahwah: Paulist Press, 1992). 한글 번역은 마카리우스/ 최대형 옮김, 『마카리우스의 신령한 설교』(서울: 은성출판사, 2015 (제3판))을 참조하라.
604) 이집트의 대 마카리우스는 성 안토니우스의 직제로 알려져 있으며, 이집트 스케티스에서 활동한 사막의 교부이다. 다음을 참조하라. 김수천, "4세기의 이집트

로 밝혀지면서 위-마카리우스라는 이름을 붙이게 되었다. 그러나 책에 마카리우스의 이름을 붙인 것을 보면 위-마카리우스는 아마도 이집트 사막의 대 마카리우스의 제자 그룹이거나 대 마카리우스에게 영향을 받는 그룹의 멤버였을 가능성도 있다. 혹자는『신령한 설교』가 메살리안 파의 작품으로 추정하지만 아직까지는 논쟁이 있다.605) 그러나 이 책은 메살리안 파 연구를 위한 역사적 저술 목록에는 빠져 있다.606) 아무튼 저자가 익명이기 때문에 정확하게 누구의 작품인지는 특정하기가 어렵다.

한편, 위-마카리우스의『신령한 설교』에는 누가복음이 강조하는

수도자 마카리우스와 에바그리우스의 영성사상 고찰,"「신학과 실천」19(2009), 229-259; 이후정, "마카리우스의 변모영성과 존 웨슬리,"「신학과 세계」(2006), 74-98; 이후정, "성 마카리우스의 그리스도 체험과 그리스도인의 삶,"「신학과 세계」(2006), 37-57; 조영호, "마카리우스의 신학 이해,"「신학지평」26(2013), 173-207; David C. Ford, "Saint Makarios of Egypt and John Wesley Variations on the Theme of Sanctification," *The Greek Orthodox Theological Review* 33/3(1988), 285-312.

605) 앤드루 라우스는『신령한 설교』에 담긴 교리가 이단 선고를 받았으며, 메살리안 파가 정통교회에 진입하기 위해 마카리우스라는 이름을 붙였지만 이 책은 메살리아니즘의 골격을 가지고 있다고 보았다. 앤드루 라우스/ 배성옥 옮김,『서양신비사상의 기원-플라톤에서 디오니시우스까지』, 171-174. 논쟁에 대해서는 p, 174에 각주 40번을 참조하라. 몰트만은 위 마카리우스를 메살리안 중의 한 사람이었던 신학자 '메소포타미아의 시메온'(symeon)이라고 했다. 위르겐 몰트만/ 김균진 옮김,『생명의 영: 총체적 성령론』, 246.

606) 메살리안 파 연구의 전문가인 스테와르트는 메살리안 파의 신학을 규명하기 위해 다섯 개의 역사적 저술에서 10개의 신학적 내용을 찾아냈다. 스테와르트가 사용한 다섯 개의 역사적 저술은 첫째, 떼오도렛(Theodoret of Cyrrhus)의 Historia ecclesiastica 4. 11(449-450), 둘째, 떼오도렛의 Haereticarum fabularum compendium 4. 11(453), 셋째, 안디옥의 세베루스(Severus of Antioch)의 Contra additiones Juliani(527년경), 네 번째 콘스탄티노플의 티모디 (Timothy of Constantinople)의 De iis qui ad ecclesiam ab haereticis accedunt(600년경), 다섯 번째, 다마스커스의 요한(Hohn of Damascus)의 De haeresibus 80(749년 이전). Columba Stewart, 'Working the Earth of the Heart': *The Messalian Controversty in History, Texts, and Language to AD 431* (Oxford: Clarendon Press, 1991) 등이다. 스테와르트도 이상의 다섯 개의 역사 저술에서『신령한 설교』를 언급하지 않았다. 방성규, "메살리안 운동이 초기 수도원 운동에 끼친 영향,"「한국교회사학회지」9(2000), 119-120.

성령을 거의 모든 설교에서 언급하고 있다. 설교 1 '에스겔의 환상'에서 성령을 강조한다. "사도들은 자신을 밝혀 주었던 빛 즉 성령의 빛으로 믿는 자들의 마음을 밝히기 위해서 빛이 되었고 또 사람들에게 빛을 비추어 주었습니다. 사도들은 자신이 소금이 되어 믿는 사람들에게 성령의 소금을 뿌려 맛을 냅니다. (...) 이와 같이 하나님의 능력인 영적 소금인 성령을 받지 않은 영혼은 부패하게 되며 악한 생각이라는 더러운 냄새를 풍기게 됩니다. (...) 영혼이 하나님께 간구하고 그분을 믿으며 생명의 소금, 즉 인간을 사랑하시는 성령에게 도움을 구하면 하늘의 소금이 내려와서 악한 벌레들을 죽이고 악취를 몰아내며 성령의 능력으로 영혼을 깨끗하게 해 줍니다. (...) 성령의 하늘빛이 신실한 영혼들의 생각의 날개를 들어 올려 그분이 가장 잘 아시는 대로 인도하고 다스리십니다."607) 설교 2 '어둠의 권세로부터 자유하십시오'에서도 성령이 나온다. "우리는 성령의 '비둘기 같은 날개'(시 55:6)를 구해야 합니다. 그러면 우리는 그에게 날아가서 '편히 쉴 것입니다.' (...) 낮의 빛, 곧 성령의 거룩한 바람은 영혼에 불어와 하나님의 빛 안에 거하는 영혼을 새롭게 합니다."608) 설교 3 '악한 생각들을 대적하여 싸우십시오'에서도 성령을 언급한다. "사람이 일을 하거나 기도를 하거나 성경을 읽거나 무엇을 하든지 결코 사라지지 않는 것, 즉 성령을 소유해야 합니다."609) 설교 4 '영적 분별력을 기르십시오'에도 성령이 나타난다. "지혜로운 다섯 처녀를 생각해 보십시오. 깨어 있어 마음의 그릇-본성의 일부가 아닌-에 기름, 즉 하늘에서 온 성령의 은혜를 예비하였던 다섯 처녀는 신랑과 함께 하늘의 신방으로 들어갈 수 있었습니다. (...) 인간의 본성 밖에 있는 성령의 성화를 구하는 사람들은 모든 사랑을 주님께 쏟고, 주님과 함께 걸으며, 주께 기도하고, 생각을 온전히 주님에게 향하며 다른 모든 것에서 돌이킵니다. (...) 이 성령의 지혜, 즉 하늘의 은혜가 우리의 본성에 결합하고 혼합되어야 비로소 우리가 하나

---

607) 마카리우스/ 최대형 옮김, 『마카리우스의 신령한 설교』, 39-40, 43.
608) 마카리우스/ 최대형 옮김, 『마카리우스의 신령한 설교』, 48-49.
609) 마카리우스/ 최대형 옮김, 『마카리우스의 신령한 설교』, 53.

님 나라의 신방에 주님과 함께 들어가며 영원한 구원을 얻을 수 있습니다. (...) 육신적으로 사랑하는 연인들이 다른 모든 것을 포기하게 되는데, 천상적이고 사랑스러운 성령과 교제하는 사람은 얼마나 육신적인 애착에서 벗어나며 모든 것에 대해 무관심하시겠습니까?"610) 설교 5 '아버지의 사랑을 갈망하십시오'에도 성령이 여러 곳 나타난다. "기독교인들은 성령을 받아 소유함으로써 위로 하나님께로서 난 자가 되어 참 하나님의 자녀가 되는 특권을 가짐으로써, (...) 하나님 나라에 들어갈 수 있게 해주는 보증이 되는 성령의 능력을 알기 위해서는 수고와 근면함과 경성함과 주의함과 열심과 주께 대한 간절한 기도가 요구됩니다. 사도 바울은 성령의 은혜인 하늘의 보화를 전했고, 환난의 위대함에 대해 선포했습니다. (...) 믿음을 가지고 부지런히 성령에 참여한 사람은 마지막 날에 그 분량에 비례하여 그의 몸이 영화롭게 될 것입니다. (...) 이것이 기독교인들에게 첫 달, 즉 크산티쿠스가 되는 부활의 절기입니다. 그때에 그들의 몸이 지금 그들 안에 거하고 있는 말할 수 없는 빛, 곧 성령의 능력으로 영화롭게 될 것입니다. 이 성령이 그때에 그들의 옷, 양, 음료, 기쁨, 평안, 예복, 영생이 될 것입니다. 그때에 성령으로부터 찬란한 아름다움과 하늘의 장엄한 아름다움이 주어질 것인데, 지금도 그들은 이것을 소유하는 특권을 지니고 있습니다. (...) 주님의 표, 즉 성령의 인침을 받은 사람들은 주님의 자녀로 불러 주님의 오른편에 앉힐 것입니다."611) 설교 6 '고요하고 평안하고 침착하게 기도하십시오'에서도 성령에 대해 언급한다. "질문. 너희도 열두 보좌에 앉아 이스라엘 열두 지파를 심판하리라(마 19:28)는 말씀은 무슨 뜻입니까? 답변. 우리는 주님이 승천하신 후에 이 일이 땅 위에 일어났다는 것을 알고 있습니다. 왜냐하면 주님이 열두 사도에게 보혜사 성령을 보내셨고, 거룩한 능력이 오셔서 사도들의 마음의 보좌에 거하시며 좌정하셨기 때문입니다."612) 설교 7 '마음은 영혼의 눈입니다'에도 성령이

---

610) 마카리우스/ 최대형 옮김,『마카리우스의 신령한 설교』, 60-62, 67.
611) 마카리우스/ 최대형 옮김,『마카리우스의 신령한 설교』, 79, 91-93, 95.
612) 마카리우스/ 최대형 옮김,『마카리우스의 신령한 설교』, 101.

나온다. "질문. 계시와 신적인 빛에 의해 영혼을 볼 수 있습니까? 답변. 우리가 육안으로 태양을 보듯이, 성령의 밝혀 주심이 있는 사람은 영혼의 형상을 봅니다. 그러나 그것을 보는 기독교인은 많지 않습니다."[613] 설교 9 '시련과 시험을 통해 하나님의 약속과 예언이 성취됩니다'에도 성령을 언급한다. "성령의 은사는 많은 싸움과 인내와 고통, 유혹과 시련을 통하여 주어지며, (...) 영혼이 성령을 근심하게 하지 않고 모든 계명을 지킴으로써 은혜받기에 합당하게 될 때, (...) 하나님의 성령을 받은 사람은 자신과 같은 처지에 있는 사람을 압니다. (...) 주께 전적으로 헌신하며 그분만 붙들고 전심으로 그분의 계명 안에 거하며 자신에게 임하여 덮어주는 그리스도의 성령을 영화롭게 함으로써 주님과 한 영이 되며 주님과 하나가 되는 영혼은 참으로 사랑스럽습니다."[614] 설교 10 '은혜의 선물을 잘 간직하십시오'에서도 성령이 나타난다. "성령의 성화를 통해 주님과의 말할 수 없이 신비로운 교제에 들어가려 합니다. (...) 그리하여 성령에 의해 깨끗해지고 영혼과 몸이 거룩해져야 영혼은 하늘의 기름 부음을 받고 참되신 왕이신 그리스도의 마음에 드는 깨끗한 그릇이 될 수 있습니다. 그렇게 되어야 영생을 얻을 수 있고, 이제 성령이 거하실 수 있는 깨끗한 처소가 됩니다."[615] 설교 11 '악한 생각들을 분별하십시오'에도 성령이 나온다. "영혼에게는 신적인 등불, 즉 어두워진 집을 정리하고 아름답게 만드시는 성령이 필요합니다."[616] 설교 12 '계명을 범하면 이중의 재앙을 당합니다'에도 성령이 나온다. "사도들이 하나님의 말씀을 선포했을 때 성령이 신자들에게 임한 것을 볼때, 주님에게 와서 그분과 친밀하게 교제한 사람들이 주님의 능력을 받은 것은 결코 놀라운 일이 아닙니다."[617] 설교 13 '하나님은 우리들에게서 어떤 열매들을 기대하십니까?'에도 성령이 나온다. "주님의 긍휼, 그리고 성부와 성자와 성령이 주신 기쁨에 영광을 돌립시다. 아멘."[618]

613) 마카리우스/ 최대형 옮김, 『마카리우스의 신령한 설교』, 106.
614) 마카리우스/ 최대형 옮김, 『마카리우스의 신령한 설교』, 118, 121.
615) 마카리우스/ 최대형 옮김, 『마카리우스의 신령한 설교』, 125.
616) 마카리우스/ 최대형 옮김, 『마카리우스의 신령한 설교』, 129.
617) 마카리우스/ 최대형 옮김, 『마카리우스의 신령한 설교』, 150.

설교 14 '마음과 생각을 하나님께 바치십시오'에도 성령이 나온다. "그 사람은 바라던 것을 얻고 주님이 오셔서 성령의 충만한 경험과 능력으로 자기 내면에 거하시게 되어야 비로소 자신의 노력과 생활 태도에 대해 확신을 갖습니다. 그가 주님의 선하심을 맛보고 성령의 열매들로 기쁨을 얻으며,"619) 설교 15 '거룩하고 정결하고 순결하게 행하십시오'에도 성령이 나타난다. "그는 자기에게 맡겨진 성령을 섬겨야 하며, 무슨 일에서나 하나님을 기쁘게 하고 성령을 근심하게 하지 말아야 합니다. (...) 속사람이 은밀하게 성령을 섬길 때에 영혼이 자신의 그릇, 즉 자신의 영으로 주님을 섬길 수 있습니다."620) 설교 16 '신령한 사람들도 유혹을 받습니다'에서도 성령을 언급한다. "그리스도인들은 다른 세상에 속해 있으며 거룩한 아담의 자손이며 새로운 족속이요 성령의 자녀들입니다."621) 설교 17 '그리스도 없이 구원과 영광은 없습니다'에도 성령이 나타난다. "성령의 보증(고후 5:5), 보혜사이신 성령을 받지 않겠습니까? 그분은 고난 받는 사람들을 위로하시고 기운을 북돋아 주시기 때문에 보혜사라고 불립니다."622) 설교 18 '하늘의 보화는 그리스도인의 보화입니다'에도 성령이 나타난다. "사람이 어려움 없이 주님이 명하신 모든 일들을 나무랄 데 없이 정결하게 행할 수 있게 되려면 성령이라는 하늘의 보화를 달라고 주님께 요청해야 합니다. 그렇게 하지 않는 한 어떤 힘을 사용해도 그 일에 성공할 수 없습니다. (...) 영적인 사람은 성령이라는 하늘나라의 갑옷을 입고 원수를 맞아 싸워 굴복시키기 때문입니다."623) 설교 19 '억지로라도 선한 일을 훈련하십시오'에도 성령이 나온다. "우리는 성령이 친히 우리 안에서 기도하시며, 우리가 자신에게 강요하면서도 소유하지 못하고 있는 참 기도를 우리에게 가르쳐 주시며, (...) 성령만이 주님의 뜻을 알고 계십니다. 우리가 성령

---

618) 마카리우스/ 최대형 옮김, 『마카리우스의 신령한 설교』, 155.
619) 마카리우스/ 최대형 옮김, 『마카리우스의 신령한 설교』, 157-158.
620) 마카리우스/ 최대형 옮김, 『마카리우스의 신령한 설교』, 161-162, 164.
621) 마카리우스/ 최대형 옮김, 『마카리우스의 신령한 설교』, 200.
622) 마카리우스/ 최대형 옮김, 『마카리우스의 신령한 설교』, 206.
623) 마카리우스/ 최대형 옮김, 『마카리우스의 신령한 설교』, 218, 222.

안에서 완전하게 되고 성령 자신도 우리 안에서 완전하게 되어 우리가 죄의 더러움과 허물이 없이 깨끗해진 후 성령이 우리의 영혼을 순결한 신부처럼 깨끗하고 허물이 없이 그리스도에게 인도하실 것입니다."624) 설교 20 '참된 의원은 그리스도 한 분이십니다'에도 성령이 나온다. "세상에 있는 약, 다시 말해서 영혼 자신에게서 비롯된 의로운 행동들로는 이처럼 크고 보이지 않는 병을 치료하여 낫게 할 수 없습니다. 그러나 성령의 은사가 지닌 하늘나라의 신성에 의해서는 치료할 수 있습니다. 이 약에 의해서만 인간이 병 고침을 받고 생명을 얻으며 성령으로 말미암아 마음이 정결하게 될 수 있습니다."625) 설교 21 '그리스도인들은 두 가지 싸움을 싸워야 합니다'에도 성령이 나타난다. "이처럼 자신의 덕행과 성령의 협력에 의해 대적을 이겼기 때문에 그는 영생에 합당하게 되며, 성부와 성자와 성령께 영광을 돌리기에 합당하게 될 것입니다."626) 설교 23 '하늘에 속한 이의 형상을 입으십시오'에도 성령이 나온다. "그 영혼이 하나님의 말씀을 듣고 믿을 때 성령이 그 영혼에게 재갈을 채우시며 그리스도가 조련사가 되어 그의 거친 태도와 육적인 정신을 제거하십니다. 그 영혼은 고통스럽고 어려운 조련 과정에 들어갑니다. 그것은 그 영혼이 조금씩 성령에 의해 복종하는 상태에 들어가게 하기 위해 그의 내면에 있는 죄가 점차 감소되고 사라지고 있음을 증명하기 위한 것입니다. (...) 성령의 갑옷을 입지 않은 영혼은 전장에 나갈 수 없습니다."627) 설교 24 '세상에 흩어져 있는 생각들을 모아들이십시오'에도 성령이 나타난다. "영혼이 성령과 협력하지 않은 채 자신의 능력만 의지하고서 혼자 힘으로 완전한 성공을 이루어 낼 수 있다고 생각하고 행하는 모든 수고와 배려, 자신에게 적합하다고 생각하는 것들은 모두 크게 잘못된 것입니다. 성령이 없이 스스로 완전한 순결을 이룰 수 있다고 생각하는 영혼은 거룩한 처소인 하늘나라에서 전혀 소용이 없습니다."628) 설교 25 '예수 이름으로 마귀의 덫을 피하십

---

624) 마카리우스/ 최대형 옮김, 『마카리우스의 신령한 설교』, 231.

625) 마카리우스/ 최대형 옮김, 『마카리우스의 신령한 설교』, 236-237.

626) 마카리우스/ 최대형 옮김, 『마카리우스의 신령한 설교』, 242.

627) 마카리우스/ 최대형 옮김, 『마카리우스의 신령한 설교』, 246.

시오'에도 성령이 나타난다. "진실로 마음을 태우는 성령의 불이 있습니다. 그 비물질적인 신적 불은 영혼을 밝혀주며 그를 풀무불 속에서 금을 정련하듯이 연단하여 주면서도 악을 가스덤불이나 짚처럼 태워버리는 효력을 가지고 있습니다."629) 설교 26 '영혼의 병을 치료하는 해독제를 받기 위해 노력하십시오'에도 성령이 나타난다. "인간은 성령의 능력과 영적 거듭남에 의해 첫 아담의 분량에 이를 뿐만 아니라 그보다 더 위대하게 됩니다. 인간은 신화(神化)됩니다. (...) 주께서 모든 정사와 권세를 뒤로 하고 육신을 입으신 것처럼 기독교인들은 성령으로 옷 입으며 안식을 누립니다."630) 설교 27 '당신의 고귀함과 존엄함을 아십시오'에도 성령이 나온다. "만일 당신이 태만하여 자신의 의지로 성령과 협력하지 않는다면, 당신이 소멸되며 성령을 잃게 됩니다. (...) 악취의 더러운 것이 가득한 집을 청소하고 정돈하여 향기로운 것과 보물들로 채워야 하듯이, 당신의 내면도 그렇게 되어야 합니다. 그리하여야 사탄 대신에 성령이 오셔서 그 안에서 쉴 수 있습니다."631) 설교 28 '영혼의 불행은 죄로 인한 것입니다'에도 성령을 언급한다. "말할 수 없이 아름답고 훌륭하신 분을 바라볼 때에 영혼은 하나님을 향한 열렬한 사랑에 상하게 되며, 성령의 모든 덕에게로 인도하심을 받아 자신이 동경하는 주님을 향한 무한한 사랑을 소유합니다. (...) 하나님의 나라는 성령의 능력과 효과적인 사역 안에 있습니다."632) 설교 29 '하나님은 두 가지 방법으로 은혜를 주십니다'에도 성령이 나온다. "하나님의 은혜로 말미암아 자기에게 임할 말할 수 없이 큰 유익을 바라보는 영혼은 성령의 귀중한 약속과 비교할 때에 자기 자신 및 자신의 부지런함과 수고와 노력이 무가치하다고 생각합니다."633) 설교 30 '하나님의 말씀은 영혼에게 역사하는 말씀입니다'에도 성령을 언급한다. "성령의 생

---

628) 마카리우스/ 최대형 옮김, 『마카리우스의 신령한 설교』, 251-252.
629) 마카리우스/ 최대형 옮김, 『마카리우스의 신령한 설교』, 261.
630) 마카리우스/ 최대형 옮김, 『마카리우스의 신령한 설교』, 266, 274.
631) 마카리우스/ 최대형 옮김, 『마카리우스의 신령한 설교』, 291, 298.
632) 마카리우스/ 최대형 옮김, 『마카리우스의 신령한 설교』, 305, 307.
633) 마카리우스/ 최대형 옮김, 『마카리우스의 신령한 설교』, 313.

명이 없는 영혼은 하늘나라의 영들에 대해서 죽은 것이요, 그렇기 때문에 소용이 없습니다."[634] 설교 31 '모든 생각을 하나님께 집중하십시오'에도 성령이 나온다. "성부와 성자와 성령을 영원히 찬양하고 경배하십시오. 아멘."[635] 설교 32 '하나님의 신성은 어디에나 있으며 어디에서나 발견됩니다'에도 성령이 나타난다. "지금 하나님의 나라를 소유하고 성령 안에 살면서 하늘의 음식을 맛본 사람들은 부활 때에 그 성령으로 모든 지체를 덮어 따뜻하게 합니다."[636] 설교 33 '쉬지 말고 기도 하십시오'에도 성령이 나온다. "성부와 성자와 성령께 영원히 영광과 능력이 있을지어다. 아멘."[637] 설교 35 '새 안식일을 누리십시오'에도 성령이 나온다. "성부와 성자와 성령을 영원히 찬양할지어다. 아멘."[638] 설교 36 '믿음의 분량에 따라 영적 성장이 다릅니다'에도 성령이 나타난다. "성경에 방언을 하는 사람은 하나님의 성령으로 말하는 자라고 했습니다. 그는 신령한 사람으로서 하나님께 말하는 자입니다."[639] 설교 37 '율법의 완성은 용서입니다'에도 성령이 나온다. "우리는 확실하게 성령을 분유(分有)하고 체험하며, (...) 하나님은 본성의 행위의 비교에 의해서가 아니라 믿음을 통하여 우리에게 성령에 참여함을 주십니다. (...) 성령은 소리 없이 말씀하시며, 우리 마음은 그 소원하는 바에 비례하여 겉으로 드러나게 행동합니다. (...) 성령의 역사 아래 있지 않은 사람이 어떻게 기도할 수 있습니까?"[640] 설교 40 '모든 덕들이 연결되어 있듯이 모든 악들도 연결되어 있습니다'에도 성령을 언급한다. "비록 성령이 약간 물러나 마치 우리의 밖에 있는 것 같지만 성령은 여전히 우리의 내면에 계시며, 우리는 자신의 밖에서 성령의 표적을 볼 수 있을 것입니다."[641] 설교 42 '내면에 도사리고 있는 악한 생각들과 싸우

---

634) 마카리우스/ 최대형 옮김, 『마카리우스의 신령한 설교』, 318.
635) 마카리우스/ 최대형 옮김, 『마카리우스의 신령한 설교』, 327.
636) 마카리우스/ 최대형 옮김, 『마카리우스의 신령한 설교』, 330.
637) 마카리우스/ 최대형 옮김, 『마카리우스의 신령한 설교』, 339.
638) 마카리우스/ 최대형 옮김, 『마카리우스의 신령한 설교』, 346.
639) 마카리우스/ 최대형 옮김, 『마카리우스의 신령한 설교』, 347.
640) 마카리우스/ 최대형 옮김, 『마카리우스의 신령한 설교』, 353-354.
641) 마카리우스/ 최대형 옮김, 『마카리우스의 신령한 설교』, 369.

십시오'에도 성령이 나타난다. "아리스토텔레스나 플라톤, 소크라테스 등 세상의 현인들은 지적으로 총명했기 때문에 큰 도시와 흡사합니다. 그러나 그들의 내면에 하나님의 영이 없었기 때문에 그들은 원수의 공격을 받아 황폐하게 되었습니다."[642] 설교 43 '영적 성장 능력은 마음 안에 있습니다'에도 성령이 나타난다. "성령 세례를 받은 기독교인들은 악을 경험하지 않습니다. 그러나 은혜를 소유하고 있으면서도 죄와 섞이는 사람들은 두려움에 굴복하며 두려운 곳을 여행합니다."[643] 설교 44 '새로운 피조물이 되려는 확고한 목적을 가지십시오'에도 성령이 나온다. "기독교인들의 영혼은 성령이 주시는 다양한 은사에서 나오는 신성의 천상적인 빛을 통해 능력을 받고 악한 것들을 넘어 높이 날아갈 수 있습니다."[644] 설교 45 '이 세상의 것으로는 영혼을 구하지 못합니다'에도 성령이 나타난다. "하늘나라의 신랑과 약혼한 신부인 영혼은 성령의 은사들-병 고치는 은사, 지식의 은사, 계시의 은사-을 보증으로 받아도 만족하지 않으며 완전한 연합, 즉 사랑을 얻어야 비로소 만족합니다."[645] 설교 46 '세상의 말은 세상이요, 하나님의 말씀은 하나님입니다'에도 성령이 나온다. "주님은 영혼에게 순식간에 왕래하며 성령이 원하시는 곳에서 마음으로 주님을 섬길 수 있게 하셨습니다."[646] 설교 47 '율법 아래 이루어진 일들을 기억하십시오'에도 성령이 나타난다. "유대인들에게는 육체를 거룩하게 하는 세례가 있고, 우리에게는 불과 성령의 세례가 있습니다. (...) 성령은 인간이 느낄 수 있는 방법으로 영혼을 격려하거나 인도하면서 강하게 해 주십니다."[647] 설교 48 '지극히 작은 것에도 충성된 자가 되십시오'에도 성령이 나온다. "당신은 그리스도께 왔으며, 하나님의 아들이 되기를 원하고 성령으로 위로부터 나기를 원하며,"[648] 설교 49 '세상에 대해 나그네가 되십시오'에도 성령이

---

642) 마카리우스/ 최대형 옮김, 『마카리우스의 신령한 설교』, 375.
643) 마카리우스/ 최대형 옮김, 『마카리우스의 신령한 설교』, 379.
644) 마카리우스/ 최대형 옮김, 『마카리우스의 신령한 설교』, 389.
645) 마카리우스/ 최대형 옮김, 『마카리우스의 신령한 설교』, 398.
646) 마카리우스/ 최대형 옮김, 『마카리우스의 신령한 설교』, 403.
647) 마카리우스/ 최대형 옮김, 『마카리우스의 신령한 설교』, 405, 411.

나타난다. "거룩한 하늘나라의 백성으로 탄생하여 성령과 교제하는 영혼은 자신의 모든 생각을 모아들여 주님에게로, 손으로 만들어진 것이 아닌 하늘나라 거처로 들어갑니다."[649] 설교 50 '하나님은 우리를 통하여 역사하십니다'에도 성령이 나타난다. "정욕에 의해 속사람을 더럽히는 악한 일을 도모하며 자신의 약함을 강하게 해 주고 영혼을 새롭게 해 주시는 여러 가지 은혜와 평화를 발견하지 못한 채 분별없이 제멋대로 행합니다."[650] 이상에서 살펴본 것 같이 위-마카리우스의 50편의 『신령한 설교』에는 설교 8, 22, 34, 38, 39, 41 등 6편을 제외하고, 나머지 44편 모두에서 성령을 언급하고 있다. 위에 소개한 성령에 대한 언급은 그 가운데 일부만을 소개한 정도이다. 이처럼 위-마카리우스는 누가복음에서 누가가 성령을 강조한 것처럼 성령을 강조하고 있다. 이러한 성령 강조는 4세기 이후 이집트 사막의 교부들의 작품에서는 찾아보기 어렵다. 4세가 이집트 사막 교부 가운데 거의 유일하게 영성작품을 썼던 폰투스의 에바그리우스(Evagrius of Pontus, 345-399)의 경우도 성령을 거의 언급하지 않는다. 에바그리우스의 대표적인 작품인 『프락티코스』에는 성령이 1회(100장)[651], 『프로슈케』에는 2회 (58장, 62장)[652] 나오는 정도이다.

또 한편, 위-마카리우스의 『신령한 설교』에는 다양한 종류의 기도를 언급하고 있다. 예를 들어, 설교 6에서 큰 소리로 기도하지 말고 고요하게 기도하라고 한다. "하나님께 가까이 나아가는 사람은 이상한 소리를 내지 말고 고요하고 평안하고 침착하게 기도해야 되며, 마음을 다하여 신중한 생각으로 주님에게 마음을 고정해야 합니다. (...) 고통을 당할 때 인내심을 잃고 무분별하게 큰 소리로 기도하여 듣는 사람에게 불쾌감을 주는 사람이 있습니다."[653] 이 설교를 보면 마치 큰 소리로

648) 마카리우스/ 최대형 옮김, 『마카리우스의 신령한 설교』, 421.
649) 마카리우스/ 최대형 옮김, 『마카리우스의 신령한 설교』, 424.
650) 마카리우스/ 최대형 옮김, 『마카리우스의 신령한 설교』, 432.
651) *PG* 40, 1252(100장).
652) *PG* 79, 1180(58장, 62장).
653) 마카리우스/ 최대형 옮김, 『마카리우스의 신령한 설교』, 97.

기도하는 통성기도를 금지하고, 조용하고 고요하게 기도할 것을 권하고 있는 듯하다. 그러나 설교 33에 보면 큰 소리로 기도하는 것을 금지하지 않는다. "고요히 기도할 때 고요히 기도하고, 소리쳐 기도해야 할 때 소리쳐 기도해야 합니다. 마음이 강하게 하나님을 찾을 때는 큰 소리로 기도해야 합니다."654) 위의 두 개의 설교를 보면 위-마카리우스는 고요히 기도하는 것을 좋아하고, 큰 소리로 기도하는 것을 싫어한 것이 아니라 상황에 따라 고요하게 기도하고, 큰 소리로 통성으로 기도해도 좋다고 말한다. 이것은 누가복음 18장 7절에서 밤낮 부르짖는 자들의 통성기도를 언급한 것같이 위-마카리우스도 고요한 기도뿐만 아니라 큰 소리로 하는 통성기도도 인정하고 있는 것을 볼 수 있다. 뿐만 아니라 위-마카리우스는 설교 36에서 방언(기도)을 언급하면서 방언을 인정한다. "영적인 일에 있어서도 '믿음의 분량대로'(롬 12:3; 고전 12:9 참조) 영적 성장의 수준이 다릅니다. 성경에 방언을 하는 사람은 하나님의 성령으로 말하는 자라고 했습니다."655) 특히, 위-마카리우스의 작품에는 그리스 철학656)에서 유래한 '관상'이라는 단어가 한번 나올 뿐657) 관상 기도에 관한 언급이 없다. 이것은 이집트 사막에서 최초로 관상 기도책을 쓴 에바그리우스658)와는 대조적이다. 에바그리우스가 그리스 전통에서 내려오던 관상 개념을 기도와 연관시켜 최초의 기독교 관상기도를 체계화시켰다면, 위-마카리우스는 누가복음에 나타난 예수의 기도 영성을 계승한 영성가라고 할 수 있다.

　이처럼 위-마카리우스는 누가복음이 강조하고 있는 성령을 강조하고 있으며, 기도도 고요한 기도, 큰 소리로 하는 통성기도, 그리고 방언

---

654) 마카리우스/ 최대형 옮김,『마카리우스의 신령한 설교』, 337.
655) 마카리우스/ 최대형 옮김,『마카리우스의 신령한 설교』, 347.
656) 위-마카리우스는 설교 42에서 아리스토텔레스나 플라톤, 소크라테스 같은 그리스 철학자들에 대해 비판적으로 다루고 있다. 마카리우스/ 최대형 옮김,『마카리우스의 신령한 설교』, 375.
657) *PG* 34, 529(Θεωίαν)
658) 필자는 박사학위 논문에서 에바그리우스가 기독교 최초의 관상 기도 책을 썼다고 주장했다. 유은호,『에바그리우스의 기도론 연구: 오리게네스의 기도론과의 비교』(서울: 예수영성, 2019), 289-299.

(기도)을 인정하였다. 따라서 위-마카리우스는 누가복음에 나타난 예수의 기도 영성을 정통으로 계승한 영성가라고 할 수 있다. 다음 장에는 원래 로마 가톨릭의 영성가 중에서 누가복음에 나타난 예수의 기도 영성의 정통을 계승한 사람을 소개해야 하는데 로마 가톨릭교회의 기도는 주로 관상 기도를 한 영성가들이 많기 때문에 이와 같은 관상 기도는 그리스 철학 전통에서 유래한 것이기 때문에 누가복음에 나타난 예수의 기도 영성과는 상관이 없다고 해석하여 반정통에서 다루었다. 다음은 누가복음의 기도 영성을 정통으로 계승한 개신교의 데이비드 브레이너드를 살펴보겠다.

4) 데이비드 브레이너드(David Brainerd, 1718-1747)

데이비드 브레이너드는 미국 인디언 선교의 선두적인 사람이다. 그의 기도 영성은 누가복음에 나타난 예수의 기도를 계승하고 있으며, 개신교적 기도 유형의 대표적인 사람이다. 브레이너드는 선교지에서 어려움을 당할 때마다 숲 속에 들어가 성령 안에서 은밀히 기도하였다. 조나단 에드워즈가 편집한『데이비드 브레이너드 생애와 일기』659)에는 브레이너드가 성령 안에서 기도하는 모습이 잘 나타나 있다. 브레이너드는 1718년에 코네티컷 헤이담에서 신실한 기독교 가정의 5남 4녀 중 3남으로 태어났다. 9살 때 아버지가 돌아가시고, 14살 때 어머니가 돌아가셨다. 그러나 데이비드는 커가면서 신앙생활을 잘하며 기도하면서 목사가 되려는 꿈을 꾸었다. 1739년 9월 그는 예일대학교에 입학을 한다. 그러나 2학년 때 당시 뉴잉글랜드를 휩쓴 제1차 대각성운동(The

---

659) 조나단 에드워즈 편집/ 송용자 옮김,『데이비드 브레이너드 생애와 일기』(서울: 복있는 사람, 2008); Jonathan Edwards ed., *The Diary And Journal of David Brainerd* (Banner of Truth Trust, 2007). 이 책에 대한 서평은 다음을 참조하라. 김회권, "데이비드 브레이너드 시대의 신앙기풍과 신학,"「기독교사상」53/2(2009), 158-165; 김회권, "영적 일기를 통해 만나는 데이비드 브레이너드: 조나단 에드워즈의『데이비드 브레이너드 생애와 일기』「기독교사상」53/3(2009), 148-156; 홍치모, "데이비드 브레이너드의 일기,"「신학지남」51/3(1984), 204-205.

Great Awakening, 1734 - 1745)[660]에 관한 그의 고조된 관심이 학교 당국과 마찰을 일으켰다. 당시 학교 당국은 부흥운동을 요란한 소음과 무질서한 종교 열광주의로 보고 있었는데, 브레이너드를 주축으로 하는 학생들은 이러한 학교 당국의 신학적 입장을 지지하지 않았다. 학교 당국은 학생들 안에 퍼지는 반발의 불씨를 막기 위해 브레이너드를 제적 처분한다.[661] 이 사건으로 인해 브레이너드는 깊은 상처를 받았지만 오히려 이 시건 때문에 당시 예일대 교수였던 조나단 에드워즈의 조력을 받게 된다. 그 후 브레이너드는 목사로 안수를 받고, 1743년부터 1747년까지 장로교 선교사로서 뉴욕, 달라웨어, 뉴저지 등지에서 미국 인디언들에게 복음을 전파한다. 외로운 황무지에서 영어로 교제할 동역자 한 사람도 없이 배고픔과 추위, 질병으로 곤고한 나날을 보내야만 했다. 그러나 이 기간의 사역을 통하여 약 130명의 인디언들이 기독교 신자로 거듭났다. 하지만 브레이너드는 자신의 건강을 돌보지 않고 양무리들을 지나치게 희생적으로 섬기다가 1746년에 폐결핵에 걸려 사역을 중단했다. 1년간의 투병을 하다가 1747년 10월에 29세의 젊은 나이로 숨을 거둔다. 브레이너드는 자신이 선교하는 7년 동안 일어났던 내적,

660) 제1차 대각성 운동의 중심인물은 미국의 회중교회 목사였던 조나단 에드워즈 (1703-1758)와 영국 목사 조지 휫필드(1714-1770)였다. 데이비드 브레이너드의 생애는 이 두 영적 지도자가 그린 부흥역사의 궤적 안에서 시작되고 결실된 삶이었다. 김회권, "데이비드 브레이너드 시대의 신앙기풍과 신학," 161.

661) 데이비드 브레이너드는 21세 되던 1739년 7월 12일에 경건주의적인 회심을 경험한다. 그 해 9월에 조지 휫필드의 대각성운동의 중심지였던 예일대학에 입학하게 되고 1741년 대학교 3학년 때 어떤 교수의 영적 황폐함에 대한 논평 사건에 휘말려 들어 갑자기 제적을 당하게 된다. 김회권, "데이비드 브레이너드 시대의 신앙기풍과 신학," 164. 데이비드 브레이너드와 관계하여 19세기의 문화와 교회에 관해서는 다음 논문을 참조하라. Joseph Conforti, "Jonathan Edwards's Most Popular Work 'The Life of David Brainerd' and 19th Century Evangelical Culture," *Church History* 54/2(1985), 188-201; Rhys Bezzant, "The Life Of Brainerd and The State Of The Church," *The Reformed Theological Review* 66/2(2007), 97-112. 데이비드 브레이너드의 설교에 관해서는 다음 논문을 참조하라. John. Grigg, A Principle Of Spiritual Life David Brainerd's Surviving Sermon," T*he New England Quarterly* 77/2(2004) 273-282.

외적 사건들을 『일기』에 남겨 놓았다. 브레이너드 사후 그의 장인이기도 하고, 교수이기도 했던 조나단 에드워즈가 브레이너드의 7년간의 일기와 선교일지를 출판하였다.662)

『데이비드 브레이너드 생애와 일기』는 브레이너드의 회심 이야기와 미국 원주민 사역을 담은 영적 일지이다. 일기는 청소년기의 영적 발돋움부터 시작하여 1739년 7월 12일의 회심사건을 거쳐 29세 때 폐결핵으로 죽는 1747년까지의 선교사역을 기록하고 있다. 선교일지는 일기에서 다뤄지지 못한 인디언 선교사역의 열매를 좀 더 자세하고 극적으로 서술하고 있다. 일기 부분은 조나단 에드워즈의 가필과 편집을 거쳤다. 브레이너드는 생애 마지막 순간에 병상에서 5개월 동안 자신이 약 8년간 쓴 일기들을 읽고 때로는 손질하며(아마도 언젠가 출간될 것을 예상하고) 그것의 장래를 에드워즈에게 위탁한다. 에드워즈는 브레이너드 일기 중간중간에 해설과 산난한 논평을 적절하게 배치하여 이 일기가 하나의 기승전결의 드라마로 읽힐 수 있도록 만들었다. 일기는 모두 8부로 구성되어 있다.663)

특히, 브레이너드의 일기에는 그가 평소에 기도하는 모습을 자세히 다루고 있다. 브레이너드는 아침저녁으로 하나님께 '은밀한 기도'(secret prayer)를 드렸다.664) 브레이너드가 드린 '은밀한 기도'는 성경에 나오는 홀로 하나님께만 드리는 개인 기도의 성격을 가진다. 이것은 누가복음에 나오는 세리의 개인 기도와 유사하다(눅 18:13). 브레이너드가 드린 은밀한 기도의 특징을 몇 가지로 요약하면 다음과 같다. 첫째, 브레이너드는 기도를 통해 죄를 깨닫고, 회심을 경험한다. 그의 일기에 다

---

662) 정준기, "자서전 신앙이야기와 브레이너드의 『일기』 분석," 「광신논단」 (2003), 282-285.

663) 김회권, "영적 일기를 통해 만나는 데이비드 브레이너드: 조나단 에드워즈의 『데이비드 브레이너드 생애와 일기』," 148-149.

664) 브레이너드는 일기 곳곳에 은밀한 기도를 드렸다고 밝히고 있다. 다음을 참조하라. 조나단 에드워즈 편집/ 송용자 옮김,『데이비드 브레이너드 생애와 일기』, 68, 71, 72, 92, 100, 104, 105, 110, 112, 113, 118, 119, 120, 128, 132, 133, 135, 136, 137, 143, 146, 148, 152, 198, 228, 238, 353, 377, 381, 385, 388, 396, 398, 399, 405, 411, 412, 413, 418, 420, 423, 459.

음과 같은 내용이 있다. "1739년 2월 어느 날 날을 정해 은밀한 금식과 기도를 드렸다. 긍휼을 구하고 하나님께 끊임없이 부르짖으며 하루를 보냈다. 내 눈을 열어 죄의 악함과 예수 그리스도로 말미암은 생명의 길을 볼 수 있게 해달라고 부르짖었다. 하나님은 그날 많은 깨달음을 허락해 주셨다. (...) 매일 죄를 더 많이 깨닫기를 갈망했다. 그러나 내 더러움과 지옥 같은 마음을 발견하면 차마 눈을 뜨고 볼 수가 없었다. 하나님은 아주 명백히 내가 심판에 놓여 있다는 것을 보여주셨다. 그러면 견딜 수가 없었다."665) 나아가 일기에 이렇게 쓰고 있다. "1742년 4월 6일 화요일 아침에 어젯밤에 갔던 곳을 다시 찾았다. 어젯밤과 동일한 은혜를 느꼈다. 일기 몇 구절을 읽으며 마음의 위로를 받았다. 위대하신 하나님께 다시 자유롭게 기도하고 있는 것처럼 느껴졌다. 그러나 불현듯 내가 얼마나 추악한 지를 깨닫자 깊은 낙담에 빠졌다. 극도로 추악한 나를 깨끗이 씻어 달라고, 회심과 죄 사함을 달라고 하나님께 부르짖었다. 점차 기도 속에서 감미로운 기쁨을 맛보기 시작했다. 그리스도를 위해 깊은 고난을 당하는 것을 기쁘게 여기는 마음이 샘솟았다."666)

둘째, 브레이너드는 기도를 통해 하나님과 교제하며, 하나님과의 영적 연합과 달콤함을 느꼈다. 그는 일기에 다음과 같이 기록하였다. "1740년 6월의 어느 날로 기억한다. 정오에 혼자서 대학에서 멀리 떨어진 들로 산책을 나갔다. 홀로 기도 속에서 하나님 안에 있는 말할 수 없는 달콤함과 기쁨을 발견했다. 악한 세상 속에 계속 살아야 한다면 하나님의 영광을 보기 위해 항상 그곳에 가야겠다고 생각할 정도였다. 하나님은 온 인류에 대한 사랑을 내 영혼에 부어 주셨다. 그들도 내가 누리는 것을 누릴 수 있기를 진심으로 갈망했다. 그곳에서 마치 천국을 맛본 것 같았기 때문이다."667) 나아가 이렇게 썼다. "1742년 4월 27일

---

665) 조나단 에드워즈 편집/ 송용자 옮김, 『데이비드 브레이너드 생애와 일기』, 72-73.
666) 조나단 에드워즈 편집/ 송용자 옮김, 『데이비드 브레이너드 생애와 일기』, 102.
667) 조나단 에드워즈 편집/ 송용자 옮김, 『데이비드 브레이너드 생애와 일기』, 90.

은밀한 기도를 하기 위해 아주 이른 시간에 한적한 곳으로 갔다. 기도 속에서 하나님은 말로 표현할 수 없는 위로를 주셨다. 한동안 계속해서 이 말을 하는 것 말고는 아무것도 할 수 없었다. 오, 내 달콤한 구주여! 오, 달콤한 구주여! 하늘에서는 주 외에 누가 내게 있으리오. 땅에서는 주밖에 나의 사모할 자 없나이다(시 73:25). 내게 천 개의 목숨이 있다고 해도, 그리스도와 함께 있기 위해서라면 즉시 기쁘게 그 모든 것을 내놓을 것이다. 내 영혼이 그토록 황홀한 천국을 누려 본 적이 없을 만큼 환희로 충만했다. 하나님과 누린 가장 고상한 영적 연합의 시간이었다. 그토록 철저한 포기를 느껴본 적이 없었다."668) 더 나아가 다음과 같이 기록했다. "1742년 4월 28일 수요일 깊은 평안과 고요함 속에서 늘 갔던 은밀한 장소로 갔다. 두 시간가량 은밀한 기도 속에서 보냈다. (...) 하나님께 무엇을 드려야 할지 몰랐다. 단지 그분의 품속에 기댈 수밖에 없었다. 내 영혼은 모든 것에서 그분을 온전히 따르기를 갈망하는 호흡으로 가득하다. 갈급해하는 심령과 만족시킬 수 없는 열망이 완벽한 거룩함을 구하는 내 영혼을 온통 차지해 버렸다. (...) 주님은 내 전부시다."669) 연이어 다음과 같이 썼다. "1744년 3월 3일 토요일 (...) 달콤한 기도의 기쁨에 잠긴 나머지 기도의 영을 잃고 싶지 않은 마음이 간절했다. 기도를 어떻게 끝내야 할지 모를 정도였다. 기도의 즐거움을 더 누리고 싶은 마음에 무엇을 먹고 싶은 마음도, 마시고 싶은 마음도 들지 않았다."670) 또한, 이렇게 썼다. "1747년 5월 17일 주일 (...) 어느 날 아침 은밀한 기도와 묵상 중에 너무나 아름다운 거룩함 속에서 영광스러운 하나님의 모습이 내 앞에 다가왔다. 그러자 내 영혼은 온전한 거룩이 있는 그 세계 속에 있기를 간절히 구하기 시작했다."671)

---

668) 조나단 에드워즈 편집/ 송용자 옮김,『데이비드 브레이너드 생애와 일기』, 112-113.
669) 조나단 에드워즈 편집/ 송용자 옮김,『데이비드 브레이너드 생애와 일기』, 113-114.
670) 조나단 에드워즈 편집/ 송용자 옮김,『데이비드 브레이너드 생애와 일기』, 246.
671) 조나단 에드워즈 편집/ 송용자 옮김,『데이비드 브레이너드 생애와 일기』, 459.

셋째, 브레이너드는 기도에서 이교도들의 영혼 구원을 위해 중보기도를 드렸다. "1742년 4월 12일 월요일 아침에 은밀한 기도 속에서 주님은 얼굴빛을 내게 보여주시기를 기뻐하셨다. 주님은 그 시간을 내 영혼에 소중한 시간으로 만들어 주셨다. 앞으로 내가 과연 하나님의 나라를 위해 섬길 수 있을지, 최근 많은 의심 속에서 낙심해 있었으나 주님은 그런 나를 크게 격려해 주셨다. 특별히 불쌍한 영혼들을 위해, 그리스도의 나라 확장을 위해 특별한 은혜 속에서 중보 할 수 있었다. 특별한 섬김에 합당한 자로 나를 만들어 달라고 간절히 부르짖었다."[672] 나아가 다음과 같이 썼다. "1742년 4월 18일 주일 아침 일찍 기도하러 숲속으로 갔다. 성령의 도우심을 누렸고 예배 속에서 믿음을 얻을 수 있었다. 그리스도의 나라 확장을 위해 열정을 다해 간구했다. 하나님은 소중한 지체들을 위해서도 중보 할 수 있게 해 주셨다. 정오에는 하나님과 씨름할 수 있게 해 주셨다. 그리고 기도 속에서 하나님의 사랑의 능력을 느낄 수 있게 해주셨다."[673] 더 나아가 이렇게 썼다. "1942년 4월 19일 월요일 금식과 기도의 날로 정하고 하나님 앞에서 은혜를 구했다. 특별히 사역을 위해 나를 준비시켜 달라고, 그 위대한 사역을 감당할 수 있도록 하나님의 도우심과 가르침을 달라고 구했다. 하나님의 시간에 추수할 곳으로 나를 보내 달라고 구했다. (...) 가엾은 이교도들의 회심을 구하며 마음이 특별히 더 뜨거워지고 넓어지는 것을 경험했다. 오후에 하나님이 진리로 함께 하셨다. 오, 진정 복된 교제의 시간이었다. 하나님은 내가 기도 속에서 몸부림칠 수 있게 해 주셨다. 시원한 그늘 속에 있었는데도 온몸이 땀으로 흠뻑 젖을 정도였다. 내 영혼은 세상과 수많은 영혼을 향하고 있었다. 기도할 때 하나님의 자녀들보다 죄인들을 위해 더 마음이 뜨거워지는 것을 느낀다. 죄인들뿐 아니라 하나님의 자녀들을 위해서도 간절히 부르짖는 마음을 주신다."[674] 연이어

---

672) 조나단 에드워즈 편집/ 송용자 옮김, 『데이비드 브레이너드 생애와 일기』, 105.

673) 조나단 에드워즈 편집/ 송용자 옮김, 『데이비드 브레이너드 생애와 일기』, 107.

674) 조나단 에드워즈 편집/ 송용자 옮김, 『데이비드 브레이너드 생애와 일기』,

다음과 같이 기록했다. "1742년 4월 21일 수요일 잔잔한 심령 속에서 전적으로 하나님께 나 자신을 내어 드렸다. 하나님은 수많은 영혼을 위해 씨름할 수 있게 해 주셨다. 중보의 달콤한 기쁨 속에서 뜨겁게 기도했다. 요즘에는 어떤 기도보다도 다른 사람들을 위한 중보시간에 더 많은 은혜를 누린다."[675] 또한, 이렇게 썼다. "1744년 6월 26일 화요일 (...) 불쌍한 이교도와 내게 맡기신 영혼들을 위해 기도할 때 더욱 특별하게 마음이 뜨거워지는 것을 느꼈다. 그들을 위해 기도하자 기도를 멈출 수가 없었다. 끊임없이 기도가 내 안에서 흘러나왔다. 하나님이 이교도를 무릎 꿇게 하셔서 구원받게 하시기를 간절히 소망했다. 살아계신 하나님이 그 일을 행하신다면 아무도 그 영광스러운 일을 방해할 수 없을 것 같았다."[676] 이처럼 데이비드의 기도를 살펴보면 크게 개인기도와 중보기도를 하고 있다. 누가복음에는 이러한 개인기도(5:12-16; 9:18)와 중보기도(11:5-13; 22:32)[677]가 나타난다. 특히, 브레이너드는 하나님과 은밀한 기도를 한다. 이러한 은밀한 기도는 마태복음 6장 6절에 "기도할 때 네 골방에 들어가 문을 닫고 은밀한 중에 계신 네 하나님께 기도하라는 기도를 계승하고 있는 것이다. 그런 차원에서 데이비드의 기도는 성경, 특히 누가복음에 나오는 예수께서 가르쳐 주신 기도를 충실히 계승하고 있다.

한편, 데이비드 브레이너드의 아버지 히즈카이 브레이너드는 식민지 왕실 의회 의원으로서 존경받는 인물이었다. 데이비드의 어머니 도로시 호바트는 제레마이어 호바트 목사의 딸이었다. 데이비드 브레이너드는 이 부부의 셋째 아들로 태어났다. 데이비드는 어려서 양친을 모두 잃어서 그런지 어린 시절부터 활발하기보다는 온순하고 다소 우울한 편이었다고 고백한다. 여기에 1742년 겨울, 예일대 3학년 때 제적 당했던

108.

675) 조나단 에드워즈 편집/ 송용자 옮김, 『데이비드 브레이너드 생애와 일기』, 2008), 109.

676) 조나단 에드워즈 편집/ 송용자 옮김, 『데이비드 브레이너드 생애와 일기』, 268.

677) 유은호, "누가복음에 나타난 기도의 영성," 「신학과실천」 32(2012), 596.

것이 그의 우울증을 더욱 악화시켰을지도 모른다.[678] 그래서 그런지 그의 일기 곳곳에 우울하고 어둡다는 표현을 유난히 많이 쓰고 있다.[679] 예를 들어 1739년 7월 12일 일기에 이렇게 고백한다. "(...) 천국이나 세상에서 나를 행복하게 해 줄 수 있는 것이 아무것도 없는 것처럼 우울한 마음이 들었다. (...) 짙은 어둠과 고통 속에 빠져 버렸다. 그것은 죄를 깨달았을 때 느꼈던 고통과는 다른 것이었다. 나는 죄를 느꼈다. 두려웠고 하나님 앞에 나오지 못할 만큼 수치스러웠다. 극도로 죄의식에 눌려 있었다. (...) 8월 말경, 다시 깊은 어둠 속에 빠졌다. 하나님의 임재가 영원히 사라져 버린 것 같았다."[680] 나아가 1742년 4월 10일 토요일 일기도 우울하다는 표현이 나타난다. "아침에 내밀한 기도 속에서 많은 시간을 보냈다. 하지만 하나님의 것들에서 어떤 위로도 받지 못했다. 고통 속에서 조금이라도 믿음 얻었기를 바란다. 그러나 깊은 우울 속에서 하나님의 임재를 거의 느낄 수 없었기 때문에 믿음을 어떻게 정의해야 할지 모르겠다."[681] 더 나아가 1742년 6월 18일 금요일 일기에도 우울하다고 기록하고 있다. "나 자신이 너무 무기력하다는 생각이 든다. 나는 얼마나 부족하고 사역에 합당치 않은 자인가! (...) 하루를 하나님께 기도하는 날로 정하고 대부분의 시간을 기도로 보냈다. 그러나 놀랍게도 대부분의 시간에 철저히 버려진 듯한 느낌이었다. (...) 하나님께 끊임없이 헌신하는 삶과 거룩함을 구하며 갈급한 심령으로 호흡했다. 그러나 때로 이 축복을 구하는 마음조차 모든 열정을 잃어버린 듯 냉담해지곤 했다. 그러면 즉시 깊은 우울 속으로 가라앉아 버렸다

---

678) 김회권, "영적 일기를 통해 만나는 데이비드 브레이너드: 조나단 에드워즈의 『데이비드 브레이너드 생애와 일기』," 149, 154.

679) 데이비드 브레이너드의 우울에 대해서는 다음 논문을 참조하라. David L. Weddle, "The Melancholy saint Jonathan Edwards's Interpretation of David Brainerd as a Model of Evangelical Spirituality," *Harvard Theological Review* 81/3(1988), 297-318.

680) 조나단 에드워즈 편집/ 송용자 옮김, 『데이비드 브레이너드 생애와 일기』, 85-88.

681) 조나단 에드워즈 편집/ 송용자 옮김, 『데이비드 브레이너드 생애와 일기』, 104.

."682) 연이어 브레이너드는 1743년 1월 14일 금요일 일기에서 끔찍한 영적 갈등을 겪는다. "끔찍한 영적 갈등을 겪었다. 그 무게가 산들과 넘쳐나는 홍수보다도 더 무겁게 나를 짓눌렀다. 마치 지옥에 갇혀 있는 것 같았다. 하나님에 대한 모든 감각, 심지어는 하나님의 존재 자체에 대한 모든 감각마저도 상실해 버린 것 같았다. 내가 처한 비참한 상황이 그러했다. 내가 겪어 본 고통 가운데 가장 지옥에 가까운 고통이었다."683) 또한, 1744년 11월 2일 금요일 일기에도 마음이 슬픔과 혼란으로 가득 차 있다고 말한다. "아침에 마음이 슬픔과 혼란으로 가득 찼다. 기도 속에서 하나님을 묵상하며 평안한 기쁨을 누릴 수도, 위안을 받을 수도 없었다. (...) 그 많은 시간이 생명력 없는 무력감이나 그런 무력감과의 투쟁, 부패와의 고통스러운 갈등으로 가득 차 있었음을 알게 되었다."684) 이처럼 브레이너드는 거의 평생을 우울과 어두운 밤으로 고통을 당한다. 그러나 브레이너드는 이 우울과 어두운 밤을 성령을 통해 극복한다. 1742년 4월 11일자 브레이너드의 일기를 보면 그 전날 우울 속에서 하나님의 임재를 거의 느낄 수 없었다가 성령을 통하여 회복을 받는다. "아침에 생명력을 거의 느끼지 못하고 힘을 잃었다. 그러나 지난날 나를 감동시키고 도우셨던 성령님을 생각하자 놀라운 은혜를 베풀어 주시면서, 이 낮은 곳까지 나를 찾아오신 하나님을 향한 감사가 솟구쳤다."685) 나아가 4월 18일 주일 일기에는 다음과 기록하고 있다. "아침 일찍 기도하러 숲 속으로 갔다. 성령의 도우심을 누렸고 예배 속에서 믿음을 얻을 수 있었다."686) 더 나아가 브레이너드는 성령

---

682) 조나단 에드워즈 편집/ 송용자 옮김, 『데이비드 브레이너드 생애와 일기』, 124.

683) 조나단 에드워즈 편집/ 송용자 옮김, 『데이비드 브레이너드 생애와 일기』, 166.

684) 조나단 에드워즈 편집/ 송용자 옮김, 『데이비드 브레이너드 생애와 일기』, 298.

685) 조나단 에드워즈 편집/ 송용자 옮김, 『데이비드 브레이너드 생애와 일기』, 104-105.

686) 조나단 에드워즈 편집/ 송용자 옮김, 『데이비드 브레이너드 생애와 일기』, 107.

의 능력을 구한다. "1743년 11월 3일 목요일 아침부터 밤까지 은밀한 금식과 기도로 보냈다. 그 후에 열왕기상 17, 18장과 열왕기하 2, 4장에 나오는 선지자 엘리야의 이야기를 읽었다. 깊은 감동을 받았다. 거룩한 자의 믿음과 열정, 능력을 볼 수 있었다. 엘리야가 하나님과 기도 속에서 어떻게 씨름했는지도 보았다. 내 영혼은 엘리사처럼 부르짖었다. '엘리야의 하나님 여호와는 어디 계시니이까? 오 더 많은 믿음을 갈망했다. 내 영혼은 하나님을 구하며 호흡하고 엘리야에게 임한 성령의 역사가 갑절이나 내게 있게 해 달라고 간구했다."687) 연이어 브레이너드는 성령의 도우심을 구한다. "1744년 1월 1일 주일 아침 기도 시간에 성령의 도우심을 받았다. 내가 너무나 추악하고 쓸모없는 자처럼 느껴져 설교하러 갔을 때 사람들의 얼굴을 쳐다볼 수가 없었다. 오, 천박함과 어리석음, 무지함과 죄로 물든 내면이여! 저녁 기도 시간에 성령의 도우심을 받을 수 있었다."688) 또한, 1744년 1월 14일 토요일 일기에서도 성령의 도우심을 체험한다. "아침에 기도 중에 가장 신성한 시간을 누렸다. 내 영혼이 크게 확장되는 것 같았다. 하나님께 은혜와 축복을 구하며 나 자신과 소중한 동역자들, 교회를 위해 영혼을 쏟아 놓을 때 성령님의 도우심을 깊이 체험했다. 보이지 않는 하나님을 눈으로 보는 것처럼 분명히 느낄 수 있었다. 내가 간구한 모든 것을 그분의 뜻에 따라 이루어 주실 것을 온전히 확신할 수 있었다."689) 또한, 데이비드는 자신의 죄로 고통을 받을 때도 성령을 통하여 극복한다. "1744년 2월 22일 수요일 아침에 내 본성이 얼마나 더럽게 오염되었는지 깨달았다. 그것은 어느 때보다도 강렬한 자각이었다. 내가 말할 수 없이 혐오스러웠고 더럽게 느껴졌다. 어린 시절과 청년 시절의 죄와 수년 동안 미처 생각지도 못했던 어리석은 죄들이 마치 어제 일처럼 생생히 눈앞에 펼쳐

---

687) 조나단 에드워즈 편집/ 송용자 옮김, 『데이비드 브레이너드 생애와 일기』, 217-218.

688) 조나단 에드워즈 편집/ 송용자 옮김, 『데이비드 브레이너드 생애와 일기』, 229.

689) 조나단 에드워즈 편집/ 송용자 옮김, 『데이비드 브레이너드 생애와 일기』, 2008), 233.

졌다. 그것은 가장 증오스러운 색채로 눈앞에 나타났다. 내 머리카락 수보다도 더 많아 보였다. (...) 1744년 2월 23일 목요일 자주 기도 속에 들어갔고 성령의 도우심을 받았다."690) 나아가 1744년 7월 6일 금요일 일기도 성령의 도우심을 느꼈다고 한다. "아침에 성경을 읽고 기도하며 2시간을 보냈다. 하나님은 내게 깨어있는 부드러운 마음을 부어 주셨다. 내 사랑을 메마르게 하고 내 마음을 하나님에게서 멀어지게 만드는 모든 것을 거부했다. 공부할 때 성령님의 도우심을 느꼈다."691) 더 나아가 1745년 1월 3일 목요일 일기에도 다음과 같이 쓰고 있다. "하나님의 능력과 성령의 기름부음이 너무 부족하다고 느껴서 하루를 금식과 기도의 날로 정했다. 나 자신과 가엾은 양들을 위해, 교회를 위해 긍휼을 구했다. 아침 기도 시간에는 생명력을 느낄 수 없었다. 하나님도 거의 느낄 수가 없었다. 정오 무렵 모든 면에서 하나님의 뜻이 내 뜻이 되게 해달라고 기노할 때 은혜로운 자유를 누렸다."692) 연이어 1745년 9월 6일 금요일 일기에도 기도 속에서 성령의 도우심을 받았다고 한다. "밤이 오면서 마음이 우울해졌다. 세상을 떠나 죄와 어둠의 일을 그만두고 싶은 마음이 간절했다. 하지만 기도 속에서 성령의 도우심을 받았다."693) 또한, 1746년 8월 10일 주일 일기에도 성령님의 도우심을 받았다고 한다. "(...) 오후에도 몸은 피곤하고 힘이 없었지만 다시 성령의 도우심을 받았다. 그 후 여섯 사람에게 세례를 베풀었다. 어른 셋과 아이 셋이었다. 저녁에는 평안한 마음으로 은밀한 기도 속에서 만족을 누렸다. 내 생애에 오늘처럼 부드러운 사랑으로 충만한 적이 없었던 것 같다."694) 이처럼 브레이너드는 젊은 시절부터, 그가 선교의 현장에서

---

690) 조나단 에드워즈 편집/ 송용자 옮김, 『데이비드 브레이너드 생애와 일기』, 243.

691) 조나단 에드워즈 편집/ 송용자 옮김, 『데이비드 브레이너드 생애와 일기』, 275.

692) 조나단 에드워즈 편집/ 송용자 옮김, 『데이비드 브레이너드 생애와 일기』, 314.

693) 조나단 에드워즈 편집/ 송용자 옮김, 『데이비드 브레이너드 생애와 일기』, 353.

694) 조나단 에드워즈 편집/ 송용자 옮김, 『데이비드 브레이너드 생애와 일기』,

일하면서 그는 끊임없이 우울과 어둔 밤에 시달렸다. 브레이너드는 마치 십자가의 성 요한(Saint John of the Cross, 1542-1591)이 말하는 어둔밤[695]을 경험한다. 그러나 브레이너드는 우울과 어둔 밤을 성령을 통하여 극복한다. 이처럼 데이비드 브레이너드는 누가복음에 나타나는 개인기도와 중보기도 그리고 성령을 강조하고 있다. 따라서 브레이너드는 누가복음에 나타난 예수의 기도 영성을 정통으로 계승했다고 할 수 있다. 다음은 누가복음에 나타난 예수의 기도 영성을 정통으로 계승한 개신교의 조지 뮬러를 살펴보겠다.

5) 조지 뮬러(George Müller, 1805-1898)

조지 뮬러는 1805년 9월 27일, 독일의 크로펜슈타트에서 태어났다. 20세가 되어 회심하기 전까지 아버지의 돈을 훔쳤던 비행 청소년기를 보냈다. 그러다가 어느 기도 모임에서 회심을 체험한다. 그 후 조지는 선교사들이 보낸 편지를 읽으면서 하나님께서 자기를 선교사로 부르신다고 느끼기 시작했다. 한편, 조지 뮬러는 1834년 1월, 하나님께서는 국내와 해외에 복음을 전하기 위한 선교회를 조직하도록 인도하셨다. 1834년 6월, 조지는 5일 학교(fiveday school) 몇 곳을 설립하여 439명의 가난한 어린이들을 가르쳤으며, 795권의 성경과 753권의 신약성경을 배포하는 하였다. 나아가 캐나다와 인도 동부와 유럽에서 사역하는 선교사들을 기도와 물질로 후원하기 시작했다. 또 한편, 1836년 4월 11일에는 윌슨 6가(街)에 있는 주택 한 채를 빌려 30명의 소녀들을 돌보기 시작했고, 얼마 지나지 않아 윌슨 1가에 두 번째 집을 빌려 30명의 유아들을 돌보았다. 그 이듬해에는 윌슨 3가에 세 번째 집을 빌려 예닐곱

415.

695) 십자가 성 요한의 어둔밤에 대해서는 다음을 참조하라. 십자가의 성 요한/ 최민순 옮김, 『어둔밤』 (서울: 바오로딸, 1988); 김평만, "십자가의 성 요한 사상 안에 나타난 '영적 여정'의 특징 '영혼의 정화'에 대한 강조,"「신학전망」 161(2008), 74-92; 정대식, "영혼의 밤 십자가의 성 요한의 어둔밤에 나타난 관상의 사상,"「신학전망」 59(1982), 132-148.

살 된 소년 40명을 돌보았다. 이런 식으로 고아원을 확장시켜 나갔다. 70세가 되었을 때(1875년)는 본인이 직접 선교 여행을 시작했다. 이후 그는 17년 동안 전 세계 42개 나라를 다니며 3백만 명이 넘는 사람들에게 복음을 전했다.696) 이처럼 조지 뮬러는 30세에 고아원을 시작한 후 92세에 세상을 떠나기 전까지 63년간 오직 하나님을 의지하며 기도로 고아원을 운영했으며, 믿음의 기도로 1만여 명의 고아를 먹이고, 입히고, 교육시켰다. 그들을 교육시키기 위해 150만 파운드 즉, 현재 금액으로 400억 원이 필요했는데 하나님께 기도 응답을 받아 모든 것을 운영할 수 있었다.697) 이 과정에서 5만 번 이상 기도의 응답을 받았다.698)

특히, 조지 뮬러는 일평생 고아원 사역을 하면서 하나님께 중보기도를 통해 모든 필요를 공급받았다. 예를 들면, 1857년 11월 하순경, 고아원에 보일러가 고장이 났다. 보일러를 수리하는 동안 보일러를 꺼야 했는데 그날부터 황량한 북풍이 몰아치기 시작했다. 조지 뮬러는 북풍이 남풍으로 변하게 해달라고 기도했다. 12월 초하루에 기온이 뚝 떨어졌다. 수리공들이 오기로 한 전날 저녁까지 북풍은 누그러지지 않았다. 그러나 수리공들이 도착한 날부터 북풍이 변하여 남풍이 불기 시작했다. 작업이 진행되는 동안 포근한 기온이 계속되어 별도의 난방이 필요 없을 정도였다. 조지 뮬러는 중보기도를 통해 바람의 방향도 바꾸는 역사가 일어났다.699) 한편, 1862년 어느 날 아침 300명의 아이들이 아침 식사할 음식이 없었다. 조지 뮬러는 마가복음 11장 24절에 '무엇이든지 기도하고 구하는 것은 받은 줄로 믿으라'는 말씀을 믿고 행동으로 옮겼

---

696) 조지 뮬러/ 배응준 옮김,『기도가 전부 응답된 사람』(서울: 규장출판사, 2008), 4-17, 73.
697) 자넷 & 제프 벤지/ 안정임 옮김,『조지뮬러 브리스톨 고아의 아버지』(서울: 예수전도단, 2003), 105, 181. 조지 뮬러가 고아원을 운영하면서 하나님이 역사하신 것을 직접 보기 위해서는 조지 뮬러가 직접 쓴 다음의 책을 참조하라. George Müller, *A Narrative of Some of the Lord's Dealings with George Müller written by Himself* (London J. Nisbet & Co), 1895.
698) 조지 뮬러/ 유재덕 옮김,『조지 뮬러의 기도』(서울: 브니엘, 2008), 13-14.
699) 조지 뮬러/ 배응준 옮김,『기도가 전부 응답된 사람』, 48-52.

다. 먼저 아이들을 식탁에 앉혔다. 아이들 앞에는 접시, 컵, 나이프, 포크, 숟가락이 각각 1개씩 놓여 있었다. 이때 조지 뮬러가 "자, 학교에 늦으면 안 되니까 다 함께 기도합시다! 하나님 곧 먹을 것을 보내주실 것을 믿고 감사드립니다. 아멘" 기도를 하고 식당 안이 조용해지자 누군가 문을 두드리는 소리가 들렸다. 문 앞에는 빵집주인이 갓 구운 빵을 한 아름 안고 서 있었다. "뮬러 씨, 지난밤 고아원 아이들에게 빵을 구워주어야 할 것 같은 생각에 잠이 오지 않았습니다. 그래서 새벽 2시부터 일어나 빵을 구웠지요. 모쪼록 아이들이 맛있게 먹었으면 좋겠습니다." 아이들이 갓 구운 빵을 먹고 있을 때 두 번째 노크소리가 들려왔다. 이번에는 우유가게 주인이었다. "우유를 실은 수레가 고아원 앞에서 망가졌습니다. 우유를 다 내려야 바퀴를 고칠 수 있는데 수레 안에 있는 열 통의 우유를 그냥 드렸으면 하는데요."라고 말했다. 조지 뮬러의 기도가 응답되는 순간이었다.[700]

한편, 조지 뮬러는 불신 영혼이 구원받기 위해 평생 중보기도를 했다. "1844년 11월. 나는 다섯 명의 영혼들이 주님에게 돌아올 수 있도록 기도했다. 나는 하루도 거르지 않고 기도했다. 병이 들었든, 뭍이나 바다를 여행하든 또는 일로 바쁘든 항상 그들을 위해서 기도했다. 그렇게 18개월이 지나자 한 사람이 회심을 했다. 나는 하나님께 감사하고 나머지 사람들을 위해서 계속 기도했다. 5년이 지나자 또 다른 한 사람이 회심했다. 나는 그 두 번째 사람의 회심에 대해 하나님께 감사했다. 그리고 나머지 세 사람을 위해서 여전히 기도했다. 매일 기도한 결과 세 번째 사람도 돌아왔다. 나는 하나님께 감사하고 나머지 두 사람을 위해서 기도했다. 그러나 그들은 여전히 하나님께 돌아오지 않았다. 하나님께 기도할 때마다 수천 번의 기도 응답을 받은 내가 그들의 영혼을 위해서 거의 매일 36년간 기도했지만 그들은 여전히 회개하지 않고 있다. 그러나 나는 하나님 안에서 계속 소망을 가지고 있다. 응답을 받을 때까지 계속 기도할 것이다. 비록 그들이 지금은 회개하지 않더라도

---

700) 자넷 & 제프 벤지/ 안정임 옮김,『조지뮬러 브리스톨 고아의 아버지』, 154-156.

언젠가는 회개할 것이다." 그 후 조지 뮬러는 52년간 기도했지만 두 사람은 조금도 반응하지 않았다. 마침내 1898년, 조지 뮬러가 세상을 떠난 뒤에 두 명의 영혼이 하나님께 돌아왔다.[701]

또 한편, 조지 뮬러는 세상을 떠나기 한 해 전에 혹자로부터 주님이 언제나 약속에 신실하셨느냐는 질문을 받고 다음과 같이 대답했다. "언제나 그랬다. 주께서 약속을 지키지 않은 적은 단 한 번도 없다. 주께서는 거의 70년에 달하는 세월 동안 고아 사역에 관련한 모든 필요를 채워주셨다. 그 세월 동안 우리가 돌본 고아의 수가 1만 명에 달하지만, 그들은 단 한 끼도 굶은 적이 없다. 수중에 1 페니도 없이 하루를 시작해야 하는 날도 하루 이틀이 아니었다. 하지만 하늘에 계신 우리 아버지께서 언제나 일용할 양식과 필요한 물품을 공급하셨다. 나는 하나님의 은혜로 지나온 세월 동안 하나님을 신뢰할 수 있었고, 오직 살아 계신 하나님만 의지할 수 있었다. 주님은 내 기도에 응답하셔서 고아 사업을 하는 동안 총 140만 파운드를 보내 주셨다. 때로는 한 해에 5만 파운드라는 자금이 필요한 적도 있었지만, 하나님께서는 그 돈이 정말 필요한 시점이 되면 기꺼이 보내 주셨다. 나는 이 세상에 있는 사람 그 누구에게도, 단 한 푼도 도와달라고 부탁한 적이 없다. 우리는 기본 자금도 없었고, 위원회도 없었고, 모금 행사도 열지 않았다. 대신 믿음의 기도로 모든 것을 받았다. 나는 언제나 오직 하나님만을 의지하고 신뢰했다. 그러자 하나님께서 전 세계 수많은 사람들의 심령을 움직여 우리를 돕게 하셨다. 내가 기도하는 동안에, 하나님께서는 이 대륙에 사는 이 사람에게, 각 대륙에 사는 저 사람에게 우리를 도우라고 말씀하신 것이다."[702]

이처럼 조지 뮬러는 그의 모든 사역에서 중보기도를 통해 사역을 감당했다. 누가복음에 나오는 중보기도(눅 11:5-13; 22:32)의 영성을 이어받아 충실하게 기도 사역을 했다. 따라서 조지 뮬러는 누가복음에 나타난 예수의 기도 영성을 정통으로 계승했다고 할 수 있다. 다음은 누

701) 조지 뮬러/ 유재덕 옮김, 『조지 뮬러의 기도』, 32-33.
702) 조지 뮬러/ 배응준 옮김, 『기도가 전부 응답된 사람』, 182-183.

가복음의 기도 영성을 정통으로 계승한 대천덕을 살펴보겠다.

6) 대천덕(戴天德, Reuben Archer Torrey III, 1918-2002)

대천덕은 한국 이름이고, 미국 이름은 아처 토레이 3세이다. 그는 20세기 중후반 한국교회가 한창 부흥을 할 때 영적인 영향력을 끼친 한국에 파송된 미국인이면서 성공회 선교사이고, 신부이다. 특히, 그의 영향으로 한국교회는 성령의 사역과 중보기도의 능력을 경험할 수 있었다. 대천덕은 한국 성 미가엘 신학원에서 7년간 교수로 가르치다가 어느 날 학교에서 가르쳤던 것을 직접 광야로 나가 실험해야겠다는 필요를 느끼고, 1965년 강원도 황지의 산속에 예수원이라는 아일랜드 풍의 성공회 수도원(Jesus Abbey)을 만들었다.[703] 대천덕은 휴전선에서 제주도에 이르기까지 무려 32군데를 돌아다니면서 공동체를 일굴 땅을 찾다가 그 당시 가장 오지로 소문났던 강원도 태백의 하사미리 산골을 발견하고 이곳에 예수원을 세웠다. '예수원'의 뜻은 예수 그리스도의 존재와 능력을 확인하는 장소라는 뜻을 가지고 있다. 과학을 하려면 실험을 해야 하듯 신앙도 실험을 통해 검증되어야 하고 그런 뜻에서 예수원은 곧 신학의 실험실이고, 성령이 실험실 조교라는 것이다. 곧 하나님과 나와의 관계, 나와 형제와의 관계, 그리고 우리와 사회와의 관계를 연구하고 실험하는 공동체가 예수원이다.[704] 예수원의 김경일 전도사는 예수원의 설립 배경에 대해 다음과 같이 말했다. "예수원은 중국의 '예수 가정'과 미국의 '베다니 공동체'의 영향을 입어 한국적인 상황에서 새롭게 재조명해서 설립된 것입니다. 대천덕 신부님은 80-90% 이상되는 노동자, 농민들의 선교에 중대한 사명을 자각하셨기 때문에 노동자, 농민들의 새로운 교회생활, 공동체적 교회생활을 목적으로 예수원을 설립하였습니다."[705] 예수원은 교파적으로는 성공회에 속해 있지

---

703) 현재인, 『예수원 이야기: 광야에 마련된 식탁』(서울: 홍성사, 1999), 7-14.
704) 이영희, "삼척 예수원의 대천덕 신부: 산골짜기의 여명," 「샘터」 23/1(1992), 57-58.
705) 최병천, "성령의 코이노니아: 믿음의 공동체 예수원과 대천덕 신부의 이야기,"

만 기독교내 초교파 공동체로, 기독교인은 물론 다른 종교를 지닌 이와 종교가 없는 사람에게도 제한 없이 문이 열려 있다. 예수원은 기도원 또는 수도원과 구별된다. 자신을 위해 기도하는 것을 목적으로 하는 기도원도 아니고, 독신으로 종신서원을 하는 수도원도 아니다. 예수원은 이웃과 국가, 세계 민족을 위해 중보기도를 하되 결혼도 가능하고 공동체의 결정에 따라 드나듦이 비교적 자유롭다.706) 대천덕이 예수원을 설립한 첫 번째 목적은 중보기도의 집을 만들어 한국교회와 국내외 사역자들을 위해 그리고 세계 선교와 세계 평화가 이루어지기까지 지속적으로 기도를 하는 것이었다. 대천덕 신부는 외딴곳에 위치한 발전소를 통해 공장과 빌딩, 백화점과 상점들, 각 가정에서 전기를 사용할 수 있듯이 '기도의 댐'을 세워 하나님의 권능이 사역 현장에 있는 목회자들과 선교사 및 그리스도의 몸 된 교회에 지속적으로 역사할 수 있도록 중보기도의 공동체가 세워져야 한다고 믿었다.707) 예수원에서 27년간 살았던 권요셉은 예수원의 성격에 대해서 다음과 같이 말했다. "예수원은 초교파적인 공동체로서 지금도 모든 사역 중 '만민이 기도하는 집'으로서 중보기도 하는 것에 우선순위를 두고 있습니다. 그곳에서는 매일 정오 '대도(Intercessory prayer) 시간'에 교회와 선교단체들, 사역자들과 사회 여러 영역의 지도자들을 위해 기도하기를 쉬지 않고 있지요."708) 오늘도 예수원에서는 정오에 모든 수도생들이 모여 중보기도를 하고 있다.709) 이러한 중보기도의 운동은 한국교회에 영향을 주어 교회

「새가정」 370(1987), 22.
706) 홍용덕, "노동과 기도가 하나되는 공동체 태백 예수원,"「초등우리교육」 117(1999), 25, 27-28.
707) 권요셉, "예수원은 왜 강원도 깊은 산골짜기에 세워졌을까,"「기독교사상」 672(2014), 29, 31.
708) 권요셉, "예수원은 왜 강원도 깊은 산골짜기에 세워졌을까," 31.
709) 중보기도를 위한 대도록에서는 개인 대도록과 공동대도록이 있다. 공동 대도록에 있는 기도 내용은 다음과 같다. 교회를 위하여, 교회의 일치와 코이노니아를 위하여, 세상에서 일하고 있는 모든 성도들을 위하여, 가난한 사람들을 위하여, 병자들을 위하여, 임신한 여인들과 산모들을 위하여, 낙태를 막아 주시기를 위하여, 학교와 대학들을 위하여, 나라를 위하여, 예수원을 위하여, 삼수령 프로젝트를 위하여, 교회의 직분자들을 위하여, 선교사들을 위하여, 세계 여러 선교

마다 개인적인 목적을 위한 기도를 넘어 세계와 한국과 특별히 북한땅과 이웃을 위한 중보기도의 모델을 보여서 한국교회에 영적인 영향력을 주었다.710)

한편, 대천덕 신부의 부모는 1913년 대학을 졸업하고 중국으로 선교사로 간 선교사들이었다. 그들은 산동 지역의 수도인 제남에 장로교 선교사로 자리를 잡았다. 대천덕은 1918년 중국 산동성 제남에서 태어났다. 그리고 산동성과 평양외국인 학교에서 고등학교 과정을 이수했다.711) 대천덕은 자서전에서 가정의 가까운 친구 가운데 중국 내지 선교회의 창시자인 허드슨 테일러가 있었는데 대천덕의 가정은 믿음에 대한 그의 가르침을 그대로 따랐다고 말한다.712) "우리 가족이 허드슨 테일러와 그 가족, 그리고 중국 내지 선교회와 가까이 지내는 동안 나는 그들로부터 깊은 영향을 받았고, 이른바 '믿음'으로 선교 재정을 마련하는 '믿음 선교'(faith missions) 방법이 모금 운동을 통해 선교 재정을 마련해서 선교사들에게 일정한 월급을 보장하는 일반적인 교단의

단체를 위하여, 세상에서 여행하는 사람들을 위하여, 전 세계에 흩어져있는 약 800만의 한국 사람들을 위하여, 예수원을 비롯한 한국의 공동체들을 위하여, 세계의 기독교 공동체를 위하여 등을 기도하고 있다.

710) 필자도 1983년 1-4월까지 예수원에서 대천덕 신부님의 지도 아래 예수제자훈련학교(DTS) 제5기 수련생으로 3개월간 수련을 받은 적이 있다. 그때 정오에 대도(정오에 하는 중보기도)를 인도해 보기도 했다. 노트에 일정한 기도제목을 적어 놓고 인도자가 앞에서 기도제목을 읽으면 뒤에 앉은 사람들이 "주여 우리의 기도를 들으소서"하며 합창을 하는 기도형식이다. 이때 세계평화와 한국과 한국교회 특히 북한을 위해 기도하고, 다른 사람들의 기도 제목을 받아서 중보기도를 해 주는 형식이었다. 기도를 하다가 기도응답이 오면 그 기도는 빼고 기도를 드렸다. 이러한 기도운동은 한국교회에 중보기도의 문화를 만들어 냈다. 아울러 필자가 예수원 새벽기도회 때 대천덕 신부님이 여러 개의 성경을 펼치고 설명하는 것을 보고 저 성경을 하나로 편집하면 좋겠다는 생각을 하게 되었다. 필자가 군대를 갔다 와서 신약 여덟 개 번역을 대조한 비교 성경(헬라어, 한글개혁, 영어 RSV, TEV, 독일어, 공동번역, 라틴어, 새번역)을 편집해서 다섯권짜리 신약 비교성경을 출판하기도 했다. 유은호 편, 『8개 비교 신약성경』(서울: 도서출판 등불, 1988).

711) 윤성민, "예수원의 대천덕에 관한 소고," 「신학과 실천」 77(2021), 221.

712) 대천덕/ 양혜원 옮김, 『대천덕 자서전: 개척자의 길』(서울: 홍성사, 1998), 14-16,

체제만큼이나 유용하다고 생각했다. 나는 중국 내지 선교회에 있는 친구들을 존경했다."713) 대천덕은 원래 장로교 교인이었는데 장로교에서 성공회로 교단을 바꾼 것도 성공회는 '믿음 선교'를 인정해 주었기 때문이다. 대천덕은 중국과 평양에서 고등학교를 마치고, 중국 연경 대학에서 1년, 그 후에 노스캐롤라이나 주에 있는 남침례 신학교 데이비슨에 가서 공부를 하기로 했다. 대천덕은 연경에 있는 동안 중국의 문화를 이해하고, 오히려 물질화된 서구보다는 철학과 인간관계에 관심이 많은 중국을 좋게 생각했다. 그리고 다시 중국으로 돌아올 결심을 했다.714) 연경대학에서 1년을 마친 대천덕은 장로교 대학인 데이비슨 대학에 신입생으로 입학을 했다. 당시 나이는 17살이었다. 대천덕은 그곳에서 사회학과 교육학을 전공했다. 대천덕은 대학생 때 성공회 신부의 부인이 준 매일의 헌신을 위한 기도책과 공동기도책을 받고 성공회에 대해 좋은 생각을 갖게 되었다. 또한, 겨울 캠핑과 지나가는 차를 얻어 타고 하는 '히치 하이킹'도 하고, 무디 성경학교에서 여름학교 과정을 이수하기도 했다. 1939년 가을 대천덕은 장로교 학교인 프린스톤 신학교에 입학했다. 신학교를 다니면서 캠퍼스 앞에 성삼위 성공회 교회를 다니면서 주일 학교를 맡아 봉사했다. 또한, 대천덕은 프린스톤 신학교 한 학기를 다니고 나서 실제로 현장에 나가서 육체노동을 하면서 현장 체험을 해야겠다고 생각하고 건축 철강업 견습생으로 1년간 일을 했다. 이때 노동자로서의 경험은 대천덕에게 여러 가지 면에서 소중한 것이었다. 특히, 배의 선원으로 있을 때는 사회 정의에 관심하면서 세상을 인본주의로 바라보기도 했지만 예수님을 인격적으로 알고 나서는 사람들을 하나로 묶는 코이노니아적인 삶이 성경적이라는 사실을 깨닫게

---

713) 대천덕/ 양혜원 옮김, 『대천덕 자서전: 개척자의 길』, 104-108. 필자가 1983년 1-4월 어느 날인지는 기억이 정확하지는 않지만 예수원에서 DTS 5기 수련을 할 때 대천덕 신부님 하고 개인적으로 상담을 한 적이 있었는데 당시 필자는 장로회신학대학교 신학과 2학년을 마치고 군대 입대를 앞두고 있었다. 대천덕 신부님은 나를 보고 자기도 과거에 장로교 학교인 프린스톤을 다닌 적이 있었다고 하면서 장로교에 대한 친근감을 나타낸 적이 있다.
714) 대천덕/ 양혜원 옮김, 『대천덕 자서전: 개척자의 길』, 35-71.

되었다.715) 나아가 대천덕은 가난한 자들에 대한 해결책도 성령의 코이노니아로 가능하다고 생각했다.716)

또 한편, 대천덕이 미국의 성 요한 성공회 교회를 목회하고 있을 때한국에 있는 성공회 존 데일 주교에게서 편지가 왔다. 그는 대천덕 신부 부부에게 한국에 와서 한국 전쟁 때 파괴된 성공회 성 미카엘 신학교를 다시 세우지 않겠느냐는 제안을 받았다. 대천덕 부부는 12년간의미국 목회를 접고 한국으로 가게 되었다. 이 과정에서 부인 제인은 성령세례를 받고 방언의 은사를 받았다. 대천덕은 한국에 와서 성공회 신학교를 다시 세워서 학생들을 가르쳤지만 학생들이 성령에 대한 관심을 가지지 못한 것에 안타까워했다. 심지어는 조용기 목사를 초청하여부흥회를 해도 학생들은 별 감명을 받지 못했다. 대천덕은 이제 신학교사역을 그만두고 새로운 사역을 해야겠다는 생각을 하게 되었다. 그것이 바로 예수원717) 사역을 시작한 계기이다.718) 대천덕은 자신이 개척한 향동교회 교인들과 신학교 재건에서 일했던 노동자들과 함께 강원도 태백 하사미리의 왜나무 골에 가서 예수원을 세우기 시작했다. 그와함께 했던 12명 중 6명이 농부이고 6명이 건설노동자였다. 건설 노동자들은 미카엘 신학원을 지을 때부터 대천덕의 부인 제인의 헌신에 감명을 받았다고 한다. 처음에 그들은 텐트 속에서 생활하면서 기도 생활을하기 시작했다. 이때부터 대천덕은 중보기도를 강조했다. 719)

또 한편, 대천덕과 부인 현재인(Jane Grey Torrey, 1921-2012)은 예수원을 시작하면서 재정의 후원이 없었지만 믿음으로 예수

---

715) 대천덕/ 양혜원 옮김, 『대천덕 자서전: 개척자의 길』, 74, 75, 76, 83-84, 88-91, 99-100, 124-127, 136-137.

716) 대천덕, "성경속의 가난," 「통합연구」 4/2(1991), 7-83, 특히 10.

717) 예수원의 설립 과정을 위해서는 다음은 참조하라. 현재인 Jane Grey Torrey/ 양혜원 옮김, 『예수원 이야기: 광야에 마련된 식탁』. 예수원의 주소와 연락처, 홈페이지는 다음을 참조하라. 우편번호)26000 강원도 태백시 외나무골길 97. 전화/이메일 033)552-0662/ guestjabbey@hanmail.net 홈페이지 http://www.jabbey.org

718) 대천덕/ 양혜원 옮김, 『대천덕 자서전: 개척자의 길』, 181-185, 196-199.

719) 윤성민, "예수원의 대천덕에 관한 소고," 223.

원을 시작했다.[720] 믿음 재정(Living on Faith) 원칙에 따라 재정 문제를 해결했다. 그러던 어느 날 미국 알루미늄 회사에서 주식 얼마를 보내왔다. 미국의 어느 여성이 주식을 주라는 하나님의 지시를 받고 주식을 보냈다는 것이다. 대천덕은 안식년에 미국에 가서 예수원 프로젝트를 알렸다. 그때부터 하나님께서 생활비, 여행비, 땅을 살 돈, 건물을 지을 돈 등 모든 필요를 채워 주셨다.[721] 그 결과로 기도 중에 강원도 황지에 예수원을 설립하게 되었다. 예수원을 설립한 1965년부터 대천덕이 죽은 2002년까지 37년 동안 그리고 그 이후에도 한 번도 다른 사람들에게 재정을 부탁하지 않았다. 대천덕은 자서전에서 다음과 같이 말했다. "우리의 삶은 기적의 연속이었다. 우리는 한 번도 돈을 달라고 요청한 적이 없었고 돈이 부족하다는 사실을 사람들에게 말한 적이 없었는데도 하나님은 항상 필요한 것을 공급해 주셨다. 우리가 집에 있는 마지막 음식까지 다 먹었을 때도 있었지만, 하나님은 항상 다음 끼니에 맞게 무엇인가를 보내 주셨다.[722]

또한, 예수원에서는 매일 아침 첫 시간에는 성공회 기도책을 가지고 기도와 성경공부를 하고, 정오에는 30분 동안 교회와 국가와 아는 사람들 중 특별 기도가 필요한 사람들을 위해 중보기도를 하고, 매일 저녁 식사 후에는 저녁 프로그램을 가진다.[723] 하나님은 다양한 사람들을 예수원에 보내주셨다. 죄를 지은 소년, 깡패, 목사 지원자, 가족이 한국에서 일하는 젊은 미국인, 시골 사람, 도시 사람, 일류 교육을 받지 못한

---

720) 대천덕 신부의 부인 현재인은 예수원이 믿음 재정의 원칙으로 산 것에 대해 다음과 같이 말했다. "[믿음 재정의 원칙은] 간단히 말하면 하나님은 우리의 필요를 아신다는 것에 기초한다. 경제적으로 어려울 때에도 우리가 잊지 말아야 할 본질적인 것이 무엇인지 깊이 생각해 보고 그것을 추구해야 한다. 40년 가까이 이 원칙으로 살면서 특별히 외부에 도움을 청하지 않았지만 한 번도 먹을 것이 떨어진 적이 없었다. 실제 우리 삶으로 보여줄 수 있다." 원충현, "수도공동체 예수원: 나만의 소중함을 고집하지 않습니다,"「월간말」204(2003), 209.

721) 대천덕/ 양혜원 옮김, 『대천덕 자서전: 개척자의 길』, 201.

722) 대천덕/ 양혜원 옮김, 『대천덕 자서전: 개척자의 길』, 203.

723) 대천덕/ 양혜원 옮김, 『대천덕 자서전: 개척자의 길』, 204. 이 외에 예수원의 일상생활을 보기 위해서는 다음을 참조하라. 원충현, "수도공동체 예수원: 나만의 소중함을 고집하지 않습니다," 204-209.

사람, 대학원 교육을 마친 사람들이 골고루 찾아왔고, 한 코이노니아, 한 교제로 묶여 중보 기도의 집을 짓기 시작했다. 그 후 수천명(많게는 1년에 10,000명까지) 보내주셔서 함께 기도하고 있다.724) 한 번은 예수원 내에서 자립이 먼저인가 기도가 먼저인가를 놓고 대립이 일어났다. 이때 대천덕은 자립을 주장하는 사람들에게 반대 입장을 말했다. 그때의 심정을 자서전에 다음과 같이 썼다. "나는 그들과는 반대되는 입장을 강하게 주장했다. 나는 하나님이 우리를 기도의 집이 되라고 부르셨으므로, 우리가 자립하기 위해 할 수 있는 일을 다 하되 하나님이 지금 우리에게 공급해 주실 것을 믿고 우리의 우선적인 임무, 즉 기도의 중보의 임무를 계속해야 한다고 지적했다. 이것이 공식 노선이라는 것이 분명해지면서 우리는 아주 좋은 사람들 몇 명을 잃어야 했다. 그들이 떠나는 것은 정말 아쉬운 일이었지만, 기도가 우선이라는 입장을 양보할 수는 없었다."725) 한 번은 서울의 한 신문에 예수원의 기사가 실렸다. 사람들의 편지가 밀려들기 시작했다. 60통 이상의 편지가 왔다. 대천덕은 한 통 한 통마다 성실한 답변을 통해 기도의 삶을 자세히 답장해 주었다.726) 이처럼 대천덕은 예수원을 처음 시작할 때부터 예수원의 성격을 기도하는 집으로 규정하면서 기도를 가장 중요한 사역이라고 생각하였다.

한편, 대천덕은 1995년 1년에 두 번 정도 의식을 잃고 쓰러지는 현상이 나타났다. 심장 승모판이 문제가 되어 앞으로 12개월 혹은 18개월밖에 살 수 없다는 사형 선고를 받았다. 그러나 18개월이 지나도 죽지 않고 사는 기적이 일어났다. 또한, 지인의 주선으로 심장 승모판을 잘라내고 돼지의 승모판을 연결하여 원상 복귀를 시켜 주었다. 그 후 두 번의 탈장 수술, 두 번의 백내장 수술, 심장 박동 조절 수술 등을 받으며 기적같이 몸이 회복되었다. 그때의 심정을 대천덕 신부는 다음과 같이 말했다. "수술을 하기로 결정했을 때, 제인은 공동체 운동을 하는

724) 대천덕/ 양혜원 옮김, 『대천덕 자서전: 개척자의 길』, 209.
725) 대천덕/ 양혜원 옮김, 『대천덕 자서전: 개척자의 길』, 223.
726) 현재인 Jane Grey Torrey/ 양혜원 옮김, 『예수원 이야기: 광야에 마련된 식탁』, 49-51.

사람 중 우리가 아는 한 두 사람과 천척들에게 연락을 했고, 그들은 또 각자 자기가 아는 사람들에게 연락을 했다. 그렇게 해서 나는 순식간에 중보기도의 바다에 둘러싸였던 것이다."727) 대천덕은 자기의 죽을병을 고친 것은 의사들의 손길에도 있었지만 그 배후에 중보기도를 들으시고 치유해 주신 하나님의 치유의 역사를 믿었다.

또 한편, 대천덕은 자서전에서 '한국 교회에 드리는 말'이라는 제목으로 다음과 같이 썼다. "예수님은 성령의 세례를 주셔서 예수님의 이름으로 말하고 치유하며 마귀를 내쫓을 수 있는 능력을 주시는 분이시다. (...) 우리가 예수님의 가장 큰 선물인 성령님을 무시하면서 예수님을 높이고 있다고 생각하는 것은 참으로 비극적인 잘못으로서, 이러한 잘못은 실패로 끝날수 밖에 없다. 성령이 계시지 않는 한 우리는 무력하다. 자신의 힘으로 모든 것을 하려는 것은 똑똑한 바보가 되는 길이다." 728) 대천덕은 2002년 8월에 향년 84세로 뇌출혈로 하나님의 품에 안겼다.729)

이처럼 대천덕이 설립한 예수원은 동방정교회나 로마 가톨릭교회의 수도원에서 하는 관상 기도 대신 중보기도를 했다. 특히, 대천덕은 중보기도와 함께 성령의 코이노니아를 강조했다. 이러한 기도와 성령을 강조한 영성은 누가복음에 나타나는 예수의 영성이다. 따라서 대천덕은

---

727) 대천덕/ 양혜원 옮김, 『대천덕 자서전: 개척자의 길』, 236-239.

728) 대천덕/ 양혜원 옮김, 『대천덕 자서전: 개척자의 길』, 256-259.

729) 대천덕 신부의 저서는 다음을 참조하라. 대천덕, 『산골짜기에서 온 편지 1권-5권』(서울: 홍성사, 2016); 대천덕/ 예수원 편. 『나와 하나님』(서울: 홍성사, 2016); 대천덕/ 예수원 편, 『우리와 하나님』(서울: 홍성사, 2016); 대천덕. 『대천덕 신부의 하나님 나라』(CUP, 2016); 대천덕. 『대천덕 신부의 통일을 위한 코이노니아』(서울: 홍성사, 2012); 대천덕. 『대천덕 절기설교』(서울: 홍성사, 2006); 대천덕/ 전강수, 홍종락 공역, 『대천덕 신부가 말하는 토지와 경제정의』(서울: 홍성사, 2003); 대천덕 외, 『아직도 계속되는 꿈』(CUP, 1998); 대천덕, 『신학과 사회에 대한 성경의 가르침』(CUP, 1998); 대천덕, 『신학과 사회』(기독교대학 설립 동역회 출판부, 1994); 대천덕, 『토지와 자유』(무실, 1989); 대천덕외 편, 『두 체제를 잇는 가교』(무실, 1989); 대천덕, 『산골짜기에서 외치는 소리: 성령론 2』(기독양서, 1985); *Biblical Economics* (도서출판 예수원, 1995); *Message to GCOWE-95* (도서출판 예수원, 1995); *Letter from a Mountain Valley* (서울: 생명의 말씀사, 1992).

누가복음에 나타난 예수의 기도 영성을 정통으로 계승한 영성가라고
할 수 있다. 다음은 누가복음에 나타난 예수의 기도 영성을 반정통으로
계승한 에바그리우스를 살펴보겠다.

3. 예수의 기도 영성의 반정통

1) 에바그리우스(Evagrius of Pontus, 345-399)

폰투스의 에바그리우스는 이집트 사막의 수도사 중에 한 사람이다.
에바그리우스는 기독교 역사상 최초로 '관상 기도' 책을 쓴 영성가로
알려졌다.[730] 동방정교회와 서방 로마 가톨릭교회에 널리 퍼져있는 '관
상'이라는 용어는 고대 그리스 철학 전통에서 유래하였다.[731] 특히, 고
대 그리스의 철학자 피타고라스(Pythagoras, BC 570-495)로부터 시작
한다. 디오게네스 라에르티오스(Diogenes Laertios, 180-240)는 그의 책
『유명한 철학자들의 생애와 사상』VIII. 8에서 피타고라스가 말한 내
용을 다음과 같이 인용했다. "인생은 축제와도 같다. 어떤 사람들은 시
합을 하기 위해서 축제에 참석하나, 어떤 사람들은 장사를 하러 참석한

---

730) 필자는 『에바그리우스의 기도론 연구: 오리게네스의 기도론과의 비교』라는
    제목의 박사학위 논문에서 에바그리우스가 기독교 최초의 관상 기도 책을 썼다
    고 주장했다. 유은호, 『에바그리우스의 기도론 연구: 오리게네스의 기도론과의
    비교』(서울: 예수영성, 2019).

731) Bernard. McGinn, *The Foundations of Mysticism: Origins to the Fifth
    Century*, 23-61. 고대 그리스 철학에 나타난 관상 전통에 관해서는 다음을 참조
    하라. 임성철, "고대 희랍 철학에 나타난 '관상적 생활': 이상(理想)의 기원과 의
    미에 관한 연구,"「철학탐구」21(2007), 121-154. 토인비(Toynbee)도 '관상' 전통
    이 헬라스 철학의 근본적인 가르침 가운데 하나라고 했다. "헬라스 사회철학의
    근본적인 가르침 가운데 하나는, 가장 좋은 생활 상태는 관조 또는 '바라보는
    상태'라는 것이었다. 피타고라스는 관조하는 삶을 행동하는 삶보다 위에 두고
    있으나, 이런 원칙이 헬라스 사회 철학의 전통이 되어, 헬라스 사회가 마침내
    해체되려 하던 끝 무렵에 살던 신플라톤파 철학자들에게까지 이어지고 있다."
    A. J. 토인비/ 홍사중 옮김, 『역사의 연구 I』(서울: 동서문화사, 2016), 266.

다. 그러나 가장 훌륭한 사람들은 구경하는 사람들(theatai)로서 참석한다. 이와 마찬가지로 인생에 있어서도 노예와 같은 사람들은 명성과 이득을 추구하는 사람들로 되지만, 지혜를 사랑하는 사람(철학자)들은 진리를 추구하는 사람들로 된다."732) 여기에 구경하는 사람들이 바로 '관상'하는 사람들이며, 그들은 곧 지혜를 사랑하는 철학자들과 동일시한다. 지혜를 사랑하는 철학이 곧 관상하는 삶이라는 것이다. 이처럼 피타고라스는 고대 그리스 철학자들 가운데 최초로 '관상'이라는 용어를 사용했다. 이러한 관상의 전통은 플라톤(Plato, BC 428-348)과 아리스토텔레스(Aristotles, BC 384-322)에 가서 더욱더 발전한다. 특히, 플라톤은 '동굴의 비유'에서 관상이라는 용어가 이데아를 찾아나가는 하나의 방법으로 제시한다. "그러면 다음은 어떤가? 자네는 이런 걸 놀라운 일로 생각하겠는가? 가령 누군가가 신적인 관상(觀想, theoria)들에서 인간적인 나쁜 일들로 옮겨 가서, 이색한 꼴을 하고 있다면"733) 플라톤은 이데아를 발견하기 위해서는 인간적인 나쁜 일에 빠지지 말고 신적인 관상을 해야 한다고 주장한다. 나아가 아리스토텔레스도 관상하는 삶을 가장 행복한 삶이라고 말한다. "삶에는 세 가지 두드러진 유형이 있는데, 방금 말한 향락적인 삶과 정치가의 삶과 세 번째로 관상하는 삶이 그것이다. (...) 인간에게는 지성에 걸맞은 [관상]하는 삶이 최선이자 가장 즐거운 삶이다. 지성이야말로 다른 어떤 것보다도 인간적이기 때문이다. 그러니 그런(관상하는) 삶은 또한 가장 행복한 삶일 것이다."734) 여기서 플라톤이나 아리스토텔레스가 말하는 '관상' 혹은 '관상하는 삶'은 지혜를 사랑하고, 진리를 찾는 철학하는 삶을 의미한다. 나아가 중기 플라톤주의자 필로는 유대인이며, 플라톤 철학자로서 그리스 철학에서 유래한 관상을 계승하면서 당시 알렉산드리아에 있었던 유대교 관상공동체인 '테라페우테'(Therapeutae)의 관상생활을 책으

---

732) 김인곤 외,『소크라테스 이전 철학자들의 단편 선집』(경기도: 아카넷, 2005), 191-192.
733) 플라톤/ 박종현 역주,『국가』(경기도: 서광사, 2005(개정증보판), 454.
734) 아리스토텔레스/ 천병희 옮김,『니코마코스 윤리학』(경기도: 숲출판사, 2018 (제2판), 29, 396.

로 출판했다.735) 더 나아가 신 플라톤주의자 플로티노스(Plotinos, 205-270)는 그가 쓴 『엔네아데스』736)에서 플라톤의 이데아, 필로의 로고스라는 비인격적인 신개념을 뛰어넘어 일자를 인격신으로 상승시키면서 순수 철학의 범위에서 종교철학으로 발전시켰다.737) 이 과정에서 플로티노스의 종교화된 관상 개념이 오리게네스(Origenes, 185-254)를

---

735) Philo. *De Vita Contemplativa (PHILO IX) The Loeb Classical Library* trans., F.H Colson (Harvard University Press, 1967), 112-169. 일반적으로 '테라페우테파'(Θεραπευται)는 유대교 분파, 에세네파(사해사본), 그리고 초기 기독교 고행주의자 중에 하나라고 생각하는데 문배수는 이 '테라페우테파'(Θεραπευται)는 예수 운동과 직간접으로 연결되어 있는 흔적이 보인다고 주장한다. 문배수, "필로의 기록을 통해 본 '치유파'(Θεραπευται)에 관한 연구,"「신약연구」 21(2022), 415-445, 특히 417. 테라페우테파의 정체성을 분명하게 규정하기는 어렵지만 그들의 관심은 관상에 있었던 것은 분명하다. 그들은 유대인이면서 그리스철학의 관상생활을 혼합한 공동체일 가능성이 있다.

736) 『엔네아데스』는 신 플라톤주의자 플로티노스가 쓴 9권의 책을 그의 제자 포르피리우스가 묶은 전집을 가리킨다. Aedibus B.G. Teubneri에서 Vol I과 Vol II로 출판했다. Plotini. *Plotini Enneades: Praemisso Porphyrii De Vita Plotini Deque Ordine Librorum Eius Libello* vol I, II, ed. Ricardus Volkmann (Lipsiae: In Aedibus B.G. Teubneri, 1883-1884). vol I은 pp, 42-300에 있고, vol II는 pp, 3-524에 있다. 『엔네아데스』는 총 781페이지로 되어 있다. vol I에는 1-3권을 담고 있고, vol II는 4-9권을 담고 있다. 한글 번역으로는 다음을 참조하라. 플로티노스/ 조규홍 옮김, 『플로티노스의 중심 개념: 영혼, 정신, 하나』(경기도: 나남출판사, 2008); 조규홍, 『플로티노스의 지혜』(서울: 누멘출판사, 2009); 플로티노스/ 조규홍 옮김, 『엔네아데스』(서울: 지식을만드는지식, 2009); 플로티노스/ 조규홍 번역 및 해설, 『플로티노스의 하나와 행복』(서울: 누멘출판사, 2010).

737) 플로티노스가 '일자'(ἕν)를 인격신으로 만들어 종교철학으로 발전시킨 동기는 아마도 힌두교 구르 출신이면서 플라톤 철학자인 그의 스승 암모니우스 삭카스의 영향 때문으로 보인다. 심지어 플로티노스는 자원해서 인도까지 원정을 떠난다. 이 원정에서 힌두교의 경전인 『바가바드기타』를 접했을 가능성이 있다. 플라톤 철학과 힌두교의 『바가바드기타』의 인격신 크리슈나를 결합한 것이 '일자'의 인격신으로 발전했을 가능성이 있다. 앤드루 라우스도 플로티노스가 동방 사상 곧, 페르샤와 인도 사상에 매력을 느껴 페르샤와 전쟁할 때 고르디안 황제 군대에 참여했다고 한다. *The Origins of the Christian Mystical Tradition: from plato to Denys*, 35; 앤드루 라우스/ 배성옥 옮김, 『서양 신비사상의 기원: 플라톤에서 디오니시우스스까지』, 68. 참고로 『바가바드기타』 한글 번역은 다음을 참조하라. 길희성 역주, 『바가바드기타』(서울: 서울대학교출판문화원, 2010).

거쳐 에바그리우스까지 왔다.738) 물론 관상 기도를 에바그리우스가 최초로 실천한 것은 아니다. 이미 4세기 이집트 사막 교부들, 주로 스케티스와 켈리아를 중심으로 실천하던 관상 기도를 에바그리우스가 체계적으로 정리한 것이다. 이처럼 4세기 이집트 사막의 동방교회 안에 그리스 철학전통의 관상과 성경의 기도가 결합되어 '관상 기도'라는 새로운 기도 형태가 나타나게 된 것이다.

한편, 에바그리우스는 『프락티코스』 739)와 『프로슈케』 740)를 통해 관상 기도를 체계화시켰다. 전자는 수행에 관한 책이고, 후자는 관상 기도에 관한 책이다. 에바그리우스에 의하면 관상 기도를 위해서는 먼저 수행을 통해 여덟 가지 악한 생각을 정화하고, 그다음에 완전한 아파테이아 단계에 들어간 후에 마침내 관상 기도를 할 수 있다고 주장했다. 특히, 에바그리우스는 인간의 자유의지를 통해 '악한 생각'(logismoi)을 정화할 수 있다고 보았다. 이런 이유 때문에 히에로니무스는 에바그리우스에 대한 정죄741)를 근거로 에바그리우스가 펠라기우스의 입

---

738) 유은호는 에바그리우스의 관상 기도의 구조가 플로티노스로부터 왔다고 주장했다. 유은호, 『에바그리우스의 기도론 연구: 오리게네스의 기도론과의 비교』, 289-299.

739) 『프락티코스』의 그리스어 원문은 Antoine Guillaumont and Claire Guillaumont, eds., *Évagre le Pontique Traité Pratique ou le Moine* I(Sources Chrétiennes 171) (Paris: Cerf, 1971)과 한국어 번역은 에바그리우스 폰티쿠스/ 허성석 옮김, 『프락티코스』(왜관: 분도출판사, 2011)을 참조하라. 『프락티코스』에 관한 학술 논문은 다음을 참조하라. 유은호, "에바그리우스(Evagrius)의 『프락티코스』(Πρακτικος)를 통해 본 영성 실천 단계 분석," 「신학과 실천」 74(2021), 281-303.

740) 『프로슈케』의 그리스어 원문은 Jacques Paul Migne, ed., *Patrologiae Cursus Completus Series Graeca et Orientalis* 79, (Parigi, 1865), 1165-1200과 한국어 번역은 에바그리우스/ 전경미 · 이재길 번역, 『에바그리우스의 기도와 묵상』(서울: 한국고등신학연구원, 2011을 참조하라. 『프로슈케』에 관한 학술 논문은 다음을 참조하라. 유은호, "에바그리우스의 기도에 관한 연구: Περί Προσευχῆς 를 중심으로," 「신학논단」 83(2016), 257-287.

741) 에바그리우스는 오리게네스 주의자로 몰려 기원후 553년 제2차 콘스탄티노플 공의회와 그 후 세 차례의 공의회에서 이단 정죄를 받았다. John Eudes Bamberger, *Evagrius Ponticus: The Praktikos & Chapters on Prayer* (Michigan, Kalamazoo: Cistercian Publications, 1981), xxv. 여기서 말하는 세 차례의 공의

장을 지지하고 있다고 주장했다.742) 그러나 에바그리우스는 인간의 전
적인 자유의지만으로 하나님께 복귀할 수 있다고 말하지 않았다. 오히
려 에바그리우스는 인간의 자유의지와 함께 하나님의 은총이 있어야
한다는 점을 강조했다. 그렇다면 에바그리우스는 펠라기우스주의자
(Pelagianism)라는 오명을 벗을 수가 있다. 그러나 에바그리우스가 인
간의 자유의지와 은총의 결합을 강조했기 때문에 반펠라기우스주의자
(Semi-pelagianism)라는 오명을 벗기는 어려워 보인다. 실제로 에바그
리우스의 제자로 알려진 요한 카시아누스(Johannes Cassianus, 365-
435)743)는 529년 오랑쥬(Orange) 2차 주교회의에서 반펠라기우스주의
자로 이단 선고를 받았기 때문이다.744) 이것을 보면 요한 카시아누스가
에바그리우스의 제자로서 에바그리우스의 관상 기도에 핵심 신학인 신
인협력 사상에 영향을 받았다고 볼 수 있다.745) 이처럼 에바그리우스의
추종자들이었던 팔라디우스(Palladius of Helenopolis, 363-430)와 요한
카시아누스를 통해 서방세계에 에바그리우스의 관상 기도가 전파되었
다.746) 따라서 요한 카시아누스에 의해 서방에 전파된 관상 기도는 에

회는 기원후 680년의 제6차 공의회, 기원후 781년의 제7차 공의회, 기원후 869
년의 제8차 공의회이다. 여기에 덧붙여 고백자 막시무스가 참석했던 기원후 649
년 라테란 공의회에서도 정죄를 받았다.

742) John Eudes Bamberger, *Evagrius Ponticus: The Praktikos & Chapters on
Prayer*, 34.

743) 스미더는 요한 카시아누스를 에바그리우스의 제자로 본다. Edward Smither,
"Lessons from a Tentmaking Ascetic in the Egyptian Desert The Case of
Evagrius of Pontus," *Missiology* 39/4(2011), 488.

744) 앤드루 라우스/ 배성옥 옮김, 『서양 신비사상의 기원: 플라톤에서 디오니시우
스까지』, 272. 반펠라기우스주의란 아우구스티누스의 은총론과 펠라기우스주
의를 결합하여 요한 카시아누스가 주창한 교리를 말한다. 하나님의 은총은 때때
로 인간의 자유로운 협력을 기대하고, 믿음은 개인의 능력에서 비롯하기 때문에
구원은 은총의 도우심을 예상하지만 결국은 개인의 의지에 좌우된다고 하였다.

745) 에바그리우스의 제자로 알려진 서방의 루마니아 출신의 요한 카시아누스는
『제도서』(*PL* 49, 5-477)와 『담화집』(*PL* 49, 477-1332)를 통하여 서방 수도
원 운동에 영향을 미쳤다. 요한 카시아누스의 『제도서』는 금욕수행을 강조한다
는 점에서 에바그리우스의 『프락티코스』와 성격이 비슷하고, 『담화집』은 관상
기도를 논한다는 점에서 에바그리우스의 『프로슈케』와 그 성격이 유사하다.

746) John Eudes Bamberger, *Evagrius Ponticus: The Praktikos & Chapters on*

바그리우스의 반펠라기우스적인 요소가 들어간 기도라고 할 수 있다. 한편, 중세 라틴교부 아우구스티누스는 중재자 예수 그리스도가 배제된 플로티노스 방식, 곧, 자신의 자유의지(힘)로 상승하는 관상을 반대한다.747)

이처럼 플로티노스적인 관상에 영향을 받은 에바그리우스의 관상 기도는 누가복음에 나타난 예수의 기도 영성에서 계승한 것이 아니기 때문에 누가복음에 나타난 예수의 기도 영성과는 상관이 없는 반정통에 속한다고 할 수 있다. 다음은 누가복음에 나타난 예수의 기도 영성의 반정통인 로마 가톨릭교회의 아빌라의 데레사를 살펴보겠다.

Prayer, xlix-l.

747) 중세 서방 라틴 교부 아우구스티누스는 관상은 현세에서 이루어지지 않고, 희망으로 그칠 뿐이라고 한다. 나아가 플로티노스같이 인간의 자유의지(힘)에 의한 상승을 거부하고 예수 그리스도를 통하여 하나님 관상에 이를 수 있다고 말한다. 아우구스티누스/ 성염 역주,『삼위일체론』(왜관: 분도출판사, 2015), 155, 167, 455. "지금은 그 관상이 이루어지지 않고 있으니 우리 기쁨이 희망으로 그치는 까닭이다(p, 155). (...) 여하튼 우리 주 예수 그리스도께서는 하나님 아버지께 나라를 넘겨드릴 것이나, 그렇다고 해서 당신이나 성령이 거기서 배제되는 것은 아니니 믿는 이들을 하나님 아버지를 뵙는 관상으로 인도할 것이다(p, 167). (...) 하나님을 관조하고 하나님께 귀의할 때 자기 힘으로 정화될 수 있다고 믿는 사람들이 있는데, 교만 그것이 그들을 지독하게 더럽힌다. 그보다 하나님의 법에 저항하는 악덕이 또 없고, 오만방자한 저 영으로 하여금 지배 세력을 만드는 데 그보다 더 보탬이 되는 것이 또 없다. 그자는 가장 저급한 것으로 끌어내리는 중개지이자, 가장 지고한 것으로 못 오르게 만드는 훼방자이다"(p, 455). 나아가 아우구스티누스는 그리스 · 라틴 철학자들이나 신비신학자처럼 관상하다(contemplari)란 단어에 특별한 의미를 부여하지 않고 일반적으로 보다(videre), 주시하다(aspicere)등의 단어와 동의어로 사용한다. 아우구스티누스에게 관상이란 바라봄을 통해 신을 아는 것(visio Dei)이다. 아우구스티누스는 세례 전 초기 작품에서는 지성(학식, 자유학예)적 상승을 인정하지만, 세례 후에는 그 상승이 죄의 무게로 인해 오래 지속되지 못한다는 것을 깨닫는다. 이것은 세례 전 초심자 시절의 플라톤적인 논고에서 발견한 것과는 아주 다른 것이다. 이제 아우구스티누스에게 관상은 플로티노스적인 것과는 확연하게 구별된다. 아우구스티누스는 오스티아에서의 신적인 은총(빛)으로 어머니 모니카와의 신을 향한 상승 경험은 신에 대한 관상은 철학으로부터 전적으로 구별된 양식에 따라 추구될 수 있다는 것을 자각하게 된다. 인간의 영혼이 현재 삶에서는 타락한 인간 조건으로 인하여 관상할 수 있는 능력에 한계를 가지고 있기 때문이다. 김태규, "아우구스티누스의 관상이론,"「중세철학」21(2015), 36, 51-62, 특히 62.

2) 아빌라의 데레사(Teresa of Avila, 1515-1582)

아빌라의 데레사는 13세기 초 팔레스타인의 가르멜 산에서 시작된 가르멜 수도회를 쇄신함으로써 새로운 카리스마와 더불어 맨발 가르멜 수도회를 창립한 16세기 스페인의 가르멜 수녀이다.[748] 데레사는 서방 로마 가톨릭교회의 대표적인 관상을 실천하는 관상가이며, 동시에 자신의 관상 기도의 경험을 다룬 대표적인 책 『영혼의 성』을 비롯하여 여러 책들을 통하여 '관상 기도'를 강조했다.[749] 특히, 데레사는 『영혼의 성』에서 인간이 성(城)을 구성하는 내부의 궁방(宮房)에 비유해서 1궁 방부터 7궁 방까지 나눴다. 즉, 1궁 방이 성으로 비유되는 인간 영혼의 외곽에 있는 상태를 말한다면, 7궁 방은 인간 영혼의 중심에 현존하시는 하나님과의 완전한 사랑의 일치를 이루는 상태라고 말한다. 나머지 2궁 방부터 6궁 방은 바로 이 두 양극 사이에 존재하는 하나님을 향한 일련의 영적 여정을 지칭한다. 데레사는 1궁 방부터 3궁 방까지를 인간이 하나님의 은총 활동에 협력하는 가운데 도달할 수 있는 영적 상태로 보았으며, 특히, 3궁 방을 인간이 자신의 노력을 통해 도달할 수 있는 최고의 단계로 보았다. 반면, 4궁 방부터 7궁 방은 오직 하나님의 은총 선물을 통해서만 도달할 수 있는 단계로서 하나님이 주도권을 쥐고 인간을 초자연적인 상태로 들어 올려 주시는 단계라고 말한다. 대체로 1궁 방에서 3궁 방에 해당하는 단계에서는 인간이 주도권을 갖고 영혼의 능력들을 활용해서 하는 능동적 기도라고 했으며[750], 4궁 방에

---

748) 윤주현, "아빌라의 성녀 데레사의 전망에 따른 기도 단계 I. 능동적 단계," 「신학과 철학」 18(2011), 127.
749) 아빌라의 데레사의 '관상 기도'에 대해서는 다음을 참조하라. 예수의 데레사/ 최민순 옮김, 『영혼의 성』(서울: 바오로딸, 1970); 데레사/ 최민순 옮김, 『완덕의 길』(서울 바오로딸, 2020); 아빌라의 성녀 예수의 데레사/ 서울 가르멜 여자수도원 옮김, 『천주 자비의 글』(왜관: 분도출판사, 2002); 예수의 데레사 성녀/ 서울가르멜여자수도원 옮김, 『예수의 데레사 성녀 창립사』(서울: 기쁜소식, 2011) 등이 있다.
750) 데레사는 인간이 자신의 노력을 통해 할 수 있는 능동적인 기도의 형태는 크게 '통상 기도'(oración formal)와 '비통상 기도'(oración virtual)로 나뉜다. 통상 기도에는 '구송 기도'(oración vocal)와 '정신 기도'(oración mental)가 있으며, 반

서 7궁 방까지는 하나님이 주도권을 갖고 영혼 내면 깊은 곳에서 당신을 드러내며 인간과 통교하는 수동적 기도라고 했다.[751] 나아가 수동적 기도 단계인 4궁 방에서 7궁 방에서는 하나님께서 주도권을 쥐고 기도 여정을 이끌어 가신다. 4궁 방의 시작에서 신비적 기도의 초입이라 할 수동적 거둠 기도가 이루어진다. 이어서 4궁 방의 대표적 기도인 고요의 기도가 이어지며 마지막에는 능력들의 수면기도에 이르게 된다. 5궁 방부터는 합일의 기도가 시작된다. 합일의 기도는 인간이 하나님과 합일하는 정도에 따라, 단순한 합일, 충만한 합일, 변모적 합일로 나뉜다. 이에 따라 5궁 방에서는 단순한 합일이, 6궁 방에서는 충만한 합일(영적 약혼)이 그리고 마지막인 7궁 방에서 변모적 합일(영적 결혼)이 이루어진다.[752] 이처럼 데레사는 자신이 배우고, 체험했던 여러 기도들을 체계화시켜서 자기 나름대로의 '관상 기도' 이론을 확립했다.

한편, 데레사의 기도에는 아우구티누스의 신학적 영향이 나타닌다. 아우구스티누스의 『고백록』이 가르치는 하나님이 우리 안에 계시다는 것[753], 그리고 바로 그분을 만나기 위해 우리의 내면 안으로 들어가야 한다는 것이다. 결국 데레사는 바로 자기 영혼의 내면 깊은 곳에서 하나님이 계신 지밀(至密)을 발견한다. 그곳에서 하나님과 합일을 이룬다.[754] 이처럼 데레사는 아우구스티누스가 강조하는 내면으로 들어가서

면 비통상 기도는 여러 가지 여건상 기도를 드릴 수 없는 상황에서 외적인 기도의 틀을 넘어서 드릴 수 있는 다양한 형태의 기도를 총칭하는 말이다. 윤주현, "아빌라의 성녀 데레사의 전망에 따른 기도 단계 I. 능동적 단계," 129.

751) 윤주현, "아빌라의 성녀 데레사의 전망에 따른 기도 단계 I. 능동적 단계," 128-129.

752) 윤주현, "아빌라의 성녀 데레사의 전망에 따른 기도 단계 II. 수동적 단계," 108.

753) "우리더러 마음속으로 돌아가서 당신을 찾아내라 하심이다(4권 12.19). (...) 그러니까 내 자연본성의 힘도 넘어서고 층계를 밟아서 나를 지으신 그분께로 올라가겠다. 그러다 보면 기억의 평원, 널찍한 궁정에 이르며, 그곳에는 갖가지로 지각된 사물들에서 입수된 무수한 표상들의 보물창고가 있다(10권 8.12)." 아우구스티누스/ 성염 역주, 『고백록』(경기도: 경세원, 2016), 151, 357-358.

754) 윤주현, "아빌라의 성녀 데레사의 전망에 따른 기도 단계 I. 능동적 단계," 146.

그곳에서 하나님과 합일을 한다. 이러한 아우구스티누스의 내면으로 들어가 하나님을 만난다는 사상은 신플라톤주의 플로티노스로부터 영향을 받은 것이다. 왜냐하면 플로티노스도 자기 자신 안으로 들어가 일자와 합일을 이루면 신과 같은 존재가 된다고 말하기 때문이다.[755] 결국 데레사의 내면으로의 회귀의 사상은 아우구티누스를 거슬러 올라가 플로티노스까지 간다고 보아야 한다. 따라서 데레사에게 나타난 내면에서 하나님과의 합일을 강조하는 관상 기도는 누가복음에 나타난 예수의 기도 유형이라기보다는 플로티노스에 기원을 두고 있기 때문에 정통으로 보기는 어렵다.

또 한편, 데레사의 '관상 기도'의 문제는 반펠라기아니즘(semi-pelagianism)의 구조가 보인다는 점이다. 동방의 에바그리우스가 체계화시킨 관상 기도는 반펠라기아니즘적 구조를 가지고 있었다. 에바그리우스로부터 관상 기도를 배운 요한 카시아누스는 서방 로마 가톨릭교회에 바로 이 반펠라기아니즘적 구조를 가진 관상 기도를 전파했던 것이다. 이러한 관상 기도의 전통은 베네딕도(Benedict, 480-547)를 거쳐 결국 아빌라의 데레사까지 왔다고 할 수 있다. 데레사의 기도 가운데 1궁 방에서 3궁 방까지는 인간의 노력으로 가능한 수덕적 단계라면, 4궁 방에서 7궁 방은 신비적 단계로 하나님의 은총으로 이루어지는 기도이다. 여기에 인간의 노력과 하나님의 은총이라는 도식은 반펠라기아니즘에 가까운 도식이다. 데레사가 당시에 인간의 노력을 무시하는 것을 염려해서 인간의 능동적 노력에 강조점을 두었기 때문에 그녀의 『영혼의 성』은 반펠라기아니즘의 구조로 보인다. 따라서 데레사는 로마 가톨릭교회의 공식적인 입장인 반아우구스티니즘(semi-augus

---

755) "나의 육체로부터 나 자신에게로 깨어나는 경우 대부분 나는 나 자신의 바깥에 다른 것들을 내버려 두고 [홀가분하게] 나 자신 안으로 파고들게 되는데, 그때 아주 놀랍고도 능력에 찬 아름다운 광경을 목격하게 된다. 그리하여 그 같은 체험을 통하여 과연 훨씬 더 높은 경지의 무엇이 존재한다는 한 가지 사실을 믿을 수 있게 되었으며, 나아가지고(至高) 한 생명을 실현시킬 수 있다고 여기게 되었으니, 그것은 내가 신적인 존재와 하나가 되는 체험 덕분이다." 플로티노스/ 조규홍 옮김, 『플로티노스의 중심 개념: 영혼-정신-하나』, 12.

tinism)보다는 반펠라기아니즘(semi-pelagianism)에 기울어 있는
듯하다.756)

이처럼 데레사가 사용한 내면으로 들어가 내면에 계신 하나님을 만
나는 기도 방법은 성경에 나타나지 않는다. 나아가 반펠라기아니즘에
가까워 보이는 데레사의 기도는 누가복음에 나타나는 예수의 기도와는
거리가 있어 보인다. 따라서 데레사의 관상 기도는 누가복음에 나타난
예수의 기도 영성의 관점에서 보면 반정통으로 보인다. 다음은 누가복
음에 나타난 예수의 기도 영성의 반정통인 예수기도에 관하여 살펴보
겠다.

3) 예수기도(4-21세기)

예수기도는 초세기에서부터 중세기에 이르기까지 동방교회 즉, 비잔
틴과 슬라브 지방에서 그리스도 신자들이 사용한 특수한 기도형태이다.
기도 내용은 "하나님의 아들 예수 그리스도여 나를 불쌍히 여기소서"
이다. 예수기도는 단순한 기도문을 거듭 암송하는 것만이 아니라 동방
교회의 영성사상인 헤시카즘(Hesychasme)757)을 실천하기 위한 심신의
수련방법이며, 근본적으로는 관상(contemplatio)을 목표로 한다.758)

한편, 예수기도는 역사를 거듭하면서 여러 형태로 변형한다. 예를
들어, 4세기에는 주로 단문기도로서 '호칭'을 '하나님'에게 하던 짧은 기
도였다. 아르센은 "주여, 내가 구원을 받을 수 있도록 인도하여 주소

---

756) 529년 오랑쥬 주교회의에서 반아우구스티니즘(semi-augustinism)을 공식적인
    로마 가톨릭교회의의 신학적 입장으로 받아들였다. 아를레스의 케사리우스
    (Caesarius von Arles, 542년)가 이러한 입장의 대표적인 사람이다. 한편, 반아우
    구스티니즘(semi-augustinism)과 반펠라기아니즘(semi-pelagianism)의 차이점은
    인간의 자유의지와 하나님의 은총의 결합 가운데 하나님의 은총에 방점을 찍으
    면 반아우구스티니즘(semi-augustinism)이고, 인간의 자유의지에 방범을 찍으면
    반펠라기아니즘(semi-pelagianism)이 된다.
757) 동방교회의 헤시카즘에 대해서는 다음 논문을 참조하라. 이영식, "東方敎會의
    靈性 헤시카즘(Hesychasme, 靜權主義)," 「신학전망」 70(1985), 50-71.
758) 이영식, "東方敎會의 靈性: 예수의 기도," 「신학전망」 73(1986), 103-104.

서", 아폴로는 "나는 사람으로서 죄를 지었사오니, 하나님으로서 나를 불쌍히 여기소서", 부치우스는 "오 하나님, 당신의 크신 자비와 동정심으로 내 죄악을 지워 주소서", 마카리오는 "주여, 당신이 원하시는대로 또한 당신이 알고 계시는 대로 나를 불쌍히 여기소서", 암모나스는 "오 하나님! 죄인인 내게 자비를 베풀어 주소서"라고 기도했다.759) 4세기에는 공통적으로 기도의 대상자를 하나님으로 부르며 기도를 한다. 그러나 5세기부터 동방교회의 수도사들이 예수의 이름이 삽입된 기도문을 하기 시작했다. 하나님에서 예수로 기도의 호칭(대상)이 바뀐 것이다. 아마도 수도사들은 예수의 이름을 부르면 마귀가 쫓겨가고, 망상을 물리치는 힘을 얻을 수 있다고 생각했던 것 같다.760) 도시테는 "주 예수 그리스도여, 나를 불쌍히 여기소서", 바르사누프는 "예수여, 오시어 나를 도와주소서", "주 예수 그리스도여, 나를 부끄러운 정욕에서 구하소서", "주 예수여, 나를 보호하시고 나의 약함에서 구해 주소서"라고 기도를 했다.761) 5세기 이후로 예수기도는 하나님 대신에 예수를 기도의 대상자로 부르며 기도하는 것으로 굳어졌다.

또 한편, 예수기도는 13세기 이후부터는 아토산에서 헤스카즘을 위한 기도로 사용된다. 여기에는 신적인 빛을 보는 것과 호흡법이 나타난다. 헤스카스트들의 기도 방법은 팔과 등이 없는 나무 걸상에 앉아(25센티의 높이) 턱을 가슴에 기대고, 육신의 눈이 정신과 함께 배 중심인 배꼽을 향하게 한다. 시메온은 "코로 공기를 마실 때, 쉽게 숨 쉴 수 없도록 억제하라."라고 했고, 그레고리오는 "숨을 내 쉴 때, 할 수 있는 때까지 억제하라."라고 했다. 그다음은 뱃속의 마음의 자리를 발견하여, 정신을 그 자리에 집중시킨다. 그리고 예수 이름을 거듭 부른다. 입으로 발설하면서 하기도 하고, 마음으로 외운다. 외울 때는 고요하고 침착하게 해야 한다. 정신의 주의력을 흩뜨리고 마음의 움직임을 마비 시

---

759) 이영식, "東方敎會의 靈性: 예수의 기도," 106.
760) 하나님의 성호와 예수 이름을 통해 악귀를 쫓는 사상은 다음 논문을 참조하라. 성종현, "신·구약성서와 유대문헌에 나타난 하나님의 성호와 예수 이름에 대한 고찰,"「장신논단」8(1992), 102-125.
761) 이영식, "東方敎會의 靈性: 예수의 기도," 107-108.

키지 않기 위해서이다.762) 나아가 14세기 이후에는 헤시키아인들의 예수기도는 호흡에 맞추어 숨을 들이쉴 때 외우게 하였다. "주 예수 그리스도, 하나님의 아들이여, 나를 불쌍히 여기소서" 숨을 들이쉰 다음에 속으로 기도문을 한 번 외울 때까지 잠시 멈추었다가 숨을 토해야 한다. 이 같은 수련을 어둡고 고요한 곳에서 하루에 한 시간 내지 두 시간을 했다. "주 예수 그리스도, 하나님의 아들이여" 하면서 정신을 부르고 있는 분을 앙모한다. "나를 불쌍히 여기소서" 하면서 정신은 겸손히 자기 자신에게 돌아온다. 이 과정에서 다른 생각, 환상, 상상 등을 모두 비워야 한다.763) 나아가 예수기도는 러시아의 『이름없는 순례자』식 예수기도로 발전한다. 러시아의 이름 없는 순례자의 예수기도는 잠들었을 때조차 항상 생각과 마음으로 예수의 이름을 줄곧 부르는 기도이다. 기도자가 심장의 자리를 발견하여 호흡에 맞춰서 심장 안에 예수기도를 넣었다 뺐다 하는 방법을 사용한다. 이때 심장이 뛰는 맥박을 따라 예수기도문을 천천히 외우는 것이다. 심장이 똑딱할 때 '주'라고 하고, 두 번째 똑딱할 때 '예수', 세 번째 똑딱할 때 '그리스도님', 네 번째는 '저에게', 다섯 번째는 '자비를 베푸소서'라고 기도한다. 이런 식으로 심장의 고동에 맞춰 기도문을 외워 나가면 어렵지 않게 심장으로 하는 기도를 바칠 수 있다. 이 방법이 익숙해지면 숨을 들이쉬고 내쉬는 방법으로도 기도할 수 있다. 숨을 들이쉬고는 "주 예수 그리스도님" 하고 외치고는 숨을 그대로 가슴에 머물게 하고, 잠시 뒤에 숨을 내쉬면서 "자비를 베푸소서"라고 한다. 이러한 예수기도를 하면 병에서 치유된다고 믿는다. 하루에 12,000번의 예수기도를 하고 나중에는 아예 심장에 예수기도를 넣어 심장이 뛰는 때에 예수기도가 나온다.764)

이처럼 예수기도는 정통에 속하는 누가복음에 나타난 예수가 가르친 기도와 거리가 있어 보인다. 첫째, 예수기도에서는 기도의 대상자가 예수이다. 그러나 누가복음 11장 2절의 주기도문에는 기도의 대상자가

762) 이영식, "東方敎會의 靈性: 예수의 기도," 112-115.
763) 이영식, "東方敎會의 靈性: 예수의 기도," 118-119.
764) 최익철, 강태용 지음, 『이름없는 순례자』 (서울: 가톨릭출판사, 2021), 17-361.

아버지이다. 곧, 하나님 아버지가 누가복음에 나오는 기도의 대상자이다. 둘째, 예수기도는 인도의 자빠와 가깝다. 자빠는 만트라(Mantra)라는 신의 이름이 들어있는 짧은 경문을 하루에 수 천 번씩 염주를 굴리면서 반복하여 외우는 기도이다.765) 나아가 예수기도는 불교의 염불선과도 유사하며766), 이슬람 수피교의 지크르의 발성법과 호흡법과도 유사하다.767) 따라서 예수기도는 누가복음에 나타난 예수의 기도 영성의 반정통으로 보인다. 다음은 누가복음에 나타난 예수의 기도 영성의 이단인 이세벨에 대해서 살펴보겠다.

4. 예수의 기도 영성의 이단

1) 이세벨(1세기 후반)

신약성경 요한계시록에 나오는 이세벨이라는 여자는 두아디라 교회(계 2:20)에서 자칭 여선지자라고 하면서 사람들을 꾀어 행음하게 하고, 우상의 제물을 먹게 하였다. 이세벨은 자신이 예언의 은사가 있다고 주장하면서 사람들을 미혹시켰다. 그러나 하나님의 말씀과는 반대되는 견해를 가르치면서 자신의 영향력을 발휘하여 신자들을 잘못된 길로 이끌었다.768) 예언 기도는 다른 사람들이 객관적으로 확인할 수 없기 때문에 예언을 통하여 다른 사람들을 미혹시킬 위험성이 항상 존재한다. 이세벨은 잘못된 예언을 통해 신자들을 미혹한 사탄의 도구였다. 따라서 이세벨은 예수의 기도 영성과는 상관이 없는 이단이라고 할 수 있다. 다음은 누가복음에 나타난 예수의 기도 영성의 이단인 몬타누스를

---

765) 이영식, "東方敎會의 靈性: 예수의 기도," 121.
766) 성해영, "염불선과 예수기도의 비교-만트라(Mantra)와 변형의식상태(ASC)개념을 중심으로,"「인문논총」69(2013), 257-288.
767) 김관영, "이슬람 신비주의 사상(sufism)의 실천적 측면에 관한 연구 - 지크르(dhikr)를 중심으로,"「대동철학」11(2000), 23-42.
768) 그랜트 오스본/ 전광규 역,『요한계시록』(서울: 성서유니온선교회, 2008), 75.

살펴보겠다.

2) 몬타누스(Montanus, 2세기 중반)

몬타누스는 2세기 중반 소아시아 페푸자에서 새 예언을 동반한 열
광주의적 성령운동과 직통계시, 임박한 종말론 등 비성경적 성령운동과
종말운동을 전개 했던 사람이다. 몬타누스는 옛 예언자들처럼 하나님의
이름으로, 그리고 기독교적 예언자로서 그리스도의 이름으로, 그리고
요한복음에 약속된 보혜사의 이름으로 말하고 예언했다. 특히, 여예언
자 프리스킬라(Priscilla)와 막시밀라(Maximilla) 등과 함께 임박한 천년
왕국적 종말 사상 속에서 결혼의 해체와 금식의 엄수 등 율법주의적인
도덕준수와 엄격한 금욕주의를 주장했다. 페푸자(Pepuza)와 티미온
(Tymion)을 하나님의 백성들이 모이게 될 '예루살렘'으로 선포했다.[769]
염창선은 몬타누스주의 운동은 예언 그 자체로 교회와 분열을 일으킨
것이 아니라, 일종의 새로운, 복음과 사도적 교회질서를 넘어서는 예언,
즉 보혜사의 주권을 교회의 직제와 관습 위에 설정하는 예언이었기 때
문에 문제가 되었다고 보았다.[770] 몬타누스 운동은 160년경 소아시아
종교회의에서 정죄되었으며, 381년 콘스탄티노플 회의에서도 정죄되었
다.[771]

한편, 유세비우스는 그가 쓴『교회사』에서 히에리폴리스의 아폴리
나리스(Apollinaris)의 저서를 인용하면서 몬타누스에 대해 다음과 같이

---

769) 염창선, "소위 새로운 예언(η νεα προφητεια)의 실체와 의미,"「韓國敎會史學
會誌」22(2008), 1.
770) 염창선, "소위 새로운 예언(η νεα προφητεια)의 실체와 의미," 16. 몬타누스에
대한 재평가를 주장한 논문과 책으로는 다음을 참조하라. 최혜영, "몬타누스 운
동의 '새 예언'과 헬레니즘 문화,"「서양고대사연구」43(2015), 9-38; Christine
Trevett, *Montanism* (United Kingdom: Cambridge University Press, 1996). 트
라벳은 몬타누스 운동은 당시 교회의 교리를 위반한 것이 아니라 초대교회로
돌아가려는 것이었다고 평가한다.
771) 황은연, "몬타누스 주의의 교회사적 고찰: 그 정죄의 배경과 의의,"「시문학」
(1990), 454.

기록했다. "클라투스(Clatus)가 아시아 총독으로 있을 때, 그곳에 사는 몬타누스라는 사람이 새로 개종하였다. 그는 영적으로 선두에 서고 싶은 과도한 욕망 때문에 적에게 자신을 대적할 기회를 주었다. 그리하여 그는 영적 황홀경에 들어갔고 점차 광적이며 불규칙한 황홀경에 빠져 헛소리를 하고 이상한 일들을 이야기하며, 초대시대부터 보존되어 전해진 바 교회 내에서 유통되고 있는 관례와는 반대되는 것들을 전파하였다. (...) [몬타누스를 따르는 자들은] 몬타누스는 보혜사(Paraclete)이며, 그를 따르던 두 여인, 곧, 프리스킬라와 막시밀라는 몬타누스의 여선자였다고 주장했다."772) 심지어 몬타누스는 자신을 가리켜 "나는 주 하나님, 인간 안에 머무시는 전능자시라!", "나는 천사도, 사자도 아니며, 나, 즉 주님, 하나님, 아버지가 왔느니라."라고 했다. 몬타누스는 하나님이 직접 말하는 1인칭 예언으로 자신을 주 하나님으로 자처했다.773)

또 한편, 몬타누스는 프리기아의 페푸자(Pepuza) 마을 근처에 있는 광야에 천상 예루살렘이 건설될 것이라고 예언했다. 따라서 신자들은 건조한 음식만을 먹으면서 극기했다. 재산은 아무런 가치가 없기 때문에 재산을 포기하고 예언자들의 생활 유지를 위해 봉헌했다. 몬타누스 예언자들은 동정생활을 찬양하면서 가능한 한 결혼생활을 포기할 것을 요구하였다.774) 그러면서도 여선지자 들은 돈을 탐했다. 유세비우스는 아폴로니우스(Apollonius)의 글을 인용하면서 여선지자들이 돈과 귀한 의복을 받았다고 말한다. "성경에서는 선지자는 선물이나 돈을 받지 말라고 금하지 않았는가? 그런데 어찌 금과 은, 그리고 귀한 의복을 받는 여선지자를 내가 배격하지 않을 수 있으리오. (...) 선지자가 자기 머리카락을 염색하는가? 선지자가 눈화장을 하는가? 선지자가 장신구를 즐기는가? 선지자가 서판이나 주사위를 가지고 노는가?"775) 심지어 그들은 예수가 여자의 모습으로 나타날 것이라고까지 예언했으며, 형체를 가진 영혼의 모습을 보았다고까지 주장했다.776) 또한, 그들은 말씀을

---

772) 유세비우스 팜필루스/ 엄성옥 옮김,『유세비우스의 교회사』, 277, 279.
773) 염창선, "소위 새로운 예언(η νεα προφητεια)의 실체와 의미," 4.
774) 김성태,『세계교회사』(서울: 바오로딸, 1999), 203-204.
775) 유세비우스 팜필루스/ 엄성옥 옮김,『유세비우스의 교회사』, 286, 288.

선포할 때 강력한 웃음과 더불어 황홀경을 경험했다.[777] 20세기 후반 미국의 빈야드운동이나 신사도주의 운동[778]에서 나타나는 웃음, 예언, 직통계시, 황홀경 등이 이미 몬타누스 운동에서 나타났다. 또한, 유세비우스는 전해오는 말을 인용하여 몬타누스와 막시밀라는 악한 영의 선동을 받아 목을 매어 자살했다고 한다.[779]

이처럼 몬타누스는 성경의 예언과는 다른 새 예언, 직통계시, 임박한 종말론, 재산 포기, 결혼생활 포기, 엄격한 금욕주의, 여성지도자들의 탐욕 등 비성경적 성령운동과 종말사상을 전했다. 특히, 자신을 1인칭으로 주 하나님이라고 자처하였다. 이러한 몬타누스의 열광적 성령운동은 누가복음에 나타난 성령운동과는 상관이 없다. 따라서 몬타누스는 누가복음에 나타나는 성령의 강조와 예수의 기도 영성과는 상관이 없는 이단이라고 할 수 있다. 다음은 누가복음에 나타난 예수의 기도 영성의 이단인 메살리안 파에 관하여 살펴보겠다.

3) 메살리안 파(4세기말)

메살리아 파의 지도자는 메소포타미아 사람 시므온으로 알려져 있

---

776) 심창섭 외 3인,『기독교의 이단들』(서울: 대한예수교장로회총회, 2006), 35.

777) 로버츠 리어든,『아주사 부흥』, 27.

778) 신사도주의 운동은 20세기 후반 미국 풀러 신학교의 피터 와그너 교수를 중심으로 우리 시대에도 사도가 있다고 주장하며 사도를 임명하였다. 그러나 사도라고 칭하는 사람들이 재세례파 운동 속에도 있었다. 1560년에 쓰인 '오베 필립스의 고백'에 다음과 같은 내용이 있다. "프리지아의 류와든에 있는 우리에게 보냄을 받았다는 두 명의 사도가 있다. 그 이름은 바돌로매 보에크빈더와 디트리히 쿠이퍼였다. 그리고 우리들 중 몇몇이 모였을 때에, 남녀 합해 한 14-15명쯤 되는데, 우리에게 그들은 자신들의 사도성과 성령의 강권하심을 드러냈다. 그리고 어떻게 존 마티스가 이런 표징들과 기적들, 그리고 말로는 설명하기 어려운 성령의 감동과 함께 자신들에게 왔는지를 드러내기 시작했다. 그리고 그들은 말하기를 자신들이 오순절 사도들보다 권능과 기적을 더 가지고 보냄 받았다는 것을 우리가 의심하면 안 된다고 했다." 두란노아카데미 편집부/ 남병두, 홍지훈 옮김,『성령주의와 아나뱁티스트 종교개혁자들』(서울: 두란노아카데미, 2011), 245.

779) 유세비우스 팜필루스/ 엄성옥 옮김,『유세비우스의 교회사』, 281.

다.

그를 따르는 자들을 헬라어로는 유키테스(Euchites) 곧, '기도하는 사람들'을 의미하며, 메살리안(Messalians)이라는 단어는 기도를 의미하는 고대 시리아어에서 파생된 것이다. 이들에 대한 묘사는 390년 경에 소아시아의 시드(Side)에서 시작되어 콘스탄티노플(425)과 에베소(431) 공의회에서 이단 정죄를 받는다.[780] 메살리안 파는 극단적인 금욕주의와 신비주의의 형태를 가지고 있었다. 심지어 세례 이후에도 악마가 영혼 안에 살고 있으므로 오로지 끊임없는 기도만이 이를 쫓아낼 수 있다고 가르쳤다. 또한, 끊임없는 기도를 하면 그리스도나 성령의 현존을 감각적으로 지각할 수 있게 된다고 주장했다.[781] 따라서 메살리안파는 신앙생활에서 사적이고 개인적인 기도를 우선하는 하였다. 메살리안파가 당시 교회에 문제가 되었던 것은 교회의 공적인 세례와 귀신쫓는 일을 부정하고 끊임없는 개인 기도만이 그 효력을 발생시킨다고 주장했기 때문이다. 나아가 마귀론과 성령론도 교회의 가르침과 달랐다. 곧, 모든 사람은 태어날 때 마귀에 들려 태어나고 이런 유는 기도 외에는 달리 쫓을 방도가 없으며, 성령의 체험은 육체적 감각에 의존하기 때문에 어떤 인간적인 노력에 의하기보다는 차라리 육체적 잠을 통해서 얻게 된다고 했다.[782] 특히, 메살리안 파는 기도만 하는 것을 최고의 신앙적

---

780) 버나드 맥긴/ 방석규 · 엄성옥 역, 『서방 기독교 신비주의의 역사-신비주의 토대: 그 기원으로부터 5세기까지』, 227-228.

781) Joseph T. Lienhard, "On Discernment of Spirits in the Early Church," *Theological Studies* 41/3(1980), 522-523.

782) 방성규, "메살리안 운동이 초기 수도원 운동에 끼친 영향," 116, 119-120. 스테와르트는 메살리안파의 신학을 10가지로 정리했다. 1. 각 인간 영혼 가운데 마귀가 내재, 2. 마귀를 내쫓는데 있어서 세례의 무용성, 3. 마귀를 내쫓는데 있어서 오로지 기도만을 통한 효용성, 4. 성령 혹은 천상의 신랑(의 오심)에 대한 감각적 경험(sensation), 5. 격정으로부터의 해방 (즉 aptheia에 이름), 6. 환상과 예언을 주장, 7. 노동의 거부와 수면의 필요성에 대한 강조, 8. 과도한 수면 강조와 꿈 자체가 예언이라고 주장, 9. 교회적인 성만찬과 조직에 대한 무시, 10. 부정(denial), 위증과 평계 등이다. Columba Stewart, 'Working the Earth of the Heart': *The Messalian Controversty in History, Texts, and Language to AD 431* (Oxford : Clarendon Press, 1991).

덕목으로 여기고 끊임없는 기도를 통하여 오직 '영적'인 훈련만 중요시하였다. 그들의 훈련의 목표는 오직 '천사처럼 사는 것' 또는 '천사들의 친구가 되는 것'이었다.[783] 또한, 죄는 '타락' 이후로 거의 인간의 본성이 되었으므로 오직 기도만이 실제로 우리를 죄에서 벗어나게 해 준다고 보았다. 이와 함께 경험도 강조했는데, 이는 은총의 효과와 성령의 임하심을 실제 몸으로 겪는 경험이라고 말했다. 나아가 악마를 쫓아내고 성령이 강림한 영혼의 상태를 아파테이아(무정념)라고 했다.[784]

이처럼 메살리안 파가 주장하는 끊임없는 기도와 교리는 누가복음에 나타난 예수의 기도 영성과는 상관이 없는 기도이다. 따라서 메살리안 파는 누가복음에 나타나는 예수의 기도 영성과는 상관이 없는 이단이락 할 수 있다. 다음 장에서는 누가복음에 나타난 예수의 기도 영성의 정통을 계승한 한국개신교 영성가와 반정통, 그리고 이단을 살펴보겠다.

5. 예수의 기도 영성을 정통으로 계승한 한국개신교 영성가

누가복음에 나타난 예수의 기도 영성의 정통을 계승한 한국개신교 영성가로는 이용도, 전 진, 그리고 최자실을 들 수 있다. 둘째, 예수의 기도 영성의 반정통에 속하는 영성가로는 한에녹이 있다. 셋째, 예수의 기도 영성의 이단으로는 황국주, 유명화 그리고 나운몽이 있다. 먼저 누가복음에 나타난 예수의 기도 영성의 정통을 계승한 이용도를 살펴보겠다.

---

783) 방성규, "메살리안 운동이 초기 수도원 운동에 끼친 영향," 133.
784) 앤드루 라우스/ 배성옥 옮김, 『서양신비사상의 기원-플라톤에서 디오니시우스까지』, 173; Andrew Louth, *The Origins of the Christian Mystical Tradition: from plato to Denys*, 111-112.

1) 이용도(李龍道, 1901-1933)

한국기독교사연구회는 1920년대 한국교회의 대표적인 부흥사로 길선주, 김익두, 그리고 이용도 목사[785]를 꼽았다.[786] 나아가 2007년 6월 30

[785] 이용도 목사는 당시 원산의 극단적 신비주의자로서 이단으로 몰린 한준명을 무차별적 사랑으로 받아준 것이 화가 되어 이용도 같이 취급을 받게 되었다. 김기련, "이용도 목사의 신비주의적 영성: 이용도 목사 출생 100주년을 기념하여,"「신학과 현장」11(2001), 91-92. 나아가 접신녀 유명화에게 주님이라고 말하는 실수를 했다. 후루타 도미타테, "이용도의 '동양적 기독교' 모색: 유명화와의 교류를 중심으로,"「종교연구」45(2006), 261-287. 그래서 이용도 목사에 대한 평가는 그의 사후 60년이 넘도록 분분 했다. 혹자는 이용도를 신비주의 성자라고 하는가 하면 혹자는 이단자라고 하기도 하였다. 이용도 목사는 1933년 3월 7일 기독교 조선 감리회 중부 연회에서 1년 휴직 명을 받고 교단을 떠났다. 그 후 66년이 지난 1999년 3월 9일 기독교 대한 감리회 서울 연회는 서울 정동 감리교회에서 열린 제19차 연회에서 이용도 목사를 복권 조치하였다. 서울 연회는 "이용도 목사의 성령 운동이 과거 신비주의를 지나치게 강조한 측면이 있으나 오늘날 그와 같은 맥락의 오순절운동이 보편화되고 있는 상황에서 이 목사의 성령운동을 이단시하는 것은 바람직하지 않다."라고 하면서 복권의 사유를 말했다. 이용도 목사의 복권과 명예회복 조치는 1998년 인천에서 열린 제23차 총회에서 복권키로 결의한 내용을 해당 연회인 서울 연회가 과정 자격심사를 거쳐 처리한 것이다(국민일보, 1999.3.13.). 또한, 감리교 제23회 총회에 건의된 '이용도 목사 휴직에 대한 명예복직을 위한 청원' 내용에서 이런 말을 했다. "이용도 목사의 휴직을 거두어 주시고 그분의 감리교 교역자로써의 명예를 회복시켜 주신다면 이는 마치도 주기철 목사의 명예를 장로교회에서 회복시켜 준 것 같은 큰 의의를 가지게 될 것임을 믿어 의심치 않습니다." 결국 이 건의안이 받아들여져서 이용도 목사는 복권되었다. 김홍기, "시무언(是無言) 이용도 목사 영성운동의 역사적 재발견,"「신학과 세계」38/3(1999), 102. 더 자세한 복권 절차에 관한 내용을 보기 위해서는 김홍기의 같은 글, 102-103를 참조하라. 참고로 1933년 9월 15일에 열린 죠선예수교장로회 제22회 회의록에는 다음과 같은 이용도에 대한 가결내용이 있다. "각로회지경내이단으로간쥬할수잇는단태(리용도, 백남쥬, 리호빈, 황국쥬)에미혹지말나고본총회로셔각로회에통첩을발하야쥬의시키기로가결하다."(죠션예수교장로회총회데22회회록, 71). 여기서 보면 이용도를 '이단으로 간주할 수 있는'이라고 언급하고 있다. 이런 표현은 제41회 죠선예수교장로회총회에서 박태선에 대한 가결과 비교된다. 제41총회 회의록에는 다음과 같이 박태선에 대하여 언급하고 있다. "박태선 씨는 그가 가르치는 바가 비성서적이요 본 장로교 교리와 신조에 위반됨이 많을 뿐 아니라 교회를 크게 소란케 하므로 차를 이단으로 규정함이 가한 일이오며 기타 사설 집단체나 개인이 주최하는 집회에 본 장로회 교인이 참석하는 일에 대하여는 총회 또는 노회가 승인이 없는 한 금하는 것이

가한 줄 아오며"(죠선예수교장로회총회뎨22회회록, 46)라고 기록하고 있다. 박태선에 대해서는 분명하게 '이단으로 규정하며'라고 쓰는데 비해 이용도에 대하여는 '이단으로 간주할 수 있는'이라고 쓰므로 박태선보다는 다소 약한 표현을 쓴다. 집회참석에 대해서도 박태선의 집회는 금하는데 비해 이용도에 대해서는 주의시키는 정도이다. 이러한 사실은 박태선같이 이용도를 확실하게 이단으로 규정했다기보다는 이단으로 간주할 수 있는 위험성이 있음을 경고한 정도라고 이해할 수 있다. 장신대 김인수 교수도 장로교 황해노회와 평양노회에서 이용도에 대한 결정 가결된 내용을 소개하면서 이 내용으로는 이용도 목사를 이단으로 정죄할 수 있는 내용은 아니며, 그러므로 이용도 목사는 한국교회에서 이단으로 정죄된 바 없다고 보아야 할 것이라고 했다. 김인수 교수는 그의 글에서 이용도는 신비주의 성자도, 이단자도 아닌 자유인으로 보아야 한다고 말했다. 김인수, "이용도 목사론: 신비주의 성자인가, 이단자인가?,"「장신논단」15(1999), 171-194, 특히, 191-194. 역사적으로 이용도에 관한 재평가는 1978년 감리교 신학대학의 교수들의 논문으로부터 시작되었다. 예를 들어, 윤성범, "이용도와 십자가 신비주의,"「신학과 세계」4(1978), 9-30; 박봉배, "이용도의 사랑의 신비주의와 그 윤리성,"「신학과 세계」4(1978), 51-71; 변선환, "이용도와 마이스터 에크하르트,"「신학과 세계」4(1978), 72-123; 송길섭, "한국교회의 개혁자 이용도,"「신학과 세계」4(1978), 124-157 등이다. 그 이후 1980년대 연세대학교 신과대학의 민경배 교수(교회사)도 이용도에 관한 평가를 다시 내렸다. 민경배,『한국기독교회사』(서울: 대한기독교서회, 1982); 민경배, "한국기독교회내의 신비주의-이용도의 고난 받으시는 그리스도 신비주의,"『이용도목사 관계문헌집』(인천: 초석출판사, 1986), 261-267. 나아가 장로회신학대학교 한숭홍 교수도 이용도에 관하여 재평가를 했다. 한숭홍, "이용도론 I,"「목회와 신학」5(1990), 202-213; 한숭홍, "이용도론 II,"「목회와 신학」6(1990), 210-221. 또한, 한국기독교회사연구회 대표 이만열 교수도 개신교의 3대 부흥사에 길선주, 김익두에 이어 이용도 목사를 포함시켰다. 90년대 후반 이후 이용도 목사에 대한 감리교신학대학교 교수의 글로는 김홍기, "시무언(是無言) 이용도 목사 영성운동의 역사적 재발견," 101-163과 이덕주, "이용도 목사의 성자 이야기,"「세계와 신학」61(2003), 211-224가 있다. 그 외에도 이용도에 대한 재평가에 대한 논문들은 여럿 있다. 이용도 신학을 직접적으로 이어받은 사람들은 강남대 심일섭, 김영일, 정희수 교수 등이 있다. 그중에 가장 빼놓을 수 없는 사람은 50년 동안 오직 이용도 목사만을 흠모하며 그의 전기 열 권을 펴낸 변종호 목사가 있다『이용도 목사 전집 1-10권』(인천: 초석출판사, 1986). 변종호 목사는 이용도 목사를 형이라 부르며 따랐던 후배 동생이었으며, 50년 동안 열 권의 이용도 전기를 집필했다. 그의 수고로 많은 사람들이 이용도 연구를 할 수 있도록 1차 자료를 남겨 주었다. 2005년도에는 류금주가 연세대학교신학대학원에서 석사와 박사를 모두 이용도로 학위를 받았다. 그녀의 박사 논문『이용도의 신비주의와 한국교회』를 대한기독교서회에서 출판했다. 또한, 이용도 연구에 빼놓을 수 없는 자료로는 Victor Welligton Peters 가 1936.1-12월에 *The Korea Mission Field* vol 32 no, 1-12에 연재한 "Simeon, A

일 자 한국기독공보에는 1907년 100주년을 기념하여 장로교 통합 교단의 총회 역사위원회가 한국의 부흥의 주역 3명을 선택하여 세미나를 했는데 그 세 명은 길선주, 이성봉 그리고 이용도였다. 그 세미나에서 이용도는 한국교회 부흥의 주역 중 대표적인 한 사람이었다고 평가받았다.[787] 길선주는 말씀중심의 사경회를 인도한 부흥사였다면, 김익두는 치병신유집회를 인도한 부흥사였고, 이용도는 신비주의에 기초하여 주님과 연합하는 기도 영성을 추구했다.[788]

Christian Korean Mystic," 가 있다. 이 잡지에 실린 글을 강남대 박종수 교수가 번역을 했다. 이 번역은 다음의 책에 실려 있다. 이용도 신앙과 사상연구회편, 『이용도목사의 영성과 예수운동』(서울: 성서연구사, 1998), 15-104. 이용도 목사의 부흥운동에 관해서는 김윤규, 이용도 목사의 신비주의적-열광주의적인 영성형성과 부흥운동에 관한 연구,"「신학과실천」20(2009), 297-347가 있으며, 이용도 설교집으로는 이용도/ KIATS 엮음, 『이용도』(서울: 홍성사, 2009)가 있으며, 이용도 목사의 시집으로는 『샤론의 들꽃』(서울: 한국문연, 1989)이 있다. 참고로 2010년 이후 나온 이용도 목사에 관한 논문은 다음을 참조하라. 오성주, "시무언(是無言) 이용도목사의 생애에서 본 영성과 교육," 「신학과세계」 67(2010), 303-343; 김수천, "이용도 목사의 삶에 표현된 영성 분석,"「역사신학 논총」 25(2013), 102-127; 김운용. ""용도가 울기 시작했다": 1930년 전후 이용도 목사의 부흥 설교 사역에 대한 연구,"「신학과 실천」48(2016), 63-90; 양현표, "이용도 목사의 신학과 그의 부흥회,"「신학지남」83(2016), 223-258; 김수천, "기독교영성 전통에서 살펴 본 시무언(是無言) 이용도 목사의 신비주의적 영성 분석,"「신학과 실천」62(2018), 239-266 등이 있다.

786) 한국기독교사 연구회, 『한국 기독교의 역사 II』(서울: 기독교문사, 1990), 187.

787) 한국기독공보 2007년 6월 30일 자 제2615호 27면.

788) 김인수, "길선주, 김익두, 이용도 목사의 부흥운동," 59. 이용도 목사는 개신교 감리교 목사였지만 동방교회의 신비주의를 선호했다. 감신대 이덕주 교수는 이용도가 부흥운동가로 나서기 직전, 금강산 산기도와 통천교회 새벽기도, 철야기도를 통해 얻은 '하늘의 은혜'를 받은 이용도는 1929년 10월 16일부터 11월 29일까지 5회에 걸쳐 <기독신보>에 연재했던 6세기 시리아 안디옥 출신의 수도자 시므온(Simeon 521-596)을 "성자이야기"로 승화시켜 발표한 것이라고 했다 (6개월이 지난 1930년 5월 28일 이용도는 5세기 프랑스의 성인 데오도릭에 대해 1회 더 연재한다). 이덕주 교수는 이용도는 실제로 시므온 같이 살다가 갔다는 것이다. 이용도 별세 3년 후에 이용도와 가깝게 지냈던 남감리회 선교사 피터스 (皮道秀/Victor Wellington Peters, 1902-2012)가 선교사들이 내는 *The Korea Mission Field*에 이용도의 생애를 연재하였는데 이용도에 대한 제목을 "Simeon, A Christian Korea Mystic"라고 붙였다. 번역하면 "한국의 신비주의자 시므온"이다. 물론 이용도의 호인 '시므언'을 염두에 둔 것이라고 볼 수도 있

한편, 이용도가 처음으로 기도를 열심히 하게 된 계기는 그의 아버지 이덕흥(李德興)씨가 교회 나가는 것을 반대하고 핍박을 했기 때문에 가족이 교회 갈 수 있도록 아버지를 기독교인으로 만들어 달라고 기도했던 것이 이용도가 처음으로 기도를 하게 된 계기였다.[789] 특히, 이용도는 어머니의 기도로 신앙심이 두터웠던 13세부터는 기도하는 아이가 되었다. 주변사람들의 말에 의하면 그때부터 어린 이용도가 예배당 종각에 올라가서 여러 시간, 혹은 밤새도록 기도하는 모습을 본 적도 있다고 했다.[790] 1915년 이용도는 송도(개성)의 한영서원(韓英書院)에 입학했는데 그즈음에 길선주 목사로부터 깊은 영향을 받게 되었다. 이때부터 그는 기도를 '살아있는 숨결'로 여기게 되었다.[791] 당시에 유명한 길선주 목사가 학생이었던 이용도가 다니던 교회에서 학생회 부흥회를 개최했다. 그것을 계기로 이용도에게 기도는 필수적인 것이 되었으며, 교회에서 밤새 기도했다. 교회 학교가 시작하기 전에 그는 항상 교회에 일찍 도착했다. 그리고 종탑으로 사다리를 타고 올라가서 한 시간 이상 기도를 한 다음 다른 사람이 오기 전에 내려왔다. 오랫동안 그의 동료

지만 피터스는 이용도가 평소에 6세기의 성자 시므온을 흠모하며 살았다는 것을 알고 있었기에 그의 소원대로 한자의 음을 생각했다기보다는 성자 시므온의 이름을 붙여 주었을 것이라는 것이다. 그래서 이용도도 시므온처럼 고행과 금욕, 선행과 이적, 십자가의 신비를 자기 삶의 목표로 삼았다고 본다. 이덕주, "이용도 목사의 성자 이야기," 214-215, 222-224. 이용도가 시므온에 대한 성자 이야기를 한 부분을 참고하려면 위의 이덕주의 글 pp, 215-222을 보라. 이용도 목사가 그 당시 개신교 부흥사들에게서 나타나지 않았던 신비주의 영성을 보인 것은 수도원 영성을 가진 수도사 시므온을 흠모했기 때문으로 보인다. 개신교 학자가 로마 가톨릭교회의 신비주의적 영성의 관점에서 이용도를 조명한 글은 김기련, "이용도 목사의 신비주의적 영성," 78-95을 참조하라. 그러나 김홍기는 이용도의 신비주의가 로마 가톨릭교회의 성 버나드(St, Bernard)적 사랑의 신비주의도 있지만 마틴 루터의 십자가 신학적 신비주의와 웨슬리의 완전 성화의 신비주의도 있음을 지적했다. 김홍기, "시무언(是無言) 이용도 목사 영성운동의 역사적 재발견," 105.

789) 이용도 신앙과 사상연구회편, 『이용도목사의 영성과 예수운동』, 18-20.

790) 김귀춘, "한국에 임한 영적 각성운동의 주역 이용도 목사,"「영성의샘」 64/3(2004), 173.

791) 신광철, "한국의 마이스터 에크하르트, 이용도 목사,"「목회와신학」85/7(1996), 190.

조차 눈치채지 못했을 정도로 그는 기도에 열심이었다.[792]

또 한편, 이용도가 통천에서 처음 목회를 할 때 통천읍 서북쪽의 금강산 기슭 백정봉은 기암절벽으로 이루어져 있었다. 이용도는 박재봉과 같이 먹지도 않고 마시지도 않고 십 일간 금식하면서 기도에 전념하였다.[793] 이때 이용도가 박재봉에게 말하기를 "내 들어가 엎드리거든 내가 일어날 때까지 깨우지 말고 만일 여러 날이 되어 혹 집에서나 교회에서 찾는 일이 있어도 내가 일어나기 전에는 누구든지 나를 일으키지 못하게 해 주게"라며 기도에 전념했다. 두 사람은 바위틈에 가지런히 엎드렸다. 그렇게 엎드려 기도를 시작한 지 하루가 지나고 일주일이 지나고 십 일간 계속되었다. 찾아다니던 교회 사람들은 두 사람이 엎드려 기도하는 것을 발견했으나 기도 드리는 것이 분명하므로 건드리지 않았다. 그들은 10일간 단식기도를 무사히 마치고 하산하였다. 이후부터 이용도는 딴 사람이 되었다. 생활하는 사람이기보다 기도하는 사람이 되었고, 말하는 전도자 이전에 기도하는 기도꾼이 되었다. 그래서 이때부터 예배당 근처에서 이용도를 만날 수 없을 때는 산기슭이나 시냇가에 가면 엎드려 몸부림치며 기도하는 그를 볼 수 있었다.[794] 이러한 기도가 있었기에 성탄절 축하예배 때 강단에 올라 몇 마디 말하지도 않았는데 모인 사람들이 통곡하며 은혜받는 역사가 일어났다.[795]

나아가 이용도는 뱀들이 우글거리는 강가에서 기도하다가 그 길로 강단에 올라가 설교했으며, 밤이 깊도록 수백 명의 신자에게 안수기도를 해주었다. 그리고 나서도 쉬러 가는 게 아니었다. 강대상 아래 엎드려 기도로 밤을 새웠다. 집회를 마치고 집으로 돌아와서는 그 길로 인왕산에 올라 밤새 눈 속에 파묻혀 기도했다.[796] 더 나아가 이용도는 1931년 명촌교회 부흥회 때 어느 날 저녁 8시 반에 대표기도를 시작했는데 일어나 보니 열 시가 되었다. 한번 엎드려 대표기도를 한 시간 반

---

792) 이용도 신앙과 사상연구회편, 『이용도목사의 영성과 예수운동』, 22.
793) 김홍기, "시무언(是無言) 이용도 목사 영성운동의 역사적 재발견," 109.
794) 변종호 편저, 『이용도목사 전』(인천: 초석출판사, 1986), 36.
795) 김귀춘, "한국에 임한 영적 각성운동의 주역 이용도 목사," 173.
796) 김귀춘, "한국에 임한 영적 각성운동의 주역 이용도 목사," 174.

이나 했다.797) 어느 부흥회에 가서는 수천 명 성도가 모인 곳에서 기도를 시작한 후 기도만 4시간 이상 하고는 폐회를 선언했다.798) 1931년 겨울 어느 날 저녁에는 산기슭에 나가 엎드려 기도하는 중 밤에 눈이 퍼내렸는데 새벽에도 돌아오지 않아서 염려되어 가족들이 눈쌓인 산에 올라가 이리저리 살펴보니 눈 속에 파묻혀 기도하고 있었다.799) 1932년 10월 3일 신안주 집회에서는 설교 도중 손을 들고 찬송하기를 4시간 이상이나 계속했다.800) 중앙교회의 집회에서는 설교만 5시간 이상을 했고, 집회에 5백 명이 앉는 회당에 천명이 모여서 담벼락이 무너져 벽을 뜯어 놓고서 부흥회를 마치기도 했다.801)

이용도의 후배요 제자였던 변종호가 열 권802)으로 된 이용도 전기를 50년에 걸쳐 썼다. 그리고 이용도의 기도생활을 한 편의 시로 표현했다. 그 시의 제목은 '그는 오직 엎드리었습니다'이다.

그는 오직 엎드리었습니다
대지의 꽃이 웃고 장안의 남녀 꽃을 찾아
이리 오고 저리 가는 화창한 봄날
목사님은 오직 그 산기슭에 엎드리었습니다.

797) 변종호 편저, 『이용도목사 전』, 107-108.
798) 변종호 편저, 『이용도목사 연구 40년』(인천: 초석출판사, 1986), 56.
799) 변종호 편저, 『이용도목사 연구 40년』, 100-101.
800) 김홍기, "시무언(是無言) 이용도 목사 영성운동의 역사적 재발견," 116.
801) 변종호 편저, 『이용도 목사 저술집』(인천: 초석출판사, 1986), 242.
802) 변종호 편저, 『이용도목사 서간집(전집 제1권)』(인천: 초석출판사, 1986); 변종호 편저, 『이용도 목사 전(전집 제2권)』(인천: 초석출판사, 1986); 변종호 편저, 『이용도 목사 일기(전집 제3권)』(인천: 초석출판사, 1986); 변종호 편저, 『이용도 목사 연구 40년(전집 제4권)』(인천: 초석출판사, 1986); 변종호 편저, 『이용도 목사 저술집(전집 제5권)』(인천: 초석출판사, 1986); 변종호 편저, 『용도 신학(전집 제6권)』(인천: 초석출판사, 1986); 변종호 편저, 『이용도 목사 사모 50년(전집 제7권)』(인천: 초석출판사, 1986); 변종호 편저, 『이용도 목사 연구 반세기(전집 제8권)』(인천: 초석출판사, 1986); 변종호 편저, 『이용도 목사 관계문헌집(전집 제9권)』(인천: 초석출판사, 1986); 변종호 편저, 『이용도 목사 사진첩 및 숭모문집(전집 제10권)』(인천: 초석출판사, 1986) 등이다.

폭양이 등을 지지고 토석이 불덩인 듯
더웁고 사활이 숲 사이에 꿈틀거리는 여름 한낮에
목사님은 오직 그 산기슭에 엎드리었습니다.

높은 하늘이 검은빛에 물들고 가을 찬 바람
초목 끝에 춤추고 벗은 벌판에 서리 온 가을 새벽
목사님은 오직 그 산기슭에 엎드리었습니다.

초목이 치를 떨고 천지가 얼음 세계로 되고
얼음 세계에 눈까지 퍼내리는 그 겨울밤을
목사님은 오직 그 산기슭에 엎드리었습니다.

주의 음성 들은 그 몸 그저 자기를 버리고
겟세마네 동산 찾아 주와 함께 엎드리노라.
주가 부르시는 대로 찾아가서 그의 몸은
밤이든지 낮이든지 주님 앞에 엎드리도다.[803]

이처럼 이용도는 예수의 공생애 3년처럼 짧은 3년 동안의 부흥운동
에 자신의 온 힘을 쏟은 후 예수같이 33세의 나이로 세상을 떠났다.[804]
특히, 이용도는 산에서 기도하며 은혜를 받고 부흥회를 인도했다. 누가
복음에 나타난 예수의 산기도의 영성을 계승하였다. 나아가 개인기도와
성도들을 위한 대표기도(중보기도)의 본을 보여 주었다. 따라서 이용도
는 누가복음에 나타난 예수의 기도 영성의 정통을 계승한 영성가라고
할 수 있다. 다음은 누가복음에 나타난 예수의 기도 영성을 정통으로
계승한 대한수도원의 전 진 원장을 살펴보겠다.

---

803) 변종호 편저,『이용도목사 서간집』, 4.
804) 이덕주, "이용도 목사의 성자 이야기," 211.

2) 전 진(田鎭, 1912-1996)

전 진이 1940년 10월 24일에 세운 한국 최초의 기도원인 대한 수도원805)의 원장이며, 대한수도원은 현재까지 50년이 넘게 나라를 위한 중보기도를 하고 있다.806) 전 진은 1912년 감리교 목사였던 아버지 전희

805) 대한수도원(강원도 철원군 갈말읍 군탄 1리 707번지/033-452-2594)은 한국교회 영성운동사 흐름에서 북방 영맥(北方靈脈)을 잇고 있다. 한국 교회의 토착영성은 지리산을 중심 한 남방 영성과 금강산을 중심 한 북방 영성으로 나눌수 있다. 남방 영성은 1930년 '도암의 성자'로 불린 전남 화순 출신 이세종에서 발원하여 이현필, 최홍종, 정인세, 강순명 등에게 이어진다. 지리산 자락 화학산, 개천산 부근에서 형성된 남방 영성은 성서 중심적이고, 가부장적(家父長的)이며, 수도생활에서 묵상과 노동, 사랑의 실천을 강조했다. 구체적인 수도공동체로는 동광원과 귀일원이 있다. 이에 비해, 북방 영성은 그 연원을 이용도에게서 찾는다. 이용도는 1930년 통천교회에서 목회하다가 '불의 은혜'를 체험한 후 신비주의 부흥운동을 이끌었다. 이용도는 금강산 산기도를 자주 하였고, 생애 말년에 원산에 신학산을 만들어 기도 공동체 생활을 추구하였다. 금강산 자락 원산은 이미 1903년 부흥운동이 시작되었던 곳으로 한국교회사에서 성령운동의 시발점이었다. 금강산을 닮은 한탄강 계곡에 대한수도원을 설립한 박경룡, 이성혜, 유재헌 목사 모두 금강산 기도로 은혜를 받은 부흥사들이고, 전 진 원장 역시 원산에서 유재헌 목사 부흥회를 통해 중생의 체험을 한 후 대한 수도원 운동에 합류한 사람이다. 대한수도원에 이어진 북방 영성은, 남방 영성과 비교할 때, 체험 중심적이며 모성적(母性的)이고, 성령의 직접적인 은사 체험을 강조한다는 점이 특징이다. 그래서 대한수도원은 조용히 묵상하며 진리를 깨닫는 수도원이 아니라 가슴속에 있는 응어리를 토해내며 몸부림치며 기도하는 곳이다. 그래서 수도원의 '도' 자를 길 '道' 자로 쓰지 않고 빌 '도'(禱) 자로 쓴다. 기도를 하더라도 통성기도, 안찰기도 같이 소리를 내고 움직이는 기도를 주로 한다. 이덕주, "멈춘 곳에서 시작하게 하소서: 철원 대한수도원과 지경터, 새술막 교회 터," 「기독교교육」 416/2(2004), 147. 그래서 대한수도원은 중세의 수도원(修道院)이 아닌 수도원(修禱園) 즉, 수양하고 기도하는 동산의 의미를 지닌다. 허경영, "쉼 없는 기도의 재단, 대한수도원," 「빛과소금」 66/9(1990), 124. 그런 차원에서 대한수도원은 한국 최초의 수도원이면서도 동시에 한국 최초의 기도원이라고 할 수 있다. 물론 1930년도에 원산에 이용도와 백남주가 만든 신학산 수도원을 한국의 첫 번째 수도원이라고 한다면 대한 수도원은 두 번째가 되는 셈이다.

806) 대한수도원은 최초에 박경룡 목사를 주축으로 한 기도모임에서부터 시작되었다. 당시 철원 장흥감리교회에서 목회를 하고 있던 박경룡 목사는 기도처를 찾아다니다가 한탄강 계곡에서 기도 명당자리를 발견한다. 경북 금천 출신인 박경룡 목사는 일본 고베성서학원을 졸업하고 돌아와 '친구 따라' 금강산에 들어가 기도를 하다가 은혜를 받은 후 탁발 수도를 하면서 전국을 순회하며 전도행각

균 목사의 딸로 태어난다. 그녀는 1935년에 협성신학교를 졸업하고, 여전도사로서 목회의 길을 시작한다. 그 후 전 진은 어린 시절 당시 감리교 부흥사였던 이용도의 부흥회에서 은혜를 받는다.[807] 전 진은 결혼 후 아들을 낳았는데 낳는 과정에서 아들이 죽고 말았다. 간호원이 아기를 시체실에 가져다 놓았는데 정신을 차린 전 진은 다시 아기를 데려다 달라고 해서 간호원이 아기를 데려다주었더니 가슴에 묻고 기도하자 아들이 살아나는 기적이 일어났다.[808]

한편, 대한수도원에 가보면 본당 맨 앞에 '제단에 붙은 불을 끄지말라'[809] 와 '우리에게 한 제단이 있나니 우리의 겟세마네라'는 표어가

을 벌였던 '기인'(奇人) 전도자였다. 본래 장로교 출신이었으나 감리교 구역인 내금강 말휘리에서 목회를 시작하여 감리교 목사가 되었고, 장흥교회에 부임한 후 이곳에서 금강산 축소판 같은 순담계곡을 발견하고 기도원을 세울 계획을 세웠다. 이덕주, "멈춘 곳에서 시작하게 하소서: 철원 대한수도원과 지경터, 새술막 교회 터," 145-146. 그 이후 1943년에는 '조선수도원'으로 현판식을 가졌다. 영적 각성과 조선독립을 위해 기도하던 이 모임은 일제의 감시와 통제를 피하고자 수도원 언덕에 말을 기르면서 양마장(養馬場)이라 부르면서 기도의 고삐를 늦추지 않았다. 해방 직후 유재헌 목사가 합류했다. 일본 고베 신학 출신으로 역시 금강산 산기도로 은혜를 받은 유재헌 목사는 부천으로 목회지를 옮긴 박경룡 목사의 뒤를 이어 대한 수도원 원장이 되어 북한 지역을 순회하며 부흥회를 인도하면서 수도원 후원 자금을 모금하였다. 유재헌 목사가 원산중앙교회에서 부흥회를 인도할 때 그 교회 전도사였던 전 진 전도사는 유재헌 목사 부흥회를 통해 몸과 마음이 뜨거워지는 웨슬리의 '올더스게잇' 체험을 하면서 '불의 여인'이 되었다. 그리고 유재헌 목사의 부탁을 받고 대한수도원에 참여하게 되었다. 이덕주, "멈춘 곳에서 시작하게 하소서: 철원 대한수도원과 지경터, 새술막 교회 터," 146. 당시 유재헌 목사의 부흥회에서 1000여 명이 모여 큰 역사가 일어났다. 많은 헌금이 걷혀서 수도원 운영자금으로 쓰고자 헌금의 운반책을 전 진 전도사가 맡게 되었다. 그 일을 계기로 전 진 전도사가 대한수도원에서 사역하게 된 것이다. 그게 1946년 5월 10일의 일이다. 허경영, "쉼없는 기도의 재단, 대한수도원," 123, 126. 필자가 듣기로는 유재헌 목사는 과거에 금강산에서 도를 닦다가 예수를 믿어 과거에 100일 기도 했듯이 예수 믿고도 100일 기도를 100일간 누워서 잠을 자지 않고 기도할 정도로 기도를 열심히 했던 사람이었다고 한다. 유재헌 목사의 기도 이야기는 필자가 2008년 2월 당시 대한수도원에서 기도를 하던 장신대학교 신학과 81 동기인 이영찬 목사를 찾아가서 교제하던 중에 이영찬 목사에게 직접 들은 이야기이다.

807) 전 진, 『눈물이 강이 되어 50년』 (서울: 은혜기획, 1998), 32.
808) 전 진, 『눈물이 강이 되어 50년』, 71.

붙어 있다. 이 표어를 보면 대한수도원이 끊이지 않고 나라를 위해 중보기도하는 구국 기도원이라는 것을 알 수 있다. 안내문에도 '대한수도원은 조국과 동족을 위해 기도하기 위하여 설립되었으며, 제단에 불을 끄지 않기 위하여 쉬지 않고 기도하는 기도의 동산입니다.'라고 써져 있다.810) 또한, 대한수도원이 나라와 민족을 위해 구국기도의 중요성을 강조하기 위하여 사용하는 구국기도단 선언문에는 구국기도의 중요성을 다음과 같이 말한다. "우리는 조국을 기독교 국가로 세우기 위한 사명감으로 구국기도단을 결성하게 되었다. 구국기도단은 교파를 초월하고 남녀노소를 막론하여 우리나라의 숨은 기도 용사들을 모아 한마음, 한뜻으로 조국의 운명을 놓고 기도의 봉화를 높이 올릴 것이다. 우리는 사람을 움직이기 전에 먼저 하나님을 움직여야 함을 안다. 또한 전도운동을 일으키기 전에 기도운동을 일으켜야 함도 안다. 바로 이것이 제대로 된 순서요 진리이다. 기도 없이 목적만을 이루기 위한 운동은 결코 하나님이 도와주시지 않을 것이다. 먼저 기도하고 회개하자. 그런 다음 사람들을 향해 나아가 외치자 애국심에 불타는 신자들, 곳곳에서 눈물로 기도하는 용사들, 이제 모두 자리를 털고 일어나 조국을 위해 하나로 뭉치자. 구국 기도단이라는 이름으로 거대한 기도의 제단을 쌓자!."811) 나아가 대한수도원 선언문에도 수도원의 목적을 나라를 위해 구국기도하는 사명이 있다고 말한다. "우리 수도원의 제단을 쌓는 사명이 있으니 바로 또 다른 천사가 금향로를 가지고 와서 제단 곁에서 향으로 많이 받아 가지고 모든 성도의 기도로 화합하여 보좌 앞 금단에 놓으니 향연이 성도의 기도와 함께 천사의 손으로부터 하나님 앞으로 올라 가는지라 천사가 향로를 가지고 단 위에 있는 불을 가득히 담아 땅

---

809) 이 표어는 유재헌 목사가 1939년 봄 일본 명석에서 불제단이라는 찬송을 작시하여 현재 찬송 193장 예수 십자가에 흘린 피로서에 맞추어 부른 찬송 7절에 나오는 "제단에 붙은 불을 끄지 말라 아침저녁 제단에 나가 신앙의 나무들을 벌여놓고 기도의 바람을 불어라."에 나오는 것이다. 유재헌, 『복음성가』(포천: 기독교대한수도원, 2007), 22장.
810) 허경영, "쉼없는 기도의 재단, 대한수도원," 124.
811) "구국기도단 선언문," 『복음성가』(포천: 기독교대한수도원, 2007).

에 쏟으매 뇌성과 번개와 지진이 나는(계 8:3-5) 기도의 제단이 수도원에 있다. (...) 우리는 인간의 활동에 의존하지 말고 절대 귀의(歸依)하고 신종(信從)하고 도고 함으로써 우리나라와 겨레를 구하고자 한다. 첫째가 수도원에 기도의 제단을 쌓고 기도의 사명을 가진 성도가 한데 모여 불철주야 도고의 향을 올린다." 선언문의 마지막은 이렇게 끝난다. "교역자도, 신자도, 시간 있는 대로 이 한 제단에 나아와 기도의 불을 피우자. 우리 자신이 살고, 교회가 살고, 국가 민족을 살게 하자. 기도의 봉화를 들어 사탄의 세력을 물리치고 하나님의 나라를 이 땅 위에 건설하자. 아멘."[812]

지금도 대한수도원에서는 매월 1일과 15일에 남북통일을 위한 구국기도회를 하고 있다.[813] 지역마다 가정제단이 있어 매주 화요일마다[814] 모여 기도회를 갖는데 제단지기의 권위가 대단하다. 그러나 은혜받은 자들은 소속교회와 가정생활에 충실하도록 교육을 강화함으로써 건강한 수도원 운동으로 자리 잡고 있다.[815] 대한 수도원의 전 진으로부터 영향을 받은 사람들이 많이 있다.[816] 특이한 점은 대한수도원에서는 기도 외에 군가 같은 찬송가, 안찰, 성령춤, 투시등 독특한 영성을 남겼

---

812) 유재헌, "대한수도원 선언문,"『복음성가』

813) 허경영, "쉼없는 기도의 재단, 대한수도원," 127.

814) 이덕주 교수는 매주 화요일마다 기도를 한다고 했지만 대한수도원의 부원장을 어머니로 두고 있는 장신대 학부 동기 목사인 조의동 목사에 의하면 현재 실제로 이루어지는 가정 제단은 매일 혹은 월, 화, 목 주중 3일 동안 이루어진다고 한다(2010년 1월 18일 오후 1시경 청파중앙교회에서 모인 장신대 81학번 독서모임 중에서 조의동 목사가 직접 한 말).

815) 이덕주, "멈춘 곳에서 시작하게 하소서: 철원 대한수도원과 지경터, 새술막 교회 터," 147. 대한수도원은 한국에 구역모임이나, 셀모임의 원조라고 말할 수도 있다.

816) 전 진 원장 추모 2주기 추모논집『눈물이 강이 되어 50년』이라는 제목의 책에 보면 전 진 원장에게 영향을 받은 많은 목회자가 소개되어 있다. 예를 들어, 전 KNCC 총무 김동완 목사, 장로교 통합 전 휘경교회 한정원 목사, 전 연세대 총장 박대선 감독, 전 아현교회 김지길 감독, 전 서울 여자대학교 정구영 총장 등 여러 사람들이 영향을 받은 것으로 알려져 있다. 1994년 10월 21일 전 진 원장이 83세 되던 해에는 감리교 신학대학교 총동문회가 주는 모교를 빛낸 동문상을 수상했다. 전 진,『눈물이 강이 되어 50년』, 409.

다.817) 대한수도원과 전 진은 자신들은 하나님 나라와 조국을 위한 영

817) 대한수도원이 계승하고 있는 독특한 영성 중에 첫 번째는 군가 같은 찬송가이
다. 이 군가 같은 찬송가는 유재헌 목사가 남긴 150편의 작시에 찬송가를 부른
것을 전 진 원장이 지금까지도 예배 때 부르고 있다. 마치 군가와 같이 작시된
처절한 신앙고백이 들어가 있는 작시이지만 그 안에 대한 수도원의 영성이 모
두 들어있다고 해도 과언이 아니다. 둘째는 안찰이다. 안찰기도는 성경에 없는
것 같아 의문이 간다. 다만 구약의 왕하 13:16절("또 이스라엘 왕에게 이르되 왕
의 손으로 활을 잡으소서 곧 손으로 잡으매 엘리사가 자기 손으로 왕의 손을
안찰 하고")에 보면 이스라엘 왕 요아스가 엘리사를 찾아왔을 때 엘리사가 왕에
게 활을 잡고 동편창을 열고 쏘라고 하면서 왕의 손에 안찰을 한다. 안찰을 하
더라도 손에만 하면 좋으련만 온몸에 다하니 어디 사람이 아파서 괴롭지 않겠
나. 필자도 개인적으로 고등학교 때 구로동의 어느 집회에 갔더니 까만 치마를
입은 권사(?)가 안찰을 받으라고 해서 받았는데 왜 그렇게 아프게 때리든지, 셋
째는 성령춤이다. 지금 행하고 있는 성령춤은 전 진 원장의 며느리가 만든 것으
로 알려져 있다(수도원의 부원장인 장신대 동기 목사인 조의동 목사의 어머니를
통해 조의동 목사가 직접 들었다는 말을 필자가 조의동 목사에게서 직접 들음)
성령춤이 만들어지게 된 계기는 오래전 대한수도원에 '띄띄 할아버지'라는 분이
계셨다. 어려서 소아마비에 걸려 다리를 절었던 분이다. 말도 또렷하게 못 했다.
당시 수도원에 예배당을 짓기 위해 돌을 날라야 하는데 이 할아버지는 하루에
90번을 왕복할 정도로 열심히 일을 했다. 그가 어느 날 전 진 원장에게 예배당
을 다 지으면 자기를 종지기로 시켜달라고 부탁했다. 예배당을 다 지어 봉헌식
을 마치고 한바탕 잔치를 벌일 즈음, 놀라운 일이 일어났다. 뛰뚱거리며 제대로
걷지도 못하던 그 할아버지가 갑자기 춤을 추며 말씨도 또렷하게 되면서 하나
님을 찬양하게 되었다. 전혀 가르쳐주지 않았는데도 불구하고 그 자리에서 모든
사람이 춤을 추며 하나님을 찬양하였다고 한다. 허경영, "쉼없는 기도의 재단,
대한수도원," 127. 그 후에 전 진 원장의 며느리가 지금의 성령춤을 만들어 낸
것이다. 성령춤은 마치 군무를 하듯이 20가지의 모션을 하면서 하나님을 찬양하
는 춤이다. 우리나라 찬양 율동의 효시라고 할 수 있다. 대한 수도원의 멤버들
은 자신들을 영적인 군인으로 이해하기 때문에 성령춤은 마치 군인들이 제식훈
련을 하는 것처럼 공동체의 일치를 위한 하나의 공동체 내의 운동 겸 하나님을
찬양하는 군대식 율동이라고 할 수 있다. 성령춤에 관해서는 다음을 참조하라.
김정수, "대한수도원, 하나님께서 가르쳐 주신 성령춤,"「현대종교」373
/10(2005), 22-27. 대한수도원은 감리교 출신들이 만들어서 그런지 모두가 군대
식이다. 계급을 가지고 있어서 서열을 중요하게 생각한다. 이들이 밖에 나가 가
정에 모여서 제단을 쌓는데 그 제단을 가정제단이라고 한다. 여기에서는 모여서
찬송을 부르고 안찰을 하면서 낙심자를 회복시켜 교회로 돌려보낸다. 대한수도
원은 단을 중요하게 생각한다. 마치 출 29:35-37절에 단을 거룩하게 한 것 같이
단을 중요하게 생각하여 입구에는 제단의 불을 꺼지지 않게 하라는 말씀이 있
다. 여기서 불은 기도이다. 다시 말해 중보기도의 불을 끄지 말고 계속기도 하

적인 군사로 이해하고 중보기도로 영적인 전쟁을 해야 한다고 이해한다.

이처럼 전 진과 대한 수도원은 일제 식민지 시대와 6.25 전쟁으로 나라가 어려움에 처해 있었을 때 나라와 민족을 위해 중보기도 사역을 하였다. 전 진과 대한수도원은 누가복음에 나타난 예수의 중보기도 사역을 계승했다고 볼 수 있다. 따라서 전 진은 누가복음에 나타난 예수의 기도 영성의 정통을 계승한 영성가라고 할 수 있다. 다음은 누가복음에 나타난 예수의 기도 영성을 정통으로 계승한 오산리 금식기도원의 최자실을 살펴보겠다.

3) 최자실(崔子室, 1915-1989)

최자실은 순복음 교회 조용기 목사의 장모이며, 오산리 순복음 국제 금식기도원을 세운 오순절교단의 여자 목사이다. 최자실은 결혼 후에 큰 딸을 교통사고로 잃고, 거기에 사업도 망하여 급기야 자살을 택할 수밖에 없는 극한 절망으로 삼각산에 올라가 자살을 하려다가 그곳에서 우연히 만난 친구의 권유로 이성봉 목사가 인도하는 부흥집회에 참석하여 기도를 하다가 은혜를 받고 예수를 믿었다.818) 최자실은 그 당시의 상황을 다음과 같이 말했다. "새벽3시 쯤 되었을 때였다. 갑자기 무거운 쇳덩이 같은 것이 가슴을 꽝하고 내려치더니 온몸이 불덩이처럼 활활 타오르며 진동이 일어나고 입에서는 생전에 들어보지도 못하던 소리가 나오는데 혀가 꼬부라지며 영어도 아니고 일본 말도 아닌 이상한 말을 하고 있었다."819) 성령의 불을 받고 방언을 한 것이다. 그

라는 의미이다. 또한, 투시에 대해서는 필자가 2008년 4월 5일 보나콤 대표 강동진 목사에게 직접들은 말인데 본인이 대한 수도원 집회에 직접 참석하여 본 것인데 전 진 원장이 집회를 하다가 투시하면서 사람을 구체적으로 지적하면서 예언했다고 한다.

818) 이영훈, "금식기도와 성령세례를 강조한 할렐루야 아줌마,"「신앙계」344/11 (1995), 89, 124.

819) 최자실,『나는 할렐루야 아줌마였다』, 124.

후 신학교에 입학을 했는데 신학교 기숙사 생활을 하면서 성전에 올라가 홀로 철야기도를 하기 시작했다. 철야기도를 두 달째 계속하는데 기숙사 학생 중 아픈 사람을 위해 기도해 주었는데 처음으로 신유의 역사가 일어났다.[820] 그 이후로 어려울 때마다 작정하며 기도하면 기도응답을 받았다. 예를 들어, 남편이 예수 믿고 돌아오도록 100일 기도를 작정하고 매일 밤 10시가 되면 2시간 목적을 세우고 기도를 하던 중 180일이 넘은 어느 날 마침내 남편이 돌아오는 역사가 일어났다.[821] 또한, 최자실의 딸 김성혜(조용기 목사 부인)의 증언에 의하면 자기 어머니 최자실 목사는 잠을 자는 것을 보지 못했다고 한다. 매일 기도에 전념하느라 잠을 자지 않고 차에서 잠시 자는 정도였다고 한다.

한편, 최자실은 신학을 공부하고 대조동에 천막을 치고 교회를 개척했을 때 그 마을에 7년 동안 중풍병을 앓고 있었던 무성이 엄마가 있었다. 너무나 비참한 무성이 엄마를 위해 최자실은 금식 기도에 들어갔다. 금식 기도를 하며, 철야 기도를 하면서 방언으로 기도하기 시작했다. 이렇게 사흘동안 금식하고 기도하며 간호를 했다. 나흘째 되는 날 무성이 엄마가 전신을 일으키며 일어나려고 애를 썼다. 그러면서 '아줌마가 나를 붙잡고 기도할 때 갑자기 바람이 부는 것 같이 시원하더니 쏘고 저리던 것이 그치고 시원해져서 일어나려고 한다'고 말했다. 최자실이 계속해서 방언으로 기도해 주자 무성이 엄마가 벽을 붙잡고 일어나기 시작했다. 그리고 한 발짝씩 걷기 시작했다. 그날로 무성이 엄마의 중풍병은 완전히 고침을 받았다.[822]

또 한편, 최자실은 1968년도 당시 교회의 공원묘지였던 오산리에 자주 가서 철야기도를 하곤 했다. 그곳에서 귀신과의 영적투쟁을 하기도 했고, 기도굴을 파고 열흘의 금식기도 중 소명을 받아 기도원을 세웠다.[823] 1973년에 100평가량의 기도원 건물이 지어졌고, 이듬해에는 20여개의 개인 기도굴이 만들어졌다.[824] 그즈음부터 오산리 기도원[825]에

820) 이영훈, "금식기도와 성령세례를 강조한 할렐루야 아줌마," 163.
821) 이영훈, "금식기도와 성령세례를 강조한 할렐루야 아줌마," 402.
822) 최자실, 『나는 할렐루야 아줌마였다』, 226-238.
823) 이영훈, "금식기도와 성령세례를 강조한 할렐루야 아줌마," 428-432.

는 많은 사람들이 몰려들기 시작했다. 특히, 오산리 기도원은 금식으로 유명해졌다. 최자실은 금식기도가 능력이 있음을 항상 강조했는데[826], 이로 말미암아 많은 중환자들이 치유를 경험하였고, 개인적인 문제가 풀어지는 체험을 했다.[827] 한해 동안 기도원을 찾는 성도의 수는 130만 명(하루 평균 3천명), 외국인만도 7천여 명에 달했다.[828] 워싱턴 제일교회 집사가 최자실을 인터뷰했을 때 최자실은 "소련 모스크바, 중국 연변에 가서 복음증거하고 싶고, 평양 대동강 옆 모란봉에 교회를 짓고 싶으며, 금강산 입구에 금식기도원을 세워, 오고 가는 관광객이 들려 하루씩 쉬면서 금식하고 가게 하고 싶다."[829]라고 말했다.

이처럼 최자실은 누가복음에 나타난 예수의 금식기도, 철야기도, 그리고 방언기도를 계승했다고 볼 수 있다. 따라서 최자실은 누가복음에 나타난 예수의 기도 영성의 정통을 계승한 영성가라고 할 수 있다. 다음은 누가복음에 나타난 예수의 기도 영성을 반정통으로 계승한 한에녹에 대하여 살펴보겠다.

6. 예수의 기도 영성의 반정통

1) 한에녹(한진교(韓鎭敎), 1887-1973)

한에녹의 본명은 독립운동가 송계(松鶏) 한진교(韓鎭敎) 선생이

---

824) 1990년에는 301개로 늘어났다. 허경영, "금식기도와 성령운동의 산실-오산리최자실기념기도원," 「빛과소금」 67/10(1990), 139.
825) 오산리 기도원의 주소는 경기도 파주시 조리읍 등원로 391번 길 42이다. 현재의 명칭은 오산리 최자실기념 기도원 구 명칭은 오산리 순복음 국제금식기도원이다. 전화번호는 02-6181-9182이다.
826) 최자실 목사의 금식에 관해서는 다음을 참조하라. Jashil Choi, *Fasting Prayer Mt. Korean miracles* (Seoul: Youngsan Publishing Company, 1981).
827) 허경영, "금식기도와 성령운동의 산실-오산리최자실기념기도원," 138-139.
828) 허경영, "금식기도와 성령운동의 산실-오산리최자실기념기도원," 141.
829) 이영훈, "금식기도와 성령세례를 강조한 할렐루야 아줌마," 89.

다.830) 영락교회 장로였던 한에녹은 일제 치하에 조국을 떠나 중국에서 망명객으로 지내며 조국 해방을 염원하며 기도했다. 특히, 수차례의 40일 금식기도를 행하며 직접 신적 계시를 경험하고 또 묵시 사상을 해석할 특별한 능력도 얻었다고 믿었다. 그의 독특한 종말 사상을 체계화하여『영원한 복음』이라는 책을 출판했다. 한에녹은 40일 금식기도를 일곱 번 하면서 계시를 받았다고 한다.831) 이 책에 보면 한에녹이 40일 금식기도를 하면서 하나님께 기도한 장면이 나온다. "매일 드리는 기도 중에서는 특별한 지시를 맞난 때가 적었으나, 40일 기도를 거행한 후부터 비로소 기도에 대한 응답 주심을 얻게 되었다. (1) 제1차 40일 기도: 1929년 삼유동에서 사십일 기도를 마치게 될 때에 그곳에서 가장 높은 산상에 올라가서 그동안 간구한 기도의 총록(總錄)을 돌담 속에 봉정(奉呈)하고 응답을 구하는데, 문득 요한 1서 5장 15절 "우리가 물론 무엇이든지 구하는 바를 들으시는 줄을 안즉, 우리가 그에게 구한 것을 얻을 줄을 또한 알지니라."하시는 이 성경을 보라고 지시를 주시므로 응답을 믿었다. (2) 전화로 교통: 1942년 상해에서 제3차 40일 기도 시에 천상 보좌와 통할 수 있는 전화선을 보여주심으로 간구하는 기도가 직통됨을 보여주셨다. (3) 음파로 상달: 전화선 보다도 더욱 확실한 지

---

830) 한진교 선생은 일제강점기 상해에서 임시정부 수립에 참여했으며, 임시의정원 의원으로 입법활동을 전개한 독립운동가이다. 평안남도 중화 출신으로 1914년 6월 중국 상해(上海)로 이주하여 해송양행(海松洋行)을 설립, 경영하면서 거기에서 나오는 수익금을 독립운동 자금으로 헌납하였으며, 홍성린(洪成麟)·선우 혁(鮮于赫)과 협의하고 인성소학교(仁成小學校)를 설립하였다. 1918년 6월 20일 국내 동지들과 연락하기 위하여 대구에 들어가 서상일(徐相日) · 백남채(白南採) 등을 만나고 상해로 가던 중 일본경찰에 붙잡혔으나 탈출하여 귀환하였다. 1919년 4월 대한민국임시정부를 수립하는 데 참여, 임시의정원 의원이 되어 입법활동을 전개하는 한편, 조동호(趙東祜) 등과 신한청년당(新韓靑年黨)을 조직, 청년운동도 겸행하였다. 1977년 건국포장, 1990년 애국장이 추서 되었다. 집필 (1996년) 이현희 [출처: 한국민족문화대백과사전(한진교(韓鎭敎)].
831) 한에녹,『영원한 복음』(서울: 영원한복음사, 1955), 7-21. 이 책은 일반 성도가 쓴 조직신학책이다. 차례에는 1편 하나님, 2편 하나님 나라, 3편 창조, 4편 천사론과 사탄론, 5편 죄와 구속, 6편 천년 왕국을 주실 20가지 예증, 7편 부활, 8편 초림과 재림, 9편 천년왕국 실현과 생활 내용, 10편 재림, 11편 심판, 12편 대천국 완성 그리고 부록으로 구성되어 있다.

시는 나의 간구하는 음성이 백연(白煙)같이 피어올라 보좌에 미쳐서 하나님 귓문으로 들어가는 것을 보여주시고, 응답으로 지상에 천년 왕국을 실현케 될 것을 알렸다. (4) 귓문 옆에 입을 대고 구함: 음파의 상달도 상당한 거리를 두었으나 다시 일초의 간격도 남기지 않고 친히 귀를 기울이고 들어주시므로 귓문에 입을 대고 소원을 간구케 했다. (5) 귓속에 들어앉아 구하게 함: 귓문 옆에서 다시 귓문을 열어 기도자의 머리가 귓속에 들어가 구하게 하였고, 최후에는 전신이 다 귓속에 들어가 앉아서 고하게 하여 한마디도 헛된데, 돌아감이 없이 온전히 들으심을 믿게 하시고 요한 1서 5장 15절을 다시 기억케 하셨다."832) 또한, 한에녹은 다니엘서를 풀면서 예수의 재림이 2023년에 있을 것이라고 예언했다.833) "지금은 말세권(末世圈)의 개시되는 해 곧 1943년부터 2023년까지 80년 간이 이미 이르렀으므로 봉하였던 계시를 전인류 앞에 열어주시므로 알게 된 것이다. (...) [다니엘서에] 1천3백35일은 2023년에 주님의 초림과 천년 왕국의 실현기(단 12:12) (...) 하나님께서 2023년에 전 세계를 그리스도에게 맡겨, 천년 왕정을 지상에 실현케 하심을 말씀하신 것이다."834) 그러나 예수의 재림의 때를 산정 공포하는 일은 성경의 기록을 벗어나는 거짓 계시이다.835)

　이처럼 한에녹의 기도와 종말 예언은 일반 성도의 신비적인 기도 체험과 성경 연구의 신학적 한계를 드러낸 것이라고 볼 수 있다. 따라서 한에녹의 기도와 종말 예언은 누가복음에 나타난 예수의 기도 영성

---

832) 한에녹, 『영원한 복음』, 167-168.

833) 한에녹 장로가 재림의 때를 2023년으로 보는 근거는 다니엘 12장 11절에 기초하고 있다. 즉, "매일 드리는 제사를 폐하며 멸망케 할 미운 물건을 세울 때부터"에서 '멸망케 할 미운 물건'은 예루살렘 성전 자리에 서 있는 현재의 회교 사원으로 보며 그것이 건립된 연대를 688년으로 본다. 이 688이라는 수를 기초로 하여 몇 가지 미래의 사건 연대를 산출하였는데, 그중 한 가지가 예수의 재림시기이다. 그는 688이라는 수에 다니엘 12장 12절의 "기다려서 일천 삼백 삼십오 일까지 이르는 그 사람은 복이 있도다"의 1335를 더한 숫자, 곧 2023년을 예수의 재림의 해라고 주장하였다. 이상규, "한국 교회사에 나타난 거짓 계시운동," 130.

834) 한에녹, 『영원한 복음』, 209, 213-214, 326.

835) 이상규, "한국 교회사에 나타난 거짓 계시운동," 129-130.

과는 거리가 있는 반정통에 속한다고 할 수 있다. 다음은 누가복음에 나타난 예수의 기도 영성의 이단인 황국주를 살펴보겠다.

7. 예수의 기도 영성의 이단

1) 황국주(皇國柱, 1909-1952)

황국주는 1909년 황해도 장연군에서 태어났다. 외동아들인 황국주는 서울에 있는 배제학교에 입학하여 다니다가 부모를 따라 만주 용정의 은진학교로 전학하였다. 용정에서 그의 부친은 용정 중앙 장로교회의 장로로 있으면서 '신행면옥'이라는 냉면집을 경영하였다. 그가 서울로부터 다시 용정의 집으로 돌아와서는 용정 중앙 장로교회의 유년주일학교 교사로 활동하였고, 연애결혼으로 1930년에 아들 하나를 낳았다.[836] 이 무렵 황국주가 비상한 종교체험을 했다는 소문이 돌았다. 즉, 황국주는 백일 간의 기도를 마친후에 계시를 받았다고 주장하기 시작했다. 그러면서 자신을 신언(神言)의 대변자로 자처하였다. 그의 설교는 새로운 계시라고 주장하였다. 나아가 황국주는 보편적 가치나 윤리적 규범보다 자기의 가르침을 우월한 가르침으로 주장하면서 영적 교만에 빠졌다.[837]

한편, 황국주는 1931년에 자기에게 관심을 보인 교포들을 모아 이른바 '새 예루살렘'을 향한 순례의 길에 나선다.[838] 당시에 함께 순례에 참가했던 김선환 씨의 증언에 의하면 "황국주의 얼굴은 예수님의 사진과 흡사하고 수염도 길게 길러 예수님 얼굴 비슷했다. 그래서 따르는 무리들이 예수님이라고 하였다."라고 했다.[839] 황국주는 예수처럼 머리

---

836) 최중현, "황국주 재조명을 위한 소고," 「한국종교사연구」 8(2000), 160-162.
837) 이상규, "한국 교회사에 나타난 거짓 계시운동," 123-124.
838) 최중현, "황국주 '새예루살렘순례'의 연도(年度)에 관한 소고," 「신종교연구」 4(2001), 273-292.
839) 최중현, "황국주 재조명을 위한 소고," 163-164,

를 길러 내리 우고 수염을 길러서 그 모습을 예수 같이 꾸몄다. 그리고 기도 중에 특별한 계시를 받았다고 하면서 자신의 목이 잘리고, 예수의 목이 자기 목에 붙었다고 했다. "머리도 예수의 머리, 피도 예수의 피, 마음도 예수의 마음 (...) 전부 예수화 하였다."라고 주장했다. 또한, 황국주가 순례의 길을 떠날 때 황국주의 친아버지가 황국주를 향해 '주님'이라고 불렀다. 황국주도 자신을 가리켜 '나 곧 그리스도'라고 말했다. 그는 순례의 길에서 남녀 60-70명이 혼숙을 하면서 문란한 생활을 했다. 그는 서울의 삼각산에 기도원을 세우고, 목가름과 피가름의 교리를 가르쳤다. 이 교리는 한마디로 혼음(混淫) 교리였다. 그러나 황국주의 이 어설픈 재림주 행세는 1933년 평안도의 안주(安州) 노회와 총회에서 이단으로 정죄를 받으면서 일단락되었다.[840] 그해 11월 황국주는 영계라는 잡지를 내기도 했다.[841]

또 한편, 김선환의 증언에 따르면, 황국주는 순례 도중 운산 모 유치원 보모와 큰 죄를 범하고 삼십육 개 쳤다고 한다.[842] 그 후 황국주는 본처와 헤어지고 새 장가를 들어 만주 조양천(早陽川)에서 신접살림을 차렸다. 황국주의 말로에 대해서는 장로교 사학자 이찬영은 다음과 같이 증언했다. "1952년 가을에 황국주는 대구에서 그때 추종하던 여자 둘을 첩으로 데리고 술장사를 하다가 죽었다(필자가 당시 총신 재학시절인데 몇 학우와 더불어 이 사실을 확인했다)." 당시 황국주의 나의 43세였다. 이찬영은 황국주와 동향이었으므로 당시 황국주의 "막걸리 집"을 찾아가 보려고 시도했으나 끝내 찾아내지는 못하던 중에 그가 죽었다는 소식을 얼마 뒤에 전해 들었다고 한다.[843]

이처럼 황국주는 100일간의 기도 이후 자신을 그리스도로 칭하고, 목가름과 피가름의 혼음(混淫) 교리를 주장하고, 새예루살렘 순례 여행 중에 유치원 보모와 여자 문제가 생기고, 말년에는 자신의 추종하던 여

---

840) 민경배, 『한국기독교회사』, 396-397.
841) 황국주, "인류의 평화,"「영계」(창간호) (1933,11), 8-10. 이 창간호는 연세대학교 고문서실에 한 부가 보관되어 있다.
842) 최중현, "황국주 재조명을 위한 소고," 167-168.
843) 최중현, "황국주 재조명을 위한 소고," 182-184, 188.

자들과 동거를 하며 술집을 운영한 것으로 보인다. 따라서 황국주는 누가복음에 나타난 예수의 기도 영성과는 상관이 없는 이단이다. 다음은 누가복음에 나타난 예수의 기도 영성의 이단인 유명화를 살펴보겠다.

2) 유명화(劉明花 ?-1927?)

유명화는 장로교계 신학교를 다니던 여학생이었다. 유명화는 1927년 경부터 예수가 자기에게 친림 했다고 주장하기 시작하여 스스로가 예수인 듯 행동했다. 그녀의 주위에는 한준명과 박승걸 백남주 등 스웨덴보리나 썬다싱의 신비주의적인 신앙에 심취한 인물들이 많았다. 한 번은 장이라는 여성 신자 집에서 떡등을 준비하고 전통적인 제사처럼 기도를 올리고 있을 때 유명화가 실신 상태가 되어 예언을 하게 되었다. 이를 한준명과 백남주는 스웨덴보리의 신비설에 부합시켜 입신했다고 해석했다. 또한, 유명화는 전혀 모르는 사람의 과거나 미래에 대한 예언을 하는 등 무당과 비슷한 능력을 가지고 있었다. 유명화는 "이것이 재림이다. 불쌍한 사람은 내가 다른 형태로 재림한다고 믿고 있지만 아직 그대로 놔둬라"라고 말해, 자기의 입신이야말로 예수의 재림이라고 주장하면서 기성 교회가 믿는 재림을 부정했다. 그 외에도 "내가 태어난 것은 1월 3일이다." 또한 "너희들 내가 누구에게 이와 같이 내려오고 있는지 알고 있는 것인가 너희 조선에만 이와 같이 친림하고 있다. 너희는 큰 영광을 받고 있다."라고 말했다.844)

이처럼 유명화는 자기에게 예수가 친림을 했다고 예언을 하고, 자신의 입신 가운데 예수의 재림이 일어났다고 말했다. 따라서 유명화는 누가복음에 나타난 예수의 기도 영성과는 상관이 없는 이단이다. 다음은 누가복음에 나타난 예수의 기도 영성의 이단인 나운몽을 살펴보겠다.

---

844) 후루타 도미타테, "이용도의 '동양적 기독교' 모색: 유명화와의 교류를 중심으로," 272, 275.

3) 나운몽(羅雲夢, 1914-2009)

나운몽은 평안북도 박천 출신이다. 나운몽은 젊은 시절에 인생에 대해 깊은 번뇌와 고민을 많이 지니고 있었다. 이러한 심리적 곤경에서 벗어나기 위해 그는 전국의 명산고찰을 떠돌아다니는가 하면 향락생활에 젖어들었다고 한다. 심지어 그는 자살충동에 빠지기도 하였으며 일시적이기는 하지만 불교에 입문하기도 하였다. 그의 이러한 정신적 방황에 종지부를 찍은 중요한 계기가 된 것은 경북 김천의 용문산(龍門山)에 입산할 때부터이다.[845] 나운몽은 1940년 5월 7일 혈혈단신으로 용문산에 입산한 후 1942년 어느 날 밤 "네 마음을 청결하라 그리하면 나를 보리라."는 영음을 듣고 예수를 믿게 되었다고 한다.[846] 그 후 나운몽은 용문산 기도원에서 신비적 기도운동과 성령운동을 전개했다. 나운몽은 말하기를 "기도는 이마에서 땀이 날 때까지, 눈에서 눈물이 날 때까지, 목에서 불이 나올 때까지 해야 기도의 맛을 알 수 있다."라고 했다.[847] 1940년 '애향숙'이라는 농촌계몽운동 단체로 출발한 용문산 기도원은 1950년대 이후에는 신유와 방언, 기도와 전도를 중시하는 부흥운동 위주의 기도원운동으로 변모하였다.[848] 물론 나운몽은 통일교나 전도관의 창교자들처럼 자신을 메시아로 암시하지는 않았지만 한국 전통 종교에 대한 긍정 때문에[849] 주류 기독교 진영으로부터 의심과 공

---

845) 이진구, "용문산기도원 운동에 나타난 종교적 민족주의,"「신종교연구」 18(2008), 79.
846) 나운몽,『살기도 싫고 죽기도 싫었다』, 48-53.
847) 나운몽,『살기도 싫고 죽기도 싫었다』, 110. 필자가 2013년 2월 5일 은성수도원 주최 영성형성 아카데미 수련회 중에 독립교단의 주원교회 손복순 목사님에게 직접 들은 이야기에 의하면 자기 아버지가 목사였는데 나운몽 장로와 고향이 같아서 초등학교 때 아버지 따라 용문산 기도원에 갔는데, 그때 나운몽 장로가 강조하기를 기도할 때 '허리가 부러질 정도로 기도하라' '직장의 똥물이 올라올 정도로 기도하라'고 강조했다고 한다.
848) 이진구, "용문산기도원 운동에 나타난 종교적 민족주의," 83.
849) 나운몽은 '한국 종교사'를 서술하면서 무교, 유교, 불교는 모두 기독교의 복음에 의해 최종적으로 완성되어야 하는 불완전한 종교들이지만 이 종교들은 모두 기독교의 수용과 성장에 몽학 선생 같은 긍정적 역할을 한 것으로 평가했다. 이

격을 받았으며, 방언과 신비체험 분위기도 시비 거리가 되었다.[850] 용문산기도원은 1956년부터는 용문산에서 기도하며 거주하기를 희망하는 신도들에게는 기도원을 개방, 기도원 내의 신도들의 마을이 형성되고 있었다. 기도원에는 상주자들이 늘어나면서 매점, 하숙집, 이발소 등이 생겼다.[851]

한편, 나운몽은 성경을 읽을 때 영적 시청각을 통한 독경의 경험을 했다고 한다. "창세과정도 에덴의 광경도 인류역사의 모습도 노아 당시의 홍수나 역대기에 있는 전쟁 등의 정황까지도 필름 속 화면을 보는 듯했다."라고 했다.[852] 또한, 나운몽은 자기에게서 불이 나간다고 했다. "우리는 그때까지 불이란 무엇인지도 몰랐던 때였다. 그런데 내가 하는 설교를 듣고 나서는 나장로도 불이 있다고 수군거린다. (...) 목에서 불이 확확 나왔다. 뜨거운 불을 힘차게 뿜는듯했다. (...) 나는 그 불이 내 목에서 나온 이후로는 아무리 외쳐도 목쉬는 줄을 몰랐다. 1년 365일을 계속 집회를 인도하여 연중 1천여 회의 설교를 했는데도 목이 쉬어 본 일이 없었다. 그때는 설교를 시작하면 2시간이 보통이었고 용문산 집회의 경우는 매일 8시간 정도의 설교를 했다. 그런데도 목소리를 아껴본 일은 없었다. 언제나 큰 소리로 힘껏 외쳤다. 그래도 목은 쉬지 않았다. 성령의 불이 목에서 나오기 때문이었다."[853] 나아가 나운몽이 안수하자 불이 들어가고 쓰러지는 일도 일어났다. "나는 그때 눈 속에서 성령의 불을 체험하고 난 후 산상에서 나와 예배당에 들어갔다. 교인들이 몇 사람 조용 조용히 강대상 앞에 가서 엎드렸다. 기도를 시작하려는데 누구인지 갑자기 내 등을 내리쳐 '날 왜 미워해'하고 큰 소리를 낸다. 나는 깜짝 놀라서 머리를 번쩍 들고 뒤돌아 보니 웬 젊은 두 여자가 성난 얼굴로 나를 뻔히 바라본다. 내 시선이 마주칠 때 그들은 머리를 푹 수그리더니 그 둘이 똑같이 엎드린다. 나는 엎드린 두 여자의 등에 한

진구, "용문산기도원 운동에 나타난 종교적 민족주의," 88.
850) 김흥수, "나운몽 종교운동의 이단문제,"「신학과 현장」25(2015), 38.
851) 김흥수, "나운몽 종교운동의 이단문제," 42.
852) 나운몽, 『살기도 싫고 죽기도 싫었다』, 163-164.
853) 나운몽, 『살기도 싫고 죽기도 싫었다』, 274-275, 277.

손씩 얹고 기도를 드렸다. 그들은 '아이고 뜨거워'하고 비명을 울리며 엎치락뒤치락하더니 둘 다 입에 거품을 물고 그 자리에 쓰러져 잠이 들었다. (...) 예배를 마치고 교우들이 둘러앉아 그를 위해 특별기도를 드렸다. 나는 그때 그 머리 위에 손을 얹고 기도했다. 그는 온 전신이 뜨겁다면서 왜 이렇게 뜨거우냐고 묻는다. (...) P목사님이 강사실로 나를 찾아오셨다. 자기는 폐병이 있어 박재봉 목사님에게 안수를 받은 일이 있었는데 그때 나았던 것이 요즘 다시 재발되었다는 것이다. 그래서 이번에 장로님께 기도받기를 원하여 간절히 기도하고 왔다면서 기도해 주기를 간청했다. '주여 주님의 능력의 손길을 펴시옵소서'하고 나는 P목사님의 머리 위에 손을 얹고 기도했다. 내 손을 떼는 순간 목사님이 갑자기 뒤로 나자빠졌다. 숨도 못 쉬는 듯했다. 그냥 버려두기를 15분이 지났다. 그는 꼼짝 못 하고 뻗어 있다가 손 끝을 약간 움직인다. 얼굴 표정으로 보아 살려 달라는 구원의 신호로 손끝을 움직이는 듯했다. 일어나려고 애를 써보아도 일어서지지가 않아서였다. '기도해 드릴까요?'했더니 제대로 움직여지지도 않는 머리를 끄덕이려고 애쓴다. '주여 일으켜 주시옵소서'하고 이마에 손을 얹었더니 그 즉시 일어나 앉는다. 온 전신에 소멸의 불이 뜨겁게 임했던 것이다."[854] 이런 일 때문에 그 후부터 나운몽은 한국교회에서 불의 사자로 불렸다.[855]

---

854) 나운몽,『살기도 싫고 죽기도 싫었다』, 277-278, 282, 294. 이처럼 불이 들어가는 현상은 인천 주님의 교회의 김용두 목사도 행하고 있다. 김용두 목사는 신도들에게 손바닥을 앞으로 내밀어 김 목사를 향하게 한다. 그리고 '불!!!'이라고 외치기도 하고 가만히 손을 얹는 듯한 동작을 취하고 방언으로 기도를 한다. 그러면 신도들이 뒤로 넘어가기 시작한다. 안수를 받는 사람들 중 대다수가 뒤로 넘어간다. 이곳에선 이렇듯 사람과 사람의 손과 손으로 '성령불'이라는 것을 전이시키는 것을 불사역이라고 한다. 쓰러진 사람 중에는 가래가 끓어오르는 사람도 있다. 이를 두고 신도들은 '죄악'이 빠져나오는 것이라고 말한다. 누운 사람이 "카아아아악~카아아악"하고 소리치자 옆에 사람이 다가가서 누운 사람을 향해 "성령불! 불!!"이라고 외친다. 쓰러진 신도는 "카아아아악~ 카아앙아아악~ 퉤!"하고 검은 봉투에 침을 뱉는다. 성령불이 들어가면 속 안에 있는 악한 기운이 가래를 통해 나온다는 것이다. 이렇게 불세례를 준다고 주장한다. 또한 이상한 성령춤을 가르치고 있기도 한다. 정윤석, "김용두 목사의 기가 차는 '성령불' 사역," 인터넷 교회와 신앙 2009.4.1.일 자 보도자료 중에서. 김용두 목사가 나운몽에게 배웠는지는 확실하지 않지만 어느 정도는 연관성이 있어 보인다.

이처럼 나운몽은 영음을 듣고, 시청각을 통한 성경 독경 체험, 불을 받을 때까지 기도하고, 목에서 불이 나오고, 불을 넣어주고, 뒤로 넘어지는 것 등등은 비성경적인 신비적 현상들로 보인다. 이 같은 신비적 현상은 빈야드운동과 신사도주의운동에서 나타나는 현상들과도 유사하다. 이러한 나운몽의 기도와 성령 운동은 누가복음에 나오는 기도와는 상관이 없다.856) 따라서 나운몽은 누가복음에 나타난 예수의 기도 영성과는 상관이 없는 이단이다. 다음 장에서는 요한복음에 나타난 예수의 목양 영성을 정통으로 계승한 영성가와 반정통 그리고 이단을 살펴보겠다.

---

855) 나운몽, 『살기도 싫고 죽기도 싫었다』, 303-304. 나운몽이 부산에서 부흥회를 할 때 다음과 같이 광고를 했다. "부산 거리를 휩쓸고 도는 택시에 날린 스피커에서 나운몽 장로-13년 동안 산중에서 수도하고 나온 나운몽 장로. 나운몽 장로는 이제 부산에 오셨습니다. 오늘 저녁부터 충무로 광장에서 심령대부흥회가 열립니다. 누구나 와서 성령의 불을 받으라. 불의 사자 나운몽 장로-나운몽 장로 부산에 오시다. 이같이 반복되는 스피커소리는 누구의 제제도 없이 마음껏 외치며 돌고 있었다."

856) 참고로 대한예수교 통합 총회는 나운몽에 대하여 세 차례의 결의를 한다. 즉, 40회 총회(1955년) 주요 내용 : 장로교 신경에 맞지 않음, 41회 총회(1956년) 주요 내용: 강단에 세우는 것 엄금, 집회에 교인참석 금지, 83회 총회(1998년) 주요 내용: 편향적 성경해석-비성경적 가르침, 혼합주의적 요소가 강함. 이상의 내용으로 이단으로 결의한다. 한눈에 보는 이단, 사이비 관련 총회의 주요 결의: 제4회-제104회 총회(1915-2019년) 대한예수교총회(통합) 이단사이비대책위원회, 이단사이비문제상담소 제공. 비록 나운몽은 한국의 다른 이단들같이 자칭하나님이라고 하지는 않았지만 필자는 대한예수교 장로회 통합 총회에 속한 목사로 총회의 입장을 따른다. 반면에 나운몽의 영성운동을 긍정적으로 평가하는 논문도 있다. 다음을 참조하라. 남성현, "4-5세기 니케아적 영성신학으로 살펴본 아실(峨室) 나운몽의 영성 세계," 「역사와 문화 연구」 50(2019), 63-98. 이용도도 감리교에서 목사 면직을 받았지만 1970년대 후반부터 감리교 신학대학 교수들을 중심으로 이용도에 대한 긍정적인 평가를 통하여 복권되었다. 물론 대한예수교 통합 22회 총회(1933년)에서 이용도에 대해 '이단으로 간주'라는 결의사항은 아직 남아 있기는 하지만 앞으로 이 부분도 회복되리라고 본다. 따라서 남성현 교수를 비롯하여 앞으로 나운몽에 대한 학자들의 긍정적인 평가가 계속 이어진다면 나운몽 역시 이단으로부터 회복되는 것이 닫혀 있는 것만은 아닐 것이다.

제 6 장 예수의 목양 영성

1. 요한복음에 나타난 예수의 목양 영성

요한은 예수의 영성 가운데 목양 영성을 계승시켰다. 요한복음은 예수의 목양 영성을 가장 강조하며 직접적으로 보여주고 있다.

1) 요한복음의 예수의 마지막 말씀은 예수의 목양 영성을 증거해주는 결정적인 본문이다.

요한복음은 예수를 목양하시는 목자로 묘사한다. 특히, 요한복음에만 기록된 예수의 마지막 말씀인 요한복음 21장 15-23절은 예수의 목양 영성을 보여주는 결정적인 증거본문이다. 즉, 이것은 요한이 예수의 목양 영성을 강조할 의도가 있었기 때문에 예수의 마지막 말씀으로 배치한 것이다.

2) 요한복음은 예수의 목양 사역을 중심으로 구성되었다.

요한복음은 목양하시는 예수의 모습을 중심으로 구성되어 있다. 요한은 자신의 특수자료를 통해 예수의 목양하시는 기사들을 중심으로 배열한다. 예를 들어, 1장에는 예수께서 미리 나다나엘을 목회적으로 눈여겨보시고 격려하신다(1:43-51). 2장에는 예수의 사역 중에 처음 이적이 가나의 혼인 잔치집에 심방 가셔서 물로 포도주로 만드신다(2:1-11). 3장에서는 예수께서 니고데모를 개인상담 목회를 하신다(3:1-21). 4장에서도 사마리아 여인과 목회적 상담을 하신다(4:1-38). 8장은 간음하다 붙잡혀온 여자를 목회적으로 돌보신다(8:1-11). 10장에는 예수께서 양을 목양하는 선한 목자에 대하여 말씀하신다(10:1-21). 11장에는 죽은 나사로를 위험을 무릅쓰고 심방 가서 살리신다(11:1-

44). 13장에는 제자들의 발을 씻기시는 섬김의 목회를 보이신다 (13:1-20). 15장에는 목자와 양의 관계를 포도나무와 가지의 관계로 설명하신다(15:1-27). 17장에는 제자들을 위해 하나 되게 해 달라는 마지막 고별 목회기도를 하신다(17:1-26). 20장에는 의심하는 도마에게 심방을 가신다(20:24-29). 21장에는 부활하여 제자들과 생선과 떡을 함께 나누는 식사 심방을 하신다(21:1-14). 21장에는 마지막으로 제자들에게 예수의 양 떼를 목양하도록 부탁하신다(21:15-17). 심지어 예수의 마지막 부탁은 죽음을 당하더라도 선한 목자같이 고난을 감수하며 목양해 주기를 부탁하신다(21:18-23).[857] 이처럼 요한복음은 1장, 2장, 3장, 4장,

---

857) 요한복음의 마지막 말씀은 미래에 고난 받을 제자들의 모습을 예고하며 끝나고 있다. 이러한 요한의 언급은 자신의 공동체가 양을 위해 고난 받는 목자의 영성을 이상적인 목회의 모델로 생각하고 있었기 때문이다. 특히, 요한은 예수를 유월절과 연관하며, 고난 받는 어린양의 모습으로 그리고 있다. 즉, 예수를 '하나님의 어린양'으로 선포하며(1:29-34), '유월설이 가까운지라'(2:13)라는 말로 시작되는 성전 숙청의 이야기(2:13-25), '유월절이 가까운지라'(6:4)라는 말로 시작되는 오천 명을 먹인 이적 이야기(6:1-14, 22-71), 그리고 예수의 고별 설교와 수난 이야기(13:31-17:26; 19:13-37)등이다. 특히, 요한만이 예수의 죽음을 유월절 전날에 이루어진 것으로 밝히고 있는데, 이것은 예수의 공생애 활동이 유월절적인 특징을 갖고 있다는 것을 강조하기 위한 것이다. 요한에 의하면 예수는 제사장들이 성전에서 유월절 양을 준비할 때 죽는다(19:14). 예수의 피는 유월절 어린양의 피처럼 쏟아졌다(19:34). 그리고 유월절 어린양을 다루는 법에 따라 예수의 몸은 뼈 하나도 꺾이우지 않았다(19:33-36, 참조 출 12:46, 민 9:12). 예수가 십자가에 달렸을 때, '신 포도주를 적신 해면을 우슬초에 매어 예수의 입에 대니'(19:29)라는 언급이 나오는데 히솝(=우슬초)에 대한 언급은 "너희는 나가서 너희의 가족대로 어린양을 택하여 유월절 양을 잡고 우슬초 묶음을 가져다가 그릇에 담은 피에 적셔서 그 피를 문 인방과..."(출 12:21-22)이라고 말한 것의 반영이다. 이렇게 유월절 주제가 요한복음의 전반에 강하게 반영되어 있기 때문에 Leon Morris는 "요한복음의 이 국면에 대한 가장 중요한 열쇠는 유월절의 중심성이다."라고 말한다. 김득중,『요한의 신학』(서울: 컨콜디아사, 1994), 37-38. 이러한 유월절 유형론으로 예수의 모습을 소개하는 목적은 요한공동체의 영성과 관계가 있다. 요한은 예수의 고난 받는 모습, 특히, 자신의 백성을 위해 고난 받는 어린양 같이, 또한 자신의 양을 위해 고난 받는 목자의 모습을 통하여 자신의 공동체의 이상적인 목회 모델을 제시하려 했던 것이다. 그래서 요한은 역사적 예수의 전승 가운데 고난 받는 예수의 모습을 강조한 것이다. 특히, 요한복음 13장부터 나오는 예수의 설교들은 요한공동체의 고난 상황을 반영해 주고 있다. 요 13:31-14:31절은 예수의 고별 설교 중에 첫 번째 설교이다. 두 번

8장, 10장, 11장, 13장, 15장, 20장, 그리고 21장을 통해 다른 복음서에는 없는 요한복음에만 있는 특수자료를 통하여 목양하시는 예수를 강조하고 있다.

3) 요한복음 자체의 구절 비교에서도 예수의 목양 영성을 강조한다.

요한복음에는 목양이 30.1%(265절), 가르침이 24.1%(212절), 이적이 14.6%(129절), 그리고 기도가 2.9%(26절)로 나타난다. 이러한 통계는 요한복음 자체 구절 비교에서도 요한복음에 목양이 가장 많다는 것을 보여준다. 동시에 다른 영성도 함께 공존하고 있음을 보여준다. 이것은 목양 영성을 선호하는 사람이 목양 영성의 반정통이나 이단으로 빠지지 않으려면 예수의 다른 영성도 균형 있게 가지고 있어야 한다는 것을 보여주는 것이라고 할 수 있다.

째 고별 설교는 요 15:1-16:4a, 세 번째 고별 설교는 요 16:4b-16:33절이다. 이 세 개의 설교는 각각 요한공동체의 특수한 위기 상황을 반영하고 있다. 첫 번째 설교에서 직면한 위기 상황은 예수가 그의 제자들을 고아처럼 버려두고 가심에 대한 위기 상황이다. 두 번째 고별 설교에서는 회당으로부터의 출교 상황과 관련해서 예수도 미움을 받고 박해당했음을 증거 해 준다(15:25-27). 세 번째 고별 설교에서도 세상으로부터의 소외감을 강조하고 있다. 예수가 가시고 나서 장차 이 공동체가 겪게 될 고난은 하나님이 자기 백성을 버렸다는 징조가 아니라 그 공동체가 반드시 겪어야 할 과정인 것을 설명하고 있다. 하워드 클락 키이/ 서중석 역, 『신약성서 이해』 (서울: 한국신학연구소, 1990), 245-246. 이러한 강조의 절정이 요 21:15-23절 특히, 22절의 '나를 따르라'에 나타난다. 여기서 나를 따르라는 것은 선한 목자가 양을 위해 목숨을 버리며 고난을 받는 것 같이 양들을 위해 목숨을 버리며, 고난 받는 것이 예수를 따르는 길이라고 설명하고 있다. 다시 말해, 예수같이 고난 받는 목자의 영성을 따르라는 것이다. 이처럼 요한복음은 곳곳에 고난당하는 예수의 모습을 보도하고 있다. 이것은 요한공동체가 양을 위해 고난당하는 예수의 목양 영성을 가장 이상적인 영성으로 생각했다는 증거라고 할 수 있다.

4) 요한복음과 다른 복음서와의 구절 비교에서도 예수의 목양 영성을 강조한다.

요한복음은 전체 30.1%(전체 879절 중에 265절)가 목양영성을 언급하는데 비해 마태복음은 2.3%(전체1071절 중에 52절), 마가복음은 2.8%(전체 678절 중에 19절), 누가복음은 4.6%(전체 1151절 중에 53절)가 목양을 언급한다. 이것은 요한복음에 예수의 목양 영성이 가장 강조되고 있다는 것을 보여주는 증거이다.

5) 요한복음은 다른 복음서에 없는 요한복음에만 있는 요한의 특수자료를 통하여 예수의 목양 영성을 강조한다.

요한복음은 다른 복음서에는 없는 요한의 특수자료를 통하여 목양을 위하여 고난당하는 예수의 목양 영성을 강조하고 있다. 예를 들어, 요한은 특수자료 22개의 구절을 통하여 양을 위해 고난당하는 목자로서의 예수의 모습을 보여준다(1:29, 35-36; 6:66; 7:1, 19, 25; 8:37, 40, 59; 10:11, 15, 17, 31-32, 39; 11:7-8, 53, 57; 12:24, 36b; 15:13-14, 20; 16:32).[858] 또한, 7개의 특수자료를 통해 제자들의 고난도 강조하고 있

858) 1. 요 1:29 "이튿날 요한이 예수께서 자기에게 나아오심을 보고 이르되 보라 세상 죄를 지고 가는 하나님의 어린 양이로다."(참조, 사 53:7 '도수장으로 끌려가는 어린양'). 2. 요 1:35-36 "또 이튿날 요한이 자기 제자 중 두 사람과 함께 섰다가 예수께서 거니심을 보고 말하되 보라 하나님의 어린 양이로다." 3. 요 6:66 "그때부터 그의 제자 중에서 많은 사람이 떠나가고 다시 그와 함께 다니지 아니하더라." 4. 요 7:1 "이후에 예수께서 갈릴리에서 다니시고 유대에서 다니려 아니하심은 유대인들이 죽이려 함이러라."(6절 "내 때는 아직 이르지 아니하였거니와"). 5. 요 7:19 "모세가 너희에게 율법을 주지 아니하였느냐 너희 중에 율법을 지키는 자가 없도다. 너희가 어찌하여 나를 죽이려 하느냐." 6. 요 7:25 "예루살렘 사람 중에서 어떤 사람이 말하되 이는 그들이 죽이고자 하는 그 사람이 아니냐." 7. 요 8:37 "나도 너희가 아브라함의 자손인 줄 아노라 그러나 내 말이 너희 안에 있을 곳이 없으므로 나를 죽이려 하는도다." 8. 요 8:40 "지금 하나님께 들은 진리를 너희에게 말한 사람인 나를 죽이려 하는도다 아브라함은 이렇게 하지 아니하였느니라." 9. 요 8:59 "그들이 돌을 들어 치려하거늘 예수께서 숨어 성전에서 나가시니라." 10. 요 10:11 "나는 선한 목자라 선한 목자는 양들을 위하여

다(9:22; 11:16; 12:10; 12:42; 16:2; 21:18-19a, 23).859) 제자들 역시 예수
같이 양을 위해 고난당하는 목자의 길을 걸어가라는 것이다.

　요한의 특수자료에 나타난 특징 중에 하나는 양을 주제로 설명하고

목숨을 버리거니와” 11. 요 10:15 “아버지께서 나를 아시고 내가 아버지를 아는
것 같으니 나는 양을 위하여 목숨을 버리노라.” 12. 요 10:17 “내가 내 목숨을 버
리는 것은 그것을 내가 다시 얻기 위함이니 이로 말미암아 아버지께서 나를 사
랑하시느니라.” 13. 요 10:31-32 “유대인들이 다시 돌을 들어 치려 하거늘 예수께
서 대답하시되 내가 아버지로 말미암아 여러 가지 선한 일로 너희에게 보였거늘
그중에 어떤 일로 나를 돌로 치려 하느냐.” 14. 요 10:39 “그들이 다시 예수를 잡
고자 하였으나 그 손에서 벗어나 나가시니라.” 15. 요 11:7-8 “그 후에 제자들에
게 이르시되 유대로 다시 가자 하시니 제자들이 말하되 랍비여 방금도 유대인들
이 돌로 치려 하였는데 또 그리로 가시려 하나이까.” 16. 요 11:53 “이 날부터는
그들이 예수를 죽이려고 모의하니라.” 17. 요 11:57 “이는 대제사장들과 바리새인
들이 누구든지 예수 있는 곳을 알거든 신고하여 잡게 하라 명령하였음이러라.”
18. 요 12:24 “내가 진실로 진실로 너희에게 이르노니 한 알의 밀이 땅에 떨어져
죽지 아니하면 한 알 그대로 있고 죽으면 많은 열매를 맺느니라.” 19. 요 12:36b
“예수께서 이 말씀을 하시고 그들을 떠나가서 숨으시니라.” 20. 요 15:13-14 “사
람이 친구를 위하여 자기 목숨을 버리면 이보다 더 큰 사랑이 없나니 너희는 내
가 명하는 대로 행하면 곧 나의 친구라.” 21. 요 15:20 “내가 너희에게 종이 주인
보다 더 크지 못하다 한 말을 기억하라 사람들이 나를 박해하였은즉 너희도 박
해할 것이요 내 말을 지켰은즉 너희 말도 지킬 것이라.” 22. 요 16:32 “보라 너
희가 다 각각 제 곳으로 흩어지고 나를 혼자 둘 때가 오나니 벌써 왔도다 그러
나 내가 혼자 있는 것이 아니라 아버지께서 나와 함께 계시느니라.”
859) 1. 요 9:22 “그 부모가 이렇게 말한 것은 이미 유대인들이 누구든지 예
　　수를 그리스도로 시인하는 자는 출교 하기로 결의하였으므로 그들을 무서워함
　　이러라.” 2. 요 11:16 “디두모라고도 하는 도마가 다른 제자들에게 말하되 우리
　　도 주와 함께 죽으러 가자 하니라.” 3. 요 12:10 “대제사장들이 나사로까지 죽이
　　려고 모의하니.” 4. 요 12:42 “그러나 관리 중에도 그를 믿는 자가 많되 바리새
　　인들 때문에 드러나게 말하지 못하니 이는 출교를 당할까 두려워함이라.” 5. 요
　　16:2 “사람들이 너희를 출교 할 뿐 아니라 때가 이르면 무릇 너희를 죽이는
　　자가 생각하기를 이것이 하나님을 섬기는 일이라 하리라.” 6. 요 21:18-19a “내
　　가 진실로 네게 이르노니 네가 젊어서는 스스로 띠 띠고 원하는 곳으로 다녔거
　　니와 늙어서는 네 팔을 벌리리니 남이 네게 띠 띠우고 원하지 아니하는 곳으로
　　데려가리라 이 말씀을 하심은 베드로가 어떠한 죽음으로 하나님께 영광을 돌릴
　　것을 가리키심이러라.” 7. 요 21:23 “이 말씀이 형제들에게 나가서 그 제자는 죽
　　지 아니하겠다 하였으나 예수의 말씀은 그가 죽지 않겠다 하신 것이 아니라 내
　　가 올 때까지 그를 머물게 하고자 할지라도 네게 무슨 상관이냐 하신 것이러
　　라.”

있는 부분이다. 요한은 양과 관련이 있는 특수자료(1장, 10장, 21장)를 처음과 중간과 마지막에 위치 시킴으로 고난 받는 양과 같이, 양을 위해 고난 받는 목자의 목양 영성을 강조하고 있다. 첫 번째, 요한복음 1장 29절에서는 예수의 모습을 세상 죄를 지고 가는 하나님의 어린양으로 묘사한다. 이 어린양은 세상 죄를 위하여 고난 받고 죽을 양이다. 앞으로 있을 예수의 사역을 상징적으로 표현하고 있다. 이것은 결국 제자들도 가야 하는 길이다. 두 번째는 요한복음 10장 1-21절의 양과 목자의 비유이다. 여기서 선한 목자는 양을 위하여 죽는다는 것을 강조하면서 예수께서 양을 위해 고난당하는 목자임을 말한다. 세 번째는 요한복음 21장 15-23절이다. 이 본문은 예수께서 목양을 위한 전제조건으로 예수를 사랑하는지를 묻는다. 예수 사랑은 양을 목양하는 가장 중요한 전제 조건이다. 나아가 비록 양을 위해 죽음의 고난의 길이 있을지라도 고난을 감수하고라도 선한 목자로서 목양을 하라는 명령을 하신다. 특히, 요한복음의 특수자료인 10장 16절에는 예수께서 우리에 들지 아니한 다른 양들이 내게 있어 내가 인도하여야 할 것을 말씀하신다. 여기의 우리에 들지 아니한 다른 양들은 현재 예수를 믿지 않은 불신자와 불신 사회도 함께 목양해야 한다고 말씀하시는 것이다. 따라서 이 본문은 예수께서 현재 예수를 믿고 있는 우리 안의 양뿐만 아니라 현재는 예수를 믿지 않지만 불신자와 불신 사회를 책임져야 하는 대사회적 목양도 함께 포함하고 있다. 따라서 예수의 목양의 대상은 교회 안에 있는 성도만이 아니라 불신자와 불신 사회도 모두 포함한다. 나아가 요한은 21장 15-23절에서 목양의 조건으로 제일 먼저 예수를 사랑할 것을 요구한다. 또한, 요한복음 15장에는 포도나무에 가지가 붙어있어야 사는 것처럼 예수 안에 거하며 예수와의 사랑의 관계를 유지하기를 원하신다.

이처럼 요한복음에는 예수를 사랑하는 것이 예수의 양을 목양하는 전제 조건이다. 요한복음은 예수를 먼저 사랑한 다음에 비록 고난과 희생이 닥쳐도 예수의 양을 목양하는 참 목자가 되라는 예수의 목양의 영성을 강조한다. 이러한 예수의 목양 영성은 기독교 영성사 속으로 계승되어 내려갔다. 이 과정에서 목양 영성의 정통과 정통에서 반쯤 벗어난 반정통도 나타나고, 이단도 나타나게 되었다. 다음 장에서는 요한복음에 나타난 예수의 목양 영성의 정통을 계승한 세계영성사의 영성가와 반정통 그리고 이단을 살펴보겠다.

2. 예수의 목양 영성을 정통으로 계승한 세계 영성사의 영성가

요한복음에 나타난 예수의 목양 영성의 정통을 계승한 세계영성사의 영성가로는 대 바실리우스, 천주의 성 요한, 윌리엄 부스, 그리고 에이미 카마이클이 있다. 둘째, 예수의 목양 영성의 반정통에 속하는 영성가로는 마더 데레사가 있다. 셋째, 예수의 목양 영성의 이단은 특별히 보이지 않는다. 먼저 예수의 목양 영성을 정통으로 계승한 세계 영성가에 속하는 동방정교회의 대 바실리우스를 살펴보겠다.

1) 대 바실리우스(Magnus Basilius, 329-379)

대 바실리우스의 가문은 신앙심 깊은 집안이었을 뿐 아니라 사회적 지위도 아주 높았다. 아버지 바실리우스는 훌륭한 변호사이자 수사학자였다. 그의 집안은 로마 상류층에 속한 귀족 가문이었으며, 카파도키아와 폰투스, 아르메니아, 이 세 지방에 광활한 토지를 갖고 있었다. 329년경 바실리우스는 카파도키아의 수도 카이사리아에서 태어났다. 바실리우스는 네오카이사리아의 저명한 수사학자이자 변호사인 아버지 바실리우스로부터 수사학에 대한 기초 교육을 받았다. 346년경 바실리우스는 더 많은 공부를 하기 위해 콘스탄티노플로 유학을 떠난다. 1년 뒤에는 당시 학문의 도시로 가장 이름 높던 아테네로 가서 아테네 학당에서 유명한 수사학자 프로하이레시오스와 히메리오스의 강의를 들었다.860) 유학을 마치고 고향으로 돌아온 바실리우스는 은수 수도생활을 하기로 결심하였다. 357년에는 은수수도생활을 체험하기 위한 여행을 떠난다. 그는 당시 수도생활이 번창한 지역들(시리아와 메소포타미아, 팔레스티나, 이집트 사막)을 두루 돌아다니면서 훌륭한 은수자들을 만나 은수생활과 금욕적인 수도생활에 대한 견문을 넓혔다. 은수 수도승들을 만나고 돌아온 바실리우스는 아버지가 돌아가신 뒤 물려받았던 재산을 팔아 가난한 이들에게 나누어 주었다. "너의 재산을 팔아 가난한 이들에게 주어라"(마 19:21)라는 주님의 계명을 따랐던 것이다.861) 그후 바실리우스는 소아시아에 최초의 공주수도주의를 창설하였다.862) 바실리우스는 친구 나지안주스의 그레고리우스(Gregory of Nazianzus, 329-390)와 함께 성서를 철저히 연구하여 삶의 원리가 되는 규칙을 세워 나갔다. 또한, 370년에는 카파도키아의 카이사리아에서 감독으로 선출되었다. 375-376년경에는 『대수도서』라는 수도규칙서를 출판하였다.863) 바실리우스가 출판한 『대수도서』는 엄격한 의미에서 최초의 수도규칙서인 동시에 최고의 이론서로 자리매김하였다.864)

한편, 바실리우스가 살던 시대의 경제적 상황은 극에 달했다. 포로

---

860) 노성기, "바실리우스가 세운 사랑의 도시, '바실리아드',"「신학전망」200(2018), 42-44.

861) 노성기, "바실리우스가 세운 사랑의 도시, '바실리아드'," 47-48. 바실리우스는 부자들이 자신의 재산을 가난한 자들에게 나눠주어야 한다고 주장했다. 다음을 참조하라. 대 바실리우스/ 노성기 역주,『내 곳간들을 헐어 내리라 외』(왜관: 분도출판사, 2018); 이재근, "교부 문헌, 오래되고 은근한 아름다움의 재발견 대 바실리우스의『내 곳간들을 헐어 내리라 외』및 알렉산드리아의 클레멘스의 『어떤 부자가 구원받는가』,"「기독교사상」713(2018), 210-214.

862) 남성현,『기독교 초기 수도원 운동사: 파코미우스와 바실리우스』, 181. 이집트 공주수도주의의 창시자 파코미우스가 실천가였다면, 소아시아의 공주수도주의의 창시자인 바실리우스는 이론가였다.

863) 『대수도서』는 일반적으로 많이 인용되는 불가타 사본전통을 따르며 대규칙이 55개, 소규칙이 313개, 총 368개의 규칙으로 되어 있다. 남성현, "바실리우스 (Basilius)의 4-5세기 공주수도원을 위한 편람(便覽),"「한국기독교신학논총」 53(2007), 156의 각주 48번을 참조하라. 『대수도서』의 그리스어 원문은 다음을 참조하라. PG 31, 889-1052.

864) 남성현, "바실리우스(Basilius)의 4-5세기 공주수도원을 위한 편람(便覽)," 141-145.

와 외국인, 나그네들은 부자들의 문 앞에 몰려들었고, 도처에서 거지와 불구자들을 볼 수 있었다. 그들은 집이 없었기에 주랑과 교차로, 시장 맨바닥에서 잤다. 그들의 음료는 샘물이고 저장실은 가슴이었다. 식탁은 하나로 모은 무릎이었다. 땅이 그들의 침대였고, 강은 욕실이었다. 부자들이 호화로운 향연을 벌이는 집 앞에는 굶주림으로 죽어가는 가난한 이들이 넘쳐났다. 병자들의 상황은 더 좋지 않았다. 특히 나병환자의 상황은 절망적이었다.865) 여기에 368년에 카파도키아에 극심한 가뭄까지 밀어닥치자, 바실리우스는 가난한 이들을 위한 양식을 사기 위해, 어머니가 돌아가신 뒤 물려받은 재산을 팔아 가난한 이들을 위한 무료 급식소를 열었다. 371년에 또다시 흉년이 닥치자, 이번에는 집안의 모든 재산을 팔아 무료 급식소를 세우고 가난한 이들에게 음식을 나누어 주었다. 마침내 372년에는 사회복지 복합건물인 '바실리아드'(Basiliade)866)를 건설하였다. 여기에는 대성당과 소박한 주교관, 수도원, 순례자 숙박시설, 의사와 간병인을 위한 숙소, 요양소, 마구간, 헛간, 공예 작업장 등이 있었다. 이곳에서 가난한 이들과 병자들은 무료로 음식과 잠자리를 제공받고 치료받았다. 한마디로 '바실리아드'는 여행자와 가난한 이들을 위한 숙소이자 인류 역사상 병자들을 위한 최초의 병원이었고 복합적인 사회복지센터였다.867) 이곳에서 바실리우스는 게으르게 살지 말고, 손노동을 하여 그 열매를 이웃과 나눠야 한다고 했다.868) 바실리우스는 허리에 앞치마를 두르고 가난한 이들을 접대하

---

865) 하성수, "부와 가난에 대한 바실리우스의 이해," 「신학전망」 172(2011), 64-65.
866) '바실리아드'는 바실리우스의 이름을 딴 수도원을 포함한 사회복지 복합 건물이다. 고고학적 발굴에 따르면 바실리아드는 카이사리아로부터 약 2-3km 정도 떨어진 곳에 위치해 있었다. 바실리아드를 중심으로 점차 신도시가 형성되었고, 시간의 흐름과 함께 신도시가 구도시를 대체하게 되었다. 남성현, 『기독교 초기 수도원 운동사: 파코미우스와 바실리우스』, 148.
867) 물론, 소아시아에서 사회복지센터의 원조는 바실리우스의 스승인 유스타티우스이다. 그는 357년에 가난한 자들을 위한 사회복지센터를 이미 개원하였다. 후일 바실리우스가 카이사리아에 세운 복지센터는 스승의 모범에서 배워온 것이다. 남성현, 『기독교 초기 수도원 운동사: 파코미우스와 바실리우스』, 189-190.
868) 바실리우스의 손노동에 관해서는 다음을 참조하라. Andrew Dinan, "Manual Labor in the Life and Thought of St Basil the Great," 133-157.

고 그리스도를 본받아 자신이 보호하는 이들의 영혼을 돌보았다. 한마디로 바실리아드는 바실리우스가 기독교 복음 정신으로 사회적 이상(理想)을 구체화시켜 만들어 낸 '카리타스의 도시'(사랑의 도시)였다.869) 이런 자선 용도의 건물 주변에는 여러 가지 활동을 위한 건물이 마련되어 있었다. 현대 연구가들의 연구에 따르면, 다양한 수공 기술을 가르치는 기술학교 내지는 직업학교, 고아원도 있었을 것으로 본다.870) 바실리우스는 꽤 오랫동안(373/374)의 병으로 인해 1년 동안 사회 활동을 거의 하지 못하다가 결국 379년 1월 1일 49세의 젊은 나이로 숨을 거두었다. 그가 죽은 후에 남긴 것은 속옷 한 벌과 초라한 외투 한 벌, 그리고 빵과 소금이 그의 전 재산이었다.871)

또 한편, 파코미우스의 공주수도원이 말씀 중심의 수도원이었다면 바실리우스의 공주수도원은 수도원 내의 영혼을 돌볼 뿐만 수도원 밖의 영혼을 돌보기 위해 사회복지센터를 운영하는 등 교회 내의 영혼과 교회 밖의 영혼을 돌본 목양 영성을 실천한 목회자라고 할 수 있다. 이것은 요한복음 10장 16절에 "이 우리에 들지 아니한 다른 양들이 내게 있어 내가 인도하여야 할 터이니"라고 말씀하신 예수의 목양 정신을 계승한 것이라고 볼 수 있다. 따라서 대 바실리우스는 요한복음에 나타난 예수의 목양 영성을 정통으로 계승한 영성가라고 할 수 있다. 다음은 요한복음의 목양 영성을 정통으로 계승한 로마 가톨릭의 천주의 성 요한을 살펴보겠다.

2) 천주의 성 요한(Juan Cidade, 1495-1550)

천주의 성 요한은 로마 가톨릭교회의 평신도로서 1495년 포르투갈의 몬테모르 오 노보라에서 태어났다. 요한은 정확한 이유는 모르지만 8살 때 집을 나오게 된다. 요한은 이곳저곳을 떠돌다가 양부의 집에서

---

869) 노성기, "바실리우스가 세운 사랑의 도시, '바실리아드'," 60-61.
870) 남성현, "바실리우스(Basilius)의 4-5세기 공주수도원을 위한 편람(便覽)," 155.
871) 노성기, "바실리우스가 세운 사랑의 도시, '바실리아드'," 53.

자라게 된다. 장성한 후에는 모험과 방탕을 위해 군대에 자원하여 전쟁터로 나간다. 그러나 군수품 창고를 지키는 임무를 맡았다가 창고가 도둑을 맞는 바람에 사형 언도를 받고 사형대에 올라 오랏줄이 목에 걸리고 사형이 집행되려는 순간 고위급 상관이 나타나 자초지종을 듣고 요한을 풀어 준다. 죽음에서 간신히 살아난 요한은 군대에서 추방되어 양부의 집으로 돌아와 잃었던 신앙을 다시 찾게 된다.[872] 요한이 마흔이 되었을 때 산티아고 데 콤포스텔라를 순례하면서 심경의 변화를 받는다. 요한은 순례의 길에서 병원에 수용된 가련한 병자들, 마을마다 눈에 띄던 가난하고 버림받은 사람들, 이 모두가 서서히 그의 양심을 일깨우기 시작한다. 그 후 요한은 세우타에서 가난한 가정을 3년간 돌보기 위해 요새를 건축하는 노무자로 일한다. 그는 거의 40년 동안 내세울 것이 거의 없었다. 요한은 우선 먹고살아야 했기에 일자리를 찾았다. 부두에서 몇 주 동안 막벌이도 했다. 또 품팔이꾼으로 여기저기 돌아다니며 잡역도 했다. 그는 몸이 건강했으므로 여간 힘든 일도 겁내지 않았다. 더구나 세우타에서 성벽을 쌓으며 단련된 몸이었다. 조금씩 돈이 모이자 그 돈을 가지고 사업을 해 보기로 마음먹었다. 요한은 그라나다에 책 가게를 내고 책과 문방구를 파는 사업을 시작했다. 곧 단골이 생겼다. 귀족, 성직자, 학자, 상인 등 다양한 손님들이 요한의 가게에 드나들었고, 책 내용을 두고 요한과 이야기를 나누며 재미를 붙였다. 요한은 종교서적과 일반 서적 그리고 교회용품도 팔았다. 가게가 잘되어 먹고살기에 넉넉했다.[873] 그러다가 그의 인생에 놀라운 회심하는 사건이 일어났다. 1539년 1월 20일 아침 요한은 아빌라 신부가 옛 로마 군인 세바스티아노의 순교 이야기를 설교하는 것을 듣고 이제 안일한 생활에서 더 이상 머뭇거릴 수 없음을 깨달았다. 요한은 그 자리에서 무릎을 꿇고 신음 소리를 내며 흐느껴 울었다. 성당 밖으로 나오자 그는 대성통곡을 하며 땅바닥에 쓰러졌다. 요한은 죄에 대해 극히

---

872) Benedict O'Grady/ 성염 옮김, 『사랑의 투사 천주의 성 요한』(서울: 성바오로, 2008), 15-18. 38-39.

873) Benedict O'Grady/ 성염 옮김, 『사랑의 투사 천주의 성 요한』, 52-56, 75-84, 89-90, 95-96.

민감한 감정을 느꼈던 것이다. 요한은 너무나 생생한 죄상과 선하신 아버지 하나님께 배역했다는 부끄러움 때문에 감정이 욱하여 견뎌내질 못했던 것이다.[874] 이 사건으로 인하여 요한은 이제 자신이 평생토록 할 일을 찾아냈다. 그것은 집 없는 빈민들을 돕는 일이었다. 요한은 먼저 어시장 근처에 적당한 장소를 발견했다. 그곳은 자나 깨나 꿈꾸어 오던 병원(숙박소라는 편이 났겠지만) 즉, 의료 봉사의 집이었다. 요한은 당시 병원마다 쓰던 위생이 불량한 공동 침대 대신 1인용 침대를 마련했다. 이런 시설에서 1인용 침대를 사용한 것은 요한이 처음이었다. 또한 환자를 맞을 때는 반드시 친절을 다해야 하며 아무리 비참한 사람이라도 인간으로서의 존엄함을 인정하고 존중하라는 뜻과 손님을 환영한다는 의미로 발을 씻어 줘야 한다고 했다. 요한은 말하기를 "여러분이 씻어 주는 발은 바로 그리스도의 발"이라며 직원들에게 이 같은 뜻을 거듭 당부했다. 요한은 발을 씻어주는 봉사는 손수 했다. 1540년 1월 병원이 개설된 날부터 요한은 매일같이 커다란 광주리를 어깨에 메고 양손에 구리 냄비를 들고 거리를 돌아다녔다. 그러면서 그라나다 사람들에게 딱한 이들을 생각해 달라고 외쳤다. 사람들이 저녁을 들려고 막 자리에 앉을 때면 적선하라는 요한의 목소리가 꼭 들려왔다. "형제들이여, 적선합시다! 적선합시다!"[875]

또한, 요한은 항상 구걸해서 얻은 헌 옷을 입고 다녔다. 심지어 그것마저 자기보다 못한 옷을 걸친 거지를 만날 때면 언제나 그 거지와 옷을 바꿔 입었다. 특히, 요한은 그라나다에 윤리적인 타락을 안타깝게 생각하면서 백인 노예 재도로 말미암아 수많은 아낙네들과 소녀들이 강제로 창녀 노릇을 하고 있는 것을 알고 어떻게 해서든지 그런 여인들을 구제해야 한다고 마음먹고 그들을 유곽에서 구해냈다. 구원받은 여인들 중에 병에 걸린 여자들은 병원에서 고쳐주고, 가족에게 돌려보내고, 결혼하고 싶다는 여인들에게는 남편 감을 찾아 주고 지참금까지 얹어서 보냈다. 그런 여인 열여섯 명이 한꺼번에 결혼식을 올리기도 했

---

874) Benedict O'Grady/ 성염 옮김, 『사랑의 투사 천주의 성 요한』, 99-102, 108.
875) Benedict O'Grady/ 성염 옮김, 『사랑의 투사 천주의 성 요한』, 141-144.

다.876)

한편, 병원은 더 발전하여 다른 큰 곳으로 이사를 가게 되었다. 병원에는 200명가량의 사람들이 있었다. 요한이 구티에레 기사에게 보낸 편지에 새 병원에 대해 다음과 같이 쓰고 있다. "참으로 많은 사람들이 이 하나님의 집을 찾아오고 있습니다. 직원과 회복기의 환자, 순례자들까지 합하면 백여 명에 이릅니다. 불구자, 중풍병자, 나환자, 귀머거리, 정신병자, 피부병 환자들이 들어와 있고 그 밖에도 갖가지 환자와 노인과 어린이들이 수용되어 있고 순례자나 떠돌이들도 많이 찾아옵니다. 우리는 그들을 따뜻하게 치료해 주고 음식과 물과 소금, 양념 따위를 나눠 줍니다. 일정한 수입은 없지만 예수 그리스도께서 다 마련해 주십니다." 이렇게 병원이 확대되는데도 요한은 이 병원 사역을 통해 수도회를 만들 의도는 없었다. 요한이나 동료들은 서원을 하지 않은 평신도이지 수도자가 아니었다. 그래서 생각만 있으면 아무 때라도 그 단체를 떠날 수 있었다.877)

한 번은 병원 직원이 병원의 식당에서 요리를 하다가 그만 불이 나게 되었다. 불길은 삽시간에 병원 전체에 번지기 시작했다. 사람들은 미친 듯이 화염을 피해 병원을 뛰쳐나갔다. 창문에서 뛰어내리기도 했다. 그러나 병원에는 불꽃을 피해 빠져나올 수 없는 환자들과 노인들이 많았다. 바로 그때 요한이 나타났다. 불이 무서워 그들을 구하러 들어가는 사람이 아무도 없는데 요한은 구경꾼들의 만류를 뿌리치고 서슴없이 불지옥 속으로 달려 들어갔다. 몇 분이 지났다. 화염 속에서 그가 모습을 드러냈다. 그는 공포에 질려 손에 손을 꽉 잡은 환자들을 이끌고 나왔다. 그들을 안전한 곳에 데려다주고서 그는 다시 불구덩이 속으로 들어가 사람들을 구해 냈다. 이렇게 하기를 수차례, 요한은 마지막

---

876) Benedict O'Grady/ 성염 옮김, 『사랑의 투사 천주의 성 요한』, 147-149, 153-157.

877) Benedict O'Grady/ 성염 옮김, 『사랑의 투사 천주의 성 요한』, 171-174. 요한이 1550년에 죽고 난 다음 1572년 1월 1일에 교황 비오 5세는 교서 'Licet ex Debito'를 내려 이 단체를 수도회로 승격시키고 '천주의 성 요한 의료 봉사 수도회'라는 명칭을 주었다.

한 사람이 구출될 때까지 불타는 병원을 드나들었다. 그 화재로 병원 건물의 반이나 소실되는 일도 있었다. 요한은 평신도로서 평생을 가난한 자들과 병자들을 볼보다가 55세에 지병인 충혈성 심장병으로 몸이 쇠약해지다가 숨을 거두었다.[878]

이처럼 요한은 마치 대 바실리우스가 '바실리아데스'를 세워 가난한 자와 병자와 나그네를 돌본 것 같이 가난한 자들과 병자들을 돌보는 목양 영성을 실천했다. 특히, 요한은 사제도 수도사도 아닌 평신도로 오직 예수의 삶을 본받아 가난하고 병든 사람들을 돌보는 예수의 목양 정신을 계승하였다. 따라서 천주의 성 요한은 요한복음에 나타난 예수의 목양 영성을 정통으로 계승한 영성가라고 할 수 있다. 다음은 요한복음의 목양 영성을 정통으로 계승한 개신교회의 윌리엄 부스를 살펴보겠다.

3) 윌리엄 부스(William Booth, 1829-1912)

윌리엄 부스는 1829년 4월 10일 영국 노팅엄 시내의 한 미천한 집안에서 태어났다. 부스는 사촌의 전도로 메서디스트 교회(감리교회)에 나가게 되었고, 성경공부반에도 가입하였다. 부스는 샌섬이라는 친구를 통하여 영혼 구원이라는 열정을 배우게 되었다. 두 사람은 노팅엄의 빈민가에 가서 복음을 전했다. 또한, 1855년 6월 16일에는 26살의 동갑내기 캐더린과 결혼은 한다. 둘 사이에 8남매를 두었다. 후에 캐더린은 여성 목사로 안수를 받는다. 특히, 부스의 부인 캐더린은 여성들도 복음을 전할 수 있으며, 설교는 남성만의 성역이 아님을 강조하면서 '여성 사역'(Female Ministry)을 했으며, 여성이 복음을 선포할 권리가 있다는 것을 주장하기 위해 책을 출판했다.[879] 한편, 부스는 1878년에는 '구세군'(The Salvation Army)[880]를 창설하였다. 부스의 신학은 구세군

---

878) Benedict O'Grady/ 성엄 옮김, 『사랑의 투사 천주의 성 요한』, 178, 209-210, 219.

879) 캐던린 부스에 대해서는 다음을 참조하라. 장영주, "캐서린 부스의 교감신학 (Theology of Sympathy) 이해," 「組織神學論叢」 38(2014), 235-271.

창설 이전과 이후로 나눌 수 있다. 구세군 창설 이전에는 개인의 구원에 초점을 두었다면, 구세군 창설 이후에는 사회 구원에 집중했다. 부스는 1904년 에드워드 7세의 초청으로 버킹검 궁전을 방문하게 되었을 때 왕은 그의 앨범에 부스의 자필 서명을 요구했다. 그때 부스는 다음과 같이 기록했다. "어떤 사람의 야망은 예술에 있고, 어떤 사람의 야망은 명예에 있고, 어떤 사람의 야망은 물질에 있다. 나의 야망은 사람들의 영혼에 있다." 나아가 부스는 다음과 같이 말했다. "지금과 같이 우는 여성이 있다면 나는 싸우리라, 굶주린 어린이들이 거리에 있다면, 술주정뱅이가 있다면, 거리에 가난한 어린 소녀가 방황하고 있는 한, 하나님의 빛이 없이 한 영혼이 남아 있는 한, 나는 싸우리라 끝까지 싸우리라." 이처럼 부스의 사역을 한마디로 말한다면 가난한 자를 씻겨주고(soap), 먹여주고(soup), 구원(salvation)하는데 있었다.881)

또 한편, 19세기말 영국은 산업혁명 이후 사회 저변에는 소외되고 굶주림에 고통당하는 사람들이 약 300만 명이나 있었다. 이 인구는 당시 영국 총인구의 1/10에 해당하는 인구였다. 이들은 술에 젖고 악습에 물들고 모든 사회적 육체적 질환에 찌든 사람들이었다. 이 고통당하는 사람들은 말하기를 "비가 오면 기둥아래서 온 밤을 서서 세워야 합니다. (...) 어제는 식당에서 몇 조각을 주어서 먹었습니다. 지난주에는 이틀 동안 아침부터 저녁까지 아무것도 먹지 못했습니다. (...) 지난 이틀 동안 1 페니 어치의 빵과 1 페니 어치의 수프만 먹었을 뿐입니다. (...) 어제는 차 한잔과 한쪽의 빵을 먹었으며 오늘도 어제와 똑같았습니다.

---

880) 구세군은 '스프와 비누와 구원'의 원칙을 바탕으로 세계적인 조직으로 성장했다. 1882년 석방된 죄수들의 사회 복귀를 위해 최초의 프리즌-게이트 홈이 문을 열었다. 2년 후 윤락 여성들이 포주의 손아귀에서 벗어나 새로운 삶을 살도록 돕는 레스큐 홈이 핸버리 스트리트에 문을 열었다. 1887년에는 슬럼 스틀먼트가 문을 열었다. 또한, 굶주린 사람들을 향해 화이트 채플에서 멀지 않은 아림하우스에 최초로 푸드 디팟을 세웠다. 짐 윈터/ 송용자 번역, 『윌리엄 부스와 떠나는 여행』(서울: 부흥과개혁사, 2006), 94-100. 현재 구세군은 전 세계 107개국에서 선교활동을 하고 있다. 이덕중, "윌리엄 부스의 생애와 사상," 「교회사학」 2/1(2003), 143.

881) 이덕중, "윌리엄 부스의 생애와 사상," 146, 149, 152, 155, 157-158, 164, 168-170.

먹을 것이라곤 그것이 전부입니다. (...) 오늘 한 조각의 빵을 먹었을 뿐
이며 어제는 까치 밤나무 열매와 체리 등 사람들이 버린 것을 먹었습
니다." 이들 가난한 사람들은 오래되고 때와 기름에 찌든 완전히 누더
기가 된 옷을 걸치고 있었다. 그들은 비와 폭풍우 속에서 노천의 딱딱
한 돌 위에서나 철도의 아취 아래서 오랜 시간 떨며 지냈다. 노숙자들
은 또 한탄하며 말했다. "6주 동안 하루 종일 돌아다녀 보아도 한 푼도
벌 수 없었습니다. 희망의 빛이 없습니다." 당시 국가의 제도하에서는
국가시설에서 하루를 자면 이틀을 작업을 해야 하고 이것을 이행하지
않으면 교도소로 보냈다. 나라에서 밥 한 그릇을 주고 반톤의 돌을 깨
도록 일을 시켰다. 이런 조건으로는 도저히 사람들이 살 수 없었다. 그
래서 밖에서 잠을 자고, 얻어먹을 수밖에 없었다. 급기야는 어느 청년
은 벽돌로 보석상의 유리를 깨고 잡혀 가기를 희망했다. 그러면서 하는
말이 "적어도 이제는 뭘 좀 먹을 수 있게군"하고 말했다. 이러한 절망
의 상황에서 윌리엄 부스가 나타난 것이다. 부스는 외쳤다. "일! 일자
리! 이것이 그들이 원하는 것이다. (...) 사람들은 먹어야 한다. 그리고
그들이 일할 수 있도록 해 주어야 한다. (...) 그들에게 탈출하려는 의욕
을 가지도록 해 주어야 한다. (...) 자선이 아닌 일을 하도록 해야 한
다."[882] 그래서 부스는 염가 급식소와 간이 숙박소를 만들어 무료로 음
식을 나눠 주지 않고, 일에 대한 의욕을 주기 위해 약간의 일을 하고
음식을 주고 잠을 재워주면서 다시 일할 수 있는 의욕을 주었다. 사람
들은 놀랍게 변화되었다. 성경의 말씀대로 '일하기 싫거든 먹지도 말라
는' 말씀을 적용한 것이다. 사람들에게 무료로 나눠만 주면 공짜로 받
는 것이 습관이 되어 더 게으른 사람이 된다는 것을 부스는 잘 알았던
것이다. 부스와 함께한 사람들은 수백 개의 일자리를 만들어서 가난한
사람들이 일할 수 있는 기회를 만들어 주었다. 정부도 하지 못한 일을
윌리엄 부스와 동역자들을 통해 영국의 노숙자들이 다시 일을 하고 살

---

882) 윌리엄 부스/ 구세군 문학부 번역, 『최암흑의 영국과 그 출로』 (서울: 구세
    군출판부, 2009), 45, 51, 56, 60, 63, 65, 66, 68, 69, 83, 120-121, 124, 129, 135,
    142, 148, 168.

수 있도록 했다. 부스는 1890년 10월 20일 『최암흑의 영국과 그 출로』라는 책을 통하여 이러한 실정과 대안을 제시했다. 그 책의 1부는 왜 영국이 부패와 타락과 실업, 빈곤, 어린 소녀의 매춘에서 벗어나야 하는지를 열거하고 있으며, 2부에서는 그 대안을 제시했다. 즉, 가난한 자들을 위해 은행제도를 두어야 하며, 신용대출제도를 이용하여 하류층과 노동자들을 돕는 신용협동조합을 설립해야 한다고 주장했다. 나아가 가난한 사람들을 위한 공공지역을 만들었다. 첫째는 도시공동체 프로그램으로 가난한 자들을 위한 시설과 작업, 숙박소 그리고 노동력의 증강을 위한 프로그램을 제시하였다. 둘째는 농촌공동체 프로그램으로 협동농장, 기술학교, 개량조합등을 만들어 귀농하도록 이주시켜 자활시키는 사업을 추진했다. 셋째는 해외공동체 프로그램으로써 이민과 해외 취업을 위해 전문기술, 기타 노동을 요구하는 곳에 정착시켜 실업문제를 해결하였다.[883] 부스는 1912년 8월 20일 83세의 나이로 죽는다. 그는 숨을 거두기 얼마 전까지만 해도 아침 식사에 나오는 계란을 보며 "많은 여인들과 어린이들이 굶주리고 있는데 어떻게 나만 계란을 먹을 수 있느냐? 젖먹이 아기에게 먹일 우유가 없어 애쓰는 어머니들도 많은데 왜 나에게 계란을 가져다주느냐?"며 마지막까지 가난한 자들을 생각하는 삶을 살았다.[884]

이처럼 윌리엄 부스는 개인 구원뿐만 아니라 특히, 사회의 개혁에 앞장섰다. 이것은 요한복음 10장 16절에 예수가 '우리에 들지 않은 다른 양'에 대한 목양적 관심을 보인 것이라고 할 수 있다. 따라서 윌리엄 부스는 요한복음에 나타난 예수의 목양 영성을 정통으로 계승한 영성가라고 할 수 있다. 다음은 요한복음의 목양 영성을 정통으로 계승한 개신교회의 애이미 카마이클을 살펴보겠다.

---

883) 이덕중, "윌리엄 부스의 생애와 사상," 176-178.
884) 이덕중, "윌리엄 부스의 생애와 사상," 158.

4) 에이미 카마이클(Amy Carmichael, 1867-1951)

에이미 카마이클은 1867년 12월 16일, 아일랜드에서 태어났다. 그녀의 부모는 스코틀랜드 언약 장로교의 후손과 델지엘의 후손이었다. 열두 살 때 에이미는 요크셔 헤로게이트의 웨슬리 파 감리교 기숙사학교인 말보로 하우스(Marlborough House)에 들어갔다. 에이미가 열일곱 살이 되었을 때 야학에서 일단의 소년들을 가르치기 시작했다. 남녀 아이들에게 날마다 꾸준히 성경 읽고, 기도하는 시간을 갖도록 격려했다. 에이미는 YWCA에서 일했고, 로즈메리가 장로교에서 "숄떼기"반을 맡았다. 너무 가난해 모자를 살 수 없어 숄로 머리를 가리던 여직공들을 그렇게 불렀다. 에이미는 빈민촌을 드나들며 사역했다.[885] 한편, 1886년 9월에는 글래스고에서 열림 케직사경회(Keswicklines)에서 은혜를 받았다. 그때 중국내지선교회 허드슨 테일러(Hudson Taylor)는 매 시간 4천 명의 사람들이 "구주도 없고 소망도 없이 죽음의 문을 지나 영원한 어둠 속에 빠져들고 있다"라고 말했다. 에이미는 이렇게 썼다. "가서 저들을 돕고 싶은 마음이 동하지 않는가? 우리의 사치와 지나치게 밝은 빛들을 남겨두고, 어둠에 앉아 있는 저들에게 가고 싶은 갈망이 들지 않는가" 그녀는 이런 시를 인용했다. "들으라! 영국의 자매들이여, 들으라. 깊고 푸른 바다 저편에 태어나 슬픈 통곡, 캄캄한 병을 알리며 인간의 깊디깊은 재앙을 밝히는 인도의 한 자매의 간청을 들으라. 우리는 날마다 죽어가고 있어요, 빛도 없이, 한 줄기 새 힘도 없이"[886]

또한, 1889년 후반 에이미는 멘체스타 빈민가에 가서 여직공들을 위해 사역을 시작했다. 근면하면서도 거칠고 폭음을 일삼는 사람들이 수두룩한 곳이었다. 밤이면 싸움질하는 사람들의 고함과 비명 소리가 들렸다.[887] 에이미는 멘체스타 빈민가에서 사역을 하던 중에 1893년 1월 13일 일본 선교에 헌신을 하고 일본선교사로 일본을 향해 출발한다. 마

---

885) 엘리자벳 엘리엇/ 윤종석 옮김, 『에이미 카마이클』(서울: 복있는 사람, 2004), 26, 37, 42-45.
886) 엘리자벳 엘리엇/ 윤종석 옮김, 『에이미 카마이클』, 56.
887) 엘리자벳 엘리엇/ 윤종석 옮김, 『에이미 카마이클』, 69.

침내 1893년 5월 1일 에이미는 일본 마스예에 도착한다. 에이미는 일본 선교를 위해 주일에는 기모노를 입고 예배를 드렸다. 키모노에는 "하나님은 사랑이시라"를 수놓았다.[888] 벨파스트와 맨체스타에서처럼 에이미는 여직공들을 찾았다. 여직공들을 모임에 초대하자 근 여든 명이나 왔다. 에이미는 여직공 모임 외에 여러 모임을 만들었다. 작고 캄캄한 방의 모임, 마당 모임, 길거리 모임, 여자들 모임, 아이들 모임, 청년들 모임, 일꾼들 모임, 오후 모임 그리고 대개 사람들이 논밭에서 돌아오는 때부터 시작하여 자정까지 계속되는 밤 모임을 했다. 그러나 하나님의 또 다른 인도인지 에이미는 사역을 하다가 일본 뇌염에 걸려 휴양차 상하이로 떠나게 되었다. 그런데 휴양을 마치고 하나님은 에이미를 일본으로 인도하지 않고 인도로 인도하셨다.[889]

또 한편, 1895년 11월 28살의 처녀 에이미는 인도에 도착한다. 에이미는 14개월의 어려운 인도의 타밀어 훈련을 마치고 본격적인 사역에 돌입한다. 9월에 한 소녀가 어떤 대가를 치르더라도 그리스도를 따르기로 결단하면서 싸움은 치열해졌다. 소녀처럼 카스트에서 그렇게 나온 사람은 처음이었다. 엄청난 소동이 벌어졌다. 친척들이 쫓아와서 소녀를 회유했지만 소녀는 단호히 거절하고 예수님을 믿겠다고 했다. 여러 가지 위협에도 소녀는 굴하지 않았다. 에이미는 몰래 소녀를 데리고 선교사 사택으로가 안전하게 보호했다. 소녀는 10월에 세례를 받고 승리의 보석이라는 뜻의 이름을 받았다. 에이미는 천막을 치고 전도하기 시작했다. 여러 사람들이 이 전도단의 천막을 찾아와 예수님을 믿기 시작했다. 에이미는 아일랜드에서 배운 원리들을 철저히 고수했다. 즉, 그녀는 필요가 채워질 때까지는 하나님 외에 누구에게도 필요를 알리지 않았다. 전도를 한다는 것은 쉬운 일이 아니었다. 한 소녀는 기독교에 흥미를 보였다가 목숨을 잃었고, 한 소년은 약물이 주입되어 영영 저능아가 되었다. 경찰들도 어떤 조처를 취하든 뇌물 때문에 가족들 편을 들 때가 많다. 그리스도를 따르려는 사람은 모든 것을 버리고 따라야 했

---

888) 엘리자벳 엘리엇/ 윤종석 옮김, 『에이미 카마이클』, 89, 91-92, 99, 102.
889) 엘리자벳 엘리엇/ 윤종석 옮김, 『에이미 카마이클』, 117-118., 140-146.

다. 에이미는 7년간 거의 쉬지 않고 시골 성읍과 부락들에서 전도 사역을 했다. 에이미는 시편의 씨 뿌리는 자 같았다. 그녀는 소중한 씨를 들고 울며 나갔다. 그녀는 기도했고, 고국의 친구들에게도 기도하고 또 기도하고 또 기도하라고 당부했다.[890]

나아가 트라방코어의 집회에는 2천 명이나 모였다. 이런 일도 있었다. 에이미가 사역하는 도나부르 공동체 천막에 한 소녀가 찾아왔다. 집으로 돌아오라는 부모의 애원을 뿌리치고 라바나라는 소녀가 에이미를 찾아왔다. 라바나는 "절대 갈 수 없어요 저는 기독교인이에요"라고 말했다. 부모가 보석으로 꼬이려 하자 아이는 "보석도 싫어요 이제 제게는 예수님이 있어요"라고 했다. 또한, 1907년 초 도나부르의 일곱 소녀가 비 온 후 시골을 정말 아름답게 해주는 얕은 물가에서 세례를 받았다. 도나부르에는 많은 아이들이 있었다. 에이미는 카드에 이런 글을 적어 성경 앞표지 안쪽에 붙여 놓았다. "이 아이들은 내게 소중하니라. 이들에게 어미가 돼주거라. 어미 이상이 돼주거라. 이들을 자상히 보살피고 공의와 친절로 대하거라. 네 마음이 이들을 품을 만큼 넓지 못하다면 나를 찬송하고, 아이들이 고집을 부리거든 내게 도움을 청하거라. 아이들 때문에 지치면 내가 네 위로가 되어주고, 짐이 무거워 쓰러지면 내가 네 상급이 되어주마." 글 밑에는 목자의 그림이 있다. 독수리가 머리 위를 맴돌고 있는데 목자가 어린양을 구하려 손을 뻗은 그림이다.[891] 이처럼 에이미는 아이들을 지켜주는 목자였다.

더 나아가 에이미는 여아들을 사원에 바치는 착취와 학대에서 구출한 암마[892]로서 역할을 했다. 도나부르 공동체는 그런 아이들을 찾아 안전하고 행복한 기독교 가정을 누리게 하고 교육과 훈련을 마친 후에는 많은 여자들이 결혼하거나 취직한다. 특히, 생일을 정하기 어려웠기 때문에 도나부르에 들어 온 날짜를 기록해 두었다가 해마다 입소일로

---

890) 엘리자벳 엘리엇/ 윤종석 옮김, 『에이미 카마이클』, 207, 212-218, 227, 230, 234-235.

891) 엘리자벳 엘리엇/ 윤종석 옮김, 『에이미 카마이클』, 262, 272, 289, 303-304.

892) '암마'(Amma)는 '어머니'를 뜻하는 인도의 타밀어에서 온 말이다. 엘리자벳 엘리엇/ 윤종석 옮김, 『에이미 카마이클』, 250.

축하해 주었다. 각 아이는 입소일 선물로 향내 나는 작은 비누와 카드를 받았고, 신기한 선물 벽장에서 직접 뭔가를 고를 수 있었다. 에이미는 아이가 어디서 건짐을 받아서 어떻게 도나부르에 왔는지 그 경위를 아이에게 들려주었다. 그리고 아이들에 따라 간호사, 교사, 경리, 전도자가 될 것을 권했다. 에이미는 도나부르에서 어머니 노릇을 하느라고 교실, 육아실, 우유 짜는 부엌, 창고 물레와 바느질방 작업을 감독하기 위해 커다란 세발자전거를 타고 여기저기 씽씽 누볐다. 옅은 크림색 사리를 입고 말안장에 옆으로 앉아 좁은 길을 총총히 뛰어가는 그녀의 모습은 인상적이었다. 에이미는 한 번도 휴가를 간 적이 없었다. 한 번은 에이미가 왕실 생일훈장 목록에 들었다며 마드리스 지사에게서 축하전보가 왔다. 에이미의 반응은 대경실색이었다. 훈장이라니? 인도에서 봉사한 공로로? 자신을 위해 죽으신 분을 섬겼을 뿐인데? 그녀는 팬틀랜드 경에게 이렇게 썼다. "저는 상 받을 일을 한 적이 없어 통 이해가 안 됩니다. 그분은(예수님) 후한 명예 대신 멸시와 거부를 당하셨는데 제가 그와 판이한 일을 겪는다는 것은 민망할 일입니다." 결국엔 상을 고사하는 것이 예의가 아니라는 데 수긍했으나 수상식 불참만은 굽히지 않았다.[893]

또한, 1916년 도나부르에는 육아실이 열두 개였고 돌봐야 할 아기들과 걸음마를 하는 아이들이 그득했다. 에이미는 도나부르의 사역자들에게 말했다. "(삶이란) 전혀 음울하거나 불분명한 것이 아니다. 본래 삶이란 늘 기쁜 것이다... 우리는 주님 안의 확실한 행복으로 부름 받았다. 그분을 기뻐하는 것이 우리의 힘이다." 그동안 도나부르에는 사내아이가 없었는데 드디어 1918년 1월 '아룰'이라는 사내아이가 들어왔다. 1926년에는 70-80명에 달했다. 1927년에는 도나부르 공동체로 정식으로 등록했다. '협회 정관'에 나오는 목표는 아이들을 도덕적 위험에서 건지는 것, 남을 섬기도록 아이들을 훈련하는 것, 외롭고 고통받는 자들을 구하는 것, 하늘 아버지의 사랑을 특별히 인도 사람들에게 알리기 위해 그분 뜻으로 보여주신 모든 일을 행하는 것으로 되어 있다. 1928

---

893) 엘리자벳 엘리엇/ 윤종석 옮김, 『에이미 카마이클』, 319-321, 338, 347, 564.

년에는 병원부지 구입의 첫 불입금이 지불되었다. 의료사역은 도나부르 가족의 첫 "선교지"였다. 병원 건축을 놓고 기도하던 중 기도원도 함께 지으라는 마음을 주셨다. 기도원도 완공되었다. 꽃피는 덩굴식물에 뒤덮여 단지 한가운데 서있는 아름다운 건물이다. 일요일마다 한 번은 영어로, 나머지는 타밀어로 세 차례의 예배가 있었고 인도인과 영국인 형제들이 인도했다. 특별예배도 있었다. 예컨대 신년예배 때는 병원의 아픈 아이들을 위해 바구니에 장난감을 모았다. 또한, 에이미는 청빈의 삶을 꿈꾸었다. 그녀의 "별 무리" 동지들은 보석과 돈을 버리고 순회전도자로서 극히 검소한 삶을 살았다. 이러는 가운데 에이미의 건강은 악화되었다. 만성 두통과 치통, 불면증, 심부전, 고혈압, 유통성 안면경련, 한 눈을 거의 멀게 한 홍채염도 있었다.[894]

한편, 에이미는 평생 거의 강박적으로 글을 써왔다. 종이 위에 옮겨 놓기 전에는 그녀의 어떤 경험도 미완성이었다. 그녀가 쓴 책은 35-40권이나 되었다. 영국에서 간행된 것만 총부수가 50만 권이 넘었는데 물론 이는 변변한 광고가 전무한 상태에서 이루어진 결과였다. 1950년까지 15개 언어로 번역이 나왔다. 영국에서 12권이, 미국에서 8권이 점자판으로도 나왔다. 한 기독교잡지에 에이미의 책들이 인기도서로 소개되자 그녀는 괴로워했다. "인기? 주님, 치열한 전쟁터에서 쓰인 책들에게 인기라니요? 인기? 오 주님, 그럴진대 책들을 불살라 재가 되게 하소서." 간행된 책들 외에도 사적으로 도나부르 가족들을 위해서도 썼다. 「뿌리」라는 긴 문건과 자신의 유년기 자서전이 그 예이다. 그녀는 「스크랩스」, 「믿음의 삶」, 「도나부르 편지」, 「금 먼지」 등 독자층이 다양한 글들 외에도 수백 편의 노래와 시, 수천수만 통의 사신을 썼다. 가장 놀라운 것은 도나부르의 "사랑하는 이들"에게 쓴 그녀의 수많은 편지와 쪽지이다. 한 번은 캐나다의 한 여자 정신과 의사가 노이로제에 걸린 노년기 여자의 흥미로운 사례연구를 건지겠거니 기대하며 도나부르 공동체를 방문했다. 에이미를 만나고 5분 만에 의사는 자기가

894) 엘리자벳 엘리엇/ 윤종석 옮김, 『에이미 카마이클』, 353, 356, 365, 408, 427-428, 430, 432, 435, 454, 457-458.

대상을 잘못 골랐음을 확실히 알았다. 여든이 다된 에이미는 병에 걸려 평화의 방에 누워 하루 다섯 시간씩 사람들을 면담하고 사랑의 편지들과 책을 썼다. 에이미는 언제나 필기용 받침대를 대고 속기가 아닌 보통 서법으로 써서 한 페이지씩 조수 닐라에게 주었다. 닐라가 타자를 쳐서 한 이모에게 건네면 이모가 최종 원고로 다듬었다. 이제 에이미는 더 이상 걷지도 못했고 누워 있어야만 했다. 그때도 누워서 글을 썼다. 그러나다 이제는 더 이상 손이 마비되어 글을 쓸 수 없게 되었다. 에이미는 말했다. "나는 이 손을 주님께서 쓰시도록 드렸지요... 이제 그분께서 다시 취하셨어요" 그녀는 그때부터 다시 글을 쓸 수 없음을 알았다. 그때부터 구술을 하였다. 에이미를 간호하던 간호사 엘리슨이 병이 나서 고향 뉴질랜드로 돌아가려고 할 때 에이미는 엘리슨에게 "엘리슨, 우리는 이 세상에서 다시 보지 못할 거요 내가 갔다는 소식을 듣거든 기뻐 뛰어야 하오?"라고 말했다.[895] 에이미는 선교사로서 자기에게 일어난 하나님의 역사를 글로 쓰는 사명을 끝까지 최선을 다해 감당하였다. 에이미가 마지막 하나님의 부름을 받기 전에 그녀는 한 남자에게 부탁해 까만 포스터 종이로 커다란 십자가를 오려 희미한 불빛 속에서도 보이는 곳에 걸어 두고는 "내 고통보다 훨씬 큰 고통"을 떠올렸다. 병으로 고통스러운 밤이면 또 하나 위로가 된 것은 요한계시록 2장 9-10절의 "내가 아노니... 두려워 말라"는 말씀을 나뭇조각에 새겨 벽에 걸고는 위에 불을 달았다. 또한, 에이미는 찬송가 "주 사랑 안에 살면"(찬송가 397장) 가사를 침대 곁에 두었다. 에이미는 마지막 순간 십자가, 말씀, 그리고 찬송을 통해 천국을 가는 준비를 하였다. 1951년 1월 둘째 주에 에이미는 혼수상태에 빠졌다. 900명에 육박하던 가족들이 순서대로 방으로 들어와 그녀의 얼굴을 보았다. 마침내 에이미는 1951년 1월 18일 이른 아침 천사들에게 안겨 천국으로 갔다. 하나님의 동산에 있는 에이미의 무덤에는 묘석 표시가 하나도 없다. 딱 하나만 표시가 있다. 타마린드 노목 아래 돌 좌대가 하나 있어 에이미의 친구인 예쁜

---

895) 엘리자벳 엘리엇/ 윤종석 옮김, 『에이미 카마이클』, 471, 474, 476, 488, 525, 549-550.

새들을 즐겁게 해 준다. 좌대에는 'AMMAI'(암마)라는 한 단어만 새겨져 있다. 이는 어머니로서 그녀 이름의 존대어 표현이다. 그 밑에 그녀를 그곳 타마리드 나무 아래 누인 날짜가 적혀 있다.896) 자신이 인도에 한 모든 수고를 드러내지 않고 오직 하나님께만 영광을 돌리려는 에이미의 마음을 읽을 수 있다.

이처럼 에이미 카마이클은 인도의 버려진 아이들을 모아 도나부르 공동체를 만들어 그 아이들에게 교육을 시켜서 사회의 일원이 되도록 양육하였다. 또한, 병원을 만들어 병든 자를 치료해 주었다. 에이미는 교육 선교사역을 하면서 언제나 감사하고 기뻐했다. 상을 주는 것도 거부하면서 오직 하나님께만 영광을 돌렸다. 그런 차원에서 에이미는 인도의 900여 명의 버려진 아이들을 돌보고 양육한 참 목자였다. 따라서 에이미 카마이클은 요한복음에 나타난 예수의 목양 영성을 정통으로 계승 영성가라고 할 수 있다. 다음은 요한복음의 목양 영성을 반정통으로 계승한 로마 가톨릭교회의 마터 데레사를 살펴보겠다.

3. 예수의 목양 영성의 반정통

1) 마더 데레사(Mother Teresa, 1910-1997)

마더 데레사는 1910년 8월 26일 유고슬라비아의 인구 2만 5천 명의 작은 도시 스코베에서 태어났다. 데레사는 1928년 18세 때 로레토 수도회에 입회한다. 그다음 해인 1929년 인도 켈커타로 선교사로 떠난다. 그곳에서 3년간 영어와 뱅골어를 배우며 수련을 받는다. 데레사가 인도로 선교사로 떠나게 된 계기가 있다. 1946년 9월 10일 데레사는 히말라야로 피정을 가는 길에 기차 안에서 "가난한 사람들 가운데서 그들을 도와야 한다."는 하나님의 음성을 들었기 때문이다. 결국 그녀는 그 사건을 계기로 수도원 밖으로 나가 인도로 떠나게 된다.897) 데레사는 수

---

896) 엘리자벳 엘리엇/ 윤종석 옮김, 『에이미 카마이클』, 551-559.

도복을 벗고 인도의 가난한 여인들이 입는 흰색 사리를 걸친 채 '사랑의 선교회'라는 이름으로 홀로 빈민가로 향한다. 일 년도 지나지 않아 사랑의 선교회는 수백 명의 가난한 이들이 머무는 공동체가 되었고 데레사는 인도 국적을 취득한다. 이후 빈민 아이들을 위한 학교와 죽어가는 사람들의 집(니르말 흐리다이), 나환자 재활센터를 설립하면서 가난하고 아픈 이들을 보살폈다. 오늘날 사랑의 선교회는 전 세계 123개 국가에 610개 선교 단체를 운영하고 있다.[898] 데레사는 1997년 87세의 나이로 생을 마치고 인도에 묻혔다. 힌두교인 83%, 이슬람 11%, 그리스도교인이 2.4%인 인도에서 마더 데레사의 장례식이 국장으로 거행되었고 오늘날까지 인도에서 가장 존경받는 인물의 하나로 꼽힌다. 종교 갈등이 첨예한 인도에서 로마 가톨릭교회의 수녀가 이처럼 국민적 지지를 얻을 수 있었던 것은 그녀의 활동들이 내포하고 있는 자비의 신비가 가진 보편성의 측면에서 이해할 수 있다. 자비의 보편성은 자비를 하나님의 가장 중요한 속성으로 여기는 유대교, 이슬람교와 관계 맺을 수 있게 해 주며, 힌두교, 불교에서 말하는 자비로움과 다르지 않다.[899] 이처럼 데레사는 어떻게 비움과 나눔 그리고 섬김을 통해 지구 위의 모든 이들을 살리면서 평화롭게 살아갈 수 있는지를 보여 주었다. 데레사는 우리가 나누지 않기 때문에 가난한 사람들이 있다고 말한다.[900]

그런데 데레사가 인도에서 가난한 자들을 돌보고 사랑을 나눈 것은 훌륭한 일이었지만 문제는 그녀가 인도에서 68년간 사역을 하는 동안 그녀에게 항상 우울과 어두움이 있었다는 것이다. 1997년에 데레사가 사망하고 2007년 8월에 캐나다인으로서 데레사 사랑의 선교회(Mother Teresa's Missionaries of Charity)의 남성분과 위원이며, 그녀의 시성(canonization) 청원자였던 브라이언 콜로디척(Brian Ko lodiejchuk) 신

---

897) 박찬호, "영성의 거장들,"「신앙세계」430/5(2004), 69-70.
898) 김정은, "마더 데레사를 통해 살펴본 자비의 카리스마,"「신학전망」194(2016), 187.
899) 김정은, "마더 데레사를 통해 살펴본 자비의 카리스마," 199.
900) 이기상, "지구촌 시대가 요구하는 소통과 살림의 교회 비움에 바탕한 섬김과 나눔의 살림살이,"「신학전망」175(2011), 102, 118,

부가 그녀의 편지들을 한 권의 책으로 편집, 출간한 『나의 빛이 되어라』(Come Be My Light: The Private Writings of the Saint of Calcutta)은 340쪽 분량으로, 그녀의 편지 및 일기와 그것들에 대한 콜로디척 신부의 회상과 주석이 포함되어 있다.[901] 이 책에 보면 데레사가 인도에서의 사역하는 중에 대주교와 영적 지도 신부에게 보낸 약 47년 간 쓴 편지와 일기 가운데 35년간을 늘 우울하고 어둡다고 호소했다. 데레사는 다음과 같이 썼다. "그렇다고 해서 저의 영적 삶이 장미로 뒤덮여 있다고 생각하지는 마세요. 제가 걷는 길에 장미꽃은 거의 없습니다. 반대로 어둠이 동무일 때가 더 많아요. 그리고 밤이 아주 깊어지면 제가 결국 지옥에 떨어질 거라는 생각이 듭니다. (…) 대주교님께, 특히 제가 하나님의 일을 망치지 않도록, 또 우리 주님께서 모습을 드러내시도록 저를 위해서 기도해 주십시오. 제 안에는 마치 모든 것이 죽어버린 듯 끔찍한 어둠이 있습니다. 제가 사업을 시작할 즈음부터 그러했습니다(53년 3월 18일). (…) 대주교님께, 대주교님이 오신다니 무척 감사합니다. 대주교님을 뵙고 나면 언제나 짐이 가벼워졌다는 느낌이 듭니다. 저도 잘 모르겠지만 제 마음속에는 제가 잘 표현하지 못하는 깊은 외로움이 있습니다. 벌써 몇 달 동안이나 판 엑셈 신부님께 이야기를 드리지 못했고, 점점 더 말씀드리기가 힘들어집니다. 우리 주님께서는 얼마나 더 제게서 떠나 계실까요? (…) 대주교님께, 제가 예수님을 원하면 원할수록 예수님은 저를 덜 원하십니다. 저는 예수님이 한 번도 받아보지 못한 방식으로 예수님을 사랑하고 싶지만 예수님과 멀어진 느낌, 끔찍한 공허함, 하나님이 제 옆에 계시지 않는다는 느낌을 가지고 있습니다. (…) 대주교님께, 하나님이 저를 원하시지 않는다는 생각이 계속 듭니다. 거부당하는 느낌에 공허함까지 계속되어 신앙도, 사랑도, 열정도 없습니다. 영혼도 저를 끌어당기지 못하고 천국도 아무 의미가 없습니다. 저에게는 텅 빈 곳으로만 보입니다. (…) 마더 데레사는

---

901) Phyllis Zagano, C. Kevin Gillespie, "Embracing Darkness: A Theological and Psychological Case Study of Mother Teresa," *Spiritus: A Journal of Christian Spirituality* 10/1(2010), 52.

1959년 6월 3일 피카키 신부에게 편지를 써서 자신의 내적 상태를 털어놓는다. "어둠은 너무나 짙습니다. 그리고 저는 혼자입니다. 아무도 저를 원하지 않으며 저는 버림받았습니다. 사랑을 원하는 마음의 외로움은 견디기 힘듭니다. 제 믿음은 어디에 있을까요? 마음 깊은 곳, 저 깊은 곳에도 공허함과 어둠밖에 없습니다. (...) 제 마음속에는 신앙이 없습니다. 사랑도, 믿음도 없습니다. 너무나 많은 고통, 간절한 바람으로 인한 고통, 아무도 저를 원하지 않는다는 고통으로 가득합니다. (...) 수녀님들과 아이들, 나병환자들, 병든 이들과 우리의 가난한 가족들 모두 올해에는 무척 만족스럽고 행복한 한 해를 보냈습니다. 진정한 성탄절입니다. 하지만 제 안에는 어둠과 갈등, 너무나 끔찍한 외로움 밖에 없습니다. (...) 어둠은 너무나 심해서 저는 마음으로도 이성으로도 아무것도 보지 못합니다. 제 영혼에 하나님이 계셔야 할 자리는 비어 있습니다. 제 안에는 하나님이 안 계십니다... 천국, 영혼, 왜 이것들은 단지 말일뿐 저에게 아무런 의미가 없을까요? 제 삶은 너무나 모순적인 것 같습니다. 저는 영혼을 돕고 있지만 그들이 어디로 가도록 돕는 걸까요? 하나님은 저를 원하지 않습니다. 때로 저는 제 마음이 "저의 하나님"이라고 외치는 소리를 듣지만 아무 일도 일어나지 않습니다. 이런 괴로움과 고통을 저는 설명할 수가 없습니다. (...) 신부님, 드릴 말씀이 아무것도 없습니다. 어둠은 너무나 짙고 고통은 너무나 큽니다."[902] 이처럼 마더 데레사는 35년 내내 어둠을 겪고 있었다.[903] 결국 죽을때까지 이 우울과 어둠에서 벗어나지 못한다. 급기야 데레사는 자기의 상태가 로마 가톨릭 영성신학에서 말하는 십자가의 성 요한의 어둔밤[904]으로 받아들이기로 한다. "만일 제가 성인이 된다면 분명 "어둠"의 성인일 것입니다. 언제나 세상의 어둠에 빛을 밝히러 내려가 있을 테니 천

---

902) 브라이언 콜로디척 엮음/ 허진 옮김, 『마더 데레사: 나의 빛이 되어라』(서울: 오래된미래, 2008), 41, 236, 249, 258, 267, 294-295, 304, 312, 330-331, 348.
903) 브라이언 콜로디척 엮음/ 허진 옮김, 『마더 데레사: 나의 빛이 되어라』, 481.
904) 십자가의 성 요한의 어둔밤의 관점에서 마더 데레사의 어둔 밤을 해석한 논문으로는 다음을 참조하라. 심종혁 · 김기숙, "영적 어둠에 대한 마더 데레사의 체험과 이해,"「인간연구」32(2016), 121-156.

국에는 없을 것입니다."905) 여기에는 데레사의 영적지도 노이너 신부의 지도가 작용한 듯하다. 노이너 신부는 데레사의 어둠에 대한 편지를 받고 다음과 같이 답장한다. "마더 데레사 수녀님께서 영적 메마름을 설명할 만한 심각한 잘못을 했음을 보여주는 것은 하나도 없습니다. 그것은 영성 생활에 밝은 사람이라면 모두 잘 알고 있는 어둔 밤일 뿐입니다. 마더 데레사처럼 어둔 밤이 몇 년 동안이나 그토록 깊이 지속되는 경우는 본 적이 없지만 말입니다.906) 노이너 신부는 데레사의 상태가 십자가의 성 요한이 말하는 '어둔 밤'의 상태라고 영적지도를 해 주면서도 한 가지 의문점을 갖는데 그것은 마더 데리사같이 어둔 밤이 몇 년 동안이나 깊이 지속되는 경우, 더욱더 정확하게 말하면 35년 간 계속되는 것에 대해서 의문점을 가진다. 이 부분을 주목해 볼 필요가 있다. 데레사의 어둔 밤이 이렇게 오랫동안 길다는 것은 십자가 요한이 말하는 어둔 밤이 아니라 우울증일 가능성이 있기 때문이다. 아마도 데이비드 브레이너드도 이런 우울증 현상이 데레사와 비슷하게 나타났었다. 다만, 브레이너드는 이런 우울증의 상태를 성령을 통하여 극복한다. 그런데 데레사는 성령으로 극복했다는 언급이 없다. 아마도 데레사는 가난한 자들을 도와야 한다는 종교적 부담감을 자신의 노력으로만 감당하려고 하다가 정신적인 압박감을 느꼈던 것이 아닌가 하는 생각이 든다. 데레사의 사역이 외적으로는 훌륭했지만 막상 데레사 자신의 내면은 평생을 우울과 어두움과 싸워야만 했다. 한편, 1895년 마더 데레사보다 인도에 34전 먼저 선교사로 와서 사역한 장로교 출신의 여자 선교사 에이미 카마이클은 56년간의 인도 사역에서 마더 데레사와 똑같이 가난한 자들을 위한 사역을 했지만 에이미는 우울과 어둔 밤 대신 언제나 기쁨이 넘치는 사역을 했다. 그녀는 늘 성령이 주시는 능력으로 사역했다. 이에 비해, 데레사의 사역은 성령을 통한 사역이 아니라 자기의 의지를 가지고 종교적 의무감으로 한 사역처럼 보인다. 그러

---

905) 브라이언 콜로디척 엮음/ 허진 옮김,『마더 데레사: 나의 빛이 되어라』, 360.
906) 브라이언 콜로디척 엮음/ 허진 옮김,『마더 데레사: 나의 빛이 되어라』, 335-336.

다 보니까 과도한 사역의 부담으로 늘 어둡고 우울했던 것이 아닌가 하는 생각을 하게 한다. 아쉬운 것은 의학적으로 보면 데레사는 우울증에 걸린 듯한데 그녀를 '어둔 밤'의 상태로만 해석해서 방치한 것이 아닌가 하는 아쉬움이 있다. 로마 가톨릭교회의 영성신학에서 마더 데레사의 상태를 어둔 밤으로 해석할 수 있을지는 몰라도 요한복음에 나타난 성령과 함께하는 예수의 목양 영성과는 거리가 있어 보인다. 예수의 목양 영성에는 우울과 어둔 밤이 나타나지 않기 때문이다. 따라서 마더 데레사의 영성은 요한복음에 나타난 예수의 목양 영성의 반정통으로 보인다. 다음 장에서는 요한복음에 나타난 예수의 목양 영성의 정통을 계승한 한국개신교 영성가와 반정통, 그리고 이단을 살펴보겠다.

4. 예수의 목양 영성을 정통으로 계승한 한국개신교 영성가

요한복음에 나타난 예수의 목양 영성의 정통을 계승한 한국개신교 영성가로는 주기철, 손양원, 김현봉, 그리고 한경직이 있다. 둘째, 예수의 목양 영성의 반정통에 속하는 영성가로는 이세종이 있다. 셋째, 예수의 목양 영성의 이단으로는 이만희가 있다. 먼저 요한복음에 나타난 예수의 목양 영성을 정통으로 계승한 주기철을 살펴보겠다.

1) 주기철(朱基徹, 1897-1944)

주기철은 1897년 11월 25일 경상남도 창원군 웅천면 북부리에서 주현성 장로와 조재선 여사의 넷째 아들로 태어났다.[907] 주기철은 어릴 때부터 철저한 신앙교육을 받으며 성장했다. 아버지 주현성[908]은 훗날

---

907) 이상규, 『주기철』 (서울: 홍성사, 2008), 10.
908) 주기철의 부친 주현성은 기독교로 개종할 때 성경 말씀을 통해 진리를 터득한다. 그는 경남 웅천읍 읍리(邑吏)로 상당한 재산과 세력을 갖고 있었다. 그가 기

보수주의로 정평이 난 경남노회 소속 웅천 북부리 교회의 장로였으며, 자녀들을 철저하게 신앙으로 교육시켰다. 주기철은 9살 때 개통학교에 입학했으며 5학년때인 1910년에 웅천교회에 입교했다. 그 후 1916년에는 정주 오산학교를 졸업하고 조선예수교대학교(후의 연희전문학교) 상과에 입학하였으나 건강문제로 중퇴하고 고향으로 내려가 요양하던 중 1920년 11월 김익두 목사의 부흥회에 참석했다가 은혜를 받고 목회자가 될 것을 결심한다.[909] 그 후 평양 장로회신학교에 입학하여 1925년 12월에 졸업한다. 이후 경남노회에서 목사 안수를 받고 부산 초량교회에서 목회를 시작했으며, 1931년에는 마산 문창교회를 거쳐 1936년 평양 산정현 교회[910] 담임 목사로 부임했다.[911] 산정현 교회에 부임한 주기철은 1937년 6월 23일 자 요한복음 21장 15-18절에 '네가 나를 사랑하느냐'라는 제목의 설교에서 베드로에게 '네가 나를 사랑하느냐'의 질문을 세 번이나 반복한 이유를 다음과 같이 설교했다. "주님께서 베드로에게 동일한 말씀을 세 번이나 중첩하심은 무슨 뜻일까. 이는 자기의 사명을 받은 자에게 무엇보다도 필요한 것이었기 때문이다. 주님의 사명을 받은 자에게 물론 필요한 것이 여러 가지 있겠지만 이 '예수를 사랑하는 것' 이상으로 중대한 것은 없을 줄 안다."[912] 곧, 주기철은 예

독교와 접하게 되었을 때 신구약 성경을 여러 번 통독하고 나서 기독교로 입교했다. 김인수, "소양(蘇羊) 주기철 목사의 신학 사상: 그의 순교신앙을 중심으로,"「장신논단」12(1996), 189.

909) 주기철 목사는 1920년 5월 27일에 마산의 문창교회에서 열린 김익두 목사의 부흥회에서 지금까지 맛보지 못한 영적 각성을 체험한다. 그해 11월 1일부터 웅천읍교회에서 열린 사경회에서 또다시 큰 은혜를 받은 후 주기철의 인생관은 완전히 달라진다. 이것으로 연희에서의 학업 중단 후 주기철의 4년 반의 긴 좌절과 방황은 끝이 난다. 그후 1922년 3월 주기철은 평양신학교에 입학한다. 박용규, "소양 주기철 목사의 생애,"「신학지남」63/3(1996), 248, 253-254.

910) 산정현 교회는 장대현 교회를 모교회로 한다. 1893년 마포삼열 선교사가 판교동에 널다리 교회를 설립했는데, 이것이 1899년 장대현으로 이전하면서 장대현 교회라 부르게 되었다. 이 장대현교회가 날로 성장하자 1903년 남문회교회를 분설하고, 1905년에는 창동교회와 산정현교회를 분설한 것이다. 박용규, "소양 주기철 목사의 생애," 269-270.

911) 이덕주, "순교자 주기철 목사 사랑의 완성 이룬 한국 교회의 밀알,"「빛과 소금」304/3(2007), 150.

수의 사명을 받은 자에게 가장 필요한 것은 예수를 사랑하는 것이라고 말했다. 결국 주기철은 예수를 사랑했기 때문에 한국교회의 모든 양 떼를 지키는 사명을 감당하기 위해 순교의 고난도 감당할 수 있었던 것이다. 이미 주기철은 1936년 5월 13일 자 '기독신보'에 금강산 목사수양회에서 '목사직의 영광'이라는 설교에서 목사직의 사명에 대하여 다음과 같이 설교했다. "하나님은 자기의 피로 값 주고 사신 자기의 교회, 자기의 양 떼만은 그 아무에게도 맡기지 아니하시고 오직 목사들에게만 맡기셨다. 하늘에 있는 천사들에게도 '내 양을 먹이라'는 직분을 맡기지 아니하셨다. 자기의 교회와 양 떼를 맡기기 위하야 오직 우리를 찾으셨고 우리를 취하셨다."[913] 주기철은 이 설교를 통해 목사의 1차적 사명이 '목양'에 있음을 강조했다. 나아가 주기철의 목양의 마음이 잘 드러난 곳은 그의 마지막 작품이라고 할 수 있는 '겸손하기 위하야'라는 기도문에 나타난다. 기도문의 일부는 이렇다. "나는 나를 어디까지 낮추어야 당신 앞에서 합당하겠습니까? 당신이 제자의 발을 씻기셨으니 나는 한센병자의 발을 핥게 하여 주시옵소서. 당신이 세리의 집에 들어가셨으니 나는 모든 사람의 발 앞에 짓밟히는 먼지와 티끌이 되게 하여 주시옵소서."[914] 주기철은 교회 안에 굶주리는 교인들을 위해 사찰집에 솥을 걸어 놓고 밥을 지어 교회로 찾아오는 어려운 성도들에게 공궤 하도록 하였다. 또한, 주기철의 부인 안갑수 사모[915]가 시집올 때 친정에서 받은 유산 전답 6천 평을 팔아서 가난한 사람들을 구제하였다.[916]

---

912) 이덕주, "주기철 목사의 신학과 신앙(2)," 「세계의 신학」 54/봄호(2002), 215.

913) 이덕주, "주기철 목사의 신학과 신앙(1)," 「세계의 신학」 53/겨울호(2001), 245.

914) 이덕주, "주기철 목사의 설교와 기도," 「세계의 신학」 58/3(2003), 196. 이 기도문은 서울에 있던 감리교 계통 사회복지 선교기관인 태화여자관에서 발행한 「기도지남」(1939.2)이란 소책자에 실린 내용이다. 위의 기도문 전문을 보기 위해서는 위의 이덕주의 글 195-196을 참조하라.

915) 주기철의 첫째 부인 안갑수 사모는 1933년 33세의 젊은 나이로 세상을 떠난다. 김인수, "소양(蘇羊) 주기철 목사의 신학 사상: 그의 순교신앙을 중심으로," 209.

916) 김인수, "소양(蘇羊) 주기철 목사의 신학 사상: 그의 순교신앙을 중심으로,"

한편, 1935년부터는 일본이 신사참배를 강행하기 시작했다. 이때 1935년 12월 19일에 주기철은 평양신학교 사경회에서 '일사각오'라는 제목의 설교를 한다. 이 설교는 주기철이 한국교회의 신앙을 지키고 양떼를 지키는 순교의 신학을 보여준 첫 번째 설교였다. 이 날 설교의 본문이 요한복음 11장 16절이다. 도마가 예수님과 함께 죽으러 가자는 고백을 했던 내용을 중심으로 설교를 했다. 크게 3가지 주제를 가지고 설교를 했다. 첫째는 예수님을 따라서 일사각오, 둘째 남을 위하여 일사각오, 세 번째는 부활진리를 위하여 일사각오였다.917) 이날 설교는 주기철이 예수께서 죽음을 무릅쓰고 나사로를 구하러 간 것 같이 자신도 한국교회의 양들을 지키는 목양하는 마음으로 예수 같이 순교의 길을 갈 것을 각오하는 설교였다. 또한, 주기철은 성경학교 제자였던 손양원에게 다음과 같이 말했다. "나는 북에서 싸울 터이니 제군들은 남에서 싸우라. 오늘 이 자리에 있는 사람들도 백 년 후에는 다 죽을 것이다. 그중에 가장 잘 죽은 사람은 누구인가? 주를 높이다가 죽은 자가 복이 있으리라. 예수님을 위하여 목숨을 버린 자가 가장 잘 죽은 사람인 것이다."918)라며 양들을 위한 목자의 순교의 의지를 보여 주었다.

또 한편, 주기철이 신사참배 문제로 감옥에 있을 때 주먹밥 한 개도 반만 먹고 배고프다는 같은 감방에 있는 자에게 나눠 주는 것은 보통의 일이었다.919) 주기철이 산정현교회에 부임한 이후에 신사참배 문제로 더욱더 고난을 받게 되었다. 농우회 사건으로 6개월 반 동안 의성경찰서에서 심한 고문과 함께 감옥생활을 했다. 대구 경찰서에서 풀려나 평양에 돌아오던 그날은 마침 주일이었다. 바로 그날 그는 그 유명한 5 종목의 기도를 설교하였다. 이것은 설교가 아니라 죽음을 앞에 둔 주기철의 유언이며 기도였다.920) 주기철의 막내아들 주광조 장로는 아

197.

917) 김요나, 『한알의 밀알이 되어』 (서울: 엠마오, 1993), 165-168.

918) 박용규, 『저 높은곳을 향하여』 (서울: 생명의말씀사, 1992), 18. 이 글은 손양원 목사가 주기철 목사 순교 후 부치는 글에 나온 내용이다.

919) 김인수, "소양(蘇羊) 주기철 목사의 신학 사상: 그의 순교신앙을 중심으로," 197.

버지가 마지막 검속을 당하는 모습을 다음과 같이 증언했다. "일본 경찰이 아버님을 잡으러 왔을 때, 아버님은 툇마루 기둥을 붙잡고 가지 않으려 하셨습니다. 그러자 어머니께서 아버님을 끌어안으시며 "목사님, 지금 문 밖에 교인들이 와 있습니다. 목사님은 개인이 아닙니다. 한국 교회가 지켜보고 있습니다라고 하시면서 함께 우셨습니다. 그러자 아버님은 그래, 가야 할 길이라면 가야지요 하시고 두 분이 손을 잡고 오랫동안 기도하신 후, 할머니께 하직 인사를 드리고 성경 찬송을 들고 문 밖으로 나가셨습니다." 결국 1944년 4월 21일(금) 밤 9시경 그동안의 신사참배를 위한 옥중에서의 5년 7개월의 긴 세월을 마감하며 모진 고문과 학대 속에서도 굽히지 않고 굿굿이921) 자신의 정조를 지킨 조선교회의 큰 별이 지고 말았다. 마침내 장엄한 순교를 했던 것이다.922)

---

920) 5종목의 기도의 내용은 다음과 같다. 1. 죽음의 권세를 이기게 하여 주옵소서. 2. 지루한 고난을 견디게 하여 주시옵소서. 3. 노모와 처자를 주님께 부탁합니다. 4. 의에 살고 의에 죽게 하옵소서. 5. 내 영혼을 주님께 부탁합니다. 박용규, "소양 주기철 목사의 생애," 281; 김요나, 『한알의 밀알이 되어』, 219-241.

921) 주기철 목사가 순교의 자리까지 굿굿이 신앙을 지킬 수 있었던 것은 그의 사모 오정모 사모의 역할도 있었다. 주기철 목사가 흔들릴 때마다 오정모 사모는 단호히 주기철 목사에게 용기를 주었다. 1944년 4월 13일 자 소양의 유언은 가족들의 장래에 대한 염려로 가득 차 있었다. "여드레 후에는 아무래도 소천될 것 같습니다. 지금까지 몸이 부어올랐습니다. 생명보험을 든 2백 원으로 영건이 장가 비용으로 사용하고 남은 돈으로 막내 광조를 공부시키십시오. 어머니께 봉양 잘하여 드리고 (...) 어머님께는 죄송합니다." 소양은 이 유서를 한국인 간수 안태식을 통해 오정모 사모에게 전달했다. 이것을 받아 든 사모 오정모의 첫 마디가 "목사님이 아직까지 가정에 무슨 미련이 남아서 이런 것을 보낸 것이냐."라고 말했다고 한다. 두 번째로 검속 된 후 오랜 감옥 생활에서 풀려난 소양이 승리라고 하자 오정모 사모는 "승리요? 다시 감옥에 들어가시오. 어서 다시 들어갈 준비를 하시오."라며 말했다고 한다. 오정모 사모는 한국교회의 장래가 소양에게 달려 있음을 너무도 뼈저리게 간파하고 있었고, 그 길을 가도록 도와주는 것이 그녀에게 맡겨진 하나님의 섭리라고 믿었던 것이다. 박용규, "소양 주기철 목사의 생애," 285-286.

922) 김요나, 『한알의 밀알이 되어』, 333. 당시에 미국으로 추방당한 선교사들 중에 한국 목사들이 신사참배를 수용하고 일제에 협력하는 비굴한 모습에 대해 비판하면서 '한국교회는 신앙을 배반했다'고 말하는 이들도 있었다. 그러나 그 당시 30년 동안 평양신학교 실천신학 교수로 사역했던 클라크(C. A. Clark, 곽안련) 선교사는 본국 교인들에게 편지 형태로 다음과 같은 문서를 보냈다. "모든 목사들이 후스(John Huss)가 되지 못한 것은 안타까운 일입니다. 하지만 전체 교인

주기철의 순교는 첫째는 그가 예수를 사랑한 사랑의 완성이었으며,[923] 그의 호가 소양(蘇羊)인 것 같이 "예수의 양"으로써[924] 이 땅의 백성들의 신앙을 지키기 위해 세상 죄를 지고 가는 하나님의 어린양들의 대표로 고난을 받은 것이었다. 주기철은 베드로가 양들을 치다가 순교하는 영성을 보였듯이 조선의 양들의 신앙을 지키다가 순교의 길을 갔다. 교회사가 이덕주[925]는 주기철의 순교에 대하여 다음과 같이 평가했다. "주기철 목사는 우리와 하등 다를 바 없는 연약한 육신의 소유자였다. 그도 고문이 무서웠고 죽음이 두려웠다. 다만 고문이나 죽음도 막을 수 없는 그리스도와 교회에 대한 사랑이 있었기에 배반이 아닌 순종의 길을 선택했을 뿐이다."[926] 주기철에게 예수 사랑은 조선교회의 양들을 위한 순교의 길을 감당할 수 있는 힘이 되었던 것이다. 나아가, 주기철은 신사참배를 반대하는 저항인의 길을 갔지만 동시에 가난한 영혼을 감싸는 목회자였다. 우상숭배를 강요하고 교회의 순결과 거룩을 훼파하려는 세력에 저항했지만 동시에 사상한 영혼의 목자였다.[927]

이처럼 주기철은 예수를 사랑하여 조선의 양들을 위해 순교한 순교

의 반 이상이 믿음 생활을 한 지 10년도 안 되는 상황에서 지나친 것을 요구하는 것은 무리입니다. 후스 같은 인물들이 다수를 점하기까지 시간이 더 필요합니다. (...) 그런데 후스 같은 인물들이 있습니다. 세계 모든 기독교인들은 평양 언덕들 위에 있는 큰 교회들 중에 하나인 아름다운 벽돌 예배당의 주기철 목사라는 이름을 기억해야 합니다. 그는 지난 5년간 거의 모든 시간을 감옥에서 보냈는데, 셀 수 없을 만큼 매를 맞았지만 로마 교황 앞에 선 루터처럼 견고해 흔들리지 않고 있습니다." 클라크 선교사는 평양 산정현교회의 주기철 목사를 중세 로마 가톨릭교회의 종교 폭력에 맞서 죽음으로써 신앙의 양심을 지킨 순교자 후스, 로마 교황 앞에 당당히 선 종교개혁자 루터에 비유했다. 그러면서 클라크 선교사는 주기철 목사 외에 신사참배를 거부하다 감옥에 들어가 있는 교인이 200명이나 된다는 사실도 주지 시켰다. 이덕주, " '사랑의 순교자' 주기철,"「빛과 소금」 261/12(2003), 26.

923) 이덕주, "순교자 주기철 목사 사랑의 완성 이룬 한국 교회의 밀알," 153.

924) 주기철 목사는 자신의 호를 소양(蘇羊)이라고 했는데, 이 뜻은 '예수의 양'이란 의미로 자신의 정체성을 암시했다.

925) 전 감리교 신학대학교 한국교회사 교수.

926) 이덕주, " '사랑의 순교자' 주기철," 27.

927) 주기철/ KIASTS 엮음,『주기철』(서울: 홍성사, 2008), 20.

자이며, 영성가이고, 목회자였다. 특히, 주기철 목사의 생애를 보면 요한복음 설교를 많이 했는데 요한복음에는 예수의 목양 영성이 많이 나오기 때문에 자연스럽게 요한복음 설교를 많이 한 듯하다. 따라서 주기철 목사의 영성은 요한복음에 나타난 예수의 목양 영성의 정통을 계승한 영성가라고 할 수 있다. 다음은 요한복음에 나타난 예수의 목양 영성을 정통으로 계승한 손양원을 살펴보겠다.

2) 손양원(孫良源, 1902-1950)

손양원은 1902년 6월 3일 경상남도 함안군 칠원면 구성리에서 부친 손종일(孫鍾一, 1871-1945)[928]과 모친 김은수의 장남으로 태어났다. 1909년 5월 부친을 따라 예수를 믿게 된 손양원은 1914년 3월 17일 이윤종 조사에게 학습을 받고, 1917년 10월 3일 호주장로회 선교사 맥레 (MacRae, Frederick John Learmonth, 孟皓恩) 목사에게 세례를 받았다. 24세가 되던 1925년 무렵부터 경남노회 부산시찰구역 전도사에 임명되어 부산지역에서 10여 년 동안 전도사로서 목회활동을 하였다. 그는 이듬해인 1926년 4월 경남노회와 호주선교부에서 운영하던 경남성경학원에 입학하고 동시에 부산 감만동에 있던 상애원교회(감만동교회) 외지 전도사도 겸했다. 그러다가, 그는 경남노회의 추천을 받아 1935년

---

[928] 손종일이 기독교로 개종한 배경과 과정을 알려주는 자세한 정보는 알 수 없지만 전통적 유교집안 출신인 그는 믿기로 작정한 후 "거침없이 상투를 싹둑 잘라" 버리고 "조상님께 절을 올리는 자리에서 제사상을 뒤집어엎어" 버린 후 "그토록 즐기던 술과 담배도 하루아침에 뚝 끊어 버림"으로 주변에서 "미친놈이라"는 소리를 들을 정도로 과단성과 결단력이 남달랐다. 이후 손종일은 자신의 재산을 처분하여 칠원교회를 개척, 설립하였고 장로가 되었다. 1919년 삼일운동 때는 칠원면 만세운동을 주도하고 체포되어 1년 옥고를 치렀다. 손종일 장로는 아들이 신사참배문제로 체포되어 들어갈 때 "누가복음 9장 62절과 마태복음 10장 37절에서 39절까지를 마음에 깊이 새기라"라고 격려하였으며, 장기 투옥생활을 할 때도 불안과 조바심 대신 묵묵하게 기도하면서 아들의 '신앙투쟁'을 지원해 주었다. 아버지 손종일 장로의 든든한 '신앙 후원'이 있었기에 아들 손양원의 타협하지 않는 '신앙 투쟁'은 가능했다. 이덕주, "백색 순교에서 적색 순교로: 손양원 목사의 순교와 신학적 의미,"「한국기독교와 역사」40(2014), 148-149.

4월 5일 평양신학교에 입학하였다. 그는 평양신학교에 다니면서 한 때 평양의 능라도 교회를 담임하기도 하였지만, 소속 노회는 계속해서 경남노회로 남아 있었다.929)

한편, 손양원은 1926년부터 감만동교회에서 전도사로 사역하는 데 당시 감만동교회는 600여 명의 교인 대부분이 한센병 환자들로 첫 사역지에서 후일 평생 헌신한 한센병 환자들과의 만남을 갖게 된다. 그후 1939년 8월 22일에는 여수 애양원 교회에 부임한다.930) 손양원이 애양원과 처음 인연을 맺게 된 것은 신학교 2학년 때인 1937년 가을이었다. 애양원 교회에서 그를 사경회 강사로 청빙 한 것이다. 이 역사적 첫 만남에서 그는 애양원교회 지도자들에게 깊은 인상을 남겼다. 지금까지 강사들은 초청을 받아 오면 일반적으로 애양원교회에 예배를 인도하기 위해 들어갈 때 흰 가운과 장갑을 꼈다. 그러나 손양원은 이를 단호히 거절하고 흰 가운없이 교회에 들어갔다. 이 같은 손양원의 행동은 그리스도의 사랑의 실천적 농기와도 깊은 연관이 있다.931) 특히, 손양원은 병원 환자심방 중 가장 시간을 많이 보내며 극진한 사랑과 위로를 베푼 병동은, 의사들도 치료 이외에는 지체하지 않고 되도록 빨리 자리를 뜨려고 했던 중환자실이었다.932) 손양원은 중환자실을 거침없이 들어가 맨손으로 바닥을 치우고 그곳에 앉아서 환자의 얼굴을 어루만지고 안아주며 기도해 주었다. 그리고 기도 후에는 함께 음식을 나누어 먹기도 했다.933) 정상인이 출입하기 위해서는 마스크를 쓰고, 손에는 장갑을 끼고, 발에도 장화를 신어야 한다는 규칙이 엄연히 있었지만 그는 그런 규칙은 안중에도 없었다. 피고름 나는 손을 거침없이 부여잡고 장시간 대화를 나누곤 했으며, 한센병의 환부에는 사람의 침이 좋은 약

---

929) 김승태, "손양원의 초기 목회활동과 신사참배 거부항쟁,"「한국기독교와 역사」 34(2011), 218-219, 225.

930) 엄호식, "행함과 진실함으로 사랑한 손양원 목사 한센병 환자들을 향한 평생의 섬김,"「빛과 소금」 305/4(2007), 148.

931) 박용규, "위대한 사랑의 사도, 산돌 손양원 목사,"「신학지남」 85/3(2018), 125.

932) 정성한, "사랑의 원자탄 손양원 목사,"「숲과 나무」 2(2004), 140.

933) 엄호식, "행함과 진실함으로 사랑한 손양원 목사 한센병 환자들을 향한 평생의 섬김," 149.

이 된다며 입으로 피고름을 빨아내는 일도 마다하지 않았다. 처음에는 환자들이 오히려 놀라고 당황하여 펄쩍 뛰며 뒤로 물러서서 경계의 눈빛을 보내곤 했다. 그러나 걱정하는 사람들에게는 입가에 미소를 지으며 "차라리 내가 한센병에 걸린다면 오죽 좋겠나 그러면 가까이 오지 말라고 뒷걸음질 치는 환자도 없지 않겠나, 언제나 웃고 놀지 않겠나"라고 말했다.[934] 이처럼 손양원은 나병환자들과 함께 음식을 먹었고 잠자리를 같이했으며 말로만의 사랑이 아닌 몸과 마음과 행동으로 사랑을 실천하며 양 떼들을 목양했다.[935] 나아가 손양원은 "애양원을 사랑하기를 자기의 부모, 처자보다도 아니 자기 생명보다도 더 사랑하게 해 달라고" 기도했다. 손양원은 하나님을 사랑하고 이웃을 내 몸과 같이 사랑하라는 주님의 말씀을 충실하게 구현한 사랑의 목자였다.[936] 이처럼 손양원은 부산 상애원교회에서 목회를 시작하여 여수 애양원교회에서 목회를 마쳤으니 한센병환자 목회로 시작해서 한센병환자 목회로 끝낸 셈이다. 손양원 목회에서 한센병 환자 목회는 핵심 요소였다.[937]

또 한편, 손양원이 신학교 2학년 때인 1936년 경 아내에게 보낸 편지에서 신사참배는 제2계 명의 위반이니 자식들을 절대로 못하게 하라고 다음과 같이 당부했다. "동인이는 신사참배 하는 날은 학교에 보내지 말며 신당 앞에서도 절하지 말게 하며 나중에 학교에서 알게 되어 퇴학시킨 다거 든 퇴학을 당하였지 신당에는 절할 수 없으니 꼭 절하지 말라고 동인에게 부탁하소서. 제 둘째 계명이오니 반드시 못할 일이외다. 아버님께도 잘 이야기해 드리십시오." 결국 아들 동인(東印)은 아버지의 권고에 따라 신사참배를 거부하여 1937년 10월 15일 칠원보통학교에서 퇴학처분을 받았다.[938] 손양원도 신사참배 때문에 경찰서에

---

934) 손동희, 『나의 아버지 손양원 목사』 (서울: 아가페출판사, 1995), 67-68.
935) 박용규, "위대한 사랑의 사도, 산돌 손양원 목사," 134.
936) 박용규, "위대한 사랑의 사도, 산돌 손양원 목사," 114.
937) 이덕주, "백색 순교에서 적색 순교로: 손양원 목사의 순교와 신학적 의미," 152.
938) 김승태, "손양원의 초기 목회활동과 신사참배 거부항쟁," 225-226. 일찍이 손양원도 학생 때 궁성요배를 하지 않았다고 퇴학을 당했다. 1912년 7월 30일 명치천황이 세상을 떠난 후 일제는 공립학교에 동방요배를 강요하기 시작했다. 보

끌려갔을 때 손양원의 부인 정양순 사모가 손양원을 만나서 성경을 펼치며 "여보! 여기 이 말 아시지요? 신사참배 하면 내 남편 될 자격 없습니다. 영혼 구원도 못 받습니다."[939] 이처럼 부인의 굳은 믿음으로 손양원은 신사참배를 이겨낼 수 있었다. 주기철 목사의 부인 오정모 사모만큼 정양순 사모도 믿음이 좋았다. 결국 손양원은 1940년 9월 25일 신사참배 문제로 연행되어 광주형무소, 경성구금소, 청주구금소로 옮겨 다니며 1945년 8월 17일 해방 후 석방될 때까지 만 5년 동안 옥고를 치렀다.[940]

또한, 1948년 10월 좌익군들에 의해 주도된 여수 순천 반란사건이 일어났을 때 손양원의 두 아들 동인이와 동신이가 반란군에게 총살을 당했다.[941] 이때 손양원은 아들을 죽이는 일을 주도한 청년 안재선이 붙잡혔을 때, 아들을 죽인 사람을 용서해 달라도 했으며, 절대 구타도 하지 말고, 그 사람을 내 아들로 삼겠다는 뜻을 굽히지 않았다. 그리고 그대로 실천했다.[942] 결국 안재선은 사형을 받게 되었는데 손양원은 사

통학교에서는 매일 아침 동경을 향해서 동방요배를 한 후 수업을 시작했다. 신도의식이 모든 공휴일마다 개최되었으며 학생들은 천황사진에 절을 해야 했다. 1916년 3학년 때 손양원은 궁성요배를 하지 않아 학교에서 퇴학을 당했다. 박용규, "위대한 사랑의 사도, 산돌 손양원 목사," 117.

939) 손동희, 『나의 아버지 손양원 목사』, 83.
940) 박용규, "위대한 사랑의 사도, 산돌 손양원 목사," 144.
941) 당시 남한의 대부분 중등학교에서 그러했듯 순천사범학교 학생들도 좌·우익으로 나뉘어 갈등과 대립을 빚었는데, 동인은 기독학생회 회장으로 활동하면서 공공연히 "미국에 유학 가서 아버지 뒤를 이을 것이다"라고 말하였던 터라 좌익 학생들로부터 '반동분자'에 '친미주의자'로 낙인찍혀 있었다. 이런 상황에서 1948년 10월 19일 여순사건이 터졌다. 순천은 10월 20일 '반란군'(좌익) 수중에 들어갔다. 좌익 군인과 세력의 비호를 받은 좌익 학생들은 평소 대립관계에 있던 우익과 기독교 학생들을 체포했다. 그 과정에서 동인·동신 형제는 10월 21일 오전, 순천 하숙집에서 "아침 기도회를 마치고 우물에 가서 목욕을 한 후 깨끗한 새 옷으로 갈아입고 방에 들어가 형제간이 기도하고 나서" 몰려온 좌익 학생들에게 연행되었다. 그리고 그날 오후 순천경찰서 뒷마당에서 좌익 학생들에게 매를 맞으면서도 "너희들도 그러지 말고 예수를 믿으라, 우리 동족끼리 상쟁하지 말자, 참다운 예수 정신으로 살아야 우리 민족이 복을 받는다."라며 전도를 하다가 총을 맞고 숨졌다. 그때 동인의 나이 23세, 동신은 18세였다. 이덕주, "백색 순교에서 적색 순교로: 손양원 목사의 순교와 신학적 의미," 168-169.

형 직전 안재선을 구해내 자신의 양아들로 삼았다.943) 이처럼 손양원은 원수까지도 사랑하는 참목자의 모습을 보여 주었다.

한편, 1950년 6.25 전쟁이 발발하고 파죽지세로 남으로 남으로 내려오던 공산군이 호남 일대도 점령하자 애양원교회도 문을 닫고 교우들이 피난을 떠났다. 그러나 손양원은 피난하지 않고 교회를 지켰다. 손양원은 교회에 계속 남아 종을 치며 매일 특별집회를 가졌다. 물론 그 자신이 강사였다. 교우들이 그를 피난시키려고 무던히 노력했으나 실패했다. 그러나 교우들의 간청을 더 이상 거절할 수 없어 송별예배를 드리고 배에 올랐다가 혼자 가방을 들고 육지로 뛰어내렸다. 교인들이 그 모습을 보고 왜 피난을 가지 않고 배에서 내려왔냐고 했다.944) 그때 해방 후 손양원 목사와 함께 한국교회 대표적 부흥사로 활약하던 박재봉 목사에게서 "손양원 목사를 피신시켜라"는 지시를 받고 내려온 김홍복 집사에게 손양원은 다음과 같이 대답했다.945) "여보, 김 집사님 고맙습니다. 그러나 이러한 난국에 무슨 일이 제일 급한 일이겠습니까? 양을 먹이던 목자가 그 양을 돌보아 이리떼 같은 악한 원수에게서 해를 받지 않도록 하는 것이 급한 일이 아닙니까? 나 한 사람이나 한 가정의 안정을 위해서 피신하는 것이 급한 일입니까? 사실로 우리 애양원 식구들이 전부 피할 곳이 있다면 나도 그들과 함께 피할지 모르겠습니다. 그러나 그렇지도 못할 것이니 내가 만일 피신을 한다면 일천 백 명 양떼들을 자살시키는 것이나 다를 것이 무엇입니까?"946)라며 피난을 거부했다. "선한 목자는 자기 양을 위하여 목숨을 버린다."(요 10:11)라는 요한복음의 말씀이 손양원의 행동 잣대가 되었다. 결국 1950년 7월 27일 여수가 공산군에 함락되었다. 그런데도 그는 7월 말부터 매일 세 차

---

942) 정성한, "사랑의 원자탄 손양원 목사," 139.
943) 엄호식, "행함과 진실함으로 사랑한 손양원 목사 한센병 환자들을 향한 평생의 섬김," 149, 151.
944) 박용규, "위대한 사랑의 사도, 산돌 손양원 목사," 152.
945) 이덕주, "백색 순교에서 적색 순교로: 손양원 목사의 순교와 신학적 의미," 175-176.
946) 안용준, 『사랑의 원자탄』(서울: 성광문화사, 1993), 130-131.

례 애양원교회 종을 치고 예배를 드렸으며 토요일엔 금식하고 한 주간 특별 부흥집회를 열었다. 그는 애양원 교인들에게, "이제는 예수 이름으로 고난 받을 때다. 소위 사람들은 부모 형제 처자나 재물이나 지위 때문에 순교의 제물 되고 싶어도 못 되지만 우리들이야 부모도, 형제도, 재물도, 지위도, 아무것도 없으니 가벼운 몸이다. 그러니 우리 一千百여명이 三千만 대신해서 내 오른손과 왼손 붙잡고 순교하자"라고 격려하였다.947) 결국 손양원은 1950년 9월 28일 25년간을 함께 지내던 한센병환자 신도들의 여수 애양원 교회를 끝끝내 사수하다가, 퇴주하는 공산군에게 9월 28일 새벽에 미평 과수원에서 총살 순교 당하였다.948) 1939년 부임해 1950년 9월 28일 순교할 때까지 13년간 일제의 마지막 강점기와 해방 후 6.25 전쟁으로 혼란을 맞는 우리 민족이 가장 힘든 고난의 터널을 통과하고 있을 때 그는 선한 목자로 그리스도의 사랑을 온몸으로 실천하다 순교한 것이다.949) 손양원이 순교를 당한 결정적인 원인은 피신을 자저하지 않고 애양원의 양 떼들을 지키려고 한 결단 때문이었다. 만약 애양원에서 잠시 피했다가 다시 돌아왔다면, 남겨진 양 떼들의 좌절감은 돌이킬 수 없었을 것이다. 그래서 손양원은 자신의 죽음이 예상됨에도 불구하고 양떼를 지키기 위해 남았고 결국은 순교를 하게 된 것이다.950)

이처럼 손양원은 그 당시에 가장 목회하기 어려운 한센병환자들을 위해 희생적 목회를 했으며, 자기 자식을 죽인 사람을 양자로 삼을 만큼 원수를 사랑하는 참목자의 모습을 보여 주었고, 양 떼를 지키기 위해 피난을 내려가지 않고 양 떼를 지키다가 순교를 당한 선한 목자였다(요 10:11). 따라서 손양원 목사의 영성은 요한복음에 나타난 예수의 목양 영성의 정통을 계승한 영성가라고 할 수 있다. 다음은 요한복음에

---

947) 이덕주, "백색 순교에서 적색 순교로: 손양원 목사의 순교와 신학적 의미," 176.

948) 안용준, 『사랑의 원자탄』, 211.

949) 박용규, "위대한 사랑의 사도, 산돌 손양원 목사," 152.

950) 이치만, "손양원 목사의 신학사상: 역사적 맥락을 중심으로,"「한국기독교와 역사」38(2013), 172.

나타난 예수의 목양 영성을 정통으로 계승한 김현봉을 살펴보겠다.

3) 김현봉(金顯鳳, 1884-1965)

김현봉은 1884년 경기도 여주군 가내면 건장리에서 태어났다.[951] 1923년 40세 때 김익두 목사의 사경회에 2주간 참석하여 은혜를 받고 평양신학교에 입학한다.[952] 그 후 평양신학교 재학 중 평북 정주교회와 관악 부림말교회, 시흥 구읍교회에서 시무했다. 1928년에는 평양신학교를 졸업하면서 목사안수를 받았다. 그 뒤 서울로 와서 남대문교회의 오순영 목사의 추천으로 공덕리 교회를 처음 맡았다. 김현봉은 이때부터 시흥군 서면(현 광명시 하안동) 하안교회와 부림말교회(현 안양시 관양동 동은교회), 삼성교회(현 군포시 부곡1동), 모래말교회(현 영등포구 도림 2동 도림교회), 가리봉교회(현 구로구 가리봉동), 군포교회(현 군포시), 학천교회(현 안양시 부림말교회 부근), 양평교회(현 영등포구 양평동 4가), 시흥 구읍교회(현 구로구 시흥1동 시흥교회) 등 무려 9 교회를 순회하면서 예배를 인도했다.[953] 김현봉은 이른 아침부터 늦은 저녁까지 십리, 십오 리를 뛰어다니면서 초인적인 목회를 했다.[954] 김현

---

951) 김현봉은 1912년 월남 이상재 선생의 소개장을 가지고 중국 서간도 땅으로 건너갔다. 그곳에서 학교를 세워 한국인 2세들에게 한국 역사를 가르쳤다. 그러나 얼마 지나지 않아 일본군에게 체포되어, 국내로 이송돼 서대문 형무소에서 감옥살이를 한다. 감옥에서 성령의 뜨거운 역사를 체험하고, 하나님의 나라 건설을 먼저 해야겠다고 깨달았다. 출감 후, 1923년 그의 나이 40세에 평양신학교에 입학한다. 그리고 1928년 제23회로 졸업한다. 그리고 44세 때 당시 세브란스 병원 간호원 박천선(당시 28세)과 결혼한다. 그리고 1932년 3월 31일 아현동 37번지에 일곱 사람이 모여 아현교회를 개척한다. 이때 아현동 37번지는 공동묘지였으며 큰 소나무들이 꽉 들어차 있었다. 정봉기, "신앙양심의 회복, 김현봉,"「기독교사상」504/12(2000), 27. 이곳은 서대문 근처 빈민굴에서 화재를 당한 사람들을 몰아넣고 한 사람에게 10평씩의 땅을 떼어 주어 살게 한 빈민촌이었다. 윤남하, "묻혀진 거룩한 혈맥을 찾아: 신사참배와 김현봉 목사,"「현대종교」11(1991), 192.

952) 이병규 편집,『김현봉 목사 강도집』(서울: 염광출판사, 2007), 10.

953) 조 현, "검박한 삶으로 내 보인 신앙실천: 김현봉 목사,"「기독교사상」617(2010), 185-186.

봉은 원래 독신자로서 평생 영적인 수도의 삶을 살고자 했다. 그러나 목회를 위해 결혼을 결정한다. 단, 조건은 두 가지였다. 신부가 간호사여야 한다는 것과 신부가 얼굴이 못생겨서 아직까지 결혼하지 못하고 있는 여자여야 한다는 것이다. 지인이 김현봉에게 세브란스 병원의 간호사를 소개시켜 주었다. 그 간호사는 혼자 나가는 것이 너무도 쑥스러워 친한 동료들과 함께 가려했다. 그런데 어떤 친구도 자신보다 얼굴이 못나 보이는 친구가 없었다. 그 친구들을 데리고 가면 신랑감이 다른 친구들만 쳐다보며 자신은 거들떠보지도 않을 것 같았다. 곰곰이 생각해보니, 같은 병원에 얼굴이 얽은 간호사가 한 명 있는데, 그 간호사를 데려가면 괜찮을 것 같았다. 선을 보기로 한 날이 왔고, 얼굴이 얽은 간호사가 먼저 약속 장소에 나타났다. 김현봉은 그녀를 보고, 아직 혼전이냐고 묻고 쑥스럽게 대답하는 그녀에게 "그럼 나와 결혼합시다"라고 했다. 그렇게 해서 김현봉은 44세, 그의 아내는 28살의 박천선[955]이었다. 그의 아내는 얼굴이 얽었으나 마음씨가 착했고, 보통의 여자로선 감당하기 어려웠을 김현봉의 남다른 삶을 그림자처럼 따랐다. 1932년 김현봉은 공덕교회를 사임하고 아내의 간호사 한 달 월급에다 금융조합 융자를 받아서 여섯 칸짜리 집을 사 아현교회라 이름을 짓고 1933년 3월부터 예배를 드리기 시작했다.[956] 그의 나이 48세 때 첫 개척목회에 나선 것이다. 김현봉은 손수 양계를 하고 연세대 토지를 얻어 밭농사를 하면서 교회를 세워나갔다.[957] 당시 아현교회를 세운 아현동 37번지는 소나무가 가득 들어찬 공동묘지였다.[958] 정부에서는 이 나무를

---

954) 윤남하, "묻혀진 거룩한 혈맥을 찾아 3," 「현대종교」 10(1991), 74-76.

955) 김현봉 목사의 사모 박천선은 세브란스 간호사였는데 자궁 수술로 아이를 못 낳는다고 했으며, 외모도 곰보였다. 그러나 김현봉 목사는 그녀와 결혼을 하기로 했다. 이병규 편집, 『김현봉 목사 강도집』, 11.

956) 김현봉은 서울 공덕동에서 교회 일을 보다가 목회에 실패하고 염리동 굴레방다리 근처 고개에 손수 교회를 개척했다. 그때 닭장을 헐어 예배처소를 만들고 소금장사 해가면서 교회 일을 보았다. 처음 모인 교인 수는 자기 가족까지 8명이었다. 김현봉은 교인이 없어서 한 길에 나서서 길가는 소매를 잡아끌면서 "한번 들어와 보시오"하고 사정사정했다고 한다. 엄두섭, 『한국적 영성』(서울: 은성출판사, 2006), 256.

957) 이병규 편집, 『김현봉 목사 강도집』, 11.

베어내고 빈민들에게 땅 10평씩을 나누어주고 새끼줄을 쳐 그 안에서 거주하도록 했다. 아현교회는 방 2칸, 마루 2칸, 건넌방 1칸을 사용했다.[959] 김현봉은 작은 키에 땅땅한 몸매에 눈매가 매서웠다. 그는 언제나 머리를 삭발하고 있었기 때문에 '중목사'로 불렸다. 김현봉은 오후 5시에 잠자리에 들고 한밤 중인 12시에 일어나 기도하면서 새벽 통행금지 해제와 함께 집을 나서 아현교회에서 도보로 연세대학교 뒷산까지 가서 자신의 기도실에서 기도와 묵상을 하면서 오전을 보냈다. 아침해가 떠오르면 기도하던 움막에서 나와 떠오르는 태양을 향하여 마주 보며 오래 깊이 잠겨 앉아 있었다. 그리고 만물이 하나님을 찬양한다는 표현을 "만물이 어리어리하다"라고 외쳤다. 또한 김현봉은 자신을 따라 기도하는 제자들에게 소리 내어 기도하는 것을 금하고 절대 정적하도록 했다. 그리고 낮 12시가 지나면 하산하여 교인들 집을 심방했다.[960] 심방은 방에 들어가지 않고 밖에서 안부를 여쭙는 문전 심방이었다. 대신 살림이 어려운 교인들 집은 방에 들어가 연탄을 지피고 있는지 바닥을 만져보고 쌀독을 들여다본 뒤 도움을 주곤 했다. 그는 안주머니에 돈을 가득 담아 갖고 다니면서 즉각 필요한 사람에게 나눠주었다.[961] 아현교회의 주일 예배는 아침 일찍이 주일학교로부터 시작해서 장년 성경공부와 대예배 인도, 그리고 오후 2시 예배까지 무려 7시간 반이나 도맡아 했다.[962] 특히, 아현교회의 예배드리는 형식은 일반교회와 달랐다. 주일 오전 예배는 3시간 드릴 정도로 예배가 길었다. 설교는 원고도 없이 좌담식으로 했다. 설교에는 제목이 없었다. 대지 소지로 조직

---

958) 김현봉의 아현교회는 어느 교단에도 속하지 않은 독립교회였다. 엄두섭, 『한국적 영성』, 263. 현재 아현교회가 장로교 합동교단에 속한 것을 보면 김현봉 목사 사후에 장로교 합동교단에 가입한 것 같다.

959) 조 현, "검박한 삶으로 내 보인 신앙실천: 김현봉 목사," 186-187.

960) 엄두섭, 『한국적 영성』, 276-277.

961) 심방은 매일 하되 일주간에 교인 전부 심방하도록 일정을 짰다. 엄두섭, 『한국적 영성』, 250. 김현봉은 하루에 70 여집에서 200 여집까지 심방을 하며 교인들을 돌보았다. 윤남하, "묻혀진 거룩한 혈맥을 찾아: 신사참배와 김현봉 목사," 195.

962) 엄두섭, 『한국적 영성』, 277.

해서 하는 일도 없었다. 언제나 성경 본문을 가지고 해석하면서 차근차근 아이들 훈계하듯 해가면서 어려운 문제를 질문하는 이가 있을 때는 그 자리에서 대답하기보다 좀 더 생각해보고 해 주겠다고 했다.963) 때로는 설교를 하면서 강단 위에서 파리채를 들고 왔다 갔다 하면서 파리를 잡았는데 그것은 조금도 일부러 꾸미는 행동이 아니요, 마치 자기 식구들 앞에 놓고 앉아 가장으로 차근히 일러주는 모습이었다. 설교 도중에 울음이 나와 몇 번이나 눈물을 흘리기도 했다. 그럴 때면 교인들도 함께 울었다. 모든 형식을 무시했다. 심지어 설교를 하다가 너무 지치면 강대상 위로 올라가 앉아서 설교를 했다. 예배를 드리다가 중간에 30분 쉬었다가 다시 계속하기도 했다. 오전 예배를 마친 후 점심은 교회에서 대접하는데 간단히 국수를 먹었다. 교인수가 1200명이나 되었는데 전체 교인의 80퍼센트가 십일조 생활을 했다. 십일조를 내는 이들 중의 최고 액수를 낸 사람은 김현봉의 부인이름으로 냈다. 특히, 사례금 함을 만들어 목사에게 드리는 생활비를 따로 헌금하게 했다. 녹사가 사례금을 받는 것은 교인들에게 받는 것이 아니라 하나님께 받는 것이라는 것을 가르치기 위함이었다. 김현봉은 받은 사례금을 가지고 다시 양심껏 하나님께 바치고 유익한 일에 사용했다.964)

한편, 아현교회는 교회를 화려하게 짓는 것을 반대했다. 교인들이 늘어나면 벽을 헐고 교회를 넓히고 지붕도 벽도 김현봉이 손수 쌓아올렸다. 건물 미관엔 관심이 없고 창문을 많이 내어 다만 위생적으로 태양광선이 잘 들고 예배 보기에 편리하기만 하면 되었다. 교회가 산비탈이었기 때문에 바닥의 바위를 정과 망치를 들고 일일이 깨 가며 교회를 고쳤다. 교회 안에 다락을 올리는 것도 손수 기둥을 받치고 마루를 깔아 기둥이 많고 볼품이 없어 별명이 기둥교회, 누더기 교회였다. 교회 간판도 없고, 종탑도 없고, 십자가도 없고 의자도 강대상도 없고, 성가대도 없고, 장로도 없다. 주일이면 예배드리고 나오는 교인들을 보

---

963) 이병규 목사는 김현봉 목사가 1956부터 1964년까지 한 설교를 노트한 것을 편집해서 책으로 출판했다. 다음을 참조하라. 이병규 편집, 『김현봉 목사 강도집』 (서울: 염광출판사, 2007).
964) 엄두섭, 『한국적 영성』, 269-271.

면 어느 피난민 수용소나 거지 떼들이 흩어져 나오는 광경 같았다. 서울 한복판에 이런 교회가 있을 수 있는지 의심스러울 정도였다. 예배드릴 때는 모두 무릎을 꿇고 좌우로 정렬해 정좌해 앉아 드리는데, 보통 세 시간 이상의 설교를 필기해야 했다. 교회를 개척하여 5백 명 교인이 되기까지 24년이 걸렸고, 그 후에 교인이 날로 증가하여 10년 후에는 1200명이나 되었다. 당시에는 전국에서 영락교회 다음으로 아현교회만한 교회가 없었다.[965]

또 한편, 김현봉은 평생 교회 지하의 방 한 칸에서 지냈다. 그의 밥상엔 팥밥 한 그릇, 김치 한 접시, 된장국 한 그릇이 늘 전부였다. 그는 교회 주변에 손수 채소밭을 일궈 고추와 가지와 오이와 호박을 심어 이웃과 나눠 먹었다. 고기도 먹지 않았다. 옷도 까만색 두루마기만 입고, 고무신만 신었다. 심지어 절약하기 위해 이발 기계를 사가지고 스스로 머리를 깎았다. 심지어 머리도 절약을 위해 삭발을 했다. 이러한 영향 때문인지 아현교회의 남자들도 대부분 김현봉같이 바지저고리에 삭발한 이가 많았고, 여자들은 화려한 색이나 좋은 옷은 입지도 못하고 검정 치마저고리에 검정 고무신을 신고 다녔다. 여자들은 파마[966]도 못하게 하고, 머리는 식모처럼 땋아 얹었다.[967] 사경회를 인도하러 가서도 사례금을 받는 일이 없고, 집회를 인도한 교회에서 선물을 드리면 은혜 못 받아서 그런 짓을 한다고 나무라고 사경회 강사라고 해서 음식상을 지나치게 잘 차린 것을 보면 책망하면서 은혜를 못 받아서 그런다고 했다.[968] 결혼하는 청년에게는 새 양복을 입지 못하게 하고 평상복을 입거나 광목바지저고리에 두루마기 차림으로 하게 했고 약혼은 금지했다. 결혼식 때도 청첩장도 조촐히 몇 사람이 모임 중에서 신부

---

965) 엄두섭, 『한국적 영성』, 257-258.
966) 아현교회 어느 집사 며느리가 머리를 파마했다고 그 집사가 고민하여 김목사 정신은 교인들이 사치하지 못하게 하고 파마머리를 금했는데 자기가 교회 집사면서 며느리 하나 단속 못하고 어찌 집사 노릇을 하겠냐고 집사 사표를 냈더니 김목사는 두 말 없이 사표를 수리해 버렸다. 김목사는 그 후 그 사람을 다시는 집사라고 부르지 못하게 했다. 엄두섭, 『한국적 영성』, 264.
967) 엄두섭, 『한국적 영성』, 263.
968) 엄두섭, 『한국적 영성』, 264.

측 담임목사께 알려 남자 손님 단 두 명만 오게 하고 도합 20명도 못 되게 모이게 했다. 한 번은 김현봉이 기도실에서 기도하다가 나와서 결혼하는 남녀에게 기도해 주며 "잘살라"는 말 한마디로 식을 끝냈다. 드레스 면사포 같은 것은 없었다. 다만 신부에게 옷 두 벌만을 허락했다. 신혼여행이나 택시 드라이브는 없었다.[969] 한 번은 교회에서 사경회를 하는 도중에 평소에 입던 옷 그대로 입고 신랑 신부에게 "잘 살겠소?" 하고 물어 "예"하면 "됐소"함으로써 결혼식을 끝냈다.[970] 또한, 장례가 나면 김현봉이 시신에 수의를 입혔다. 수의는 돈을 들여 새로 할 것 없이 세상 떠난 이가 평소 즐겨 입던 옷 중에서나 혹은 수의나 옷을 갈아입히지 않고 그대로도 무방했다. 비싼 관을 쓸 것 없이 송판만(칠성판) 하나 깔고 김목사가 손수 묶었고, 처음에는 교인집 어린아이가 죽으면 시신을 김현봉이 친히 지고 가서 염리동 산에 묻었다. 후에는 리어카를 개조해서 거기다 손수 실어 친히 상여 리어카를 끌고 장지로 갔다. 아현동에서 서대문을 지나 화장터까지 15리나 되는 길을 끌고 갔다.[971]

나아가 당시 아현동은 빈민촌이었기 때문에 김현봉은 이곳에서 집 짓는 일을 도와주기도 하고, 특히 일하지 못하는 할아버지, 할머니가 사는 집의 일을 도맡아 해 주었다. 그러면서 초신자들을 얻게 되었다.[972] 그는 틈이 있으면 소매장군(분뇨통)을 짊어지고 일군 밭에 소매를 주면서 열심히 호박 한 개, 오이 한 개라도 더 결실시키려 애를 쓰며 수확한 채소는 가난한 이웃에게 나눠주려고 힘을 썼다.[973] 특히, 교인들은 김현봉 목사가 돈을 구제와 전도에 쓴다는 것을 알고 스스로 돈을 가져다 주었다. 김현봉 목사의 거실 벽장 속에는 돈뭉치들이 은행 금고같이 가득 쌓여 있었다. 그리고 한복 조끼나 저고리 안쪽은 돌아가면서 전부 주머니로 죄어 있었다. 저고리 안주머니에는 언제나 30만 원

969) 엄두섭, 『한국적 영성』, 265.
970) 조 현, "검박한 삶으로 내 보인 신앙실천: 김현봉 목사," 184, 187-190.
971) 엄두섭, 『한국적 영성』, 266.
972) 정봉기, "신앙양심의 회복, 김현봉," 28-29.
973) 윤남하, "묻혀진 거룩한 혈맥을 찾아: 신사참배와 김현봉 목사," 190.

정도의 거액이 들어있었다. 누가 와서 도움을 청하면 저고리 안주머니에 자신의 손을 넣어 잡히는 대로 꺼내 주었다. 그런 경우 돈을 세는 일은 없었다. 가난한 교인이 있으면 자금을 대어 주어 고무신 장사, 소금장사, 생선장사를 시켰다.[974] 더 나아가 김현봉은 교회 재정을 자신이 직접 관리하면서 아현교회가 있는 염리동과 연세대학교 뒤 골짜기에 거의 200채나 되는 판잣집을 가지고 있었다. 교인이 와서 어디에 집 팔려고 내놓은 것이 있다고 하면 곧 사도록 하였고 교인 중에 목수를 시켜 수리하게 하고 큰 방은 중간에 칸을 막아 두어 세대가 살 수 있도록 하였다. 그리고는 집 없는 교인들을 입주시켰다. 또한, 지방에서 새로 이사 온 사람들이나 가난한 교인들에게 무상으로 빌려 주었다. 그런 교인이 400명이나 되었다. 그러면서도 품행이 나빠 아내를 때리고 못되게 구는 이들이 있으면 두세 번 타일러 훈계하다가 정 안 들으면 쫓아냈다.[975] 특히, 김현봉은 설교를 통해 실천을 강조했다. 1956년 2월 15일 삼각산 제일기도원 설교에서 "아는 것은 실행이다. 성경을 지식적으로 아는 것이나 통달하는 것이 아니고 곧 실행하는 것이다. 실행하는 것이 없으면 아직도 아는 것이 아니다."[976]

한편, 김현봉의 목회 방법은 복음전파와 구제사업이 중심이었다. 특히, 초창기에는 교인이 병들면 사모가 세브란스병원 수간호사로 있었기 때문에 사모를 통하여 세브란스병원 무료실에서 무료치료를 받도록 적극 주선해 주어 교회는 날로 부흥되었다.[977] 6.25 이후에는 흰쌀밥에 고깃국을 끓여 놓고 찾아다니며 굶주린 사람을 데려다 먹였다.[978] 그때

---

974) 엄두섭, 『한국적 영성』, 268-269.
975) 엄두섭, 『한국적 영성』, 275.
976) 이병규 편집, 『김현봉 목사 강도집』, 22.
977) 윤남하, "묻혀진 거룩한 혈맥을 찾아: 신사참배와 김현봉 목사," 193. 김현봉 목사의 부인 박천선 사모는 세브란스 병원에서 간이 상비약을 구해다가 주변에 살고 있는 가난한 이들에게 약을 나눠주고 또 종처를 씻어주고 약을 발라주며 붕대로 감아주는 생활을 게을리하지 않았다. 박사모는 사랑과 관대의 사람이었다. 교회 주변에 모여 사는 달동네를 다니며 신자와 불신자를 구별치 않고 오직 그리스도의 사랑으로 끝까지 대하니 교회는 주께서 날마다 구원 얻을 사람으로 더하게 하시었다. 윤남하, "결혼중매-김현봉 목사 이야기,"「현대종교」1(1992), 203-204.

는 영양실조에 걸린 자, 폐병에 걸려 먹고 싶은 고깃국 한 번 먹지 못하고 죽어 가는 사람들이 많았다. 주일날에는 시내의 거지들이 다 모였다. 그들에게 줄을 서게 하고 100원씩을 나눠주었다. 시골에서 올라온 가난한 교인들에게는 집을 사서 방을 내주고 쌀을 사주면서 스스로 자립할 때까지 도와주었다.979) 또한, 김현봉은 가난한 사람들을 지워해 주면서 자립심을 길러주기 위해 몇 가지 원칙을 세웠다. 첫째, 생활이 펴질 때까지 이곳에 살 것. 둘째, 돈 만원을 주면 고운 소금 장수를 부지런히 할 것. 셋째, 언제나 주일은 꼭 지킬 것. 넷째, 수입의 십일조는 꼭 바칠 것. 다섯째, 구제통 우유통에 꼭 성미를 바칠 것 등이었다. 이래서 서울시내 고운 소금 장수들은 대부분이 아현교회 신자들이었다. 이렇게 40 여집이 살았다. 김현봉은 그들과 함께 검박한 삶을 살다가 1965년에 81세의 나이로 천국으로 갔다. 교인들은 그의 뜻에 따라 그의 주검도 검박하게 하기 위해 리어카에 실었다. 그러나 울지 말라는 그의 유언을 교인들은 따르지 못했다. 그의 리이가 뒤에는 1,500명의 교인들이 뛰따르며 통곡했다. 설교만이 아니라 삶으로 사랑을 보인 그런 목회자를 어디 가서 다시 만날 수 있겠느냐며 교인들은 발을 굴렸다.980) 김현봉 밑에서 10년간 전도사 생활을 했던 이경자 전도사의 말에 의하면, 김현봉 목사는 "얼굴에서 언제나 사랑이 지글지글 끓었던 '사랑의 사도였다"라고 전한다.981) 또한, 김현봉은 '모범적인 목회자'였다. 한 교회에서만 35년 동안 목회를 했다. 김현봉은 성도들을 생명과 같이 아끼고 그들을 위해 자기를 희생했다. 곧, 교인들에게 자기 생명을 나눠준 것이다. 김현봉은 교인들을 위해 육신의 자녀를 거절했다. 그리고 모든 교인들을 자녀로 생각했다. 그리고 그들을 돌보기 위해 물질을 다 내놓았다.982) 이러한 김현봉의 사랑과 희생의 목회를 보고 많은 사람들이 따랐다.983) 김현봉은 1965년 3월 12일 오전 9시 50분 마침내 숨을 거

978) 윤남하, "결혼중매-김현봉 목사 이야기," 202.
979) 정봉기, "신앙양심의 회복, 김현봉," 32.
980) 조 현, "검박한 삶으로 내 보인 신앙실천: 김현봉 목사," 190.
981) 조 현, "검박한 삶으로 내 보인 신앙실천: 김현봉 목사," 184-185.
982) 정봉기, "신앙양심의 회복, 김현봉," 37.

두웠다. 석 달 전 목욕탕에서 쓰러져 머리를 다친 이후 몸에 살이 다 빠져서 임종한 그의 시신은 얼굴도 몸도 작은 소년같이 되어 버렸다.[984]

이처럼 김현봉은 아현동의 빈민들을 위해 목회한 한국개신교 최초의 빈민 목회자라고 할 수 있다. 김현봉은 믿는 자나 믿지 않는 자나 할 것 없이 어려운 사람들을 섬기면서 사랑의 목회를 했다. 이러한 김현봉의 영성은 요한복음에서 예수께서 말씀하신 '내 양을 먹이라'는 말씀을 충실히 실천한 선한 목자의 모습을 보여주었다(요 21:15-17). 따라서 김현봉의 영성은 요한복음에 나타난 예수의 목양 영성의 정통을 계승한 영성가라고 할 수 있다. 다음은 요한복음에 나타난 예수의 목양 영성을 정통으로 계승한 한경직을 살펴보겠다.

---

983) 김현봉 목사의 영향을 직접 받은 사람들이 많이 있지만 대표적인 사람은 부산의 서부제일교회를 목회했던 백영휘 목사(새벽기도 때 괴한의 칼에 찔려 죽음/부산에서 어린이가 체육관에서 수천 명 예배드리는 교회로 유명했다)와 신촌예배당의 양병모 목사가 있다. 양병모 목사는 김현봉 목사 사후에 아현교회 성도 150명이 안병모 목사를 따라나가 신촌예배당을 설립했다. 지금도 신촌 예배당은 아현교회 같이 십자가가 없고, 피아노도 없고, 강대상도 없고, 십자가 종탑도 없고 성가대도 없다. 모든 교인들이 시대와 항거하면서 현대를 모르고 문명과 담을 쌓고 오직 침묵과 봉사, 겸손과 검소한 생활 속에서 주님이 걸어가신 길을 묵묵히 걸어가고 있다. 그들은 예배를 드릴 때 무릎을 꿇고 예배복(예배할때에 입는 한복)을 입고 드리는 모습은 옛날 아현교회 그대로이다. 윤남하, "결혼중매: 김현봉 목사 이야기," 205, 211. 또한, 김현봉 목사는 김치선 목사가 설립한 대한신학교에서 성경을 가르쳤다. 윤남하, "결혼중매: 김현봉 목사 이야기," 211. 김치선 목사의 둘째 사위인 최순직 목사(김치선 박사의 둘째 딸인 김동화 사모의 남편)도 일주일에 한 번씩 김현봉 목사를 찾아 성경공부를 했다. 김순직 목사는 후에 백석대에서 가르치고 명예총장도 했다. 김동화, 『나에게 있어 영원한 것』, 345. 한편, 신촌예배당의 양병모 목사 밑에서 4년간 직접 배우며 사역했던 정봉기 목사는 김현봉 목사의 사상을 그의 신대원 졸업 논문으로 남겼다(김현봉 목사의 생애와 사상과 교훈에 관한 연구, 장로회신학대학원 미간행 석사학위 논문, 1987). 필자는 개인적으로 김현봉 목사나 양병모 목사를 만나보지는 못했지만 정봉기 목사는 개인적으로 학부 동기 형님이라 정봉기 목사의 삶을 통해 김현봉 목사와 양병모 목사의 훌륭한 모습을 간접적으로나마 체험할 수 있었다.

984) 엄두섭, 『한국적 영성』, 277-279.

4) 한경직(韓景職, 1902-2000)

한경직은 평안남도 평원군 공덕면 간리에서 1902년 12월 29일(음력, 양력 1903년 1월 27일) 부친 한도풍(韓道豊) 공과 모친 청주 이(李) 여사의 4남매 중 장남으로 태어났다.[985] 어려서의 이름은 '장수'였다.[986] 한경직이 태어나기 몇 년 전에 한국의 개척 선교사 가운데 가장 유명한 마포삼열이 길을 잃고 한경직이 사는 마을로 찾아왔다. 그 결과 그곳에 자작교회가 세워졌다. 비록 한경직은 모태신앙은 아니었으나 집 근처에 교회가 있어서 교회 뜰에서 놀면서 자랐다. 그는 자작교회에서 세운 진광소학교를 다녔다.[987] 한경직이 최초로 접한 성경구절은 "하나님이 세상을 이처럼 사랑하사 독생자를 주셨으니 누구든지 저를 믿는 자마다 멸망치 않고 영생을 얻게 하려 하심이라."(요 3:16)이었다. 한경직은 학교도 가기도 전에 이 말씀을 반복해서 외우다 보니 자기도 모르는 사이에 한글을 깨치게 되었고, 이후 이 구절은 그의 마음에 가장 깊이 새겨진 말씀이 되었다.[988] 한경직의 부모는 한경직의 상급학교를 택할 때 집에서 가까운 숭실중학교(미션스쿨)보다 멀지만 반일사상이 강한 오산중학교(기독교 민족학교)로 보냈다.[989] 이 학교는 남강 이승훈 선생이 세운 학교였다. 당시 오산학교에는 조만식 선생이 있었다.[990] 또한, 진광소학교의 홍기주 선생과 자작교회의 우용진 전도사는 유명한 애국자였던 안창호 선생이 세운 대성학교 출신의 민족주의자였으며, 오산학교의 설립자 이승훈과 조만식 선생 또한 민족의 지도자들이었다. 그들은 한경직에게 예수사랑과 나라사랑이 결코 둘이 아님을 가르쳤다. 그 결과 그에게 신앙심과 애국심은 분리되지 않았으며, 기독

985) 박정희, "한국교회 강단이 나아갈 길 모색: 한경직 목사의 생애와 설교분석을 통하여,"「한국기독교신학논총」123(2022), 209.
986) 한경직,『한경직 구술 자서전』(서울: 두란노, 2010), 38-39.
987) 김은섭, "한경직, 그의 영성과 영향,"「한국교회사학회지」28(2011), 250-251.
988) 김은섭, "한경직, 그의 영성과 영향," 259.
989) 안교성, "한경직 목사의 지도력의 발전에 관한 한 소고,"「장신논단」44(2012), 234.
990) 한경직,『한경직 구술 자서전』, 55-57.

교 신앙심을 애국심의 원천으로 보았다.[991] 또한, 한경직은 숭실대학 시절 창동교회의 주일학교 교사로 학생들을 가르치면서 학생운동도 활발하게 참여하였다. 방학 때는 "평원학우회"를 조직해 군내를 순회하며 계몽 강연 등을 했다. 어느 여름에는 본과 학생들이 YMCA에서 전도대를 조직하고 군악대와 함께 안동, 봉천, 무순 등지를 돌며 순회 전도를 나가기도 했다.[992] 나아가 한경직은 미국선교운동의 맥락 가운데서 교육을 받았다. 한 마디로 그는 선교사의 제자였다. 특히, 그는 한국에서 가장 영향력 있던 미북장로교 선교부의 선교지역이었던 서북지방 출신이었다. 그는 교육 전 과정을 기독교교육을 받았는데, 한국에서는 진광소학교, 숭실대학이라는 미션스쿨을 나왔을 뿐 아니라, 미국에 가서도 장로교 계통의 엠포리아 대학과 프린스턴 신학교를 나왔다. 따라서 그의 교육기간인 17년 가운데, 기독교 민족학교였던 오산학교에 다녔던 3년을 제외한, 나머지 14년을 선교사의 영향 아래 공부하였다.[993]

한편, 1923년 한경직이 숭실대학 3학년 여름 방위량 목사의 번역 작업을 돕기 위해 구미포에 갔다가 하나님의 음성을 듣고 목사로 헌신하게 된다. 한경직은 그때를 다음과 같이 회상한다. "구미포에서 여름을 나는 동안, 나는 낮에는 번역 잡업을 돕고 저녁에는 비교적 한가한 시간을 보냈다. 그러던 어느 날 저녁, 바닷가에서 혼자 산책을 하며 묵상을 하던 중 평생에 잊을 수 없는 영적 체험을 하게 되었다. 문득 기도하고 싶어서 모래밭에 꿇어앉아 기도했다. 그때 하나님께서 나의 장래를 지시하셨다. '너는 장래에 이런 것도 저런 것도 할 수 있겠지만, 너는 온전히 나에게 몸을 바쳐서 복음을 위해 살아라!' 분명한 하나님의 음성이 내 귀에 똑똑히 들렸다. 나는 오랫동안 눈물로 기도하며 부족하

---

991) 김은섭, "한경직, 그의 영성과 영향," 261-262.
992) 박정희, "한국교회 강단이 나아갈 길 모색: 한경직 목사의 생애와 설교분석을 통하여," 210.
993) 안교성, "한경직 목사의 지도력의 발전에 관한 한 소고," 237. 한경직의 교육 경력은 다음과 같다. 진광소학교(1910-1916), 오산학교(1916-1919), 숭실대학 (1921-1925), 엠포리아(Emporia) 대학(1925-1926), 프린스턴(Princeton) 신학교 (1926-1929). 이밖에 그는 귀국 직전 덴버의 일리프(Iliff) 신학교에서 수 개월간 공부했다.

지만 하나님께서 내 앞길을 온전히 책임져 주시기를 구했다. 전적으로 하나님께 의탁하기로 결단한 것이다. 그것은 내 인생의 중요한 전환점이 된 일대사건이었다."994) 이때 남강 이승훈 선생은 윤치호 선생에게 한경직을 보내 유학을 보내도록 유학비를 부탁한다. 윤치호 선생은 당시의 100원의 큰돈을 한경직의 유학비로 준다.995) 한경직은 유학비를 받고 미국으로 건너가 유학을 한다. 그러나 불행하게도 1929년 5월 한경직은 미국에서 프린스턴 신학교 졸업 후 예일대학교의 교회사 박사 과정으로 진학하려다가 폐병 발병으로 인하여 신학교육을 계속할 수 없게 되었다.996) 그 후 병원에서 치료를 받고 요양을 하면서 몸이 점점 좋아졌다. 그때 한경직은 중요한 책 몇 권을 읽게 된다. 그때의 일을 다음과 같이 회상했다. "학교 다니는 동안 강의 듣고 논문 쓰느라 바빠서 읽지 못하던 인문서들을 읽으며 행복에 겹기도 했다. 그때 성 안토니우스와 성 프란체스코의 전기를 여러 번 반복해서 읽었고 톨스토이의 참회록이나 나의 종교 등을 읽으며 은혜를 많이 받았다."997) 이 시기 한경직은 폐결핵으로 다가오는 죽음을 선취적으로 체험함으로써 세상의 야망과 명예욕을 버릴 수 있는 내적 능력이 생기게 되었다.998) 그리고 1933년 한경직은 유학을 중단하고 고국으로 돌아온다. 그리고 고당 조만식의 권유로 숭인상업학교에서 교사로 일한다. 1년 후에 숭실대학교에서 교수로 청빙을 받았지만 일본 총독부에서 한경직의 사상이 불온하다고 하여 교원 임용 불가를 통보했다.999) 이런 상황이 되자 지인들은 한국 기독교회의 중심지인 평양에서 목회를 하라고 했지만 한경직은 예배당도 없고, 낡고 작은 사택만 있는 신의주 제2교회로 부임한다.1000) 한경직의 모습은 늘 두루마기에 까만 고무신을 신은 전형적

---

994) 한경직, 『한경직 구술 자서전』, 117-118.
995) 한경직, 『한경직 구술 자서전』, 122-123.
996) 안교성, "한경직 목사의 지도력의 발전에 관한 한 소고," 240.
997) 한경직, 『한경직 구술 자서전』, 182-189, 특히 189.
998) 김영한, "한경직의 영성,"「역사신학논총」5(2003), 203.
999) 김영한, "한경직의 영성," 195.
1000) 한경직, 『한경직 구술 자서전』, 216-217.

인 한국지사의 모습이었다. 그의 목회는 말씀선포와 성경말씀을 가르치는 것뿐만 아니라 특히 사회를 위한 봉사사업에 힘을 썼다.[1001] 고아들을 위한 보린원과 무의탁 노인들을 위한 양로원을 함께 만들어 섬겼다.[1002] 그러나 한경직 목사는 신의주 제2교회에서 자신이 신사참배를 했던 것을 일생일대의 가장 큰 잘못을 한 것이라고 고백했다. 처음에 한경직은 신사참배를 반대했다. 그래서 신의주 제1교회의 윤하영 목사와 신사참배를 반대한 장로들과 함께 신의주 경찰서 유치장에 20여 일간 갇혀 있었다. 유치장에서 나와보니 교회의 제직들을 모아 놓고 신사참배를 동의하도록 이미 가결한 상태였다. 주변에서 일본이 곧 망할 텐데 교회를 유지하려면 잠깐 들어주는 척하자고 했다. 한경직의 마음이 약해지기 시작했다. 결국 윤하영 목사를 비롯해 신의주 모든 교역자들과 함께 신사참배를 허락하고 말았던 것이다. 그러나 다행스럽게 일본은 신의주 제1교회의 윤하영 목사, 의주서교회의 송하순 목사 그리고 신의주 제2교회의 한경직 목사를 정부의 명령으로 교회에서 내쫓아 버렸다. 오히려 다행스러운 일이었다. 한경직은 남신의주 보린원 고아원에 가서 신사참배를 한 과거의 죄를 참회하면서 고아들과 같이 김을 매고 소마차를 끌며 조용한 생활을 했다. 한경직은 아침저녁으로 보린원 뒷산에 올라 교회를 위해, 민족의 갱생을 위해 눈물로 기도했다.[1003] 훗날 한경직이 겸손한 목회를 한 것은 그가 신사참배를 한 것

1001) 한숭홍,『한경직의 생애와 사상』(서울: 장로회신학대학출판부, 1993), 102-103.

1002) 한경직,『한경직 구술 자서전』, 238-256. 보린원 사업은 여덟 살 밖에 되지 않은 불구 고아 소녀를 돕는 일에서 시작한다. 한경직은 기찻길 역 오막살이에서 사는 한쪽 발만 가진 장애 소녀 복순이를 만난다. 복순이 아버지는 폐결핵으로 죽어가고 있었고, 어머니는 동생을 업고 가출해 버렸다 한경직 목사는 복순이에게 "복순아, 우리가 쌀 하고 나무를 대 주면, 네가 밥을 지어 아버지를 도와드릴 수 있나?" 한경직의 구제정신으로 보린원이 세워지고, 노인들을 위한 양로원도 함께 운영했다. 김영한, "한경직의 영성," 195-196.

1003) 한경직,『한경직 구술 자서전』, 265-270, 280. 당시 한경직 목사가 신사참배를 했던 자신의 심정을 다음과 같이 고백했다. "내가 신사참배를 허락한 이유 중 하나는 내 몸이 너무 약해 다시 감옥에 끌려가면 죽을 수밖에 없었기 때문이다. 그때 감옥에서 죽는 것이 더 나았을지도 모르지만, 당시 나는 솔직히 빨

때문에 평생을 참회를 하는 삶을 살았는지도 모른다.

또 한편, 한경직은 1945년 10월 북쪽에 공산당 때문에 월남한다. 그리고 그해 12월 2일 서울 저동에서 실향민 27명과 함께 영락교회의 전신인 베다니 전도교회를 설립한다. 이듬해인 1946년 11월 영락교회로 교회 이름을 변경한다. 한경직은 피난한 성도들의 이산의 아픔을 설교를 통해 위로해 주었다.1004) 그리고 1947년 후암동에 일본인이 경영하다가 버리고 간 가마꾸라 보육원을 접수하여 보린원, 모자원. 경로원 운영 등의 구제와 나눔 사업을 지속적으로 전개해 나갔다.1005) 나아가 의료봉사로 매주 가난한 교인들에게 무료치료를 해주었고, 무의촌에 국민건강을 지켜야 한다는 일념에서 의료봉사대를 조직하여 파견하였다.1006) 더 나아가 한경직은 북한 출신 전쟁미망인들을 위한 사업으로 전쟁 후 처음으로 "다비다 모자원"을 설립하였다. 이것이 계기가 되어 한경직은 피얼스와 옥호열(Harold Voekel) 선교사와 협력하여 세계 선명회(World vision)를 한국에 도입하여 한국선교회를 통해서 구제사업을 국제화시켰다.1007) 아울러 1990년 1월 17일에는 '사랑의 쌀 나누기 운동'을 범국민적 운동으로 전개하며, 어려운 이웃에게 사랑나누기를 했다. 아프리카 동남아시아, 독립국가연합, 북한등 여러 나라에 이 사랑을 나누는 일을 처음으로 시작했다.1008) 특히, 굶주리고 있는 북한동포를 위해서 1994년부터 쌀 나누기 운동을 했다. 1996년부터는 고향인 평원에 국수공장을 세워 매일 1만 명에게, 1997년부터는 개천, 안주, 선천, 원산, 신창까지 여러 곳에 6만 명 어린이에게 일용할 양식을 주었다.1009) 한경직은 '교회란 무엇인가?'라는 제목의 설교에서 "우리 주님께서는 세상에 계실 때에 죄인을 불러 그 영혼을 구원하셨을뿐더러 병

히 죽는 줄 아는 길을 걸을 필요가 있을까 생각했다."
1004) 박정희, "한국교회 강단이 나아갈 길 모색: 한경직 목사의 생애와 설교분석을 통하여," 213.
1005) 김영한, "한경직의 청교도적 영성,"「한국개혁신학」 23(2008), 25.
1006) 한숭홍,『한경직의 생애와 사상』, 178-179.
1007) 김영한, "한경직의 청교도적 영성," 26.
1008) 한숭홍,『한경직의 생애와 사상』, 167-169.
1009) 김영한, "한경직의 청교도적 영성," 27.

자를 고치시고 주린 자를 먹이시고 슬픈 자들을 위로하셨습니다. 지금은 그리스도께서 교회를 통하여 이 모든 일을 계속하십니다. 그러므로 교회는 전도를 할뿐더러 의료사업, 복지사업, 교육사업, 그리고 모든 문화사업에 노력하여야 합니다(『설교전집』 1, 45, 47.)"라고 말했다.1010) 이런 한경직의 목회는 요한복음 10장 16절에 "우리에 들지 아니한 다른 양들"을 인도하여야 하리라는 예수의 목회를 실천한 것이다.

이러한 한경직의 공로를 인정하여 대한민국 정부는 한경직에게 무궁화장1011)과 건국공로장1012)을 수여했다.1013) 또한, 1992년에는 종교계의 노벨상이라고 불리는 권위 있는 템플턴 상 위원회는 뉴욕의 유엔 교회센터에서 다음과 같이 발표했다. "한국의 한경직 목사가 사랑의 쌀 나누기 운동을 계기로 남북 대화에 기여한 공로를 비롯, 평생 사회 복지와 목회 활동에 바쳐온 노력을 높이 평가해 92년도 템플턴 상을 수상자로 결정하였다." 한경직은 1992년 4월 29일 베를린 예술관에서 템플턴 상을 수상했고, 상금 1억 2천만 달러 전액을 북한 선교를 위해 사용하도록 영락교회에 바쳤다.1014) 한경직은 "교회는 봉사기관이다. 인간을 잘 봉사함이 하나님을 잘 봉사함이다."라는 목회철학의 원리대로 봉사에 전념했다.1015) 한경직은 하나님 나라를 위한 개인적인 경건만이 아니라 사회적 책임을 말하고 있다. "우리가 하나님 나라에 들어와서 그 의대로 살뿐더러 우리가 하나님 나라의 백성이면 하나님 나라를 확보하기 위해 힘써야 하겠습니다. 쉽게 말하자면, 전도하여야 할 뿐만

1010) 한숭홍, "한경직 목사의 영성과 한국 교회에 미친 영향,"「장신논단」 17(2001), 555-556.
1011) 국민훈장은 정치 경제 사회 교육 학술분야에 공적을 세워 국민의 복지향상과 국가발전에 기여한 공적이 뚜렷한 자에게 수여하며 5등급으로 나뉜다. 그중 무궁화장은 1등급이다. 그 외에 모란장, 동백장, 목련장, 석류장 등이 있다.
1012) 건국훈장은 대한민국의 건국에 공로가 뚜렷하거나, 국기(國基)를 공고히 함에 기여한 공적이 뚜렷한 자에게 수여하며 5등급으로 나뉜다. 그중 한경직은 1등급인 대한민국장을 받았다. 그 외에 대통령장, 독립장, 애국장, 애족장 등이 있다.
1013) 김은섭, "한경직, 그의 영성과 영향," 250.
1014) 김영한, "한경직의 영성," 205.
1015) 한숭홍, 『한경직의 생애와 사상』, 179-181.

아니라 하나님의 공의가 개인생활과 가정생활뿐만 아니라 우리 사회와 국가에서도 실행되기 위해 힘써야 되겠습니다. 다시 말하자면, 사회적 사명이 있는 줄 압니다."라고 말했다.1016) 그럼에도 한경직은 교회의 첫째 사명은 영혼 구원이라고 말했다. "물론 올바른 사회 참여는 교회의 사명 중 하나인 줄 인정하나 교회의 첫째 사명인 영혼 구원을 등한시하는 사회 참여란 생각할 수 없다."1017) 1946년 베다니교회에서 한국 교회사상 최초로 정교분리 원칙을 천명했던 한경직은 40년이 지난 1986년 5월 다시 한번 그의 견해를 확인시켜 주었다. 이미 목회를 은퇴했음에도 불구하고, 정교분리를 고수해야 할 명분을 초지일관 역설했다. 그러면서 기독교의 본질이 사회 구원에 앞서 개인 구원, 즉 구령사업임을 강변했다. 이것은 구원의 방식에 있어서 그가 대승(大乘)의 입장을 거부하고 소승(小乘)의 입장을 선택함이 기독교의 본래 목적에 부합한다고 판단했기 때문이다.1018) 특히, 한경직은 교회를 개척하는 것이 영혼을 구원하는 복음 전도의 첩경으로 보아 인천제일교회를 시작으로 1982년까지 약 200여 개의 교회를 개척하였다. 또한, 그가 숭실대를 비롯하여 대광 중고등학교, 영락중학교, 영락상업학교, 영락여자신학교를 설립하고 숭실대, 서울여대 등 기독교 대학의 이사장을 역임한 것은 학원을 통하여 그리스도를 전하고자 한 학원 선교에 목적이 있었기 때문이다. 나아가 한경직은 군대를 전도를 위한 황금어장으로 보았다. 그는 군선교에 큰 관심을 기울여 영락교회 전도부를 통해서 군목들의 생활을 지원하고 예배당 신축을 보조하고 대중 전도 집회를 개최하였다. 은퇴 후 한경직은 군복음화 후원회장을 맡아 '5천만을 그리스도에게'라는 신앙 구호를 앞세우고 전국 방방곡곡 군부대를 방문하여 말씀을 선포하고 위문을 하였다. 특별히 '전군 신자화 운동'을 적극적으로 전개하여 수많은 젊은 군인들을 그리스도께로 인도하여 군복음화에 심혈을 기울였다.1019)

1016) 김영한, "한경직의 청교도적 영성," 14-15.
1017) 한경직, 『한경직 구술 자서전』, 362.
1018) 한승홍, "한경직 목사의 영성과 한국 교회에 미친 영향," 565.
1019) 김영한, "한경직의 영성," 190-191.

아울러 한경직은 영락교회에서 은퇴하고 남한산성으로 퇴거해서 17평짜리 주택에서 지냈다. 그는 평소에 자신을 가리켜 '작은 종'이라고 불렀다. 한경직의 삶을 지켜본 많은 사람은 그에게 물욕, 권세욕, 명예욕이 없다고 말한다. 그는 강연이나 설교 강사료를 받지도 않지만 설사 받는다 하더라도 바로 선교 기관에 헌금했다.[1020] 이런 한경직의 삶의 저변에는 근검, 절약하는 청교도의 영성이 있었기 때문이다. 그는 종종 버스비가 없어서 걸어서 돌아왔다. 선물 받기를 거절했다. 부득이 받은 결혼주례 선물 등은 반드시 가난한 사람들에게 전해주었다.[1021] 또한, 한경직은 후손들에게 남기는 말을 하면서 물려줄 재산은 하나도 없고 물려줄 것은 기도 밖에 없다고 했다. 그는 이렇게 말했다. "이 시간에는 내가 개인적으로 우리 가족과 후손들에게 조용히 하고 싶은 말을 몇 마디 남기려고 한다. 나는 솔직히 우리 자손들에게 남길 유산이 하나도 없다. 문자 그대로 나는 내게 속한 집 한 칸 땅 한 평도 없는 사람이다. (...) 나는 주님을 따르는 종으로서 언제나 주님의 말씀이 내 귀에 들려온다. "여우도 굴이 있고 공중의 새도 집이 있으되 인자는 머리둘 곳이 없도다." 하신 주님의 말씀이 기억되어서 무슨 재산을 소유한다는 것이 어쩐지 부끄럽게 여겨졌기 때문이다. 이것은 물론 내 양심이요, '교역자'라고 해서 재산을 가져서는 안 된다는 말은 아니다. 다만 나는 어떻게 해서든지 그런 생활을 주님께 바치고 싶었다. (...) 그런 까닭에 가족을 대할 때마다 늘 미안하다. 사실 나의 가족이 그동안 얼마나 많이 희생하고 수고했는지 모른다. 특히 먼저 하늘나라에 간 내 아내 혜원이, 순희 어머니에게 정말 미안하다. 내가 이런 신념을 가지고 교회 일을 했기 때문에 순희 어머니가 참 많은 희생과 고생을 감내해야 했다. 그저 미안하고 미안할 따름이다."라고 말했다.[1022] 이처럼 한경직의 청빈은 집착에 가까울 정도였고, 그에 대한 다른 비난들을 막아줄 만큼 강력한 것이었다. 그의 청빈은 한국의 초등학교 도덕 교과서에

1020) 김영한, "한경직의 영성," 203-204.
1021) 김영한, "한경직의 청교도적 영성," 21.
1022) 한경직, 『한경직 구술 자서전』, 380-381.

도 나올 정도였다.[1023) 아울러 한경직의 신학은 청교도적인 복음주의 신학을 가지고 있었다. 한경직의 복음주의는 신(新) 신학적 복음주의가 아니며, 사회복음주의가 아니다. 그의 복음주의는 성경중심, 그리스도중심, 십자가중심으로 구제와 사회봉사를 실천하며, 에큐메니칼 운동에 참여하는 폭넓은 복음주의요 균형 잡힌 복음주의였다.[1024)

이처럼 한경직은 요한복음 10장 10절과 16절에 나오는 예수같이 우리 안에 있는 양들을 돌보는 선한 목자의 모습으로 목회를 했으며, 우리 밖의 사회의 가난한 자들을 위한 목회도 함께 힘을 썼다. 따라서 한경직의 영성은 요한복음에 나타난 예수의 목양 영성의 정통을 계승한 영성가라고 할 수 있다. 다음은 요한복음에 나타난 예수의 목양 영성을 반정통으로 계승한 이세종을 살펴보겠다.

5. 예수의 목양 영성의 반정통

1) 이세종(李世鍾, 1877-1942)

이세종은 1877년 7월 1일에 전남 화순군 도암면 등광리 187번지에서 아버지 이정백 씨와 어머니 최 씨의 장남으로 태어나 1942년 6월 4일 오후 9시에 사망한다.[1025) 농부의 자식으로 태어난 이세종은 어려서

1023) 안교성, "한경직 목사의 지도력의 발전에 관한 한 소고," 239. 『초등학교 6학년 도덕교과서』, 92; 『한경직 목사의 이웃사랑』, 74에 수록.
1024) 김영한, "한경직의 청교도적 영성," 18.
1025) 유은호, "이세종의 생애와 영성사상에 관한 연구,"「신학논단」74(2013), 91. 이세종에 대한 출생 연도에 대해 여러 가지 설이 있기 때문에 필자가 전남 화순군 도암면 면사무소 임병상 민원계장으로부터 제적등본을 얻어 직접 확인한 바에 의하면 이세종은 개국 486년(명치 10년, 단기 4210년 7월 1일) 서기 1877년 7월 1일에 태어났다. 그리고 소화 17년(단기 4275년, 임오년) 서기 1942년 6월 4일 오후 9시에 사망했다. 제적등본상에는 부인의 이름도 문순희가 아니라 문재임으로 되어 있다.

부모를 잃고 형님 댁에 살면서 가난을 면하고 부자가 되는 것이 인생의 목표였다. 이세종은 지게가 닳아지도록 열심히 일하여 1920년경에는 등광리 일대에서 가장 큰 부자가 되었다. 그러나 이세종은 나이 30세에 열네 살의 시골 처녀 문재임과 결혼했지만 자식이 없었다. 이세종은 무당의 말대로 개천산(開天山) 기슭에 산당을 지어 놓고 아들을 얻기 위해 치성을 쏟았다. 그래도 아들이 없자 병들어 눕게 되었고, 무당마저 죽게 되었다. 이 일이 이세종 자신을 돌아보는 계기가 되었다. 그러던 중 40세쯤 이세종은 성경을 구해 읽는 중에 예수를 믿고 회심하게 된다. 그리고 등광리에서 노라복 선교사에게서 세례를 받는다.1026) 그 후 이세종은 일반 성도로서 혼자 열심히 성경을 읽고 깨달은 것을 몇몇 제자들에게 전파한다. 그런데 그 소문을 듣고 당대 광주에서 유명한 광주 중앙교회 최홍종 목사가 찾아왔으며, 철학자 다석 유명모, 그리고 감리교신학대학교 정경옥 교수에게 직간접적으로 영향을 주었다.1027)

1026) 유은호, "이세종의 생애와 영성사상에 관한 연구," 92. 이세종에 대한 최초의 전기라고 할 수 있는 글은 이세종의 직제자 이현필의 글을 참조하라. 이현필 강의, 김금남 · 김정순 · 방순녀 수기, "우리의 거울" (강의 수기록, 1947-1948). 이 노트는 이현필이 1947년 9월 1일부터 1948년 3월 10일까지 남원 서리 내와 서리 내에서 4km 떨어진 갈전(갈벌, 갈보리)에서 제자들에게 구두로 가르친 내용을 여제자 김금남, 김정순, 방순녀가 받아 적은 '우리의 거울'이라는 제목의 노트이다. 이 노트의 내용은 김금남, 『동광원 사람들』(남원: 사색출판사, 2007), 9-50에 '이세종 선생'이라는 제목으로 실려 있다.

1027) 유은호, "이세종의 생애와 영성사상에 관한 연구," 88. 최근까지 이세종에 관한 연구는 다음을 참조하라. 정경옥, 『그는 이렇게 살았다』(과천: 삼원서원, 1938년 초판, 2009(개정판)); 윤남하, "묻혀진 거룩한 혈맥을 찾아: 이0이야기(1)," 「현대종교」 2(1992), 46-57; 윤남하, "묻혀진 거룩한 혈맥을 찾아: 이0이야기(2)," 「현대종교」 3(1992), 26-35; 윤남하, "묻혀진 거룩한 혈맥을 찾아: 이0이야기(3)," 「현대종교」 4(1992), 26-40; 연규홍, "비움과 고행으로 기독교의 도를: 이세종(李世鍾)," 「새가정」 447(1994), 54-57; 이덕주, "한국기독교 문화유적지를 찾아서: 남도의 한과 믿음 이야기(5)," 「기독교사상」 7(1999), 254-268; 최홍욱, "청빈의 길, 사랑의 길: 이세종," 「기독교사상」 12(2000), 14-26; 김인수, "한국교회 야사의 성인들의 영성신앙: 이세종, 강순명, 이현필 삶을 중심으로," 「장신논단」 16(2000), 219-241; 이덕주, "정경옥의 조선 성자 방문기," 「세계와 신학」 가을(2002), 177-193; 엄두섭, 『한국적 영성』, 69-111; 김금남, 『동광원 사람들』, 9-50; 조 현, 『울림』(서울: 시작, 2008), 187-199; 차종순, 『성자 이현필의 삶을 찾아서』(광주: 대동문화재단, 2010), 29-41; 이세종, 『이세종의 명상 100가

한편, 이세종은 사경회가 있을 때는 광주교회에 갔으며, 자주 나주 다도면에 있는 방산교회에 나갔고, 자신이 세우다시피 한 동산교회에 다니면서 3년 동안 설교를 했다. 그러나 당시 등광리에는 교회가 없었기 때문에 주로 등광리의 자신의 산당에서 가정예배 형식으로 홀로 혹은 가정예배 형식의 예배를 드렸다.[1028] 또한, 이세종은 장로교 전남노회에 재산을 기부했다. 정경옥은 이세종이 10여 년 동안 40여 두락의 재산을 모았다고 한다. 최흥욱은 이세종의 재산이 논 100마지기(약 15,000평)가 있었다고 한다. 따라서 이세종은 적게는 40 두락 많게는 100마지기의 논을 가지고 있었던 것으로 추정된다. 이세종은 40세에 예수믿고 약 17년이 지난 1934년 당시 57세의 나이에 그동안 모아 두었던 재산의 절반인 땅 약 3,000여 평을 전남노회에 기부했다. 그리고 화순군 도암면 면사무소에도 논 두 마지기(약 400여 평)를 기부했다고 전해지고 있다. 나머지 재산은 직접 가난한 사람들에게 나눠주고 자신은 겨우 연명할 것만 남겨 두었다. 이세종은 이러한 기부 외에도 실제적으

지』(서울: 한국고등신학연구원(KIATS), 2011; 신명열, 『이공李空 성자와 여인들』(광주: 정자나무, 2015); 이강학, "이세종의 영성지도와 한국교회 목회 현장 적용에 관한 연구,"「신학과 실천」49(2016), 219-244; 유장춘, "이세종 선생의 영성과 삶이 제시하는 기독교사회복지의 정신과 실천원리,"「영성과 보건복지」6(2019), 33-62; 김수천, "이세종선생의 영성형성을 위한 성서묵상 훈련 고찰,"「신학과 실천」63(2019), 189-211; 강성열 엮음, 『이세종의 삶과 신앙: 그리고 지역사회의 변화』(서울: 한들출판사, 2020); 이세종선생기념사업회 저자(글), 농어촌선교연구소 저자(글), 『이세종 영성의 오늘과 내일』(서울: 한들출판사, 2021); 차정식, "이세종의 생애와 가르침에 대한 성서신학적 분석 및 평가: 신약 성서의 얼개와 주제를 중심으로,"「신약논단」28(2021), 287-321 등이 있다.
1028) 유은호, "이세종의 생애와 영성사상에 관한 연구," 93-94. 필자가 등광교회 이원희 장로(82세)를 만나 직접 확인한 바에 의하면 이세종은 등광리에서 광주까지 80리(32Km) 되는 거리를 기차를 타고 광주로 사경회를 다녔다고 한다. 또한, 등광리에서 6Km 떨어진 화순군 다도면 방산교회에 임완식 전도사가 있었는데 이세종은 자주 이 교회를 다녔다고 한다. 하지만 이세종이 가장 자주 다닌 교회는 동산교회였다. 이 교회는 어느 날 이세종이 하나님의 계시가 있어서 어떤 곳에 가보았는데 후일에 그곳에 동산교회가 세워지게 되었다. 이세종이 자기 제자들과 함께 등광리 산당에 모여 예배드리는 시간은 일정하지 않았다. 어떤 때는 낮에, 어떤 때는 밤에, 아무 때나 마음에 생각만 나면 친히 집을 찾아다니면서 "모여라"라고 해서 예배를 드렸다.

로 가난한 사람들을 찾아다니며 많은 구제를 했다. 또한, 이세종은 자기가 돈을 빌려준 사람들의 빚문서를 불살랐다. 나아가 죽기 3년 전에는 신사참배로 핍박당하는 이들을 불쌍히 여기고 산속으로 떠나면서 그나마 있던 집과 전답도 다 나눠 주었다.1029) 또한, 이세종은 예수님도 고운 옷을 안 입으셨다고 말하면서 평소에 홑바지 저고리로 지냈으며, 더운 때나 추운 때나 같은 옷을 입었고, 언제나 걸인과 같이 떨어진 베옷을 기워 입고 구멍뚫린 모자를 쓰고 다녔다. 옷만 다른 사람보다 좋게 입어도 마음이 교만해져서 다른 사람을 낮추어보게 된다고 일부러 낡은 검은색 무명옷만 입고 다녔다. 이세종이 한 번은 어느 교회에서 설교를 부탁받아 갔는데, 세상에서 보기 드문 우스운 모자를 쓰고 거지 옷을 입고 갔기 때문에, 사람들은 그의 설교보다도 그 꼴이 신기해서 거지가 설교를 한다고 모여들었다.

또 한편, 이세종은 "성경을 '신약과 구약'이라고 부르듯 우리에겐 말씀의 약이 있으니 세상 약을 먹으려 하지 말고 말씀을 먹어라."라고 가르쳤다. 심지어는 신자가 약을 먹는 것은 바알에게 무릎을 꿇는일이라고까지 극언을 하기도 했다. 이러한 사상은 이세종이 성경을 문자적으로 해석해서 생긴 문제점으로 보인다.1030) 또한, 이세종의 설교에는 알레고리적인 해석이 많이 있다. 그의 제자 오복희 전도사가 남긴 '이공설교지'에는 성서에 대한 알레고리적 해석이 있다. 가령, 골로새서 2장 20절의 "세상의 초등학문"을 음란한 인간의 육체적 본능이라고 푼 것이나, 디모데전서 2장 15절의 "여자들이 만일 정절로써 믿음과 사랑과 거룩함에 거하면 그 해산함으로 구원을 얻으리라."라는 구절을 "정절을 지키고 믿음과 사랑으로 거룩한 성령 안에 거하면 해산의 고통도 이기

1029) 유은호, "이세종의 생애와 영성사상에 관한 연구," 95-96. 이세종이 전남 노회에 재산 절반을 기부했다는 것이 20 두락, 즉 3000여 평이었다면, 정경옥이 말하는 40 두락의 반이다. 그리고 이세종 스스로 가난한 자를 구제한 것이 20 두락 정도된다면 나머지 최흥욱의 말대로 이세종이 논 100마지기(약 15,000평)를 가지고 있었다고 추정한다면 적어도 이세종은 논 60마지기에 해당하는 빚문서를 불태워 버린 셈이다.
1030) 유은호, "이세종의 생애와 영성사상에 관한 연구," 108-109.

고 구원함에 이르는 것"이라고 엉뚱하게 해석한 것은 성서주석의 기본만 살펴도 명백한 오류이다. 그런가 하면 예수께서 제자들에게 '(옷을 팔아) 검을 사라'(눅 22:36)라고 한 말씀을 거짓을 내려놓고 십자가를 사라고 해석하거나, 예수께서 부활 이후 제자들과 함께 구운 생선을 먹은 이야기를 풀이하면서 여기서 이 생선이 눈에 보이는 물고기가 아니라 '인간의 자유'라고 본다든지, 오병이어 이야기에 나오는 어린아이가 가져온 물고기를 '영생의 자유'라고 해석한 것은 지나친 알레고리적 독법의 폐해가 엿보이는 사례라 할 수 있다. 차정식은 이런 해석은 얼핏 유대교 랍비들이 시도한 미드라쉬(Midrash)의 기법이나 쿰란 문헌에 나오는 페샤림(Pesharim)의 성서풀이처럼 성서의 다양한 구절들을 짜 깁기하여 특정한 주제를 논하는 방식으로 성서로써 성서를 조명하는 것처럼 보이지만 '이공설교지'의 경우는 특정한 주제가 아닌 무수하게 다양하게 뒤엉킨 주제들이 매우 산만하게 제시되었다는 점이 다르다고 했다.1031)

1031) 차정식, "이세종의 생애와 가르침에 대한 성서신학적 분석 및 평가: 신약성서의 얼개와 주제를 중심으로," 314-316. 차정식은 이세종의 알레고리적 해석을 추가적으로 더 소개하면서 그의 성서해석이나 적용과 관련하여 오늘날의 관점에서 교정하고 극복해야 할 부분이 명백하게 존재한다고 했다. 예를 들어, 창세기 1장 7절의 궁창 관련 본문에서 궁창 위에 있는 물을 "예수님이 주시는 물"로, 궁창 아래 있는 물을 "마귀가 주는 멍에의 물"로 풀이했다. 신명열, 『이공李空 성자와 여인들』, 212. 나아가 잠언 14장 1절에 언급된 지혜로운 여인을 참 그리스도로, 미련한 여인을 적그리스도로 풀어 알레고리적으로 해석했다. 신명열, 『이공李空 성자와 여인들』, 284. 그런가 하면 산상수훈의 팔복 교훈을 노아의 여덟 식구라고 설명하면서 그중에 가난한 자의 복, 애통하는 자의 복, 온유한 자의 복을 가리켜 노아의 부부와 아들이라고 희한한 알레고리적 적용을 하기도 하였다. 신명열, 『이공李空 성자와 여인들』, 329. 이러한 지나친 알레고리적 해석은 더러 정반대의 명백한 해석적 오류를 낳기도 했는데, 가령 요한계시록 12장 1절에 묘사된 바 발아래 달이 있고 그 머리에 열두 별의 면류관을 쓴 "해를 입은 여자"가 메시아를 잉태한 여인, 곧 마리아의 신화적인 이미지에 해당되는 것인데도 잘못 오독하여 '해로운 여자'라고 해석한 것이 대표적이다. 신명열, 『이공李空 성자와 여인들』, 284. 이와 연관하여 이세종은 더러 그의 엄격한 성적 금욕주의 규범에 이끌려 여성에 대한 가부장주의적인 편견을 드러내기도 했는데, 남녀 칠 세 부동석의 유교적 율례에 입각하여 여자 성도들이 믿지 않는 남자들과 함께 먹고 이야기하면서 같이 웃고 즐기는 것이 신자의 태도에

또한, 이세종은 예수를 믿고 하루 한 끼만 식사했으며, 육식도 금하고, 생선도 먹지 않았다. 이세종은 자신의 설교에서 "인간은 식욕이 폐하면 자연히 색욕이 패한다."라고 말했다.[1032] 이런 사상을 보면 이세종이 불교에 영향을 받은 듯하다. 또한, 이세종이 회심한 뒤에 순결하게 살기 위해 부부는 남매처럼 지내야 한다면서 동거하지 않고 다른 방에 거처했다. 이세종은 이러한 해혼사상을 제자들에게도 강요했다.[1033] 특히, 그의 후계자인 이현필에게도 부부와의 해혼(解婚)을 권장하여 우여곡절 끝에 성적인 금욕으로 독신수도자의 길을 걷게 하는 데 결정적인 역할을 하였다.[1034] 이러한 해혼 사상은 동방의 알렉산드리아의 클레멘스의 『결혼』에 나오기는 하지만[1035] 이세종의 상황을 고려

어긋나며 심지어 "음욕의 죄"를 일으키는 "악인의 행동"이라고까지 비판했다. 신명열, 『이공李空 성자와 여인들』, 252.

[1032] 유은호, "이세종의 생애와 영성사상에 관한 연구," 97- 98.

[1033] 유은호, "이세종의 생애와 영성사상에 관한 연구," 99-100. 해혼(解婚)은 결혼의 관계를 푼다는 의미를 가진다. 영성사에서는 결혼은 했지만 부부관계를 하지 않는 경우를 해혼이라고 한다. 이러한 해혼 사상은 이집트의 동방 사막 교부들에서 나타난다. 니트리아의 아모운은 삼촌이 억지로 시켜서 결혼을 했지만 수도를 하면서 18년 동안 부부가 한 집에 살면서도 부부관계를 갖지 않는 해혼 생활을 했다. 그 후에 니트리아 산속으로 가서 그 곳에 수실 두 개를 짓고 22년 동안 각자 살다가 세상을 떠났다. 아모운은 매년 두 번 정도 부인을 만났다. 또한, 유키리투스 부부는 처음부터 같이 살면서 해혼 생활을 했다. 그들은 주위에 해혼 사실을 숨기고 살았다. 이들 수도사들의 해혼의 특징은 다른 사람들이 알지 못하게 해혼을 비밀로 하고 살았다는 점이다. 다른 제자들에게 강요하지도 않았다. 반면에 이세종의 해혼 생활은 공개적이었으며, 제자들에게 해혼을 강요한 것처럼 보인다. 이러한 이세종의 '해혼 사상'은 그 당시 기성교회로부터 신학적 공격을 받는 논쟁의 빌미를 제공했다. 이세종은 제자 이현필이 결혼을 했다는 말을 듣고 반대했다. 윤남하, "묻혀진 거룩한 혈맥을 찾아: 이0이야기(1)," 53. 결혼 후에 찾아온 이현필에게 "남매같이 깨끗하게 사시오."라는 말을 했다. 그 후 이현필이 해혼을 하자 이세종이 기뻐했다. 그리고 수레기 어머니가 아들 아홉을 잃고, 10번째 자식 태기가 있다는 소식을 듣자 이세종은 깜짝 놀라면서 "아이고"하면서 한숨을 크게 내쉬었다. 그 후 수레기 어머니도 해혼으로 들어갔다. 김금남, 『동광원 사람들』, 62, 326.

[1034] 차정식, "이세종의 생애와 가르침에 대한 성서신학적 분석 및 평가: 신약성서의 얼개와 주제를 중심으로," 301.

[1035] 해혼 사상에 대한 신학적 원천은 알렉산드리아의 클레멘스의 『결혼』이다. 다음을 참조하라. 정용석 · 주승민 · 이은혜 · 김시호 옮김, 『알렉산드리아 기독

해볼 때는 클레멘스의 영향보다는 불교에 정초 된 듯이 보인다.1036) 나아가 이세종은 살생을 반대했다. 심지어 식물의 생명도 귀하게 생각했다. 가령, "소나무들아, 세상법이 아니면 나무꾼 악마들은 너를 몇 번 욕심내어 벌목하여 살해했으련만 은혜의 시대라, 하나님의 명령으로 법이 너를 보호했으니 너도 하나님의 은혜에 감사하라."라고 외쳤다. 더나아가 나무를 껴안고 잡초와 들풀들까지 쓰다듬으며 "너울거리는 풀잎 하나라도 하나님이 거저 주시는 은사가 아니라면 살 수 없으니 너도 하나님의 영광을 잘 드러내는구나"라고 말했다.1037) 또한, 이세종은 모든 동물의 생명을 사랑하는 것은 동물을 해방시키는 것이라고 했다. 한 번은 제자들과 산길을 가다가 개미 한 마리를 모르고 밟게 되자 큰 잘못을 저지른 사람처럼 슬픔을 표하면서 "개미야, 하나님 앞에 내 행위를 보아서는 내가 너한테 밟혀 죽어야 마땅한데 오히려 네가 나한테 밟혀서 고생하는구나"라고 말했다.1038) 이세종은 이도 잡아서 죽이지 말고 버리라고 했다. 파리도 죽이지 않고 두 손으로 휘휘 저으면서 밖으로 내쫓기만 했다. 어느 날 부엌에 나가보니 독사가 있었다. 이세종은 독사를 때려잡지 않고 막대기를 들고 조심스럽게 몰아내 산으로 가게 했다. 그러면서 쫓겨 가는 독사를 보고, "다른 사람이 보았으면 큰 일 날 뻔했다. 앞으로는 조심해서 네 몸을 간직해라"라며 사람에게 말하듯 했다. 어느 해 가물어 논에 물이 마를 때, 이세종이 길을 가다가 웅덩이를 보니 그 속에는 송사리, 미꾸라지, 올챙이들이 한데 어울려 죽어가며 파득거리고 있었다. 이세종은 입고 가던 옷에다 그것들을 주

　　교: 클레멘스와 오리게네스』(서울: 두란노아카데미, 2011), 57-124 특히 89, 108.
1036) 일 연의 『삼국유사』에도 해혼 사상이 나온다. '광덕과 엄장' 편에 이런 내용이 있다. "남편과 나는 10여 년 동안 함께 살았지만 일찍이 하룻밤도 잠자리를 같이 한 적이 없는데, 하물며 몸을 더럽혔겠습니까? 그분은 다만 매일 밤 단정하게 앉아서 한결같이 아미타불을 외면서 16관을 짓고 관이 다 되어 미혹을 깨치고 달관하여, 밝은 달이 창으로 들어오면 때때로 그 위에 올라 가부좌를 했습니다." 일 연/ 김원중 옮김, 『삼국유사』(서울: 민음사, 2007, 534.
1037) 차정식, "이세종의 생애와 가르침에 대한 성서신학적 분석 및 평가: 신약성서의 얼개와 주제를 중심으로," 297.
1038) 차정식, "이세종의 생애와 가르침에 대한 성서신학적 분석 및 평가: 신약성서의 얼개와 주제를 중심으로," 297.

위 담아 냇가로 가서 물에 풀어 주었다. 말라죽은 올챙이도 주워 담으면서 "이것들이 이렇게 물 없이 죽듯이, 인간들도 그렇게 되는 시기가 올지 모른다."[1039] 이런 사상 때문일까 이세종은 땔감을 구할 때도 죽어 마른 나뭇가지를 위주로 거두었으며, 육식을 삼가고 채식 위주로 그것도 도토리가루, 보릿가루, 콩가루를 식사거리 삼아 연명하였다.[1040] 한편, 요한복음 21장 9-10절에 보면 부활 후에 예수께서 제자들과 생선과 떡을 드셨는데 이런 것을 보면 사상적인 면에서 이세종과는 거리가 있어 보인다. 이세종의 모습을 보면 기독교에서 생명을 존중하는 면이 있지만 이세종의 이런 행동들은 오히려 살생을 전적으로 금지하는 불교의 사상에 더 가까워 보인다.

아울러 이세종이 불교에 영향을 받았을 가능성이 여러 곳에서 더 나타난다. 첫째, 자신의 호를 이공(李空)이라고 한 것은 대승불교의 시조 나가르주나의 핵심 사상이 공(空)이라는 점과 통한다.[1041] 둘째, 이세종의 제자 이현필에 의해 세워진 동광원 사람들이 동정을 지키며 사는 것을 '출가'라고 표현하는데 이런 점은 불교적 영향으로 보인다. 셋째, 이세종은 등광리에서 가까운 곳에 '운주사'라는 절의 영향을 받았을 가능성도 있다. 넷째, 탁발을 시행한 점도 로마 가톨릭 전통의 탁발수도회의 전통이라기보다는 불교적 탁발에 더 가까워 보인다. 이세종이 접한 사람은 탁발을 하는 프란치스코 수도사보다는 운주사의 스님을

1039) 유은호, "이세종의 생애와 영성사상에 관한 연구," 103.
1040) 차정식, "이세종의 생애와 가르침에 대한 성서신학적 분석 및 평가: 신약성서의 얼개와 주제를 중심으로," 298.
1041) 불교의 '공' 사상은 『반야심경』을 참조하라. 홍정식 역해, 『반야심경/금강경/법화경/유마경』 (서울: 동서문화사, 2016), 27-104; 김경일, "반야심경의 공사상 연구,"「동서정신과학」 3(2000), 21-46. 그러나 송기득은 이세종의 호를 다르게 해석한다. 즉, 이세종의 나눔의 실천을 가장 잘 나타내는 말은 바로 그의 호(號)인 '이공'(李空)이란 말에 함축되어 있다고 보았다. 이공의 "비움의 철학"은 그의 모든 행동거지에서 나타났지만, 특히 그의 '나눔 살이'에서 제대로 드러났다는 것이다. 실제로 애써 번 돈과 재산을 송두리째 내놓고, 가난한 '이웃'들에게 다 나눠 주었는데, 이것이야말로 '자기 비움'(空)의 행동실천(行動實踐)이라고 말할 수 있다는 것이다. 송기득, "비움(空)의 사람 이세종과 맨 사람 예수: 이세종의 '나눔의 삶'," (강연자료, 이세종과 이현필의 추모모임, 2013년 3월 15일), 3-4.

접했을 가능성이 높다. 이세종의 여제자 오복희에게 "얻어먹으라"라고 한 것도 불교의 공양을 연상케 한다. 다섯째, 불교에서 고승들은 자신의 죽음을 미리 알고 예언한다. 그리고 죽기 일주일 전에 곡기를 끊는다. 이세종도 자신이 죽기 두 달 전부터 곡기를 끊고 공기를 마시며 살았다. 이런 점도 불교의 고승들의 임종 유형과 유사하다. 여섯째, 이세종은 죽으려고 할 때 화학산 깊은 곳으로 들어갔다. 불교에 천화(遷化)라는 사상이 있다. 즉, 고승이 최고로 잘 죽는 것은 깊은 산속으로 들어갈 수 있을 때까지 들어가서 그 숲에서 쓰러져 나뭇잎을 덮고 그대로 죽는 것이다. 이세종도 마지막에 깊은 화학산 산속으로 들어가 옷을 벗고 나뭇가지와 나뭇잎으로 관 모양을 만들어 그곳에서 죽었다. 마지막으로 필자가 이세종의 전기 작가 엄두섭 목사와 면담을 했을 때 엄두섭은 이세종이 불교에 영향을 받았을 가능성을 언급했다.[1042]

이처럼 이세종은 자신의 거의 전 재산을 교회만이 아니라 사회에도 기부하는 사랑을 실천했다. 이런면들을 보면 요한복음 10장 7-16절에 우리 안에 양과 우리 밖에 있는 양을 보살피는 사랑을 보였다고 할 수 있다. 그러나 이세종이 일반 성도라는 것을 감안한다 하더라도 그의 알레고리적 성경해석은 문제가 있어 보인다. 특히, 그의 삶에는 기독교적 요소뿐만 아니라 불교적 요소가 섞여 나타나는 것 같다. 한마디로 이세종의 영성은 기독교적 요소와 불교적 요소가 혼합되어 있는 것 같다. 따라서 이세종은 훌륭한 삶과 사랑의 실천을 했지만 요한복음에 나타난 예수의 목양 영성의 관점에서는 반정통에 속한다고 할 수 있다. 다음은 요한복음에 나타난 예수의 목양 영성의 이단인 이만희를 살펴보겠다.

1042) 필자가 2008년 11월 22일 엄두섭 목사와 전화로 통화를 했을 때 직접 들은 말이다.

6. 예수의 목양 영성의 이단

1) 이만희(李萬熙, 1931-)

이만희는 1931년 9월 15일 경북 청도군 풍각면 현리 702번지에서 태어났다. 17세 때 성동구 금호동 형 집에서 기거하며 건축업에 관여하다 어느 전도사의 인도로 경복궁 앞 천막 교회에서 침례를 받았고, 고향에 내려가 '풍각장로교회'에서 신앙생활을 시작했다. 1957년 산기도 생활 중 신비 체험을 한 후 서울로 올라와 박태선의 '신앙촌'에 머물다 1968년 유재열의 '장막성전이삭교회'(1966년 설립)에 입교하여 1969년 11월 시한부 종말론을 소망하였다. 종말론이 불발에 그치자 1970년 초 장막성전 내 솔로몬이라 불리는 백만봉을 추종, 장막성전을 이탈하여 백만봉의 '재창조 교회'의 12 사도 중 일원으로 신앙생활을 하였다. 백만봉의 1980년 3월 13일 시한부 종말론 역시 불발하자 다음 날인 3월 14일 홍종효('두 증인' 중 하나) 등 몇몇과 경기도 안양 비산동에 '새 증거장막'이라는 '신천지중앙교회'를 설립한다. 1980년 10월 유재열과 장막성전을 비난하는 편지로 인해 명예훼손으로 고소를 당해 3년형 언도를 받으나 98일 만에 집행유예(3년 6개월)를 받고 풀려나게 된다. 1981년 2월 출감한 이만희는 소수의 추종자들과 함께 청계산과 비산동 관악산 등지에서 모임을 가졌으며, 선고 유예 기간이 끝나는 1984년 2월 7일 본격적인 활동을 시작하였다. 이만희는 충남 천태산 앞 국사봉에 입산하여 말씀을 받았다고 주장하며 같은 해 3월 14일 신천지를 공식적으로 창립하였다. 그 후 1987년에 홍종효와는 결별하였으며, 1990년 6월 12일에는 서울 서초구 방배2동에 신학교육원을 설립하고, 무료 성경신학원을 시작하였다. 1995년에 대한예수교장로회(통합, 합동)에 의해 제80회 총회에서 이단으로 규정되었다.[1043]

1043) 한민택, "한국 그리스도교계 신흥 종교의 종말론에 관한 신학적 고찰: 신천지예수교증거장막성전'을 중심으로,"「가톨릭 신학과사상」74(2014), 71-72. 초창기인 1985-1986년에 세 권의 책이 출간되는데, 신천지의 교리서 격인『신탄』(김건남 · 김병희, 1985), 이만희의 저서인『계시록의 진상』(1985)과『계시록

한편, 신천지는 본부 성전을 중심으로 하여 전국에 12지파의 12 성전을 두고 있다. 본부 성전에는 24 장로가 있어 총무부 행정을 담당하고 있고, 7 사자(제사장)가 교육 및 기획, 감사를 담당하고 있으며 4기관장은 다시 각각 여섯 부서장(날개)을 두고 전국 각 기관장과 부서장을 관할하고 있다. 신천지에서는 이 같은 구성이 편의에 의한 것이 아니라 이만희에게 보여준 그대로 하늘에서 이룬 것 같이(계 4장, 21장)이 땅에 이룬 것이라고 한다. '신천지 증거장막성전'이라는 이름은 교회의 이름으로 새 하늘 새 땅을 뜻한다.1044) 또한, 이만희에 의하면 성경의 예언은 반드시 실상으로 응하게 되는데, 우리가 볼 수 있도록 '언약-배도-멸망-구원'의 순으로 이루어진다고 주장한다. 예언이 실상으로 응한다는 것의 근거로 그는 이사야 14장 24절을, 배도-멸망-구원 도식의 근거로 데살로니가후서 2장 3-4절을 든다. 신천지의 모든 교리와 성경 해설이 이 도식의 적용이라 할 정도로 이 도식이 신천지 해석의 핵심적 틀인데, 이것이 모든 유비적 해석의 바탕을 이룬다.1045)

또 한편, 기독교의 특성이 '그리스도 중심성'에 있다고 한다면 신천지의 가장 중요한 특성은 '이만희 중심성'이다. 이만희만이 계시를 받은

완전해설』(1986)이 그것이다. 전체 내용을 보면 『신탄』은 '성경론, 창조론, 예언론, 배도론, 멸망론, 구원론, 부활론'의 일곱 개 장(章)으로 구성되어 있고, 『계시록의 진상』은 묵시록의 각 장을 해설하는 것으로, 마지막에 '마태복음 24장' 해설을 첨가하였다. 『계시록 완전해설』은 앞의 두 책 내용을 모두 모아 간략히 정리해 놓은 것이다. 그러므로 위의 책들에 신천지의 전반적인 교리가 담겨 있다고 보아도 무방하다. 이외 신천지에서 나온 책은 다음을 참조하라. 이만희, 『계시록의 진상 2』 (과천: 도서출판 신천지, 1988); 이만희, 『계시록의 실상』 (과천: 도서출판 신천지, 1993); 이만희, 『성도와 천국』 (과천: 도서출판 신천지, 1995); 이만희, 『요한계시록의 실상』 (과천: 도서출판 신천지, 2011); 증인 이만희 보혜사, 『계시』 (과천: 도서출판 신천지, 1998); 신천지교육부 편, 『감추었던 만나』 (과천: 도서출판 신천지, 1995); 신천지문화부 편, 『신천지 발전사』 (과천: 도서출판 신천지, 1997); 신천지 전도부, 『성도와 천국 2』 (과천: 도서출판 신천지, 1988); 신천지 전도부, 『성도와 천국 3』 (과천: 도서출판 신천지, 1989).

1044) 차옥숭, "한국 그리스도교계 신종교 운동의 흐름과 특징: 신천지를 중심으로," 『한국종교』 38(2015), 174.

1045) 한민택, "한국 그리스도교계 신흥 종교의 종말론에 관한 신학적 고찰: 신천지예수교증거장막성전'을 중심으로," 94.

유일한 한 목자이다. 그러므로 이만희만이 성경을 제대로 해석할 능력과 권위를 가졌으며, 그만이 참되고 유일한 성경의 해석자이다. 이만희 중심성은 이만희에게 붙여진 칭호들에 명백히 드러난다. 이만희는 다양한 칭호를 자신에게 붙인다. 예를 들어, 다른 보혜사, 이기는 자, 언약의 목자, 예수의 새 이름을 받은 자, 책 받아먹은 자, 언약의 목자, 예수의 새 이름을 받은 자, 사도 요한격 선지자, 새 요한 등이다.[1046] 특히, 이만희는 참 목자론을 주장한다. 그의 대표적인 책『계시록의 진상』에 보면 이만희는 하나님이 자기가 하나님의 마음에 합한 한 목자라고 말한다. "이 일후에 하나님께서는 이들을 다시금 돌이키기 위해 다시 세상 중에서 자기 마음에 합하는 한 목자를 찾아 세우시고, 그에게 배도와 멸망의 일을 보여주시고, 그 비밀을 알려 준 후에 자기의 사역자로 삼아, 배도로 멸망당한 그들을 다시 구원하시기 위하여 참을 증거 하며 진리로 싸워 잃어버린 선민을 거기서 구원하신다."[1047] 또한, 이만희는 예수의 사자(목자)의 증거를 받아야 한다고 한다. "계시록 전장을 참으로 보고들은 예수의 사자(목자)를 만나서 증거를 받고 신천지 증거 장막 거룩한 성을 아는 것이다."[1048] 나아가 이만희는 성령이 한 사람을 택해서 하나님의 계시를 나타낸다고 한다. "오늘날 하나님께서 약속하신 이 계시를 실상으로 나타내시고, 성령으로 한 사람을 택하여 이것들을 만민에게 증거 하게 하신다는 것을 명심하시기 바란다."[1049] 더 나아가 이만희는 간접적으로 자신이 참 진리를 전하는 목자라고 말한다. "그날 그때에 인자와 짐승이 하나님의 교회에 와서 서로가 자기의 씨(말씀)를 뿌린다는 것이다. 다시 말한다면 참 진리의 씨를 받으면 하나님의 자녀가 되어 천국에 들어가고, 비 진리의 씨를 받으면 마귀의 자식이 되어 지옥에 간다는 말이다. 그러므로 내가 소유하고 있는 말씀의 씨가 참인지 거짓인지 스스로 자문해 봐야 할 것이며, 나를 천국으

1046) 정창균, "신천지 이단의 성경해석과 설교적 대응,"「설교한국」 4/1(2012), 31, 33.
1047) 이만희,『계시록의 진상』(경기도: 도서출판 신천지, 1992), 18.
1048) 이만희,『계시록의 진상』, 20.
1049) 이만희,『계시록의 진상』, 24.

로 인도 하는 목자가 참 진리를 가르치는지 점검할 때가 온 것을 알리는 바이다."1050) 아울러 이만희는 완전한 계시의 말씀을 받아 주님의 사자를 만나 새 이스라엘로 창조를 받아야 한다고 말한다. "그러므로 약속하신 소망을 바라보고 하나님의 말씀을 믿는 성도는 계시의 말씀을 받아먹고 증거 하는 주님의 사자를 찾아(계 22:16) 자기 지식의 그릇을 비우고(렘 48:12) 완전한 계시의 말씀으로 새 이스라엘로 다시 창조받아야만 한다."1051) 또한, 이만희는 신천지 증거장막의 주님의 사자를 만나 계시록을 잘 배워 하나님의 자녀가 되자고 한다. "이 책(계 5; 10;)을 읽어 줄 사람도, 들을 수 있는 진리의 성읍도, 이 책을 받은 사람이 있는 신천지 증거장막(계 15; 21;) 성전에 있음을 말씀을 깨달은 자는 알 것이다. 오늘날 우리에게 하나님의 책, 말씀을 가지고 오는 주님의 사자 이 사람을 만나 신령한 것으로 양육받아 하나님의 자녀가 되자"1052) 아울러 증거장막에 와서 말씀의 참 뜻을 깨달아야 한다고 말한다. "세상에서 정통을 진리로 알고, 또 생명으로 알고 있는 목자들과 성도들도 하나님께서 약속하신 예언이 성취된 사실을 알려면 증거장막 성전에 와서 보고 듣고 배워야 알게 된다. 너 나 할 것 없이 참으로 하나님의 말씀을 믿는 신앙인이라면 증거장막 성전을 찾아와서 증거를 받고 말씀의 참 뜻을 깨달아야 할 것이다."1053) 또한, 이만희는 신학자들의 주석도 부인한다. "자기 잘난 체하는 많은 목자들이 자기 지식의 열쇠(눅 11:52)로 하나님의 계시의 말씀을 마음대로 풀이한 것이 주석이요, 곧 혼합물이 담긴 금잔이요, 음행의 포도주인 것이다. 그러므로 땅의 임금들(목자)과 땅에 거하는 성도들은 신학자들이 풀이한 주석을 참 진리인 줄 알고 마음껏 마시고 도취되었다는 말이다."1054) 덧붙여 이만희는 세상 신학으로 낳아 만든 목자들도 귀신의 음녀라고 하면서 기성 목사들을 부정하며 지나친 알레고리적 해석을 한다. "그러

1050) 이만희, 『계시록의 진상』, 67.
1051) 이만희, 『계시록의 진상』, 183.
1052) 이만희, 『계시록의 진상』, 184.
1053) 이만희, 『계시록의 진상』, 301.
1054) 이만희, 『계시록의 진상』, 330-331.

므로 이 어미 음녀는 겉으로 보기에는 신랑 되신 예수를 잘 믿는다고는 하나 마귀와 접이 된 음녀요, 이 여자가 세상 신학으로 낳아 만든 목자들도 귀신의 음녀들이다. 그렇다면 이 큰 어미 음녀는 신학총장의 지위에 있는 인물임을 알게 된다."[1055] 또한, 이만희는 요한계시록 21장 1절의 '새 하늘과 새 땅' 창조는 새 지도자 곧, 자신이 나타나 신천지를 세우는 새 일이라고 해석한다. "새 하늘이라 함은 새 장막과 새 지도자를 말함이요, 새 땅이라고 함은 새 지도자로부터 탄생된 성도가 새 땅이다. (...) 본문에서 말씀하신 새 하늘과 새 땅은 처음 하늘과 장막 백성이 배도함을 인하여 멸망자로부터 멸망을 받아 없어진 후에 하나님이 다시 한 지도자를 택하여 첫 장막을 멸망시킨 대적을 심판하게 하시고 다시 나라를 창조하시니 이 일이 곧 새 하늘과 새 땅을 창조하는 새 일이다."[1056] 나아가 이만희는 새 하늘과 새 땅인 신천지 증거 장막을 찾아 생명나무가 있는 거룩한 성에 참예하는 자 되라고 한다. "초림 때 예수를 중심 하여 열두 제자가 있은 것과 같이 오늘날도 하나님의 장막(교회)을 중심 하고, 12지파가 좌우로 둘러 사는 것을 말해서 보좌가 가운데 있다고 한 것이다. 앞에서 본 에스겔 48장과 이사야 65장을 읽고 지상 천국이 펼쳐지는 것을 알고 그 나라와 그의 의 곧 신천지 증거장막을 찾아 그 진상을 듣고 보고 깨달아 생명나무가 있는 거룩한 성에 참예 하는 자 되기를 당부하는 바이다(참조, 눅 13:23-30)."[1057] 더 나아가 이만희는 그 새 하늘과 새 땅, 곧 신천지 증거 장막이 과천소재 청계영산이라고 한다. "이 나라를 이루기 위하여 하나님은 오늘날까지 일해오셨고, 예수는 십자가를 지시고 피를 흘리셨도다. 이것이 에덴이 성취된 하나님의 거룩한 하늘나라요, 하나님이 6천 년간 우리와 약속하신 신천지이다(참조, 사 65:17; 벧후 3:13; 계 21:1, 예언과 성취). '예언성취 성지는 과천소재 청계영산'임을 필자[이만희]는 증거 한다. 너도 나도 우리 하나님과 어린양에게 감사와 영광을 돌릴찌어

1055) 이만희, 『계시록의 진상』, 334.
1056) 이만희, 『계시록의 진상』, 425.
1057) 이만희, 『계시록의 진상』, 450.

다."1058) 아울러 이만희는 마지막 날에 새 예루살렘에서 한 목자가 나와서 지식과 명철로 양육을 한다고 한다. "하나님은 성읍과 족속 중에서(마 24: 40-41) 하나와 둘을 택하여 새 예루살렘으로 데려 오고 때를 따라 신령한 양식을 나누어 주는 '한 목자'를 저들에게 주어 지식과 명철로 양육하시니(렘 3:14-18) 이곳이 어린양의 혼인 잔치 집이다(계 19; 마 22;). 말씀이 새 예루살렘에서 나오게 되니(사 2:1-4) 이곳이 계시록 22장에 기록된 수정 같이 맑은 생명수가 나오는 거룩한 성인 것이다. 하나님은 죄에 빠진 인생을 본래와 같이 회복하시려고 6,000년간 긴긴 세월을 통해 일하셨으니(요 5:17) 곧 이 일들이다."1059) 여기의 '한 목자' 역시 이만희 자신을 가리킨다. 또한, 이만희는『계시록의 진상』마지막에 자신의 말씀을 듣고, 지켜야만 부활과 영생을 얻는다고 말한다. "이와 같이 오늘날 종말 역사 때에도 사도 요한적인 사명자(보혜사)가 와서 계시록 10장과 같이 책(계시의 말씀)을 받아먹고 증거 하실 때 그 말씀을 듣고, 시켜야만, 새 이스라엘로 창조힘을 받고 부활되어 영생에 이르는 것이다."1060)

또한, 이만희는 '신천지 복음방'과 '교육센터'1061)을 운영하면서『계시록의 진상』의 내용을 중심으로 교리를 가르치고 있다. 즉, 예수 그리스도는 하나님의 택함을 받은 목자에 불과하며 참 하나님 되심을 부인한다. 나아가 믿음으로 구원받는 것을 부인하고 기록된 계시록을 완전히 알아야 구원받는다고 가르친다. 그리고 교회를 이분법적 선악의 구조로 이해하여 정통교회 목자와 성도들은 사단의 영이 함께 하는 것으로 신천지의 약속의 목자와 신천지 교인들은 참 목자이며 영적 선민으로 구분한다. 더 나아가 시대마다 종말이 온다고 주장하여 새로운 인물이 올 때 그 시대의 종말이 온다고 주장하며, 신천지의 교주가 계시록 전장을 현장에서 보고 들은 자이므로 종말에 재림주로 등극한

1058) 이만희,『계시록의 진상』, 469.
1059) 이만희,『계시록의 진상』, 507.
1060) 이만희,『계시록의 진상』, 537.
1061) '복음방'은 모략전도로 포섭된 사람이 처음 교육을 받는 곳이며, 이어서 '교육센터'에서 정식 성경 수업을 받게 된다.

다.1062) 이만희도 정통교회처럼 성경의 근거를 내세워 예수의 재림을 강조한다. 그런 다음 예수의 재림의 방식을 말하는 데로 진행하면서 몇몇 곳의 성경을 인용해 가면서 예수가 영으로 약속의 목자, 혹은 이긴 자에게 들어가고, 그리하여 이긴 자 혹은 약속의 목자가 예수가 되어 전권을 행사하는 것처럼 말한다.1063) 또한, 이만희는 예수를 믿는 것으로 죄 사함을 받지 못하고 새 언약을 알고 지켜야 함을 강조한다. 예수는 의인이었기에 성령이 함께하였고, 죄가 있었던 예수의 제자들에게는 하나님이 계시지 않다는 점을 강조한다. 사람의 죄로 인해 하나님이 떠나갔기 때문에, 다시 돌아오시게 하려면 죄 문제를 해결하기 위해서는 죄의 근원인 마귀를 잡아야 한다고 주장한다. 예수의 초림을 통해 죄 문제를 해결하셨지만, 재림 때에 가서야 마귀문제를 해결하시므로 완전한 구원의 역사는 계시록 완성시대에서 이루어진다고 보았다. 따라서 "초림만을 아는 것은 반쪽만 아는 것이고 다시 오시는 재림의 역사가 기록된 계시록까지 완벽히 알아야 온전히 아는 것입니다."라고 주장한다.1064) 나아가 기성교회의 신앙은 버려야 한다고 주장한다. '새 포도주와 묵은 포도주'(8과)에서 포도주를 ①묵은 포도주(모세의 율법), ②새 포도주(구약이 성취된 실상을 증거), ③음행의 포도주(서기관과 바리새인의 자의적 해석)를 나누었다. 그래서 "신앙인에게 구약의 약속대로 오신 예수를 믿으라는 말은 2000년 동안 들어온 묵은 포도주"라고 한다. 즉, 예수의 초림의 복음은 묵은 포도주에 해당하며 신약의 계시가

1062) '신천지 복음방' 교육은 총 24 과로 구성되어 1-4단계로 되어 있으며 말씀의 절대성 심기, 자기 보기, 분별 회개 감사, 종교세계 바로 보기 등으로 구성되어 있다. 1단계(1-5과)는 성경의 기본상식 공부로 시작하여 신천교 교리를 배우고자 하는 마음을 심어주고자 한다. 제2단계(6-10과)는 이원론적 세계관과 비유풀이를 통해 성경을 자의적으로 해석한다. 제3단계(11-17과)는 기성교회와 목회자들에 대한 경멸감을 심기를 시도하고, 제4단계(18-24과)는 기성교회를 바벨론으로 몰아가고 신천지에 와야 구원이 있음을 주장한다. 신천지 복음방 교육에 나타난 특징은 성경을 강조하고, 성경을 비유풀이로 해석한다. 그리고 3세대로 구분하며, 짝풀이를 시도하고, 이원론적인 사고를 심어준다. 박태수, "복음방 교육에 나타난 신천지 교리에 대한 비판적 고찰," 「한국조직신학연구」 21(2014), 169.
1063) 정창균, "신천지 이단의 성경해석과 설교적 대응," 63.
1064) 박태수, "복음방 교육에 나타난 신천지 교리에 대한 비판적 고찰," 175.

성취된 것을 믿는 것을 새 포도주이라고 주장한다. 그러므로 묵은 포도주를 가리키는 기성교회와 목회자를 떠나 새 포도주를 마시게 하는 신천지로 옮겨야 한다고 강조한다.1065) 뿐만 아니라 '목자를 구분'(15과)에서는 하나님 소속과 사단소속의 목자로 구분한다. 진리의 영을 가진 참 목자는 보고들은 계시의 말씀을 전하지만 사단의 소속목자는 비진리를 전하는 거짓목자로서 본 것을 전하는 것이 아니라 자의적 해석을 한다. 그리고 "예수가 오기 전에 일반목자인 유대교 목자들은 초림 때 마귀가 들어가므로 거짓목자가 약속한 목자를 핍박한 것처럼 신약의 약속이 이루어져 나타났는데도 예수를 증거 하는 목자들이 약속을 모르고 핍박하고 저주하고 자의적으로 가르치게 되면 사단의 목자로" 구분한다. 그리고 기독교의 목사들은 일반목자에 불과하지만 예수의 사자로 온 목자는 약속의 목자라고 주장한다. 계시와 사람의 계명(16과)에서는 "구약의 예언이 초림 때 성취되어 예수를 통해 계시의 말씀이 증거 하였던 것처럼 재림 때에도 봉함되었던 신약의 예언이 성취되어 약속의 목자를 통해 계시의 말씀이 전해진다. 이때 사람의 계명으로 가르침을 받았던 모든 신앙인들은 약속의 목자를 만나 계시를 받고 참 하나님의 자녀로 거듭나야 한다"라고 주장한다. "계시될 믿음(17과)"에서는 계시될 믿음과 계시된 믿음의 차이 그리고 계시의 말씀을 전하는 약속의 목자 그리고 계시된 믿음을 갖지 못한 자의 결과를 다루고 있는데, 신약시대에 계시의 말씀을 전하는 약속의 목자는 초림 때에는 예수이었으나 재림 때에는 새 요한 즉 약속의 목자를 통해 전해지는 계시된 믿음을 소유해야 하나님을 알고 하나님의 자녀가 된다고 한다.1066) 특히, 복음방 가르침의 방법 중에 대표적인 것은 비유풀이다. 예를 들어, 요한복음 15장에서 포도나무=목자, 포도주=말씀, 이것을 다시 두 종류의 포도나무로 짝풀이로 시도하여 하나님의 목자와 사단의 목자로 구분한다. 그리고 초림 때에 참 포도나무는 예수이나, 들 포도나무는 사단의 목자라고 주장한다. 신약 성취 때는 묵은 포도주는 구약

1065) 박태수, "복음방 교육에 나타난 신천지 교리에 대한 비판적 고찰," 177.
1066) 박태수, "복음방 교육에 나타난 신천지 교리에 대한 비판적 고찰," 180-181.

이 성취된 초림의 복음으로 새 포도주는 신약이 성취된 실상 계시의 말씀으로 짝풀이로 시도한다. 그래서 "신앙인들이 구약의 약속대로 오신 예수를 믿는 것은 2000년간 들어온 묵은 포도주요. 신약의 성취된 것이 나타날 때 이것을 증거 하는 말씀이 새 포도주가 된다."라고 유도한다.[1067]

나아가 신천지에서는 예수는 성경의 6000년 역사 속에 노아, 아브라함, 모세, 여호수아, 그리고 구약에 선지자처럼 하나님의 택함을 받은 목자에 불가하다고 본다. 그래서 구약성경은 예수가 하나님께서 약속하신 한 목자임을 알리는 것이고, 신약성경은 예수가 약속한 목자 한 사람(이만희)을 알리는 것이라고 말한다.[1068] 예를 들어, 창세기 1장 2절에서 하나님의 신이 수면 위에 운행하심은 성령께서 혼돈하고 공허한 땅에 질서와 생명의 활력을 불어넣었다고 한다. 하지만 신천지는 이 구절에 대한 해석에서 성령을 비유한 새가 날아가서 세상(물) 가운데 다니다가 드디어 하나님의 마음에 합한 진리를 소유한 한 목자(빛)를 찾으시는 사건이라고 주장한다. 세상에 죄가 들어온 것은 창세기 3장의 아담과 하와의 타락에서 시작된다. 하지만 이만희는 아담 이전에도 거짓 교리와 죄가 있었다고 본다. 따라서 첫째 날 빛을 창조한 사건이 바로 진리의 목자를 찾는 사건이라고 한다. 그러면 진리를 소유한 목자(빛)가 누구인가? 하나님께서 시대마다 아담, 노아, 아브라함, 모세, 예수와 같이 마음에 합하는 목자를 택하여 함께하시며 새로운 세계를 창조하셨다고 한다. 이만희는 이렇게 말한다. "초림 때는 예수를, 예수께서 하늘로 가신 후에는 보혜사 성령과 약속한 목자를 보내신다"라고 주장한다. 그렇다면 신천지 집단이 말하는 말세에 때를 따라 양식(말씀)을 나누어 줄 하나님 마음에 합한 약속한 목자는 누구인가? 자칭 보혜사인 이만희이다.[1069] 또한, 이만희는 창세기를 비롯하여 구약을 배도-멸망-구원의 도식으로 해석적 기반을 다진 후에 신약도 동일한

1067) 박태수, "복음방 교육에 나타난 신천지 교리에 대한 비판적 고찰," 185-186.
1068) 박태수, "복음방 교육에 나타난 신천지 교리에 대한 비판적 고찰," 187-188.
1069) 이희성, "신천지 구약 해석의 실상과 허상,"「개혁논총」30(2014), 102.

도식으로 풀어간다. 그러면 왜 그들은 배도-멸망-구원의 틀로 구약 성경을 보려고 하는가? 그것은 목자 교리를 통해 이만희 자신이 예수 이후에 오는 참 목자란 것을 우회적으로 주입시키기 위해서다. 이만희는 아담 이전에도 사람들이 있었고, 그들의 배도로 인하여 택한 목자가 아담이라고 한다. 하지만 아담의 배교로 인하여 다시 택한 목자가 노아이며 그 세대의 배교 후에는 아브라함을 택했다고 한다. 아브라함 이후에는 모세, 여호수아 순으로 목자를 택했다. 선민 이스라엘 백성이 배도하자 신약에서 오신 분이 예수 그리스도이며 그의 승천 이후에 보낸 약속한 목자가 이긴 자와 보혜사라고 한다.[1070] 이만희는 자신이 쓴 『天地創造』에서도 보혜사·이만희라는 표현을 사용하고 있다. 그는 신천지 인들에게 자신을 말세에 약속한 목자, 계시록의 사도 요한과 같은 사명자, 말세의 구원자, 계시록의 예언대로 일곱 머리와 열뿔을 가진 짐승과 싸워 이긴 자라고 교육한다.[1071] 그래서 복음방 교육에서도 이만희 자신을 신약의 약속한 목자로 알리고 있다. 그는 사신을 이긴 자, 즉 열두 지파를 창설한 이긴 자로 소개한다. 이긴 자, 만국을 다스리는 철장 권세와 영생하는 양식(감추었던 만나)과 심판하는 돌(흰돌)을 받고 예수의 보좌에 함께 앉게 되며 이긴 자를 통해 구원이 이루어짐을 강조한다. 즉, 자신을 보혜사로 지칭하고, 예수의 다른 이름으로 백마 탄 자, 새 언약의 사자 등으로 표현한다. 나아가 "주 재림 때 약속의 목자는 계시록 2, 3장에서 약속된 모든 것을 받음으로 길과 진리와 생명이 된다. 누구든지 약속의 목자를 통하지 않고는 주님께 올 자가 없다"라고 하는데 이 같은 신천지의 주장은 예수 그리스도가 하나님이 되심을 부인하고, 시대 구원자로 전락시킨다.[1072] 더 나아가 신천지 복음방 교육의 심각한 문제점은 믿음으로 구원받는 것을 부인한다는 점이다. 복음방 교육에서 현재 우리가 살고 있는 시대는 계시록 완성시대에 살고 있기에 예수를 믿음으로 구원받는다는 생각에 머물러 있으면

1070) 이희성, "신천지 구약 해석의 실상과 허상," 108-109.
1071) 이희성, "신천지 구약 해석의 실상과 허상," 120.
1072) 박태수, "복음방 교육에 나타난 신천지 교리에 대한 비판적 고찰," 188.

안 된다고 주장한다. 그리고 초림 때 예수가 오셔서 십자가를 지심으로 죄 문제를 해결하였으나 죄의 근원인 마귀를 잡아야만, 구원이 완성되는 것이므로 따라서 초림의 예수만을 믿는 것은 반쪽만을 아는 것에 불가하고 구원받는 믿음에 해당하지 않는다고 주장한다. 이와 같은 사실은 신천지의 약속의 목자를 통해 계시된 믿음을 소유해야 영생을 얻는다는 것으로 귀착된다. 결국 이만희를 믿어야 구원을 받게 되고, 하나님께서 약속한 참 목자를 믿고 새 언약을 받아야 구원을 얻는다는 논리이다.[1073] 또한, 신천지는 기성교회의 목자들은 거짓목자로 왜곡하는 반면, 신천지의 약속의 목자는 예언을 이루고 밝히 열어 가르치며 실상을 알아보는 자들로 새 시대를 여는 자로 말한다. 즉 예수의 사자 요한 격으로 오는 약속의 목자(이만희)가 참 목자이다. 이에 근거하여 참 목자가 있는 신천지는 영적 선민이고 기성교회는 거짓목자와 교인으로 구성되었다고 주장한다.[1074] 결국 종말에는 이긴 자(이만희)를 중심으로 "계시의 말씀을 깨닫고 모인 사람들로 하나님의 나라가 이루어지며" 영적 새 이스라엘 12지파를 중심으로 하나님의 나라가 출현하게 된다고 주장한다. 그러므로 "마지막 때 사는 신앙인들은 영적 이스라엘 12 지파에 속하는 하나님 나라의 선민이 되어야 한다"라고 주장한다. 그리고 기성교회는 사단이 함께하는 영적 이방의 조직체인 바벨론이며, 신천지는 새 예루살렘으로서 이긴 자가 있는 곳이며 "하나님과 예수와 우리가 만나기로 작정된 만남의 장소"라고 주장한다. 이 같은 종말사상은 결국 신천지의 교주가 계시록 전장이 이루어질 때 현장에서 보고 들은 자요, 계시록 12장에서 사단의 목자와 싸워 이긴 자이므로, 요한 계시록 2, 3장에서 약속한 복을 받은 자로 신격화됨을 볼 수 있다.[1075]

요약하면, 신천지의 뿌리는 박태선의 전도관(현 천부교), 문선명의 통일교까지 거슬러 올라간다. 이만희는 신앙촌에서 10년간 머무르면서 박태선의 교리와 부흥회에 심취했었고(동방의 이긴

1073) 박태수, "복음방 교육에 나타난 신천지 교리에 대한 비판적 고찰," 188-189.
1074) 박태수, "복음방 교육에 나타난 신천지 교리에 대한 비판적 고찰," 190.
1075) 박태수, "복음방 교육에 나타난 신천지 교리에 대한 비판적 고찰," 191.

자, 천년왕국, 두 증인, 감람나무, 신인합일 육체영생), 장막성전 유재열의 설교에 탄복하였으며(비유 풀이, 짝교리, 계시록 해설) 백만봉의 재창조교회에서 신앙했었다(창조론, 재창조의 순리). 특히 통일교와 생령교회 강사 출신 김건남과 김병희(『신탄』, 공저)의 도움을 받아 통일교식 성경 해석을 도입하였다. 이는 이만희가 처음에는 전도관에서 신비 체험, 기적중심의 부흥회를 따르는 신앙을 추구하다 유재열의 장막성전을 거쳐 신천지를 창립하며 새로운 성경 해석을 제시하고 체계화하는 방식으로 방향을 전환했음을 의미한다.1076)

이처럼 이만희는 예수를 믿으면 구원받는 것이 아니라 자신의 가르침을 받아야 구원을 받는다고 말한다. 또한, 자신은 예수의 영이 임한 보혜사라고 주장한다. 자신을 육으로 재림한 재림주라고 말하는 것이다. 나아가 기성교회의 목사를 마귀의 종이라고 하고 신천지의 목자를 참 목자라고 한다. 이만희는 요한계시록의 구절들을 지나치게 알레고리적 해석을 해서 기성 목사들을 부정하고 자신이 참 목자라고 말한다. 이러한 해석은 요한복음이 말하는 양들을 위하여 자신의 목숨을 버리는 선한 목자(요 10:11)와는 아무런 상관이 없는 거짓 목자론이다. 따라서 이만희는 요한복음에 나타난 예수의 목양 영성과는 상관이 없는 이단이다.

1076) 한민택, "한국 그리스도교계 신흥 종교의 종말론에 관한 신학적 고찰: 신천지예수교증거장막성전'을 중심으로," 119-120. 신천지에 빠지는 사람들의 심리에 대해서는 다음을 참조하라. 조은아, "신천지에 빠지는 사람들의 심리에 대한 고찰: 비온과 브리튼의 정신분석적 이론을 중심으로,"「연세상담코칭연구」(2021), 71-91.

결 론

이 책의 결론은 크게 세 가지로 요약할 수 있다. 첫째, 이 책은 성서신학적이고, 영성신학적이며, 개신교적 관점에서 신약 성경 사복음서에 나타난 예수의 다양한 영성을 규명하였다. 나아가 규명한 예수의 다양한 영성을 가지고 기독교 영성사에 나타난 68명의 영성가를 정통, 반정통 그리고 이단으로 구분하여 그들의 영성을 분별(식별) 하였다. 그 결과는 다음과 같다. 마태복음에 나타난 예수의 말씀 영성을 정통으로 계승한 영성가는 Q 공동체, 아볼로, 베뢰아 사람들, 파코미우스, 피터 발도, 마틴 루터, 루이스 베일리, 필립 야콥 스페너, 찰스 스펄전, 길선주, 김치선, 곽선희, 옥한흠, 그리고 하용조이다. 예수의 말씀 영성의 반정통에 속하는 영성가는 귀고 2세, 그리고 다석 유영모이다. 예수의 말씀 영성의 이단은 마르키온, 도마복음서, 유다복음서, 스베덴 보리, 그리고 문선명이다. 마가복음에 나타난 예수의 이적 영성을 정통으로 계승한 영성가는 베드로, 성 안토니우스, 파도바의 성 안토니오, 찰스 팔함, 윌리엄 시무어, 스미스 위글스워즈, 김익두, 이성봉, 그리고 이천석이다. 예수의 이적 영성의 반정통에 속하는 영성가는 그레고리우스 타우마투루쿠스, 존 알렉산더 도위, 캐트린 쿨만, 윌리엄 브랜험, 그리고 존 윔버이다. 예수의 이적 영성의 이단은 마술사 시몬, 그리고 박태선이다. 누가복음에 나타난 예수의 기도 영성의 정통을 계승한 영성가는 바울, 예수의 형제 야고보, 위(僞)-마카리우스, 데이비드 브레이너드, 조지 뮬러, 이용도, 전 진, 그리고 최자실이다. 예수의 기도 영성의 반정통에 속하는 영성가는 에바그리우스, 아빌라의 데레사, 예수기도, 그리고 한에녹이다. 예수의 기도 영성의 이단은 이세벨, 몬타누스, 메살리안파, 황국주, 유명화, 그리고 나운몽이다. 요한복음에 나타난 예수의 목양 영성의 정통을 계승한 영성가는 대 바실리우스, 천주의 성 요한, 윌리엄 부스, 에이미 카마이클, 주기철, 손양원, 김현봉, 그리고 한경직이다. 예수의 목양 영성의 반정통에 속하는 영성가는 마더 데레사, 그리고 이세종이다. 예수의 목양 영성의 이단은 이만희이다.

둘째, 예수의 영성이 정통에서 반정통으로 그리고 심지어 이단으로 치우친 원인은 자기가 선호한 영성만을 강조하고 다른 영성을 무시했기 때문이다. 신약의 사복음서에 나타난 예수의 네 가지 영성은 서로 보완적이다. 따라서 예수의 네 가지 영성 가운데에서 내가 개인적으로 선호하는 영성이 있다 하더라도 그 영성을 너무 지나치게 강조하다 보면 자기가 좋아하는 영성 라인에서 반정통이나 이단으로 치우칠 수 있는 위험성이 있다. 따라서 자기가 선호하는 영성이 있다 하더라도 다른 영성을 무시하지 말고 오히려 다른 영성을 적극적으로 배워서 네 가지 영성이 균형을 이룬다면 가장 이상적인 영성이 될 것이다. 그렇게 균형을 이룬 영성을 가지신 분이 바로 예수이다. 예를 들어, 마태복음의 예수의 말씀 영성의 정통에 속하는 영성가는 예수의 말씀 영성을 선호하지만 예수의 다른 영성에도 균형을 유지한 영성가라고 할 수 있다. 즉, 마태는 예수의 말씀 영성을 강조하면서도 마가, 누가, 그리고 요한이 강조하고 있는 예수의 영성을 바탕에 깔고 있다. 그래서 반정통이나 이단으로 치우치지 않고 말씀 영성의 정통을 계승할 수 있었던 것이다. 다른 복음서에 나타난 영성도 마찬가지이다. 그래서 초대 교회공동체는 이러한 위험성을 해결하기 위해 사복음서에 나타난 예수의 다양한 영성을 균형 있게 받아들이라고 네 개의 복음서를 정경으로 결정했던 것으로 보인다. 우리도 예수의 다양한 영성을 인정하지 않으면 정통에서 반정통으로 더 심하면 이단으로 치우칠 수 있다. 따라서 오늘 내가 선호하고 좋아하는 영성이 있다고 하더라도 그것을 절대시 하지 말고 언제든지 예수의 다양한 영성을 배우고 균형을 가지려는 자세를 가져야 내가 선호하는 영성의 정통을 계승할 수 있다.

셋째, 복음서에 나타난 예수의 네 가지 영성의 궁극적 목적은 전도와 선교를 위한 것이다. 인간의 보편적인 기질을 네 가지로 요약할 수 있다. 첫째는 말씀을 선호하는 기질이다. 둘째는 이적을 선호하는 기질, 셋째는 기도를 선호하는 기질, 그리고 넷째는 다른 사람과의 관계를 선호하는 목양적 기질이다. 어떤 것이 맞고 틀리고의 문제가 아니다. 각자가 신앙적으로 선호하는 기질이 다를 수 있기 때문이다. 보통 사람들은 대개 이 네 가지 기질에 속한다고 보인다. 따라서 만약 이런 다양한 기질을 가진 사람들이 신앙생활을 하려고 한다면 자기에게 맞는 기질의 성격을 가진 교회를 선택할 것이다. 예를 들어, 우리나라의 경우 유교 문화의 배경에서 자란 불신자라면 신앙생활을 위해 마태 라인의 말씀과 행함의 영성을 강조하는 교회를 선택할 가능성이 있다. 또한, 샤머니즘의 문화에서 자란 불신자라면 이적을 강조하는 영성을 가진 마가 라인의 교회를 선택할 가능성이 있다. 그리고 불교적인 배경을 가지고 자라난 불신자가 교회를 선택한다면 기도를 강조하는 영성을 가진 누가 라인의 교회를 선택할 가능성이 있다. 또한, 종교적 배경을 가지고 있지는 않지만 인본주의적인 것을 좋아하는 배경에서 자란 불신자가 교회를 선택한다면 사랑이 많고 관계를 중요하게 생각하는 목양 영성을 강조하는 요한 라인의 교회를 선택할 가능성이 있다. 따라서 예수가 보여준 네 가지의 영성은 전도와 선교적 차원에서 불신자들이 자기 기질에 맞는 영성이 있는 교회를 선택하도록 다양한 영성을 제시한 것이라고 볼 수 있다.

결론적으로 21세기는 영성을 통한 초교파적인 에큐메니칼 영성운동이 지금보다 더 확산되어 나가게 될 것이다. 비록 그것이 나와 다른 영성을 가진 개인이나 교파 일지라도 예수 영성의 정통을 계승한 영성이라면 그 영성의 다양성을 서로 인정하면서 예수의 다양한 영성 안에서 모든 기독교인들이 하나가 되는 역사가 일어나기를 소망한다. 예수께서 다양한 영성을 계승시키신 목적은 온 세계의 다양한 종류의 기질을 가진 사람들을 궁극적으로 구원하시기 위해서이다. 따라서 예수의 다양한 영성을 통하여 다양한 기독교 전통을 가진 모든 그리스도인들이 힘을 합하여 온 열방의 사람들에게 하나님의 복음을 전하기를 희망해 본다. 아울러 복음서에 나타난 예수의 네 가지 영성 도구가 그동안 동방정교회와 로마 가톨릭교회가 그리스 철학에서 빌려와서 사용한 '관상'과 '활동'이라는 해석학적 도구와 대비되는 성서신학적이고, 영성신학적이며, 개신교적인 새로운 대안적 도구가 되기를 기대해 본다.

참고문헌

『조선예수교 이적명증』. 서울: 한국등신학연구원(KIATS), 2008.

Biblical Economics. 도서출판 예수원, 1995.

Cassianus, J/ 진문도 토마스 옮김. "담화집 제2담화(모세 아빠스의 대화): 분별에 관하여,"「코이노니아선집」6(2004), 200-222.

Gómez, Jesus Alvarez/ 강운자 편역.『수도생활 역사 I』. 서울: 성바오로, 2001.

_____./ 강운자 옮김.『수도생활 역사 II』. 서울: 성바오로, 2001.

Letter from a Mountain Valley. 서울: 생명의 말씀사, 1992.

Message to GCOWE-95. 도서출판 예수원, 1995.

O'Grady, Benedict/ 성염 옮김. 『사랑의 투사 천주의 성 요한』. 서울: 성바오로, 2008.

Pachomius/ 이형우 시몬 베드로 옮김. "성 빠꼬미오와 그의 수도 규칙서."「코이노니아 선집」6(2004), 385-418.

Robinson, James M/ 양형주 역. "기독교적 관점에서 본 유다복음서."「개혁주의 이론과 실천」1(2011), 166-183.

Wigglesworth, Smith/ 편집부 역.『믿음의 사도: 스미스 위글스워스』. 서울: 은혜출판사, 2002.

간조, 우찌무라/ 양혜원 옮김.『우찌무라 간조 회심기』. 서울: 홍성사, 2005.

감보소, 베르질리오/ 김익자 · 강은성 옮김.『기적의 일꾼 파도바의 성 안토니오』. 서울: 성바오로, 2015.

강경림. "김치선 목사의 반우상숭배론."「신학지평」13(2000), 77-98.

강돈구. "多夕 柳永模의 宗教思想(2)."「한국학」20/1(1997), 231-259.

_____. "多夕 柳永模의 宗教思想(1)."「한국학」19/4(1996), 183-206.

강성열 엮음.『이세종의 삶과 신앙: 그리고 지역사회의 변화』.

서울: 한들출판사, 2020.

강정훈. 『천한자와 귀한 자』. 경기도: 대화출판사, 1979.

강치원. "기독교 영성 고전 읽기 아타나시우스 『성 안토니의 생애』." 「교육교회」 428(2013), 49-56.

_____. "중세의 영성과 루터-렉시오 디비나(Lectio Divina)를 중심으로." 「장신논단」 33(2008), 117-151.

_____. "성 빅토르의 휴고(Hugo von St. Viktor)에게 있어서 거룩한 독서." 「한국교회사학회지」 20(2007), 7-37.

_____. "『베네딕트 규칙서』에 나타난 렉시오 디비나." 「선교와 신학」 19(2007), 187-330.

_____. "귀고 2세(Guigo 2)의 수도승들의 사다리에 나타난 Lectio Divina." 「한국교회사학회지」 15(2004), 7-42.

_____. "루터의 신학이해." 「역사신학논총」 4(2002), 192-215.

_____. "Oratio, Meditatio, Tentatio: 루터에서 18세기 중엽 루터교 계몽주의에 이르기까지 이 세 개념의 해석사." 「역사신학논총」 2(2000), 42-62.

고메스, 헤수스 알바레스/ 강운자 편역. 『수도생활 역사 3』. 서울: 성바오로, 2001.

고영민. "사복음서 이외에 다른 복음서들이 있었는가?." 「월간목회」 358/6(2006), 210-217.

고진호. "다석 류영모의 영성관과 우리말 사상에 내포된 사람됨의 의미 고찰." 「교육사상연구」 31/4(2017), 1-21.

공성철. "마르키온(Marcion). 사상적 배경에서 본 새로운 해석." 「신학과 문화」 12(2003), 179-205.

구국기도단 선언문. 『복음성가』. 포천: 기독교대한수도원, 2007.

국제신학연구원. 『조용기 목사 일대기: 여의도의 목회자』. 서울: 서울말씀사, 2008.

권 평. "1919-1920년대 초 김익두 부흥운동의 의미." 「敎會史學」

13/1(2014), 71-88.

권성수. "예수님의 부활과 대위명령."「그말씀」153/3(2002), 32-43.

권영삼. "설교학의 교과서 사랑의 교회 옥한흠 원로목사Ⅲ 영혼을 살리는 설교자-국내1." 인터넷 교회와신앙 2009년 11월 4일.

권오문. "실체 드러내는 영계의 비밀."「통일세」9(2004), 122-137.

권요셉. "예수원은 왜 강원도 깊은 산골짜기에 세워졌을까."「기독교사상」672(2014), 29-33.

권진구. "『안토니의 생애』와『파코미우스의 생애』속 정치적요소에 대한 해석,"「신학과 실천」41(2019), 131-167.

권태경. "길선주(1869-1935)."「생명의 삶」3(1994), 12-15.

권혁률. "옥한흠 목사, 그의 정신,"「새가정」57(2010), 102-103.

귀고 2세/ 엄성옥 번역, 최대형 해설.『성독: 귀고 2세의 수도자의 사다리』. 서울: 은성출판사, 2018.

귤리히, 로버트/ 김 철 옮김.『마가복음주석 (WBC)』. 서울: 솔로몬, 2001.

그닐카, J/ 번역실 옮김.『마르코복음 Ⅱ』. 서울: 한국신학연구소, 1986.

그래믹스, 존/ 김도훈 옮김.『마가복음(BKC)』. 서울: 두란노, 1983.

그랜트 오스본/ 전광규 역.『요한계시록』. 서울: 성서유니온선교회, 2008.

그레고리오 대종/ 이형우 역주.『베네딕도 전기』. 왜관: 분도출판사, 1999.

근광현. "C. Peter Wagner의 신사도 개혁운동."「복음과 실천」49/1(2012), 53-77.

기번, 에드워드/ 윤수인·김희용 옮김.『로마제국 쇠망사 1』. 서울: 민음사, 2008.

길선주/ KIATS 엮음.『길선주』. 서울: 홍성사, 2008.

_____.『만사성취』. 서울: KIATS, 2008.

_____.『해타론』. 서울: 대한성교서회, 1904.

길진경.『영계 길선주』. 서울: 종로서적, 1980.

길희성 역주.『바가바드기타』. 서울: 서울대학교출판문화원, 2010.

김 정. "사라피온 예식서: 4세기 이집트 기도집과 치유기도."「장신논 단」48/2(2016), 151-174.

김 진. "다석(多夕)의 종교다원주의와 파니카의 우주신인론."「철학논 총」52(2008), 105-132.

김경일. "반야심경의 공사상 연구."「동서정신과학」3(2000), 21-46.

김관영. "이슬람 신비주의 사상(sufism)의 실천적 측면에 관한 연구- 지크르(dhikr)를 중심으로."「대동철학」11(2000), 23-42.

김광수.『한국기독교 인물사』. 서울: 기독교문사, 1976.

김귀춘. "청교도적 영성으로 전 세계를 열광의 도가니로 몰아넣은 에드워즈와 스펄전의 삶 그리고 영성."「영성의샘」75/2(2005), 162-174.

_____. "청교도 영성의 특징과 형성과정."「영성의 샘」72/11(2004), 156-165.

_____. "한국에 임한 영적 각성운동의 주역 이용도 목사."「영성의 샘」64/3(2004), 170-177.

김금남.『동광원 사람들』. 남원: 사색출판사, 2007.

김기련. "이용도 목사의 신비주의적 영성: 이용도 목사 출생 100주년을 기념하여."「신학과 현장」11(2001), 78-95.

김길성. "빈야드운동에 대한 조직신학적 이해와 평가."「신학지남」 63/2(1996), 275-280.

김동주. "윌리엄 시모어의 아주사 거리 운동에 관한 종교적 사회적 양 상."「한국교회사학회지」14(2004), 9-36.

김동화.『나에게 있어 영원한 것』. 서울: 기독교연합신문사, 1998.

김득중.『요한의 신학』. 서울: 컨콜디아사, 1994.

_____.『누가의 신학』. 서울: 컨콜디아사, 1991.

_____.『마태복음주석』. 서울: 성서교재간행사, 1990.

_____.『복음서신학』. 서울: 컨콜디아사, 1986.

김명혁. 『한국 기독교성령 백년인물사 II』. 서울: 쿰란출판사, 2009.

김문기. "필립 야콥 슈페너에게 있어서 신앙과 경건의 실천." 「한국기독교교회사학회지」 11(2003), 100-124.

김백문. 『신앙인격론』. 서울: 대지출판사, 1970.

_____. 『기독교 근본원리: 3대 원리』. 서울: 일성당, 1956.

_____. 『성신신학』. 서울: 평문사, 1954.

김선영 옮김. 『초기 기독교 교부들』. 서울: 두란노아카데미, 2011.

김성여 엮음. 『박태선장로의 이적과 신비경험』. 서울: 신천신지사, 1955.

김성태. 『세계교회사』. 서울: 바오로딸, 1999.

김수진. "길선주 목사의 목회 리더십." 한국기독공보 2008년 9월 20일 제2674호, 25.

김수천. "이세종선생의 영성형성을 위한 성서묵상 훈련 고찰." 「신학과 실천」 63(2019), 189-211.

_____. "기독교영성 전통에서 살펴 본 시무언(是無言) 이용도 목사의 신비주의적 영성 분석." 「신학과 실천」 62(2018), 239-266.

_____. "이용도 목사의 삶에 표현된 영성 분석." 「역사신학 논총」 25(2013), 102-127.

_____. "4세기의 이집트 수도자 마카리우스와 에바그리우스의 영성사상 고찰." 「신학과 실천」 19(2009), 229-259.

김승태. "손양원의 초기 목회활동과 신사참배 거부항쟁." 「한국기독교와 역사」 34(2011), 217-248.

김영수. "악한 영에 대한 분별 아타나시우스의 『성 안토니의 생애』와 이냐시오의 『영신수련』 비교." 「신학과 실천」 59(2018), 269-291.

김영종. "발도파와 16세기 종교개혁." 「대학과 선교」 39(2019), 65-94.

김영한. "한경직의 청교도적 영성." 「한국개혁신학」 23(2008), 7-39.

_____. "한경직의 영성." 「역사신학논총」 5(2003), 188-208.

김요나.『한알의 밀알이 되어』. 서울: 엠마오, 1993.

김용옥.『도올의 도마복음이야기 1』. 서울: 통나무, 2008.

김운용. ""용도가 울기 시작했다": 1930년 전후 이용도 목사의 부흥 설교 사역에 대한 연구."「신학과 실천」 48(2016), 63-90.

김웅철. "존 윔버의 제3의 물결 신학: 포도원 운동."「신학연구」 47 (2005), 125-146.

김윤규. 이용도 목사의 신비주의적-열광주의적인 영성형성과 부흥운동에 관한 연구,"「신학과실천」 20(2009), 297-347.

김은섭. "한경직, 그의 영성과 영향."「한국교회사학회지」 28(2011), 249-271.

김인곤 외.『소크라테스 이전 철학자들의 단편 선집』. 경기도: 아카넷, 2005.

김인국. "진리의 버드나무, 다석 류영모."「신학전망」 167(2009), 243-260.

김인수. "길선주, 김익두, 이용도 목사의 부흥운동."「월간목회」 353/1 (2006), 52-59.

_____. "지도자의 회개, 교회 미래를 바꿨다." 한국기독공보 제2583호 2006년 11월 11일 21면.

_____. "한국 교회 야사의 성인들의 영성신앙: 이세종, 강순명, 이현필 삶을 중심으로."「장신논단」 16(2000), 219-241.

_____. "이용도 목사론: 신비주의 성자인가, 이단자인가?."「장신논단」 15(1999), 171-194.

_____. "한국교회와 청교도 운동."「장신논단 13/1(1997), 115-135.

_____. "소양(蘇羊) 주기철 목사의 신학 사상: 그의 순교신앙을 중심으로."「장신논단」 12(1996), 188-218.

_____. "길선주 목사의 생애와 설교-해타론과 근면에 대한 설교를 중심으로."「교회와 신학」 26(1994), 56-79.

_____. "길선주 목사의 "나라 사랑" 정신에 대한 소고: 그의 신학사상

에 대한 재 해석의 한 시도."「교회와 신학」24(1992), 207-229.

김정두. "다석 유영모의 신, 무 그리고 구원 이해."「신학논단」87 (2017), 7-39.

김정수. "대한수도원, 하나님께서 가르쳐 주신 성령춤."「현대종교」 373/10(2005), 22-27.

김정은. "마더 데레사를 통해 살펴본 자비의 카리스마."「신학전망」 194(2016), 179-206.

김정진 편역.『가톨릭 성인전 상(上)』. 서울: 가톨릭출판사, 1999.

김진춘. "『원리강론』의 창조원리적 주제에 관한 고찰 II 하나님의 창 조를 중심으로."「말씀과 신학」7(2002), 28-62.

_____. "『원리강론』의 총서에 관한 고찰."「통일신학연구」5(2000), 252-302.

김진홍. "경건훈련으로서의 QT의 기원에 대한 역사적 연구."「개혁주 의 교회성장」4(2009), 1-46.

_____. "韓國敎會 敬虔訓練으로서의 QT 硏究와 適用 方案 lectio divina의 批評的 觀點에서." 總神大學校 牧會神學專門大學院 牧會神學科 敎會成長學專攻 박사학위논문(Th.D, 2008).

김찬홍. "범재신론으로서의 유영모의 하나님 이해: Charles Hartshorne 의 범재신론과 비교하여."「한국조직신학논총」44(2016), 147- 176.

김치선/ KIATS 엮음.『김치선』. 서울: 홍성사, 2011.

김태규. "아우구스티누스의 관상이론."「중세철학」21(2015), 35-70.

김평만. "십자가의 성 요한 사상 안에 나타난 '영적 여정'의 특징 '영혼 의 정화'에 대한 강조,"「신학전망」161(2008), 74-92.

김항제. "통일교『원리강론』의 형성과정과 구조적 이해 그리고 그 이 후."「신종교연구」16(2007), 126-160.

_____. "인간타락의 성적 이해 현대신학과 한국신령집단에서의 타락 설화 해석."「신종교연구」1(1999), 249-270.

김현광. "통일교회 기원에 관한 한 고찰: 통일교회 창립이전 문선명 목사와 신비주의자들과의 관계성연구."「成和論叢」1(1993), 1-22.

김홍기. "시무언(是無言) 이용도 목사 영성운동의 역사적 재발견."「신학과 세계」38/3(1999), 101-164.

김홍수. "이단 또는 한국적 기독교 통일교, 전도관, 용문산기도원의 종교운동,"「종교와 문화」23(2012), 15-36.

김회권. "영적 일기를 통해 만나는 데이비드 브레이너드: 조나단 에드워즈의『데이비드 브레이너드 생애와 일기』「기독교사상」53/3(2009), 148-156.

_____. "데이비드 브레이너드 시대의 신앙기풍과 신학."「기독교 사상」53/2(2009), 158-165.

김홍수. "나운몽 종교운동의 이단문제."「신학과 현장」25(2015), 37-60.

_____. "김익두의 신유부흥운동과 해방후 종교 활동,"「숲과나무」51/5(2004), 138-142.

김희중. "공동수도생활의 아버지 빠꼬미오 성인의 수도규칙."「신학전망」126(1999), 107-124.

김희헌. "다석 유영모의 자연주의적 유신론에 대한 소고(小考)."「신학논단」87(2017), 93-117.

나운몽.『살기도 싫고 죽기도 싫었다』. 서울: 한국복음화 문서선교단, 1986.

남성현. "4-5세기 니케아적 영성신학으로 살펴 본 아실(峨室) 나운몽의 영성 세계."「역사와 문화 연구」50(2019), 63-98.

_____. "바실리우스(Basilius)의 4-5세기 공주수도원을 위한 편람(便覽)."「한국기독교신학논총」53(2007), 141-167.

_____. "5-7세기의 알렉산드리아(Alexandria)의 감독들과 파코미우스(Pachomius) 코이노니아(Koinonia)."「한국교회사학회지」19(2006), 93-120.

_____.『기독교 초기 수도원 운동사: 파코미우스와 바실리우스』. 서
    을: 엠-애드, 2006.

_____. "알렉산드리아(Alexandria) 대주교들과 파코미우스(Pachomius)
    수도사들과의 관계에 대한 소고(小考)1."「한국교회사학회지」
    16(2005), 7-52.

남정우.『동방 정교회』. 서울: 쿰란출판사, 1997.

노성기. "바실리우스가 세운 사랑의 도시, '바실리아드'."「신학전망」
    200(2018), 39-68.

_____. "알렉산드리아 학파와 안티오키아 학파."「신학전망」147
    (2004), 163-190.

니코디모스, 성산의 성· 마카리오스, 고린도의 성 편찬/ 엄성옥 옮김.
    『필로칼리아 3권』. 서울: 은성출판사, 2007.

대 바실리우스/ 노성기 역주.『내 곳간들을 헐어 내리라 외』. 왜관:
    분도출판사, 2018.

대천덕.『대천덕 신부의 하나님 나라』. CUP, 2016.

_____./ 예수원 편.『나와 하나님』. 서울: 홍성사, 2016.

_____./ 예수원 편.『우리와 하나님』. 서울: 홍성사, 2016.

_____.『산골짜기에서 온 편지 1권-5권』. 서울: 홍성사, 2016.

_____.『대천덕 신부의 통일을 위한 코이노니아』. 서울: 홍성사,
    2012.

_____.『대천덕 절기설교』. 서울: 홍성사, 2006.

_____./ 전강수, 홍종락 공역.『대천덕 신부가 말하는 토지와 경제정
    의』. 서울: 홍성사, 2003.

_____ 외.『아직도 계속되는 꿈』. CUP, 1998.

_____.『신학과 사회에 대한 성경의 가르침』. CUP, 1998.

_____./ 양혜원 옮김.『대천덕 자서전: 개척자의 길』. 서울: 홍성사,
    1998.

_____.『신학과 사회』. 기독교대학 설립 동역회 출판부, 1994.

_____. "성경속의 가난."「통합연구」4/2(1991), 7-83.

_____.『토지와 자유』. 무실, 1989.

_____ 외 편.『두 체제를 잇는 가교』. 무실, 1989.

_____.『산골짜기에서 외치는 소리: 성령론 2』. 기독양서, 1985.

데레사/ 최민순 옮김.『완덕의 길』. 서울 바오로딸, 2020.

델오르토, 스테파노/ 강선남 옮김.『파도바의 성 안토니오』. 서울: 바오로딸, 2003.

도미타테, 후루타. "이용도의 '동양적 기독교' 모색: 유명화와의 교류를 중심으로."「종교연구」45(2006), 261-287.

두란노아카데미 편집부/ 남병두, 홍지훈 옮김.『성령주의와 아나뱁티스트 종교개혁자들』. 서울: 두란노아카데미, 2011.

떼르뚤리아누스/ 이형우 역주.『그리스도의 육신론』. 왜관: 분도출판사, 1994.

라우스, 앤드루/ 배성옥 옮김.『서양 신비사상의 기원: 플라톤에서 디오니시우스까지』. 왜관: 분도출판사, 2001.

라은성. "파코미안 수도원운동에 끼친 영지주의."「성경과신학」38(2005), 76-115.

_____. "발도파 고대성 발도와 발도파의 관계."「역사신학논총」7(2004), 163-188.

라이스, 하워드 L/ 황성철 역.『개혁주의 영성』. 서울: 기독교문서선교회, 1995.

러셀, 노만 편역/ 이후정, 엄성옥 공역.『사막교부들의 삶』. 서울: 은성출판사, 2007.

레포트/ 엄성옥 역.『파코미우스의 생애』. 서울: 은성출판사, 2010.

루터, 말틴/ 지원용 옮김.『종교개혁 3大 논문』. 서울: 컨콜디아사, 1993.

류금주. "三一運動을 前後한 韓國敎會 復興運動 吉善宙와 金益斗의

復興運動을 中心으로.”「신학논단」 30(2002), 297-316.

류장현. “성령운동과 오순절 영성.”「교회성장」 119/5(2003), 22-30.

리어든, 로버츠/ 김광석 옮김.『아주사 부흥』. 서울: 서로사랑, 2008.

_____./ 박미가 옮김.『치유사역의 거장들』. 서울: 은혜출판사, 2004.

리트핀, 두안 외 3인/ 김운성 외 옮김.『디도서·빌레몬서·히브리서· 야고보서』. 서울: 두란노, 1987.

마카리우스/ 최대형 옮김.『마카리우스의 신령한 설교』. 서울: 은성출 판사, 2015(제3판).

맥긴, 버나드/ 엄성옥 번역.『서방 기독교 신비주의의 역사 신비주의 의 토대: 그 기원부터 5세기까지』. 서울: 은성출판사, 2015.

명성훈. “제자훈련을 통한 교회성장 다섯가지 전략.”「월간목회」 252/8 (1997), 130-135.

목창균. “영지주의와 초기 기녹교.”「목회와 신학」 44/2(1993), 226-236.

몰트만, 위르겐/ 김균진 옮김.『생명의 영: 총체적 성령론』. 서울: 대한 기독교서회, 2017.

문배수. “필로의 기록을 통해 본 ‘치유파’(Θεραπευται)에 관한 연구.” 「신약연구」 21(2022), 415-445.

문선명.『평화를 사랑하는 세계인으로』. 경기도: 김영사, 2009.

_____.『원리강론』. 서울: 세계기독교통일신령협회, 1967.

문성모.『곽선희 목사에게 배우는 설교』. 서울: 두란노, 2008.

_____. “곽선희 목사의 설교 서론에 대한 분석과 방법론 연구.”「신 학과 실천」 9(2005), 83-108.

뮬러, 조지/ 배응준 옮김.『기도가 전부 응답된 사람』. 서울: 규장출판 사, 2008.

_____./ 유재덕 옮김.『조지 뮬러의 기도』. 서울: 브니엘, 2008.

민경배. “한국교회의 초석이 된 길선주 목사.”『길선주』. 서울: 홍성사, 2008.

_____. "한국기독교회내의 신비주의-이용도의 고난 받으시는 그리스도 신비주의."『이용도목사 관계문헌집』. 인천: 초석출판사, 1986), 261-267.

_____. 『한국기독교회사』. 서울: 대한기독교서회, 1982.

민경식. "《유다복음》의 예수와 유다공동체의 자기이해: 예수의 웃음을 중심으로."「한국기독교신학논총」103(2017), 91-115.

바빙크, 헤르만/ 박태현 옮김.『개혁교의학 1』. 서울: 부흥과개혁사, 2011.

박경수. "안토니우스 수도원, 그리스도교 최초의 수도원."「기독교사상」743(2020), 190-204.

박규홍. "多夕 柳永模 時調의 特質."「시조학논총」24(2006), 199-221.

_____. "多夕 柳永模의 時調 研究."「시조학논총」22(2005), 5-25.

박명수. "1920년대 초 김익두의 신유운동."「교수논총」14(2003), 191-229.

_____. "김익두 목사와 대중적인 신유집회."「교회성장」124/10(2003), 74-80.

_____. "부흥운동과 김익두 목사."「교회성장」122/8(2003), 72-78.

_____. "조용기 목사와 세계오순절운동,"「성결교회와 신학」9/3(2003), 112-134.

박명수 · 임열수. "근대 오순절 운동의 기원."「오순절 신학논단」1(1998), 9-61.

박봉배. "이용도의 사랑의 신비주의와 그 윤리성."「신학과 세계」4(1978), 51-71.

박수암.『마가복음 13장과 마가복음』. 서울: 장로회신학대학교출판부, 1993.

_____. 『마가복음 주석』. 서울: 대한기독교서회, 1993.

박승찬. "성경의 통합적 해석을 시도한 안티오키아 학파."「성서와 함께」473(2015), 75-79.

박용규. "위대한 사랑의 사도, 산돌 손양원 목사."「신학지남」85/3 (2018), 113-157.

_____. "소양 주기철 목사의 생애."「신학지남」63/3(1996), 246-288.

박용규.『김익두 목사 전기』. 서울: 생명의말씀사, 1993.

_____.『저 높은곳을 향하여』. 서울: 생명의말씀사, 1992.

_____.『한국교회 인물사』. 서울: 복음문서선교회, 1975.

박정희. "한국교회 강단이 나아갈 길 모색: 한경직 목사의 생애와 설교 분석을 통하여."「한국기독교신학논총」123(2022), 205-239.

박찬웅. "예수의 기적수행: 누가-행전과 요세푸스의 요약전승비교."「현대와 신학」26(2001), 238-253.

_____. "요세푸스의 예수 보도의 진위(眞僞) 문제."「현대와 신학」24(1999), 96-114.

박찬호. "영성의 거장들."「신앙세계」430/5(2004), 68-70.

박태선.『예수는 개 자식이다』. 서울: 도서출판 선경, 1989.

_____.『박태선 설교집 제2권』. 서울: 한국예수교부흥협회, 1956.

박태수. "복음방 교육에 나타난 신천지 교리에 대한 비판적 고찰."「한국조직신학연구」21(2014), 169-196.

박형신. "이성봉 목사의 부흥설교 연구: '명심도강화'를 중심으로."「신학과 선교」47(2015), 179-212.

반스토운, 윌리스/ 이동진 옮김.『숨겨진 성서 1』. 서울: 문학수첩, 1994.

_____./ 이동진 옮김.『숨겨진 성서 2』. 서울: 문학수첩, 1994.

_____./ 이동진 옮김.『숨겨진 성서 3』. 서울: 문학수첩, 1994.

방성규. "메살리안 운동이 초기 수도원 운동에 끼친 영향."「한국교회사학회지」9(2000), 113-140.

배덕만. "윌리엄 조셉 시무어의 종말론 연구."「오순절신학논단」6(2008), 37-64.

배요한. "다석 유영모의 예수 그리스도 이해에 대한 신학적 비판."

「신학논단」73(2013), 67-100.

배철현. "도마복음서에 나타난 영지주의: '몸'을 통해 본 이원론을 중심
　　으로."「인문논총」54(2005), 159-189.

백금산. "청교도 영성가들의 계보와 그 저서들."「소금과 빛」184/7
　　(2000), 52-57.

백상열. "개혁교회의 영성."「신학과 실천」가을(1997), 78-95.

베일리, 루이스/ 조계광, 안보헌 옮김.『청교도에게 배우는 경건』. 서
　　울: 생명의 말씀사, 2012.

변선환. "이용도와 마이스터 에크하르트."「신학과 세계」4(1978), 72-
　　123.

변종길. "복음서 상호간의 차이점을 어떻게 이해할 것인가?."「목회와
　　신학」146(2001), 82-97.

변종호 편저.『이용도목사 서간집(전집 제1권)』. 인천: 초석출판사,
　　1986.

_____.『이용도 목사 전(전집 제2권)』. 인천: 초석출판사, 1986.

_____.『이용도 목사 일기(전집 제3권)』. 인천: 초석출판사, 1986.

_____.『이용도 목사 연구 40년(전집 제4권)』. 인천: 초석출판사,
　　1986.

_____.『이용도 목사 저술집(전집 제5권)』. 인천: 초석출판사, 1986.

_____.『용도 신학(전집 제6권)』. 인천: 초석출판사, 1986.

_____.『이용도 목사 사모 50년(전집 제7권)』. 인천: 초석출판사,
　　1986.

_____.『이용도 목사 연구 반세기(전집 제8권)』. 인천: 초석출판사,
　　1986.

_____.『이용도 목사 관계 문헌집(전집 제9권)』. 인천: 초석출판사,
　　1986.

_____.『이용도 목사 사진첩 및 숭모문집(전집 제10권)』. 인천: 초석

출판사, 1986.

변지영.『기다리는 女人』. 경기도: 대화출판사, 1995.

부스, 윌리엄/ 구세군 문학부 번역.『최암흑의 영국과 그 출로』. 서울: 구세군출판부, 2009.

불링거, 하인리히/ 박상봉, 강승완 옮김.『하인리히 불링거의 교회론』. 수원: 합동신학대학원출판부, 2019.

브로크, 세바스티안 편역/ 이형호 번역.『시리아 교부들의 영성』. 서울: 은성출판사, 2003.

비앙키, 엔조/ 이연학 옮김. "귀고 2세: 관상생활에 대해 쓴 편지."『말씀에서 샘솟는 기도』. 왜관: 분도출판사, 2001, 139-160.

빅또리노·파끼네띠/ 안철구 역.『파도와의 성 안또니오: 기적의 성인』. 서울: 성바오로출판사. 1966.

사전트, 존/ 원광현 옮김.『헨리 마틴의 생애와 일기』. 경기도: 클리스챤다이제스트, 2001.

서동원. "곽선희 목사의 설교에 대한 수사학적 조명과 분석."「설교한국」 3(2011). 156-173.

서중석.『복음서해석』. 서울: 대한기독교서회, 1991.

성종현.『신약성서의 중심 주제들』. 서울: 장로회신학대학출판부, 1998.

_____. "신·구약성서와 유대문헌에 나타난 하나님의 성호와 예수 이름에 대한 고찰."「장신논단」 8(1992), 102-125.

_____. "예수어록(Q-자료) 연구동향."「교회와 신학」 24(1992), 150-181.

_____.『공관복음서 대조연구』. 서울: 장로회신학대학교출판부, 1992.

_____.『신약총론』. 서울: 장로회신학대학출판부, 1991.

성해영. "염불선과 예수기도의 비교-만트라(Mantra)와 변형의식 상태(ASC)개념을 중심으로."「인문논총」 69(2013), 257-288.

소기천. "왜 복음서는 여러개인가?."「교육교회」 2(2001), 22-25.

_____.『예수말씀의 전승궤도』. 서울: 대한기독교서회, 2000.

_____. "예수말씀 복음서 Q,"「성경원문연구」5/8(1999), 130-167.

손동희.『나의 아버지 손양원 목사』. 서울: 아가페출판사, 1995.

손은실. "중세시대의 복음주의 발도파와 설교자 수도회의 "그리스도 따르기"를 중심으로."「한국교회사학회지」25(2009), 61-91.

송기득. "비움(空)의 사람 이세종과 맨 사람 예수: 이세종의 '나눔의 삶'." (강연자료, 이세종과 이현필의 추모모임, 2013년 3월 15일), 3-4.

송길섭. "한국교회의 개혁자 이용도."「신학과 세계」4(1978), 124-157.

송혜경. "콥트어 토마 복음의 인간 구원에 관한 소고."「Catholic Theology and Thought」62(2008), 29-55.

쇼펜하우어, 아르투르/ 권기철 옮김.『의지와 표상으로서의 세계』. 서울: 동서문화사, 2008(4판).

쉘드레이크, 필립/ 정병준 옮김.『미래로 열린 영성의 역사』. 서울: 한국장로교출판사, 2020.

스베덴보리, 에마누엘/ 김은경 옮김.『천국과 지옥』. 광주: 다지리, 2015(전면 개정판).

스코펠로, 마들렌/ 이수민 편역.『영지주의자들』. 왜관: 분도출판사, 2005.

스토몬트, 조지/ 김진호 옮김.『위글스워스: 하나님과 함께 동행했던 사람』. 경기도: 믿음의 말씀사, 2006.

스펄전, 찰스/ 송용자 옮김.『십자가, 승리의 복음』. 서울: 지평서원, 2002.

스페너, 필립 야콥/ 엄성옥 옮김.『경건한 소원』. 서울: 은성출판사(3판), 2011.

스페이커르, 빌럼 판 엇/ 황대우 옮김.『기도 묵상 시련』. 경기도: 그책의사람들, 2012.

스피틀러, 럿셀 P/ 이재범 옮김.『오순절 신학의 전망』. 서울: 나단출판사, 1992.

신광철. "김익두와 신유부흥운동의 전통."「한국기독교역사연구소소식」52(2002), 7-13.

_____. "한국의 마이스터 에크하르트, 이용도 목사."「목회와신학」 85/7(1996), 190-191.

신명열.『이공李空 성자와 여인들』. 광주: 정자나무, 2015.

신상형. "류영모를 통한 기독교 철학의 모색: 한국인의 주체적 사색을 제안하며."「철학논총」75(2014), 117-140.

신천지문화부 편.『신천지 발전사』. 과천: 도서출판 신천지, 1997.

신천지교육부 편.『감추었던 만나』. 과천: 도서출판 신천지, 1995.

신천지 전도부.『성도와 천국 3』. 과천: 도서출판 신천지, 1989.

_____.『성도와 천국 2』. 과천: 도서출판 신천지, 1988.

신태웅. "한국의 양귀(穰鬼)와 성서의 축귀(逐鬼)."「풀빛목회」58/1-2 (1986), 70-94.

신현광. "고봉 김치선(高峰 金致善) 박사 신학의 현대 목회적 적용." 「신학지평」26(2013), 29-66.

심종혁 · 김기숙. "영적 어둠에 대한 마더 데레사의 체험과 이해."「인간연구」32(2016), 121-156.

심창섭 외 3인.『기독교의 이단들』. 서울: 대한예수교장로회총회, 2006.

아레오바고사람들. "빈야드운동의 쓰러짐의 현상에 대한 연구."「현대종교」5(2000), 44-71.

아리스토텔레스/ 천병희 옮김.『니코마코스 윤리학』. 경기도: 숲출판사, 2018(제2판).

아우구스티누스/ 성염 역주.『고백록』. 경기도: 경세원, 2016.

_____./ 성염 역주.『삼위일체론』. 왜관: 분도출판사, 2015.

_____./ 성염 역주.『참된 종교』. 왜관: 분도출판사, 2011(개정판).

_____./ 성염 역주.『신국론 제11-18권』. 왜관: 분도출판사, 2004.

아타나시우스, 알렉산드리아의 · 안토니우스/ 허성석 옮김.『사막의 안토니우스』. 왜관: 분도출판사, 2015.

안교성. "한경직 목사의 지도력의 발전에 관한 한 소고."「장신논단」

44/2(2012), 229-254.

안수강. "문선명(文鮮明)의 종교적 배경과『原理講論』에 나타난 그의 사상 분석."「신학과 복음」3(2017), 142-177.

안용준.『사랑의 원자탄』. 서울: 성광문화사, 1993.

알트하우스, 파울/ 이형기 역.『루터의 신학』. 경기도: 크리스챤다이제스트, 1994.

양현표. "이용도 목사의 신학과 그의 부흥회."「신학지남」83(2016), 223-258.

_____. "김익두 목사의 부흥회와 그 특성."「신학지남」(2015), 183-205.

_____. "김익두 목사의 생애와 신학."「신학지남」(2014), 257-283.

언더힐, 애블린/ 최대형 옮김.『실천적 신비주의』. 서울: 은성출판사, 2003.

엄두섭.『한국적 영성』. 서울: 은성출판사, 2006.

엄호식. "행함과 진실함으로 사랑한 손양원 목사 한센병 환자들을 향한 평생의 섬김."「빛과 소금」305/4(2007), 148-151.

에드위즈, 조나단 편집/ 송용자 옮김.『데이비드 브레이너드 생애와 일기』. 서울: 복있는 사람, 2008.

_____./ 정성욱 옮김.『신앙감정론』. 서울: 부흥과개혁사, 2005.

_____./ 백금산 옮김.『진노하시는 하나님의 손 안에 있는 죄인』. 서울: 부흥과개혁사, 2004.

에바그리우스/ 전경미 · 이재길 번역.『에바그리우스의 기도와 묵상』. 서울: 한국고등신학연구원, 2011.

_____./ 허성석 옮김.『프락티코스』. 왜관: 분도출판사, 2011.

엘리엇, 엘리자벳/ 윤종석 옮김.『에이미 카마이클』. 서울: 복있는 사람, 2004.

여운학.『주여 뜻대로 이루소서: 세계 선교와 조용기 목사』. 서울: 규장문화사, 1989.

연규홍. "비움과 고행으로 기독교의 도를: 이세종(李世鍾)." 「새가정」 447(1994), 54-57.

염창선. "소위 새로운 예언(η νεα προφητεια)의 실체와 의미." 「韓國敎會史學會誌」 22(2008), 1-20.

예수의 데레사 성녀/ 서울가르멜여자수도원 옮김. 『예수의 데레사성녀 창립사』. 서울: 기쁜소식, 2011.

_____./ 서울 가르멜 여자 수도원 옮김. 『천주   자비의 글』. 왜관: 분도출판사, 2002.

_____./ 최민순 옮김. 『영혼의 성』. 서울: 바오로딸, 1970.

오 쇼. 『도마복음 강의』. 경기도: 청아출판사, 2008.

오강남. 『또 다른 예수』. 서울: 위스덤하우스, 2009.

_____. "함석의 씨알사상과 도마복음." 「씨알」 6/8(2008), 7-11.

오대원/ 양혜정 옮김. 『묵상하는 그리스도인』. 고양: 예수전도단, 2005.

오덕교. 『청교도 이야기』. 서울: 이레서원, 2002.

오면, 조던/ 이홍근 옮김. 『영성신학』. 왜관: 분도출판사, 1987.

오방식. "렉시오 디비나의 발전에 미친 귀고 2세의 공헌." 「교회와신학」 77(2013), 161-186.

_____. "기독교영성이란 무엇인가?." 「신앙세계」 417/4(2003), 38-41.

오성주. "시무언(是無言) 이용도목사의 생애에서 본 영성과 교육." 「신학과세계」 67(2010), 303-343.

옥성득. "평양 대부흥운동과 길선주 영성의 도교적 영향." 「한국기독교와 역사」 25(2006), 57-95.

옥한흠. 『평신도를 깨운다』. 서울: 두란노, 1984.

와드, 베네딕타 편역/ 이후정 · 엄성옥 공역. 『사막교부들의 금언』. 서울: 은성출판사, 2005.

요한, 십자가의 성/ 최민순 옮김. 『어둔밤』. 서울: 바오로딸, 1988.

요한카시아누스/ 엄성옥 번역. 『제도집』. 서울: 은성출판사, 2018.

원종천. 『칼빈과 청교도 영성』. 서울: 하나출판사, 2002.

원충현. "수도공동체 예수원: 나만의 소중함을 고집하지 않습니다."「월간말」204(2003), 204-209.

웨슬리, 존/ 김영운 옮김.『존 웨슬리의 일기』. 서울: 크리스챤다이제스트, 2010.

위글스워스, 스미스/ 박미가 옮김.『성령의 은사』. 서울: 순전한나드, 2006.

위글스워즈, 스미스/ 이헌근 옮김.『성령의 세례』. 서울: 은혜출판사, 2015.

_____./ 전두승 옮김.『병고침』. 서울: 순전한 나드, 2006.

_____./ 김진호 옮김.『승리하는 믿음』. 경기도: 믿음의 말씀사, 2006.

윈터, 짐/ 송용자 번역.『윌리엄 부스와 떠나는 여행』. 서울: 부흥과개혁사, 2006.

유영모.『다석강의』. 서울: 현암사, 2006.

_____.『다석일지 1-4권』. 서울: 홍익재, 1996.

유은호. "마태복음에 나타난 예수의 가르침과 행함의 영성."「신학논단」109(2022), 43-81.

_____. "에바그리우스(Evagrius)의 『프락티코스』(Πρακτικος)를 통해 본 영성 실천 단계 분석."「신학과 실천」74(2021), 281-303.

_____.『에바그리우스의 기도론 연구: 오리게네스의 기도론과의 비교』. 서울: 예수영성, 2019.

_____. "에바그리우스의 기도에 관한 연구: Περὶ Προσευχῆς를 중심으로."「신학논단」83(2016), 257-287.

_____. "이세종의 생애와 영성사상에 관한 연구."「신학논단」74(2013), 87-117.

_____. "누가복음에 나타난 기도의 영성."「신학과실천」32(2012), 571-606.

_____ 편. 『8개 비교 신약성경』. 서울: 도서출판 등불, 1988.

유장춘. "이세종 선생의 영성과 삶이 제시하는 기독교사회복지의 정신과 실천원리."「영성과 보건복지」6(2019), 33-62.

유재건. 『은혜인생』. 서울: 두란노, 2011.

유재경. "『성 안토니의 생애』에 나타난 영성 훈련에 대한 소고."「신학과 실천」73(2021), 205-231.

_____. "기독교 신비주의와 거룩,"「신학과 목회」37(2012), 29-57.

유재헌. 『복음성가』. 포천: 기독교대한수도원, 2007.

유태엽. "『나그함마디 문헌』을 통해 본 "기독교 영성"의 정체성에 대한 소고."「신학논단」75(2013), 99-131.

유해룡. 『영성의 발자취』. 서울: 장로회신학대학교출판부, 2011.

_____. 『하나님 체험과 영성수련』. 서울: 장로회신학대학교출판부, 2007.

_____. "영성학의 연구방법론 소고."「장신논단」15(1999), 428-450.

_____. "개혁교회 영성의 현재와 미래."「신학과 실천」2(1998), 57-75.

_____. "신약에서의 영성식별."「성서마당」40/4(1998), 21-23.

_____. "기독교 영성과 영성신학."「성서마당」10/1(1995), 6-8.

_____. "경건주의 영성."「교육교회」213/4(1994), 54-58.

윤남하. "묻혀진 거룩한 혈맥을 찾아: 이0이이야기(1)."「현대종교」2(1992), 46-57.

_____. "묻혀진 거룩한 혈맥을 찾아: 이0이야기(2)."「현대종교」3(1992), 26-35.

_____. "묻혀진 거룩한 혈맥을 찾아: 이0이야기(3)."「현대종교」4(1992), 26-40.

_____. "결혼중매-김현봉 목사 이야기."「현대종교」1(1992), 196-212.

_____. "묻혀진 거룩한 혈맥을 찾아: 신사참배와 김현봉 목사."「현대종교」11(1991), 188-197.

_____. "묻혀진 거룩한 혈맥을 찾아 3."「현대종교」10(1991), 68-78.

윤성민. "예수원의 대천덕에 관한 소고."「신학과 실천」77(2021), 219-239.

윤성범. "이용도와 십자가 신비주의."「신학과 세계」4(1978), 9-30.

윤은석. "이천석 목사의 포용적 성령운동: 칼빈주의, 웨슬리안 성결운동, 오순절운동."「영산신학저널」48(2019), 331-364.

_____. "전쟁 영웅에서, 어둠의 영웅으로, 그리고 다시 국가의 영웅으로: 상이군인 이천석 목사를 중심으로."「ACTS 신학저널」40(2019), 101-139.

윤주현. "아빌라의 성녀 데레사의 전망에 따른 기도 단계 I. 능동적 단계."「신학과 철학」18(2011), 127-158.

융, C. G/ 한국융연구원 C.G.융 저작번역위원 옮김.『원형과 무의식)』. 서울: 솔출판사, 2002.

이 황/ 고산고정일 역해.『자성록/언행록/성학십도』. 서울: 동서문화사, 2008(2판).

이강학. "이세종의 영성지도와 한국교회 목회 현장 적용에 관한연구."「신학과 실천」49(2016), 219-244.

이광희. "실천신학적 관점에서 본 빈야드 운동,"「복음과 신학」1/1(1996), 139-161.

이근미.『12 큰교회의 성장 비결』. 서울: 노바출판사, 2009.

이기상. "지구촌 시대가 요구하는 소통과 살림의 교회 비움에 바탕한 섬김과 나눔의 살림살이."「신학전망」175(2011), 80-132.

이덕주. "백색 순교에서 적색 순교로: 손양원 목사의 순교와 신학적 의미."「한국기독교와 역사」40(2014), 147-190.

_____. "순교자 주기철 목사 사랑의 완성 이룬 한국 교회의 밀알."「빛과 소금」304/3(2007), 150-153.

_____.『한국교회 처음 이야기』. 서울: 홍성사, 2006.

_____. "멈춘 곳에서 시작하게 하소서: 철원 대한수도원과 지경터, 새

술막 교회 터."「기독교교육」 416/2(2004), 144-151.

_____. " '사랑의 순교자' 주기철."「빛과 소금」 261/12(2003), 26-27.

_____. "이용도 목사의 성자 이야기."「세계와 신학」 61(2003), 211-224.

_____. "주기철 목사의 설교와 기도."「세계의 신학」 58/3(2003), 84-197.

_____. "정경옥의 조선 성자 방문기."「세계와 신학」 가을(2002), 177-193.

_____. "주기철 목사의 신학과 신앙(2)."「세계의 신학」 54/봄호(2002), 204-234.

_____. "주기철 목사의 신학과 신앙(1)."「세계의 신학」 53/겨울호(2001), 217-260.

_____. "한국기독교 문화유적지를 찾아서: 남도의 한과 믿음 이야기(5)."「기독교사상」 7(1999), 254-268.

_____.『초기한국 기독교사 연구』. 서울: 한국기독교사연구소, 1995.

이덕중. "윌리엄 부스의 생애와 사상."「교회사학」 2/1(2003), 143-179.

이만희.『요한계시록의 실상』. 과천: 도서출판 신천지, 2011.

_____.『성도와 천국』. 과천: 도서출판 신천지, 1995.

_____.『계시록의 실상』. 과천: 도서출판 신천지, 1993.

_____.『계시록의 진상』. 경기도: 도서출판 신천지, 1992.

_____.『계시록의 진상 2』. 과천: 도서출판 신천지, 1988.

이병규 편집.『김현봉 목사 강도집』. 서울: 염광출판사, 2007.

이상규.『주기철』. 서울: 홍성사, 2008.

_____. "한국 교회사에 나타난 거짓 계시운동."「현대종교」 224/12(1992), 118-137.

이상복. "긍정심리학 관점에서 본 오순절 치유신학-영산 조용기 목사의 치유신학을 중심으로.”「오순절 신학논단」5(2007), 222-268.

이상직. “이성봉 목사의 삶과 영성.”「한국개혁신학」14(2003), 338-355.

이성곤. “디아코니아 관점에서 본 한국의 오순절은사주의 운동 순복음, 온누리, 광림교회를 중심으로.”「선교와 신학」54(2021), 429-458.

이성봉/ KIATS 엮음.『이성봉』. 서울: 홍성사, 2008.

_____.『말로 못하면 죽음으로』. 서울: 생명의 말씀사, 1993.

이세종.『이세종의 명상 100가지』. 서울: 한국고등신학연구원(KIATS), 2011.

이세종선생기념사업회 저자(글), 농어촌선교연구소 저자(글).『이세종 영성의 오늘과 내일』. 서울: 한들출판사, 2021.

이영식. “東方敎會의 靈性: 예수의 기도.”「신학전망」73(1986), 103-123.

_____. “東方敎會의 靈性 헤시카즘(Hesychasme, 靜權主義).”「신학전망」70(1985), 50-71.

이영식. “이천석 목사의 부흥운동에 관한 연구.”「ACTS 신학저널」46(2020), 115-149.

이영훈. “한국 오순절운동과 신유.”「성결교회와 신학」11/3(2004), 171-193.

_____. “금식기도와 성령세례를 강조한 할렐루야 아줌마.”「신앙계」344/11(1995), 88-89.

이영희. “삼척 예수원의 대천덕 신부: 산골짜기의 여명.”「샘터」23/11(1992), 54-59.

이용도 신앙과 사상연구회편.『이용도목사의 영성과 예수운동』. 서울: 성서연구사, 1998.

이용도/ KIATS 엮음.『이용도』. 서울: 홍성사, 2009.

_____.『샤론의 들꽃』. 서울: 한국문연, 1989.

이은선. “김치선 목사의 개혁파 부흥운동.”「신학지평」23/1(2010),

121-161.

_____. "김치선 목사의 회개론과 부흥론."「신학지평」19(2006), 100-133.

_____. "민족의 살길, 눈물의 기도로 열어라." 한국기독공보 제2585호 2006년 11월 25일 21.

이재근. "교부 문헌, 오래되고 은근한 아름다움의 재발견 대 바실리우스의『내 곳간들을 헐어 내리라 외』및 알렉산드리아의 클레멘스의『어떤 부자가 구원받는가』."「기독교사상」713(2018), 210-214.

이종성.『삼위일체론』. 서울: 대한기독교출판사, 1991.

이종성 · 김명용 · 윤철호 · 현요한 공저.『통전적 신학』. 서울: 장로회신학대학출판부, 2004.

이종진. "김치선과 삼백만부흥운동의 의의."「개혁논총」39(2016), 161-197.

이진구. "용문산기도원 운동에 나타난 종교적 민족주의."「신종교연구」18(2008), 74-103.

이찬형. "김익두 목사에 대한 오해와 해명."「한국기독교역사연구소소식」68(2004), 3-16.

이창승. "사적으로, 공적으로 방언 말하기 오순절운동의 아버지 찰스 F. 파함의 방언론."「오순절 신학논단」13(2015), 81-104.

이충웅. "조용기 목사의 능력대결."「영산신학저널」38(2016), 235-272.

이치만. "손양원 목사의 신학사상: 역사적 맥락을 중심으로."「한국기독교와 역사」38(2013), 155-176.

이태선.『초기 한국교회 불의 사자 김익두 목사』. 서울: 보이스사, 1993.

이현필 강의, 김금남 · 김정순 · 방순녀 수기. "우리의 거울" (강의 수기록, 1947-1948)

이후정. "마카리우스의 변모영성과 존 웨슬리."「신학과 세계」(2006), 74-98.

_____. "성 마카리우스의 그리스도 체험과 그리스도인의 삶." 「신학과 세계」 (2006), 37-57.

이희성. "신천지 구약 해석의 실상과 허상." 「개혁논총」 30(2014), 93-126.

일 연/ 김원중 옮김. 『삼국유사』. 서울: 민음사, 2007.

임성철. "고대 희랍 철학에 나타난 '관상적 생활': 이상(理想)의 기원과 의미에 관한 연구." 「철학탐구」 21(2007), 121-154.

자넷 & 벤지, 제프/ 안정임 옮김. 『조지뮬러 브리스톨 고아의 아버지』. 서울: 예수전도단, 2003.

작은 형제회 한국관구 옮겨 엮음. 『성 프란치스꼬와 성녀 글라라의 글』. 왜관: 분도출판사, 2004.

장영주. "캐서린 부스의 교감신학(Theology of Sympathy) 이해." 「組織神學論叢」 38(2014), 235-271.

장흥길. "모든 족속을 제자 삼으라(신학적, 해석학적 열쇠로서 마28:16-20에 대한 소고)." 「교회와신학」 38/가을호(1999), 88-98.

전 진. 『눈물이 강이 되어 50년』. 서울: 은혜기획, 1998.

전경연. "마태의 역사이해." 「신학논단」 15(1982), 51-72.

전민수. 『이만팔천여 동네에 가서 우물을 파라』. 서울: 영창서원, 2003.

정경옥. 『그는 이렇게 살았다』. 과천: 삼원서원, 1938년 초판, 2009(개정판).

정교회 익명의 수도사/ 최대형 옮김. 『정교회 영성』. 서울: 은성출판사, 2004.

정기문. "유다는 『유다복음서』의 영웅인가?." 「서양고전학연구」 59(2020), 119-140.

정대식. "영혼의 밤 십자가의 성 요한의 어둔밤에 나타난 관상의사상." 「신학전망」 59(1982), 132-148.

정득은. 『생의원리』. 서울: 세종문화사, 1958.

정미현. ""제1의 종교개혁"운동 이탈리아 왈도파의 발전과정과 그 의의." 「유럽사회문화」 17(2016), 235-265.

정봉기. "신앙양심의 회복, 김현봉." 「기독교사상」 504/12(2000), 27-38.

정성구. "한국의 D. L. 무디 김익두 목사." 『김익두』. 서울: 홍성사, 2008), 8-9.

정성한. "사랑의 원자탄 손양원 목사." 「숲과 나무」 2(2004), 136-142.

정양모 역주. 『열두 사도들의 가르침-디다케』. 왜관: 분도출판사, 1993.

_____. 『루가 복음서』. 서울: 분도출판사, 1991.

_____. 『마르코 복음서』. 왜관: 분도출판사, 1981.

정용석 · 주승민 · 이은혜 · 김시호 옮김. 『알렉산드리아 기독교: 클레멘스와 오리게네스』. 서울: 두란노아카데미, 2011.

정용석. 『기독교 영성의 역사』. 서울: 은성출판사, 1997.

정용섭. "제자훈련은 가능한가: 사랑의 교회 옥한흠 원로목사." 「기독교사상」 51/8(2007), 178-194.

정윤석. "김용두 목사의 기가 차는 '성령불' 사역." 인터넷 교회와 신앙 2009.4.1.일자 보도자료.

정인교. "지성인을 위한 복음-곽선희 목사의 설교 세계." 「설교뱅크」 2/2(2007), 14-23.

_____. "더도 말고 덜도 말고...설교의 모범 답안 옥한흠 목사의 설교." 「교회성장」 133/7(2004), 46-52.

_____. 『이성봉 목사의 생애와 설교: 그의 부흥 설교에 대한 설교학적 분석』. 부천: 성결신학연구소, 1998.

정준기. "자서전 신앙이야기와 브레이너드의 『일기』 분석." 「광신논단」 (2003), 265-310.

정창균. "신천지 이단의 성경해석과 설교적 대응." 「설교한국」 4/1 (2012), 27-76.

제자원 편집. 『옥스퍼드 원어성경대전: 마태복음 제21-28장』. 서울: 제자원, 2006.

조 현. "검박한 삶으로 내 보인 신앙실천: 김현봉 목사." 「기독교사상」 617(2010), 184-190.

조규홍.『플로티노스의 지혜』. 서울: 누멘출판사, 2009.

조병호.『성경통독 이렇게 하라』. 서울: 땅에쓰신글씨, 2006.

조영호. "마카리우스의 신학 이해."「신학지평」26(2013), 173-207.

조용기.『4차원의 영적세계』. 서울: 서울말씀사, 1996.

조용석. "개혁주의생명신학 신학회복운동에 대한 소고."「생명과말씀」
　　　24/2(2019), 121-148.

조응태. "『원리강론』의 성서인용 특징과 해석학적 특징에 관한고찰."
　　　「통일신학연구」2(1997), 274-346.

조한상. "영산 조용기 목사의 영적 식별 사례 연구."「영산신학저널」
　　　58(2021), 223-254.

조 현.『울림』. 서울: 시작, 2008.

죠션예수교장로회총회데22회회록.

주기철/ KIASTS 엮음.『주기철』. 서울: 홍성사, 2008.

주승민. "소복(小僕) 이성복의 부흥운동 고찰."「신학과 선교」25(2000),
　　　474-505.

증인 이만희 보혜사.『계시』. 과천: 도서출판 신천지, 1998.

지형은.『경건주의 연구: 갱신·시대의 요청』. 서울: 한들출판사, 2003.

＿＿＿＿. "경건주의와 스패너의『경건한 요청』(II)."「기독교사상」
　　　40/2(1996), 98-110.

＿＿＿＿. "경건주의와 스패너의『경건한 요청』(I)."「기독교사상」40/1
　　　(1996), 111-126

차옥숭. "한국 그리스도교계 신종교 운동의 흐름과 특징: 신천지를 중
　　　심으로."「한국종교」38(2015), 159-191.

차정식. "이세종의 생애와 가르침에 대한 성서신학적 분석 및 평가:
　　　신약성서의 얼개와 주제를 중심으로."「신약논단」28(2021),
　　　287-321.

차종순.『성자 이현필의 삶을 찾아서』. 광주: 대동문화재단, 2010.

찬, 사이몬/ 김병오 역.『영성신학』. 서울: IVP, 2008.

최갑종. "네 복음서의 기원, 수집, 적용 그리고 올바른 사용."「목회와

신학」146(2001), 98-107.

최병수. "유다복음서에 나타난 영지주의 공동체와 초대 정통사도 교회와의 갈등."「세계와 선교」192(2007), 58-66.

최병천. "성령의 코이노니아: 믿음의 공동체 예수원과 대천덕 신부의 이야기."「새가정」370(1987), 20-29.

최승기. "『안토니우스의 생애』에 나타난 안토니우스의 영들의 분별 영적 성숙의 동선을 따라."「신학과 실천」71(2020), 253-279.

최윤배. "개혁신학의 관점에서 본 신사도운동의 영성."「한국조직신학논총」38(2014), 121-156.

최익철, 강태용 지음.『이름없는 순례자』. 서울: 가톨릭출판사, 2021.

최인식. "多夕 柳永模의 그리스도 이해: 그리스도 유일성과 다원성의 만남."「종교연구」11(1995), 213-243.

최자실.『나는 할렐루야 아줌마였다』. 서울: 서울말씀사, 1996.

최정인. "김치선 목사의 생애."「신학지평」13(2000), 19-42.

최중현. "朴泰善略傳."「말씀과 신학」5(1998), 39-109.

최중현. "황국주 '새예루살렘순례'의 연도(年度)에 관한 소고."「신종교연구」4(2001), 273-292.

_____. "황국주 재조명을 위한 소고."「한국종교사연구」8(2000), 157-190.

최형걸.『수도원의 역사』. 서울: 살림출판사, 2005.

최혜영. "몬타누스 운동의 '새 예언'과 헬레니즘 문화."「서양고대사연구」43(2015), 9-38.

최흥욱. "청빈의 길, 사랑의 길: 이세종."「기독교사상」12(2000), 14-26.

츠빙글리, 홀트라이히/ 임걸 옮김.『츠빙글리 저작전집 2』. 서울: 연세대학교 대학출판문화원, 2018.

카세르, 로돌프, 마이어, 마빈, 부르스트, 그레고르 공역.『예수와 유다의 밀약: 유다복음』. 서울: YBMsisa, 2006.

칼빈, 존/ 문병호 옮김.『기독교 강요 1』. 서울: 생명의말씀사, 2020.

_____/ 문병호 옮김.『기독교 강요 4』. 서울: 생명의말씀사, 2020.

콜로디척, 브라이언 엮음/ 허진 옮김.『마더 데레사: 나의 빛이 되어라』. 서울: 오래된미래, 2008.

쿨만, 캐더린/ 권명달 옮김.『하나님, 이 생명에 기적을 주옵소서』. 서울: 보이스사, 1989.

키이, 하워드 클락/ 서중석 역.『신약성서 이해』. 서울: 한국신학연구소, 1990.

탁명환. "박태선 교주의 알파와 오메가."「현대종교」191/3(1990), 98-107.

토마스, 게리/ 윤종석 엮음.『영성에도 색깔이 있다』. 서울: CUP, 2009.

토인비, A. J/ 홍사중 옮김.『역사의 연구 I』. 서울: 동서문화사, 2016.

틸리히, 파울/ 송기득 옮김.『그리스도교 사상사』. 서울: 대한기독교서회, 2005.

파스칼, 블레즈/ 김형길 옮김.『팡세』. 서울: 서울대학교출판부, 2010(전정판).

팜빌루스, 유세비우스/ 엄성옥 옮김.『유세비우스의 교회사』. 서울: 은성출판사, 2008(제3판).

포스터, 리처드 J/ 박조앤 옮김.『생수의 강』. 서울: 두란노, 2000.

프랑크, 칼 수소/ 최형걸 옮김.『기독교 수도원의 역사』. 서울: 은성출판사, 1997.

플라톤/ 박종현 역주,『국가』. 경기도: 서광사, 2005(개정증보판).

플로티노스/ 조규홍 번역 및 해설.『플로티노스의 하나와 행복』. 서울: 누멘출판사, 2010.

_____./ 조규홍 옮김.『엔네아데스』. 서울: 지식을만드는지식, 2009.

_____./ 조규홍 옮김.『플로티노스의 중심 개념: 영혼, 정신, 하나』. 경기도: 나남출판사, 2008.

필론/ 문우일 옮림.『알렉산드리아의 필론 작품집 I』. 파주: 아카넷, 2022.

하비콕스/ 유지황 옮김.『영성·음악·여성-21세기 종교와 성령운동』. 서울: 동연출판사, 1996.

하성수. "부와 가난에 대한 바실리우스의 이해."「신학전망」172(2011), 58-84.

하용조.『사도행전적 교회를 꿈꾼다』. 서울: 두란노, 2022(개정 2판).

_____.『나의 하루』. 서울: 두란노, 2014.

_____.『나는 선교에 목숨을 걸었다』. 서울: 두란노서원, 2008.

하킹, 윌리엄/ 김진호 옮김.『스미스 위글스워즈』. 경기도: 믿음의 말씀사, 2006.

한 홍.『기도, 하늘의 능력을 다운로드하라』. 서울: 생명의말씀사, 2010.

한경직.『한경직 구술 자서전』. 서울: 두란노, 2010.

한국가톨릭대사전 편찬.『한국가톨릭 대사전 2』. 서울: 한국교회사연구소, 1995.

한국기독교사 연구회.『한국 기독교의 역사 Ⅱ』. 서울: 기독교문사, 1990.

한민택. "한국 그리스도교계 신흥 종교의 종말론에 관한 신학적고찰: 신천지예수교증거장막성전'을 중심으로."「가톨릭 신학과사상」74(2014), 68-136.

한성기. "김치선 박사의 생애와 신학."「신학지평」29(2016), 41-70.

한숭홍. "한경직 목사의 영성과 한국 교회에 미친 영향."「장신논단」17(2001), 541-578.

_____.『한경직의 생애와 사상』. 서울: 장로회신학대학출판부, 1993.

_____. "이용도론 Ⅱ."「목회와 신학」6(1990), 210-221.

_____. "이용도론 Ⅰ."「목회와 신학」5(1990), 202-213.

한에녹.『영원한 복음』. 서울: 영원한복음사, 1955.

한춘근.『죽지않는 순교자 김익두』. 서울: 성서신학서원, 1993.

해그너, 도날드/ 채천석 역.『마태복음(하) 14-28장』. 서울: 솔로몬출판사, 2000.

허경영. "금식기도와 성령운동의 산실-오산리최자실기념기도원." 「빛과소금」 67/10(1990), 138-141.

_____. "쉼없는 기도의 재단, 대한수도원." 「빛과소금」 66/9(1990), 123-127.

허성준. "베네딕도 규칙서에 나타난 렉시오 디비나." 「신학전망」 (2006), 70-89.

_____. 『렉시오 디비나』. 왜관: 분도출판사, 2006.

_____. 『수도 전통에 따른 렉시오 디비나』. 왜관: 분도출판사, 2003, 195-218.

허호익. "[도마복음서]의 영지주의적 기독교 왜곡에 대한 반박." 「현대종교」 396/11(2007), 139-145.

_____. "영지주의의 기독교 왜곡과 사도신경의 형성." 「신학과 문화」 14/1(2005), 191-220.

헌터, 찰스 프란시스/ 전용복 옮김. 『신유핸드북』. 서울: 나단출판사, 1991.

헤그너, 도날드/ 채천석 옮김. 『마태복음 1-13』. 서울: 솔로몬출판사, 1999.

현재인. 『예수원 이야기: 광야에 마련된 식탁』. 서울: 홍성사, 1999.

홀, 셔우드/ 김동열 옮김. 『닥터 홀의 조선 회상』. 서울: 좋은씨앗, 2003.

홀트, 브리들리 P/ 엄성옥 번역. 『기독교 영성사』. 서울: 은성출판사, 1994.

홍용덕. "노동과 기도가 하나되는 공동체 태백 예수원." 「초등우리교육」 117(1999), 24-31.

홍정식 역해. 『반야심경/금강경/법화경/유마경』. 서울: 동서문화사, 2016.

홍치모. "데이비드 브레이너드의 일기." 「신학지남」 51/3(1984), 204-

205.

황국주. "인류의 평화."「영계」(창간호) (1933,11), 8-10.

황은연. "몬타누스 주의의 교회사적 고찰: 그 정죄의 배경과 의의."「시
　　　문학」(1990), 443-457.

황진기. "저서로 본 옥한흠 목사의 영성과 신앙."「빛과 소금」163/10
　　　(1998), 58-61.

히버트, 알버트/ 김유진 옮김.『그 능력의 비밀』. 서울: 은혜출판사,
　　　1996.

Acta Sanctorum. Parislls Et Rome Apud Bibliopolam Palme,
　　　Victorem, 1866.

Aland, K. *Vollstandige Konkordanz Zum Griechischen Neuen
　　　Testament.* New York: Walter De Gruyter Berlin, 1975.

Bamberger, John Eudes. *Evagrius Ponticus: The Praktikos &
　　　Chapters on Prayer.* Michigan, Kalamazoo: Cistercian
　　　Publications, 1981.

Barnard, L. W. "The Date of S. Athanasius' Vita Antonii." *Vigiliae
　　　Christianae* 27(1974), 169-175.

Betz, Hans Dieter. *Galatians.* Philadelphia: Fortress Press, 1984.

Bezzant, Rhys. "The Life Of Brainerd and The State Of The
　　　Church." *The Reformed Theological Review* 66/2(2007),
　　　97-112.

Bornkamm, Gunther. "Der Auferstandene und der Irdisch. Mt
　　　28:16-20," in *Zeit und Geschichte* hg.v.E. Dinker,
　　　Tübingen: Mohr, 1964, 171-191.

Brakke, David. "The Making of Monastic Demonology: Three
　　　Ascetic Teachers on Withdrawal and Resistance." *Church
　　　History* 70/1(2001), 19-48.

Brennan, B. R. "Athanasius' Vita Antonii: A Sociological
　　　Interpretation." *Vigillae Christianae* 39(1985), 209-227.

_____. "Dating Athanasius' Vita Antonii." *Vigiliae Christianae* 30(1976), 52–54.

Bright, Pamela. "Antony of Egypt and The Disce rnment of Spirits." in Origeniana Nona G. Heidl-R.Somos ed., Uttgeveru Peeters Leuven- Paris-Walpole, MA 2009, 549–556.

Bumazhnov, Dmitrij F. "The Evil Angels in the Vita and the Letters of St Anthony the Great: Some Observations Concerning the Problem of the Authenticity of the Letters." *Zeitschrift für antikes Christentum* 11/3(2007), 500–516.

Burns, Stuart. "Divine ecstasy in Gregory of Nyssa and Pseudo-Macarius Flight and intoxication." *Greek Orthodox Theological Review* 44/1-4(1999), 309–327.

Conforti, Joseph. "Jonathan Edwards's Most Popular Work 'The Life of David Brainerd' and 19th Century Evangelical Culture." *Church History* 54/2(1985), 188–201.

Dinan, Andrew. "Manual Labor in the Life and Thought of St Basil the Great." *Logos* 12/4(2009), 133–157.

Dono van, Mary Ann. "Transformation into Christ." *Religion East and West* 6(2006), 73–84.

Edwards, Jonathan. *Religious Affections* ed. John E. Smith. New Haven and London: Yale University Press, 2009.

_____ ed. *The Diary And Journal of David Brainerd.* Banner of Truth Trust, 2007.

Egan, Harvey D. *What Are They Saying About Mysticism?* New York/Ramsey: Paulist Press, 1982.

Elwell, Waler A. ed. *Evangelical Dictionary of Theology.* Grand Rapid, Michigan: Baker Book House, 1984.

Farmer, William R. *The Last Twelve Verses of Mark.* London: Cambridge University Press, 1974.

Ford, David C. "Saint Makarios of Egypt and John Wesley Variations on the Theme of Sanctification." *The Greek Orthodox Theological Review* 33/3(1988), 285-312.

Geest, Paul van. "Athanasius as Mystagogue in His Vita Antonii," *Church History and Religious Culture* 90/2-3(2010), 199-221.

Grigg, John. A Principle Of Spiritual Life David Brainerd's Surviving Sermon." *The New England Quarterly* 77/2(2004) 273-282.

Guigues II Le Chartreux. *Lettre Sur La Vie Contemplative* (L'échelle Des Moines) Dou ze Méditations. Paris: Les Editions du Cerf, 1980, 82-123.

Guillaumont, Antoine and Guillaumont, Claire eds. *Évagre le Pontique Traité Pratique ou le Moine* I(Sources Chrétiennes 171). Paris: Cerf, 1971.

Hadas, M. and Smith, M. *Heroes and Gods: Spiritual Biogra phies in Antiquity.* New York: Harper and Row, 1965.

Hamm, Dennis. "The Tamid Service in Luke-Acts; The Cultic Background Behind Luke's Theology of Worship (Luke 1:5-25; 18:9-14; 24:50-53; Acts 3:1; 10:3, 30)," *The Catholic Biblical Quarterly* 65/2(2003), 215-231.

Hedrick, Charles W. "Gnostic proclivities in the Greek Life of Pachomius and the Sitz im Leben of the Nag Hammadi library." *Novum Testamentum* 22/1(1980), 78-94.

Hee, LEE Kyoung. "Athanasius as Mystagogue of Mimetic Desire of René Girard." *Korea Presbyterian Journal of Theology* 51/4(2019), 161-180.

Hick, John. *An Interpretation of Religion.* New Haven and London: Yale University Press, 1989.

Hieronymi, S. Eusebii. *Regule Sancti Pachomii.* Patrologia Latina 23

(1883).

Houston, J. M. "Spirituality." in *Evangelical Dictionary of Theology,* Walter A. Elwell ed. Michigan: Baker Book House, 1984, 1046-1051.

James Sunghoon, Myung. *Spiritual Dimension of Church Growth.* Seoul: Youngsan Institute, 1990.

Jashil, Choi. *Fasting Prayer Mt. Korean miracles.* Seoul: Youngsan Publishing Company, 1981.

Josephus. *Jewish Antiquities Books* XVIII-XIX IX. Harvard University Press, 1981.

Kasser, R. et al. *The Gospel of Judas from Codex Tchacos.* Washington DC: National Geographic, 2006.

Kelsey, Neal. "The Body as Desert in the Life of St. Anthony." *Semeia* 57(1992) 131-151.

Knitter, Paul F. *No Other Name?* New York, Maryknoll: Orbis Books, 1985.

Layton, B. *Nag Hammadi Codex 11,2~7,1: Gospel according to Thomas, Gospel according to Philip, Hypostasis of the Archons, and Indexed.* Leiden, 1989.

Lienhard, Joseph T. "On Discernment of Spirits in the Early Church." *Theological Studies* 41/3(1980), 505-529.

Louth, Andrew. *The Origins of the Christian Mystical Tradition: from plato to Denys.* New York: Oxford University Press, 2007.

Luther, Martin. *Über das Studium der Theologie.* Vorrede zum ersten Band der Wittenberger Ausgabe der deutschen Schriften, 1539.

Maloney, George A. ed. Pseudo-Macarius. New York · Mahwah: Paulist Press, 1992.

McGee, Gary B. "The Calcutta revival of 1907 and the reformulation of Charles F. Parham's 'Bible evidence' doctrine." *Asian Journal of Pentecostal Studies* 6/1(2003), 123-143.

McGinn, Bernard. *The Crisis of Mysticism: Quietism in Seventeenth-Century Spain, Italy, and France* (The Presence of God: A History of Western Christian Mysticism, Vol. 7). New York: A Herder & Herder Book The Crossroad Publishing Company, 2021.

_____. *The Persistence of Mysticism in Catholic Europe: France, Italy, and Germany 1500-1675* Part 3 (The Presence of God: A History of Western Christian Mysticism, Vol. 6). New York: A Herder & Herder Book The Crossroad Publishing Company, 2020.

_____. *Mysticism in the Golden Age of Spain (1500-1650)* Part 2 (The Presence of God: A History of Western Christian Mysticism, Vol. 6). New York: A Herder & Herder Book The Crossroad Publishing Company, 2017.

_____. *Mysticism in the Reformation (1500-1650)* Part 1 (The Presence of God: A History of Western Christian Mysticism, Vol. 6). New York: A Herder & Herder Book The Crossroad Publishing Company, 2016.

_____. *The Varieties of Vernacular Mysticism: 1350 - 1550* (The Presence of God: A History of Western Christian Mysticism, Vol. 5). New York: A Herder & Herder Book The Crossroad Publishing Company, 2012.

_____. *The Harvest of Mysticism in Medieval Germany* (The Presence of God: A History of Western Christian

Mysticism, Vol. 4). New York: A Herder & Herder Book The Crossroad Publishing Company, 2005.

_____. *The Flowering of Mysticism: Men and Women in the New Mysticism: 1200-1350* (The Presence of God: A History of Western Christian Mysticism, Vol. 3). New York: A Herder & Herder Book The Crossroad Publishing Company, 1998.

_____. *The Growth of Mysticism: Gregory the Great Through the 12 Century* (The Presence of God: A History of Western Christian Mysticism, Vol. 2). New York: A Herder & Herder Book The Crossroad Publishing Company, 1994.

_____. *The Foundations of Mysticism: Origins to the Fifth Century* (The Presence of God: A History of Western Christian Mysticism, Vol. 1). New York: A Herder & Herder Book The Crossroad Publishing Company, 1991.

Mellas, Andrew. "The Eremitic Citizen as An-chora-ite in St Athanasius' Life of St Antony." *Phronema* 28/1(2013), 53-72.

Migne, Jacques Paul ed. *Patrologiae Cur sus Completus Series Graeca et Orientalis* 79. Parigi, 1865.

_____. *Patrologiae curses completus... Series graeca et orientalis*, 26. Parigi, 1857.

_____. *Patrologiae curses completus... Series graeca et orientalis*, 7. Parigi, 1857.

_____. *Patrologiae curses completus...* Series latina, 73. Parigi, 1849.

Müller, George. *A Narrative of Some of the Lord's Dealings with*

George Müller written by Himself. London J. Nisbet & Co, 1895.

Nyssa, Gregory of. "On the Life and Wonders of our Father among the Saints, Gregory." in *The Fathers of the Church: ST. Gregory Thaumaturgus life and Works* Translated by Michael Slusser. Washington, D.C: The Catholic University of America Press, 1998), 91-178.

O'brien, Isidore. *Enter Saint Anthony: Life of the Wonder-Worker of Padua.* New Jersey, Paterson: ST. Anthony's Guild Press, 1932.

O'Laughlin, Michael Wallace. "Closing the Gap between Antony and Evagrius." in Origeniana Septima Origenes in den Auseinandersetzungen des 4. Jahrhunderts. peeters, 1999.

Palladius, Bishop of Aspuna, D. *The Lausiac History of Palladius.* USA: Andesite Press, 2015.

Parham, Charles F. *A Voice Crying in the Wilderness.* Baxter Springs, ks Apostolic Faith Bible College, 1910.

Parham, Charles F. *The Everlasting Gospel.* Baxter Springs, ks Apostolic Faith Bible College, 1942.

Peters, Victor Welligton. *The Korea Mission Field.* vol 32 no, 1-12

Philo. *De Vita Contemplativa (PHILO IX) The Loeb Classical Library.* Translated by F.H Colson. Harvard University Press, 1967.

Plotini. *Plotini Enneades: Praemisso Porphyrii De Vita Plotini Deque Ordine Librorum Eius Libello* vol I, II, ed. Ricardus Volkmann (Lipsiae: In Aedibus B.G. Teubneri, 1883-1884.

Rahlfs, Alfred ed. *Septuaginta.* Germany: Deutsche Bibelgesellschaft Stuttgart, 1979.

Robinson, James M. ed. *The Nag Hammadi Library in English.* Leiden E.J. Bril, 1977.

_____. et al. *The Critical Edition of Q.* Minneapolis: Fortress Press, 2000.

Schulz, Siegfried. *Q: Die Spruch quelle Der Evangelisten.* Zürich: Theologischer Verlag, 1972.

Seymour, William Joseph ed. "The Apostolic Faith." in *The Azusa Street Papers.* Willam Seymour And The Apostolic Faith Mission, 1906-1908.

Sittser, Gerald L. "Survey of the History of Christian Spirituality." in *Dictionary of Christian Spirituality.* Glen G. Scorgie ed. Michigan: Zondervan Press, 2011, 95-101.

Smith, Gregory A. "How Thin Is a Demon?." *Journal of Early Christian Studies: Baltimore* 16/4(2008), 479-512.

Smith, J. B. *Greek-English Concordance to the New Testament.* Scottdale, Pennsylvania: Herald Press, 1955.

Smither, Edward. "Lessons from a Tentmaking Ascetic in the Egyptian Desert The Case of Evagrius of Pontus." *Missiology* 39/4(2011), 485-496.

Spurgeon, C. H. *Spurgeon on Prayer and Spiritual Warfare.* New Kensin gton: Whitaker House, 1998.

Stewart, Columba. 'Working the Earth of the Heart': *The Messalian Controversty in History, Texts, and Language to AD 431.* Oxford: Clarendon Press, 1991.

Strom, Andrew. *Kundalini Warning.* RevivalSchool, 2010.

Tetz, Martin, "Athanasius und die Vita Antonii: Literarische und Theologische Relationen," *Zeitschrift für die Neutes Tamentliche Wissenschaft und die Kunde der älteren Kirche* 73/1-2(1982), 1-30.

The Anchor Bible Dictionary Vol. 1. New York: Dell Publishing Group, 1992.

Trevett, Christine. *Montanism*. United Kingdom: Cambridge University Press, 1996.

Trilling, W. *Das Wahre Israel*. Koster-Verlag, Munchen, 1964.

Underhill, Evelyn. *Mysticism*. New York: E. P. Dutton & Co., Inc. 1961.

Urbano, Arthur, ""Read It Also to the Gentiles": The Displacement and Recasting of the Philosopher in the Vita Antonii." *Church History: Santa Rosa* 77/4(2008), 877-914.

Weddle, David L. "The Melancholy saint Jonathan Edwards's Interpretation of David Brainerd as a Model of Evangelical Spirituality." *Harvard Theological Review* 81/3(1988), 297-318.

Wigglesworth, Smith. *The Power of Faith*. New Kensington: Whitaker House, 2000.

Woodcock, Catherine Mary Anthony. *Saint Anthony of Padua, The Miracle-Worker(1195-1231)*. Hard Press, 1911.

Wright, Sophie Cart. "Athanasius' Vita Antonii as Political Theology: The Call of Heavenly Citizenship." *Journal of Ecclesiastical History* 67/2(2016), 241-264.

Zagano, Phyllis, Gillespie, C. Kevin. "Embracing Darkness: A Theological and Psychological Case Study of Mother Teresa." *Spiritus: A Journal of Christian Spirituality* 10/1(2010), 52-75.

Zerwick, Max. Mary Grosvenor, *A Grammatical Analysis of the Greek New Testament-Unabridged 3rd Revised Edition*. Editrice Pontificio Istituto Biblico Roma, 1988.